高速铁路基础研究与技术创新丛书

编　委　会

"十四五"时期国家重点出版物出版专项规划项目

高速铁路基础研究与技术创新丛书

测量与检测系列

高速铁路运营监测技术

本丛书编委会　总主编
赵　斗　张冠军　王长进　梁　永　编　著
杨伯钢　主　审

中国铁道出版社有限公司
2024年·北　京

内 容 简 介

本书为“高速铁路基础研究与技术创新丛书”之分册，从运营监测内容、技术手段和方法、工程案例等方面，系统论述了中国高速铁路运营监测的先进技术、成熟方案及最新研究成果，主要包括精测网及线形维护、基础设施变形监测（路基、桥梁、隧道、站房、轨道、邻近营业线施工）、外部环境与灾害监测（区域地面沉降、外部环境变化、自然灾害及异物侵限、地质灾害变形）等内容，并对运营监测技术未来发展进行了展望，具有较强的创新性、前沿性和前瞻性。

本书可供从事高速铁路运营维护以及勘测设计、施工等工程技术人员使用，亦可供大专院校相关专业师生参考。

图书在版编目（CIP）数据

高速铁路运营监测技术/赵斗等编著. —北京：中国铁道出版社有限公司，2024.9
（高速铁路基础研究与技术创新丛书. 测量与检测系列）
“十四五”时期国家重点出版物出版专项规划项目
ISBN 978-7-113-31182-7

Ⅰ.①高… Ⅱ.①赵… ②本… Ⅲ.①高速铁路-运营管理-研究-中国 Ⅳ.①U238

中国国家版本馆 CIP 数据核字（2024）第 082333 号

书　　名：高速铁路运营监测技术
作　　者：赵　斗　张冠军　王长进　梁　永

策　　划：刘　霞
责任编辑：曹艳芳　邱金帅　　**编辑部电话：**（010）51873630　　**电子邮箱：**tdcbscao@163.com
封面设计：高博越　郑春鹏　　**封面摄影：**王明柱　　**丛书标识设计：**崔丽芳
责任校对：苗　丹
责任印制：高春晓

出版发行：中国铁道出版社有限公司（100054，北京市西城区右安门西街 8 号）
网　　址：https://www.tdpress.com
印　　刷：北京联兴盛业印刷股份有限公司
版　　次：2024 年 9 月第 1 版　2024 年 9 月第 1 次印刷
开　　本：787 mm×1 092 mm 1/16　**印张：**26　**字数：**560 千
书　　号：ISBN 978-7-113-31182-7
定　　价：180.00 元

高速铁路基础研究与技术创新丛书

编 辑 组

序

我国高速铁路起步晚、发展快、后劲足,经过几代人的不懈努力,通过原始创新、集成创新、引进消化吸收再创新,成功地走出了一条符合中国国情路情、具有中国特色的自主创新之路。我国已系统掌握各种复杂地质和气候条件下高速铁路建造成套技术;在工务工程、列车运行控制、牵引供电、动车组等高速铁路核心技术方面实现自主化;形成了复杂路网条件下处理跨线运行的运营管理成套技术,构建了人防、物防、技防三位一体的主动安全保障机制。我国已成为全球高速铁路运营里程最长、在建规模最大、运营速度最快、技术体系最全、运营和管理经验最丰富的国家。我国高速铁路技术已走在世界前列,成为推动世界高速铁路发展的重要力量。

为贯彻落实中共中央、国务院《交通强国建设纲要》,推进国铁集团《新时代交通强国铁路先行规划纲要》的落地,系统总结、梳理我国高速铁路各领域前沿理论和技术,向我国乃至世界高速铁路科研工作者和工程技术人员提供一套前沿性的参考书,中国国家铁路集团有限公司铁道出版社公司特组织编著出版"高速铁路基础研究与技术创新丛书"。

丛书以习近平新时代中国特色社会主义思想为指导,以国家自然科学基金课题、国家基金委-国铁集团高铁联合基金课题、国家"973"课题、国家重点研发计划课题等科研成果为支撑,从高速铁路前沿研究、补短板技术、核心技术、技术发展趋势等方向组织选题,涵盖动车组、供电、通信与信号、列控与检测、工程勘察与设计、智能建造、运营与管理、现代信息技术、安全和维护等领域,规模为100册,是全面系统论述我国高速铁路基础研究与技术创新成就的大型系列原创性科技著作。

丛书力求突出制高点、原创性、权威性、全覆盖特色。丛书各册内容以作者团队长期从事高速铁路科学研究的成果为依托,多数成果居于国内领先水平甚至世界先进水平,多种成果荣获国家科学技术奖一等奖、二等奖,国家技术发明奖一等奖、二等奖,茅以升科学技术奖,詹天佑铁道科学技术奖,铁道科技进步奖等奖项,丛书内容体现了我国当今最新、最前沿以及展现未来发展趋势的高速铁路相关研究成果和应用技术。丛书包括动车组、供电、工程施工与组织等十个系列，基本实现高速铁路各领域全覆盖。

丛书由编委会总负责。编委会阵容强大，认真负责。编委会各成员都是长期从事我国高速铁路科研、技术、生产和管理的一流专家学者，是所从事领域的翘楚，其中包括高速铁路及其相关领域的四位院士。编委会多次开会商讨丛书的体系、内容特色、作者条件及质量保障机制；分工负责，精心审订和修改各册编写提纲；多次遴选选题，先从150多个选题意向中遴选出100个选题，后又剔除了内容特色不太鲜明的8个选题，还对10多个选题提出了较大的改进意见，补充了8个关键技术和弥补技术空白的选题；最后邀请专人对各册内容进行审定，从而保证了各册内容的正确性和先进性。

2021年年底，国家新闻出版署经过严格评审，“高速铁路基础研究与技术创新丛书”(100册)成功入选“‘十四五’时期国家重点出版物出版专项规划——重大出版工程”。这是对本丛书项目的认可，也是对编委会、作者和编辑等人员前期工作的认可，更是一种鞭策。我们相信，本丛书的出版，将助力于《交通强国建设纲要》的贯彻落实，推动我国乃至世界高速铁路事业的发展，也将为铁路领域的科研工作者、工程技术人员、管理人员，以及高校相关专业师生提供一套高水平、原创性、权威性、全覆盖的大型高铁科技精品著作。

中国工程院院士
“高速铁路基础研究与技术创新丛书”编委会主任 卢春房

2022年2月

前　言

本书为“高速铁路基础研究与技术创新丛书”之分册，按丛书要求，力图体现高速铁路运营监测的先进技术、成熟方案及最新研究成果。

高速铁路要求线路轨道具有高平顺性、高稳定性、高精度，以保证列车舒适、安全、平稳地运行。高速铁路是复杂的系统工程，任何子系统和设备设施受自然和人为作用，都可能出现病害或故障，一旦防控环节处理不当，就可能会对高速铁路运行品质和安全产生影响。这就要求运营过程中对高速铁路基础设施进行全过程的科学监测，也就是开展运营监测，以掌握高速铁路基础设施服役状态。世界各国均将全天候、全方位、系统性地运营监测，作为高速铁路运营维护的重要工作。

根据国务院发布的《“十四五”现代综合交通运输体系发展规划》，到 2025 年底，全国铁路营业里程将达到 16.5 万公里，其中高速铁路 5 万公里左右。中国高速铁路运营规模不断扩大，而高速铁路运营速度高、天窗时间短、长期露天服役环境差、受周期疲劳荷载作用大，加之中国地域广阔、地形地质和气候条件多样，在多重因素叠加影响下，如何保障高速铁路在良好的服役状态下安全运行是铁路运营管理部门长期面临的挑战，检测和监测作为重要的保障手段显得尤为重要，运营期养护维修测量及监测技术创新和实践具有重要的现实意义。本书结合既有高速铁路实践经验，主要从以下两个方面总结运营监测技术成果：一是运营监测基准控制复测维护。基准控制为高速铁路基础设施监测、高精度快速轨道位置形态检测提供基准和依据，是运营监测和养护维修的基础，是高速铁路运营维护的重要基础设施和技术保障。精测网维护方式、方法和周期在不同地区均有所差异，在区域地面沉降等地区，精测网尤其是高程网的复测维护工作量巨大，如何动态维护基准网成为技术难题。二是运营监测的内容、技术手段和方法的创新应用。运营监测是确保高速铁路运营安全的重要基础性工作，对高速铁路的基础设施设备及其周边环境等进行全过程、周期性的数据采集、解算分析和评估预警，掌握其变化规律，采取针对性预防措施，进而为高速铁路的平稳、舒适、安全运行提供基础保障。中国高速铁路历经十几年的运营实践，监测覆盖范围不断增加，技术手段和方法不断创新发展，初步形成了具有中国特色的运营监测技术体系和系统方案，包括规程规范、作业标准、特殊装备等技术成果，特别是在基础设施变形监测技术、周边环境与灾害监测技术、轨道变形监测技术、大型构筑物健康监测技术等方面得到许多开创性的应用。

本书的技术特色主要体现在:一是全面论述了当今高速铁路运营监测的先进技术、成熟方案及最新研究成果。本书对世界高速铁路运营监测最新理论和技术进行介绍,对传统的大地测量方法,以及北斗/GNSS、InSAR、多传感器自动化监测、轨道几何状态检测等中国高速铁路运营监测最前沿的研究与创新成果、最成熟的技术方案与应用案例等进行详细阐述,案例遍及京津城际铁路、哈大高速铁路、兰新高速铁路、京沪高速铁路、贵广高速铁路、大西高速铁路等全国主要高速铁路线路,具有广泛性和代表性。二是全面总结中国高速铁路运营监测关键技术及特点。作为"国家名片"的中国高速铁路,不断融入5G、物联网、大数据、云计算、人工智能等先进技术,创造出基于"中国制造"的空天地一体化全方位监测技术体系,其中基于北斗卫星的地质灾害监测技术、基于我国高分卫星的周边环境变化监测技术、基于我国高精度惯导的轨道平顺性检测技术、基于物联网的构筑物健康监测技术最具有代表性。这些技术成果在经世界最大高速铁路运营网的测试、迭代和检验后已经成熟,正在依托"走出去"之路,走向全世界。本书列举的部分应用案例为我国首次创新应用,展现的部分技术成果已经达到国际领先水平,为提升中国高速铁路的国际竞争力提供了有力支撑。三是对未来十年甚至更长时期的世界高速铁路运营监测技术研究和创新方向进行了展望。随着高速铁路运营里程的不断增加及运营时间的增长,需要不断提高监测精度、效率,为运营安全、养护维修提供更便捷、快速、准确的基础性数据,运营监测技术仍需与时俱进开展深入研究,实现持续创新和发展。

本书编著团队是中国高速铁路运营监测技术发展的亲历者,既有深入的理论研究经历,更有丰富的监测实战经验,对其具有独到的理解和视角。书中凝聚了该领域包括中国铁路设计集团有限公司在内的铁路勘测设计及运营维护工程技术人员近十年来取得的高速铁路运营监测研究创新工作成果,既有对我国高速铁路运营监测技术的总结、最新成果的展现,也有具体的高速铁路运营监测案例分析,理论联系实践、深入浅出,可供从事高速铁路运营维护以及勘测设计、施工测量等工程技术人员使用,亦可供大专院校相关专业师生参考。全书共分14章,其中第1章由赵斗、张冠军、王长进编著,第2、4、5章由梁永、邹鑫、耿塍川编著,第3、6～9章由赵斗、许磊、牟春霖、孟凡超、巩健、李振昌、豆孝磊、张全良、陈伟利编著,第10、11章由王长进、周文明、赵振洋编著,第12、13章由王长进、邓继伟、王凯编著,第14章由梁永、赵斗、张冠军编著,全书由赵斗、张冠军、王长进、梁永统稿。在编著过程中,得到中国铁路设计集团有限公司相关领导和部门以及相关领域专家的大力支持,在此表示衷心的感谢。

由于编著者的水平有限,书中难免有不足之处,敬请专家、同行批评指正。

编著者

2024年6月

目　录

第1章　绪　论

高速铁路线路轨道具有高平顺性、高稳定性的结构特点，以保证列车安全、高速、平稳与舒适运行，但随着服役时间的增加，基础设施设备受自然和人为作用，会出现各种病害或故障，这就要求对高速铁路基础设施全过程科学监测，以掌握高速铁路基础设施服役状态。高速铁路运营监测的主要内容有控制网复测与维护、轨道线形复测、构筑物基础变形监测、大型站房和桥梁结构健康监测、轨道结构监测、外部环境与地质灾害监测、邻近营业线施工安全监测等，本章主要对上述监测内容概况及技术发展现状进行阐述。

1.1　高速铁路运营监测概述

1.1.1　运营监测概念

运营监测从测绘学科和测量专业的角度来看，属于铁路工程测量。铁路工程测量是为满足铁路工程的勘测设计、施工和运营维护等任务而进行的测量工作，是专门以铁路行业为服务对象的专业测绘工作，是工程测量学按行业种类划分的一个重要分支。如图1-1所示，按铁路工程建设和运营阶段的不同，铁路工程测量可分为勘察设计阶段的测量工作（称为"铁路勘测"）、施工建设阶段的测量工作（称为"施工测量"）、运营维护阶段的测量工作（称为"运营监测"）。

从土木工程结构专业角度，对结构运营健康状况进行监测也可叫作运营监测，即为保障工程结构的正常使用和安全可靠，对运营阶段环境和荷载作用下结构的静动态响应进行监测、获取结构状态信息、并对其服役状态评估和报警的活动。

《城市轨道交通设施运营监测技术规范　第1部分：总则》（GB/T 39559.1—2020）指出，对城市轨道交通设施及特殊地段开展的运营监测，包括桥梁沉降与变形监测、桥梁安全监测，隧道常规监测、隧道特殊监测，轨道变形、轨温等监测，路基竖向位移监测。

高速铁路运营监测是为满足高速铁路运营维护任务而进行的测量工作。服务对象是高速铁路，服务阶段是运营维护阶段，工作专业性质是工程测量。其目的是为监测运营期间高速铁路基础设施的服役状态，以满足高速铁路养护维修的需要，包括有测量、监测和几何状态类检测工作。

图 1-1　铁路工程测量阶段划分

根据铁路工程建(构)筑物的重要性、施工工艺要求、周边地质环境情况及工程施工和运营的需要,在工程设计时对施工和运营期变形监测的内容和范围做出统筹安排,在运营过程中根据高速铁路运营情况统一纳入工务维修工作中。运营监测包括线路及建(构)筑物维修、改扩建工程测量以及路基、桥梁、隧道的变形观测及轨道几何状态测量、外部环境和地质灾害监测等,主要以建(构)筑物变形监测为主,对受运营或周边建设影响的路基、桥梁、隧道和轨道等建(构)筑物的水平位移、沉降、倾斜等变形量进行定期或持续的测量工作。铁路变形测量或铁路变形观测是对路基、桥梁、隧道和轨道等构筑物的水平位移、沉降、倾斜等变形量进行定期或持续的测量工作,以桥梁、路基、隧道及涵洞等建(构)筑物的垂直位移观测为主,即沉降变形测量,水平位移监测根据桥梁、路基等工点具体要求确定。

高速铁路运营监测方法根据监测项目的特点、精度要求、变形速率以及铁路基础设施、设备的安全性等指标，可采用几何测量、物理传感器测量、卫星定位测量、近景摄影测量和三维激光扫描等一种或几种不同的监测方法进行。

变形监测最大的特点是进行周期观测，也就是周期性多次的重复观测，第一次观测称为初始周期或零周期，第二次观测为第一周期，依次类推进行重复周期性观测。每周期的观测按“五固定”原则进行，即固定基准点和工作基点、固定人员、固定仪器设备、固定监测环境条件、固定测量路线和方法。

1.1.2 运营监测手段

目前我国高速铁路综合检测形成了以高速综合检测列车、综合巡检车为代表的先进检测装备，构建起供电安全检测监测系统(6C)、工务基础设施状态检测监测系统(8M)和电务安全监控系统(8D)等的综合检测监测技术体系，包括基于列车网络控制系统的高速列车状态检测、基于地面设备的高速列车状态检测、基础设施地面检测监测以及基础设施搭载运营车检测技术。其中利用综合检测列车进行“动态检测”(动检)，应用当今先进检测技术，实现多项目、高速度、高精度的综合检测，每 10～15 d 对高速铁路线路固定设施检测一遍，成为保证运行安全不可缺少的重要装备。新一代综合检测列车集成了轨道、弓网、动力学、通信、信号和综合系统 6 大系统(图 1-2)，能够满足 350 km/h 等级高速综合检测，逐渐探索形成了具有自身特点的检测监测技术体系，为及时掌握基础设施状态和演化规律、科学指导养护维修提供了重要支持。

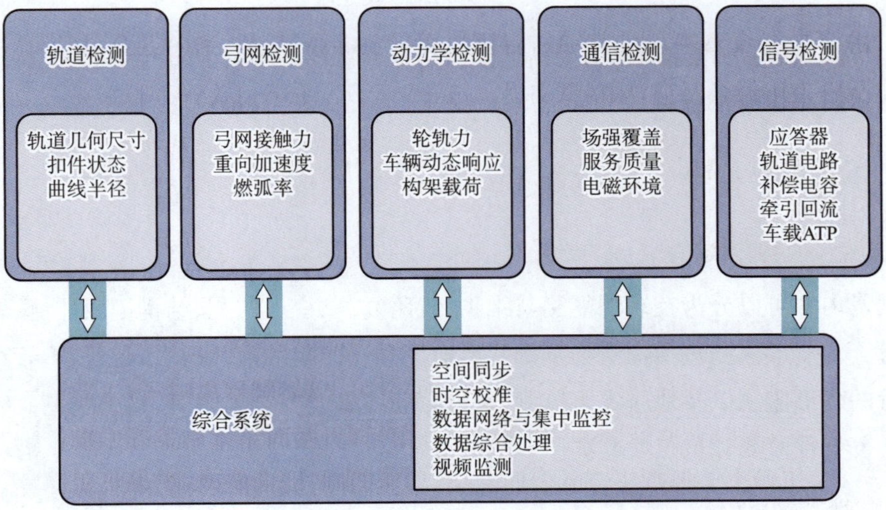

图 1-2 高速铁路综合检测系统组成

高速铁路基础设施检测监测体系框架包括感知层、传输层、数据资源层、大数据平台层、应用层，其中规范标准和三级管理构架贯穿其中。

感知层即为检测监测手段，按类型可分为移动检测、地面固定监测、空天遥测和人工检查四大类，按检测监测方式可分为高速综合检测、综合巡检、专业检测、搭载式监测、固定点监测、自感知、卫星遥感、机载检测、专项检测和常规检查等10多种方式。而基础设施地面检测监测技术为"静态检测"(静检)，其中最重要的监测工作即为运营监测，本书所指的运营监测是高速铁路综合检测监测技术重要的组成部分。

变形监测是使用专门的仪器和利用一定的方法对被监测对象在外力作用下的形状或位置变化进行监测，确定监测体随时间的变化特征，并进行变形分析、预警的过程。运营期间的变形监测主要是对受运营或周边建设影响的桥梁、路基、隧道等构筑物和受运营影响的周边地表、建筑物、管线等进行的监测。变形监测可采用几何测量、物理传感器测量、卫星定位测量、遥感测量和三维激光扫描等方法。变形监测是高速铁路运营监测中重要的手段和主要的工作内容。

结构健康监测就是利用各类监测、检测和检查手段，获取反映环境作用、结构响应和工程功能等事项的有效数据，通过这些数据对基础设施的服役状况和性能变化进行分析和预测，从而对已发生和将要发生的异常进行预(报)警，并为后续的健康评估提供基本依据。一般来说，结构健康监测系统包括数据采集、数据传输与存储、结构状态参数与损伤识别以及结构性能评估子系统等。

结构健康监测是针对工程结构的损伤识别及其特征化的策略和过程。结构损伤指的是结构材料参数及其几何特征的改变。结构健康监测过程涉及使用周期性采样的传感器阵列获取结构响应、损伤敏感指标的提取、损伤敏感指标的统计分析以确定当前结构健康状况等。

综上可知，结构健康监测也属于高速铁路运营监测的内容，而变形监测是结构健康监测中重要的手段和组成部分。

1.1.3 运营监测分类

1. 按测量内容分类

按测量内容可以分为控制网复测与维护、线路复测、变形监测、结构健康监测、轨道几何状态测量等。变形监测包括构筑物基础变形监测和受影响的沿线地表、建筑物、管线等外部环境进行的变形监测以及地质灾害监测、邻近营业线施工安全监测等，构筑物基础变形监测又可分为普查性监测和重点段监测。

2. 按监测量分类

按监测量的不同可分为以几何量监测为主的变形监测，以物理量监测为主的应力应变监测，以及以气象要素监测为主的环境监测。

3. 按测量方式分类

按测量方式可分为人工监测和自动化监测。人工监测有平面位移监测、沉降监测、倾斜、挠度、收敛、裂缝等监测，自动化监测有全站仪自动化、全球导航卫星系统（global navigation satellite system，GNSS）自动化及利用其他传感器进行的自动化监测。

4. 按是否需要上线测量作业分类

按是否需要上线测量作业可分为线下监测和线上监测。线下监测主要在高速铁路用地界外线下进行测量工作，线上监测是需要在天窗作业时间按运营线安全管理规定上线进行测量的工作。

5. 按管理部门分类

按管理部门可分为工务类监测、电务类监测、房建类监测等。

6. 按构筑物或结构物类型分类

按构筑物或结构物的类型可分为线路轨道监测、路基监测、桥梁监测、隧道监测、站房监测等。

1.1.4 运营监测特点

1. 系统性

运营监测是一个系统性的工作，涉及铁路运营基础设施整个系统，必须从整体性和系统性的角度考虑监测工作，从静、动态相结合，从线路、轨道、路基、桥梁、隧道、站场、接触网等专业和铁路管理部门相结合，系统进行监测方案设计、开展监测和分析评估。

2. 服务性

监测的目的是为铁路安全运行保障和科学指导线路养护维修提供重要依据，主要为铁路运营维修和安全运营服务。

3. 长期性、周期性和时效性

为掌握铁路运营期间基础设施服役健康状态，伴随运营过程需要长期进行检测监测。与变形监测的特点一样，需要周期性地观测和分析，同时需要及时，甚至实时提供监测结果并为管理部门进行评估、预警，及时、实时发现基础设施或外部影响铁路基础设施的安全隐患，以便铁路管理部门及时采取措施，为铁路安全运营保驾护航。

4. 复杂性

运营监测包括监测技术本身的复杂性和监测生产组织的复杂性两个方面。技术复杂性体现在监测项目种类多、监测仪器设备种类多、监测技术手段需要综合应用等。生产组织复杂性体现在天窗时间作业短，需要在夜间天窗时间进行测量工作，线上使用和安装的设备需要保证不影响铁路运营安全，线上线下各类监测工作内容繁杂，工序交叉，线上作业前需与铁路局集团公司工务、电务、公安局、车站等部门签订安全协议，确保作业安全，现场监测与铁路管理部门沟通、协调、配合工作量大。

5. 技术先进性

技术先进性体现在监测技术手段空天地多样化，移动、固定监测，使用自动化、智能化监测仪器设备和传感器，以及使用线上远程控制采集、传输、处理和预警系统平台等。

6. 精确性

轨道控制网及轨道平顺性检测精度、平面位移和沉降变形监测精度，以及利用自动化传感器进行监测时，精度均在亚毫米级，相比一般的工程测量，监测精度要求高。

1.2 高速铁路运营监测主要内容

铁路工程测量的工作内容、基本原理与测量方法同其他行业工程测量很多都是相同的，其主要任务可归纳为测量(或测定)、测设、监测。测量是指使用测量仪器和工具，将地面局部区域上任意一点或地形、地物在某一坐标系中的位置用坐标来描述，或按一定的比例尺和特定的符号绘制成地形图。测设又称为放样，是将图纸上设计好的铁路建(构)筑物的位置在实地标定出来，作为设计或施工的依据。监测是对某些有特殊要求的建(构)筑物，在施工过程和运营期间，测定有关部位产生变形的规律，监视其安全性和稳定性。

高速铁路运营监测的主要内容有控制网复测与维护、线路复测、基础变形监测、结构健康监测、轨道几何状态测量、外部环境与地质灾害监测、邻近营业线施工安全监测等。

1.2.1 控制网复测与维护

精密工程控制网是高速铁路运营沉降监测的基础，其运营后的管理工作是所有工作开展的前提，在高速铁路运营期间，应根据区域地质、线路、轨道的特点以及建设期掌握的资料，对不同线路有针对性地制定精密工程控制网的复测管理制度，加强线下控制网(CP0、CPⅠ及线路水准基点)、线上控制网(线上加密 CPⅡ及加密水准基点)、轨道控制网(CPⅢ)的复测维护，对设置在铁路安全保护区外的控制点，应制定妥善的保护措施，定期检查精密工程控制网点的标记，核对标石的完好性，对丢失和被破损的控制点应按照同等精度扩展方法及时修补。形成精测网定期复测和不定期监测维护与轨道检测相结合的工作机制，积累和掌握监测数据，分析、预测变化规律，以便制定预案，确保运营安全。

1.2.2 线路复测

对于普速铁路，一般为满足土建改造、扩能改造、增建二线、电气化改造以及既有线复测等工程的需要而进行运营铁路测量工作。主要的测量工作有控制测量、里程测量、中线测量、中平测量、地形测量、横断面测量、既有构筑物或设备测量等。对于运营速度在 200 km/h

及以下铁路,使用全站仪、水准仪或全球导航卫星系统实时动态定位(GNSS RTK)等较为传统的"三贯通"测量方法,即"里程测量""中线测量""中平测量"这三项测量工作。对于运营速度在 200 km/h 以上铁路的既有线测量工作,主要为复测其线路平纵断面以及设备设施现状,可采用轨道几何状态测量仪,对轨道几何状态进行全方位测量,采用车载移动测量方法进行设备设施、横断面及限界测量。

1.2.3 基础变形监测

据《运营高速铁路基础变形监测管理办法》(铁总运〔2015〕113 号)中所指的运营高速铁路基础变形监测,系指路基、桥涵、隧道的沉降监测和水平位移监测。

1. 变形监测网

变形监测网由基准网和观测网组成。基准网分为水平位移监测基准网和垂直位移监测基准网。变形监测点由基准点、工作基点和监测点组成。基准点建立或选设在变形影响范围以外便于长期保存的稳定位置,宜选用基础平面控制、线路平面控制点以及线路水准基点,其平面控制点一般应设有强制归心装置,高程基准点宜使用基岩点、深埋水准点。每个独立的监测网应设置不少于 3 个稳固可靠的基准点,且基准点的间距不宜大于 1 km。工作基点应选在比较稳定的位置。监测点应设立在变形体上能反映变形特征的位置,并与建筑物稳固地连接在一起。沉降变形点的布设原则为线路上需要监测的构筑物,监测点沿线路方向,按一定的密度在线路纵、横断面上布设,纵断面上的间隔因监测的需要而定。

2. 路基变形监测

运营期路基变形监测的观测断面设置及监测方法均同建设期,主要包括路堤、路堑监测,路基每个断面的观测点分布在轨道、路肩、路堤或路堑上。高路堤、深路堑及沿线有滑坡监测时,监测点布设在滑坡体上,并按滑动方向及特征布设若干断面,并在影响路基段加密布设观测断面。

3. 桥梁变形监测

桥梁变形监测包括桥梁墩身和梁体徐变变形观测。监测点设置在梁体及每个桥梁墩身上,桥台观测标设置在台顶(台帽及背墙顶),分别设在台帽两侧及背墙两侧(横桥向)。梁体徐变布点,简支梁的 1 孔梁设置观测标 6 个,分别位于两侧支点及跨中;连续梁上的观测标,根据不同跨度,分别在支点、中跨跨中及边跨 1/4 跨中附近设置,3 跨以上连续梁中跨布置点相同。对大跨度桥梁等特殊结构应单独制定变形观测方案。桥梁变形监测的精度应根据桥梁的类型、结构、用途等因素综合确定,一般铁路特大型桥梁的监测精度不宜低于二等,大型桥梁不宜低于三等,高速铁路桥梁变形监测不宜低于三等。也可布设倾角计、静力水准仪等自动化监测传感器进行监测。

4. 隧道变形监测

对于运营铁路隧道，主要对不良地质、断层、衬砌结构裂缝较多等地段进行监测，监测点布设在隧道顶部、底部、两腰以及相应段落内的轨道。一般采用三等变形测量精度进行水平和沉降监测，有的监测项目采用三维激光扫描、收敛计、裂缝计、应力计等手段进行。

5. 过渡段变形监测

过渡段指的是路堤与桥台、路堤与横向构筑物、路堤与路堑、路堑与隧道等衔接处的过渡区域。根据结构的不同，在过渡段监测时，需要考虑不同结构特点，布设不同密度的断面加强监测。

6. 普查性监测与重点段监测

新建成铁路宜在运营初期对桥梁、路基变形进行一次普查监测，并根据监测结果合理确定和调整重点监测地段。

重点监测地段的确定根据精测网复测成果进行分析，并结合动、静态检测数据，合理确定和调整。一般把以下情况的区域地段确定为变形监测重点地段：铁路部门动检发现不平顺超标地段，对线路进行日常维护工作时、线路设备状态发生异常变化的地段；桥梁、隧涵、路基、车站等建设期已发现的显著差异沉降地段，冻胀、区域沉降、显著差异沉降地段；精测网复测，构筑物普查性监测以及轨道动、静态检测过程中出现形变较大的地段。

1.2.4 结构健康监测

结构健康监测主要包括外部荷载作用和结构反应两部分。外部荷载作用主要为地面加速度、风环境及结构表面风压等，结构反应主要为结构应力、变形、振动加速度、表面温度、表面裂缝等。

1. 桥梁健康监测

复杂结构、特殊结构桥梁建立监测系统，对结构变形、振动特性、温度、支座、基础沉降等参数进行监测，为线路行车安全提供保障。

2. 隧道健康监测

特长隧道设置防灾救援监控系统，对隧道内通风、照明、消防设备进行监控，复杂地质隧道设置衬砌结构变形安全监测系统，对隧道衬砌变形及运用状态进行监测。

3. 站房健康监测

通过对复杂结构的物理力学性能进行无损监测，实时监控结构的整体行为，对其服役状态、可靠性和承载能力进行评估，在突发事件或结构使用状况异常时触发预警信号，为结构维修养护及异常情况的应急抢险提供依据。

1.2.5 轨道几何状态测量

高速铁路旅客列车运行速度高，为实现高速行驶条件下旅客列车的安全性和舒适性，要求高速铁路轨道必须具有高平顺性和精确的几何线性参数，包括轨道内部几何尺寸与外部几何尺寸，如轨距、轨向、高低、水平、扭曲、与设计高程及中线的偏差等，精度要求控制在毫米级范围内，传统的铁路测量方法和精度已不能满足高速铁路建设及运营要求。测量轨道几何空间坐标、位置，主要包括轨距、水平、高低、轨向、扭曲、轨距变化率以及轨道中线三维坐标。对轨道几何状态的测量使用轨道几何状态测量系统进行，系统由轨道几何状态测量仪（也称轨检小车）、惯导系统、测量机器人（伺服全站仪）、计算机及软件系统等组成。

1.2.6 外部环境与地质灾害监测

1. 区域地面沉降

高速铁路在一些地质不良地段往往存在不同程度的地面沉降，代表性地区有上海、苏州等华东地区和京津等华北地区，而这些较为发达地区都存在较多的高速铁路分布。高速铁路下部建筑物的沉降直接影响到线桥设备的质量状态，而只有通过全面、细致、高精度的运营监测，才能掌握线桥结构的具体变化情况，尤其是对处在区域地面沉降范围内的线桥结构进行实时监测显得尤为重要，它对于确保高速铁路动车组运行的安全平稳性和舒适度具有十分重要的意义。

目前的监测方案以水准测量为主，水准沉降观测网基准点为基岩点，工作网点由深埋点、普通水准点、地面监测点、差异沉降区桥墩加密监测点组成，沿线路方向布设，在线路两侧一定范围增加监测点，形成条带状的监测网，按二等水准测量标准进行施测。由于水准测量点位密度及线状因素所代表区域地面具有一定的局限性，还可结合应用干涉雷达（InSAR）技术进行宏观大范围监测，以增加区域性面状数据，更加方便直观地对区域地面沉降进行分析。

2. 沿线地质灾害监测

山区铁路地质复杂，主要包括滑坡、泥石流、崩塌落石等地质灾害发育。滑坡会破坏线路，中断行车，危害站场，砸坏站房，毁坏铁路桥梁及其他设施，错断隧道，摧毁明洞，造成车翻人亡的行车事故。泥石流具有突然性、流速快、流量大、物质容量大、破坏力强等特点，对高速铁路桥梁、路基等基础设施带来巨大威胁。崩塌落石是山区常见的一种地质灾害，在山体自然风化、降雨侵蚀及人为破坏植被等因素的作用下，山体易发生大小规模不一的落石，若发生在高速铁路区域范围内，将会严重威胁高速铁路的行车安全。在全球气候变化背景下，极端天气事件发生的概率进一步增大，局部强降雨引发的山洪、滑坡和泥石流等地质灾害将更趋频繁。为提高铁路地质灾害的防治水平，需进一步完善艰险山区铁路洪水、滑坡、泥石流、崩塌落石等地质灾害监测报警系统。

3. 风雨雪等气象监测

(1)大风监测报警。在风速超过 15 m/s 的地区设置风速风向监测点，桥梁、高路堤等区段监测点平均间距 5～10 km，山区垭口、河谷等区段平均间距 1～5 km。风速风向计安装高度为轨面以上 4 m。根据实时监测风速的分析处理，为动车组运行提供大风报警信息。环境风速≤20 m/s，运行速度≤300 km/h；环境风速≤25 m/s，运行速度≤200 km/h；环境风速≤30 m/s，运行速度≤120 km/h；环境风速>30 m/s，严禁动车组进入风区。

(2)雨量监测报警。沿线设置雨量监测点，布设间距一般 15～25 km，可根据沿线地形、地貌及地质条件进行调整，对高路堤、深路堑、隧道口等特殊地段应重点考虑。艰险山区铁路易发生滑坡、泥石流及危岩落石的地段配套设置地面雨量监测系统，提供降水量实时监测及报警信息。

(3)雪深监测报警。在降雪频繁，积雪深度较大的地段设置雪深监测点，提供积雪深度实时监测信息，重点考虑对深路堑、风吹雪地段的监测。

4. 外部环境变化监测

铁路外部环境安全隐患是作用于铁路安全保护区及铁路安全影响区域的各种活动直接或间接地形成人的不安全行为或物的不安全状态。《铁路安全管理条例》对铁路线路安全保护区的范围和管理做出了明确规定，但是铁路安全保护区仍然存在各种风险。铁路外部环境复杂，按照外部环境隐患成因、可能造成的后果、涉及专业等因素可将隐患分为危险品、硬漂浮物、轻漂浮物、违建违占、违法施工、树木种植、道口安全等。铁路外部环境安全监测可采用定期排查和实时监测结合的方案进行，通过遥感技术定期对铁路沿线风险源进行排查，确定重点防护区域，然后采用技防手段，对其进行实时监测。

5. 异物侵限监测

高速铁路异物侵限主要指突然发生的影响行车安全的事故以及落石、落物、塌方或其他物体侵入限界；公路跨越高速线路或与高速线路平行时，车辆及物品翻落侵入限界；站台内旅客或物品跌落至站下；桥梁墩台受到意外撞击等。目前建立的高速铁路自然灾害及异物侵限监测系统(简称灾害监测系统)是铁路信息系统的组成部分，主要对高速铁路沿线风、雨、雪、地震及上跨铁路道路桥梁的异物侵限进行实时监测，为调度指挥及维护管理提供报警、预警信息，防止或减少灾害对高速铁路列车运行安全的影响。

现有的异物侵限监测技术主要分为非接触式与接触式两种。非接触式监测技术主要包括激光扫描技术、红外探测技术、智能视频分析技术等。接触式监测主要包括双电网监测技术和光纤光栅探测技术。

1.2.7 邻近营业线施工安全监测

邻近铁路营业线施工是指在铁路营业线一定范围内，影响或可能影响铁路运营设备设施稳定、使用和行车安全的施工作业，简称“邻近施工”。邻近铁路营业线的上跨、下穿、近距离并行等施工，主要包括基坑开挖、路基填筑、隧道掘进(矿山法隧道、盾构法隧道、顶管等)、桥梁架设、桩基施工、降水、重型机械作业、临时堆载、河道拓宽、疏浚等施工作业。

由于邻近铁路营业线施工管理一般多指对路外单位进行的涉铁工程，所以邻近铁路营业线施工安全监测在日常中也称为涉铁工程监测，统一简称为涉铁监测。邻近施工安全监测或涉铁监测是指邻近营业线施工期间对铁路运营设备设施的变形监测工作。铁路运营设备设施指铁路工务(包括桥梁、隧道、路基、轨道等)、供电、电务等设备设施，站台、站房、人行天桥、地道、库房等关系铁路行车运营的构筑物。

1.3 高速铁路运营监测国内外现状

1.3.1 国外工务维修测量现状

国外铁路发展的共同特点是将线路变为少维修或不维修的轨道，以省力、经济、高效的新型线路维修为目标。维修水平主要表现在采用先进的检测系统、高度机械化作业方式、科学诊断和自动化管理方面。国外铁路的研究及经验证明，在线路方面，直接影响、控制行车速度的主要因素，一是线路的平、纵断面，二是线路的平顺性。日本铁道线路专家佐藤吉彦在一次国际会议上指出：“日本东海道新干线，花费的运营开支最少却能完成大量高速列车安全运行的秘密，在于建立较科学的轨道不平顺维修管理系统。”法国 TGV 的成功经验也证明，若提高和保持轨道结构的平顺性，便可以满足 300 km/h 高速行车的要求。因此国外铁路近年来特别重视对轨道的诊断监测，高度机械化的维修以及自动化的科学管理，以使轨道始终保持平顺状态，提高旅客舒适度，缩短列车运行时分。

日本、德国和法国等发达国家在高速铁路的运营维护方面积累了大量经验，对高速铁路检测监测非常重视，普遍采用高速综合检测列车、专业检测车和运营列车搭载式检测设备，检测监测设备向综合、在线、智能方向发展。日本、英国、意大利、法国相继研发了综合检测列车，普遍实现了对轨道、接触网、通信和信号等基础设施的等速检测，同时还采用了巡检车、钢轨探伤车、隧道路基地质雷达检测车等进行专项检测。目前，日本、德国、英国都在尝试推进运营列车搭载式无人值守检测装备发展，实现基础设施高频检测，及时发现安全隐患。维修管理模式方面，日本实行管、检、修严格分离模式，德国和法国实行管、检、修部分分离模式，检修作业采用专业化队伍和外委方式，并引入全生命周期管理理念。

发达国家铁路都制订了本国轨道的管理目标值，通过先进的检测车进行监测，对高速铁路线路平顺状态进行严格的管理。近年来发达国家在轨道维修管理现代化方面正在实现三个转变：

①从定性和传统经验管理向定量化科学管理转变。

②对轨道状态和质量的检测从静态检测向动态检测、综合检测转变。

③轨道管理系统从分散的单独系统向覆盖全路的综合化、网络化、智能化系统转变。

1. 国外轨道几何状态动态检测方法

(1)日本

East-i是日本完全利用其国内技术开发的综合检测列车，由6辆检测车组成，可以检测轨道几何参数、接触网、通信信号、轮轨作用力、环境噪声等，最高检测速度可达275 km/h。该轨道检测系统安装在列车的第3号车辆上，这个车辆采用了与实际运行车辆相同的两个二轴拖动转向架结构。East-i综合检测列车可在一次运行过程中实现对线路的综合检测功能，但各检测项目之间的检测数据并不综合到一个统一的中心，各检测单元有各自独立的数据显示、记录、转储和地面分析、处理、维护管理决策等系统，全系统仅有位置、时间和速度是统一的。

(2)美国

美国各铁路公司均拥有自主研发的轨检车，美国联邦铁路署还委托ENSCO公司研制了技术先进的T10型轨检车，用于抽查各铁路公司的线路质量。T10型轨检车采用惯性基准测量原理和非接触式测量方法，应用光电、伺服、数字滤波、局域网技术，最近还增加了钢轨断面测量系统，使轨检车的功能更加齐全，检测速度可达192 km/h。

ImageMap公司研制的Laserail轨道测量系统采用激光摄像、高速图像处理技术取代了光电伺服技术，体现了轨道检测技术的发展方向。它采用惯性基准原理、非接触式测量方法，系统包括两个光纤陀螺和两个加速度计及其模拟处理板，4个激光器、10台摄像机等，可测量轨距、左右轨向、左右高低、超高、水平、三角坑、曲率、钢轨顶磨和侧面磨耗等，检测速度可达300 km/h。

(3)奥地利

奥地利EM250型轨检车检测速度为250 km/h，其主要技术特点是采用惯性基准原理、光电转换技术和多处理技术等，除了测量轨道几何参数和车辆振动参数外，还能测量钢轨断面、轮轨作用力并记录环境图像。EM250型轨检车有两种途径评定轨道质量：

①采用ADA-Ⅱ程序来获得轨道质量系数，评定轨道区段的整体不平顺状态。

②采用ADA-Ⅲ程序来判断超过规定限界值的幅值大小，并对不同等级轨道病害进行分类和统计并能及时发现危及行车安全的轨道病害，又能评定单元区段的线路质量。

(4)德国

德国OMWE轨检车和RAILAB轨检车的技术特点是在车下建立测量框架，在车内安装与框架相连的三轴稳定性平台，采用3个陀螺和3个伺服加速度计组成了惯性导航系统，为轨道几何参数的测量构建了惯性平台，结合安装在测量框架上的光电传感器，测量相对平台的位移量，经计算机处理合成即可得出轨道的高低、水平、轨向值，检测速度可达300 km/h。轨道质量状态的评定方法包括：摘取超限峰值，判断和统计超过A、B、C三个等级的个数和长度，以及计算 500 m 区段的轨道质量指数 TQI、起拨道指数和捣固指数。

(5)意大利

“阿基米德号”综合检测列车又称 Roger2000，是 MER MEC 公司和 TECNOGAMMA 公司为意大利铁路设计制造的，检测速度可达 220 km/h。检测项目包括轨道几何参数、钢轨断面、钢轨波浪磨耗、接触网及受流状态、通信和信号、车体和轴箱加速度、轮轨作用力等。车上有 57 台计算机，每秒钟可处理 30G 数据，有 24 个激光器、43 个光学摄像传感器、47 个加速度计，大量的强度、速度、定位、温度传感器，以及用于航空电子领域的惯性平台。

意大利高速铁路使用“阿基米德号”综合检测列车已经形成了一整套检测和维修养护体制。综合检测列车各子系统有独立的存储数据库，在速度、时间、空间上保持同步，所有子系统的检测数据集成到车载中央数据库，由中央数据库将数据通过无线网络传输到地面的 RFI 数据处理中心进行综合分析、比较，从而制定科学的维修保养计划，指导养护维修。其轨道检测在较低速度时采用弦测法，在较高速度时采用惯性基准法，较好地发挥了两种测量原理的优势。

(6)法国

目前在法铁的线路上主要应用着三种检查车，分别为 Mauzin、Helene 和 Melusine。

Mauzin 主要用于轨道几何参数的检测，可以检测轨面高低、断面、方向、扭曲、轨距等项目，采用 13 m 和 65 m 弦，检测速度可以达到 200 km/h，目前在法铁的高速线上有 5 辆 Mauzin，每年对线路检测 2～3 次。

Helene 主要用于信号的检测，可以测量轨道电路中电流的强度、纵横向交叉对话、轨道的横向阻抗等，检测速度 200 km/h，每两个星期对线路检测一次。

Melusine 主要用于检测列车的舒适度以及钢轨断面的绘制，可以测量列车的位置和速度、转向架和车体的加速度、受电弓、钢轨表面、接触网电流等项目，检测速度 300 km/h，每 15～30 d 对线路进行一次检测。

MGV 是专为法国高速铁路研制的综合检测列车，该列车的主要特点是集成以上各系统，并实现检测速度达到 320 km/h，这样在正常运营(发车间隔 3～4 min)情况下就可以对线路设备进行检测，轨道几何的检测实现无接触化。在 MGV 检测列车中采用法国既有成熟的动力集中式 TGV 动车组，8 节车辆的编组：

车辆 1：用于测量车体、轴箱等加速度，测量钢轨断面并进一步计算轨道的几何形位；

车辆 2：用于接触网检测，受电弓接收到的电流、弓网的动力学参数以及磨耗情况；

车辆 3：用于信号检测，信号的传播、信号传播的速度、同轨道的固定接触；

车辆 4：其他杂项，如列车与轨道的通话，GSM，列车定位、列车速度、风力等。

其他车辆分别由餐车、卧铺车等组成。

该车检测项目比较齐全，几乎包括了从接触网及受流状态、通信信号、轨道几何、钢轨断面、钢轨表面、线路环境数字图像、扣件、轨枕、道砟等各项基础设施和运行状态。

2. 国外轨道几何状态静态检测方法

国外高速铁路轨道全几何参数静态精密检测技术和设备也已经很成熟。比较典型的有美国 T10 型轨检车、德国的 GEDO 轨检车、瑞士安博格的 GRP 系列轨检车。随着传感器技术水平的不断提高，这些传感器技术也将不断应用于轨道检测技术上，国外的轨道全几何参数精密检测技术和设备也将向着更快、更智能的趋势发展。德国“线路和施工测量”规范中施工采用坐标法定位轨道位置，强调轨道几何状态符合设计要求及轨道绝对位置的正确性。检测使用静态轨检车配合全站仪对线路轨道几何形态进行测量，检测每根轨枕处的轨道静态几何参数、线路的短波和长波不平顺值。

(1)瑞士安博格 GRP 系列轨检车：集相对测量与绝对测量于一身，配置的高精度传感器可以精确测量轨距、水平、扭曲、里程等相对参数；配合全站仪还可以实时测量轨道中线与设计中线的偏差和轨面高程与设计高程的偏差。软件自动计算轨向和高低并显示与设计值的差值。

(2)德国 GEDO 轨检车：可进行轨道几何状态检测，配套的是美国天宝公司 S6/S8 全站仪或徕卡 TPS 全站仪。

(3)德国斯图加特大学(Rhomberg 轨检小车)、瑞士苏黎世联邦理工学院(Swiss Trolley 轨检小车)、土耳其耶尔德兹理工大学等均研发有多款绝对测量型轨检小车。

1.3.2 国内运营监测现状

我国工电供检测监测技术经过多年发展取得了长足进步，自主研发能力不断增强，部分领域达到或接近世界先进水平。成功研制应用了高速综合检测列车、综合巡检车、专业检查车和运营列车在线检测等装备，通信各子系统网管、信号集中监测、风雨雪等气象灾害监测和地震预警监测技术也取得了较大进步，初步建立了工务 8M、供电 6C、通信各子系统网管、信号集中监测等专业检测监测体系，形成了一套行之有效的检测监测数据分析和结果应用制度、办法和措施，有效保障了客货列车安全运营。

1. 国内轨道几何状态动态检测现状

(1)车载式添乘仪

车载式添乘仪(如 ZT-6 型轨道智能添乘仪)是通过传感器测定的车体加速度判断线路病害等级的一种简易检测设备，其根据车体上下振动加速度和左右摆动加速度来判断线路是否存在病害，并根据加速度峰值确定病害等级。

(2)轨检车

XGJ-1 准高速(140～160 km/h)轨检车可检测前后高低、轨向、水平、不平顺、曲线外轨超高、曲线半径、轨距、线路扭曲、车体水平和垂直振动加速度、左右轴箱垂直振动加速度等。除检测轨道几何形位外，还可以从轮轨相互作用和行车平稳性等方面对轨道状态做出综合评价。我国铁路轨检车的发展从 20 世纪 50 年代至今共经历了 1 型、2 型、GJ-3 型、GJ-4 型、GJ-5 型以及 GJ-6 型轨检车。1 型和 2 型轨检车采用弦测法检测原理；GJ-3 型轨检车至 GJ-6 型轨检车均采用惯性基准法的检测原理，只是在信号的获取方式上随着技术的进步而发展变化。GJ-6 型轨检系统是我国轨检系统的主要发展方向，目前已安装在所有综合检测列车上和多辆轨检车上，用于我国铁路的日常检测和新建线路的联调联试。

2. 国内轨道几何状态静态检测现状

轨道静态检测是在天窗时间铁路工务部门使用轨检小车等设备对轨道静态几何状态进行检测和维护，包括轨道内部几何参数和轨道外部几何参数，其中，轨道内部几何参数包括轨距、轨向、高低、水平、三角坑等，相对误差亚毫米级；轨道外部几何参数包括轨道中线及左、右轨相对于设计线位的平面(横向)偏差和高程(垂向)偏差，绝对误差毫米级。其中，轨检车大致可分为绝对测量型和相对测量型两类。

绝对测量型轨检车目前使用较多的包括瑞士安博格轨检车和美国天宝 GEDO 轨检车，其原理大致相同，主要搭载了全站仪等设备，依靠 CPⅢ测量轨道的外部几何参数，其绝对精度较高，达 1.0～1.4 mm，但测量速度较慢，为 0.1～0.2 km/h。为提高测量速度，安博格 GRP1000IMS 同时搭载了惯性测量单元与全站仪，以减少全站仪的测量次数。国内除使用国外进口轨道几何状态测量设备外，通过引进、消化、吸收再创新，国产化设备研发有了长足进步，可替代进口设备进行高速铁路轨道几何状态的静态检测。广州南方测绘科技股份有限公司、成都普罗米新科技有限责任公司、江西日月明测控科技股份有限公司、长沙悦诚机电科技有限公司、武汉大学以及多家铁路设计、施工单位均研发了多款绝对测量型轨检车。

相对测量型轨检车主要使用弦长检测、惯性测量、激光测距、摄影测量等方法，测量轨道的内部几何参数，相对测量精度较高。为提高定位精度和检测速度，一些轨检车同时搭载了单天线 GNSS 接收机和惯性测量装置，采用载波相位差分后处理或精密单点定位等技术，绝对定位精度达厘米级并用于对惯性测量装置进行约束，相对测量精度达毫米级，测量速度较快，达 3～5 km/h。但相对测量型轨检车主要用于检测轨道内部几何参数，不能满足轨道外部几何参数检测毫米级的精度要求。长沙悦诚机电科技有限公司、西南交通大学、成都四方瑞邦测控科技有限公司、江西日月明测控科技股份有限公司、西安奥通数码科技有限公司、南昌大学、哈尔滨安通测控技术开发有限公司、武汉大学和德国地学研究中心等均研发了多款相对测量型轨检车。

3. 运营期精测网定期复测及基础变形监测现状

高速铁路运营监测是必要的、重要的基础性工作，并出台了系列技术要求和管理办法。我国《高速铁路设计规范》(TB 10621—2014)、《高速铁路工程测量规范》(TB 10601—2009)、《高速铁路轨道工程施工质量验收标准》(TB 10754—2018)等高速铁路规范对设计、施工和运营提出的要求中包含运营监测方面的指标和要求。《高速铁路运营沉降监测管理办法》(运基线路〔2010〕554 号)和《高速铁路线路维修规则》(铁工电〔2023〕106 号)对高速铁路运营监测提出较为具体的作业要求。为规范高速铁路运营期精密测量控制网的维护管理工作和高速铁路运营期基础变形监测管理工作,2015 年 4 月,中国铁路总公司印发《运营高速铁路精密测量控制网管理办法》(铁总运〔2015〕126 号)和《运营高速铁路基础变形监测管理办法》(铁总运〔2015〕113 号),规定了开展高速铁路精测网维护工作和基础变形监测的职责分工和技术要求。

根据《运营高速铁路精密测量控制网管理办法》(铁总运〔2015〕126 号),精测网复测单位应具备精密工程测量资质,能够承担高速铁路精测网测量工作。复测技术方案由精测网复测单位编制,经铁路局集团公司或铁路公司组织评审后实施。运营期间精测网复测分为定期复测和不定期复测。全线定期复测的内容包括 CPⅠ、线上 CPⅡ、CPⅢ、线路水准基点控制网和线上加密水准点的测量。复测周期不宜超过 3 年,最长不宜超过 5 年,其中线路水准基点、线上加密水准点、CPⅢ高程网在开通运营后两年内复测一次。当线路日常检查中发现 CPⅢ点位和精度不能满足使用要求时,应对相应范围内的 CPⅢ控制网进行不定期复测。

根据《运营高速铁路基础变形监测管理办法》(铁总运〔2015〕113 号),铁路局集团公司应协调铁路公司组织设计、咨询、评估、施工、监理等单位,依据沉降评估及铺轨后的沉降观测数据,研究确定运营期间的基础变形重点监测地段。对冻胀、区域沉降、显著差异沉降地段应重点监测。新建铁路宜在运营初期对桥梁、路基变形进行一次普查监测,并根据监测结果合理确定和调整重点监测地段。基础变形重点监测地段的监测周期应根据实际情况合理确定。在监测过程中当发现变形异常时,应适时增加监测频次。

北京局集团公司制定有《北京铁路局运营高速铁路精密测量控制网管理办法》(京铁工〔2017〕518 号)、《北京铁路局运营高速铁路基础变形监测管理办法》(京铁工〔2017〕519 号),上海局集团公司制定有《运营高速铁路精密工程测量规范》(Q/CR-SHT0050—2020)、《上海铁路局高速铁路运营期精密测量控制网管理实施细则》(上铁工〔2015〕627 号)、《上海铁路局高速铁路运营期变形监测管理实施细则》(上铁工〔2016〕205 号)、《高速铁路营运期变形监测和精测网复测工作管理实施意见》(上铁经〔2017〕65 号)等规范及管理制度,对沉降变形评价指标、重点段确定评价指标、复测周期等进行了细化。

4. 结构健康监测现状

健康监测是一门综合性的技术,涉及多个学科,最早开始应用于航空、航天、精密机床等领域,随着科技的发展,20 世纪 80 年代,健康监测技术开始应用于土木工程领域。健康监测最早应用于桥梁结构,在汲水门大桥、汀九大桥和润扬长江公路大桥等安装了健康监测系统,以监测桥梁结构的健康状况。20 世纪 90 年代,健康监测开始应用于大型公共建筑,对国家体育场、国家游泳中心和济南奥体中心等结构进行了健康监测。21 世纪初,健康监测开始应用于铁路站房，如杭州东站、滨海站、北京西站、昆明南站等。

为统一铁路客站结构健康监测技术要求，规范结构健康监测技术工作，提高结构健康监测系统的设计、施工和维护管理水平，国家铁路局2021年制定颁布了《铁路客站结构健康监测技术标准》(TB/T 10184—2021)，适用于大型及特大型铁路客站、特殊及复杂结构客站的结构健康监测系统的设计、施工、验收和维护，其系统分析铁路客站结构特点和安全风险，全面总结相关研究成果和工程实践经验，明确健康监测的监测对象及监测指标，提出结构预警和状态评估的确定原则，对确保铁路客站结构健康安全具有重要规范作用。铁路客站结构健康监测主要针对运营期，也可考虑施工监测与运营监测相结合，使监测工作具有连续性和长期性。国内先后针对北京站无站台柱雨棚、上海虹桥站超长梁、北京大兴机场站、台州站等开展了结构健康监测应用。

大型桥梁投资规模大，服役周期长，通过在桥梁上布设各种传感器，测试桥址处的环境荷载以及桥梁本身的动力响应，实时动态地掌握桥梁在运营期间的健康状况，已经成为许多大桥建设者们的共识。桥梁健康监测是保证桥梁安全运营的重要手段，通过桥梁健康监测可以对桥梁结构状态进行监控和评估，在桥梁运营状况严重异常时发出警报为桥梁的维护和管理提供依据；也可以验证桥梁的设计理论，为同类型的桥梁设计提供参考；还可以促进桥梁抗风、抗震的理论研究。芜湖长江大桥布设了一套以环境监测、结构性能监测、行车安全监测等为主体的多参数、多传感器及调理仪的长期健康监测和报警系统，实现自动对结构的损伤识别和寿命评估，评价大桥的安全性和可靠性。桥梁健康监测系统自20世纪80年代引入中国后，取得了飞速发展，大部分特大型桥梁(滨州黄河公路大桥、济南黄河公铁两用特大桥、青马大桥、润扬长江公路大桥、苏通大桥、虎门二桥和港珠澳大桥等)都安装了健康监测系统。南京长江大桥通过安装风速风向仪、温度仪、加速度计、应变计、位移计等200个传感器，形成一套安全监测和状态评估系统，并建立了基准有限元模型，对已服役多年的大桥状态进行了准确的把握。一般而言，桥梁健康监测系统包括传感器子系统、数据采集子系统、数据分析处理子系统、损伤识别和性能评定子系统，各个系统之间紧密结合、协调工作成为一个有机的整体。

随着隧道投入运营年限的不断增长，在外部与内部条件变化等多重因素影响下，隧道结构易产生渗漏水、劣损、变形沉降等各种病害，从而威胁隧道的运营安全。近年来，国内外学者针对隧道结构开展了大量研究，认为健康监测系统能有效地对结构病害进行监测，通过实时监测数据可及时预警，并对结构状态进行安全评价。国铁集团企业标准《铁路运营隧道结构状态检测技术要求及方法》(Q/CR 516—2016)，规定了隧道结构状态包括衬砌表面状态、衬砌结构状态、隧底状态等，检测方法有激光成像法、地质雷达法等。

5. 自然灾害及异物侵限监测现状

我国高速铁路灾害监测系统是铁路信息系统的组成部分，主要对高速铁路沿线风、雨、雪、地震及上跨铁路道路桥梁的异物侵限进行实时监测，为调度指挥及维护管理提供报警、预警信息，防止或减少灾害对高速铁路列车运行安全的影响。

京津城际铁路作为我国第一条安装灾害监测系统的高速铁路，设置了风速风向、地震及异物侵限监测功能，有效保障了高速铁路的运营安全。随着我国高速铁路建设的发展及对防灾安全的日益重视，后续开工建设的高速铁路全部在规划设计阶段即考虑建立灾害监测系统。目前，在我国新建开通的高速铁路上，分别依据线路所处的自然环境、地理条件及灾害监测技术研究进展，不同程度地建立了灾害监测系统。2018 年国铁集团颁布企业标准《铁路自然灾害及异物侵限监测系统工程技术规范》(Q/CR 9152—2018)，2021 年国家铁路局颁布《铁路自然灾害及异物侵限监测系统工程技术规程》(TB 10185—2021)，是集设计规范、工程施工质量验收标准为一体的行业标准。编制中坚持"安全第一、预防为主、技术先进、经济合理"原则，在《高速铁路安全防护设计规范》(TB 10671—2019)基础上，细化了铁路自然灾害及异物侵限系统设置原则，对铁路沿线风、雨、雪、地震自然灾害监测以及上跨高速铁路的道路桥梁异物侵限监测系统设计及工程施工质量验收要求进行了全面规定。

6. 外部环境监测现状

根据《高速铁路安全防护管理办法》(中华人民共和国交通运输部令 2020 年第 8 号)第三条：高速铁路安全防护坚持安全第一、预防为主、依法管理、综合治理的方针，坚持技防、物防、人防相结合，构建政府部门依法管理、企业实施主动防范、社会力量共同参与的综合治理格局。铁路外部环境安全保障是一项系统工程，是人防、物防、技防相结合的安全保障体系。

(1)人防。依据国家和铁路行业相关法律法规，铁路外部环境安全防护由铁路各单位与地方各级政府协调联动开展。铁路单位排查外部环境安全隐患，根据隐患程度，定期或及时向地方政府报告，提出治理建议，跟踪隐患整治全过程，记名验收销号。人防是目前铁路外部环境安全隐患排查的主要方式。

(2)物防。物防是通过在现场设置物理防护设施设备进行防护，高速铁路沿线布设防护栅栏，采用全封闭的防护方式；普速铁路的重点防护地段设置防护网等物理防护设施。物防首先需要确定防护重点区域，可结合人工出巡、高空（卫星）或低空（无人机）遥感等手段进行。

(3)技防。技防是通过技术手段，结合物联网、人工智能等相关技术进行智能化防护。技防不仅可以降低人力、物力的消耗，同时可提高防护范围和智能化水平，尤其可对一些人员无法巡查的边缘、危险区域进行防护，是未来发展趋势。

目前铁路外部环境安全监测采用定期排查和实时监测结合，通过遥感技术定期对铁路沿线风险源进行排查，确定重点防护区域，然后采用技防手段，对其进行实时监测。

定期排查使用的遥感技术包括高空遥感和低空遥感技术，如京沪高速铁路利用卫星遥感技术周期性排查铁路外部环境安全隐患，实现对安保区内违法建筑、违法占用行为的类别、规模、分布情况、危害程度的拾取。根据相关研究，基于卫星遥感技术的铁路外部环境安全监测能够提高安全监管效率 50% 以上，减少一线作业人员工作量 80%以上。高空遥感技术具有宏观性强、影像色彩纹理丰富等特点，但是由于排查周期相对较长，采用低空遥感技术对沿线安全隐患进行排查更方便，可缩短排查周期。通过无人机携带高清摄像机飞临铁路上方违规建筑、高架桥等处所，将图像实时传回地面后对图像信息进行分析研判，通过航拍全景式呈现，可有效避免由于人力排查无法到达而出现的隐患死角。无人机在国内外铁路安全监测取证、基础设施检测监测、勘测设计和项目施工进度检查、事故调查和灾害评估、宣传等方面均有应用。

实时监测通过遥感技术可确定技防的重点区域，针对重点区域，可针对防护对象的特点，选择雷达、视频智能识别、振动光纤等单一或者组合技术进行监测。由于铁路外部环境安全防护的复杂性，单一手段很难满足防护准确性的要求，一般采用多种监测方式结合的组合技术。

7. 地质灾害监测现状

铁路运营管理部门对运营铁路沿线地质灾害主要以人工巡查、看守为主，在个别重大工点采用地面传感设备开展监测。在技术上可建立高速铁路地质灾害及基础设施监测系统进行系统监测，采用天空地一体化的监测技术手段开展监测，系统可分为铁路局集团公司中心系统与现场监测子系统两级结构，中心系统包括服务器、存储设备、网络设备、监测终端和配套软件，现场监测子系统包括沿线区间的滑坡/岩堆/高陡边坡监测子系统、落石/崩塌监测子系统、泥石流监测子系统、桥梁监测子系统、隧道监测子系统、路基监测子系统、轨道监测子系统等。

采用 InSAR、倾斜摄影、GNSS 定位、土体深部位移计、渗压计、雨量计等多元空间网络化监测技术和设备对滑坡、岩堆、边坡的深层土体位移、地表变形、外部环境及防治工程结构受力等参数进行监测。通过雨量计、泥位计、振动倾角监测仪、视频监控相结合的监测技术实现对泥石流沟的泥（水）位变化、泥石流振动信息、泥石流发生地影像变化信息等参数进行监测。布设具有移动侦测、异物识别报警功能的激光雷达探测仪和高清球机，在各种天气和气候条件下，对铁路隧道进口/出口线路界限上可能威胁到列车正常行驶的落石、边坡溜塌等异物进行快速、准确判别，并对告警目标进行定位、跟踪、放大，同时快速传递告警信息，辅助工务人员观察、判断，及时采取应急措施。落石/崩塌子系统由雨量计、GNSS、振动倾角一体机、高清球机、激光雷达探测仪、地面处理主机等设备组成。

8. 邻近营业线施工安全监测

2021 年，国家铁路局发布《邻近营业线施工安全监测技术规程》（TB 10314—2021），主要适用于邻近铁路营业线的上跨、下穿、近距离并行等施工，包括基坑开挖、路基填筑、隧道掘进（矿山法隧道、盾构法隧道、顶管等）、桥梁架设、桩基施工、降水、重型机械作业、临时堆载、河道拓宽、疏浚等施工作业；对常规的人工监测和自动化监测中的全站仪、静力水准装置、电水平尺、卫星定位等的监测方法做好了较为详细的规定；对路基段、桥涵段、隧道段、站房段（附属设施）的监测项目、施工影响区划分、监测等级、测点布设、监测频率、预警值、报警值、控制值等有了明确的规定。

第 2 章 精密控制网维护技术

随着我国经济和铁路建设的不断发展，在铁路建设与运营过程中，通过高精度的运营维护与施工，可以保证高速铁路通车后保持良好的快速性、平稳性及安全性。因此，精密工程测量技术在高速铁路运营维护中得到了广泛应用，本章重点对平面和高程精密控制网测量及维护技术进行介绍。

2.1 概 述

高速铁路对平顺性有着极高的要求，为了保证其平顺性，其轨道测量精度要达到毫米级，所以传统的普速铁路工程测量方法和精度要求已经不再适用。为了达到精度要求，我们采用高速铁路精密工程测量体系，由框架控制网(CP0)、基础平面控制网(CPⅠ)、线路平面控制网(CPⅡ)、线路水准基点控制网和轨道控制网(CPⅢ)构成的高精度工程测量控制网，简称"精测网"，该网可作为 250～350 km/h 高速铁路的施工建设、运营维护等工作的基准网，是高速铁路这一高科技系统工程的关键技术之一。早在《关于进一步加强铁路客运专线建设质量管理的指导意见》(铁建设〔2008〕246 号)文中，在总结客运专线建设的关键技术时，就将"精密测量"排在第一位，可见精测网在高速铁路的重要性。精测网分为平面控制网和高程控制网两部分。

为了保证勘测设计、施工和运营维护各个阶段控制网基准、精度的一致性，精测网的各级控制网都基于"三网合一"的测量体系，即：

(1)勘测控制网、施工控制网、运营维护控制网坐标高程系统统一。

(2)勘测控制网、施工控制网、运营维护控制网起算基准统一。

(3)线下工程施工控制网和轨道施工控制网、运营维护控制网坐标高程系统和起算基准统一。

(4)勘测控制网、施工控制网、运营维护控制网测量精度的协调统一。

精测网在勘测设计、施工、运营维护期间是所有测量工序的基准。但是由于各个阶段持续时间都比较长，比如勘测设计阶段往往需要将近半年的时间，施工也需要 2～3 年甚至更长，运营维护更是要持续几十年上百年。从高速铁路运营维护的角度说，精测网是高速铁路运营监测的基础，高速铁路运营监测的一切活动都是在稳定可靠的精测网基础上进行，后期线路维修也均在精测网的控制下进行。所以必须对精密控制网进行定期复测与维护，以保证精测网的精度。精测网的精度得到保证，才能使运营维护阶段各项测量工序的精度从根本上得到保证，所以精测网的维护测量是非常必要的。

高速铁路精密控制网维护一般分为两个部分，平面控制网复测和高程控制网复测。平面控制网复测包括 CPⅠ、CPⅡ、CPⅢ的复测，高程控制网复测包括线路水准基点复测、线上加密 CPⅡ及 CPⅢ高程控制网复测。

2.2 平面控制网维护测量技术

2.2.1 基础平面控制网测量

平面控制网包括框架控制网(CP0)、基础平面控制网(CPⅠ)、线路平面控制网(CPⅡ)、轨道控制网(CPⅢ)。

框架控制网(CP0)的三维控制基准是通过卫星定位建立的空间三维控制网，作为全线(段)的平面坐标框架基准。框架控制网(CP0)解决了全线坐标基准问题，具有系统性和完整性。CP0 点每 50 km 布设 1 个。

在框架控制网(CP0)基础上，沿线路走向 2～4 km 布设控制点，采用卫星定位测量方式建立的平面控制网，为线路平面控制网(CPⅡ)提供起闭基准。CPⅠ是根据 GNSS 静态相对定位原理建立的，全线一次布网，统一测量，整体平差。CPⅠ主要为铁路的勘测设计、施工、运营和维护提供坐标基准。

在基础平面控制网(CPⅠ)基础上沿线路 600～800 m 在线上布设线路平面控制网(CPⅡ)(隧道导线可依据现场情况 400～600 m 布设一对)，作为运营阶段线路测量的基准，是轨道控制网(CPⅢ)测量的平面控制基准。

在线路平面控制网(CPⅡ)基础上，CPⅢ轨道控制网沿线路方向每 60 m 布设 1 对点，是轨道施工、运营和维护的基准。

1. 复测原则

CPⅠ复测的总体原则是：同网形、同精度分级复测。

对确认已被破坏或破损 CPⅠ点，必须重新选点、补埋，并绘制点之记，同时编制新的 CPⅠ点号以与原 CPⅠ进行区分，CPⅠ点埋设示意如图 2-1 所示，CPⅠ平面控制网主要技术要求见表 2-1。

2. CPⅠ控制网观测

仪器检校之后才能进行 GNSS 测量，一般情况下是对光学对中器进行检校。GNSS 作业时天线定向标志线指向正北；对中误差小于 1 mm，每个时段观测前、后分别测量并记录天线高，两次较差值小于 2 mm，最后取其均值。观测过程中不允许在天线附近 50 m 以内使用电台，不允许 10 m 以内使用对讲机；在观测过程中不能出现以下操作：接收机关闭又重新启动，自测试，改变卫星仰角限，改变数据采样间隔，关闭或删除文件等。

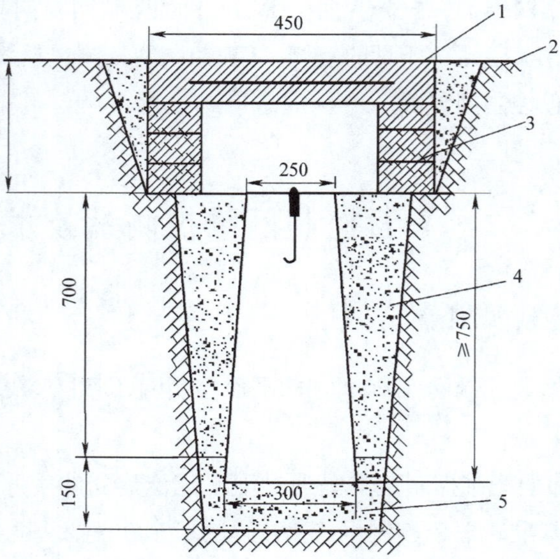

1—盖板；2—地面；3—保护井；4—素土；5—混凝土。

图 2-1　CPⅠ点埋设示意(单位：mm)

表 2-1　CPⅠ平面控制网主要技术要求

控制网等级	测量方法	测量等级	点间距	相邻点的相对中误差/mm	备　注
CPⅠ	GNSS	二等	≤4 km 1 对点	10	点间距≥800 m

注：(1)CPⅡ采用 GNSS 测量时，CPⅠ可每隔 4 km 布设一个点；
(2)相邻点的相对中误差为平面 x、y 坐标分量中误差。

观测时要使用仪器电子手簿记录点号、天线高，并认真填写 GNSS 静态观测手簿；保证每点重复设站数为 2，形成大地四边形。GNSS 测量作业的基本技术要求见表 2-2。

表 2-2　GNSS 测量作业的基本技术要求

控制网等级		二等(CPⅠ)
静态测量项目	卫星高度角/(°)	≥15
	有效卫星总数	≥4
	时段长度/min	≥90
	观测时段数	≥2
	数据采样间隔/s	15
	PDOP 或 GDOP	≤6

3. 数据处理

CPⅠ控制网应全线统一平差，避免因为分段平差导致各段落单独计算时搭接出现问题。

(1)基线解算和平差

CPⅠ外业观测采集以后，首先将 CPⅠ原始观测文件均转换为标准 RINEX 文件，并对点号、天线量高方式、天线高复核后进行基线解算。基线向量解算采用广播星历和商用软件，确保数据一致性。建议使用 TBC 或 LGO 进行基线结算，解算时可以通过软件自动解算基线，也可以手动解算基线。

同一时段 CPⅠ观测值的数据剔除率宜小于 10%；同一基线不同时段重复观测基线较差要求见式(2-1)。

$$d_s \leqslant 2\sqrt{2}\sigma \tag{2-1}$$

式中　d_s——基线边长，km；

σ——基线弦长标准差，mm。

由若干条独立基线边组成的独立环或附合路线各坐标分量(W_x、W_y、W_z)及全长 W_s 闭合差见表 2-3。

表 2-3　独立环检验限差

检验项目	限差要求/mm			
	X 坐标分量闭合差	Y 坐标分量闭合差	Z 坐标分量闭合差	环线全长闭合差
独立环(附合路线)	$W_x \leqslant 3\sqrt{n}\sigma$	$W_y \leqslant 3\sqrt{n}\sigma$	$W_z \leqslant 3\sqrt{n}\sigma$	$W \leqslant 3\sqrt{3n}\sigma$
重复观测基线较差	$d_s \leqslant 2\sqrt{2}\sigma$			

注：$\sigma=\sqrt{a^2+(b\cdot d)^2}$；$n$ 为闭合环的边数。

若基线的质量检验符合上述要求，则将所有独立基线构成控制网，将三维基线向量及其相应的方差-协方差阵作为观测信息，以一个点的 WGS-84 三维坐标为起算数据，进行无约束平差。

无约束平差基线向量改正数的绝对值满足以下要求：$V_{\Delta x} \leqslant 3\sigma$，$V_{\Delta y} \leqslant 3\sigma$，$V_{\Delta z} \leqslant 3\sigma$。

约束平差时应首先约束 CP0 点，并进行起算点的稳定性分析。特殊情况下在能够满足精度要求的前提下，可采用均匀分布于网中且稳定的 CPⅠ点进行约束。约束平差后，基线向量的改正数与同名基线无约束平差相应改正数的较差满足以下要求：$dV_{\Delta x} \leqslant 2\sigma$，$dV_{\Delta y} \leqslant 2\sigma$，$dV_{\Delta z} \leqslant 2\sigma$。

平差后线上 CPⅠ点的相邻点的相对中误差小于 10 mm，基线边方向中误差≤1.3″，最弱边相对中误差限差为 1/180 000。

(2)复测成果分析处理

本次复测与上次测量成果较差满足表 2-4 和表 2-5 的规定。本次复测成果与上次测量成果较差满足规范规定时，采用上次测量成果。当较差超限时，应查明原因，并内插更新成果。

表 2-4　CPⅠ控制点复测坐标较差限差要求

控制点等级	坐标较差限差/mm
CPⅠ	20

注：表中坐标较差限差指 X、Y 坐标分量较差。

表 2-5　CPⅠ控制点复测相邻点间坐标差之差的相对精度限差

控制网等级	相邻点间坐标差之差的相对精度限差
CPⅠ	1/130 000

注：表中相邻点间坐标差之差的相对精度为

$$\frac{d_s}{s}=\frac{\sqrt{(\Delta X_{ij}^2+\Delta Y_{ij}^2)}}{s}$$

$$\Delta X_{ij}=(X_j-X_i)_{复}-(X_j-X_i)_{原}$$

$$\Delta Y_{ij}=(Y_j-Y_i)_{复}-(Y_j-Y_i)_{原}$$

式中　s——相邻点间的二维平面距离；

ΔX_{ij}，ΔY_{ij}——相邻点 i 与 j 间二维坐标差之差。

当本次复测成果与上次测量成果较差满足规范规定时，采用上一次测量成果。当较差超限时，应查明原因。对新增加、补加或超限的点采用同精度扩展方法计算控制点成果，复测基线、异步环闭合差和无约束平差基线向量改正数均应在整网数据处理时完成检核，平差成果绝对点位中误差 CPⅠ应小于 10 mm。

CPⅠ内插更新时，至少将其周围 4 个 CPⅠ点作为已知点约束，且更新点位于已知点中间。

2.2.2　加密平面控制网测量

1. 复测原则

复测时应尽量保证测量方式、复测网形、测量精度同上一次测量时的相一致。

线上 CPⅡ一般采取强制对中标志，对中标志如图 2-2 所示。该标志能使 GNSS 接收机相位中心与 CPⅢ棱镜头的相位中心一致，预埋件顶部距 CPⅢ棱镜头相位中心/GNSS 接收机相位中心为 15 cm。

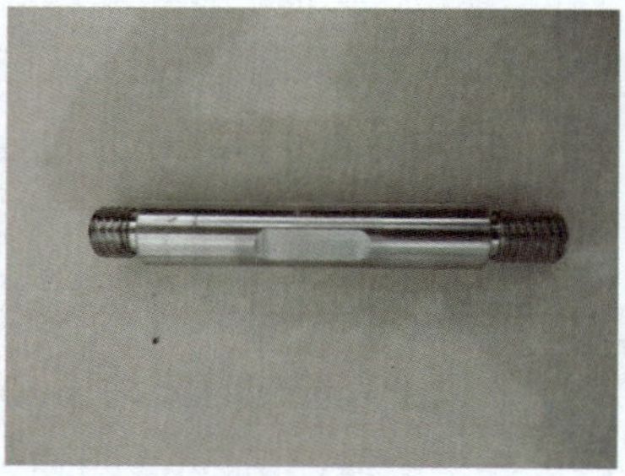

图 2-2　线上 CPⅡ对中标志

对于安装声屏障及其他无 GNSS 观测条件的地段，可对线上 CPⅡ点进行改移。

测量使用的仪器和精度应符合相应等级的规定，仪器应经过检定，并在有效检定期内。

测量前应检查联测标石是否完好，对丢失和破损严重的标石应按原测标准用同精度扩展方法增补或恢复。

补设线上 CPⅡ测量时观测 1～2 个时段，每个时段不少于 60 min，当单独补设测量 1 个线上 CPⅡ点时应至少联测 2 个 CPⅠ和 2 个线上 CPⅡ，且加密点位于已知点中间。

线上 CPⅡ平面控制网主要技术要求见表 2-6。

表 2-6　线上 CPⅡ平面控制网主要技术要求

控制网等级	测量方法	测量等级	点间距	相邻点的相对中误差/mm	备　注
CPⅡ	GNSS	三等	600～800 m	8	
	导线	三等	400～800 m	8	附合导线网

隧道洞内 CPⅡ控制网主要技术要求见表 2-7。

表 2-7　隧道洞内 CPⅡ控制网主要技术要求

控制网等级	附合长度/km	边长/m	测距中误差/mm	测角中误差/(″)	相邻点位坐标中误差/mm	导线全长相对闭合差限差	方位角闭合差限差/(″)	对应导线等级	备　注
CPⅡ	$L\leqslant 2$	300～600	3	1.8	7.5	1/55 000	$\pm 3.6\sqrt{n}$	三等	单导线
	$2<L\leqslant 7$	300～600	3	1.8	7.5	1/55 000	$\pm 3.6\sqrt{n}$	三等	导线网
	$L>7$	300～600	3	1.3	5.0	1/100 000	$\pm 2.6\sqrt{n}$	隧道二等	导线网

导线环(段)的测角中误差按式(2-2)计算：

$$m_\beta=\sqrt{\frac{1}{N}\left[\frac{f_\beta^2}{n}\right]} \tag{2-2}$$

式中　f_β——导线环(段)的角度闭合差,(″)；

n——导线环(段)的测角个数；

N——导线环(段)的个数。

2. GNSS 复测线上 CPⅡ网

线上 CPⅡ点复测方式应尽量同线上 CPⅡ点的建网方式相同，除非特殊地段采用其他测量方式进行。

(1)GNSS 观测

由于一般铁路线路过长，同时有些困难工点，如长大隧道、大江大河段落，在精测网建网之初并没有布设 CPⅡ点，所以 CPⅡ复测可以分段测量，但是每个段落都必须以已经完成复测并更新完成果的 CPⅠ网为起算点。CPⅡ网复测时需并执行表 2-8 指标，迁站方式同CPⅠ迁站方式。

表 2-8　GNSS 观测作业的基本技术要求

控制网等级		三　等
静态测量项目	卫星高度角/(°)	≥15
	有效卫星总数	≥4
	时段中任一卫星有效观测时间/min	≥20
	时段长度/min	≥60
	观测时段数	1～2
	数据采样间隔/s	15
	PDOP 或 GDOP	≤8
	重复设站	2

(2)数据处理

线上 CPⅡ网应该以 CPⅠ网为起算点进行平差计算，由若干条独立基线边组成的独立环或附合路线各坐标分量(W_x、W_y、W_z)及全长 W_s 闭合差见表 2-9。

表 2-9　独立环检验限差

检验项目	限差要求/mm			
	X 坐标分量闭合差	*Y* 坐标分量闭合差	*Z* 坐标分量闭合差	环线全长闭合差
独立环(附合路线)	$W_x \leqslant 3\sqrt{n}\sigma$	$W_y \leqslant 3\sqrt{n}\sigma$	$W_z \leqslant 3\sqrt{n}\sigma$	$W \leqslant 3\sqrt{3n}\sigma$

注：$\sigma=\sqrt{a^2+(b \cdot d)^2}$；本项目 $a=5$ mm，$b=1\times10^{-6}$。

若基线的质量检验符合上述要求，则将所有独立基线构成控制网，将三维基线向量及其相应的方差-协方差阵作为观测信息，以一个点的 WGS-84 的三维坐标为起算数据，进行无约束平差。

无约束平差基线向量改正数的绝对值满足以下要求：$V_{\Delta x} \leqslant 3\sigma$，$V_{\Delta y} \leqslant 3\sigma$，$V_{\Delta z} \leqslant 3\sigma$。

若 GNSS 网无约束平差符合要求，则引入网中联测的 CPⅠ点坐标(最新复测)进行三维约束平差。约束平差后基线向量的改正数与同名基线无约束平差相应改正数的较差满足以下要求：$\mathrm{d}V_{\Delta x} \leqslant 2\sigma$，$\mathrm{d}V_{\Delta y} \leqslant 2\sigma$，$\mathrm{d}V_{\Delta z} \leqslant 2\sigma$。

平差后线上 CPⅡ点的相邻点的相对中误差小于 8 mm，基线边方向中误差≤1.7″，最弱边相对中误差限差为 1/100 000。

3. 导线复测线上 CPⅡ网

在隧道洞内必须导线复测线上 CPⅡ控制点，采用测角精度不低于±1″，测距精度不低于±(1 mm+2×10^{-6}D)(D 为全站仪实际测量的距离值)的全站仪施测。导线测量水平角观测技术要求见表 2-10。

表 2-10　导线测量水平角观测技术要求

控制网等级	仪器等级	测回数	半测回归零差/(″)	2C 较差/(″)	同一方向各测回间较差/(″)
CPⅡ	0.5″级仪器	3	6	9	6
	1″级仪器	4	6	9	6

导线边长测量，读数至 0.1 mm。距离和竖直角来回各观测 3 回或 4 测回，竖角指标差≤15″，外业利用竖直角计算平距。各项限差见表 2-11。

表 2-11　导线边长测量限差

仪器精度等级	测距中误差/mm	同一测回各次读数互差/mm	测回间读数较差/mm	往返测平距较差/mm
Ⅰ	<5	5	$\sqrt{2}m_D$	$2m_D$

注：m_D 为仪器标称精度。

为了避免隧道洞壁旁向折光对导线测量的影响，导线边离开障碍物 1 m 以上。为了将隧道导线归算到精测网的基准上，减小投影变形的影响，所有导线边必须经过高程和高斯投影改化后才能进行平差计算，起算数据为 CPⅠ或 CPⅡ点。计算后导线的各项指标满足测角中误差≤±1.8″的要求，导线全长相对闭合差≤1/55 000，方位角闭合差≤±3.6″。线上 CPⅡ控制点的绝对精度应保证点位误差 m_x、m_y≤±8 mm，相对点位精度≤±8 mm。

线上 CPⅡ内插更新时，至少将其周围 2 个 CPⅠ点及 2 个线上 CPⅡ作为已知点约束，且更新点位于已知点中间。

4. 测量成果的分析处理

线上 CPⅡ点复测完毕后，应对本次复测结果与前一次测量结果进行对比分析，对超限的点用内插法进行更新。计算完成之后，综合分析各期次数据，对变化量大的地段增加观测次数。

用 GNSS 复测线上 CPⅡ控制点时，复测与原测结果较差见表 2-12 和表 2-13。

表 2-12　CPⅡ控制点复测坐标较差限差要求

控制网等级	坐标较差限差/mm	归算到垂直线路方向限差/mm
CPⅡ	15	8

注：表中坐标较差限差指 X、Y 坐标分量较差。

表 2-13　CPⅡ控制点复测相邻点间坐标差之差的相对精度限差

控制网等级	相邻点间坐标差之差的相对精度限差
CPⅡ	1/80 000

采用导线复测线上 CPⅡ控制点时，水平角、边长和坐标较差见表 2-14。

表 2-14　导线复测较差的限差

控制网等级	等级	水平角较差限差/(″)	边长较差限差/mm	坐标较差限差/mm	归算到垂直线路方向限差/mm
CPⅡ	三等	3.6	$2\sqrt{2}m_D$	15	8
CPⅡ	隧道二等	2.6	$2\sqrt{2}m_D$	15	8

当隧道洞内 CPⅡ控制测量的导线附合长度大于 7 km 时，导线等级为隧道二等。

2.2.3　轨道控制网(CPⅢ)平面测量

CPⅢ控制网是轨道调整及轨道结构监测的基础，其稳定性直接影响轨道的平顺性，进而影响高速列车运营的平稳性及安全性，故 CPⅢ控制网的复测至关重要。CPⅢ控制网最好与线上 CPⅡ控制网同步复测。

1. CPⅢ点的测量方法

CPⅢ控制网采取自由设站边角交会法进行测量，一般情况下沿线路每站观测 12 个

CPⅢ点，通过搬站保证每站都至少重合 8 个 CPⅢ，从而使每个 CPⅢ点都能被观测 3 次，其测量构网形式如图 2-3 所示。

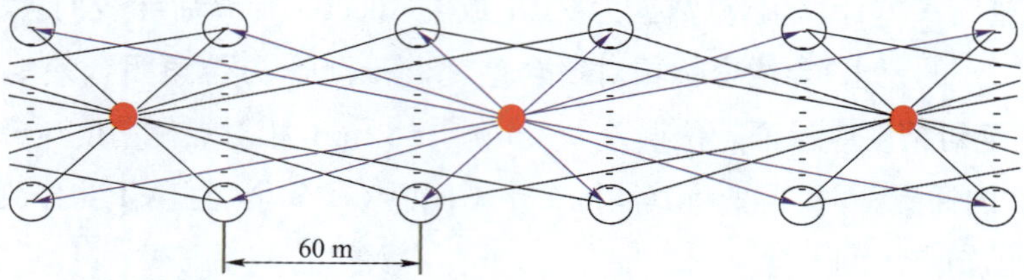

图 2-3　CPⅢ平面网构网形式(测站间距为 120 m)

注：中心点表示自由置镜位置，由中心点引出的蓝色方向线表示由此测站须观测的 CPⅢ点。

观测条件不好时，CPⅢ平面控制网可采用如图 2-4 所示的构网形式，平面观测测站间距约为 60 m，每个 CPⅢ控制点应有四个方向交会。

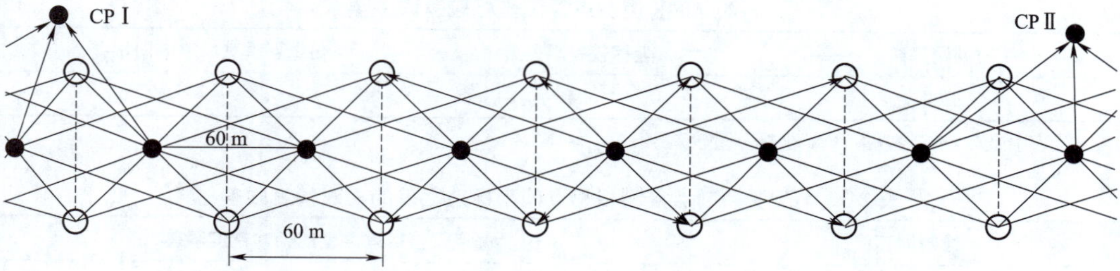

图 2-4　CPⅢ平面网构网形式(测站间距为 60 m)

在自由站上测量 CPⅢ的同时，联测靠近线路的全部线上 CPⅡ点，并纳入网中，一起进行平差计算。

2. CPⅢ网平面测量观测

用于 CPⅢ测量的仪器设备应通过国家法定机构检定并在有效期内，并满足以下要求：全站仪应具有自动目标搜索、自动照准、自动观测、自动记录功能，其标称精度应满足方向测量中误差不大于±1″，测距中误差不大于±(1 mm＋$2\times10^{-6}D$)。配套的温度计量测精度不低于±0.2 ℃，气压计量测精度不低于±0.5 hPa。平面观测前，应对全站仪进行检验和校正：

(1)望远镜光学性能的检验。

(2)调焦镜运行正确性的检验。

(3)照准部旋转是否正确的检验，照准部旋转轴准确无误，各个位置气泡读数较差不应超过一格。

(4)垂直微动螺旋使用正确性的检验。

(5)照准部旋转时仪器底座稳定性的检验。

(6)水平轴倾斜误差(水平轴不垂直于垂直轴之差)的检验,DJ_1 型仪器不应超过 10″。

(7)视准轴误差(2C,视准轴不与水平轴正交所产生的误差)的检验,DJ_1 型仪器不应超 20″。

(8)竖盘指标差的检验,DJ_1 型仪器不应超 8″。

(9)对中器的检验和校正,对中误差不应大于 1 mm。

(10)测距加常数及棱镜常数的检验。

CPⅢ网采用自由测站边角交会法测量。自由测站的测量,从每个自由测站,一般以前后各 3 对 CPⅢ点为测量目标,每个 CPⅢ点至少从 3 个测站上分别观测。

CPⅢ控制网观测的自由测站间距一般为 120 m,自由测站到 CPⅢ点的最远观测位置距离不应大于 180 m。

CPⅢ控制网水平方向采用全圆方向观测法进行观测。若观测方向较多,也可以采用分组全圆方向观测法。全圆方向观测技术要求见表 2-15。

表 2-15 CPⅢ平面网水平方向观测技术要求

仪器等级	测回数	半测回归零差	测回间同一方向 2C 互差	同一方向归零后方向值较差
0.5″级仪器	2	6″	9″	6″
1″级仪器	3	6″	9″	6″

CPⅢ平面网距离观测技术要求见表 2-16。

表 2-16 CPⅢ平面网距离观测技术要求

测回	半测回间距离较差/mm	测回间距离较差/mm
≥2	±1	±1

注:距离测量一测回是全站仪盘左、盘右各测量一次的过程。

若 CPⅢ平面网外业观测的水平方向和距离的技术要求不满足上述要求,该测站外业观测值按要求部分或全部重测。

CPⅢ平面网与线上 CPⅡ控制点联测时,至少通过 2 个连续的自由测站或 3 个以上 CPⅢ点。

3. 主要技术指标

CPⅢ平面控制网的主要技术指标见表 2-17。

表 2-17 CPⅢ平面控制网的主要技术指标

方向观测中误差	距离观测中误差/mm	相邻点的相对点位坐标方向中误差/mm	同精度复测坐标较差/mm
±1.8″	±1.0	±1.0	±3.0

CPⅢ平面控制网平差后的主要技术要求见表 2-18。

表 2-18　CPⅢ平面控制网平差后的主要技术要求

控制网名称	与 CPⅠ、CPⅡ联测		与 CPⅢ联测		距离中误差/mm	点位中误差/mm
	方向改正数/(″)	距离改正数/mm	方向改正数/(″)	距离改正数/mm		
CPⅢ平面网	4.0	4.0	3.0	2.0	2.0	2.0

CPⅢ平面控制网平差计算取位见表 2-19。

表 2-19　CPⅢ平面控制网平差计算取位

控制网名称	水平方向观测值/(″)	水平距离观测值/mm	方向改正数/(″)	距离改正数/mm	点位中误差/mm	点位坐标/mm
CPⅢ平面网	0.10	0.10	0.01	0.01	0.01	0.10

4. CPⅢ网分段与测段衔接

CPⅢ控制网的复测可分段进行，段落长度不宜小于 4 km，点对布设形式区段-重复观测不应少于 4 对 CPⅢ点，单点布设形式区段间重复观测不应少于 4 个 CPⅢ点，作为分段重叠观测区域，用于测段衔接。区段接头不应位于车站和连续梁范围内。在这 4 对 CPⅢ点(4 个 CPⅢ点)中间位置需有一个线上 CPⅡ点，以加强 CPⅢ网的强度。

CPⅢ自由测站边角交会平面网区段之间衔接时，前后区段独立平差重叠点坐标差值应满足≤±3 mm。重叠点坐标差值满足该条件后，后一区段 CPⅢ平面网平差，应采用所联测的线上 CPⅡ控制点及前一区段连续 2 对或连续 2 个及以上 CPⅢ点坐标作为约束点，进行平差计算。搭接平差后，搭接范围内非约束点成果应以搭接约束点为界，分别采用前后区段平差成果。

坐标换带处 CPⅢ平面网计算时，应分别采用相邻两个投影带的 CPⅠ、线上 CPⅡ坐标进行约束平差，并分别提交相邻投影带两套 CPⅢ平面网的坐标成果。两套坐标成果都应该满足上面的精度要求。提供两套坐标的 CPⅢ测段长度不应小于 800 m。

5. 外业记录

外业记录须在现场测量时记录各测站的实际情况，它是 CPⅢ测量的原始数据，应认真填写，在每段 CPⅢ测量结束后装订存档。

6. 内业数据处理

CPⅢ点的平面数据处理软件可采用经过鉴定或在类似工程中使用过的软件进行网平差计算。在线上 CPⅡ复测的基础上，进行 CPⅢ网的计算，其起算数据采用更新后的线上 CPⅡ成果。

CPⅢ平面复测结果与前一次测量结果的坐标较差应小于等于±3 mm，且相邻点的复测与原测坐标增量较差应小于等于±2 mm。较差超限时应结合线下工程结构和沉降观测数据进行分析判断，并根据分析结论采取补测或重测措施。在核实测量无误的前提下对 CPⅢ成果进行全部更新。对于超限的段落应认真分析，必要时需对轨道进行检查。

2.3　高程控制网维护测量技术

高程控制网维护测量主要包括以下三部分内容。

(1)线路水准基点控制网的复测：对线路水准基点缺失点位进行检测及补埋；对线路水准基点控制网进行复测，同步进行沉降监测基准网的建立，可以同步进行线下桥墩点的测量。

(2)加密水准基点的复测：桥上固定水准点与加密线下水准基点复测；线下线上高程联系测量。

(3)轨道控制网(CPⅢ)高程测量：对 CPⅢ缺失点位进行检测及补埋；对轨道控制网(CPⅢ)高程进行复测，可以同步进行路基及隧道监测点的测量。

2.3.1　线路水准基点控制网测量

1. 复测原则

为了满足高速铁路在运营、养护、维修和后续沉降监测的要求，在对线路水准基点控制网复测线路设计时，充分考虑该网作为沉降监测基准网的作用，必要时将沿线国家一等水准基岩点、城市一等水准基岩点及稳定的国家一、二等水准点纳入到复测网中以强化控制网的稳定性。

水准点丢失时，原则上不再补设，可在稳定的桥墩、桥台或临近线路的建筑物上埋入墙脚水准基点代替。沿途有满足点位要求的各类测量控制点均可纳入到网中作为补充点。

沿高速铁路线路走向布设的二等水准路线，当水准点(含利用的一、二等水准点、高速铁路线路水准点、CPⅠ点、深埋点及桥台涵洞监测标)间距超过 1 km 时，一般按照 1 km 间距增设普通水准点，且水准点距离线路的距离不超过 300 m，以满足高速铁路线路沉降监测要求。亦可选用稳定区域的高速铁路桥墩或邻近线路的稳定建构物嵌入墙脚水准基点标志作为水准点，但必须做好标记，以利于后续使用。

线路水准基点控制网宜全线一次布网，统一测量，整体平差。在与其他铁路交叉或连接处，线路水准基点应与其高程控制点联测，联测控制点的个数不少于 2 个。

复测后，修正有明显沉降水准点的高程成果，使全线二等水准网保持完整。

2. 水准观测

按照《国家一、二等水准测量规范》(GB 12897—2006)二等标准施测，水准路线和原网保持一致，起闭于基岩水准点、深埋水准点或国家一等水准点上。

使用精度不低于 DS05 级精密电子水准仪及配套的 2 m 或 3 m 因瓦条码水准尺。所用仪器均应经测绘仪器计量单位检定合格，并在有效期内。

观测时，采用单路线往返观测，一条路线的往返测使用同一类型仪器、标尺和转点尺垫，沿同一路线进行。

视线长度≥3 m 且≤50 m，前后视距差≤1.5 m，前后视距累积差≤6.0 m，视线高度≥0.55 m；测站限差：两次读数差≤0.4 mm，两次所测高差之差≤0.6 mm，检测间歇点高差之差≤1.0 mm；观测时，往返测奇数站按后—前—前—后，偶数站按前—后—后—前顺序进行，每一测段均应为偶数测站。一组往返测安排在不同的时间段进行；由往测转向返测时，互换前后尺再进行观测；晴天观测时给仪器打伞，避免阳光直射；扶尺时借助尺撑，使标尺上的气泡居中，标尺垂直。电子水准仪采用自动记录观测模式。

水准测量精度要求见表 2-20。

表 2-20　水准测量精度要求(mm)

水准测量等级	每千米水准测量偶然中误差 M_Δ	每千米水准测量全中误差 M_W	限差		
			检测已测段高差之差	往返测不符值	附合路线或环线闭合差
二等水准	≤1.0	≤2.0	$6\sqrt{L}$	$4\sqrt{L}$	$4\sqrt{L}$

注：表中 L 为往返测段附合或环线的水准路线长度，单位为 km。

3. 水准网复测数据处理

(1)数据传输和预处理

外业数据采集完成后，利用随机软件进行数据传输和预处理，得到各测段高差和距离文件。

(2)数据分析

根据各测段观测数据，分析各段往返测高差不符值情况，均应满足 $4\sqrt{L}$ 的要求。

按测段往返测高差不符值计算每千米水准测量偶然中误差：

$$M_\Delta=\sqrt{\frac{1}{4n}\left[\frac{\Delta\Delta}{L}\right]}$$

根据复测观测高差及既有深埋水准点的高程，统计得到深埋水准点既有成果资料与复测观测高差的附合情况；根据复测观测高差及线路水准基点的既有高程，统计得到线路水准基点既有成果资料与复测观测高差的附合情况；根据以上两种情况综合分析各线路水准基点的稳定性。

(3)线路水准基点控制网平差

以相对稳定的深埋水准点、基岩点或国家一等水准点为起算点进行整体平差计算，得到整网平差成果，结合复测高程成果分析，对确认有沉降的线路水准基点以相邻相对稳定的水准点为起算点，根据同精度扩展的原则对高程变化超限点或新设点重新计算其高程值。

2.3.2　轨道控制网(CPⅢ)高程测量

1. 复测原则

CPⅢ控制网高程测量可采用水准测量或自由测站三角高程测量的方法施测，并应附合于线路水准基点上，附合路线长度不应大于 3 km。

2. 外业观测

(1)线上水准测量

CPⅢ水准测量时应使用满足规范要求的 DS1 级水准仪。电子水准仪配置稳定、结实的专用三脚架；配套使用 2 m 因瓦尺，每把水准因瓦尺配备专用照明工具和配套专用尺撑。

CPⅢ高程测量时可采用矩形环进行单程观测，施测原理示意与单程观测形成的闭合环示意如图 2-5 和图 2-6 所示；或按“Z”字形构网往返观测，施测原理示意如图 2-7 所示。

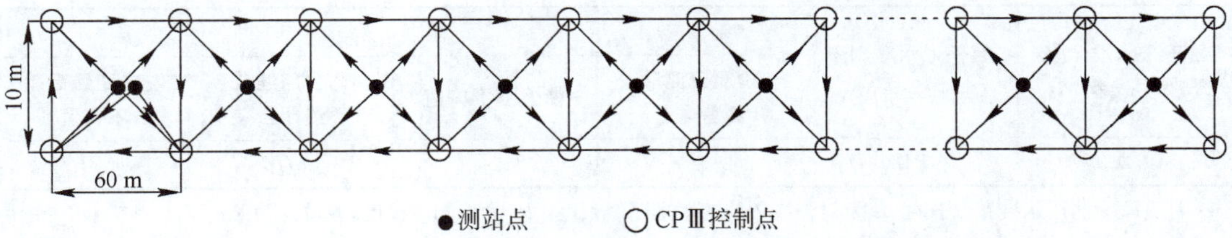

图 2-5　矩形法 CPⅢ水准测量原理示意

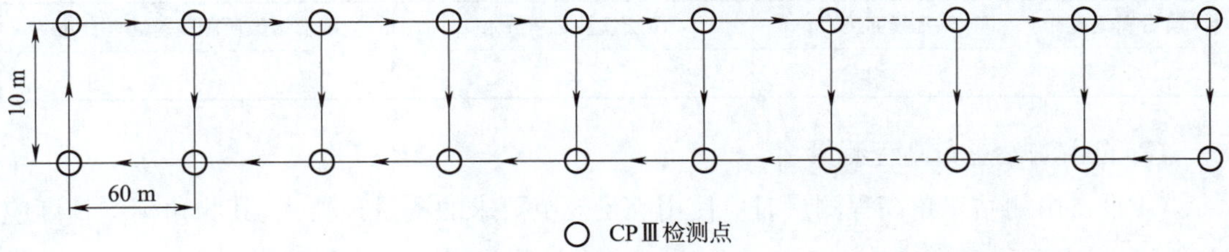

图 2-6　CPⅢ水准网单程观测形成的闭合环示意

CPⅢ高程控制网测量时按精密水准测量技术要求执行，仪器内设置的限差每天检查核实，确保观测质量；同时在铁路线上测量时，测量观测均选择在标尺分划成像清晰而稳定时观测，标尺分划线的影像跳动剧烈或气温突变以及风力过大而使标尺与仪器不能稳定时均不进行观测。CPⅢ高程控制网水准测量的主要技术要求，应符合表 2-21 的规定。

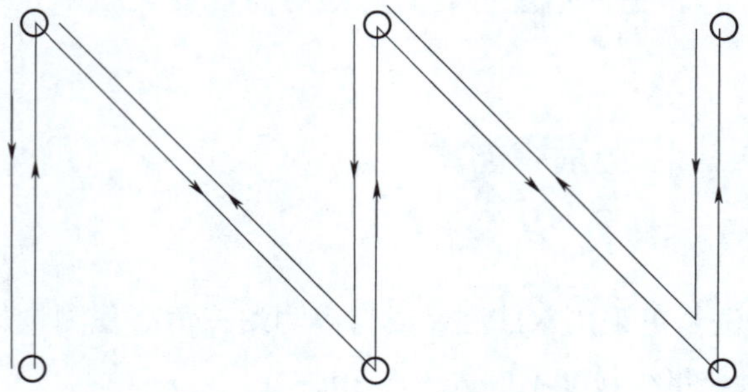

图 2-7 “Z”字形 CPⅢ水准路线示意

表 2-21 精密水准测量的主要技术要求

附合路线长度/km	水准仪最低型号	水准尺	观测次数	
			与已知点联测	环线
≤3	DS1	因瓦	往返	单程

精密水准测量精度要求应符合表 2-22 的规定。

表 2-22 精密水准测量精度要求(mm)

每千米水准测量偶然中误差 M_Δ	每千米水准测量全中误差 M_W	限差			
		检测已测段高差之差	往返测不符值	附合路线或环线闭合差	左右路线高差不符值
≤2.0	≤4.0	$12\sqrt{R_i}$	$8\sqrt{K}$	$8\sqrt{L}$	$4\sqrt{K}$

注：K 为测段水准路线长度，L 为附合或环线的水准路线长度，R_i 为检测段长度，单位均为 km。

CPⅢ高程网精密水准测量测站的主要技术要求，应符合表 2-23 的规定。

表 2-23 CPⅢ高程网精密水准测量测站的主要技术要求

前后视距差/m	视线高度/m	两次读数之差/mm	两次读数所测高差之差/mm
≤±2	≥0.3	≤±0.5	≤±0.7

(2)自由测站三角高程测量

CPⅢ自由测站三角高程测量时应使用满足规范要求的测量机器人，其测角标称精度应达到 1″，测边标称精度应达到 1 mm$+2\times10^{-6}D$。测量机器人配置稳定、结实的专用三脚架；配套使用各运营线路配置的 CPⅢ棱镜组件。

当采用自由测站三角高程测量进行 CPⅢ控制网高程测量时，其外业观测宜与 CPⅢ平面控制测量合并进行，同步获取边长和垂直角观测值。

3. 内业数据处理

CPⅢ点的高程数据处理软件采用经过鉴定或在类似工程中使用过的软件进行网平差计算。CPⅢ高程网外业观测结果的质量评定与检核的内容，分为以下几个方面：测站数据检核、水准路线数据检核，当 CPⅢ水准网的环数超过 20 个时还要进行每千米水准测量的高差全中误差的计算。CPⅢ高程网内业平差的计算和基础控制资料的选用，应符合下列原则：

当采用矩形环观测时，应对相邻两对 CPⅢ点所构成的闭合环的闭合差进行检核；当采用“Z”字形构网观测时，应进行相邻点和测段往返测高差交叉进行检查；当采用自由测站三角高程进行测量时，应对不同测站测量的两相邻点高差互差进行检查。CPⅢ高程网水准测量的外业观测数据全都符合要求后，方可执行内业平差计算操作。

CPⅢ高程网将联测的稳定线路水准基点的高程作为起算数据，再执行固定数据平差计算操作。

4. CPⅢ高程区段接边处理

CPⅢ控制网高程测量可分段施测，区段划分宜 CPⅢ平面控制网划分一致。前后区段衔接满足以下规定：当 CPⅢ采用水准测量时，点对布设形式区段间重复观测不应少于 2 对 CPⅢ点，单点布设形式区段间重复观测不应少于 2 个 CPⅢ点；当 CPⅢ采用自由测站三角高程测量时，点对布设形式区段间重复观测不应少于 4 对 CPⅢ点，单点布设形式区段间重复观测不应少于 4 个 CPⅢ点。区段之间衔接时，前后区段独立平差重叠点高程差值应小于等于±3 mm。符合上述要求后，后一区段 CPⅢ网平差，应使用本区段联测的线上水准基点及前一区段 CPⅢ点作为约束点进行平差。

5. CPⅢ高程成果的取用

CPⅢ高程点本次复测与上次复测成果的高程较差应小于等于±3 mm，且相邻点的复测与原测高程成果增量较差应小于等于±2 mm。若较差超限，应结合线下工程结构和沉降观测数据来判断分析，从而根据分析结论采取补测或重测措施，确认无误后对 CPⅢ点高程整体更新。

高程增量较差应按式(2-4)计算：

$$\Delta H_{ij}=(H_j-H_i)_{复}-(H_j-H_i)_{原} \tag{2-4}$$

2.4　工程案例

2.4.1　工程概况

京沪高速铁路是中国《中长期铁路网规划》中投资规模最大、技术水平最高的一项工程。京沪高速铁路北京南站至德州东站段地处冀鲁平原处，主要河流有海河、南运河等，沿线灌溉沟渠曲中交错，地下水抽用严重，沿线的工程地质条件主要是软土、松软土分布广泛，尤其是武清—沧州松软土，埋深变化大，软土层厚、强度低，工程性质差，整体区段区域沉降严重，横穿北京、天津、沧州等三大区域沉降漏斗区，区域性沉降会引起线路结构的整体变形，尤其是在漏斗边缘地区，会引起结构物的差异沉降，从而引起轨道结构的变形，影响高速列车行驶的安全性、平稳性及舒适性，需要加强监测。

2.4.2 工作内容

京沪高速铁路自 2012 年起，共进行了三次线下 CPⅠ网、线上 CPⅡ网、CPⅢ网、线下高程控制网复测维护，以维持各级控制网的完整性和现势性。其工作内容主要包括以下部分：

(1)全线桩位核查、补设。对全线 CPⅠ、线下高程控制网、线上 CPⅡ控制网、CPⅢ网的网点进行点位核实工作。对所有点位进行核查，掌握桩点的丢失和破坏情况，并根据此情况和运营维护工作的具体要求对丢失或被破坏的控制点进行补设。

(2)全线平面控制网复测。按《高速铁路工程测量规范》(TB 10601—2009)的技术要求，对 CPⅠ、线上 CPⅡ控制网进行复测，复测完成后，进行资料整理工作。

(3)全线高程控制网复测。按《高速铁路工程测量规范》(TB 10601—2009)的技术要求，对线下高程控制网进行复测，复测完成后，进行资料整理工作。

(4)全线轨道控制网(CPⅢ)复测。按《高速铁路工程测量规范》(TB 10601—2009)的技术要求，对轨道控制网(CPⅢ)进行复测，复测完成后，进行资料整理工作。

(5)复测成果分析及处理。对本次复测成果上一期复测成果进行对比、分析，必要时进行外业检测，以检查是否有错误存在，在确认复测成果无误的情况下，根据分析结果对相关较差超限控制点提出调整的处理意见。

2.4.3 平面控制网维护测量

1. 外业数据采集

采用标称精度为$\pm(5\ \text{mm}+0.5\times10^{-6}D)$的 GNSS 接收机施测，线下基础平面控制网每 4 km 布设 1 对点，对点间距大于 800 m；线上加密平面控制网每 600 m 左右布设 1 个点。线下基础平面控制网、线上加密平面控制网复测均采用 GNSS 静态观测形式，测量等级分别为铁路二等、铁路三等。

采用标称测角精度为 0.5″、测距精度为$0.6\ \text{mm}+1\times10^{-6}D$的测量机器人进行轨道控制网数据采集，CPⅢ平面外业数据采集时，每个 CPⅢ点至少有 3 个自由测站的观测值，线上 CPⅡ点至少有 3 个自由测站的观测值。

2. 内业数据处理

首先通过单点三维约束平差后的相邻点坐标差之差的相对精度来进行起算点的稳定性分析，沿线每 10～20 km 选择一处稳定性较好的 CPⅠ点作为起算点。然后通过选取的 CPⅠ点对线下基础平面控制网进行平差处理。依据规范要求，将本次 CPⅠ网的复测坐标与上期运营期间精测网复测坐标进行比较，坐标较差限差为 20 mm，相邻点间坐标差之差的相对精度限差为 1/130 000，同时满足上述限差要求时，采用上期复测坐标成果；否则对超限点进行分析并给予更新。对于超限点和新补设的控制点，采用同精度内插法更新成果，最终获得线下基础平面控制网成果。CPⅠ控制网各项统计如图 2-8～图 2-13 所示。

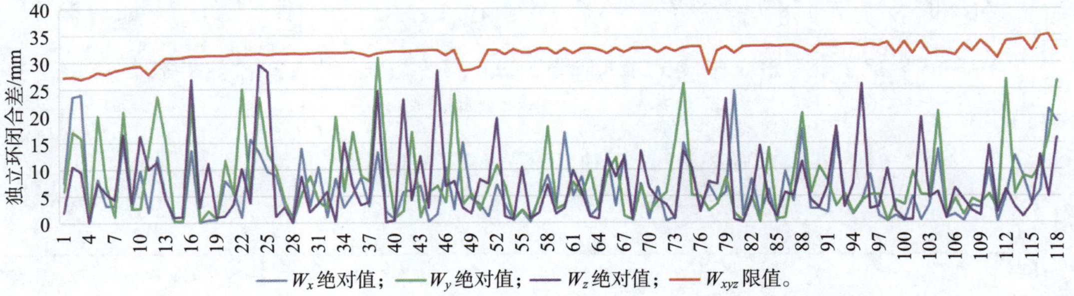

图 2-8　CPⅠ控制网独立环闭合差统计

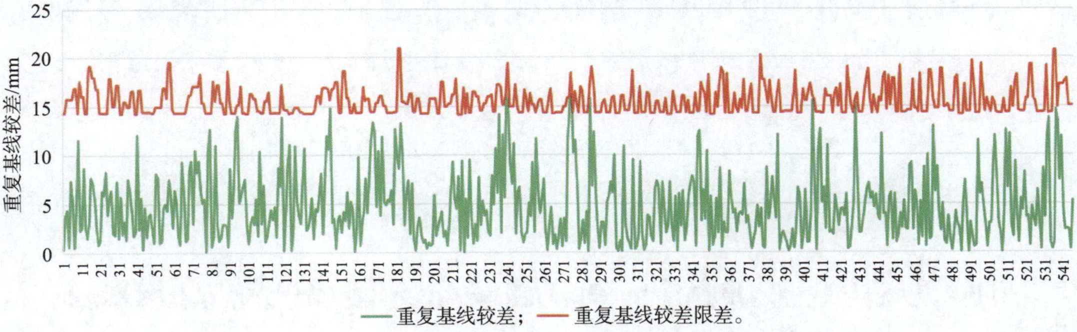

图 2-9　CPⅠ控制网重复基线较差统计

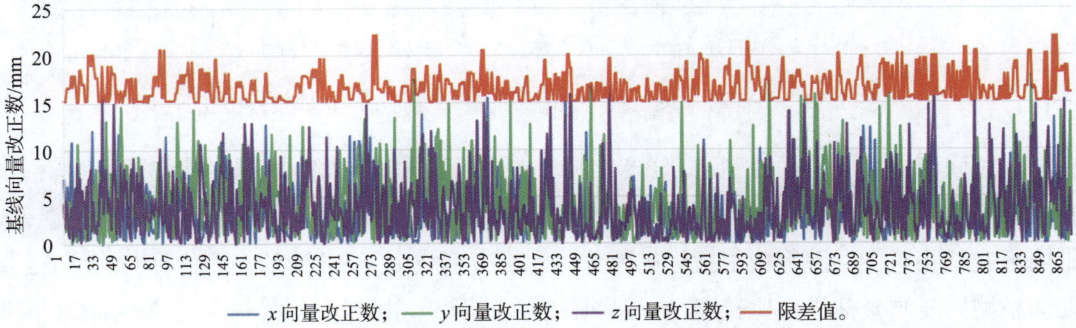

图 2-10　CPⅠ控制网三维无约束平差基线向量改正数统计

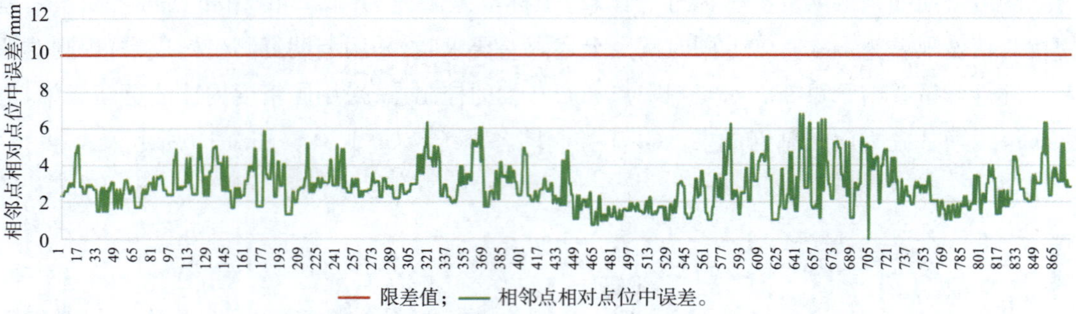

图 2-11 CPⅠ控制网三维约束平差相邻点的相对点位中误差统计

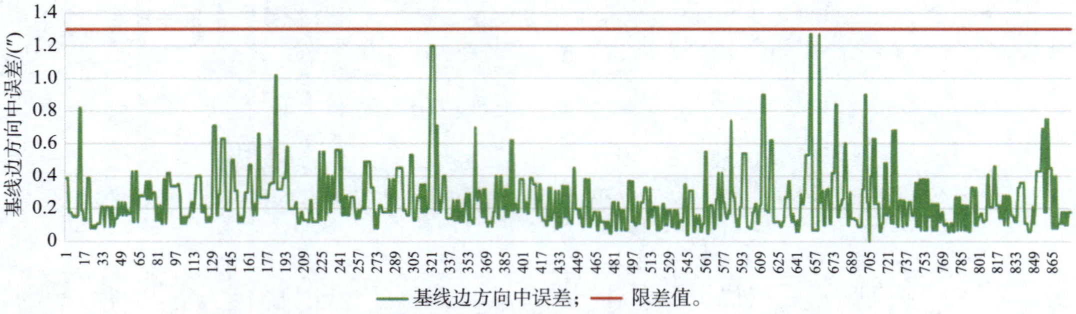

图 2-12 CPⅠ控制网三维约束平差基线方位角中误差统计

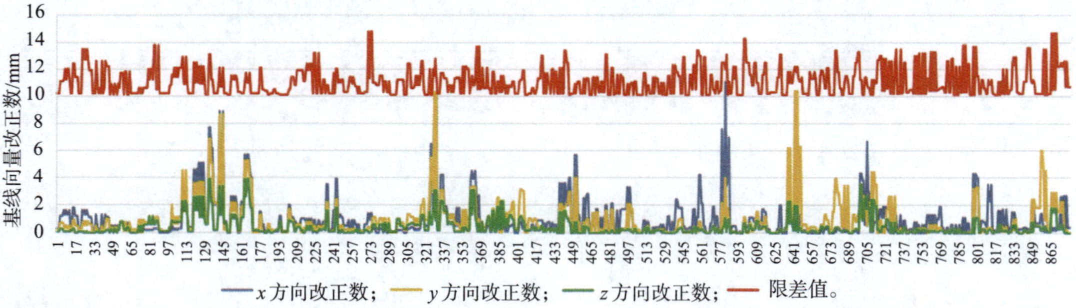

图 2-13 CPⅠ控制网三维约束平差同名基线向量改正数较差统计

通过联测的线下平面控制点，对线上加密平面控制网进行整网平差，对重复基线较差、独立环闭合差、无约束平差基线向量各分量的改正数以及约束平差后的基线边方向中误差、最弱边边长相对中误差等精度指标进行分析。将本期线上 CPⅡ网的复测坐标与上期运营期间精测网复测坐标进行比较，坐标较差限差为 15 mm，相邻点间坐标差之差的相对精度限差为 1/80 000，同时满足上述限差要求时，采用上期复测坐标成果；否则对超限点进行分析并给予更新。对于超限点和新补设的控制点，采用同精度内插法更新成果，最终获得线上加密平面控制网成果。

采用最新的线上加密平面控制网成果对轨道控制网进行平面网的数据处理及平差，在区段间重复观测不少于 6 对 CPⅢ点，在区段之间衔接时，前后区段独立平差重叠点坐标差值≤±3 mm，满足该条件后，后一区段 CPⅢ网平差，采用本区段联测的线上 CPⅡ控制点及重叠段前一区段连续的 1～3 对 CPⅢ点作为约束点进行平差计算，实现平顺搭接，为了保证 CPⅢ点位的相对精度，平面坐标全部更新为本次复测成果。

京沪高速铁路 2021 年北京局集团公司 CPⅢ复测共分为若干个段落，以 K35＋884～K70＋402 段落数据处理分析为例。

(1)独立平差

CPⅢ自由网平差精度，统计见表 2-24 和表 2-25。

表 2-24　CPⅢ自由网平差精度统计

项　目	方向改正数/(″)	距离改正数/mm
规定限差	±3.00	±2.00
测量精度	2.98	1.97
对应边长	042F201-0041P21	048F203-0047P20

表 2-25　CPⅢ搭接前约束网平差精度统计

项　目	与加密 CPⅡ联测		与 CPⅢ联测		相邻点相对点位中误差/mm	点位中误差/mm	距离中误差/mm	方向中误差/(″)
	方向改正数/(″)	距离改正数/mm	方向改正数/(″)	距离改正数/mm				
规定限差	±4.00	±4.00	±3.00	±2.00	1.00	2.00	1.00	1.80
测量精度	3.21	3.86	2.96	1.93	0.82	1.64	0.90	1.05
对应边长	058F208-0057P20	049F205-0048P21	044F206-0043318	070B204-0069305				

经判断与第一段落(K0＋000～K36＋211)搭接处 12 对重叠点坐标较差，均小于限差要求，可进行搭接平差。

(2)搭接平差

为了做好轨道控制网段落间衔接，保证 CPⅢ平面网的平稳过渡，本段搭接平差约束搭接上一段的连续 2 对 CPⅢ平面坐标，统计见表 2-26。

表 2-26　CPⅢ搭接后约束网平差精度统计

项　目	与加密 CPⅡ联测		与 CPⅢ联测		相邻点相对点位中误差/mm	点位中误差/mm	距离中误差/mm	方向中误差/(″)
	方向改正数/(″)	距离改正数/mm	方向改正数/(″)	距离改正数/mm				
规定限差	±4.00	±4.00	±3.00	±2.00	1.00	2.00	1.00	1.80
测量精度	3.23	3.86	2.97	−1.91	0.82	1.64	0.88	1.06
对应边长	058F208-0057P20	049F205-0048P21	044F206-0043318	049B207-0048327				

通过上述精度分析可知，本段CPⅢ平面控制网复测数据处理各项精度指标满足规范要求，平差成果合格。

2.4.4 高程控制网维护测量

1. 外业数据采集

采用满足规范要求水准仪精度为DS1级的电子水准仪进行高程控制网水准数据采集；采用标称测角精度为0.5″、测距精度为0.6 mm+1×$10^{-6}D$的测量机器人进行线上线下高程数据采集。

2. 内业数据处理

(1)外业观测完成后，首先对外业测量数据进行检核，各段往返测高差不符值均满足限差要求。

(2)对全线的每千米高差偶然中误差和全中误差进行计算，M_{Δ}=0.61 mm<1 mm满足规范要求，可以进行平差处理。

(3)通过闭合差统计分析，选取北京基岩点、李七庄基岩点、沧州基岩点和济南局集团公司最新复测的BM3042为起算点，进行线路水准基点高程更新。平差计算各段闭合差均满足二等水准要求，见表2-27。

表2-27 附合路线闭合差统计

序号	起点	终点	闭合差/mm	路线长/km	限差/mm	是否超限
1	LQZJY	JY01	50.85	217.521 9	59.0	否
2	JYCZ	LQZJY	−17.30	121.593 7	44.1	否
3	BM3042	JYCZ	−55.82	200.181 9	56.6	否

(4)CPⅢ高程控制网复测数据处理

外业观测完成后，首先对外业测量数据进行检核，全部满足精密水准测量限差要求。对全线的每千米高差偶然中误差和全中误差进行计算，满足限差要求后进行平差处理。

经统计，CPⅢ高程控制网精度技术指标见表2-28～表2-30。

表2-28 CPⅢ高程网环闭合差统计

点号区间	闭合环号	环闭合差/mm	限差/mm
0000301～0315317	0098309-0098311-0098312-0098310	0.99	1.00

表2-29 CPⅢ高程网每千米高差偶然中误差统计

点号区间	往返观测边数/条	每千米高差偶然中误差/mm	限差/mm
0000301～0315317	5 039	0.47	2.00

表 2-30　CPⅢ高程网每千米高差全中误差统计

点号区间	闭合环个数/个	每千米高差全中误差/mm	限差/mm
0000301～0315317	5 040	0.52	4.00

表 2-31　相邻 CPⅢ点高差中误差精度统计

点号区间	高差中误差最大值/mm	对应最弱边	备注	限差/mm
0000301～0315317	0.16	0000315-0000317、0000318-0000316	合格	0.50

通过以上各项精度指标分析，本次 CPⅢ高程测量的精度满足规范要求，测量成果合格。由于本段落区域沉降严重，CPⅢ点位沉降比较明显，本次对 CPⅢ高程成果全部进行了更新，后期使用本次复测成果。

第3章 线形维护测量技术

铁路线形状态决定了列车的运行安全和旅客乘车的舒适度，需要定期测量铁路线形，基于测量得到的基础数据对线形维护，以使铁路线形具有良好的平顺性，本章主要针对现有的高速铁路线形测量技术进行了介绍。线形维护之后不可避免地引起限界以及接触网几何参数的改变，为保障运营安全，也需要对这两类参数进行测量，本章就限界和接触网几何参数的测量方法进行了阐述。车载移动测量作为高新测量技术正在延伸到高速铁路测量的各个方面，本章简析了车载移动测量系统技术原理、作业流程和在高速铁路运营测量中的应用。

3.1 概　　述

铁路线路在长期运营过程中，会受到列车反复荷载、地质条件变化以及常年养护维修作业的影响，钢轨高程和平面位置都会发生变化，平纵断面线形不可避免地偏离原设计线位，铁路线形将不再平顺，若不及时进行检测和整正，严重时将危及行车安全。此外限界测量值和接触网几何参数也会随着线位的变化而改变。因此，需要定期检测、重构和优化铁路线形保证线路的高平顺性，定期检测限界和接触网几何参数以防止超限，保障列车运行安全。铁路线形重构优化的基础是测量得到铁路线路高精度的绝对空间位置以及和其他构筑物的相对位置关系，该测量内容称为线形维护测量。线形维护测量的效率和数据质量直接影响到最终线形整正的质量和及时性，因此研究发展提高铁路线形维护测量的精度与效率，具有重大的理论研究价值和实际意义。

3.2 线 形 测 量

线形优化、限界测量、接触网几何参数测量等工作的基础是测量得到线路精确的空间位置，传统的测量方法是基于渐伸线原理的偏角法与绳正法，由于偏角法与绳正法存在较大的误差，使得测量精度难以得到保证且测量效率低。高速铁路解决这一问题目前普遍有效的做法就是沿线路建立轨道控制网，在轨道控制网这个绝对坐标系下，结合高精度测量仪器，测量得到轨道的绝对位置和不同里程位置间的轨道几何参数，用以指导既有线铁路的轨道整正及相关的测量工作。

3.2.1　线形测量技术

测量仪器主要为轨道惯性导航动态测量系统，结构如图 3-1 所示。该系统在手推式轨检小车平台上，集成了智能型全站仪、惯导设备、轨距测量仪、里程计等高精度传感器及工控机。工控机上安装有配套软件，可控制各个传感器协同工作，实现多源传感器时间同步的数据采集。智能型全站仪架设在轨检小车上，根据不整平自由设站原理，将轨道控制网的绝对坐标基准向轨道测量传递。在测量时，以轨道控制网为基准，轨检小车沿着轨道推行前进，轨检小车的三维空间位置姿态变化体现了轨道的空间位置变化，惯导设备能够将这种姿态变化实时测量并记录下来。外业数据采集完成后，通过专业软件进行数据解算，获得轨道高精度三维坐标数据和轨距、水平、扭曲及长短波平顺性等数据。

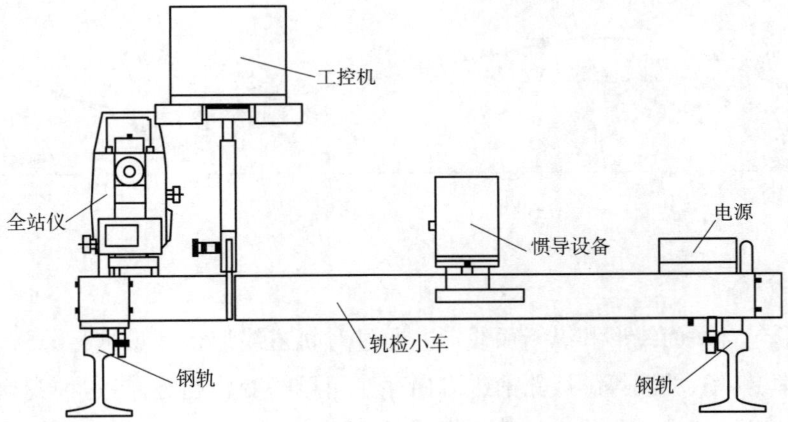

图 3-1　轨道惯性导航动态测量系统

3.2.2　铁路平纵断面线形及优化

线路的平顺性决定了列车在线路上运行时的安全性、旅客乘坐的舒适性。因此，定期对运营铁路进行整正，重构出平顺线形，这对保障列车运行安全和旅客舒适性十分重要。铁路线路平面是线路中心线在水平面的投影，由直线、圆曲线和缓和曲线构成。一条完整的平面线形包含了前夹直线、前缓和曲线、圆曲线、后缓和曲线和后夹直线 5 个线形要素，包含直缓点(ZH)、缓圆点(HY)、圆缓点(YH)、缓直点(HZ)4 个线元分界点，平面线形示意如图 3-2 所示。线路纵断面是线路中心线沿里程方向在铅垂面展开后形成的线形，由直线和圆曲线构成，相邻坡段所在直线的交点为变坡点，为保证列车在相邻坡段处平稳通过，需要在相邻坡段间设置竖曲线，纵断面线形示意如图 3-3 所示。

在获取线路中心线的实测坐标点后，在满足设计规范要求的基础上，可结合也可忽略原始设计台账，重构出调整量最小且满足约束的平纵断面线形，以重构线形为基准指导线路的整正作业。不同的线形优化方法直接影响到线形优化的质量及后续捣固作业效果。

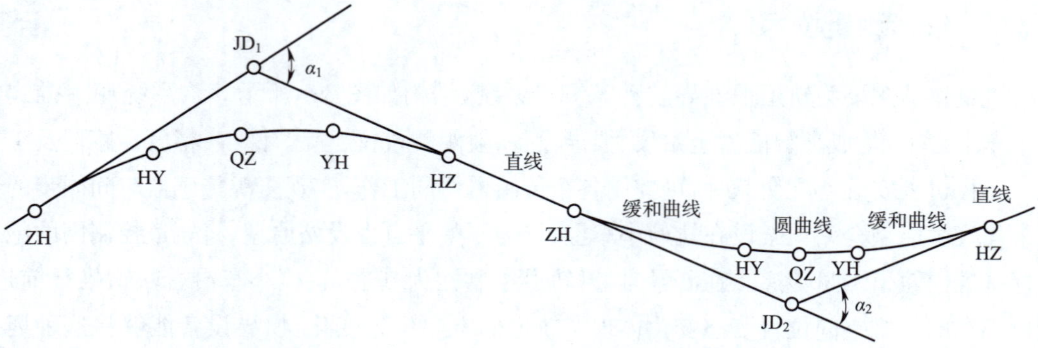

图 3-2 平面线形示意

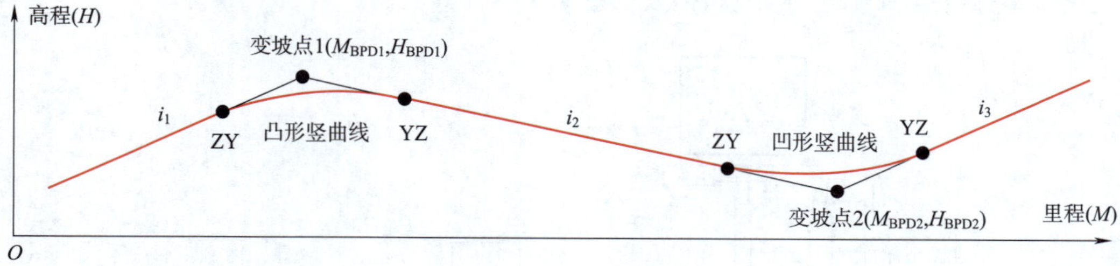

图 3-3 纵断面线形示意

1. 线形分段

轨道线形包含平面线形和纵断面线形。通过对轨道线形特征量进行分析，特征量如超高、正矢、曲率、斜率、坡度等随线路前进方向存在明显的变化趋势，将这种变化趋势用连续的离散点表示出来则为一段连续的数字折线，线形分段点即为数字折线的转折点，因此，可根据特征量变化规律进行轨道线形的分段。此外，轨道线路参数与轨道几何线形之间存在严密的数学模型关系，精确分段后，通过模型的拟合计算可以重构线路参数。

以轨道线形特征量作为分段依据，利用数字折线转折点提取算法直接求取线形分段点，该特征量应在受到测量误差和在无砟轨道检测数据密集的情况下，仍然随线路前进方向表现出明显的变化规律，从而准确反映出轨道几何线形的变化。通过对不同特征量在不同点距的情况下随里程的变化趋势进行分析，找到分别适合于轨道平面线形和纵断面线形分段的线形特征量。

通过对轨道的特征量随里程的变化趋势进行分析，发现当点间距一定时，在一段同时包含直线、缓和曲线和圆曲线的轨道平面线形，其超高、正矢、曲率和斜率变化这四个特征量随里程的变化趋势应呈梯形走向。如图 3-4 所示，上部为超高随里程的变化，下部为曲率随里程的变化，其为一段连续的数字折线，梯形的两腰对应轨道的缓和曲线段，上底对应圆曲线段，线形分段点即为梯形各角点。若能准确找到梯形各角点位置，即能找到线形分段点位置。

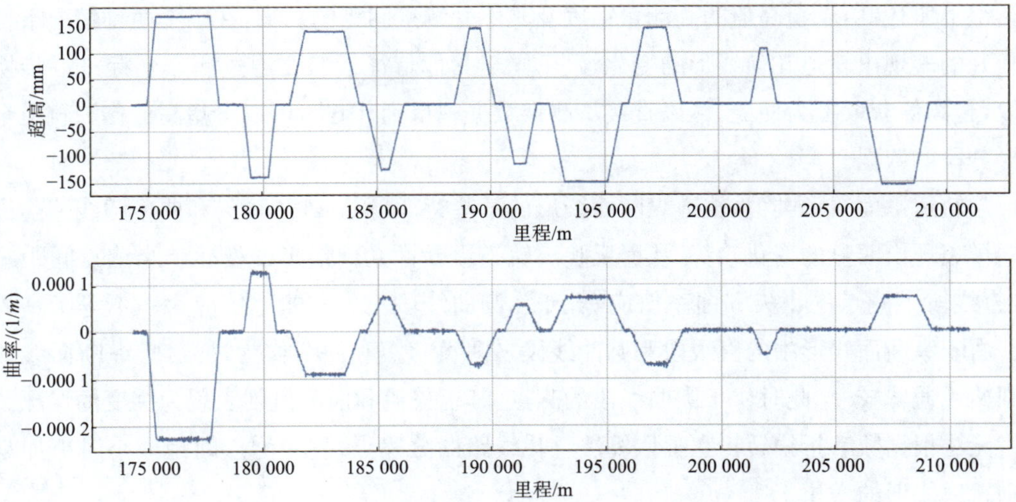

图 3-4 超高和曲率趋势图(点间距 20 m)

当测点间距为 20 m 时,超高、曲率变化特征量随里程的变化趋势都能够较为明显地表现出轨道平面线形的变化。但是比较而言,曲率变化存在明显的波动情况,而超高随里程的变化趋势更为平滑,几乎不存在波动的情况。其原因在于超高是由轨检小车自身传感器直接测量获取,测量精度较高;而曲率变化特征量是根据测点坐标计算而来,会受到控制点误差、全站设站及观测误差等因素的影响,测量误差影响较大。

由图 3-5 分析可知,当以 0.625 m 点间距进行特征量计算时,超高随里程的变化趋势可以明显表现出轨道线形的变化。由于测点间距小,正矢计算值为一较小值,此时测量误差对其影响特别明显,因此无法明显表现出线形的变化。此时,曲率与斜率变化随里程的变化趋势与正矢的情况基本相同,同样无法明显表现轨道线形的变化。

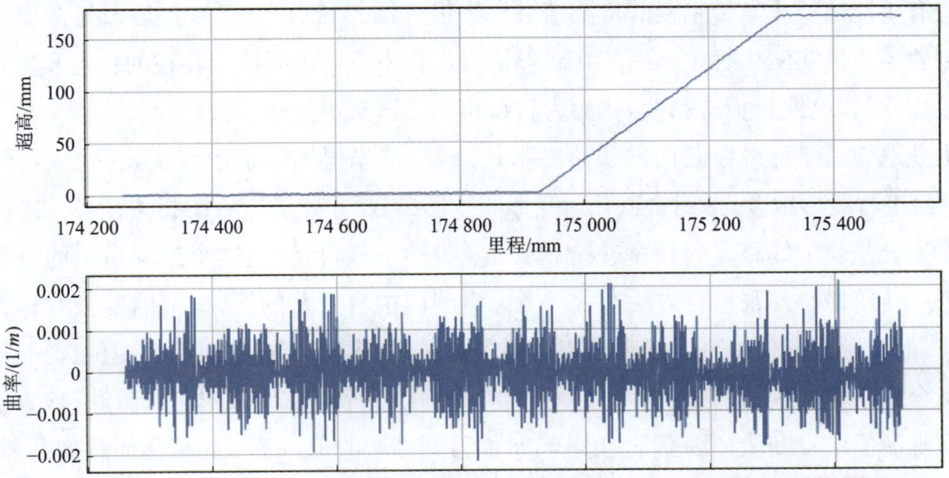

图 3-5 超高和曲率趋势图(点间距 0.625 m)

综上所述，由于超高值的高测量精度及其不受测点间距的影响，在以上两种情况下都可以较好的表现出轨道几何线形的变化，且不同于其他特征量需要通过测点坐标进一步换算获取，超高值获取更为便捷，可以直接从测量数据中得到，因此，可以将超高值作为轨道平面线形分段的依据。

与轨道平面线形类似，轨道纵断面线形的某些特征量如坡度、正矢和曲率随线路前进方向同样表现出明显的变化趋势，从而反映出轨道纵断面几何线形的变化。当测点间距一定时，直线段上测点的正矢和曲率值应等于零，圆曲线段正矢和曲率值应为一不等于零的常数。由于纵断面线形中的直线段和圆曲线段之间没有缓和曲线作为过渡，且纵断面线形中的圆曲线通常较短，此时位于圆曲线段的测点，其正矢值和曲率值则表现为突变的情况。此时将无法根据数字折线转折点提取算法寻找线路的分段点，且当测点间距减小时更加难以识别轨道线形的变化。

在轨道纵断面线形中，在测点间距一定时，当测点位于直线段，其坡度值应为一常数，当测点位于圆曲线段，其坡度值应呈线性变化。此时圆曲线段上测点的坡度值恰好可以将两段不同直线段的坡度值连接在一起，从而可以平顺的表现出轨道线形的变化。坡度随里程的变化趋势都可以明显地表现出轨道线形的变化，因此将采用坡度作为轨道纵断面线形分段的依据。

2. 拟合方法

在线形拟合过程中，直线和圆曲线的拟合对于粗差和异常值的影响较为敏感，线形拟合的精度将直接影响到线路参数和分段点位置的计算精度。粗差主要来源于两方面：一是全站仪在自动跟踪测量小车棱镜的过程中可能会存在 3～7 mm 的数据跳变，严重超过其测量误差标称精度范围，造成检测结果不准确；二是线路的轨缝、钢轨接头以及道岔区间等外部条件均有可能造成小车传感器的检测结果产生粗大误差和噪声信号，并通过坐标变换模型传递到轨道点的实测坐标中。因此在线形拟合过程中应对观测值中存在的粗差和异常值做到有效剔除，提高线形拟合精度，从而为后续相关计算奠定基础。

为获取轨道平面或纵断面的线路参数信息，应首先根据轨道中线实测平面坐标（或里程-高程）进行线形拟合，得到轨道几何线形的线形参数，才能进行后续相关计算。因此可以说线形拟合是轨道线路参数计算过程中不可缺少的一步，传统上这个过程采用的是最小二乘准则。传统最小二乘拟合方法通常只考虑观测值中自变量的误差，把因变量看作无误差观测值，而实际观测值中自变量和因变量均含有误差，从而导致自变量、因变量选择不同时，出现拟合结果不一致的情况。针对这一问题，采用正交最小二乘线形拟合方法，该方法同时考虑到观测值中自变量和因变量的误差，从而得到唯一的拟合结果。从几何意义上来讲，正交最小二乘线形拟合是以测点到拟合线形的正交距离平方和最小为约束准则，所得到的拟合线形与实际情况更加接近。

3.2.3　不整平自由设站原理

将智能型全站仪架设在轨检小车上，当轨检小车在轨道上前进时，全站仪也一同前进，省去了全站仪的搬站过程，极大地提高了效率。另一方面，全站仪的空间姿态随着轨检小车在轨道上运行的姿态变化而变化(不可能处于整平状态)，必须建立全站仪不整平状态下的自由设站站心坐标，以便进行模型解算与精度评估。全站仪不整平自由设站时，轨检小车应处于静止状态。此时，使用全站仪观测至少 8 个 CPⅢ控制点。

全站仪在非整平状态下观测 CPⅢ控制点，其实质是建立了一个以站心为坐标原点、任意定向且 Z 轴不与水平面垂直的空间直角坐标系，所有的观测值均处于这个坐标系之下；另一方面，已知三维坐标的 CPⅢ控制网在本质上是一个 Z 轴垂直于水平面的空间直角坐标系。两个空间直角坐标系之间的轴系关系，可以采用欧拉角分解为三次绕轴转动，并利用方向余弦矩阵联系起来。两个空间直角坐标系间的转换关系见式(3-1)。

$$\begin{pmatrix} u \\ v \\ w \end{pmatrix} = \mu \boldsymbol{R} \begin{pmatrix} x \\ y \\ z \end{pmatrix} + \begin{pmatrix} \Delta X \\ \Delta Y \\ \Delta Z \end{pmatrix} \tag{3-1}$$

式中　(x,y,z)——全站仪坐标系下的坐标；

(u,v,w)——表示控制网坐标系下的坐标；

$(\Delta X,\Delta Y,\Delta Z)$——平移参数；

μ——尺度比。

设绕 Z、X、Y 轴依次旋转的角度分别为 θ、φ 及 γ，则基于三个欧拉旋转角组成的 3 阶方向余弦矩阵 $\boldsymbol{R}$ 为

$$\boldsymbol{R} = \begin{bmatrix} \cos\gamma\cos\theta - \sin\gamma\sin\varphi\sin\theta & -\cos\gamma\sin\theta - \sin\gamma\sin\varphi\cos\theta & -\sin\gamma\cos\varphi \\ \cos\varphi\sin\theta & \cos\varphi\cos\theta & -\sin\varphi \\ \sin\gamma\cos\theta + \cos\gamma\sin\varphi\sin\theta & -\sin\gamma\sin\theta + \cos\gamma\sin\varphi\cos\theta & \cos\gamma\cos\varphi \end{bmatrix} \tag{3-2}$$

3.2.4　线形测量流程

在上线作业前，应先进行必要的内业准备，如收集线路的设计线位文件(平曲线、竖曲线及超高)及最新复测的控制网成果(CPⅢ等)。内业准备完成后，方可进行外业数据采集工作，作业流程如图 3-6 所示。

1. 系统组装

安装惯导模块和全站仪；将轨检小车架设在钢轨上，通过转向 180°的方式实测轨检小车的水平零点，然后进行惯导设备的静态对准。

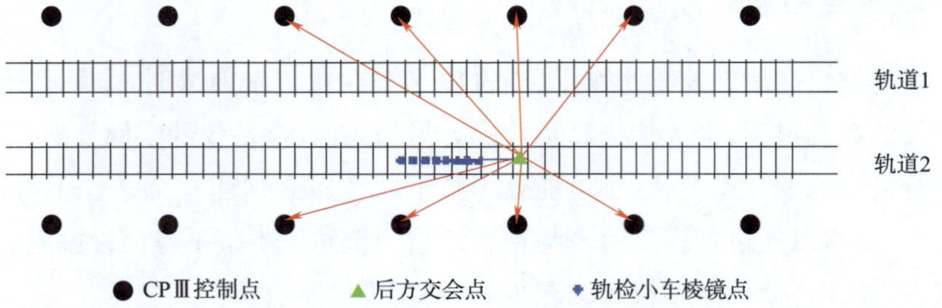

图 3-6 作业流程示意

2. 全站仪不整平自由设站

全站仪基于线路两侧的 CPⅢ控制点，采用三维边角后方交会法，进行高精度自由设站。

自由设站时，每个测量区间选择 8 个 CPⅢ控制点，完成全站仪的自由设站。首先，人工照准 8 个 CPⅢ控制点中的其中两个，进行顺时针的学习测量；其次，由学习的两个 CPⅢ控制点的测量数据以及 8 个 CPⅢ控制点的已知三维坐标，全站仪自动对 8 个 CPⅢ控制点进行半测回的边角自动测量；最后，根据后方交会测量的 CPⅢ控制点观测数据进行自由设站网的三维严密平差计算和精度评定，从而确定自由设站点的三维平差坐标及其精度。设站精度通过平差后的点位中误差进行判断，同时可以在剔除观测质量不佳的观测值后重新计算，以使点位中误差以及定向角达到要求。

(1)全站仪自由设站时，方向和距离观测值满足表 3-1、表 3-2 中技术要求，每一测站参与平差计算的轨道控制点不应少于 6 个。自由设站点精度应符合表 3-3 的要求。

表 3-1 全站仪设站方向观测值技术要求

控制网名称	仪器等级	测回数	2C 值	不同方向 2C 互差	竖盘指标差	不同方向竖盘指标差互差
全站仪设站	0.5″或 1″	1	15″	9″	15″	9″

表 3-2 全站仪设站距离观测值技术要求

控制网名称	测回数	半测回间距离较差
全站仪设站	1	±1 mm

表 3-3 自由设站点精度要求

项目	*X*	*Y*	*H*	方向
中误差	≤0.7 mm	≤0.7 mm	≤0.7 mm	≤2″

注：连续桥、特殊孔跨桥自由设站点精度可放宽至 1.0 mm。

(2)完成自由设站后，轨道控制点的坐标不符值满足表 3-4 的要求。当轨道控制点坐标 X、Y、H 不符值大于表 3-4 的规定时，该轨道控制点不参与平差计算。

表 3-4　轨道控制点坐标不符值限差要求

项　目	*X*	*Y*	*H*
控制点余差/mm	≤2	≤2	≤2

通过采集全站仪水平角、垂直角、斜距计算全站仪中心坐标，通过全站仪中心坐标与杆臂值纠正纯惯模式解算得到惯导中心坐标（数据频率为 200 Hz），对 200 Hz 小车各时刻的坐标进行重采样，得到固定间距小车轨迹坐标，通过小车的标定参数（例如惯导中至双轮侧的杆臂值等）与轨距、倾角数据，计算得到左、右轨坐标和轨道几何参数。

3. 数据采集

上述工作完成后，即可进行轨道线形的绝对坐标测量。测量时，利用全站仪自动跟踪功能，照准轨道几何测量仪上的棱镜，并单击锁定功能。在轨检小车的移动过程中，全站仪自动跟踪并根据软件指令自动观测，以获得棱镜的三维坐标，再结合轨道的设计参数以及倾角传感器和轨距传感器的测量数据，利用线路中心坐标计算模型、轨道点对应线路中线点里程计算模型、平顺性参数计算模型与轨检小车坐标转换模型，测量或计算出当前轨道实测与设计的各项平顺性参数。

相邻测站应有一定的交叠区域，一般不少于一块轨道板的距离。相邻精调作业区间之间应至少重叠测量一站。重叠点搭接精度平面、高程不大于 2 mm，轨距、超高不大于 0.3 mm。

4. 数据处理

首先，查看轨道测量数据测站间搭接精度，平面及高程偏差的搭接精度应控制在 2 mm 以内，以此控制外业观测质量，轨道测量数据搭接精度查看如图 3-7 所示。

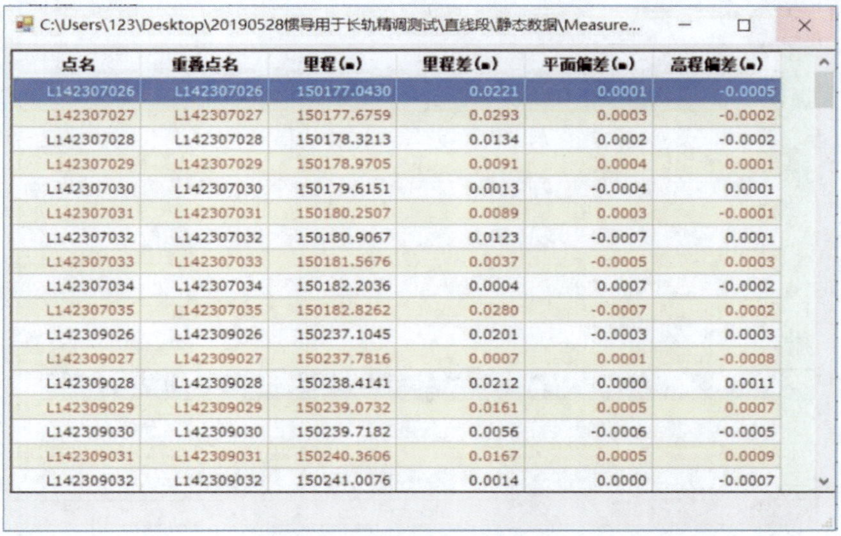

点名	重叠点名	里程(m)	里程差(m)	平面偏差(m)	高程偏差(m)
L142307026	L142307026	150177.0430	0.0221	0.0001	-0.0005
L142307027	L142307027	150177.6759	0.0293	0.0003	-0.0002
L142307028	L142307028	150178.3213	0.0134	0.0002	-0.0002
L142307029	L142307029	150178.9705	0.0091	0.0004	0.0001
L142307030	L142307030	150179.6151	0.0013	-0.0004	0.0001
L142307031	L142307031	150180.2507	0.0089	0.0003	-0.0001
L142307032	L142307032	150180.9067	0.0123	-0.0007	0.0001
L142307033	L142307033	150181.5676	0.0037	-0.0005	0.0003
L142307034	L142307034	150182.2036	0.0004	0.0007	-0.0002
L142307035	L142307035	150182.8262	0.0280	-0.0007	0.0002
L142309026	L142309026	150237.1045	0.0201	-0.0003	0.0003
L142309027	L142309027	150237.7816	0.0007	0.0001	-0.0008
L142309028	L142309028	150238.4141	0.0212	0.0000	0.0011
L142309029	L142309029	150239.0732	0.0161	0.0005	0.0007
L142309030	L142309030	150239.7182	0.0056	-0.0006	-0.0005
L142309031	L142309031	150240.3606	0.0167	0.0005	0.0009
L142309032	L142309032	150241.0076	0.0014	0.0000	-0.0007

图 3-7　轨道测量数据搭接精度查看

搭接测量精度满足要求后，对测量数据进行重叠点处理，消除重叠点数值的二值性。重叠点一般采用扩展的方式处理，即重叠点取平均值，再向两边做一定距离的平滑。重叠点处理完成后，可查看轨道横向偏差、高程偏差、轨距偏差、超高偏差等数据项的波形图，如图 3-8 和图 3-9 所示。

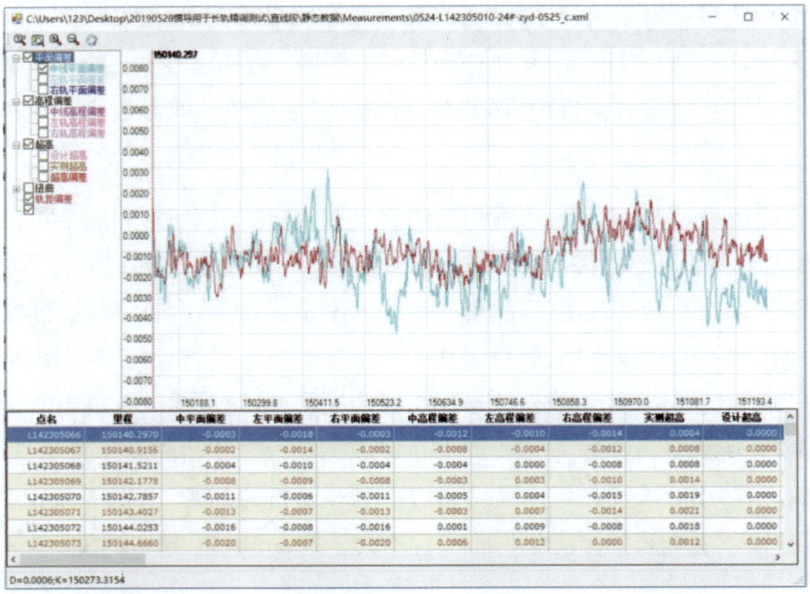

图 3-8　平面偏差及轨距偏差波形图

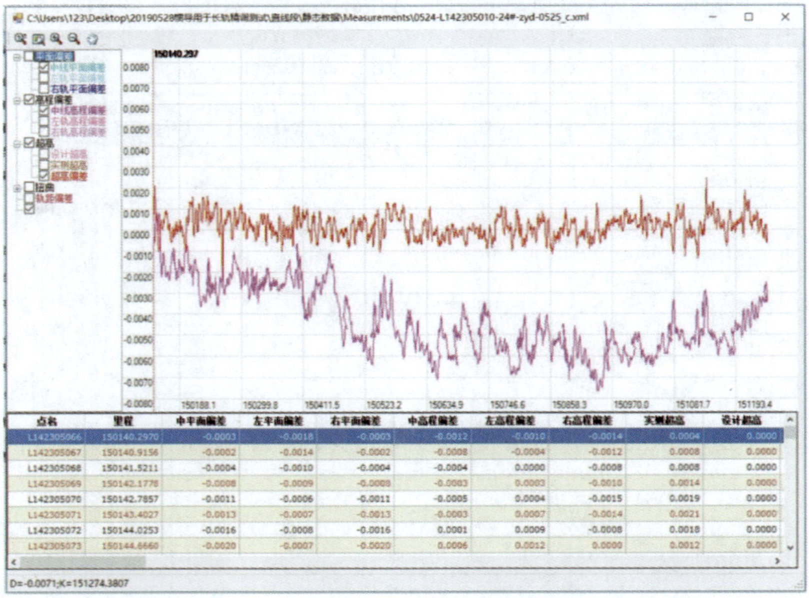

图 3-9　高程偏差及超高偏差波形图

当一段轨道测量数据过短时，应将几段轨道测量数据进行合并，使其长度较长，便于后续的轨道平顺性，特别是轨向及高低的长波分析。合并数据应是同一台轨道几何状态测量仪施测所得，避免不同设备间的系统误差对平顺性分析结果造成影响。

当轨道测量是从大里程向小里程施测时，应对测量数据按里程升序进行排序。轨道平顺性分析应执行表 3-5 中标准，当工务部门另行提出作业标准且不低于表 3-5 中规定时，以工务部门提出的标准执行。

表 3-5　高速铁路轨道静态平顺度允许偏差

序　号	项　　目	无砟轨道		有砟轨道	
		允许偏差	检测方法	允许偏差	检测方法
1	轨距	±1 mm	相对于 1 435 mm	±1 mm	相对于 1 435 mm
		1/1 500	变化率	1/1 500	变化率
2	轨向	2 mm	弦长 10 m	2 mm	弦长 10 m
		2 mm/ 8a(m)	基线长 48a(m)	2 mm/5 m	基线长 30 m
		10/ 240a(m)	基线长 480a(m)	10 mm/150 m	基线长 300 m
3	高低	2 mm	弦长 10 m	2 mm	弦长 10 m
		2 mm/8a(m)	基线长 48a(m)	2 mm/5 m	基线长 30 m
		10/ 240a(m)	基线长 480a(m)	10 mm/150 m	基线长 300 m
4	水平	2 mm	—	2 mm	—
5	扭曲(基长 3 m)	2 mm	—	2 mm	—
6	与设计高程偏差	10 mm	—	10 mm	—
7	与设计中线偏差	10 mm	—	10 mm	—

注：(1)表中 a 为轨枕/扣件间距；
(2)站台处的轨面高程不应低于设计值。

将确定的执行标准输入软件，便于后续轨道模拟调整量分析。扣件模拟调整步长应根据现场调整件的最小级差确定，执行标准软件配置如图 3-10 所示。

5. 轨道模拟调整量分析应遵循原则

高低和轨向调整均以内轨为基准轨。模拟调整应坚持“先整体、后局部，先轨向、后轨距，先高低、后水平”的基本原则。“先整体、后局部”：根据采集的数据生成的波形，以“削峰填谷”的方式确定总体调整方案，控制调整量；“先轨向、后轨距，先高低、后水平”：先调整基准轨轨向，后调整非基准轨轨距；先调整基准轨高低，后调整非基准轨水平。

根据采集的数据对轨道线形进行综合分析和评价，生成各参数波形图，确定需要调整的区段。制定模拟轨道调整方案，将轨道几何参数调整到允许范围之内，再对模拟调整后波形图进一步检查和优化，确保直线顺直，曲线圆顺，过渡顺畅。在制定模拟调整方案时，轨距偏差宜按照 0～1 mm 进行控制。在缓直、直缓点处不得出现反超高，相邻精调作业单元之间重叠区的模拟调整方案应保持一致。根据模拟调整方案，确定调整部位和扣件规格，形成调

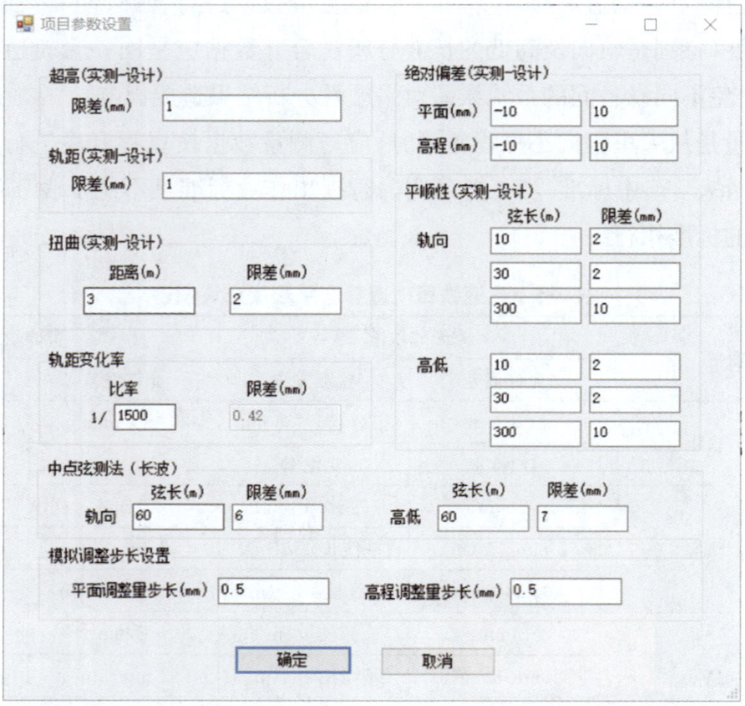

图 3-10　执行标准软件配置

整量表。轨道模拟调整量分析方法可分为以下两种。

(1)趋势线分析法。

通过图形操作,在图形显绘界面上绘制趋势线,然后由软件拾取趋势线顶点坐标,并用大半径圆曲线进行平滑,从而得到目标线形。软件会自动计算实测线形与目标线形之间的差值,按照 0.5 mm 取整,得到模拟调整量。上述操作是针对某一根轨道的平面或高程操作,完成后,软件会自动根据轨距或超高限差,对另一根轨的平面或高程调整量进行计算。

可查看趋势线数据,并可更改大半径圆半径,以得到更加平滑并与实际贴合的趋势线。

数据处理完成后,在图形区会同时显绘调整前与调整后的数据,方便查看。数据区会显示对应到每个承轨台的调整量,并同步更新相应的平顺性指标。

(2)手动分析法。

在数据显绘区,软件提供一套组合键操作来分别对选中数据项的左右轨平面及高程进行调整,并同步计算平顺性指标。与之相应,图形区域会同时显示调整前与调整后的数值。

3.3　限界测量内容及测量技术

限界是指为了确保机车车辆在铁路线路上运行安全,防止机车车辆撞击邻近线路的建筑物和设备，而对机车车辆和接近线路的建筑物、设备所规定的不允许超越的轮廓尺寸线。铁路限界的高效精确测量对于实现实时安全预警，保证铁路运行安全，提高铁路运营能力等具有重要的理论意义和应用价值。

铁路限界包括机车车辆限界和建筑限界。车辆限界是一个和线路中心线垂直的极限横断面轮廓，机车车辆无论是空车或者重车，无论是最大标准公差的新车，或是具有最大标准公差和磨耗限度的旧车，停放在水平直线上，无侧向倾斜与偏移，除电力机车升起的受电弓外，其他任何部分应容纳在限界轮廓内，不得超越。机车车辆限界常用的测量方法是限界规法，在列车出库或者进站时进行检测，通常都能满足安全行车要求。

建筑限界同样也是一个和线路中心线垂直的极限横断面轮廓，在此轮廓内，除机车车辆和与机车车辆有相互作用的设备（车辆减速器、接触线及其他）外，其他设备或建筑物均不得侵入，建筑限界对列车安全运行影响较大，客运专线铁路建筑限界如图 3-11 所示。由于高速铁路工程线路长，地区跨越幅度大，呈条带状结构，沿线的建筑物庞杂，导致建筑物接近限界信息的测量出现“测快难”“测准难”“测全难”等问题。本节就建筑限界的测量要求，现有的测量方法进行介绍。

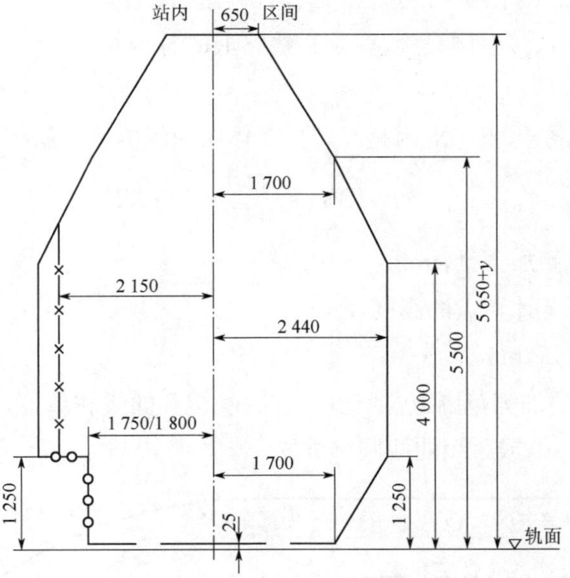

—×—×—×- 信号机、高架候车室结构柱和接触网、跨线桥、天桥、电力照明、雨棚等杆柱的建筑限界（正线不适用）。

-o-o-o-o-o- ①站台建筑限界（侧线站台为 1 750 mm；正线站台，无列车通过或列车通过速度不大于 80 km/h 时为 1 750 mm，列车通过速度大于 80 km/h 时为 1 800 mm）。

②站内反方向运行矮型出站信号机的限界为 1 800 mm。

———— 各种建（构）筑物的基本限界，也适用于桥梁和隧道。

y 为接触网结构高度。

图 3-11　客运专线铁路建筑限界（单位：mm）

3.3.1 测量要求

1. 测量

在限界测量时，若以轨面为测量基准，在垂直线路中心线的断面内，测量建筑物和设备的内轮廓点(最近点或最高点或最低点)距两轨顶连线的垂直高度，和其距垂直平分两轨顶连线的直线的距离；以大地为测量基准时，在垂直于线路中心线的断面内，测量建筑物和设备的内轮廓点(最近点或最高点或最低点)距两轨顶连线中点所在水平直线的高度，和其距两轨顶连线中点所在铅垂线的距离。此外，还需要测量测点里程和相邻线路间的距离。

2. 测量范围

水平测量范围直线区段宜为线路中心两侧各 2 600 mm，曲线区段为线路中心两侧各 3 300 mm；竖向测量范围宜为距离轨面高度 6 000 mm 以内；对于限界高度要求大于 6 000 mm 的线路，按限界要求高度测量，隧道及其附属物进行全断面测量。

3. 测量对象

限界测量对象包括但不限于隧道、桥梁、天桥、站台、雨棚、高架候车室、信号机、通信设备、电力设备、车辆设备、接触网设施、安装在线路上的各种安全检测装置及靠近线路的其他建筑物和设备。

曲线地段的建筑限界，仅考虑因超高产生车体向曲线内侧倾斜的加宽，加宽量为

$$W_1=\frac{H}{1\ 500}h \tag{3-3}$$

式中 W_1——曲线内侧加宽量，mm；

H——轨顶面至计算点的高度，mm；

h——外轨超高，mm。

曲线上建筑限界的加宽范围，包括全部圆曲线、缓和曲线和部分直线。加宽方法可采用图 3-12 所示阶梯形方式，或采用曲线圆顺方式。

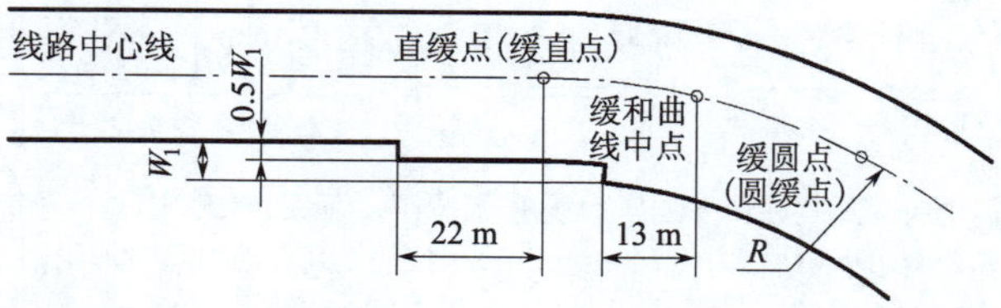

图 3-12 曲线内侧加宽

曲线地段的站线两侧信号机、高架候车室结构柱和接触网、跨线桥、天桥、电力照明、雨棚等杆柱的建筑限界、站内反方向运行矮型出站信号机的建筑限界和站台建筑限界，需考虑曲线内、外侧的限界加宽。加宽量为

曲线内侧加宽(mm)：

$$W_1=\frac{40\ 500}{R}+\frac{H}{1\ 500}h \tag{3-4}$$

曲线外侧加宽(mm)：

$$W_2=\frac{44\ 000}{R} \tag{3-5}$$

曲线内外侧加宽共计(mm)：

$$W=W_1+W_2=\frac{84\ 500}{R}+\frac{H}{1\ 500}h \tag{3-6}$$

式中　R——曲线半径,mm；

H——计算点自轨面算起的高度,mm；

h——外轨超高,mm。

$\frac{H}{1\ 500}h$ 的值可用内侧轨顶为轴,将有关限界旋转 $\theta\left(\theta=\arctan\frac{h}{1\ 500}\right)$求得。

曲线上建筑限界的加宽范围,包括全部圆曲线、缓和曲线和部分直线。加宽方法可采图 3-13 所示的阶梯方式,或采用曲线圆顺方式。

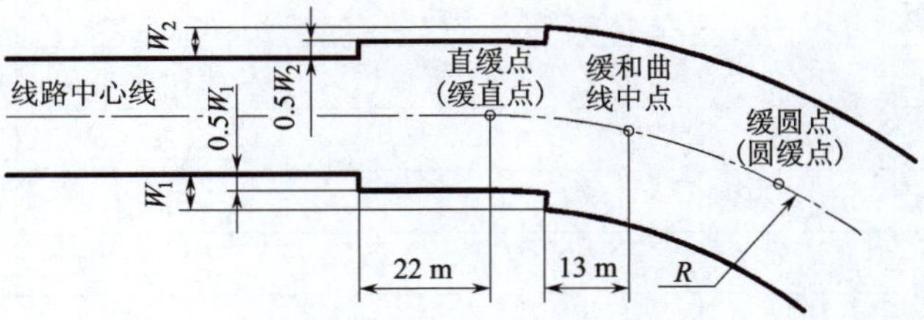

图 3-13　曲线内外侧加宽

4. 测量数据处理

以大地为基准的测量数据,曲线内侧建筑限界高度按照式(3-7)换算,曲线外侧建筑限界高度按照式(3-8)换算。曲线内侧建筑限界折减按照式(3-9)计算,曲线外侧建筑限界公式按照式(3-10)计算。

$$H=(H_0+B\tan\theta)\cos\theta \tag{3-7}$$

$$H=(H_0-B\tan\theta)\cos\theta \tag{3-8}$$

式中　B——实测建筑限界半宽,mm；

H——计算点自轨面算起的高度,mm；

H_0——实测建筑限界高度,mm。

$$X=B-\frac{40\ 500}{R}-\frac{H}{1\ 500}h \tag{3-9}$$

$$X=B-\frac{44\ 000}{R}+\frac{H}{1\ 500}h \tag{3-10}$$

式中　X——折减后的建筑限界半宽，mm；

R——曲线半径，m。

以轨面为测量基准时，曲线内侧建筑限界折减按照式(3-11)计算，曲线外侧建筑限界折减按照式(3-12)计算：

$$X=B+\frac{40\ 500}{R} \tag{3-11}$$

$$X=B-\frac{44\ 000}{R} \tag{3-12}$$

5. 测量工具类型及其精度要求

铁路建筑实际限界应采用限界检测车(以下简称检测车)或专用测量小车、便携式测量仪(以下简称测量仪)等测量设备，也可以采用性能高效或更高的其他仪器；单个建筑物和设备可采用绝缘皮尺、吊锤等工具进行人工测量。以上测量工具中应以检测车测量为主，其他测量工具为辅。采用检测车无法检测的处所，如桥隧内的凸起物和单个设备，应采用专用测量小车、测量仪或人工测量的方式进行检测。上述测量工具的测量偏差要求见表 3-6。

表 3-6　测量偏差

测量偏差项	检测车	测量仪	人　工
里程允许偏差/m	±1.0	±1.0	±1.0
检测横断面间隔/m	<0.5	<0.5	—
相邻线间距动态测量偏差/mm	0～40	—	—
建筑物和设备动态测量偏差/mm	0～40	—	—
线路中心线的静态测量偏差/mm	—	±3.0	±3.0
相邻线间距静态测量偏差/mm	—	0～20	0～20
建筑物和设备静态测量偏差/mm	—	0～20	0～20

3.3.2　测量方法

目前，常用的建筑限界检测方法有：横断面法、综合断面法、轨迹法、断面摄像法、激光扫描法等。

1. 横断面法

横断面法需停车测量，是一种定位测量断面法，即先选定施测横断面位置，逐个测出桥隧的净空轮廓，然后综合全桥或全隧道各横断面的最小内轮廓点(包括附属设备突出点)，构成综合最小限界的方法。通常采用净空检查尺或净空检查架来实施。净空检查尺可直接测量得到各点纵横坐标值，测量结果的整理比较简单，但工作效率低，只适用个别断面的测量，靠近隧道拱顶处的宽度不便检查，因此精度不高。

2. 综合断面法

综合断面法是一种定高测宽法，可以车动测量，直接测出距轨面不同高度处的左右侧宽高。通常采用开屏式限界检查车和桥隧净空检查车。开屏式限界检查车系统在平车上组立检查架，检查架外围装设测量触手，触手位置和方向固定，一般按横断面法中的测点要求布置，触手量测断面受阻时可自动偏转通过，但不会自动复位，用轨道车或机车牵引通过桥隧时即可得到各触手的读数。

3. 轨迹法

轨迹法的特点是定向连续测距，动车量测，通过测绘触手外端点的运动轨迹可以得到：当触手位于车体竖轴上端并与之夹角为 0°时，直接得到隧道净空的变化线；当触手位于距轨面不同高度，而与车体竖轴垂直时，直接得出不同高度处左、右侧净宽的变化线；当触手位于轨距面不同高度，而与车体竖轴夹角为 0°～90°时，通过换算可得出不同高度处净宽的变化线。

4. 断面摄像法

断面摄像法通常由线型激光投射到被测建筑物上，从而得到建筑物断面轮廓线，检查车上装有固定摄像机，并对该轮廓的光带进行拍摄，经过图像处理后，判读换算出建筑物的实际位置尺寸。该方法操作简便，使用安全，运用范围广，可与客、货车连挂，对运输干扰少，检测精度较高，大范围的限界检测多采用此法。但对于隧道外建筑限界检测易受阳光干扰，系统可靠性较低。

5. 激光扫描法

激光扫描法主要是以目前比较流行的激光测量系统基于激光扫描技术的铁路限界检测系统为基础，通过一台或多台激光扫描设备连续不断地测量周围建筑物的距离信息，形成建筑物限界剖面图。它是伴随激光测距技术发展而形成的一种新兴的限界测量方法，具有快速、实时、准确、可靠的特点，同时设备受外界阳光干扰少，能够在复杂环境下使用。

以上几种检测方法中，横断面法、综合断面法、轨迹法属于接触式检测，接触式限界检测是早期限界检测的主要手段，检测过程主要由车载限界框架或人工操作水平尺、卷尺、吊锤、经纬仪等工具通过物理接触的方式开展，具有精度低、速度慢、工作量大、可靠性差等缺点，且无法实现有效的连续检测，可能导致漏检。此外，在对站台、房屋、雨棚等建筑物和设备进行检测时还靠原始手工检测，效率低、工作量大、可靠性差、准确性不高。

断面摄像法和激光扫描法属于非接触式检测，具有高效率、高精度、无接触的优势，克服了原有接触式检测方法存在的缺陷，在近年来取得飞速发展。断面摄像法操作简便，对运营干扰少，检测精度较高，隧道内的限界检测多采用此法，但对隧道外建筑限界检测易受阳光干扰，系统可靠性低。激光扫描法作为铁路限界测量的新方法，具有快速，高精度，受光线等外界因素干扰少的优势，近几年越来越多地被应用于铁路限界测量。

3.4 接触网几何参数检测技术

1975 年 7 月 1 日宝成线全线完成电气化改造，成为我国第一条电气化铁路。自此以后，我国电气化铁路发展迅速，截至 2023 年底，我国铁路运营里程达到 15.9 万 km，其中高速铁路已达到 4.5 万 km，电气化率 73.8%。接触网作为电气化铁路(图 3-14)的核心设施，在铁路运输安全保障、效率提高、能耗降低等方面发挥着至关重要的作用。

图 3-14 电气化铁路

接触网是电气化铁路工程的主构架，是沿铁路线上空“之”字形架设的供受电弓取流的高压输电线。接触网一般由支柱与基础、支持装置、定位装置、接触悬挂及供电辅助设施等五部分组成，如图 3-15 所示。接触网与受电弓二者相互作用，电能传输到电力机车，其中合理的接触网几何状态是受电弓稳定受流的基础。接触网处于露天环境中，在自然环境的影响和弓网耦合作用下，接触网几何状态会发生改变，甚至出现结构变形和断线的情况。由于接触网的无备用性，一旦发生故障，将会导致整条线路的运营中断，甚至引发严重的运行安全事故，造成严重的经济损失和恶劣的社会影响。为了避免接触网在运营期间发生故障，提高牵引供电系统的安全性和可靠性，需要对接触网进行常态化检测，及时掌握整条线路的接触网几何状态。

3.4.1 接触网几何参数检测内容

接触网检测的内容可以分为三种类型的参数：几何参数、弓网关系参数和辅助参数。拉出值、导线高度、平行线间距、定位器坡度等属于接触网几何参数，它们是接触网中与运营安全密切相关的接触网自身结构参数，如图 3-16 所示。

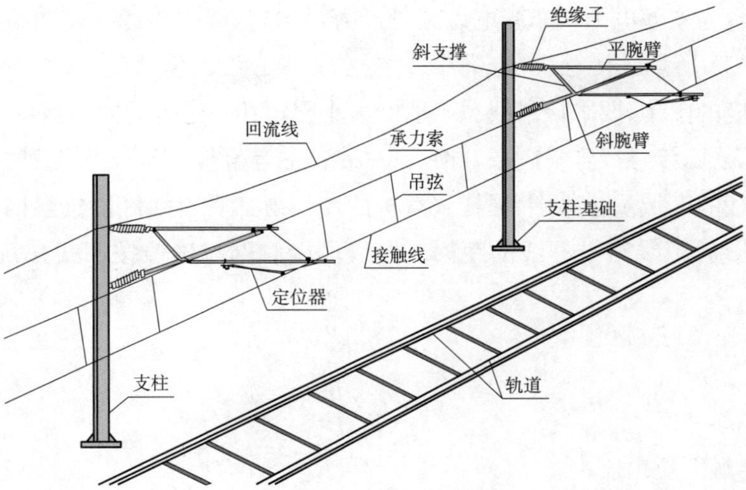

图 3-15　接触网结构

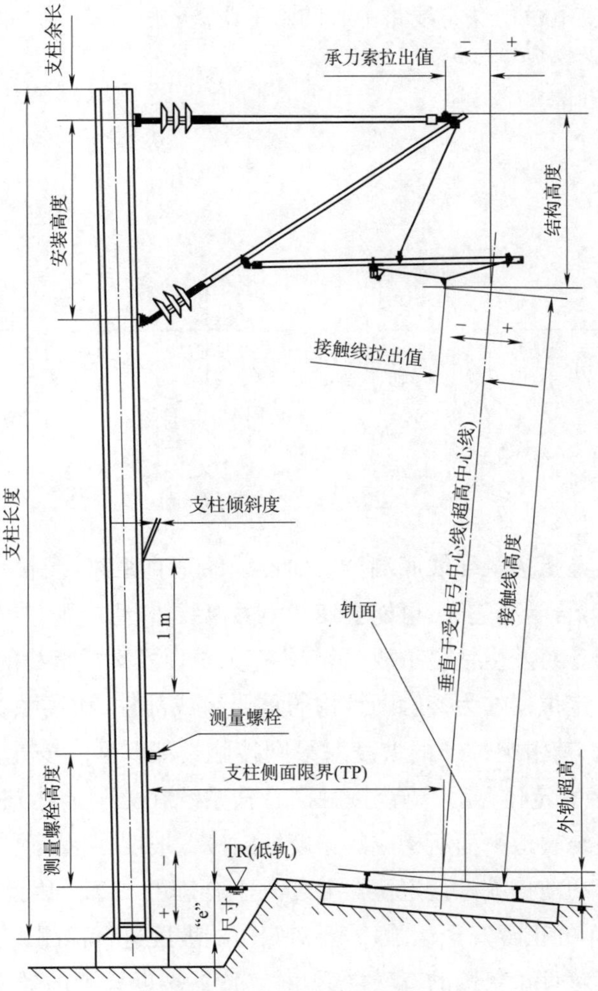

图 3-16　接触网几何参数

(1)拉出值:为了使电力机车受电弓碳滑板磨耗均匀,架空接触线需要按照“之”字形合理安置,如图 3-17 所示。接触线在定位点对受电弓中心线的偏移量,称为拉出值。由于受电弓碳滑板长度的限制,要求接触线拉出值的大小限定在一定范围内。当拉出值过大时,遇到大风等恶劣天气,接触线容易越限,导致刮弓或钻弓等事故;当拉出值过小时,接触线作用在受电弓碳滑板的区域过于集中,损耗碳滑板的使用寿命。直线区段接触网拉出值测量为接触线垂直投影后距线路中心线的距离。曲线段接触网拉出值按照式(3-13)和式(3-14)计算。

$$a=m+c \tag{3-13}$$

$$c=h\times\frac{H}{L} \tag{3-14}$$

式中 a——接触网拉出值;

m——定位点接触线与线路中心的水平距离;

c——定位点受电弓中心与线路中心的水平距离;

h——外轨超高;

H——接触线高度;

L——轨距。

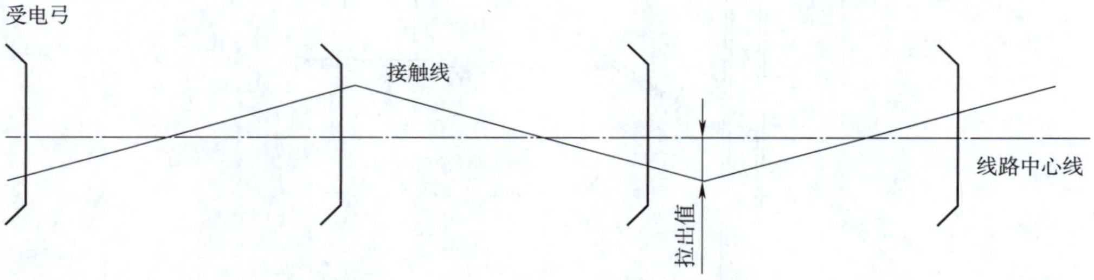

图 3-17 接触线“之”字形布设示意

(2)接触线导高:是指接触导线底端至轨面连线的垂直距离,接触线导高是评价接触网工作状态的重要指标,若导高过大,可能会使受电弓离线,产生电弧,导致接触线与受电弓的磨损;若导高过小,则容易发生钻弓事故,影响乘车人员以及运载货物的安全。

(3)定位器坡度:定位器作为接触网结构的重要组成部件,和接触线直接与受电弓相互作用完成列车的取流,其中定位器的坡度对弓网接触性能和运营安全至关重要,定位器如图 3-18 所示。当安装完定位器后,要让接触网悬挂系统在力学上达到平衡,且接触线要保持平直,此时,定位器与轨道平面所构成的角度即定位器坡度。保证受电弓与定位器不发生碰撞和弓网平稳运行的前提就是让定位器坡度处于合理的状态。因此,为及时了解受电弓的几何状态,保障列车的正常安全运营,需要对定位器坡度进行检测。在我国电气化铁路里程逐年增加和线路运营日益繁忙的背景之下,对定位器坡度检测的效率和精度也提出了更高的要求。

（a）正定位　　　　（b）反定位

图 3-18　定位器

（4）接触线坡度：工作支接触线相邻悬挂点高度变化称为接触线坡度。接触线坡度太大容易引起弓网脱离或弓网异常磨损，对弓网间受流质量也有很大的影响。

（5）双支接触线的高度差：一个锚段与另一个锚段相衔接的接触网悬挂结构叫锚段关节。在该处两个锚段的接触导线有一段是平行的，且有一段或有一点等高。要求当机车运行时，能使受电弓从一个锚段平滑地过渡到另一个锚段。双支接触线的高度差即锚段关节处两支接触线的高度差。

（6）双支接触线的水平距离：锚段关节处两支接触线的水平距离。

3.4.2　接触网几何参数检测方法

接触网检测技术随着接触网的出现而产生，经过多年的发展，世界各国根据自己接触网实际情况和现实需要，研发了不同原理的接触网几何参数检测技术，取得了突出的研究成果，同时也形成了系列化的检测装备。

原理各异的接触网几何参数检测技术主要可分为接触式检测和非接触式检测两类。接触式检测方法在检测时需要检测仪器和接触线进行接触，主要分为两种方法：人工测量和机械电子测量。

人工测量主要是采用卷尺配合高压绝缘杆的方式，将高压绝缘杆挂在接触线上，等待绝缘杆垂直且稳定后，利用卷尺测量接触网几何参数中的导高、拉出值等参数，如图 3-19 所示。显然这种检测方法的检测效率慢、精度低、可测参数少、危险性比较大。

机械电子测量是在受电弓上安装各种传感器以实现接触网几何参数的接触动态测量，比如在受电弓的碳滑板上安装接近传感器测量接触线和受电弓主轴的距离（图 3-20），在受电弓主轴上安装角位移传感器测量受电弓的倾斜角度（图 3-21），通过距离和倾斜角这两测值就可以实现拉出值和导高的计算。机械电子测量的优点是技术成熟，检测的效率高，不受天气、光照等自然因素的影响，并且能实现实时在线检测。但是，受电弓上安装的传感器会增加受电弓的质量，降低弓网的跟随性，接触网与传感器之间的电磁干扰会降低测量精度，设备成本较高且维修保养困难。

图 3-19　高压绝缘杆检测几何参数

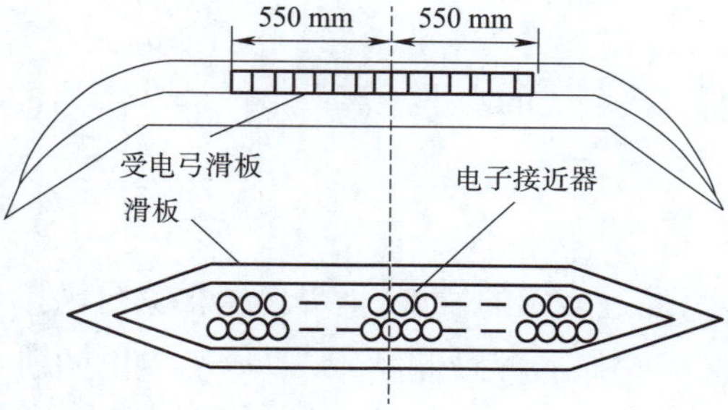

图 3-20　接近传感器测量示意

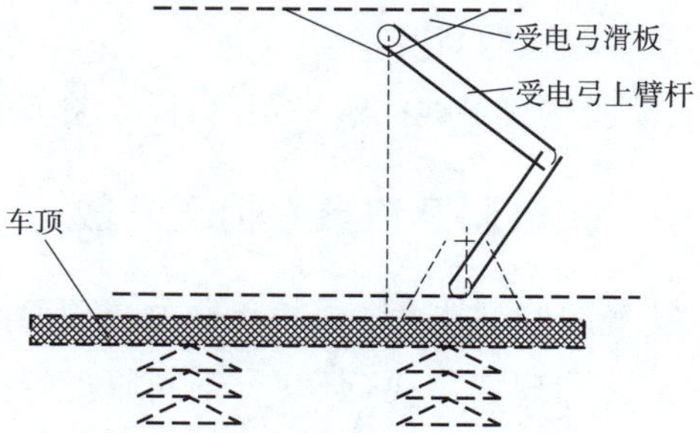

图 3-21　倾斜传感器测量示意

由于接触式检测方式存在的固有缺点和不足，非接触式检测方法凭借其无接触、检测精度高的优点受到了国内外学者的广泛关注和研究。目前主要有两种非接触式测量方法：CCD 图像检测法和激光扫描检测法。

CCD 图像检测法主要分为两种：(1)在检测车顶部安装面阵摄像机和线结构光，基于线结构光视觉测量技术进行车载动态测量；(2)在检测车顶部安装线阵摄像机和主动光源，基于双目或多目线阵主动视觉测量技术，进行接触网几何参数动态测量。德国铁路股份公司(DB)于 1982 年开始研制基于多目视觉的接触网非接触式检测装置，如图 3-22 所示。

激光扫描检测法多是将激光雷达搭载于轨道车顶，扫描获取接触网结构激光点云，利用接触线的高度特性实现接触线点云的识别提取并计算得到接触线相对激光雷达中心的位置关系，再根据激光雷达与检测车、检测车与轨道的相对位置关系，辅以振动补偿，实现接触网几何参数的检测。中国铁路设计集团发明了一种轻型车载移动测量系统(图 3-23)，该系统将移动测量系统装载于轻型组装式轨道车，可以实现铁路场景全断面激光点云数据的快速

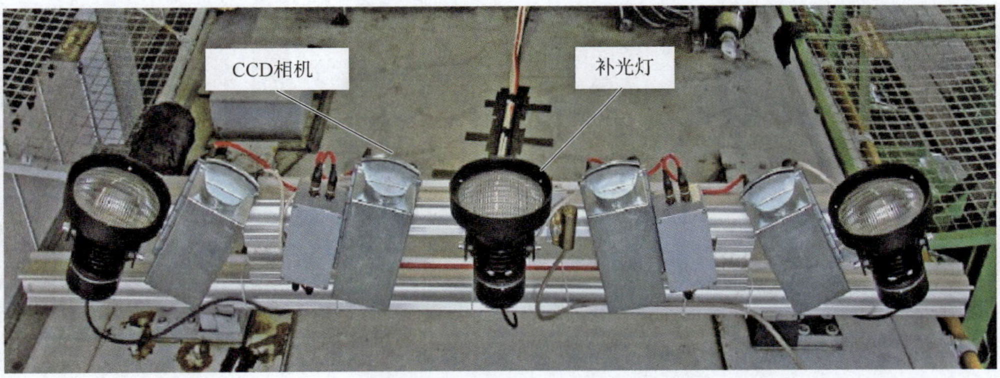

图 3-22　德国 DB 公司的接触网检测装置

采集。针对采集的点云数据，综合使用点云滤波、几何分割、机器学习、模型配准重建等算法获取轨道几何状态（测量基准）、待测物的空间位置和几何状态，最终可实现接触网几何参数的静态检测。

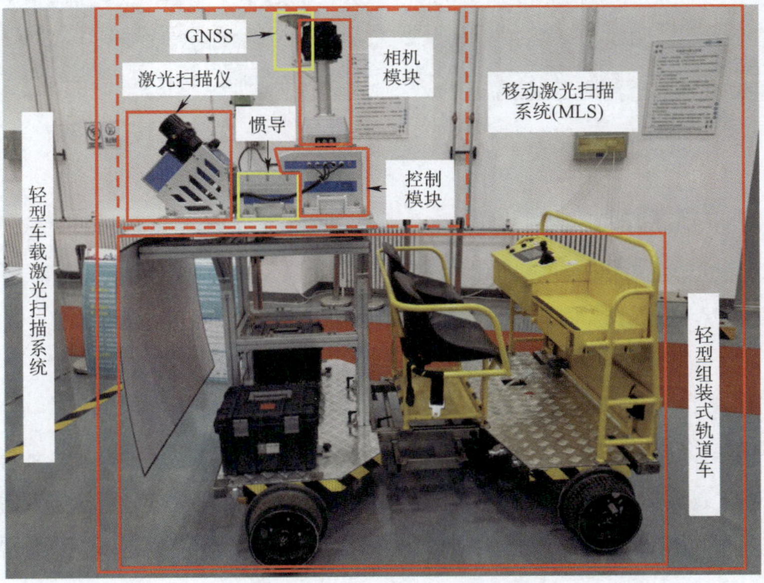

图 3-23　轻型车载激光扫描系统

我国的接触网几何参数检测方式主要是便携式激光测量设备和高速铁路供电安全检测监测系统（6C 系统）。其中 6C 系统中的高速弓网综合检测装置（1C）、车载接触网运行状态检测装置（3C）、接触网悬挂状态检测监测装置（4C）可以进行接触网几何参数的检测。图 3-24 所示为安装在综合检测列车上的 1C 系统，图 3-25 所示为安装在客车上的 3C 系统，图 3-26 所示为安装在接触网作业车或专用车辆上的 4C 系统，图 3-27 所示为便携式激光测量仪（DJJ-8 型）。

图 3-24 高速综合检测列车

图 3-25 3C 系统

图 3-26 4C 系统

图 3-27 便携式激光测量仪(DJJ-8 型)

3.5 移动测量检测技术

移动测量检测技术作为高新测量技术,克服了传统单点测量方式的弊端,不仅可以快速获取被测物体的影像信息,还可以采集被测物体表面海量点云的高精度三维坐标、反射强度等信息,以便进行数据处理和建模分析。由于其具有无接触、实时、动态、高密度、高精度、数字化和自动化等特性,该技术在文物保护、土木工程和数字城市等方向有了很多的尝试、应用和探索。

移动测量系统由硬件系统和软件系统两部分组成,其中硬件系统主要包括移动搭载平台:主要有机载、车载、船载和背包;定位定姿系统(position orientation system,POS)由GNSS、INS、里程编码计组成;数据采集器包含了激光扫描仪、工业相机、全景相机、数字摄像机等;其他模块包括电源供电模块、采集控制器等。车载移动测量系统整体如图 3-28 所示。软件系统主要包括数据采集控制软件、定位定姿数据解算软件、点云数据解算软件、点云与影像融合软件(点云赋色软件)、点云数据应用处理软件。

综合测量精度和测量效率,在铁路线形维护测量邻域应用最为广泛的为车载移动测量系统,下面就车载移动测量系统的组成,测量原理及工作流程予以介绍。

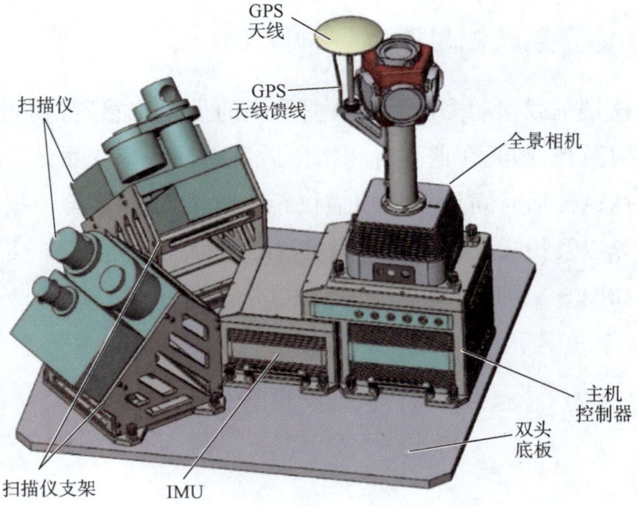

图 3-28 车载移动测量系统

3.5.1 车载移动测量系统

国内外各大科研机构、院校及商业公司纷纷对车载移动测量系统装备进行了集成开发。目前商业市场上的激光扫描系统主要有 RIEGL 公司的 VMX 系列移动测图系统、Optech 公司的 Lynx Survey 移动三维激光扫描系统、Trimble 公司的 MX 系列车载移动测绘系统、南方测绘的 SZT-R1000 轻型车机载一体化激光扫描系统、武汉海达数云技术有限公司的 HiScan 系列高精度三维激光移动测量系统以及华测导航的 Alpha 3D 移动测量系统等，如图 3-29 所示。

(a) VMX-2HA

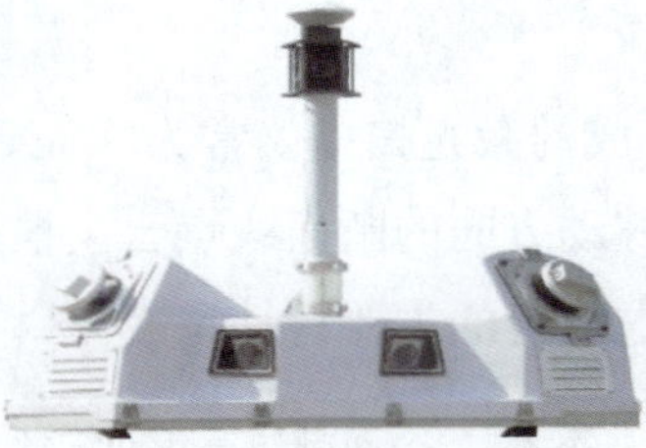
(b) Lynx Survey

(c) Trimble MX9

(d) SZT-R1000

(e) HiScan-Z

(f) Alpha 3D

图 3-29 移动测量系统

3.5.2 车载移动测量系统测量原理

三维激光扫描仪是车载移动测量系统数据采集的主要传感器，其通过伺服马达驱动扫描头旋转的同时发射激光，激光在遇到待测物体后反射回到扫描系统。扫描系统首先根据激光反射回来时的往返传播时间计算出扫描仪距物体的距离 s，再根据激光反射回来的水平角度 α、竖直角度 θ 以及扫描仪自身的空间位置反演得到被测物体三维空间坐标。三维激光扫描的测量原理如图 3-30 所示，坐标计算见式(3-15)。

$$\begin{cases} X = s\cos\theta\cos\alpha \\ Y = s\cos\theta\sin\alpha \\ Z = s\sin\theta \end{cases} \tag{3-15}$$

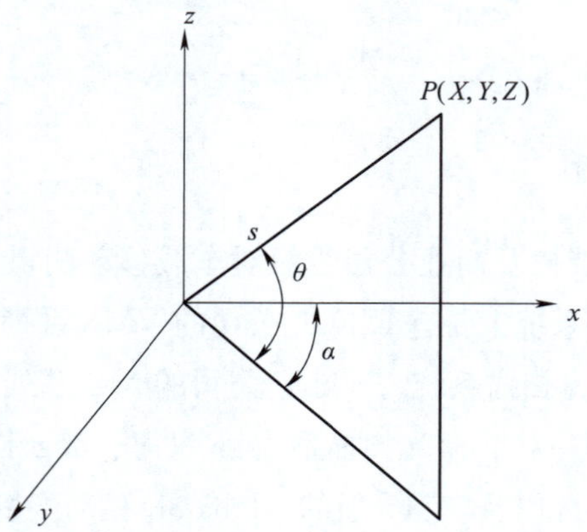

图 3-30 三维激光扫描原理图

用于车载激光扫描系统集成的激光扫描仪常为断面式扫描，扫描断面与移动方向形成一定角度平行排列，可获取沿移动方向的断面线点云。根据测距原理，激光扫描仪主要可分为：脉冲式、相位式和三角式，这三者的主要特性见表 3-7。

表 3-7 不同测距方式的优缺点

测距类型	优　点	缺　点
脉冲式	测距长、频率高、不易受其他光源影响	测量精度较低
相位式	测距中等、测量精度高	不适用于长距离的测量
三角式	小距离下测量精度高，频率高	易受外界环境光的影响

3.5.3 车载移动测量系统数据采集与解算

1. 数据采集

车载移动测量系统的数据采集流程分为以下两步。

(1)基准站布设与测量：

车载移动测量系统的系统定位原理实质是 GNSS 动态后处理差分技术(post processed kin-ematicpost,PPK)。在利用车载激光扫描系统进行数据采集时，需在地面控制点上架设 GNSS 基准站，如图 3-31 所示。GNSS 基准站与车载激光扫描系统的 POS 进行同步观测，以便在数据预处理时解算出车载激光扫描系统的轨迹线。在进行基准站布设时，需选择合适的地面控制点、观测仪器以及观测方法，并且需合理的布设 GNSS 基准站的数量，例如，轨道交通线路移动扫描测量控制点可选为 CPⅠ位置，单个基站的控制范围应不大于 15 km，以保证在 GNSS 基准站辐射范围内数据解算的质量。

图 3-31　GNSS 基站架设

在进行观测之前，为了提高 GNSS 基准站测量精度，GNSS 接收机的布设应严格对中整平，对中误差应小于 1 mm，测量频率应小于 1 Hz。GNSS 接收机在布设完成后，由于其自身重力影响，会产生持续下降的趋势，数分钟后才能达到稳定的状态。在进行 GNSS 基站数据解算时，利用现有的数据处理算法，其整周模糊度往往需要数秒或者数分钟才能达到收敛的状态。所以，在布设 GNSS 地面基准站时，往往需要测量人员在车载激光扫描系统开机工作前，就要完成 GNSS 基准站布设并启动测量，一般需要提前 15 min。

(2)轻型车载激光扫描系统操作：

将轻型激光扫描系统各组件搬运至作业线路轨道上组装。车载激光扫描系统需要行驶到能够接收不少于 6 颗卫星信号的开阔地段，方可开启系统记录 POS 数据，将设备静置 5～10 min，以惯性导航装置能够获取稳定的位置和姿态信息。

待系统完成静置后方可启动扫描仪，等待车载激光扫描系统的激光扫描仪转速达到设定值后，再开始沿线路进行扫描。在移动激光扫描测量过程中，扫描仪采集点云数据，POS 系统同步记录数据。如遇到长大隧道等不具备 GNSS 观测条件的线路时，需在隧道进出口等对空条件较好的地带将测量系统静止 5～10 min，以获取惯性导航装置稳定的状态信息，进入隧道后加快行车速度，尽快通过隧道，减少卫星信号失锁时间。

系统数据采集结束后，关闭激光扫描仪和数字相机，将机车开到一个开阔的地方，同样确保 GNSS 接收机能够接收不少于 6 颗卫星信号，将设备静置 5～10 min，与初始化过程相同，主要是为了组合导航数据处理时可以进行双向平滑解算，提高轨迹线解算的精度。

2. 轨迹线解算

20 世纪 90 年代，集 GNSS 定位和惯性导航单元 INS 于一体 POS 系统被用于获取运动物体的空间位置和姿态信息，INS/GNSS 组合导航技术得到发展。

组合导航通过对多种导航系统的测量值进行分析解算和综合处理，兼容了各子系统的优点，能获得更高精度和更可靠性的导航结果，组合导航数据处理流程如图 3-32 所示。惯性导航系统（INS）是通过加速度计、陀螺仪等惯性测量元件（IMU）获取轻型车载激光扫描系统的速度和位姿信息。在全天候和全球范围内，INS 本身就能够不依靠外部信息、自主的、隐蔽的产生多种高精度的连续导航信息，然而它的缺点是定位误差随时间积累，长时间的导航精度较差。GNSS 在定位和速度测量方面的精度高，且导航定位误差不随时间累积，基本不受地域、气候和时间限制。但是其缺点也较为明显，比如信号易受到外界干扰、无法测量姿态信息，并且当载体在地形遮挡区域时，卫星信号有可能中断或动态误差过大导致导航结果不能使用。因此，将惯性导航系统和全球卫星导航系统组合使用，采用适当的技术手段，一方面通过 GNSS 观测数据修正 INS 导航信息，校正其随时间累积的误差，另一方面采用高精度惯性导航系统的测量数据弥补 GNSS 信号失锁时的导航信息，从而实现两者优势互补、取长补短，有效提升系统导航定位的精度和鲁棒性，获得激光扫描系统的高精度、稳定、可靠的位置、姿态和速度信息。

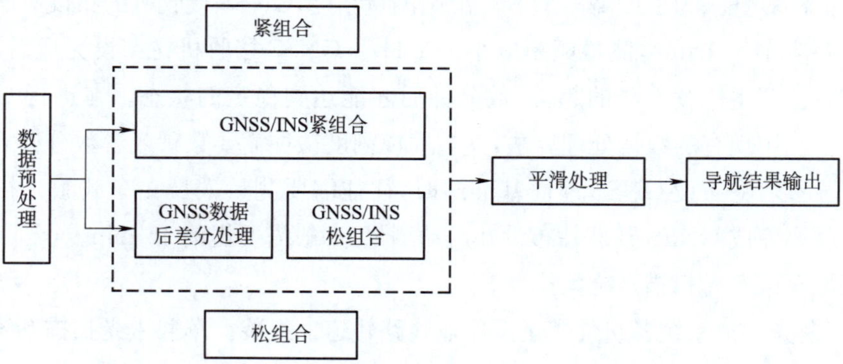

图 3-32　组合导航数据处理流程图

由于组合导航技术的先天优势，POS 硬件设备和组合导航理论技术得到持续研究和发展，与此同时，国内外众多科研机构、高校和公司也在致力于组合导航数据处理软件的开发。卡尔加里大学的 Schwarz 和 EI-Sheimy 于 2000 年就研究出了导航数据处理软件 KINGSPAD 软件。而后，NAVSYS 公司也推出了自己的 InterNav 组合导航软件。特别是

NovAtel 公司，对 GNSS/INS 进行了大量的研究，并开发出很多产品，包括 IE(inertial explore)软件等，在市场上基本上处于垄断地位。IE 是 NovAtel 公司 Waypoint 产品组研发的事后处理软件。基于 NovAtel 硬件平台，GNSS+IMU 的融合解算能够达到厘米级的定位精度，千分之一级别的测姿精度，并且提供松耦合和紧耦合两种组合解算方式，适用于陆地、机载、海洋等应用领域，IE 软件界面如图 3-33 所示。

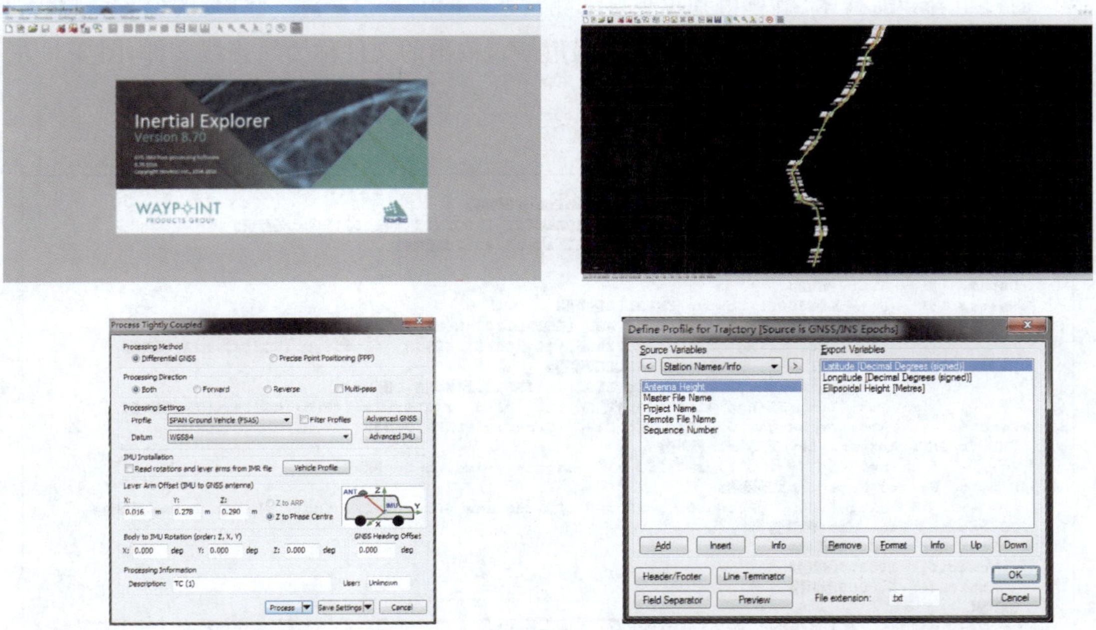

图 3-33　IE 软件界面

除 IE 软件外，Applanix 公司发布研制的智能化移动测图软件套装 POSPac MMS，对集成全球卫星导航系统与惯性导航技术的定位测姿系统(POS)所采集的数据进行处理，通过软件解算处理，可直接获取相机、LiDAR、多波束声呐和其他移动传感器的高精度定位测姿成果。

与国外相比，我国的组合导航软件研发起步较晚，但经过科研人员的不断研究，已有许多较为成熟的软件问世，如武汉大学孙红星团队的组合导航系统 DRDynamic；中科院测地所柴艳菊团队的 GPSINSIGG 1.0，采用了 GNSS 质量控制及模糊度快速搜索新方法，在组合阶段采用附加系统存在的隐含信息约束思想，提高了导航结果的精度，适用于实时或事后组合导航数据处理；西北工业大学严恭敏教授团队基于 Matlab 软件平台研发的 PSINS(高精度捷联惯导系统算法)工具箱，涵盖了传感器数据分析、惯组标定、初始对准、惯导 AVP(姿态-速度-位置)更新解算、组合导航卡尔曼滤波等功能，运行速度和精度均不亚于 IE，并且代码全部开源，代码调试开发环境友好。

车载移动测量系统的数据成果在一定的坐标系统下才有现实意义，因此需要将扫描仪采集的原始点云数据与 POS 系统记录的运动轨迹线进行融合。车载移动测量系统沿轨道行驶,扫描仪采用断面扫描模式,在高速旋转的同时发射高频率激光脉冲,采集铁路场景的原始点云数据。由于激光扫描仪不具有定位定姿功能,所以采集的铁路场景原始点云可认为重叠在同一个断面,车载移动测量系统的时间同步模块为扫描仪和 POS 系统提供了每帧数据的时间标签(时间戳),并把整个时间标签统一在相同的时间基准。

通过组合导航技术,解算得到车载移动测量系统的 POS 系统每一时刻的位置信息(x_i,y_i,z_i)和姿态信息(翻滚角 ϕ、俯仰角 θ、航偏角 Ψ),输出的文件称为轨迹线文件,图 3-34 展示了轨迹线文件包含的测量信息。

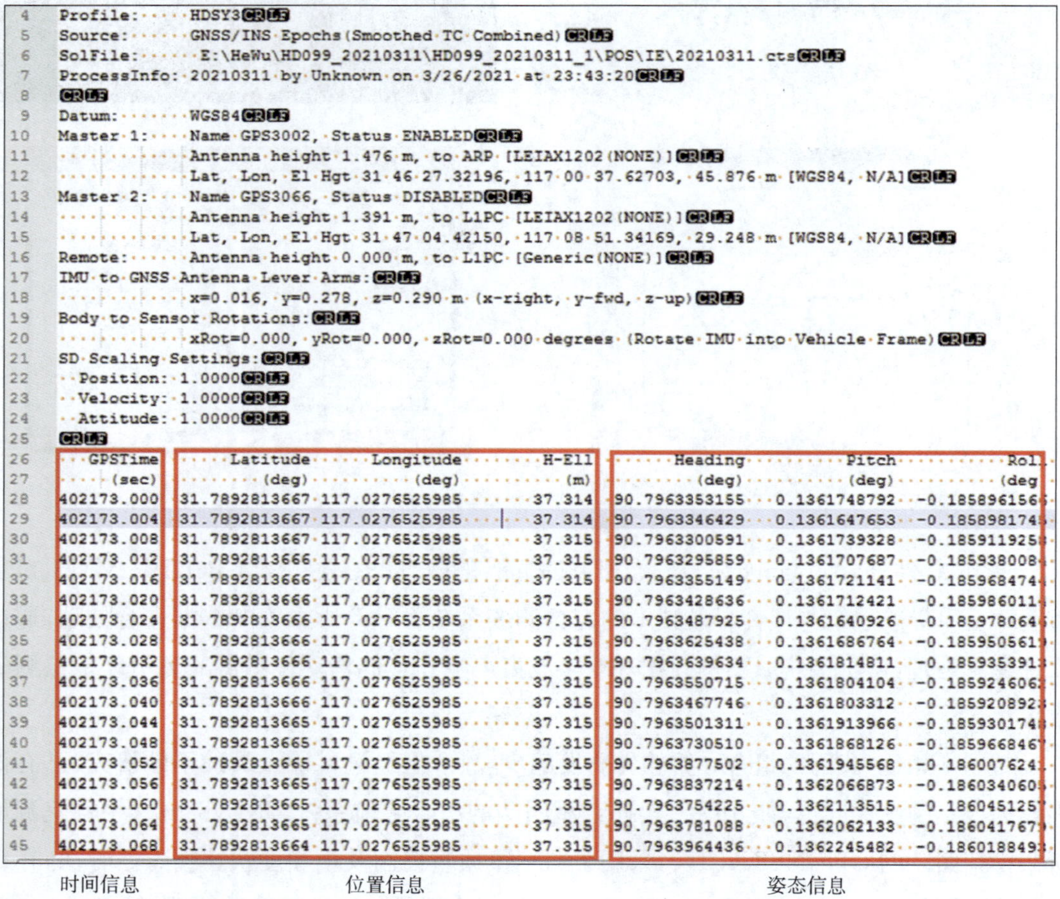


```
Profile:     HDSY3
Source:      GNSS/INS Epochs(Smoothed TC Combined)
SolFile:      E:\HeWu\HD099_20210311\HD099_20210311_1\POS\IE\20210311.cts
ProcessInfo: 20210311 by Unknown on 3/26/2021 at 23:43:20

Datum:       WGS84
Master 1:    Name GPS3002, Status ENABLED
             Antenna height 1.476 m, to ARP [LEIAX1202(NONE)]
             Lat, Lon, El Hgt 31 46 27.32196, 117 00 37.62703, 45.876 m [WGS84, N/A]
Master 2:    Name GPS3066, Status DISABLED
             Antenna height 1.391 m, to L1PC [LEIAX1202(NONE)]
             Lat, Lon, El Hgt 31 47 04.42150, 117 08 51.34169, 29.248 m [WGS84, N/A]
Remote:      Antenna height 0.000 m, to L1PC [Generic(NONE)]
IMU to GNSS Antenna Lever Arms:
             x=0.016, y=0.278, z=0.290 m (x-right, y-fwd, z-up)
Body to Sensor Rotations:
             xRot=0.000, yRot=0.000, zRot=0.000 degrees (Rotate IMU into Vehicle Frame)
SD Scaling Settings:
  Position: 1.0000
  Velocity: 1.0000
  Attitude: 1.0000

  GPSTime     Latitude      Longitude       H-Ell      Heading        Pitch           Rol
    (sec)        (deg)          (deg)         (m)        (deg)        (deg)           (deg
402173.000 31.7892813667 117.0276525985      37.314 90.7963353155  0.1361748792  -0.185896156
402173.004 31.7892813667 117.0276525985      37.314 90.7963346429  0.1361647653  -0.185898174
402173.008 31.7892813667 117.0276525985      37.315 90.7963300591  0.1361739328  -0.185911925
402173.012 31.7892813666 117.0276525985      37.315 90.7963295859  0.1361707687  -0.185938008
402173.016 31.7892813666 117.0276525985      37.315 90.7963355149  0.1361721141  -0.185968474
402173.020 31.7892813666 117.0276525985      37.315 90.7963428636  0.1361712421  -0.185986011
402173.024 31.7892813666 117.0276525985      37.315 90.7963487925  0.1361640926  -0.185978064
402173.028 31.7892813666 117.0276525985      37.315 90.7963625438  0.1361686764  -0.185950561
402173.032 31.7892813666 117.0276525985      37.315 90.7963639634  0.1361814811  -0.185935391
402173.036 31.7892813666 117.0276525985      37.315 90.7963550715  0.1361804104  -0.185924606
402173.040 31.7892813666 117.0276525985      37.315 90.7963467746  0.1361803312  -0.185920892
402173.044 31.7892813665 117.0276525985      37.315 90.7963501311  0.1361913966  -0.185930174
402173.048 31.7892813665 117.0276525985      37.315 90.7963730510  0.1361868126  -0.185966846
402173.052 31.7892813665 117.0276525985      37.315 90.7963877502  0.1361945568  -0.186007624
402173.056 31.7892813665 117.0276525985      37.315 90.7963837214  0.1362066873  -0.186034060
402173.060 31.7892813665 117.0276525985      37.315 90.7963754225  0.1362113515  -0.186045125
402173.064 31.7892813665 117.0276525985      37.315 90.7963781088  0.1362062133  -0.186041767
402173.068 31.7892813664 117.0276525985      37.315 90.7963964436  0.1362245482  -0.186018849
```

图 3-34 轨迹线文件

在考虑传感器时间偏差的前提下,通过时间同步信息将点云数据与轨迹线进行匹配,根据式(3-16)计算得到扫描点的三维坐标(X_i,Y_i,Z_i),即可实现点云数据融合,复现铁路场景,点云融合原理如图 3-35 所示。

$$\begin{pmatrix} X_i \\ Y_i \\ Z_i \end{pmatrix} = \begin{pmatrix} x_i \\ s\sin\alpha + y_i \\ s\cos\alpha + z_i \end{pmatrix} \begin{pmatrix} 1 & 0 & 0 \\ 0 & \cos\phi_i & \sin\phi_i \\ 0 & -\sin\phi_i & \cos\phi_i \end{pmatrix} \begin{pmatrix} \cos\theta_i & 0 & -\sin\theta_i \\ 0 & 1 & 0 \\ \sin\theta_i & 0 & \cos\theta_i \end{pmatrix} \begin{pmatrix} \cos\psi_i & \sin\psi_i & 0 \\ -\sin\psi_i & \cos\psi_i & 0 \\ 0 & 0 & 1 \end{pmatrix} \tag{3-16}$$

式中　s——扫描距离；

α——扫描角；

ϕ_i——翻滚角；

θ_i——俯仰角；

ψ_i——航偏角；

(x_i, y_i, z_i)——轨迹线点空间坐标。

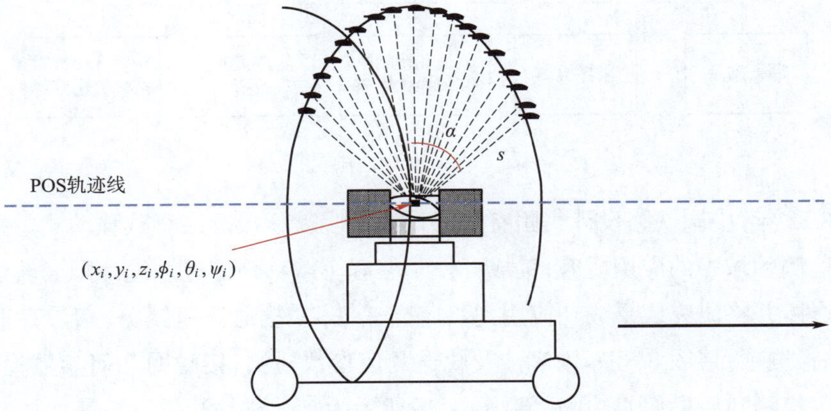

图 3-35　点云数据融合原理

3.5.4　车载移动测量在高速铁路运营检测中的应用

车载移动测量系统综合了动态定位测量快速和近景摄影测量信息丰富的特点，提高了大场景下空间数据获取的速度和丰富度，获取的可量测实景影像和高密度点云使得数据处理方式灵活多变，测量成果丰富多样，可以随时从全景影像数据和三维激光点云数据中获得特定目标的空间定位，改变了以往按照外业，内业工序测量的按需测量模式，实现了“外业一次测量，内业多方面应用”的综合测量模式，车载移动测量作业流程及现场作业如图 3-36 所示。

因车载移动测量技术高精度、真三维、大数据的特点，国内外许多高校、科研机构和企业对车载移动测量技术在轨道交通中的应用开展了广泛而深入的研究，主要体现在线路中线检测、限界检测、接触网几何参数检测、隧道病害检测和钢轨磨耗和扣件状态检测等方面，科研转化成果丰硕。

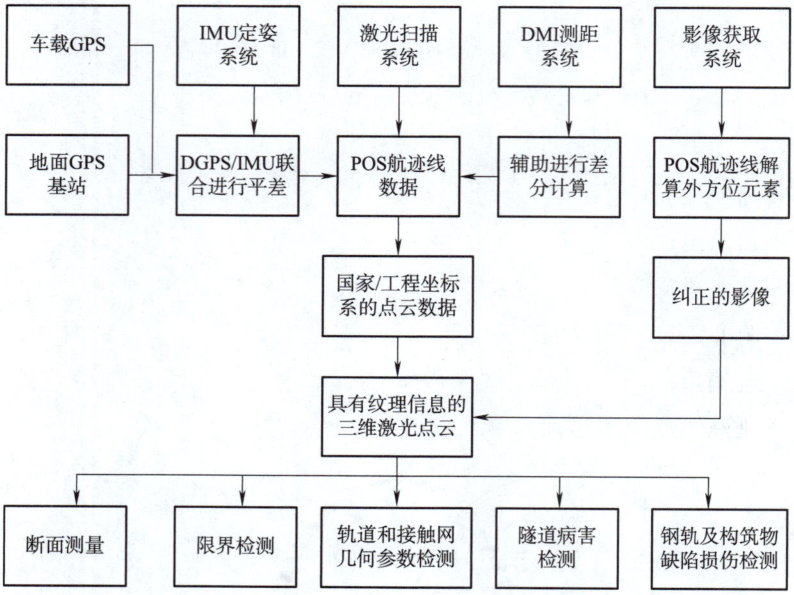

图 3-36　移动三维激光扫描测量作业流程图

早在 2012 年，中国铁路设计集团有限公司测绘院就积极开展车载移动测量系统在轨道交通检测、监测领域中的应用研究，集成开发了多套车载移动测量系统和配套轨道交通点云数据处理软件，并将研究成果成功应用到贵广高速铁路、盐通高速铁路、京沪高速铁路等多条高速铁路检测项目（图 3-37），内容涉及轨道几何参数检测、接触网几何参数检测、限界检测、隧道病害检测和桥梁偏心检测等。图 3-38 所示为车载移动测量系统获取的铁路场景点云数据。

图 3-37　车载移动测量系统在轨道交通检测中的应用

图 3-38 车载移动测量系统获取铁路场景点云数据

3.6 工程案例

3.6.1 基于惯导的轨道几何状态检测

1. 工程概况

贵广高速铁路是中国境内一条连接贵阳市与广州市的区际高速铁路；线路呈西北至东南走向，为中国“八纵八横”高速铁路网兰（西）广通道的南端部分。贵广高速铁路广西段包括（K278＋035～K688＋662）范围内 410.627 正线公里无砟轨道。为保证铁路平顺性、避免线路整治维护过程中各种设备超过限界，特开展本次轨道几何状态检测工作。

2. 工作内容及方法

为了保证轨道测量仪线形测量的准确性，首先对 CPⅢ控制网进行复核。轨道线形测量时以最新发布启用的曲线、坡度及轨道控制网（CPⅢ）成果为基准。轨道线形测量工作开展前，核对线路设计参数，检核平面曲线要素桩、竖曲线要素、曲线超高以及变坡点桩号和坐标，然后根据线路桩点信息，为轨检小车编制线路数据库文件。本项目采用的轨道测量仪属于 0 级轨检仪，其搭载的全站仪为 TS60，具有自动目标搜索、自动照准、自动观测、自动记录功能，其标称精度满足方向测量中误差不大于 0.5″，测距中误差不大于 $1\ \text{mm}+1\times10^{-6}D$ 的要求。

（1）在检测时，全站仪设站均采用 8 个及以上 CPⅢ控制点进行后方交会定向，每一测站测量距离在 120 m 左右，一般情况下均保留 6 个及以上 CPⅢ控制点。

（2）采集得到上、下行线的左轨和右轨中心与承轨台中心焦点位置的（x，y，h）和对应的轨距、超高等轨道静态几何状态数据。

(3)结合限界、线形数据对线路进行拟合，得到拟合后线形参数、拨道量、抬落量等数据，轨道测量仪现场工作如图 3-39 所示。

图 3-39　轨道测量仪工作

3. 检测结果

本次工程中左线共设站 892 次，X 坐标、Y 坐标及高程满足小于等于 0.7 mm 精度要求的设站分别为 888 次、889 次和 866 次，所占百分比分别为 99.55%、99.66%、97.08%；右线共设站 847 次，X 坐标、Y 坐标及高程满足小于等于 0.7 mm 精度要求的分别为 843 次、841 次和 834 次，所占百分比分别为 99.53%、99.29%、98.35%。

根据实测的轨道中线数据，对运营铁路的轨道平顺性进行评估，对线路线形参数进行优化设计，使优化后的线形参数既能满足设计规范和线路维修规则的要求，又尽量减少轨道的调整量。根据拟合结果，计算得到拨道量和抬落道量，其中 K582+708～K600+506 上行拨道量统计见表 3-8 和如图 3-40 所示，其中，拨距正值表示实测线偏离设计中心线左侧，需向右拨正；负值则表示右偏，需向左拨。

表 3-8　K582+708～K600+506 上行拨道量统计表

序号	拨道量 T/mm	统计值/个	百分比/%
1	$\|T\|\leqslant 10$	27 526	99.89
2	$10<\|T\|\leqslant 20$	29	0.11
3	$20<\|T\|\leqslant 30$	0	0.00
4	$\|T\|>30$	0	0.00

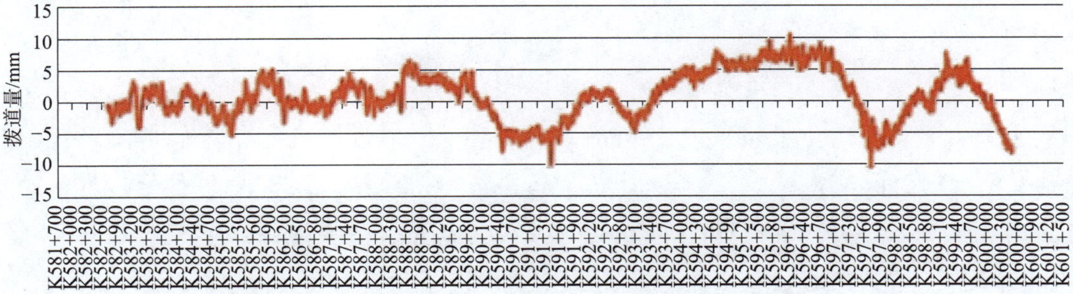

图 3-40　K582＋708～K600＋506 上行拨道量统计

3.6.2　盐通高速铁路静态验收三维激光扫描技术服务

1. 工程概况和工程内容

盐通高速铁路是一条连接江苏省盐城市与南通市的高速铁路，它是《中长期铁路网规划》（2016 年修订版）中“八纵八横”高速铁路主通道之一“沿海通道”的重要组成部分，由盐城站至南通西站，正线全长 157.098 km，设 6 座车站，最高设计速度 350 km/h。为满足新建盐城至南通铁路工程静态验收需要，根据全线路基、桥梁、电化等工程对新建高速铁路静态验收测量成果和精度的要求，利用车载移动测量技术开展静态验收测量，主要内容有：

（1）车载移动测量系统采集盐通高速铁路全线的三维激光点云数据。

（2）处理计算全线的接触网导高和拉出值、建筑及站台限界，生产全线真彩色三维激光点云。

（3）静态验收成果分析。对处理成果进行分析，根据分析结果提出邻近构筑物及设备的调整意见，并得出结论，并按照相关要求进行资料整理及归档等工作。

2. 工作方法及原理

盐通高速铁路静态验收技术服务采用车载移动测量系统，将激光扫描设备、卫星定位模块、惯性测量装置、里程计、360°全景相机、总成控制模块和高性能板卡计算机集成并封装于轨道小车的刚性平台之上。在轨道小车移动过程中，快速获取高精度定位定姿数据、高密度三维点云和高清连续全景影像数据，通过统一的地理参考和测角测距解析处理，实现空间三维数据的动态信息采集，如图 3-41 和图 3-42 所示。

采用车载移动激光雷达测绘技术对铁路设备设施和周边建（构）筑进行扫描，获得铁路沿线三维点云数据和全景数字影像数据。通过对左右侧轨道点云进行三维模型重建，提取线路中心线，将此线路中心线为基准线，提取吊弦和定位线夹处的接触线底部三维坐标、定位器定位环和定位线夹的三维坐标、轨道超高等参数计算接触线导高和拉出值；按照一定步长切取线路横断面，对整条线路进行无缝限界检测；将同步获取的沿线数字影像数据进行融

图 3-41 车载移动三维激光扫描系统

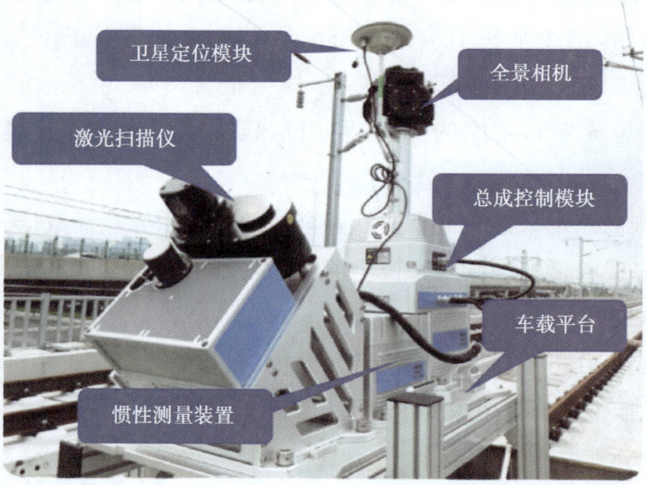

图 3-42 激光雷达扫描系统

合得到盐通高速铁路真彩色三维点云数据。该方法可以快速采集铁路两侧几十米范围内海量点云数据，具有无接触、高效率、信息量丰富等特点。

3. 数据采集及处理流程

在数据采集之前，需要在线下 CPⅠ或 CPⅡ处设置地面 GNSS 基准站，地面基站间距不大于 15 km，为了保证测量的精度，盐通线下共布设 15 台 GNSS 基站。

在车载扫描开始作业前的 30 min 完成基准站的开机工作，在扫描作业完成 30 min 后关闭基准站，扫描作业期间需要保证地面基准站连续工作，不得断电。为了保证测量的精度和数据处理效率，盐通高速铁路数据采集过程中以车站为节点分为 5 段区域，每段区域数据采集时需要在起始位置处开阔地带将测量小车停止，静置 5 min 以上用于惯导静态对准初始化提高测量精度，结束测量时在终止位置处开阔地带将机车静置 5 min 以上，盐通高速铁路数据采集过程中共停车 10 次，从而满足测量精度的要求。对于获取的盐通高速铁路三维激光点云数据，采用 CRDC_RMS 点云后处理软件进行数据处理，实现轨道、接触网和限界参数的提取，综合检测效率提升数十倍，处理过程如图 3-43 所示，其中部分成果见表 3-9 和表 3-10。

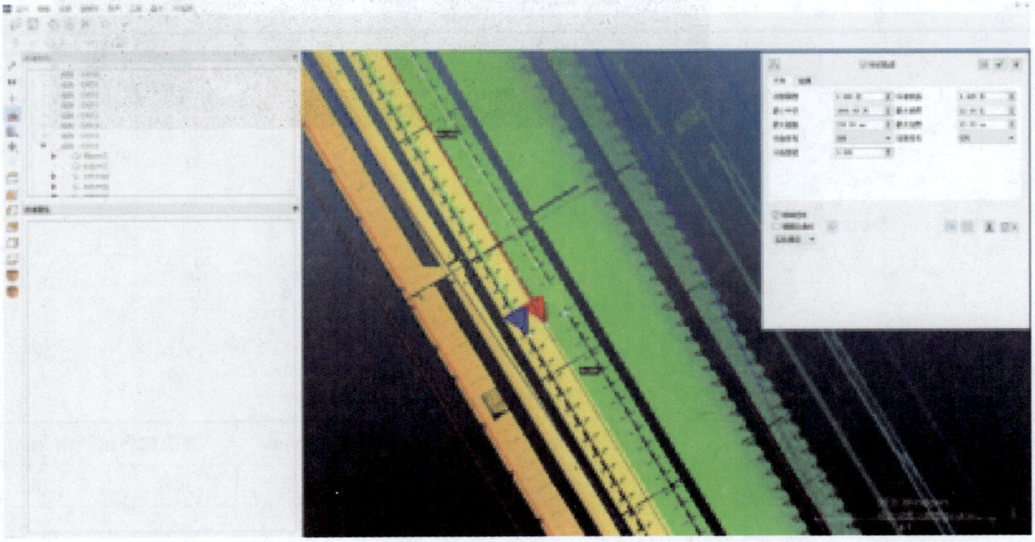

(a) 轨道检测

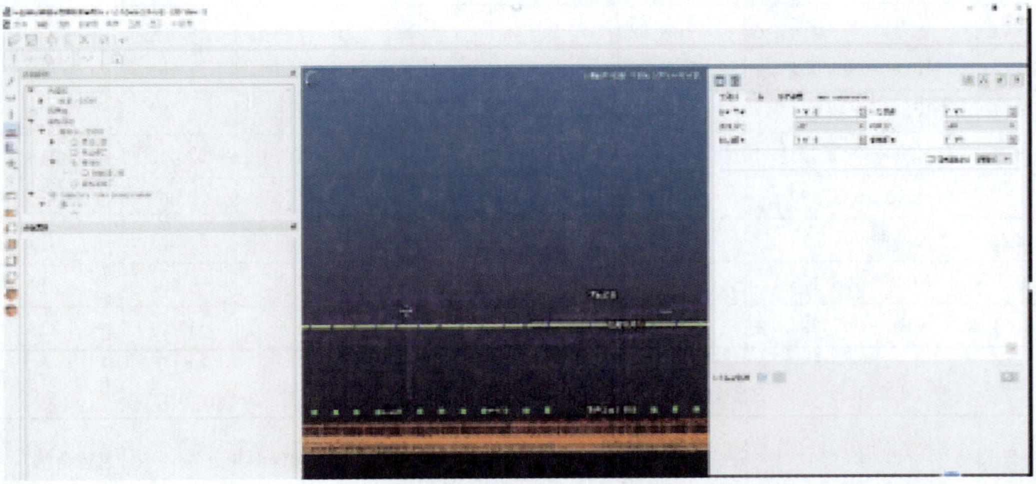

(b) 接触网检测

图 3-43　轨道与接触网检测

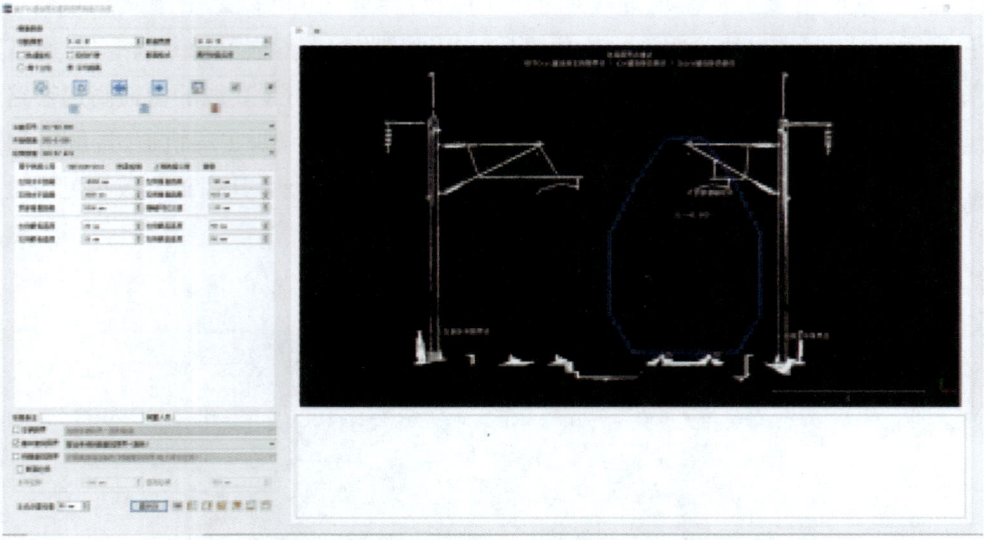

(c) 限界检测

图 3-43 （续）

表 3-9　轨道几何形位和建筑限界检测成果

序号	里　　程	中线偏差值/mm		轨道几何偏差值/mm		建筑限界检测值/mm	
		横向	垂向	超高	轨距	水平	顶部
1	K090+000.147	3.6	−6.3	1.2	−1.0	2 002	5 325.6
2	K090+000.776	3.5	−6.8	1.1	1.2	1 986	5 311.9
3	K090+001.405	3.2	−6.9	1.2	1.3	2 005	5 319.6
4	K090+002.034	3.2	−6.5	1.7	−1.1	1 986	5 342.6
5	K090+002.663	3.5	−6.7	1.1	−1.5	2 023	5 320.6
6	K090+003.292	3.8	−7.1	1.1	−1.7	2 013	5 318.4
7	K090+003.920	3.7	−7.5	1.1	−1.6	2 009	5 315.5
8	K090+004.549	3.5	−7.5	1.3	−1.4	1 978	5 312.5
9	K090+005.178	3.3	−7.3	−1.6	−1.3	1 992	5 314.6
10	K090+005.807	2.8	−7.2	−1.7	−1.2	1 997	5 318.4

表 3-10　接触网几何参数测量成果

序号	里　　程	接触线/mm		定位器倾斜角/(°)	是否合格
		导　高	拉出值		
1	K090+000.147	5 298	−196	8.9	是
2	K090+000.776	5 300	200	9.1	是
3	K090+001.405	5 301	−295	5.5	是
4	K090+002.034	5 294	240	11.5	是

续上表

序号	里　程	接触线/mm		定位器倾斜角/(°)	是否合格
		导　高	拉出值		
5	K090+002.663	5 298	300	12.9	是
6	K090+003.292	5 307	−196	8.1	是
7	K090+003.920	5 300	208	13.5	是
8	K090+004.549	5 297	−193	5.3	是
9	K090+005.178	5 296	197	10.4	是
10	K090+005.807	5 301	−191	5.4	是

4. 测量精度验证

为了分析车载三维激光扫描仪限界测量成果的精度，将接触网线及接触网杆限界测量结果与全站仪实测结果进行对比，对比结果见表3-11，由表中对比结果，车载三维激光扫描仪限界测量结果与全站仪实测结果较差小于20 mm，说明限界测量结果精度能够满足工务部门使用的要求。

表3-11　点云提取的限界结果与全站仪测量成果对比

成果序号	里　程	车载扫描成果		全站仪测量成果		较　差	
		左侧限界/mm	顶点限界/mm	左侧限界/mm	顶点限界/mm	左侧限界较差/mm	顶点限界较差/mm
1	K95+167.85	2 083	5 369	2 086	5 379	−3	−10
2	K95+126.00	2 080	5 346	2 085	5 351	−5	−5
3	K95+077.85	2 151	5 365	2 152	5 369	−1	−4
4	K94+937.85	2 054	5 336	2 060	5 370	−6	−14
5	K94+890.52	2 180	5 367	2 188	5 381	−8	−14
6	K94+792.22	2 183	5 368	2 191	5 381	−8	−13
7	K94+742.73	2 145	5 342	2 150	5 344	−5	−2
8	K94+693.99	2 143	5 369	2 156	5 310	−13	−11
9	K94+648.85	2 057	5 344	2 071	5 351	−14	−7
10	K94+598.85	2 040	5 378	2 044	5 386	−4	−8
11	K94+548.85	2 054	5 348	2 060	5 360	−6	−12
12	K94+498.85	2 041	5 374	2 055	5 396	−14	−12
13	K102+078.02	2 224	5 365	2 227	5 368	−3	−3
14	K102+131.02	2 222	5 347	2 228	5 355	−6	−8
15	K102+186.02	2 321	5 374	2 322	5 379	−1	−5
16	K102+236.02	2 210	5 377	2 218	5 383	−8	−6
17	K102+286.02	3 316	5 365	2 318	5 369	−2	−4

续上表

成果序号	里　程	车载扫描成果		全站仪测量成果		较　差	
		左侧限界/mm	顶点限界/mm	左侧限界/mm	顶点限界/mm	左侧限界较差/mm	顶点限界较差/mm
18	K102+336.02	3 078	5 356	2 088	5 377	−10	−11
19	K102+386.02	3 203	5 375	2 221	5 382	−18	−7
20	K102+436.02	3 119	5 395	2 123	5 399	−4	−4

将接触网几何参数的检测结果与高精度的接触网几何参数激光测量仪(DJJ-8 型)进行对比,对比结果见表 3-12。由表 3-12 可知两种方式的检测差值小于 10 mm,表明了车载三维激光扫描在接触网几何参数测量的可靠性。

表 3-12　点云测量结果与 DJJ-8 型测量结果差值

支柱号	里　程	设计拉出值/mm	接触线拉出值/mm		检测较差/mm
			DJJ-8 型	移动扫描	
09-127	K3+150.95	−200	−260	−264	4
09-129	K3+198.95	200	163	158	5
09-131	K3+247.80	−300	−281	−287	6
09-133	K3+297.20	250	203	196	7
09-135	K3+345.90	300	263	262	1
09-137	K3+395.30	−200	−197	−201	4
09-139	K3+444.01	200	161	158	3
09-141	K3+493.45	−200	−182	−184	2
09-143	K3+542.17	200	163	160	3
09-145	K3+591.61	−200	−197	−198	1
09-147	K3+640.33	200	174	168	6
09-149	K3+689.77	−200	−199	−200	1
09-151	K3+738.49	200	177	170	7
09-153	K3+787.93	−200	−191	−193	2

本项目创新性将车载三维激光扫描应用到铁路静态验收测量,相比传统单点测量的方式,测量效率提升数十倍,测量精度满足规范要求。

第 4 章 路基变形监测技术

随着高速铁路的迅速发展，对运营后路基沉降变形观测和控制技术提出了更高的要求。高速铁路的安全性和稳定性是铁路运营过程中需要重点考虑的问题，路基沉降与变形影响着铁路线路的使用寿命和安全性。如何对高速铁路路基的沉降与变形进行观测对于保障铁路运营安全和提高运营效率具有重要意义，本章对路基运营监测技术进行介绍。

4.1 概 述

运营铁路路基监测应布设在路基填料或基床土质不良、基底地质条件差、地形变化大、路基排水不畅以及各种过渡段等部位。尤以路基出现病害或潜在危险地段应加强加密监测。监测点应设置在观测数据容易反馈，且不影响正常行车运营或对整治施工造成不便的部位。

变形在一定的限度之内属正常现象，但一旦超过某一限度，就会危及行车安全。通过监控量测信息反馈，可以达到如下目的：

(1)监测路基产生的沉降，评价其安全性及对行车的影响程度。

(2)对路基在运营期间的状态进行监测，及时有效地对路基的保护提供依据，确保铁路的运营与日常养护维修。

(3)将实时监测结果反馈设计单位，为优化设计提供依据，以进行信息化施工。

(4)积累高速铁路垂直位移监测数据，为后续其他工程积累信息。

4.2 路基病害分类

基床病害按其不同发展阶段及不同的表现形式主要有滑坡、坡面溜坍、风化剥落、陷穴、下沉外挤、翻浆冒泥、冻害、道砟陷槽等。

1. 滑坡

在某种地质地理环境中，铁路路基因在一定的地形地质条件下，由于各种自然的或人为的因素影响，山坡上的不稳定岩（土）体在重力作用下，沿着山坡内部构造上的某一软弱面（带）作缓慢、间歇性滑动的变形现象称为滑坡。

2. 坡面溜坍

铁路路基出现塌方现象的主要位置就是铁路两侧的边坡部位。这会给周边的行人及车辆带来极大的安全隐患，进而对普通公路的正常运行造成了一定的影响。

坍方病害表现形式较为多样，像崩坍、剥落以及碎落和滑坍等，都是边坡坍方具体表现。崩坍、剥落以及碎落等多在路堑边坡发生，其中剥落是边坡表层土壤或岩石风化脱落，会因为脱落碎屑堆积而造成边沟堵塞，并不利于路基稳定性；碎落是路基岩石碎块剥落，会因为落石冲击力作用，而使路基受到破坏，且会对车辆以及周边行人人身安全形成影响；崩坍是指基床土石剥离坡面滚落到边坡下部所造成的岩堆或者倒石堆问题，会直接造成交通中断以及其他方面问题，危害程度相对较大。

3. 风化剥落

随着年常日久的风雨侵蚀。大山上的岩石和泥土就会随着风化的作用而剥落。风化剥落主要有老化剥落、腐蚀、表层磨损三种现象。其中老化剥落是指表面砂浆脱落粗料外露，严重时形成骨料及包着骨料的砂浆脱落的现象；腐蚀是指混凝土表面或整体上出现物理化学性质变化形成损坏的现象；表面磨损是指构件在外界力作用下骨料和砂浆的磨损脱落的现象。

4. 陷穴

陷穴是指地表水汇集在节理裂隙中进行潜蚀作用而形成的洞穴。陷穴是黄土高原丘陵沟壑区的一个独特的侵蚀现象。由于黄土堆积层质地的不均匀性，地表水沿黄土中的裂隙或孔隙下渗，对黄土产生溶蚀和侵蚀，并把可溶性盐类淋失，致使下边掏空，当上边的土体失去顶托时，引起黄土的陷落，形成陷穴。陷穴多分布在地表水容易汇集的沟间地边缘地带和谷坡的上部，特别是冲沟的沟头附近最易发生。

5. 下沉外挤

因为在最初进行铁路建设的过程中很少会采用重型机械对路基进行碾压，以至于在铁路路基下的土层还处于松软的状态，当火车经过，因为其振动频率或许会与土地相同而造成出现共振或者是因为货车质量较大而产生了较大的压力，从而在一定程度上改变了路基的基础密度，假如发现不够及时的话，就会产生路基下沉的情况，以至于发生严重的运输事故或者使线路中断。

在具体运行的过程当中，铁路路基之所以会产生路肩侧沟挤出变形等情况，主要是因为地基土地没有达到相应的强度，其本身抗压能力不够，一旦有列车经过，就会在一定程度上破坏基床的抗剪切能力，以至于造成铁路路基路肩侧沟有挤出变形等病害产的产生。

6. 翻浆冒泥

翻浆冒泡在基床的表面当中较为常见，属于铁路病害的一种，铁路路基基床的主要组成部分是级配碎石，当有列车经过的时候，会有振动情况产生，以至于对处于级配碎石层当中的水分造成了相应的压力，在碎石缝当中会冒出一定的水分，出现翻浆冒泡的情况。

7. 冻害

冻害多发生在低温寒冷地区，如果路基处于寒冷地区且路基土为低透水性细粒土，或者基面含水量较高，在气温不断下降时，路基内部可能会出现冰冻，会引起不均匀冻胀问题。冻害影响因素主要因为以下三种：

(1)温度。如果土层温度属于负温转换状态，且冻结速率没有达到相应水平时，土中水分会处于较为活跃的状态，会造成大规模冻胀问题。

(2)土质。如果土质粒径超过 0.1 mm，其冻胀范围相对较小，有些部分甚至不会出现冻胀问题，但如果土质粒径在 0.1 mm 以下，就会出现冻胀性较大的问题，特别是黏粒在含量超过 15%时，密度较小的粉粒土冻胀问题最为严重。

(3)水分。如果路基含水量较大，其冻胀性也会随之增加，尤其是存在地下水的地区，很容易会出现强烈冻胀的问题。

8. 道砟陷槽

道床石砟压入路基基面的病害，称为道砟陷槽。道砟陷槽的存在，导致线路下沉、翻浆冒泥、边坡溜坍，甚至路肩坍塌，威胁运营安全。道砟陷槽是既有线路基的常见病和多发病。下列原因之一或其组合都会导致道砟陷槽发生：

(1)基床填土采用黏性土，易发生塑性变形和软化。

(2)基面压实不够，使基面强度降低。

(3)道床厚度不足，基床承受荷载超过其承载能力。

(4)轨枕在路基面上压成易于积水的凹坑。

(5)基床土冬季产生冻起，在气温多变的早春季节多次发生解冻或再冻，造成基床土冻胀、疏松。

4.3　路基变形监测内容

运营铁路路基监测内容主要包括：路基面外观监测、路基本体变形监测及路基应力监测三类。

4.3.1　路基面外观监测

路基面外观监测主要包括道床厚度、路基面的几何形态(路肩形状、路基面宽度、路拱形状、横向坡度及其平整度、基床陷槽、翻浆冒泥点等)。可在两侧路肩上安设固定测点,采取开挖道床后经纬仪测量或直接采用钎探丈量。沿线路方向每隔 100～200 m 设置一个监测断面(且每工点不少于 2 个监测断面),路基基床病害严重地段应适当加密。

4.3.2 路基本体变形监测

1. 路基本体变形监测内容

路基本体变形监测主要包括路基面沉降监测、路基本体沉降监测、路基基底沉降监测、路基深厚层地基分层沉降监测、路基水平位移监测等。运营铁路受行车运营影响,一般以路基面沉降监测为主,较直观适用,便于实施且不影响既有线行车运营,其他变形监测应用较少,主要原因是监测元件埋设对行车运营干扰较大,但对于运营铁路路基的稳定、沉降变形严重地段视现场实际情况而定。路基变形监测布置示意如图 4-1 所示。

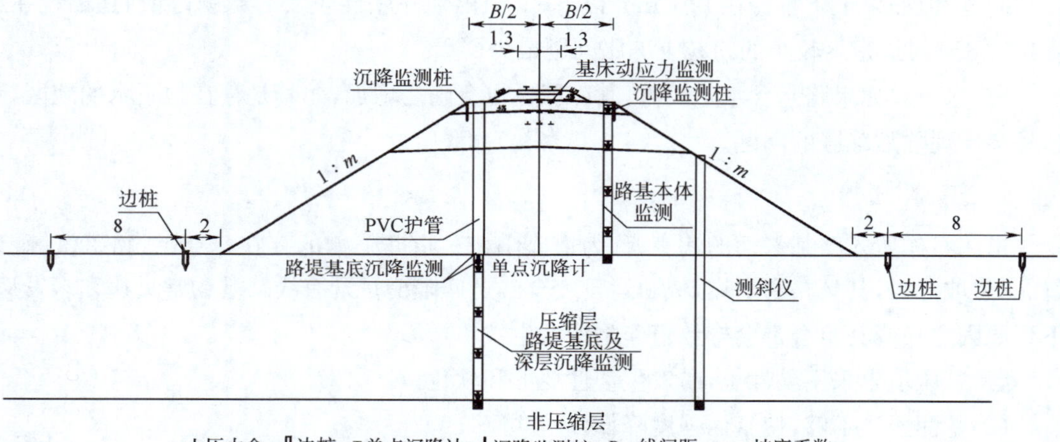

图 4-1 运营铁路路基监测断面示意(单位:m)

注:当同时进行路基本体监测与路堤基底沉降监测时,可在同一孔中上下分布埋设监测元件。

(1)路基面沉降监测

分别于既有路基内侧钢轨顶、两侧路肩各一个监测点,每个监测断面共 3 个点,两侧路肩处埋设位移监测桩(包桩),钢轨顶处在钢轨内侧刷红色油漆作为标识,用精密水准仪仪器,采用精密测量方法。一般每隔 50 m 设置一处监测断面,过渡段路基必须设置。

(2)路基本体沉降监测

当既有路基填料不良、压实度不足或较高填方等路基本体沉落变形较大时,可视需要进行路基本体沉降监测。于既有路基路肩(或路堤原有地表横坡大于 20%地段于两侧路肩处)采用预钻孔成孔后埋设高精度智能型单点沉降计,分别设置于基床表层底部、基床底层底部设置,当路基填高大于 8.0 m 时,于基床以下路基填土中增加 1～2 个监测点。一般每工点不少于 2 处沉降监测断面,过渡段路基必须设置。

(3)路基基底沉降监测

当既有路基基底软弱沉降变形较大时,可进行路基基底沉降监测。于既有路堤路肩处(或路堤原有地表横坡大于 20%地段于两侧路肩处)采用预钻孔成孔后在路基基底地面埋设高精度智能型单点沉降计进行监测。一般每工点不少于 2 处沉降监测断面,过渡段路基必须设置。

(4)路基深厚层地基分层沉降监测

当既有路堤基底软弱层较厚且路基沉降变形严重时,可进行深厚层地基分层沉降监测。于既有路堤路肩处(或路堤原有地表横坡或地基软弱层基底横坡大于 20%地段于两侧路肩处)采用预钻孔成孔后在基底地基中埋设高精度智能型串联式分层沉降计,分层沉降计布设间距 2.0～3.0 m。一般每工点不少于 2 处深层沉降监测断面,过渡段路基必须设置。

(5)路基水平位移监测

当既有路基存在稳定变形且持续发展时可进行路基水平位移监测。一般沿线路纵向每隔 30～50 m,在距路堤坡脚外 2 m、10 m 处设置边桩进行路基水平位移监测。当既有路基变形量较大,必要时可在既有路基边坡或坡脚处(或路堤原有地表横坡大于 20%地段于填方高的一侧)预钻孔成孔埋置测斜管(孔深应至稳定地层一定深度内),采用测斜仪精确地测量岩土层内部水平位移或变形。一般每工点不少于 2 处水平位移监测断面。

2. 过渡段监测断面布设原则

过渡段路基依照所需要监测的过渡段特点,在线路中心沿线路纵向按不等间距布置 3～6 个测点,依照各测点的沉降差计算路基沿线路纵向的不均匀沉降和过渡段不同沉降形成的折角和沉降错台。依照设计资料,在本标段主要有以下五种过渡段的形式,现分别进行测点布置如下:

(1)桥路(堤堑)(土质、软质岩)过渡段

桥路(堤堑)(土质、软质岩)过渡段的纵向沉降差的布置视路堤高度而定,设 3～4 个静力水准测点。其中,第一个测点位于桥台靠近路堤一侧,第二个测点距离第一个测点的距离为 A(3～5 m),第三个测点距离第二个测点 $H-h$,第四个测点距离第三个测点 $H-h+1$ m,如图 4-2 所示。

(2)桥与桥之间设置刚性过渡段

关于桥与桥间距小于 60 m 过渡段的 E 型布置如图 4-3 所示(图中红色箭头代表测点位置,以下同),在线路中心位置,分别在桥台、距离桥台测点 5 m 处、距离桥台最近的伸缩缝处设置测点,最后在两个桥台的中间位置设计一个测点。

当对于桥与桥间距大于 60 m 过渡段的 E 型,分别依照桥途经渡段型式,在两个桥台处设置两个 E 型过渡段。

(3)桥与隧间设置刚性过渡段

关于桥与隧间距小于 60 m 过渡段的 E 型布置如图 4-4 所示,在线路中心位置,分别在

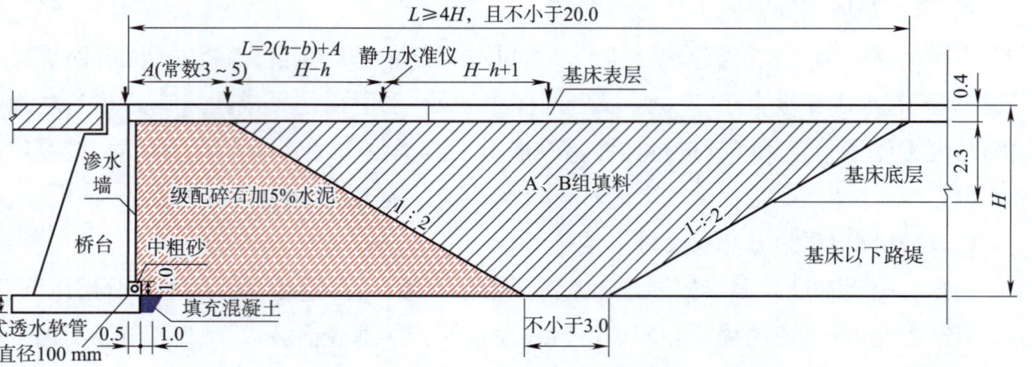

L—过渡段长度；H—台后路堤高度；h—基床表层厚度。

图 4-2 桥路(堤堑)(土质、软质岩)过渡段布置示意(单位:m)

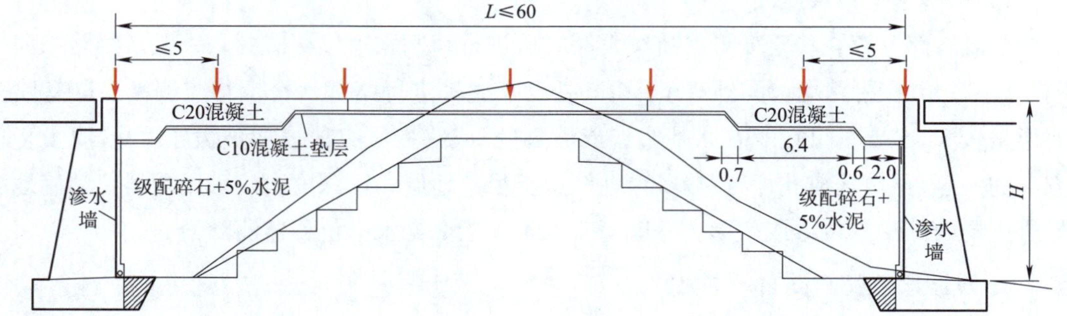

图 4-3 桥与桥间距小于 60 m 过渡段(单位:m)

桥台、距离桥台测点 5 m 处、距离桥台最近的伸缩缝处设置测点，边坡与路肩线相交处、隧线分界处、距离隧线分界处 5 m 处和最近伸缩缝设置测点。

当对于桥与桥间距大于 60 m 过渡段的 E 型，分别依照桥途经渡段和路堤过渡段型式，设置两个 E 型过渡段。

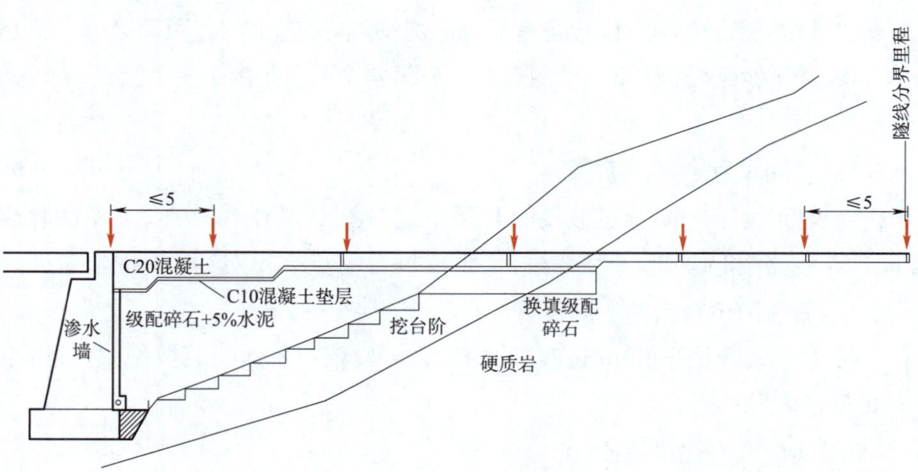

图 4-4 桥与隧间距小于 60 m 过渡段(单位:m)

(4)路堤与横向结构物过渡段

关于路堤与横向结构物过渡段的情形，依照结构物顶部距离轨底的距离大小分两种情形，如图 4-5 和图 4-6 所示。

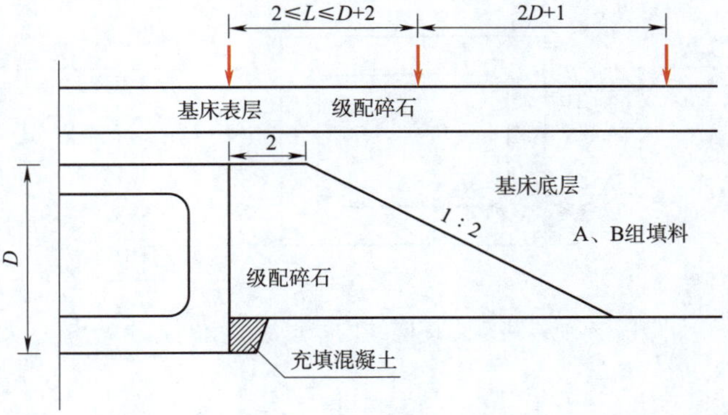

图 4-5　路堤与横向结构物过渡段(结构物距轨底<1.5 m)(单位：m)

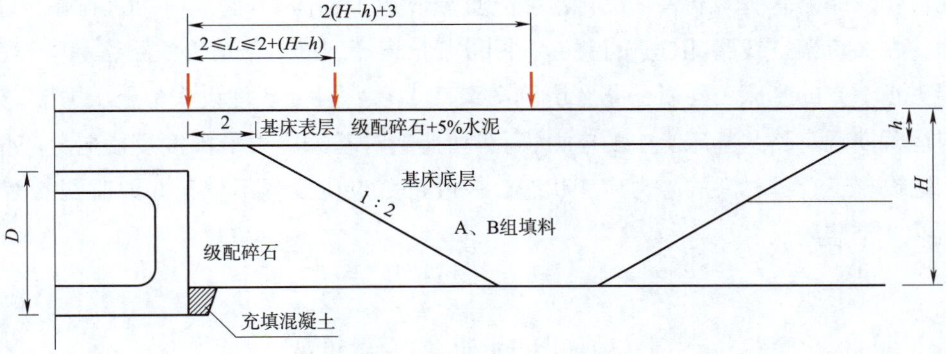

图 4-6　路堤与横向结构物过渡段(结构物距轨底>1.5 m)(单位：m)

(5)路堑与横向结构物过渡段

关于路堤与横向结构物过渡段的情形，依照路堑岩质分两种情形，如图 4-7 和图 4-8 所示。

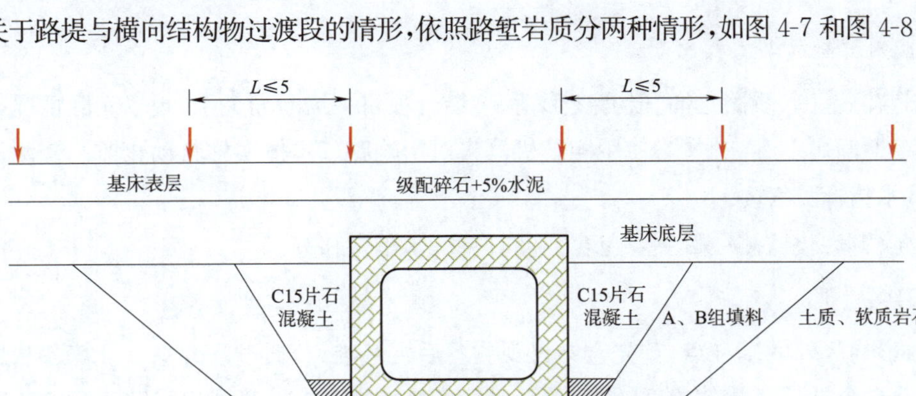

图 4-7　土质、软岩路堑与横向结构物过渡段(单位：m)

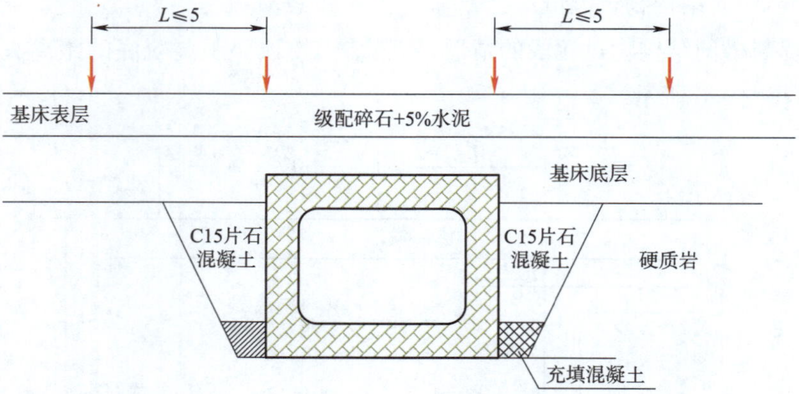

图 4-8 硬岩路堑与横向结构物过渡段(单位:m)

4.3.3 路基应力监测

视运营铁路路基基床病害情况,或提速、重载改造工程需要,必要时可进行基床土的应力监测。在扣轨架空线路、限速慢行的条件下,开挖道床、基床,于运营铁路路基中心、钢轨、轨枕端头正下方的基床表面以下 0.2 m、0.7 m、1.2 m 深度处各埋设 3 个土压力盒,实测整治期与运营期既有路基基床土中的应力、列车动荷载对基床应力沿深度及横向分布情况以及基床铺设土工合成材料的应力应变状态。一般每工点应设置不少于 2 处监测断面,每监测断面共 9 个监测点。

4.4 自动化监测技术

4.4.1 全站仪自动化监测技术

1. 监测设备选型

根据监测范围、线路走向、既有变形情况,结合项目平纵断面关系、现场实际情况与监测项目、施工期间可能存在影响,使用测量机器人对影响路基本体实施自动化监测。测量机器人主要技术指标见表 4-1。

全站仪自动化监测项目主要包含:竖向位移、水平位移等。

2. 工作原理

根据影响区外的基准点,首先全站仪观测各后视基准点,通过联合平差计算各测站点坐标;然后通过全站仪测量的角度、距离关系进行各监测点坐标计算;最后计算变形速率、累计变形等各项指标。全站仪自动化监测原理示意如图 4-9 所示。

表 4-1　测量机器人主要技术指标

测角精度	±0.5″	
角度测量方法	绝对编码，连续、四重角度探测，比对径测量精度提高 30%	
测距精度	0.6 mm+1×$10^{-6}D$	
测　　程	1 000 m	
测量时间	3 s	
超级搜索功能	目镜范围内自动搜索棱镜	
电动机转动速度	最大速度 180°/s，加速度可达 360°/s^2	
电动机无故障周期	可连续转动 8 000 h	
电源功耗	功耗低，锂电池，可测距 4 000 次	

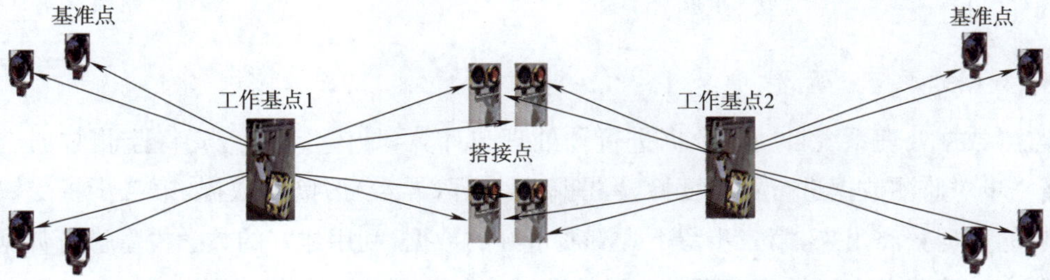

图 4-9　全站仪自动化监测原理示意

3. 自动化设备布设

(1)高程系统：假定高程系。

(2)平面坐标系统：采用独立坐标系，选择一端的基准点与工作基点构成一条起算边，起算边方向为 Y 轴方向，X 方向垂直于 Y 轴方向构成左手坐标系。

工作基点布设：根据监测范围、线路走向与现场环境，规划全站仪布设位置，一台全站仪监测范围控制在 200 m 为宜。使用安装强制对中支架，安装全站仪进行数据采集，如图 4-10 所示。

基准点的布设：基准点作为变形监测的起始依据，其稳定性十分重要。基准点需布设在变形区外两端，共布设 2 个基准点组，每个基准点组至少需要 4 个徕卡圆棱镜。为保证数据准确性，基准点组布设在影响区范围外，分布在大小里程端各布设一对，如图 4-11 所示。

监测点的布设：根据影响范围及现场实际情况，按照规范及方案要求布设监测断面，全站仪自动化监测点使用徕卡 L 型小棱镜布设，点位布设于两侧路肩及各股道间路基面上，布设形式与基准点布设形式一致。

图 4-10　全站仪布设

图 4-11　基准点布设

4. 数据处理与分析

监测数据处理系统自动对数据进行预处理与计算，具体步骤为：先将监测数据进行分类，第一步对监测数据进行置信度检验，剔除不合理（异常）的监测数据，第二步将受铁路运行影响的数据分离出来，第三步留下观测质量好的数据，利用建好的数学模型进行数据处理分别研究铁路路基在不同环境下的变形情况。

水平、竖向位移监测点参与整网平差，然后在工作基点平差成果的基础上采用极坐标的方法计算坐标 X、Y、Z，最后根据坐标值计算水平、竖向位移变形量，这样可以更加客观地反映铁路路基变形情况。

自动化变形监测点每期监测成果与上期监测成果、项目保护监测初始观测成果进行对比，获取本期变形量、保护监测期间阶段累计变形量。

（1）监测点坐标精度分析

全站仪自动化极坐标测量是指获取目标点到测站的距离和角度，快速进行测角和测距获取高精度的数据是测量机器人的优势所在，因此在测站点坐标已知的情况下采用极坐标的测量方法就可以获取目标点的三维坐标，精度分析如下：

$$\begin{aligned} X &= X_0 + S\cos\beta\cos\alpha \\ Y &= Y_0 + S\cos\beta\sin\alpha \\ Z &= H_0 + S\sin\beta \end{aligned} \tag{4-1}$$

$$\begin{aligned} \mathrm{d}X &= \frac{X}{S}\cdot \mathrm{d}S - Y\cdot\frac{\mathrm{d}\alpha}{\rho} - \frac{XZ}{S\cos\beta}\cdot\frac{\mathrm{d}\beta}{\rho} \\ \mathrm{d}Y &= \frac{Y}{S}\cdot \mathrm{d}S + X\cdot\frac{\mathrm{d}\alpha}{\rho} - \frac{YZ}{S\cos\beta}\cdot\frac{\mathrm{d}\beta}{\rho} \\ \mathrm{d}Z &= \frac{Z}{S}\cdot \mathrm{d}S + S\cdot\cos\beta\cdot\frac{\mathrm{d}\beta}{\rho} \end{aligned} \tag{4-2}$$

$$\begin{Bmatrix} m_x^2 \\ m_y^2 \\ m_z^2 \end{Bmatrix} = \begin{bmatrix} \left(\frac{X}{S}\right)^2 & \left(\frac{Y}{\rho}\right)^2 & \left(\frac{XZ}{S\rho\cos\beta}\right)^2 \\ \left(\frac{Y}{S}\right)^2 & \left(\frac{X}{\rho}\right)^2 & \left(\frac{YZ}{S\rho\cos\beta}\right)^2 \\ \left(\frac{Z}{S}\right)^2 & (0)^2 & \left(\frac{S\cos\beta}{\rho}\right)^2 \end{bmatrix} \begin{bmatrix} m_S^2 \\ m_\alpha^2 \\ m_\beta^2 \end{bmatrix} \tag{4-3}$$

$$m_{\text{point}} = \sqrt{m_S^2 + \left(\frac{S\cos\beta}{\rho}\right)^2 m_\alpha^2 + \left(\frac{S}{\rho}\right)^2 m_\beta^2} \tag{4-4}$$

通过上述公式，对各监测点的点位精度进行分析计算，剔除超限数据。

(2)竖向位移精度分析

竖向位移自动化监测采用全站仪和监测小棱镜以及极坐标的方法进行观测，其原理如图 4-12 所示。通过自动化监测获得基准点、监测点与仪器之间的高差 h_1、h_2，由基准点高程 H_0 得到监测点高程为 $H=H_0+h_1-h_2$。

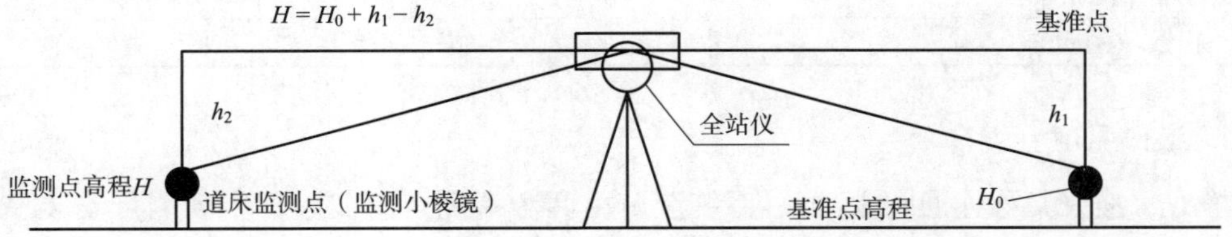

图 4-12　自动化竖向位移计算原理图

根据全站仪自动化竖向位移测量方法，考虑全站仪的测距误差 m_s 和测角误差 m_α 的影响，则测点的中误差公式为

$$m = \pm\sqrt{\frac{1}{2}(\sin^2\alpha_1+\sin^2\alpha_2)m_s^2+\frac{1}{2}(S_1^2\cos^2\alpha_1+S_2^2\cos^2\alpha_2)\frac{m_\alpha^2}{\rho^2}} \tag{4-5}$$

(3)水平位移精度分析

根据自动化水平位移监测原理，自动化监测采用固定强制对中装置，观测精度主要受测站点精度、测距误差、水平角观测误差的影响，观测监测点点位中误差公式为

$$M_p = \pm\sqrt{M_C^2+\frac{m_D^2+D^2\left(\frac{m_\alpha}{\rho}\right)^2}{n}}$$

4.4.2 静力水准仪自动化监测技术

1. 监测设备选型

选用静力水准仪进行竖向位移监测，如图 4-13 所示，静力水准仪参数见表 4-2。

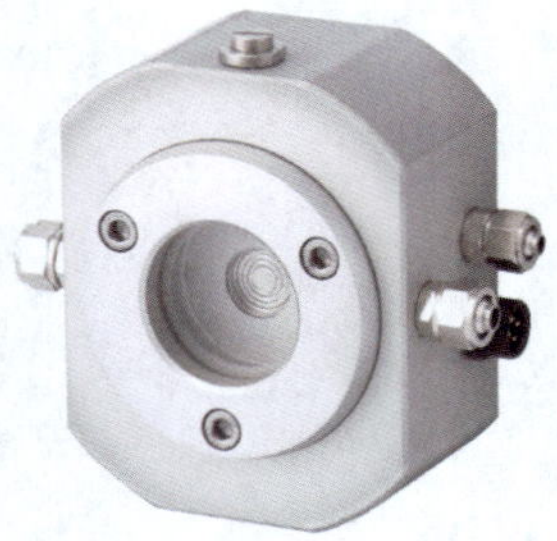

图 4-13 静力水准仪

静力水准仪利用各个监测点之间的压力值的变化计算出沉降量，传感器精度高，体积小、量程大。在其量程之内，静力水准仪可以随着地面走势安装而不需要调平，全密封结构可以埋设于地下，方便道路交通。

该系统主要由储液罐、基点、测点、采集设备组成，静力水准仪包括主体容器、连通管、传感器等部件组成。

表 4-2 静力水准仪参数

量程/mm	0.2～2 500	通信速率	9 600～115 200
传感器精度/mm	0.2	最大间距/m	500
分辨率/mm	0.001	供电方式/V	9～12
系统误差/mm	±0.3	无故障时间/h	>50 000

2. 工作原理

静力水准仪又称连通管水准仪，系统至少由两个观测点组成。每个观测点安装一套静力水准仪。静力水准仪的储液容器相互使用通液管连通，在储液容器中注入液体，当液面完全静止后系统中所有连通容器的液面应在同一个大地水准面上。此时每一个容器的液位由传感器测出，为初始值。选取某一测点为基准点，当其他测点发生竖向位移后，系统内的液面重新达到平衡后，形成新的水准面。此时每个静力水准仪仍由传感器测得新的液位。通过两次的液位差值由相关函数算出各测点与基准点之间的高差变化，进而得到每一测点的竖向位移变化。静力水准测量原理示意如图 4-14 所示。

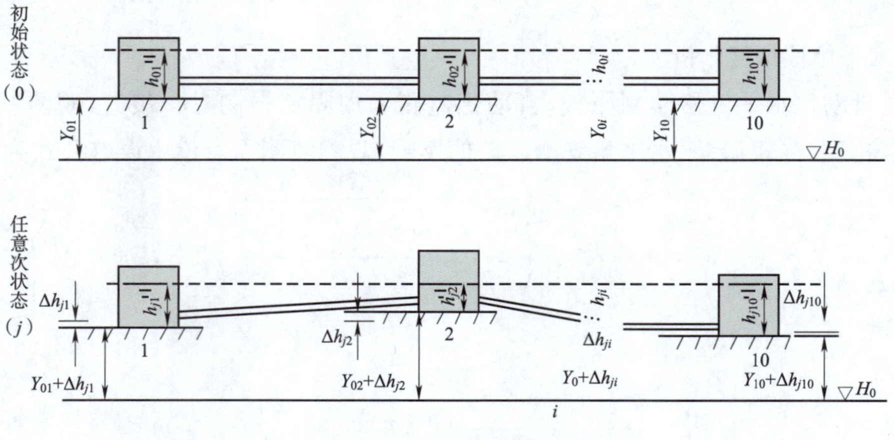

图 4-14 静力水准测量原理示意

监测系统由主体容器、连通管、静力水准仪传感器等部分组成。当仪器主体安装墩发生高程变化时，主体容体相对于位置产生液面变化，引起装有中间极的浮子与固定在容器顶的一组静力水准仪极板间的相对位置发生变化，通过测量装置测出静力水准仪比的变化即可计算得测点的相对沉陷。

3. 自动化设备布设

静力水准仪由基准点与监测点静力水准仪组成。基准静力水准仪是监测系统的起算点，其应有一定的稳定性，宜布设在结构稳定的墙面或隧道侧壁上，考虑到距离太远对液位稳定速度及观测精度的影响，基准静力水准仪拟设置在与第一个监测点距离 30 m 的墙面或桥台侧面上。一条线路布设 2 个基准点，基准点间相距大约 20 m。基准静力水准仪位置同时设置常规人工垂直位移监测点，通过定期复测修正该静力水准仪的长期沉降。监测点埋设示意如图 4-15 所示。

图 4-15　监测点埋设示意

静力水准仪用螺栓和强力黏结剂固定，保证施工及行车产生的振动不会造成仪器和管件的松动和脱落。仪器之间通气管、通信四芯电缆连接。静力水准仪的量程和精度是两个相互制约的指标，精度越高量程越小。因此，应根据现场情况，选择合适的量程。

为确保监测工作的可靠性、稳定性及连续性，保证自动化监测的精确性和顺利实施，安装必须做到以下五点要求：

(1)安装前应对静力水准沉降自动监测系统进行调零，检查数据采集系统的精度、灵敏度、速度等性能指标。

(2)所有的静力水准沉降自动监测系统和数据采集器应有可靠的防潮保护。

(3)做好标记,避免有人碰撞安装在墙上的静力水准沉降自动监测仪器容器,以免出现错误读数。

(4)将数据传输线正确、牢固根据接线图将数据线接入采集箱,采集箱电源接一单独插线板,所有连接处要用线扎、胶布扎紧。数据线要用线扎整齐。

(5)定期检查静力水准沉降自动监测系统接头是否有漏水现象,对水管做好保护工作。

4. 数据处理与分析

初始状态时各测量安装高程相对与(基准)参考高程面∇H_0间的距离则为$Y_{01},Y_{02},\cdots,Y_{0i},\cdots,Y_{10}$($i$为测点代号$i=0,1,\cdots,10$);各测点安装高程与液面间的距离则为$h_{01},h_{02},h_{0i},\cdots,h_{10}$则有

$$Y_{01}+h_{01}=Y_{02}+h_{02}=\cdots=Y_{0i}+h_{0i}=\cdots=Y_{10}+h_{10} \tag{4-6}$$

当发生不均匀沉陷后,设各测点安装高程相对于基准参考高程面∇H_0的变化量为$\Delta h_{j1},\Delta h_{j2},\cdots,\Delta h_{ji},\cdots,\Delta h_{j10}$($j$为测次代号,$j=1,2,3,\cdots$);各测点容器内液面相对于安装高程的距离为$h_{j1},h_{j2},\cdots,h_{ji},\cdots,h_{j10}$。由图4-14可得

$$(Y_{01}+\Delta h_{j1})+h_{j1}=(Y_{02}+\Delta h_{j2})+h_{j2}=(Y_{0i}+\Delta h_{ji})+h_{ji}=(Y_{010}+\Delta h_{j10})+h_{j10} \tag{4-7}$$

则j次测量i点相对于基准点1的相对沉陷量H_{i1}为

$$H_{i1}=\Delta h_{ji}-\Delta h_{j1} \tag{4-8}$$

由式(4-7)可得

$$\Delta h_{j1}-\Delta h_{ji}=(Y_{0i}+h_{ji})-(Y_{01}+h_{j1})=(Y_{0i}-Y_{01})+(h_{ji}-h_{j1}) \tag{4-9}$$

由式(4-6)可得

$$(Y_{0i}-Y_{01})=-(h_{0i}+h_{01}) \tag{4-10}$$

将式(4-10)代入式(4-9)得

$$H_{i1}=(h_{ji}-h_{j1})-(h_{0i}-h_{01}) \tag{4-11}$$

即只要用静力水准仪传感器测得任意时刻各测点容器内液面相对于该点安装高程的距离h_{ji}(含h_{j1}及首次的h_{0i}),则可求得该时刻各点相对于基准点1的相对高程差。如把任意点g($1,2,\cdots,i,n$)作为相对基准点,将f测次作为参考测次,则按式(4-11)同样可求出任意测点相对g测点(以f测次为基准值)的相对高程差H_{ig},即

$$H_{ig}=(h_{ij}-h_{ig})-(h_{fj}-h_{fg}) \tag{4-12}$$

仪器由主体容器、连通管、静力水准仪传感器等部分组成。当仪器主体安装墩发生高程变化时,主体容体相对于位置产生液面变化,引起装有中间极的浮子与固定在容器顶的一组静力水准仪极板间的相对位置发生变化,通过测量装置测出静力水准仪比的变化即可计算得测点的相对沉陷。

4.4.3 北斗/GNSS自动化监测技术

1. 监测设备选型

北斗/GNSS自动化监测采用北斗/GNSS监测设备及系统，能高效地对桥梁、路基、附属建筑物沉降、水平位移进行持续监测，如图4-16所示。北斗/GNSS自动化监测技术特点，适用于桥梁、路基等建(构)筑物开阔、卫星信号接收良好地段。

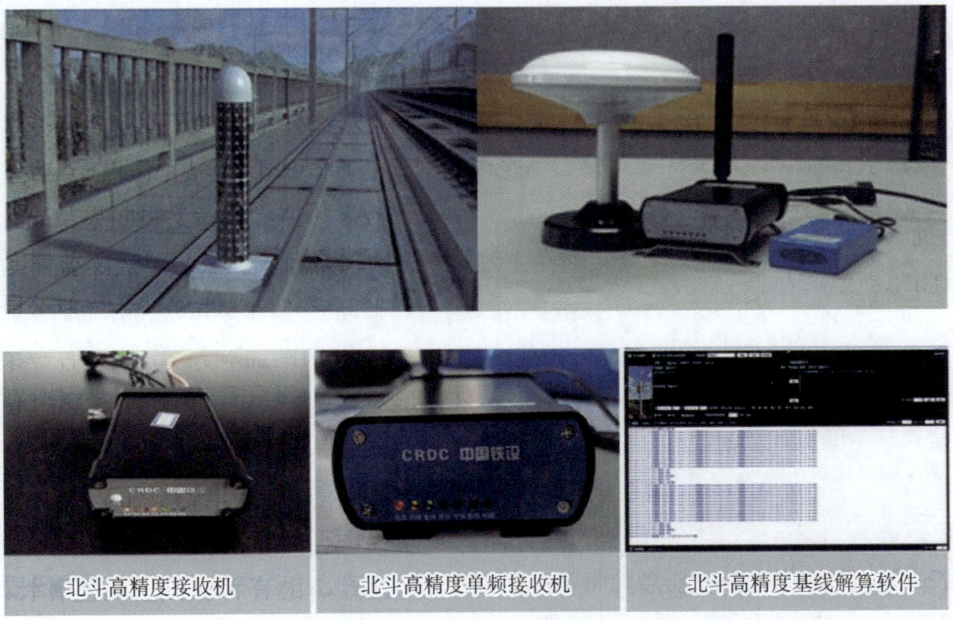

图4-16 北斗/GNSS自动化监测设备

2. 工作原理

北斗/GNSS全称为中国的北斗卫星导航系统，GNSS位移监测站由内置GNSS接收机、传输模块、物联网卡、天线、锂电池、太阳能充电控制器和解析软件组成。接收机采用高精度多模多频板卡，根据不同的需求配置不同的北斗/GNSS板卡，数据通信方式采用无线电或网络方式，可以作为基准站或移动站使用。

北斗/GNSS的基本原理是测量出已知位置的卫星到用户接收机之间的距离，然后综合多颗卫星的数据就可知道接收机的具体位置。卫星的位置可以根据星载时钟所记录的时间在卫星星历中查出。而用户到卫星的距离则通过记录卫星信号传播到用户所经历的时间，再将其乘以光速得到。

3. 自动化设备布设

在路基表面，选取路肩侧或正线与到发线之间路基裸露地带或道砟较浅地段布设测线，结合线路平顺性状态布点，开展路基面纵向沉降实时连续自动监测。监测点布设应绝对稳定，确保安全，位置不得侵入建筑限界轮廓。在监测桩安置北斗/GNSS 卫星定位接收机，实现路基垂直位移的自动化监测，分析研究路基面高程变化规律。

接收机安装时需提前制作混凝土基桩，在勘选好的位置预挖截面 0.4 m×0.4 m，深度 0.5 m 的正方体深坑，浇筑混凝土基桩，浇筑前预埋线管和固定螺栓的钢筋地锚。浇筑完毕养护期满后，用配套螺母和垫片将北斗支架牢固地安装在基桩上面。北斗观测支架可用预制碳素钢管，北斗观测支架、太阳能支架具体尺寸规格要求如图 4-17 所示。

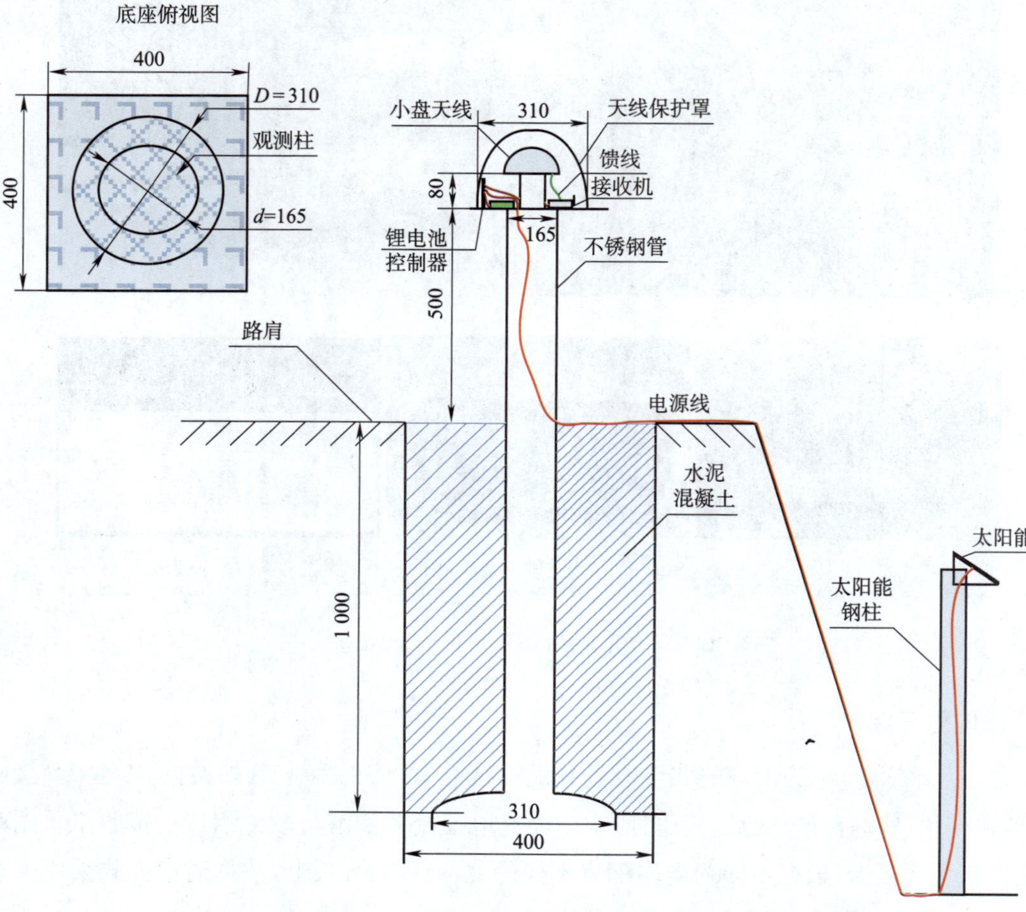

图 4-17　北斗/GNSS 观测支架和太阳能支架规格尺寸示意(单位:mm)

为了保证列车运行安全，线路区间北斗观测支架应与接触网杆内侧平齐，站场内路基段接收机顶部高度不应超过轨面高度。北斗监测点布设在路肩位置(即砟角外侧)，数据采集终端由太阳能供电，太阳能支架布设在路基坡脚外，通过电缆给接收机供电，如图 4-18 和图 4-19 所示。

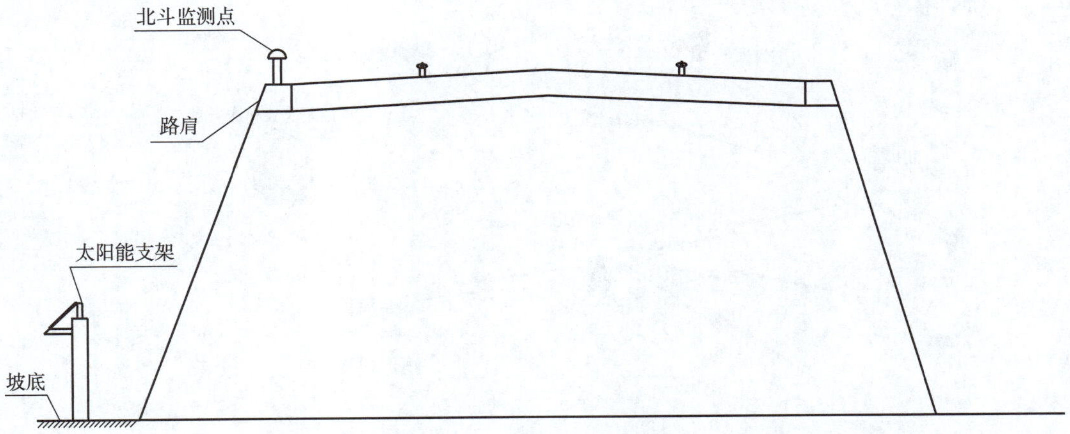

图 4-18　北斗/GNSS 监测站和太阳能支架布设位置示意

图 4-19　北斗/GNSS 路基监测点埋设示意

4. 数据采集流程

北斗/GNSS 接收机采集是通过无线传输模块传输到监测服务中心，并进行实时处理。数据处理结果通过数据库及发布服务器进行数据发布，用户通过网页或 App 等客户端就可以查看结构体实时状态。数据传输采用通用分组无线业务（general packet radio service，GPRS）无线传输方式，GPRS 具有全天候在线、速度快、接入速度快等特点，用户只要在数据发送端保证有通信信号覆盖、在接收端保证接入到 Internet 网络，并且有一个固定的 IP 地址，就可以将监测数据实时地传送到目标计算机中。北斗/GNSS 工作数据采集流程如图 4-20 所示。

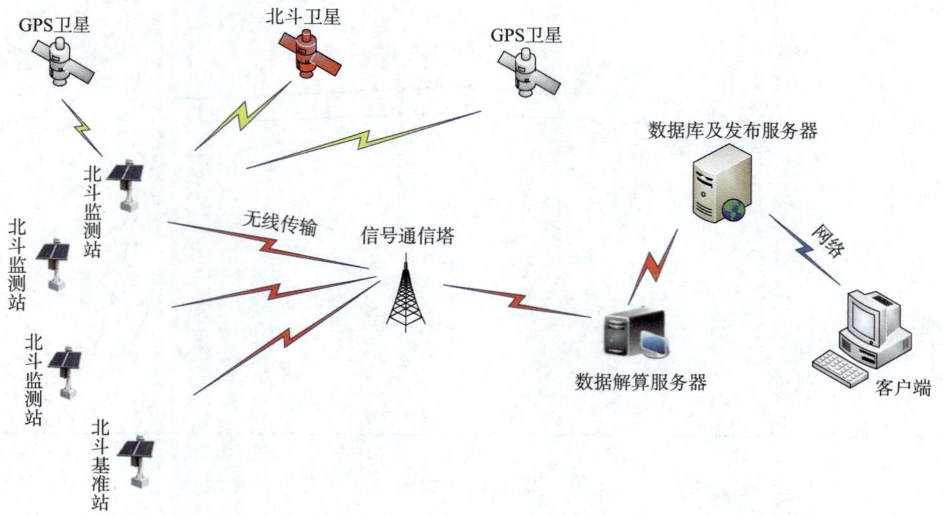

图 4-20　北斗/GNSS 工作数据采集流程

4.5　工程案例

4.5.1　工程概况

哈佳快速铁路，简称哈佳快铁，是中国黑龙江省一条连接哈尔滨市与佳木斯市的国铁Ⅰ级双线快速铁路，是《中长期铁路网规划》的重点建设项目，是我国高寒地区最长快速铁路。其重点段路基沉降监测于 2019 年 12 月至 2020 年 12 月开展，其监测方式采用常规人工水准监测、北斗实时连续自动监测等综合监测手段。

4.5.2　监测点布设

水准监测对 13 段重点段路基 CPⅢ 点和监测点进行了初始观测和后续观测，并对观测成果进行比较和分析。

其中，CPⅢ 点最大累计沉降值为 13.4 mm，相应点号为 195326，里程为 K195＋621；监测点最大累计沉降值为 11.7 mm，相应点号为 192548L1，里程为 K192＋548。

对该铁路路基重点段北斗监测数据进行分析，发现 10 月 1 日—12 月 1 日，里程 K192＋548、K197＋070、K197＋390、K210＋025、K227＋448、K230＋018 北斗监测站路基沉降较大，其中，K192＋548 累积沉降达到了 14.4 mm，需要重点关注。

因北斗高程测量精度低于平面，故选取水准测量累积沉降较大里程 K192＋548、K197＋070、K197＋390、K210＋025、K227＋448、K230＋018 北斗结果进行外符合精度分析，高程方向北斗探测位移误差大部分在 2 mm 左右，可满足铁路路基监测精度要求。北斗监测沉降结果与水准高程基本一致，可用于铁路路基自动化监测，在极寒天气下能够获取路基冻胀变形，为铁路运营维修养护提供重要的数据依据。

第 5 章　桥梁变形监测技术

我国的高速铁路具有桥梁占比大、桥梁结构形式多样的特点。本章主要针对我国高速铁路不同类型的桥梁结构与桥梁病害特点进行了简析，并对各类高速铁路的桥梁监测内容和监测技术进行了简要介绍，包括环境监测、挠度监测、变形监测、应力监测、索力监测等。结合工程案例，对大跨度桥梁健康监测系统的工程实施进行了详细的介绍。

5.1　概　　述

健康监测是一门综合性的技术，涉及计算机、传感器、无线传输、结构等多个学科，最早开始应用于航空、航天、精密机床等领域，随着科技的发展，20 世纪 80 年代，健康监测技术开始应用于土木工程领域。健康监测最早应用于桥梁结构，如英国弗林特郡大桥、日本明石海峡大桥、韩国永宗大桥等，中国也在汲水门大桥、汀九大桥和润扬长江公路大桥等安装了健康监测系统，以监测桥梁结构的健康状况。20 世纪 90 年代，健康监测开始应用于大型公共建筑，如意大利梅阿查球场、日本某 12 层钢结构建筑等，中国也对国家体育场、国家游泳中心和济南奥体中心等结构进行了健康监测。21 世纪初，健康监测开始应用于铁路站房，如德国的莱尔特火车站，中国的杭州东站、滨海站、北京西站、昆明南站等。

桥梁健康监测主要通过安装于结构上的各种检测、监测和测量等手段对在役结构或工业设备进行长时间健康监测，为运营及管理决策提供依据，以保证设备在周期内健康、安全地运行。按所处的阶段不同，桥梁健康监测可分为施工阶段的健康监测和运营阶段的健康监测。在施工阶段，受施工荷载或自然环境因素的影响，常常会导致桥梁结构存在变形或受力与成桥状态的设计要求不符，因此为确保施工中桥梁结构的安全和保证结构物的外形和内力状态满足设计要求，需在施工中对其进行健康监测；桥梁建成运营以后，由于受气候、环境因素的影响，结构材料会被腐蚀和逐渐老化，长期的静、动力荷载作用，使其强度和刚度随着时间的增加而降低。这不仅会影响行车安全，更会使桥梁的使用寿命缩短。对桥梁结构的健康状况进行检测与监测，并在此基础上对其安全性能进行评估是桥梁运营日常管理的重要内容。

5.2 桥梁结构形式

按桥梁的结构体系可以将桥梁划分为梁式桥(简支梁、连续梁、悬臂梁桥)、拱式桥(上承式拱桥、中承式拱桥、下承式拱桥)、悬索桥(即吊桥)、刚架桥及斜拉桥。本节主要对上述桥梁结构形式进行简要介绍。

5.2.1 梁式桥

梁式桥是以受弯为主的主梁作为主要承重构件的桥梁。其上部结构在铅垂向荷载作用下,支点只产生竖向反力。主梁可以是实腹梁或者是桁架梁(空腹梁)。实腹梁外形简单,制作、安装、维修都较方便,因此广泛用于中、小跨径桥梁。

(1)简支梁桥。简支梁桥指的是上部结构由两端简单支承在墩台上的主要承重梁组成的桥梁。简支梁是静定结构,相邻各跨单独受力,结构受力比较单纯,不受支座变位等影响,适用于各种地质情况,构造也较简单,容易做成标准化、装配化构件,制造、安装都较方便,是一种采用最广泛的梁式桥。但简支梁的跨中弯矩将随跨径增大而急剧增大,因而大跨径时显得不经济。

(2)连续梁桥。连续梁桥指的是两跨或两跨以上连续的梁桥。连续梁在恒活载作用下,产生的支点负弯矩对跨中正弯矩有卸载的作用,使内力状态比较均匀合理,因而梁高可以减小,由此可以增大桥下净空,节省材料,且刚度大,整体性好,超载能力大,安全度大,桥面伸缩缝少,并且因为跨中截面的弯矩减小,使得桥跨可以增大。由于连续梁桥属于超静定结构,支座变位将引起结构内力的变化,因而适用于地质良好的桥位处。

(3)悬臂梁桥。悬臂梁桥指的是以一端或两端向外自由悬出的简支梁作为上部结构主要承重构件的梁桥。悬臂梁桥可分为单悬臂梁桥、双悬臂梁桥、多孔悬臂梁桥、带挂孔的T形悬臂梁桥等多种形式。在工程上最常用的悬臂梁桥是单悬臂梁桥、双悬臂梁桥两种。

5.2.2 拱式桥

拱式桥指的是在竖直平面内以拱作为结构主要承重构件的桥梁。拱桥主要承受轴向压力。拱式桥具有跨越能力大、耐久性能好、维修养护费用少、外形美观等优点。按桥面的位置不同,拱式桥可分为:上承式拱桥、中承式拱桥、下承式拱桥。

(1)上承式拱桥:桥面系位于上部结构上部的拱桥。

(2)中承式拱桥:桥面系位于上部结构中部的拱桥。

(3)下承式拱桥:桥面系位于上部结构下部的拱桥。

5.2.3 悬 索 桥

悬索桥又名吊桥，指的是以通过索塔悬挂并锚固于两岸（或桥两端）的缆索（或钢链）作为上部结构主要承重构件的桥梁。悬索桥具有构造简单，受力明确的特点。悬索桥是大跨桥梁的主要形式，由于悬索桥的自重较轻，在刚度满足使用要求的情况下能充分显示出其优越性，使其能比其他形式的桥梁更经济合理地修建大跨度桥。

5.2.4 刚 架 桥

刚架桥是一种介于梁与拱之间的一种结构体系，它是由受弯的上部梁（或板）结构与承压的下部柱（或墩）整体结合在一起的结构。由于梁和柱的刚性连接，梁因柱的抗弯刚度而得到卸荷作用，整个体系是压弯结构，也是有推力的结构。刚架桥是一种桥身主要承重结构为刚架的桥梁，能增加桥下净空高度，常用作跨线桥。

5.2.5 斜 拉 桥

斜拉桥又称斜张桥，是将主梁用许多拉索直接拉在桥塔上的一种大跨度桥梁，是由承压的塔、受拉的索和承弯的梁体组合起来的一种结构体系。其可看作是拉索代替支墩的多跨弹性支承连续梁，拉索的存在可使梁体内弯矩减小，降低建筑高度，减轻结构质量，从而节省材料。斜拉桥由索塔、主梁、斜拉索组成。

1. 按照功能分类

根据桥梁建造的使用目的，可以分为公路斜拉桥、铁路斜拉桥、人行斜拉桥、斜拉管道桥、斜拉渡槽等，有时在一座桥上这些功能是兼而有之的，如公铁两用桥，现在越来越多的斜拉桥都同时通行管道（输送水、液化气、电缆等）。

2. 按照梁体材料分类

斜拉桥有钢桥、混凝土桥、迭合梁桥、复合梁桥、组合梁桥。

3. 按照塔的数量分类

斜拉桥主要有单塔、双塔、多塔三种。

4. 按照索的布置分类

斜拉桥索面形式有，面外单面索、双面索、多面索、空间索，面内辐射形、竖琴形、扇形。

5. 按照主梁的结构体系分类

斜拉桥有悬浮体系、半悬浮体系、塔梁固结体系、刚构体系等。

5.3 桥梁病害分类

铁路承载着运输大宗货物和大规模人群的重任，具有运输任务重要，运输难度高的特点。随着现阶段我国铁路工程建设的范围与规模不断扩大，铁路提速的要求不断提高，在应对货运、载人流量大，行车密度高的过程中，铁路桥梁的病害发生率也呈逐年增高的趋势。受铁路桥梁病害的困扰，部分铁路桥梁不仅不能满足提速和重载的需要，而且还被迫限速，这在一定程度上影响了列车运输行驶的效率。

此外，铁路桥梁病害还容易引发安全问题，威胁人民的生命财产安全。结合我国经济发展及具体国情，需要对铁路桥梁病害处理与整治工作进行科学管理，防止桥梁功能受到负面影响导致结构退化，降低桥梁安全事故出现的可能性。

根据统计，我国铁路病害桥梁所占比例占所有桥梁的 40%左右，桥梁结构类型主要以简支梁为主。经调查统计，这些桥梁大部分出现的病害类型主要包含桥梁基础病害、桥梁墩台病害、支座病害、桥梁上部病害及桥梁倾斜等。

本节主要对现阶段铁路桥梁的各种病害类型及形式进行了详细介绍。

5.3.1 基础病害

铁路桥梁基础结构一般发生的缺陷主要有基础不均匀沉降、基础滑移和倾斜、基础结构物异常应力和开裂。

基础不均匀沉降常常会导致路桥过渡段出现振动较大的“跳车”现象，而桥头“跳车”的危害性是非常严重的。桥头“跳车”的危害主要包括影响行车速度、影响行车安全、增加车辆运营费用、增加线路养护费用等。要想尽可能地避免桥头“跳车”危害的出现，就必须对导致路桥过渡段路基路面沉陷的原因进行分析，而导致路桥过渡段路基路面沉陷的最根本的原因在于桥台和路基的刚度存在悬殊的差异，路基填料固结程度较差强度相对而言较低，要想改善桥台与路基两者的刚度差，使其能均匀变化就必须找出刚度无法均匀变化的原因。一般造成刚度无法均匀变化的原因有以下的五个方面：

(1)路基填土达不到设计的要求，因为在施工过程当中路桥过渡段的位置非常的特殊，往往压路机无法碾压到位，导致桥台后的填料很难压实，致使部分的填土下沉。

(2)桥头路堤地基处理不够彻底，往往桥头路堤都位于天然地基上，假如在填土之前处理得不彻底或者未做处理，那么在路堤土重力的作用下将会出现很严重的变形，尤其是原有地基软弱表层处理得不彻底时出现的变形最为严重。

(3)填土选料不正确导致填土难以压实，即使施工时压实度全部达到了设计要求，但因运营时路堤土本身的自重和动荷载的作用，也将使路堤填土进一步压缩变形，使得路桥过渡处出现沉降差。

(4)桥梁往往因为是控制工程而优先施工,桥梁建成后才开始路基工程的施工,路桥过渡段集中填筑基本上没有趋于稳定和静置沉降的时间,这就导致了运行后的初期变形严重。

(5)造成路桥过渡段沉降的原因还包括施工管理问题和施工质量问题,施工时对工期或工序安排不当,以致使路桥过渡区段的填土碾压工作安排在施工工期的尾部,被迫赶工期,不能很好地控制填土压实质量,使得填土本身出现沉降变形。

产生滑移或倾斜的基础,多为建造在软土地基之上,基础的滑移多是由于基础经常受到冲刷而引起的,其基础倾斜多是受力不均所致。基础结构物异常应力和开裂多是由于受力不均所致。铁路桥梁基础一般采用天然地基上的浅基础(明挖基础)和桩基础、沉井基础等深基础。针对每类基础所处的条件不尽相同,根据基础结构形式及修建基础地形的差异,产生的缺陷也不完全相同。

5.3.2　墩台病害

墩台损坏的主要形式是出现裂纹,常见的裂纹有水平裂纹、竖向裂纹及网状裂纹等。通常是墩身纵环裂纹,托盘与墩身连接处开裂,墩顶开裂。在墩身受拉,桥墩不均匀下沉的情况下最易产生。外部荷载的作用,比如列车的振动及桥梁的晃动产生的冲击力、摇摆力加快了裂纹的产生和发展,尤其是托盘与墩身连接处裂纹的产生和发展,如不能及时得到处理,不仅桥梁的横向振幅过大或超限,甚至危及行车安全。

在船只及漂浮物的撞击等外力作用下,墩台还会产生局部破坏,混凝土墩台会产生脱落与剥离。墩台身的维修工作内容主要包括:清除墩台顶面污秽和防止顶面积水,对砌缝砂浆脱落处进行勾缝,处理风化表面,修补局部表面破损,修整镶面,封闭裂纹,处理因砂浆流失而造成的内部空洞现象。

5.3.3　支座病害

1. 支撑垫石裂缝

支座垫石开裂的原因一般来说大概有几方面因素造成:混凝土强度低于设计要求、桥墩与垫石不同龄期差、支座垫石振捣不密实、垫石表面不平整、支座安装不符合要求、钢筋保护层较薄或较厚、单边受力、内外温差产生的温度应力等。这些裂缝在雨水、雪水渗入以后,会引起钢筋锈蚀,冬季也会沿着裂缝产生不同程度的冻害,严重影响桥梁承载要求。

2. 支座变形异常

在工程建设中所使用到的桥梁支座,一般都是由天然橡胶材料构成的,其主要原理也是通过橡胶的压缩变形来承载竖向荷载,这就很容易出现因为竖向荷载力的原因造成橡胶支座剪切变形问题的出现。天然橡胶桥梁支座因其自身的特性,能根据所承受的不同程度的荷载产生不同的压缩,以此来保证桥梁上部的稳定性,但是如果出现过大变形的问题对桥梁上部结构产生长时间内力时，桥梁下部就会出现位移后的位置不在控制范围之内，直接影响到桥梁的结构。桥梁支座变形异常的问题主要产生原因在于相关设计人员在对桥梁纵坡进行设计的工作中，没有对其做好相应的控制，导致其超出了应在的范围，造成纵向剪切变形异常。此外，若是在对桥梁支座进行安装的过程当中，周围环境的温度差异比较大，混凝土在温度差中发生涨缩或是荷载因素的影响等都容易造成桥梁支座变形异常问题的出现。

3. 支座脱空

桥梁支座脱空一般可以分为局部脱空和顶部完全脱空。桥梁支座脱空问题是桥梁支座缺失中比较典型的问题。一旦出现桥梁支座脱落问题，就会导致其支撑作用不能够很好地发挥出来，直接影响到上部结构的受力状态，降低结构的稳定性。

桥梁支座脱空一般由以下五个原因造成：

(1)对桥梁墩台顶部的支座垫石的高度控制不当，垫石的顶面不处于同一平面，垫石的表面不平整，因此导致支座局部脱空。

(2)预制梁体时，梁端的三角楔块不平整，尤其是斜交板梁比较难以控制。

(3)支座垫石的强度不够，受到压力后垫石破碎，从而导致支座脱空。

(4)支座安装时温度选择不当，支座初始剪切变形太大，并且难以恢复，使得支架的纵向侧具有更明显的半脱空。

(5)地基塌陷等原因。

5.3.4 梁体裂纹、表面尿梁

梁体裂纹一是梁受拉区的竖向裂纹，通常出现在梁的侧面或者梁的底面，通常存在于跨中附近，表现为有个别深层裂纹，有部分贯穿的裂纹。二是梁腹板斜裂纹，这种裂纹产生的原因是在车辆荷载的作用下，在靠近支点的腹板上，剪力大而弯矩小，产生的主拉应力超过了混凝土抗拉强度，在梁的腹板中出现斜裂纹，这种裂纹可以明显降低预应力钢筋混凝土梁的承载能力。

梁体尿梁是梁桥最常见的一种病害，不仅影响铁路桥梁的外观而且还易使梁表面混凝土劣化和剥落，对铁路桥梁的使用性能具有一定的影响。常见的尿梁位置一般出现梁与梁互相连接处，梁底混凝土表面裂纹处及梁的外翼。表面水迹产生的原因不同部位应对症分析。例如，空心板、箱梁底的裂纹处水迹，一般来说是由于桥面水进入了空心板及箱梁并积留在其内，通过梁体周边的裂纹渗出形成尿梁；梁的外翼尿梁多是由于降雨时，雨水由防撞墙或人行道侧顺梁的外翼缘板流下所致或是防撞墙、人行道垫梁与主梁上表面存在缝隙，致使部分雨水渗流所致。

5.3.5　梁体下挠

梁体跨中下挠是十分普遍的现象。跨中下挠往往与跨中段出现横向裂缝或大量斜裂缝相伴随，下挠过大，会加速桥梁损坏，降低桥梁的使用寿命。

跨中下挠一般由以下六个原因造成：

(1)轻型化导致混凝土徐变显著增大。由于大跨度梁桥的恒载内力占总内力的 80%，甚至 90%以上。为减小恒载内力，20 世纪 90 年代过分强调结构的轻型化。

(2)内支点负弯矩预应力筋配置不足。设计时仅按上缘混凝土不出现拉应力控制负弯矩预应力筋数量，未充分考虑负弯矩预应力对控制徐变下挠的有利作用。

(3)片面强调缩短施工周期。设计图纸上往往仅标明混凝土强度达到设计强度的 80%～90%后，即可张拉预应力，而没有对混凝土的加载龄期提出要求。

(4)部分活载也会产生徐变挠度。徐变挠度计算只针对恒载。但在繁忙通行的桥梁上，部分活载也实际成了“恒载”，也会产生徐变挠度，导致下挠增大。

(5)施工质量上存在一些缺陷。有的工地上，对预应力管道定位及管道漏浆控制不严，此时，预应力钢筋与管道壁之间摩擦引起的预应力损失比设计采用值大很多，甚至差几倍，这样就会导致有效预应力不足，下挠增大。

(6)梁体开裂，挠度加大。梁体在下挠的同时开裂，不论是斜裂缝或横向裂缝，都会导致梁的刚度降低，进一步使挠度加大，尤其有较严重的斜裂缝和横向裂缝时。

5.3.6　桥墩倾斜

当桥墩出现较大倾斜后，会导致桥梁上部结构出现较大斜向位移，桥梁上部结构横向一侧失去支撑或支撑脱空等严重病害，可能致桥梁出现灾难性事故。施工阶段的桥墩倾斜一般有以下三方面原因：

(1)桥墩混凝土施工造成墩柱倾斜。高墩混凝土施工时，受阳光照射的影响，造成墩柱向阳面与背阴面温差较大；墩身混凝土在温度效应的影响下产生不均匀膨胀，并向背面弯曲，桥墩背部产生一定的弧度。

(2)桩基施工倾斜导致墩柱倾斜。钻孔灌注桩基础施工质量对桥墩施工也存在一定的影响。桩基工程为地下工程，由于地质报告不全等因素的影响，在施工过程中可能会出现孤石、溶洞等不均地质的影响而发生偏孔现象，桩基的不均匀受力则可能引起墩柱倾斜现象的发生。

(3)由于上部结构受力不合理及支座施工质量原因。在上部结构恒载作用下，墩顶产生水平分力，其中滑动支座向上坡方向，固定支座向下坡方向，从而造成墩柱倾斜。

5.4 桥梁监测内容和监测技术

桥梁健康监测主要研究以下内容:①桥梁结构在正常环境条件下运营的物理属性与力学状态;②桥梁重要非结构构件(如支座)和附属设施的工作状态;③桥梁在突发事件(如强烈地震、意外大风或其他严重事故等)之后的损伤情况;④桥梁结构构件耐久性;⑤桥梁结构构件的真实疲劳状况;⑥桥梁所处的环境条件(如风速、稳定、湿度、地面活动等)。针对繁杂多样的监测内容,只有借助有效、精准的监测技术,才可以实时掌握桥梁的结构状态,为桥梁的运营维护管理提供针对性的指导与建议。

5.4.1 监测内容

1. 环境监测

桥梁的环境监测主要是温度、风速风向监测。桥梁处于大气环境中,长期受到桥区气候条件和水文地质作用,结构的安全性和耐久性将会受到影响。因此,需要对桥梁的主要环境参数进行重点监测。

(1)温度监测:温度对桥梁结构的影响十分明显。温度对于桥梁结构影响的直接原因是由于温度差而产生的温度应力。温度应力对于混凝土桥梁结构的破坏主要体现在两个方面:一方面是结构内部不同纤维由于温度作用产生变形引起的相互之间的作用,这种温度应力被称为温度自应力;另一方面是结构由于温度影响所受到的来自外界的变形约束作用力,这种温度应力被称为温度次应力。随着混凝土桥梁工程建设速度及结构规模的增大,温度应力对于混凝土桥梁结构的破坏性也越来越严重。因此结构温度是大型桥梁安全监测的一个重要方面。

(2)风向风速监测:风向风速监测主要针对超大跨度的斜拉桥和悬索桥,通过对风速/风向进行监测,可以掌握主梁的气动稳定性、随机风致振动可靠性,通常采用气象传感器对桥梁进行风速/风向监测。

2. 挠度监测

所谓挠度,是指建(构)筑物或其构件在水平方向或竖直方向上的弯曲值。桥梁挠度监测具有“测得准”“分析得了”的优点。桥梁挠度的监测主要是对桥跨在恒载和活载情况下的挠度进行监测,桥梁挠度是评价桥梁安全性的重要评价参数,直接反映桥梁结构形变是否超出危险范围。因此在桥梁检测、危桥改造以及新桥验收等方面都需要准确测量桥梁的静、动态挠度值。

通常情况下,桥的梁部在中间会产生向下弯曲,通过在梁的两端及中部设置三个变形观

测点 A、B 及 E，定期对这三个点进行沉降观测，即可依公式计算各期相对于首期的挠度值，竖向挠度如图 5-1 所示。

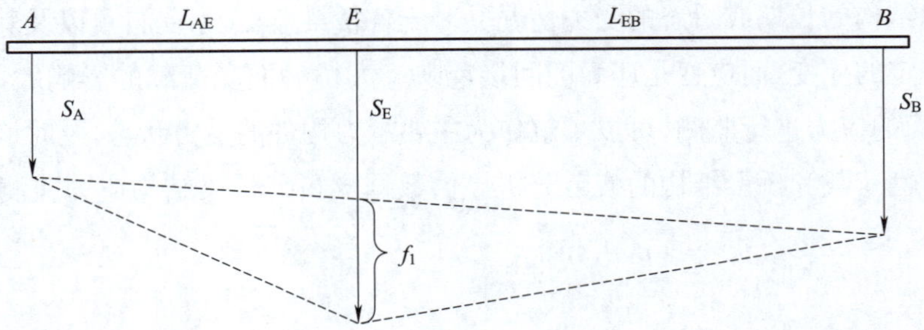

图 5-1　竖向挠度

$$f_1 = \Delta S_{AE} - \frac{L_{AE}}{L_{AE} + L_{EB}} \Delta S_{AB} \tag{5-1}$$

$$\Delta S_{AE} = S_E - S_A \tag{5-2}$$

$$\Delta S_{AB} = S_B - S_A \tag{5-3}$$

式中　S_A，S_B，S_E——A、B、E 点的沉降量，mm，其中 E 点位于 A、B 两点之间；

L_{AE}，L_{EB}——A、E 之间及 E、B 之间的距离，m。

3. 变形监测

(1)沉降监测

任何桥梁的地基，都处于荷载作用之下，因而在一定深度内的各层土体都要产生不同程度的压缩变形，使地基产生沉降。地基所产生的沉降会引发桥梁结构相应发生沉降现象。如果所产生的总沉降量是在规定的允许范围之内，则对桥梁的安全没有影响，如果超出允许值之外，那就需要及早采取措施，以免影响桥梁的质量和使用。通过对桥梁结构进行沉降监测可以了解桥梁及基础的沉降情况，实测出沉降量，了解沉降的均匀性，判定桥梁结构是否趋于稳定。

(2)倾斜监测

桥墩作为桥梁的承重结构，其倾斜过大将造成桥面伸缩缝扩大、支座变形等，严重时影响桥梁整体构件的受力形式及使用寿命。对于高墩由于墩身高、重心高等，施工精度要求较高。桥墩的倾斜在一定程度上也反映设计参数是否合理，施工工艺是否符合要求。通过对桥墩倾斜监测，可以反映出桥梁的健康状态，了解桥墩的变形情况，及时预警，验证设计参数及施工工艺是否合理。

(3)水平位移监测

桥梁结构水平位移监测主要包括梁式桥运营期间桥面的水平位移监测，拱桥运营期间的桥面水平位移监测，悬索桥、斜拉桥运营期间索塔倾斜、桥面水平位移。通过对桥塔顶点三维空间位置变化进行监测，了解桥塔的位移情况和结构的稳定性。

4. 应力监测

桥梁结构的应力监测是通过对应变监测间接实现，主要监测桥梁结构关键截面的受力情况，以了解结构的长期或瞬态的受力情况。对于各桥梁监测段，受自重以及其他荷载的作用，会产生一定的应变，而应变是应力的间接反映。大桥桥面受荷载的影响大，因此对桥面有代表性断面的应力进行监测，可以了解作为主要承力构件的受力状态，及时诊断桥梁的病害，为控制车辆荷载和桥梁结构的疲劳分析提供数据支撑。桥梁结构应力监测一般采用表面应变计。

5. 索力监测

拉索是斜拉桥和悬索桥的重要承重构件。在桥梁运营阶段，如果存在部分索力退化，将直接影响其他拉索的索力分布，对主梁的线形、结构内力产生显著的影响，严重威胁桥梁结构的服役安全。通过对索力进行监测，可以进一步评价拉索的工作状态，对避免重大安全事故的发生及减少全寿命周期内桥梁的总成本具有重要的科学意义和工程意义。索力监测常使用振动法或者磁通量传感器。

6. 振动监测

桥梁动力特性参数(频率、振型、阻尼)和振动水平(强度、幅值)是桥梁整体安全的标志，桥梁材料的强度退化会引起结构振动特性的改变，因此对桥梁动力特性及振动水平的监测能够起到整体上对桥梁结构健康状态监测的目的。通常采用振动传感器对离桥墩支撑点最远的桥梁部位进行振动监测。

7. 裂缝监测

桥梁裂缝监测是桥梁养护的重要项目之一，它对评价桥梁状况、保障桥梁结构安全具有重要的作用。桥梁裂缝监测的内容主要包括：裂缝位置的分布状况检查、裂缝的缝长、缝宽及裂缝深度测量等。通过裂缝分布状况检查可以得到按坐标绘制的裂缝分布状况图，裂缝分布状况图中不仅包含每条裂缝的编号，而且详细记录了每条裂缝的走向及相应位置。为了解裂缝是否稳定，在测量裂缝长度时应在裂缝的尾端做上标记，并在此处标明日期和现场温度，以便于后续观测裂缝是否还在发展。

5.4.2 监测技术

1. 温度、风向风速监测

温度、风向风速监测一般采用温湿度传感器对温湿度测点的变化情况进行实时监测，通常适用于对悬索桥、斜拉桥和拱式桥的监测。观测中观测频率宜为 1 次/min。风向风速采集仪主要对桥址处的风速风向变化情况进行实时监测。根据季节变化，每天选择温度最低的时间和温度最高的时间(例如早晨太阳升起前 1 h 和 14:00～15:00 之间)触发数据采集系统监测。监测结果需绘出各测点温度随时间的变化曲线，并给出最高温度和最低温度时对应的被测响应量的最大值和最小值。记录相对湿度大于 60%情况的延续时间及其随季节的变化规律。

2. 挠度监测

一般可以采用基于连通管监测悬索桥的竖向挠度。基于液体连通管的挠度检测，在需要检测的点位安放液位测量连通器。通常适用于对连续梁桥、悬索桥、斜拉桥和拱式桥的监测。该方法的优点是原理简单，可实现自动化测量，测量过程基本不受大气湍流和测量环境的影响。不足之处是安装布设烦琐，由于受到连通管内液体响应频率的限制，只能用于低频或超低频桥梁静挠度的检测，实际中无法进行桥梁动态高精度挠度的检测。另外纵坡较大的桥梁，因为需要提供的水平面高差太大，不易安装布设。

挠度监测数据采集可以设置由列车到达和温度监测结果自动触发。如果某测点挠度超限，将及时发出报警信息。监测点通常布设在中部，监测基准点布设在墩顶位置。测点、基准点左右幅对称布置，每天完成的数据分析，主要包括各测点挠度曲线的极值等特征值统计分析，并根据各挠度数据计算出各关键截面的扭转变化和动挠度动力系数。后台程序中通过各特征值判断是否保存对应的时程曲线，需要保存的时程曲线同时给出相应的环境参数和荷载情况，不保存数据直接删除。

3. 变形监测

在运营期高速铁路往期变形监测及评估成果的基础上，需对全线桥梁进行普查性变形监测。此外依据精测网复测成果、建(构)筑物普查性变形监测成果、轨道动静态检测成果来综合确定运营期高速铁路还需继续监测的重点监测地段。重点监测地段每月至少观测一次，根据变形情况可适当调整观测周期。针对高速铁路建(构)筑物的变形特点，选择重点监测地段原则如下：

①桥梁、隧涵、路基、车站等建设期已发现的显著差异沉降地段；

②精测网复测、建(构)筑物普查性监测以及轨道动、静态监测过程中发现出现变形的地段；

③铁路部门对线路进行日常维护工作时发现的不稳定且变化较大的地段；

④区域地面不均匀沉降、显著差异沉降区段；

⑤对沿线周边开挖地基、填筑路基、地下工程及钻孔桩、管桩等可能影响线路稳定的施工地段；

⑥检查发现线路周边地形地貌、水文地质等环境[如抽取地下水、采空、堆载和新建建(构)筑物施工等]发生变化的地段；

⑦新建线路和既有线路衔接、交叉、穿越的地段；

⑧新建线路穿地下工程和大型管线的地段；

⑨地震、列车振动等外力作用对线路产生较大影响的地段。

各项内容的监测频率采取动态调整的原则，结合精测网复测、普查性沉降监测结果、列车运行、动检车检测的结果综合分析进行合理确定和动态调整，根据变形地段、变形对象、变形速率等情况对监测地段、监测的频率进行调整，以确保能及时准确地反映该地段的变形情况为前提。

重点监测地段的变形监测，按相应等级变形测量技术要求执行，其精度指标见表5-1。外业观测时应记录观测日期、温度、工况信息等，保证每次复测时“固定观测人员、固定仪器、固定基准、固定网形、固定环境”。

表5-1　沉降监测等级及精度要求

水平位移监测		垂直位移监测		
变形测量等级	变形监测点的点位中误差/mm	变形测量等级	变形监测点的高程中误差/mm	相邻变形监测点的高差中误差/mm
二等	±3.0	三等	±1.0	±0.5

(1)基础变形监测基准点

基础变形监测基准点的选取应符合以下要求：

①沉降监测基准点：优先选用重点监测地段两端经检核确认稳定的线上水准基点作为该地段沉降监测水准线路的基准点，若因重点监测地段监测范围距线上水准基点过远，则可选用重点监测地段两端经检核确认稳定的CPⅢ点作为沉降监测基准点，并使用与该基准点相邻的稳定CPⅢ点作为备用基准点；基准点间应按二等附合水准线路测量要求进行观测，以检核基准点的稳定性，进而确定两个基点间的高差基准值和相邻CPⅢ点间基准高差；

②平面监测基准点：当重点监测地段平面监测区段长度大于800 m时，应复测对应区段线上CPⅡ，并对线上CPⅡ进行平差分析过后选取稳定的线上CPⅡ点作为平差计算的基准点；若因重点监测地段监测区段较短，距线上CPⅡ点过远，则可选用重点监测地段两端经检核确认稳定的CPⅢ点作为平面监测基准点，并使用与该基准点相邻的稳定CPⅢ点作为备用基准点；

③当基准点不满足相关要求时，分别向大小里程延伸寻找稳定的基准点直至满足相关要求；

④对于原有的重点监测地段，监测基准点及断面监测点应保持历史数据的延续性。

变形监测的各期观测，应满足下列要求：

①在较短的时间内完成；

②采用相同的图形(观测路线)和观测方法；

③使用同一仪器和设备；

④观测人员相对固定；

⑤记录相关的环境因素，包括线路内外的施工、环境和地形地貌的变化等。

监测点的变动分析一般可直接比较监测点相邻两期的变形量与测量极限误差(取两倍中误差)来进行。对于多期变形观测成果,需综合分析多期的累计变形特征。

(2)监测断面及监测点

重点监测地段基础变形监测断面按监测对象分为沉降监测断面、平面监测断面及横向监测断面。重点监测地段沉降监测横断面分为基础断面(一级断面)和加密断面(二级断面)两种。

①基础断面布设在下行CPⅢ点最近的对应轨道板与底座板上。

②加密断面布设在两个基础断面之间,如图5-2所示。

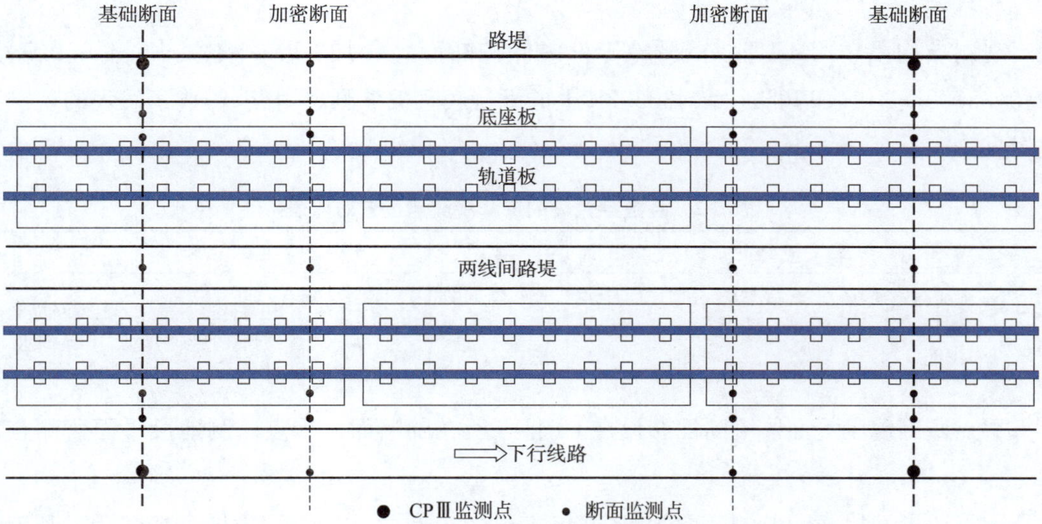

图5-2　沉降监测断面布设示意

桥梁段沉降监测点应布设在能反映各监测内容(构件)沉降变化特征的沉降监测断面上。

无砟轨道桥梁段沉降监测点布设如图5-3所示,有砟轨道桥梁段沉降监测点布设如图5-4所示。

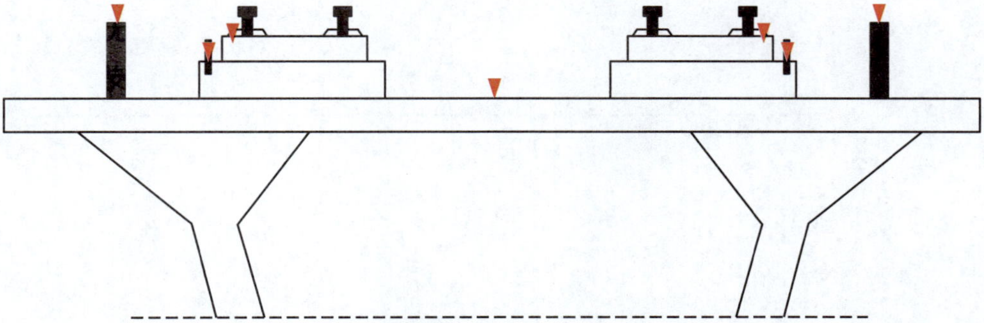

图5-3　无砟轨道桥梁段两侧无CPⅢ点处断面布设示意

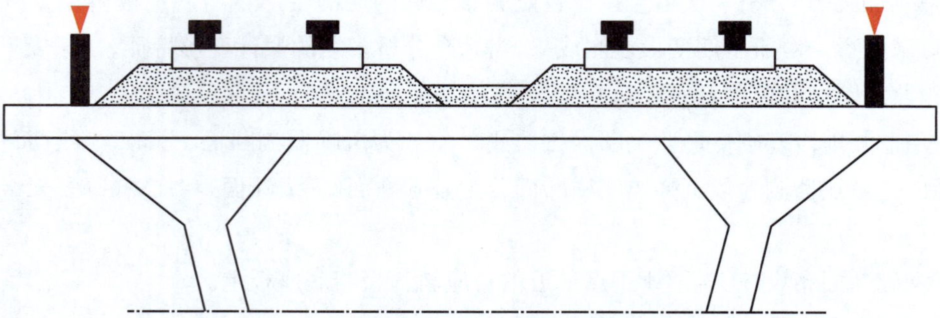

图 5-4　有砟轨道桥梁段两侧无 CPⅢ点处断面布设示意

观测点均由单号 CPⅢ向双号 CPⅢ一侧按断面名称加“-1、-2、-3、-4、-5、-6、-7”编号。如：0433302B-2 代表基础断面 0433302B 上的下行底座板外侧观测点，各数字代表的观测点位置见表 5-2。

表 5-2　各数字代表的沉降观测点位置对照表

数字	1	2	3	4	5	6	7
观测点位置	下行路堤观测点（下行CPⅢ）	下行底座板外侧观测点	下行轨道板外侧观测点	两线间路堤沉降监测点	上行轨道板外侧观测点	上行底座板外侧观测点	上行路堤观测点（上行 CPⅢ）

重点监测地段平面监测断面布设在 CPⅢ点所在的断面。重点监测地段平面监测点为 CPⅢ点。

重点监测地段横向监测断面为每 10 m 布设一个断面，以下行 CPⅢ为基准选定基础断面，下行 CPⅢ往大里程每进行 10 m 选取一个加密断面，到下一个 CPⅢ点后更换编号基准，以此类推，具体如图 5-5 所示。

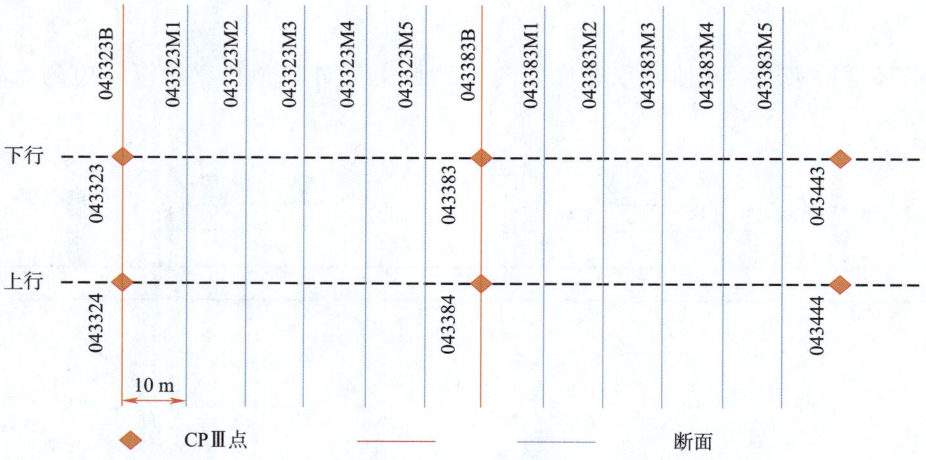

图 5-5　横向监测断面布设示意

横向监测测点布设在断面上，观测点均由单号 CPⅢ向双号 CPⅢ一侧按断面名称加 -1、-2、-3、-4、-5、-6、-7，各数字代表的观测点位置见表 5-3。现有横向监测方法(轨检仪线形测量观测法)仅观测线路中心线偏差点所以只用上传-3 及-5，其他为预留断面点，具体如图 5-6 所示。

表 5-3　各数字代表的沉降观测点位置对照表

数字	1	2	3	4	5	6	7
观测点位置	下行路堤观测点(下行 CPⅢ)	下行底座板外侧观测点	下行线路中心观测点	两线间路堤沉降监测点	上行线路中心观测点	上行底座板外侧观测点	上行路堤观测点(上行 CPⅢ)

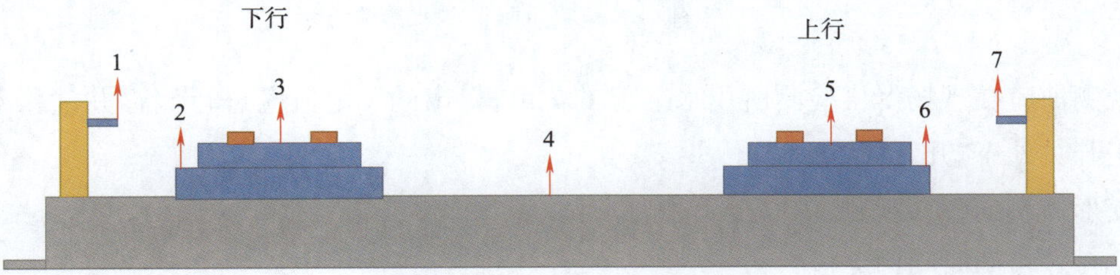

图 5-6　横向监测点布设示意

每个断面应在下行底座板外侧观测点旁用红油漆喷写断面号，断面号采用统一规格字模，字高为 6 cm 的正楷字体。对新增重点监测地段，断面埋设方法如下：

①新增重点监测地段应严格按要求布设断面；

②如出现重点监测地段过短，监测范围内无 CPⅢ点或 CPⅢ点位置不在监测范围中部情况，应在监测范围中部布设基础断面或加密断面(有砟线路在两侧路肩埋设沉降监测点)进行沉降监测。

(3)重点监测地段沉降监测

沉降观测所选用的仪器应符合现行《国家一、二等水准测量规范》(GB 12897)中对一、二等水准观测要求的水准仪。作业前应按照现行《国家一、二等水准测量规范》(GB 12897)及相关技术要求对仪器及配套标尺进行检验。检验合格后才能投入到沉降观测作业中去。

重点监测地段沉降监测方法与 CPⅢ高程测量方法相同，CPⅢ控制点的观测过程中采用中视法对监测点(非 CPⅢ点)进行观测。每测站应在对水准线路中相邻 CPⅢ点进行线路观测后一次性对该站范围内所有监测点进行观测，以便于使监测点的观测精度统一，并减少线路观测误差对监测点成果的影响。水准测量路线结合 CPⅢ控制网的水准路线进行，如图 5-7 所示。在测量 CPⅢ控制点的过程中采用中视法对监测点进行观测，每个监测点均测量两次，其观测的高程之差不得大于 1 mm。满足限差要求后，取两组高程平均值作为最终高程。

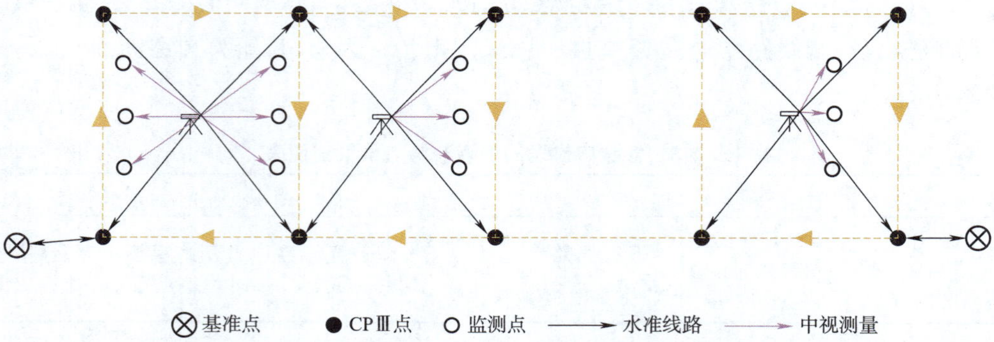

图 5-7　线上建(构)筑物沉降监测水准路线示意

观测前应在现场严格检测所用水准仪的 i 角,得出的 i 角值应进行储存并使仪器的自动改正开关处于“开”的状态。

变形监测的各期观测,应满足下列要求:

①在较短的时间内完成;

②采用相同的图形(观测路线)和观测方法;

③使用同一仪器和设备;

④观测人员相对固定;

⑤记录相关的环境因素,包括线路内外的施工、环境和地形地貌的变化等。

沉降外业观测测站视线长度、前后视距差及视线高度按表 5-4 规定执行。

表 5-4　测站视线长度、前后视距差及视线高度要求(m)

等级	仪器类型	视线长度	前后视距差	任一测站上 前后视距累积差	视线高度 (中丝读数)
二等	DS05	≥3 且≤ 50	≤1.5	≤6.0	<2.80 且≥0.55

测站观测限差应符合表 5-5 中所规定的要求。

表 5-5　测站观测限差要求(mm)

等级	重复测量次数	同一标尺 两次读数差	两次读数 所测高差之差	检测间歇点 高差的差
二等	2 次	0.4	0.6	1.0

(4)CPⅢ平面不定期测量

重点监测地段的 CPⅢ平面不定期测量主要目的是:

①获得监测地段的平面变化量,主要是指垂直线路方向上的平面变化量;

②视情况更新该地段的 CPⅢ平面成果用于线路维护。

重点监测地段CPⅢ平面不定期平差完成后，应将平差后的CPⅢ点坐标成果与原坐标成果较差统一归算到线路横、纵向位移量进行分析。

重点监测地段CPⅢ平面不定期测量所用仪器精度、观测方式、技术要求、内业数据处理与平差计算同CPⅢ平面控制网复测。重点监测地段CPⅢ平面不定期测量成果分析，主要分析本次测量成果与上次测量成果在线路方向上的横、纵坐标差及累计变化量。

(5)CPⅢ修复测量

CPⅢ修复测量包含CPⅢ高程修复测量与CPⅢ平面修复测量，当线路CPⅢ控制点出现以下情况时，需对其成果进行修复测量：

①重点监测地段周期性沉降监测发生较大变形时对CPⅢ点位高程成果进行成果修复测量；

②重点监测地段平面测量发生较大变形时对CPⅢ点位平面坐标成果进行成果修复测量；

③对在线路养护过程中发现的无法满足线形监测起算要求的CPⅢ点位高程或平面坐标成果进行更新测量。

CPⅢ高程修复测量外业数据采集与内业数据处理相关技术要求与沉降监测一致；CPⅢ平面修复测量外业数据采集与内业数据处理相关技术要求与CPⅢ平面不定期测量一致。当需要同时进行CPⅢ高程与平面修复测量时，为保证测量成果时效性，高程与平面测量外业实施时间间隔原则上不应大于7天。

当进行CPⅢ修复测量后，精测网复测成果应利用修复成果进行替换，并采用修复成果作为初次坐标或高程值进行后续基础变形监测变形分析，并建立新旧成果的联系，保证变形成果的可延续性。

(6)特殊情况监测

限速点等特殊位置处轨道发生病害问题时，可根据其线路结构特点采用不同技术手段进行监测。如路桥过渡段可采用对限速点处端刺的纵向位移量监测的方法并进行分析。为了降低仪器和监测点的对中误差，仪器设站点和监测点应全部采用强制对中标。

设站点强制对中标埋设于线路上下行防撞墙上，监测点强制对中标埋设于端刺上，分别位于线路两侧，仪器和监测点的连线应尽量与线路纵向平行。

监测点棱镜组件安装精度要求见表5-6。

表5-6 监测点棱镜组件安装精度要求

棱镜组件标志	重复性安装误差/mm	互换性安装误差/mm
X	0.4	0.4
Y	0.4	0.4
H	0.2	0.2

端刺纵向位移监测周期原则上每月观测一次。当观测上行监测点时，在上行防撞墙设站点采用强制对中标志架设全站仪观测；当观测下行监测点时，在下行防撞墙设站点采用强制对中标志架设全站仪观测。在两侧观测时，同时对监测区域两侧的CPⅢ点进行测量。采用全站仪自动照准观测，距离观测技术要求见表5-7。

表5-7 距离观测技术要求

测距精度等级	测回数	半测回间距离较差限差/mm	测回间距离较差限差/mm	取位/mm
Ⅰ	2	0.5	0.5	0.01

(7)基础变形监测分析

基础变形监测的变形分析，包括下列内容：

①观测成果的可靠性评价；

②基准的稳定性分析。

原则上应保证变形监测网的基准固定不变。沉降基准检核，初次监测前按二等附合水准线路测量要求对基准点间进行观测，以检核基准点的稳定性，进而确定两个基点间的高差基准值和相邻CPⅢ点间基准高差。

沉降变形监测数据分析是结构变形监测工作的核心内容，总体上包含绝对沉降分析、差异沉降分析两方面内容。考虑到相邻结构断面的差异性变形以及由此引起的附加坡度和坡度差的变化量将会对高速铁路运营期间结构稳定性和轨道平顺性造成较大的影响，因此运营期间应以相邻结构断面的差异性变形作为沉降变形监测分析的核心内容，沉降变形分析主要控制指标包括：变形监测点的绝对沉降量、沉降速率、相邻断面差异沉降量等。根据沉降变形分析结果，结合结构特征进一步分析沉降变形对线路结构、轨道平顺性造成的影响，为运营管理提供决策支持。

4. 应力监测

应力监测一般采用表面粘贴式应变传感器进行监测，通常适用于对悬索桥、斜拉桥和拱式桥的监测。应变传感器安装在杆件表面，采样频率为100.0 Hz，采集方式为触发采样，由列车信息和关键参数双重触发。通过监测桥梁结构关键截面的受力情况，可以了解结构的长期或瞬态的受力情况，应力(应变)测点左右幅对称布置。对于应力测点采集得到的数据，每24 h做一次数据分析，找出每次采样过程中各测点的最大应变值及其发生的时间，绘出其应力时程曲线，找出并记录各曲线中的最大值，统计出各曲线中不同应力幅值所对应的循环次数，并间接给出列车轴重的变化规律，每月对这些测点统计出“应力幅值-循环次数”直方图，每半年做出这些测点的应力谱。

5. 索力监测

现有的主要索力监测方法有千斤顶压力表测定法、压力传感器测定法、电阻应变片测定法、磁通量传感器测定法(简称磁通量法)。千斤顶压力表测定法与压力传感器测定法简单易行但精度不高,且拉索安装完成后再进行索力测量难度较大,难以进行长期监测;电阻应变片易发生零点漂移;磁通量法是最新发展起来的测量拉索索力的方法,其具有后期维护成本低、操作方便的特点。磁通量法是将斜拉索本身作为传感器的铁芯,在其外部穿套激励线圈和感应线圈,形成特殊的磁场与传感器,通过缆索磁特性与其所受张力之间的内在关系,检测感应线圈输出的相关参数,从而实现缆索索力测量。

6. 振动监测

振动监测主要通过加速度传感器进行实时监测。通常适用于对悬索桥、斜拉桥和拱式桥的监测。采集方式为触发采样,由列车信息和关键参数双重触发。如果某测点的振动位移幅值超过限值,将及时发出报警信息。在具体布置时,遵循左右幅对称布置原则。与挠度数据一致,同样每天完成一次完整的数据分析,主要包括各振动时程曲线的极值、阻尼比自振频率等特征值,根据特征值大小判断是否保存对应测试结果,对应保存相应的环境参数和荷载情况。同时还需要采集一次桥上无车时桥梁振动情况,分析得到相应的桥梁自振特性参数,并将当天的结果与前一天的分析结果进行比较,如果两组结果差别较大,或超过设计规范要求时,应发出预警预报信息。

7. 裂缝监测

裂缝监测标志应便于量测。长期监测时,可采用镶嵌或埋入墙面的金属标志、金属杆标志或楔形板标志;短期监测时,可采用油漆平行线标志或用建筑胶粘贴的金属片标志。当需要测出裂缝纵、横向变化值时,可采用坐标方格网板标志。采用专用仪器设备观测的标志,可按具体要求另行设计。裂缝的宽度量测精度不应低于1.0 mm,长度量测精度不应低于10.0 mm,深度量测精度不应低于30 mm。

裂缝监测方法应符合下列规定:

①对数量少、量测方便的裂缝,可分别采用比例尺、小钢尺或游标卡尺等工具定期量出标志间距离求得裂缝变化值,或用方格网板定期读取坐标差计算裂缝变化值。

②对大面积且不便于人工量测的众多裂缝,宜采用前方交会或单片摄影方法观测。

③当需要连续监测裂缝变化时,可采用测缝计或传感器自动测记方法观测。

④对裂缝深度量测,当裂缝深度较小时,宜采用凿出法和单面接触超声波法监测,当深度较大时,宜采用超声波法监测。

裂缝监测的周期应根据裂缝变化速率确定。开始时可半月测1次,以后1月测1次。当发现裂缝加大时,应提高监测频率。

5.5 工 程 案 例

南京大胜关长江大桥是京沪高速铁路、沪汉蓉铁路及南京地铁 S3 号线(宁和线)的共用越江通道。主桥长 1 615 m,采用 2 联(84+84) m 连续钢桁梁+6 跨(108+192+336+336+192+108) m 连续钢桁拱结构。主跨 336 m,钢桁拱矢高 84 m,矢跨比 1/4,拱顶处桁高 12 m,拱脚处桁高 53 m;边跨连续钢桁梁桁高 16 m,节间长均为 12 m。桥梁横立面布置如图 5-8 所示。

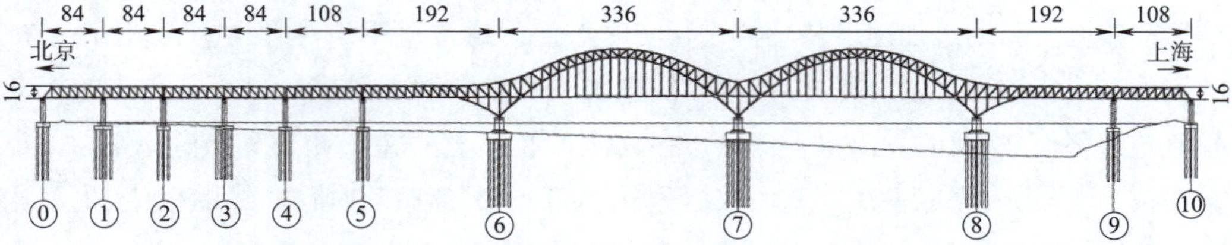

图 5-8　桥梁横立面布置示意(单位:m)

5.5.1 监测内容及传感器

南京大胜关长江大桥结构健康监测系统于 2011 年 6 月建设完成并投入使用,对主桥重点结构部位实施长期在线监测。监测的主要内容有:桥址环境监测、钢结构动应力监测、动力响应监测、位移变形监测特殊部位监测、行车监测。部分监测点布置情况见表 5-8。

表 5-8　部分监测点布置情况表

监测类型	监测项目	传感器类型	安装位置	数　量
钢结构动应变	弦杆应变	光栅应变传感器	北京侧次边跨钢梁弦杆	6
	钢桁拱应变		拱顶、拱背、拱脚	16
	吊杆应变		北京侧主跨第 1 第 2 吊杆	4
	系杆应变		北京侧主跨跨中	4
	横梁应变		横梁下翼缘	2
	节点应变		北京侧主跨跨中节点焊缝	4
	桥面板应变		桥面板下方	2
	温度补偿	光栅温度传感器	与非北京侧主跨跨中钢应变测点对应	12
动力响应监测	主梁竖向加速度	振动加速度传感器	各跨跨中	6
	主梁横向加速度		主跨、次边跨跨中	4

5.5.2　监测点布设

桥梁振动加速度测点截面布置如图 5-9 所示。

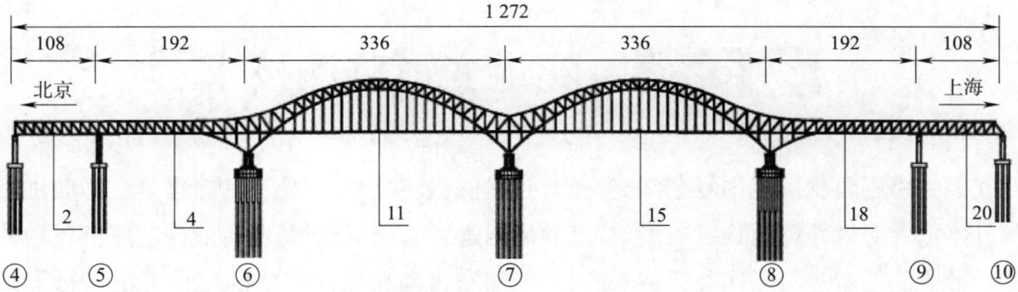

图 5-9　桥梁振动加速度测点截面布置示意(单位:m)

5.5.3　监测系统

整个监测系统包括硬件和软件两个部分,其中硬件部分包括 4 个系统,即传感器系统数据采集系统、数据通信与传输系统、数据分析和处理系统。各系统间通过光纤网络联系而进行运作。

第6章　隧道变形监测技术

我国铁路隧道变形成因复杂多样，随着技术的进步发展出了多种隧道变形自动化监测技术。本章针对铁路隧道病害类型、特点和成因进行了简析，对目前行业内应用的各种铁路隧道变形监测技术进行了归类概述，并对长大隧道自动化监测系统的建设方法进行了系统性介绍，包括建设目标、设计原则、总体设计、实现与维护等。

6.1　概　　述

随着“交通强国，铁路先行”奋斗目标的提出、“一带一路”国际合作的开展及新时期“八纵八横”高速铁路网宏伟蓝图的建设，铁路工程建设蓬勃发展，过程中所面临的地形高程障碍、生态环境保护、人口密集区绕行、不良地质地段躲避等难题日益显著。而隧道作为一种优越的区域通道连接形式，可以有效缩短行车里程，节约资源，改善行车条件，保护自然环境，降低交通事故率，是解决上述工程建设困难的首要选择，也是实现“碳达峰”“碳中和”国家双碳目标的重要保障。近15年来，伴随着全国铁路基础设施建设持续快速推进，中国铁路隧道发展极为迅速，新建和投入运营的隧道里程日益增长。截至2023年底，我国投入运营的铁路隧道达17 177座，总长22 669 km。其中，高速铁路隧道5 642座，总长10 077 km。我国已成为世界上隧道数量最多、地质条件与施工环境最复杂、隧道结构形式多样化程度最高的国家。

铁路隧道工程在大规模建设的同时，由于选线、地质地貌条件、经济效益等多方面因素影响，隧道不可避免地要穿越如断层破碎带、冲沟、软弱夹层等复杂地质段。开挖后的隧道由于初始地应力场的应力释放，其结果必然引起隧道结构发生各种形态的变形，如拱顶下沉，两侧围岩挤入、底部隆起及掌子面挤出等。而变形的必然后果，就是造成围岩松弛，当这种变形或松弛超过一定范围时，反应在隧道衬砌结构上，就会出现收敛变形、错台、裂缝、掉块、渗漏水、蜂窝麻面等结构和表观病害现象，这背后隐藏着岩溶、突水、突泥、瓦斯突出等潜在风险，严重时还会造成岩爆、坍塌等重大灾害。因此，必须对隧道采用监控量测技术进行周期性监测，及时掌握隧道结构体在各种内外因素作用下的健康状态，为相关部门的研判工作提供基础数据，将隧道变形控制在容许的范围之内，确保隧道结构长期稳定。

目前，隧道变形监测技术形式多样，主要可归纳为人工监测和自动化监测两类。相对人工监测，自动化变形监测可实现高精度、连续多频次监测，并且与软件平台结合良好，因此自动化技术越来越多地被引入变形观测工作中。传统人工监测虽速度慢、效率低，但人员可随施工作业灵活变动，对施工秩序影响较小。目前已有不少学者对变形监测技术进行了分析总结。李欣等证明巴塞特测量系统在收敛监测中具有很好的应用效果。黄新召在港珠澳大桥拱北隧道监测中应用静力水准自动化监测系统，也得到了很好的应用效果。吴石军利用机器人对成都地铁 5 号线进行了自动化监测，结果表明智能型全站仪在隧道监测中能够及时准确地反应沉降变化。

我国隧道检测监测技术起步较晚，之前没有专门的隧道养护技术规范，经验不够丰富。但是，经过近 40 年的发展，通过引进吸收国外先进技术和管理经验，中国铁路隧道在变形检测基础理论、监测方法及装备研制等方面取得了长足进步，建立和健全了铁路隧道变形监测技术体系，在复杂艰险山区高速铁路隧道、大断面黄土隧道、水下隧道、城轨隧道等方面的变形监测取得了重大成果和突破，彰显了中国铁路隧道建设的国际影响力。国家和铁路行业主管部门对于铁路隧道的验收规定和运营使用阶段的质量检测要求有着明确的规定，相继制定了一系列行业规范和实施细则。

本章结合铁路隧道监测的工程案例，首先总结铁路隧道病害类型和特点，然后介绍铁路隧道变形监测的内容和监测技术，最后介绍长大隧道自动化监测系统。

6.2　隧道变形监测内容

隧道变形监测是在隧道施工和运营期中对围岩、地表、支护结构的变形和稳定状态，以及周边环境动态进行的经常性观察和量测工作。隧道变形监测项目和内容应根据埋深、地质条件、地面环境、开挖断面和施工方法等因素综合确定。其目的主要在于了解围岩稳定状态和支护、衬砌可靠程度，确保施工安全及结构的长期稳定性，为围岩级别变更，初期支护和二次衬砌的参数调整提供依据，是实现信息化施工不可缺少的工序，是直接为设计和施工决策服务的。

本节在阐述铁路隧道主要监测对象的基础上，着重对隧道中各种类型的病害及相应的监测内容进行逐一介绍。

6.2.1　监测对象

隧道结构包括主体建筑物和附属构筑物两大类。主体建筑物是为了保持隧道的稳定，保证隧道正常使用而修建的，主要由洞身衬砌和洞门组成，也包括必要时在洞口加筑的明洞。附属构筑物是为了运营管理、维修养护、给水排水、供蓄发电、通风、照明、通信、安全等修建的构筑物。在隧道的主体建筑物中，围岩和衬砌是主要的监测对象。

1. 隧道围岩

隧道围岩是指隧道周围一定范围内，对隧道稳定性能产生影响的岩(土)体，或由于隧道开挖导致隧道周边地层发生重新分布的岩(土)体。由于我国地势险要，地质条件复杂，很多浅埋隧道会遇到较大的围岩风化，其围岩条件往往软弱、破碎，不仅造成施工难度大，还会造成隧道支护结构在围岩应力作用下的不均匀性，最终导致冒顶、坍塌等事故。因此，围岩的稳定性在隧道工程的整个生命周期中，都与工程结构的健康稳定息息相关，在国内外工程界始终是隧道变形监测的重点关注对象。

影响围岩稳定的因素多种多样，主要是岩石的物理力学性质、构造发育情况、承受的荷载(工程荷载和初始应力)、应力变形状态、几何边界条件、水的赋存状态等。在影响围岩稳定性的因素中，岩体的物理力学性质和构造发育情况是独立于各种工作类型的，反映出了岩体的基本特性，在岩体的各项物理力学性质中，对稳定性关系最大的是岩石坚硬程度。岩体的构造发育状态、岩体的不连续性、节理化程度所反映的岩体完整性是地质体的又一基本属性。国内外多数围岩分级都将岩石坚硬程度和岩体的完整程度作为岩体基本质量分级的两个基本因素。国家铁路局发布的《铁路隧道设计规范》(TB 10003—2016)附录 B 和附录 C 中对铁路隧道围岩分级及亚分级情况做了明确判定，按照隧道围岩稳定性高低排序分别为Ⅰ～Ⅵ六级。

隧道围岩分级，作为隧道设计和施工的基础标准，对决定隧道变形监测方法，确定隧道超欠挖允许值、确定监测断面间距和测点数量等监测工作有着直接的指导作用。目前，不论隧道施工过程中采用了何种施工开挖方法，隧道围岩的位移形变监测都是必须时刻需要重视的问题，因此隧道施工现场监控量测成为国内隧道工程施工的主要内容，对监测数据进行及时快速准确地处理、分析和管理也成为隧道施工信息化研究的一个重要领域。

2. 隧道衬砌

铁路隧道衬砌是指沿开挖的铁路隧道壁面建造的，用以防止围岩变形和地层塌方，以及阻挡地下水渗漏的构筑物。隧道衬砌主要是根据围岩状态等地质地形条件、受力情况、施工方法等因素综合确定内轮廓，从而定出宽度、高度、形式和衬砌截面及厚度，一般是由拱、边墙(直边墙或曲边墙)、仰拱或铺底等部分组成。其主要的结构形式有直墙式衬砌、曲墙式衬砌、装配式衬砌、锚喷式衬砌、复合式衬砌。由于衬砌需要承受较大的围岩压力、地下水压力、化学物质的侵蚀、高寒地区的冻害等，因此要求衬砌材料应有足够的强度、耐久性、抗渗性、耐腐蚀性和抗冻性等。常用的衬砌材料有混凝土、钢筋混凝土、喷射混凝土、锚杆和石料等。

(1)直墙式衬砌

直墙式衬砌适用于地质条件较好，以垂直围岩压力为主的情况。衬砌由上部拱圈、两侧竖直边墙和下部铺底三部分组成。上部拱圈轴线采用半圆、圆弧或三心拱形。两侧边墙和拱圈是等厚的，洞内一侧设置排水沟，这一侧的边墙基础要深一些，如图 6-1 所示。

(2)曲墙式衬砌

曲墙式衬砌适用于地质条件较差，岩体破碎松散，强度低，存在地下水，且侧向水平压力较大的情况。它由顶部拱圈、侧边曲边墙和底部仰拱组成，如图6-2所示。对于Ⅲ类围岩，无地下水，基础不产生沉降时，可以不设置仰拱，只做平铺。仰拱虽然是圆弧形，但洞内一侧需要设置排水沟，因此其结构并不是对称的。

图6-1　直墙式衬砌

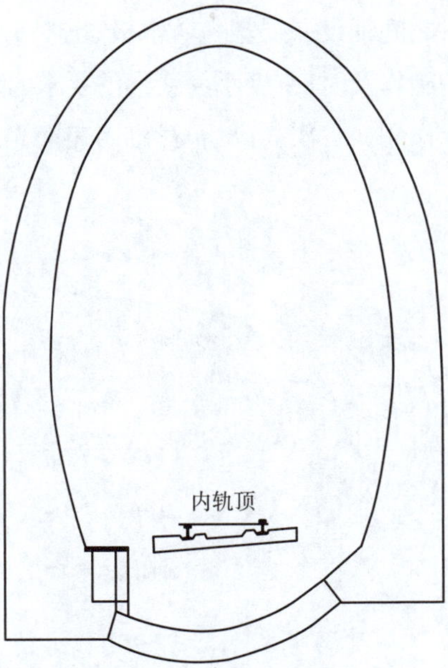

图6-2　曲墙式衬砌

(3)装配式衬砌

随着隧道施工机械化的发展，出现了装配式衬砌。构件在工厂或现场预制好，然后运入隧道内，由机械拼装成一环接一环的衬砌，装配好后可以承受岩土压力，如图6-3所示。这种衬砌的特点是：拼装成环后立即受力，便于机械化施工，改善劳动条件，节省劳动力。目前主要在盾构法施工的城市地铁和水底隧道中采用。在铁路隧道中由于装配式衬砌要求有一定的机械化设备，施工工艺复杂，衬砌的整体性和抗渗性差而未能推广使用。

(4)锚喷式衬砌

锚喷式衬砌是喷射混凝土、锚杆、钢筋网喷射混凝土等结构组合起来的支护形式，可以根据围岩的稳定性，采用锚喷支护的一种或几种结构的组合。锚喷支护是一种积极主动的支护方法，可以充分发挥围岩自身的自承能力，把以前视为外荷载的围岩，变成整个支护系统的一个组成部分，共同担负支护任务。锚喷式衬砌在围岩整体性较好的军事工程、各类用途的使用期较短及重要性较低的隧道中广泛使用。在铁路隧道设计的规范中，都有根据隧道围岩地质条件、施工条件和使用要求可采用锚喷式衬砌的规定。

（5）复合式衬砌

复合式衬砌由外衬和内衬两层组成，一般外衬为锚喷支护，内衬为整体混凝土衬砌，采用新奥法施工，如图 6-4 所示。施工时先在洞壁表面上喷射混凝土，安装锚杆，形成柔性支护。柔性支护和围岩共同变形，释放围岩变形压力，使外衬和围岩共同组成的初步支护体系处于暂时平衡状态，保证施工安全。内衬整体混凝土是刚性的，在施工中根据围岩变形和施工工艺，在时间和空间上与外衬相隔一段时间和一段距离施工。为了防止地下水渗入隧道内，在外衬和内衬之间铺设一层塑料防水板、土木布或土工复合膜作防排水层。复合式衬砌可以满足初期支护施作及时、刚度小易变形的要求，且与围岩密贴，从而能保护和加固围岩，充分发挥围岩的自承作用。二次衬砌后，衬砌内表面光滑平整，可防止外层风化、装饰内壁、增强安全性。

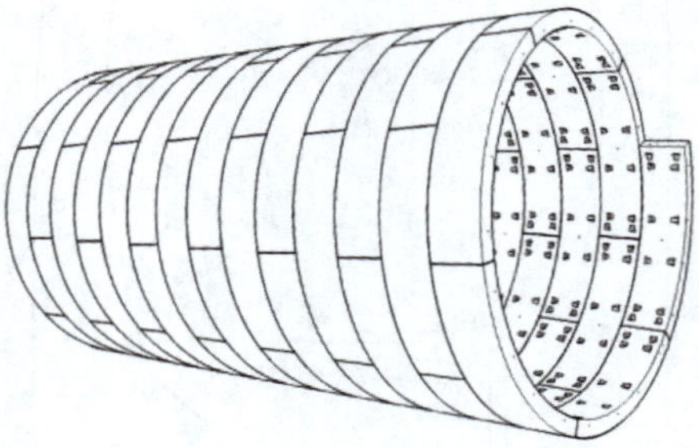

图 6-3　装配式衬砌

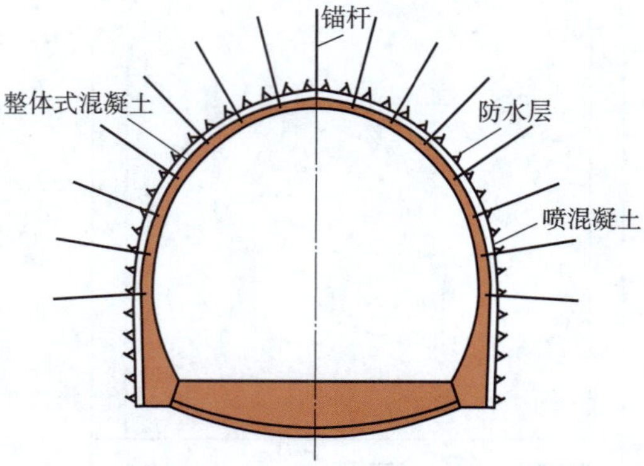

图 6-4　复合式衬砌

隧道在支护衬砌以后，能够直接反应隧道主体周围环境变化的就是衬砌的结构形态和表观变化。隧道衬砌包围而成的封闭空间是设备铺装、列车行驶和人员活动的最大有效空间，他的安全性和稳固性直接关系着交通安全和人民生命财产安全，是隧道施工阶段和运营阶段需要时刻关注的重点监测对象。

6.2.2　病害及成因

1. 隧道病害

隧道病害是指隧道交付运营时已存在的或运营期间出现的影响衬砌使用寿命或行车安全的劣化状态。隧道病害是一个世界性难题，形成机理非常复杂。前期勘察设计不足、施工质量控制不严、监管不力等导致遗留衬砌缺陷；后期材料腐蚀老化、列车循环荷载作业、养护维修不周等导致衬砌病害；构造应力、地下水、自然灾害等加剧隧道病害形成。隧道作为被围岩约束的圆弧形封闭结构，常见的隧道病害可分为结构变形、衬砌表面病损、基底变异等。

（1）结构变形

隧道结构变形主要包括横向变形和纵向变形两种。其中，隧道横向变形是指隧道拱轴形状的改变，包括水平收敛和净空变化。隧道纵向变形是指隧道结构沿着纵向方向的不均匀变形，包括拱顶下沉和底部隆起等。

隧道结构的变形具有明显的尺度效应，即隧道开挖高度和隧道宽度比值不同，对隧道变形的影响不同，单、双线两种隧道断面形式的洞周变形，除变形量级不同外，其比例也有显著差异，双线隧道的纵向变形要比单线隧道明显，而单线隧道的横向变形要比双线隧道突出。

(2)衬砌表面病损

衬砌表面病损主要包括渗漏水、裂缝、剥落。

隧道衬砌渗漏水主要是指隧道围岩的地下水和地表水直接或间接的以渗漏或涌出的形式进入隧道从而造成危害。对于隧道稳定、洞内设施、行车安全、地面建筑物和隧道周围水环境产生诸多不良影响甚至威胁，影响内部结构及附属设施，降低使用寿命，严重时将危害隧道及地下工程的运营安全，轻则造成洞内空气潮湿，影响施工人员身体健康，机械设备锈蚀，绝缘设备失效，电路短路，漏电伤人；重则威胁人员安全，冲毁洞内机械设备，造成塌方，淹没工作面中断施工，造成重大经济损失，危害环境。

根据大量现场调研及归纳总结分析，根据隧道渗漏水产生原因及表观形态，可分为面状渗湿型、点状渗漏型、线状渗漏型和面状渗漏型四种。

①面状渗湿型：主要表现为衬砌大面积潮湿，无滴水现象发生。衬砌混凝土内部出现大量微型储水管道，产生管道吸附水压，导致衬砌混凝土长期处于饱和水状态。

②点状渗漏型：衬砌渗漏处呈水滴状态，不间断下滴或滴水成线，为点集中型出水。该类型往往是由于渗润型破坏程度不断加深形成孔洞型贯穿通道，或是由于隧道辅助设施的安设引起衬砌局部点状破损引起渗漏。

③线状渗漏型：渗漏水沿衬砌裂缝呈大范围线状分布。衬砌在围岩压力、地下水压、温度、冻融破坏、有害物质侵蚀及人为等多因素作用下产生贯通型裂缝，导致地下水大量渗入隧道。

④面状渗漏型：隧道衬砌背后常出现不同规模的空洞空腔，衬砌的受力和围岩的应力状态发生改变，衬砌极易破坏，出现衬砌掉块、掉拱、垮塌等现象。当地下水进入空洞空腔后，对应区域出现大面积渗漏水。

衬砌裂纹是指衬砌中出现某些不连续现象。因外力和环境作用、岩层松弛、滑坡、气候变化或是材料性质等各方面原因导致，严重时会影响结构安全稳定性，降低了结构的安全度。如果后续处理不当，就会出现渗漏水，不但不易修缮，还会影响隧道正常运营，造成各种通风、照明设备的腐蚀损坏。

根据和隧道长度方向的相互关系，铁路隧道裂缝可以分为纵向裂缝、环向裂缝和斜向裂缝三种。

①纵向裂缝：又称为水平裂缝，是隧道混凝土衬砌裂缝平行于隧道轴线。这种裂缝的危害性最大，其发展可引起隧道掉拱、边墙断裂甚至造成整个隧道塌方。纵向裂缝根据所在位置的不同，又可分为拱顶(指拱顶轴线左右各 1 m 范围)、拱脚(指起拱线左右各 0.5 m 范

围）、拱腰（指拱圈除拱顶、拱脚范围的其他部位）和边墙中部（指轨面上 1 m 至起拱线下 0.5 m 范围）四种。在铁路隧道的混凝土衬砌中，纵向裂缝最多，约占裂缝总长的 46%～96%；拱腰的裂缝比拱顶多；在双线隧道中的裂缝主要产生在拱腰，而单线隧道主要产生在边墙。从受力性质分析，拱顶部位混凝土衬砌一般是内缘受压致使拱顶内侧挤压衬砌开裂剥落掉块；拱腰部位主要是混凝土衬砌内缘受拉张开；拱脚部位裂缝则会产生衬砌错动，导致掉拱的可能；边墙裂缝常因混凝土衬砌内缘受拉张开而错位，会使整个隧道失稳。

②环向裂缝：隧道混凝土衬砌的裂缝垂直于隧道轴线，多发生在洞口或不良地质地段与完整岩石地层的交接处。环向裂缝类似沉降缝，对行车危害不大。

③斜向裂缝：隧道混凝土衬砌的斜向裂缝一般和隧道纵轴呈 45°左右，因混凝土衬砌的环向受力和纵向受力组合而成的拉应力所造成的，其危害性仅次于纵向裂缝。

衬砌剥落是指由外力引发的衬砌开裂，当外力继续加大时，衬砌将逐渐失去承载力出现压溃，致使衬砌表层砂浆流失和粗骨料外露的现象。小规模的剥落表现为起层、粉末状掉落，而大规模的剥落则有可能造成隧道停运，交通系统瘫痪。

（3）基底变异

隧道底部结构隆起造成仰拱、道床板开裂，不仅会造成隧道上抬变形和整体下沉，使隧道衬砌发生变形和破坏，致使轨道几何尺寸不稳定和无节律失格，影响列车运行舒适度甚至不得不降速运行，还可能引起隧道结构失稳并危及行车安全。隧道底部隆起是一个复杂的物理和力学问题，与地应力、围岩条件、岩层构造、地下水及其堵排方式、隧道开挖方法、支护结构形式及支护参数、施工质量等密切相关。

虽然引起隧道底部隆起的因素众多且机理复杂，但是其基本外在表现形式（图 6-5）按表象特征来区分主要有三种：直线型、折曲型、弧状型。其中直线型又分为均匀型和倾斜型，折曲型又可分为破断线型和多条折线型。

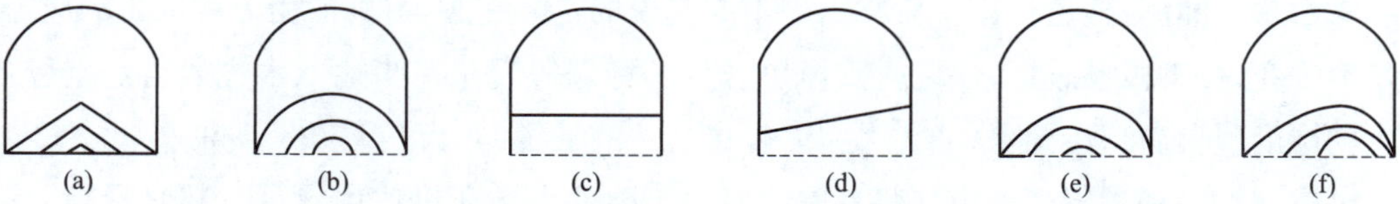

图 6-5　隧道底部隆起破坏的基本外在表现形式

2. 病害成因

（1）隧道结构变形成因

隧道结构变形成因在隧道工程的不同阶段而有所区别。在建设期间，衬砌变形是受围岩压力变化，因围岩位移而导致的工程环境发生位移变形。在运营期间，由于车辆振动荷载和工程环境的长期作用，致使结构物周边的岩土层发生位移，从而引起隧道结构发生变形。此外，对于城市轨道交通隧道而言，受城市地层沉降、地下水冻融或地震等影响而导致的隧道结构变形现象更为显著。

(2)衬砌表面病损成因

①隧道渗漏水:由于衬砌破损后,导致地下水穿过防水层进入隧道。通过分析多条典型地质条件下隧道渗漏水情况,并查阅国内外大量相关文献,此处将隧道衬砌渗漏水的成因归纳为地质、设计和施工三个方面。

地质原因:隧道运营期间,衬砌所处地应力、地下水压力、构造活动情况及环境温度变化等原因是造成衬砌破损的根本原因之一。由于隧道围岩应力状态是一个动态变化的过程,衬砌所受应力不断变化,特别是在断层破碎带等构造区域,应力变化更为显著,当地下水进入构造后,受温度影响极易出现干湿交替和冻融现象,产生膨胀或干缩应力集中区域。衬砌在上述多种因素产生的应力作用下破损严重,导致渗漏水发生。

设计原因:衬砌厚度和设计强度不足,未充分考虑极端地质条件下对衬砌的技术要求,特别是在侵蚀性较强的地下水作用下衬砌极易开裂破损。如衬砌厚度不足,导致隧道围岩处于冻结圈内,频繁收到强烈的冻融破坏,从而产生严重的风化破碎,引起衬砌开裂。或隧道排水系统的设计标准过低,特别是在季节性降水作用下由于排水能力有限导致隧道渗漏水发生,同时设计隧道的排水设施处于隧道的冻结圈内,在冬季或气温较低时容易产生冰塞,无法及时有效的排放地下水,倒是排水系统冻胀破坏等。

施工原因:由于施工导致的衬砌破损可分为两个方面。一是,开挖后衬砌支护结构施工时机选择问题,围岩应力在开挖后会进入重分布调整过程,接近重分布稳定状态施工时,衬砌所受应力作用影响小,不易破坏。二是,施工未按规范要求执行,隧道衬砌防水能力差,洞内排水设施埋深不够,防排水措施不到位,特别是混凝土配比设计、振捣、拆模、拱背回填、养护等方面不规范施工现象严重。

②隧道裂缝:引起隧道混凝土衬砌裂缝的原因是多方面的,也较为复杂,总体来说主要分为内因和外因。外因即为混凝土衬砌超负荷受外力引起的裂缝,这类裂缝占20%左右,在设计上可以避免。内因即为混凝土施工原因使混凝土收缩、内外温差和不均匀沉陷等引起的裂缝。在工程实践中,内因引起的裂缝几乎占80%以上。

内外温差:混凝土的胶结材料(水泥) 具有水化热作用,使混凝土内部与外表面温差过大,这时混凝土内部受压应力,表面受拉应力,由于混凝土抗压强度远大于抗拉强度,表面拉应力可能达到并超过混凝土抗拉强度,会产生间距大致相等的直线裂缝。混凝土也具有热胀冷缩性质,混凝土由于受水泥水化放热、夜间降温等因素影响而发生收缩和膨胀,不均匀的收缩和膨胀也会使隧道衬砌出现裂缝。

混凝土收缩:混凝土凝固时,其干燥过程是由表面逐步扩展到内部的,在混凝土内呈现含水梯度,由此产生表面收缩大,内部收缩小的不均匀收缩,致使表面混凝土承受拉力,内部混凝土承受压力。当隧道衬砌表层混凝土所产生的拉力超过其抗拉强度时,便产生收缩裂缝。混凝土收缩大致可分为六类:a. 失水干缩,由于水分蒸发而引起的失水收缩; b. 塑性收缩,水泥的水化反应出现泌水和水分急剧蒸发现象引起收缩;c. 化学收缩,水泥水化过程中生成新的水化产物引起的体积缩小现象；d. 冷缩，水泥发生水化反应后冷却时，由于降温而产生的收缩； e. 碳化收缩，水泥水化吸收空气 CO_2 形成 $CaCO_3$ 产生的收缩；f. 沉降收缩，混凝土凝结前和凝结后，由于粗骨料和石子下沉引起的收缩。

不均匀沉降：墙基虚渣未处理干净引起隧道衬砌不均匀沉降，使隧道衬砌产生裂缝。

(3)隧道基底变异成因

基底病害产生的原因主要有以下四点：

①列车的反复动力：作用于隧道基底及基岩上的动应力值具有随机性，它和机车车辆的轴重、运行速度、轨道的技术条件有关。计算和实测结果表明，列车的动应力沿线路纵向基底动应力最大。这种不均衡的动应力作用使得基底结构中产生较大的弯拉应力，致使基底混凝土开裂破坏。此外，列车的振动荷载通过道床向下传播会使基底结构产生疲劳破坏。由于隧道基底结构不可能与基底围岩很好的黏结共同变形，基岩在列车动载的反复作用下受到加压、退压、振动、冲击，部分岩块破碎粉化，进一步恶化了基底结构的受力条件，加剧基底病害。

②地下水侵蚀：地下水对隧道基底基岩会产生侵蚀软化作用，在列车往复交变冲击荷载的作用下，表层基岩逐渐磨损成小颗粒或逐渐浆化，这些微小颗粒或浆液被水带走，从而使得隧道基底与基岩接触面的不平整度加剧，基底结构局部掏空状态加剧。此外，在列车的往复冲击荷载下，对赋存在围岩裂隙与隧道基底接触面之间的地下水产生反复抽吸作用，也会加速其破坏过程。

③隧道基底结构设计薄弱，排水设计不合理：目前我国铁路隧道所采用的标准图对隧道拱部和边墙的设计较强，基底设计较为薄弱，Ⅱ、Ⅲ级围岩直墙式衬砌基底仅为 10 cm 厚的 10 号素混凝土，后改为 20 cm 厚仍显薄弱。在排水设计方面，我国既有隧道多采用单侧水沟，水沟布置于隧道衬砌结构内。正常情况下，隧道基底地面与排水沟底面的高差不足 0.2 m，这导致富水地区的排水沟底面高差不足 0.2 m，基底积水无法排出，使基底长期处于积水状态。

④施工工艺不合理，质量差：隧道基底施工时作业条件恶劣，尤其在富水地层中，基底施工在积水条件下进行，没有采取减小混凝土水灰比等措施，导致混凝土强度降低。施工中浮渣没有清理干净造成基底和基岩黏结不良。

隧道病害及成因是一个多层次、多项目的复杂递归分析问题，是一个外延不太明确而内涵很丰富的概念，隧道健康状态好坏的评判相对来说是模糊的。隧道健康状态涉及的因素也比较复杂，这些因素自身表现为随机性，与健康状态的关系又表现为模糊性。为了更清晰地表述各种因素和隧道健康状态之间的关系，基于工程实际和病害成因机理，可将其整理为故障树，如图 6-6～图 6-11 所示。

针对上述隧道缺陷及病害，为保证隧道结构安全和使用寿命，全面、准确地掌握隧道结构病害信息，需要对隧道设施的安全运行进行定期检查、健康诊断、维修加固等养护管理工作。

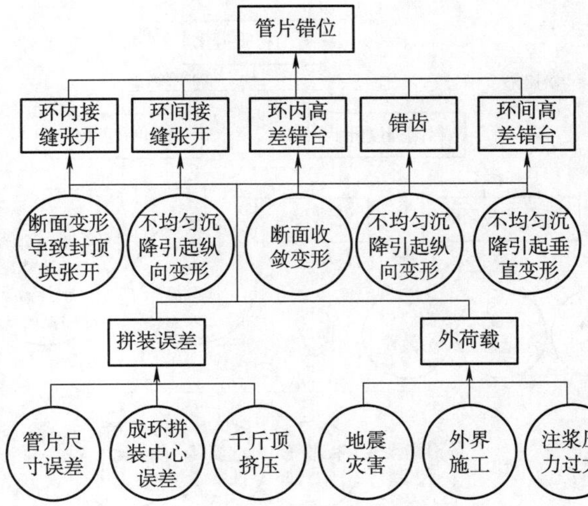

图 6-6　管片错位故障树

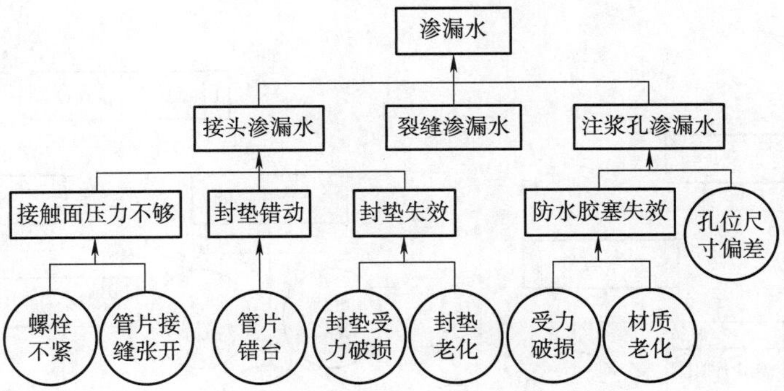

图 6-7　渗漏水故障树

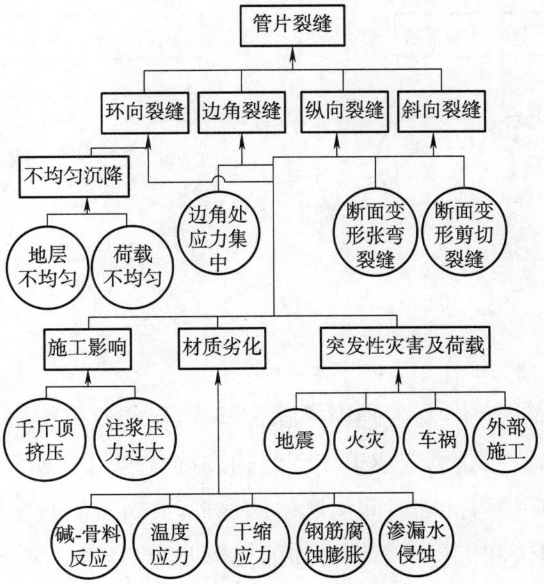

图 6-8　管片裂缝故障树

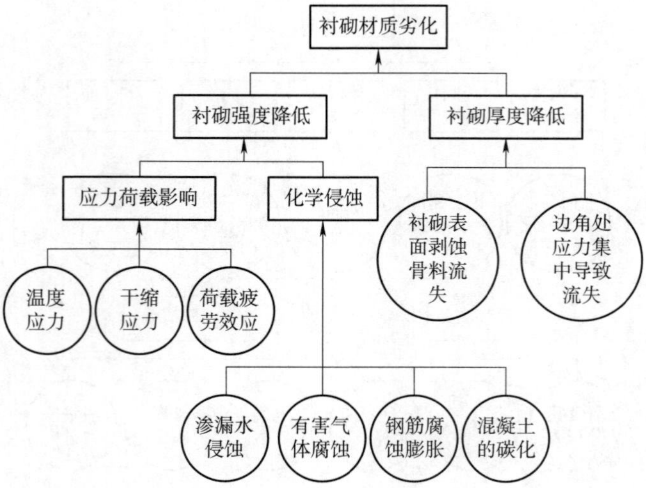

图 6-9 衬砌材质劣化故障树

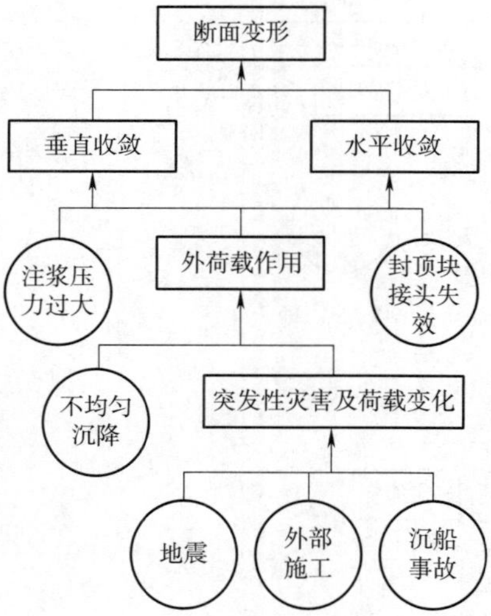

图 6-10 断面变形故障树

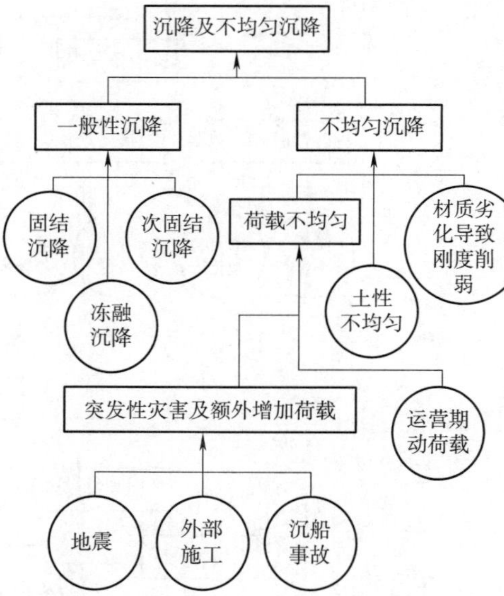

图 6-11 沉降及不均匀沉降故障树

6.2.3 监测内容

在工程建设和运营过程中，受各种因素综合影响，建(构)筑物均会不同程度地产生形状和位置变化。隧道变形监测是测定隧道工程结构在施工和运营期间，由于自身荷载和外力作用，工程本身及周边环境可能随时间而产生的变形，并对观测数据进行处理和分析的一系列工作。围绕着工程建设和工程环境而开展的变形监测工作，主要有以下几方面的目的：

(1)掌握围岩动态和支护结构的工作状态，利用监测结果修改设计、指导施工；

(2)预见事故和险情,以便及时采取措施,防患于未然;

(3)积累资料,为以后的设计提供类比依据;

(4)为确定隧道安全提供可靠的信息;

(5)监测数据经分析处理与必要的计算和判断后,进行预测和反馈,以保证施工安全和隧道稳定。

隧道性能及要求见表 6-1。

表 6-1 隧道性能及要求

性 能	事 项	具体要求
安全性	结构稳定性	隧道不会破坏倒塌
	建筑限界与间距	确保建筑限界与间距
	路基稳定性	不能有影响列车安全运行的底鼓、沉降、移动等
	剥落掉块	不能有影响列车安全运行的混凝土掉块或修补材料掉落
	漏水、冻害的安全影响	不能有影响列车安全运行的漏水或冻结
使用性	漏水、冻害的使用影响	不能有影响洞内设备性能的漏水或冻结
	表面污垢	不能影响隧道检查及病害检测
	周围环境影响	不能对周边环境产生有害影响
韧性、可修复性	灾害时所需韧性、可修复性	在发生地震等大规模灾害时,隧道结构不发生倒塌破坏,具有韧性,容易修复性

隧道工程具有隐蔽性和复杂性,隧道开挖过程中各种工况都可能对隧道稳定性产生影响。因此,铁路隧道监测内容应结合铁路隧道自身构造特点和常见病害种类,以数字化隧道为管理目标来确定。

依据《铁路隧道监控量测技术规程》(Q/CR 9218—2015)规定,铁路隧道监测内容分为必测项目和选测项目(表 6-2)。地表沉降、拱顶下沉、净空变化和隧底变形是隧道地表和结构变化最直观的监测指标,并且由于其操作和数据应用原理简单,属于必测项目,要求在所有隧道工程中开展。而围岩位移、围岩压力、结构应力应变、爆破振动等项目由于操作较为复杂,数据分析专业性强则作为选测项目,可根据具体的隧道工程地质特点具体确定,只在少数特殊地段和科研工作中开展。

表 6-2 铁路隧道常规监测项目

监测类型	监测项目	常用方法	精度要求
必测项目	洞内、洞外观察	人工观察、数码相机等	—
	拱顶下沉、拱脚沉降	收敛仪、全站仪	0.5~1 mm
	净空变化	全站仪	0.5~1 mm
	地表沉降	全站仪	0.5~1 mm

续上表

监测类型	监测项目	常用方法	精度要求
选测项目	围岩压力	压力盒	≤0.5%FS
	钢架内力	钢筋计	拉伸≤0.5%FS,压缩≤1.0%FS
	喷混凝土内力	压力盒	±0.1%FS
	二次衬砌内力	压力盒	±0.1%FS
	初期支护与二次衬砌间接触压力	压力盒	≤0.5%FS
	锚杆压力	钢筋计	≤0.5%FS
	隧底隆起	收敛仪、水准仪	0.5～1 mm
	围岩内部位移	多点位移计	0.1 mm
	爆破振动	振动传感器	1 mm/s
	孔隙水压力	孔隙水压力	±0.1%FS
	渗漏水量	流量计	—

上述监测项目中，本章主要介绍拱顶下沉、净空变化、地表沉降和围岩内部位移等属于变形监测的项目。其余选测项目分别隶属于应力应变类、接触压力类、爆破振动类、孔隙水压和水量类监测项，此处不再展开详细阐述。

1. 洞内、洞外观察

隧道监控量测的隧道洞内、洞外观察指观测工作面状态、围岩变形、围岩风化变质情况、节理裂隙、段层分布和形态、地下水情况以及喷射混凝土的效果。洞内测量的主要目的是使隧道各开挖面之间正确贯通，洞内各结构物建筑界限满足规范要求；隧道洞外控制测量的目的是在各开挖洞口之间建立精密的控制网，以便据此精确地确定各开挖洞口的掘进方向，使之正确相向开挖，保证准确贯通。常采用的观测方法有地质观测、地质素描、地质罗盘、数码摄像。

(1)洞内观察

洞内观察分为开挖工作面观察和初期支护完成段观察。

①开挖工作面观察每次开挖后进行一次，如工程地质与水文情况无变化，每日一次，观察后形成记录(隧道地质描述记录表、施工阶段围岩级别判定卡、数码成像等)。开挖后主要进行的观察项目包括：

a. 地层、岩石分布，岩层走向、倾角；

b. 节理裂隙发育程度，方向及频率；

c. 涌水情况，水的位置、涌水量、水压等；

d. 坍塌位置及形态。

②初期支护完成段的观察每天进行一次，并形成观察记录。初期支护段围岩观测项目包括：

a. 是否发生锚杆被拉断或垫板脱离围岩现象，灌浆是否饱满；

b. 喷混凝土厚度，是否发生裂隙和剥离或剪切破坏，裂隙发生位置、宽度、长度；

c. 钢拱架位置是否正确、有无被压变形，背后回填材料，是否饱满。

(2)洞外观察

洞外观察重点应在洞口段和洞身浅埋段，记录地表开裂、地表变形、边坡及抑坡稳定状态，地表水渗漏情况，地表植被变化等，同时还应对周围地面建(构)筑物进行观察，通过判断隧道的开挖是否影响到洞外，来分析隧道开挖及支护方式是否可靠。每三天观测一次，特殊情况时每天一次，形成观察记录并及时反馈给相关部门。

2. 拱顶下沉

隧道拱顶下沉是指隧道开挖后，由于围岩自重和应力调整造成的隧道顶板向下移动的现象。拱顶是隧道周边上的一个特殊点，是挠度最大的一个点，其位移情况具有较强的代表性。拱顶下沉量是控制围岩稳定状态和保证安全施工的重要指标，在浅埋隧道和水平或近水平岩层巷道中显得尤为重要。隧道拱顶点垂直方向的绝对位移值称为拱顶下沉量。单位时间内的拱顶下沉量称为拱顶下沉速度。通过拱顶下沉的量测，可以了解断面变化情况，判断拱顶的未定型，防止塌方。

隧道在开挖过程中，两倍洞径范围内的围岩受开挖工作面的影响最大。测点主要分为基准点和监测点两种，其中基准点为了方便日后复测检查，应布设 2 个以上，其位置应避开交通干道主路、地下管线、河岸、滑坡地段以及其他可能使标志易遭腐蚀和破坏的地方，应选设在变形影响范围以外且稳定、易于长期保存的地方。隧道断面监测点的布设间距和数量应符合表 6-3 规定。

表 6-3　拱顶下沉与净空变化断面间距和每断面测点数量

围岩级别	断面间距/m	每断面测点数量	
		净空变化	拱顶下沉
Ⅴ～Ⅳ	5～10	1～2 条基线	1～3 点
Ⅳ	10～30	1 条基线	1 点
Ⅲ	30～50	1 条基线	1 点

在测量方面，围岩开挖初始阶段的变形动态对测量至关重要应尽早获取，测点埋设时应按紧靠工作面、快速埋设、尽早测量的原则进行，具体按测点距开挖工作面 2 m 范围内设置，时间为 24 h 内，下次爆破前测取初始读数。拱顶下沉测量主要要求如下：

(1)拱顶下沉量断面间距、测量频率、初始读数的测取等同收敛测量。其中测量频率按照测量断面距开挖面距离和位移速度确定，见表 6-4。

(2)每个断面布设 1～3 个测点，测点设在拱顶中心或其附近，如图 6-12 所示。

(3)量测精度为±0.1 mm。

(4)量测时间应延续到拱顶下沉稳定后。

表 6-4　拱顶下沉与净空变化量测频率

判断依据	判断标准	量测频率
测量断面距开挖面距离/m	(0～1)B	2 次/d
	(1～2)B	1 次/d
	(2～5)B	1 次/(2～3)d
	>5B	1 次/7 d
位移速度/(mm·d^{-1})	≥5	2 次/d
	1～5	1 次/d
	0.5～1	1 次/(2～3)d
	0.2～0.5	1 次/3 d
	<0.2	1 次/7 d

注:B 为隧道开挖宽度。

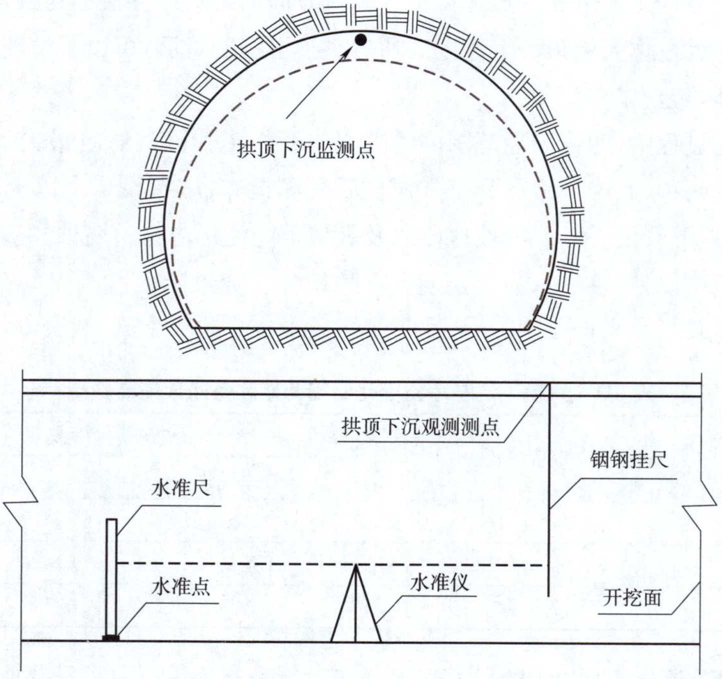

图 6-12　拱顶下沉监测点及测量示意

3. 净空变化

隧道净空变化是隧道周边上两点间相对位置的变化,亦是指围岩周边各点趋向隧道中心的变形现象,也称为净空收敛。所谓隧道净空变化测量主要是指对隧道壁面两点间或隧道拱顶和底板两点间相对位置的变形量的量测。它是判断围岩动态的最主要的量测项目,特别是当围岩为垂直围岩时,净空变化测量具有更重要的意义。

隧道净空变化测量可采用收敛计或全站仪进行，测点应埋设在表 6-5 规定的测线两端，测线示意如图 6-13 所示。采用收敛计测量时，测点应采用焊接或钻孔预埋；而采用全站仪测量时，测点应采用膜片式反射器作为测点靶标，靶标粘贴在预埋件上，全站仪采用自由设站或固定设站两种方式。

对净空变化的量测，传统只测水平位移，这主要受到接触式量测仪器的限制，不能全面、真实地反映实际围岩变化，全站仪测量具备测量水平以及竖向位移的条件，结合拱顶下沉，可区分局部变形和整体下沉两种情况。净空变化的测量频率和拱顶下沉保持一致。

表 6-5　净空变化量测测线数

开挖方法	地　段	
	一般地段	特殊地段
全断面法	一条水平测线	—
台阶法	每台阶一条水平测线	每台阶一条水平测线，两条斜测线
分部开挖法	每分部一条水平测线	CD 或 CRD 法上部，双侧壁导坑法左右侧部，每分部一条水平测线，两条斜测线，其余分部一条水平测线

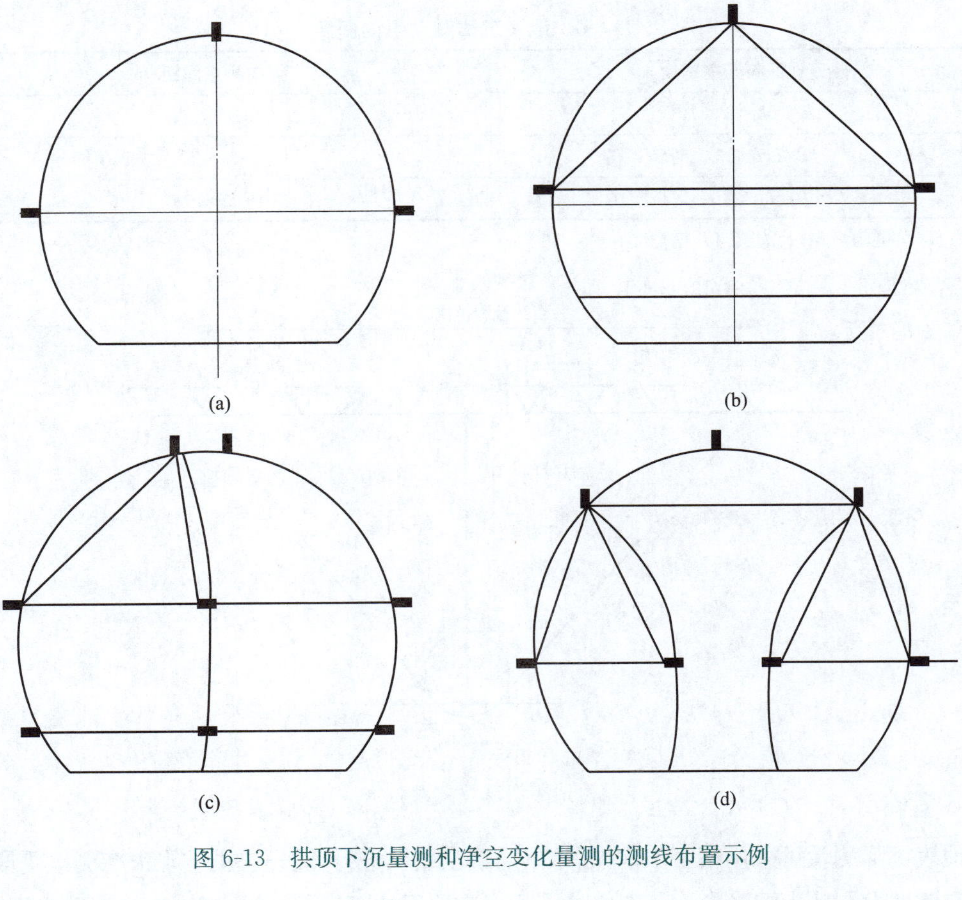

图 6-13　拱顶下沉量测和净空变化量测的测线布置示例

4. 地表沉降

随着隧道的开挖，地层变形不断发生变化，一般经历前期微小变形、变形急剧增大、缓慢变形 3 个阶段。诱发地层变位的基本原因是隧道施工引起的地层损失和周围围岩受扰动或受剪切破坏的重塑土的再固结。地表沉降监测能反映隧道施工围岩变形的全过程，是判定隧道地层稳定性的一个重要指标，对于研究地表沉降机制、隧道开挖的地表纵向变形规律，分析隧道开挖作用下常见的地表损害形式具有重要意义。

地表沉降监测项目在浅埋地段以及由于隧道施工造成地下水位变化而可能引发的地面建筑物沉降地段开展，在山岭，若地面没有建筑物，则以洞内监测为主。大量工程经验显示，隧道地表沉降的速率和工程施工密切相关，随着隧道开挖的进行，沉降初期波动明显，后期稳定，距离开挖断面近则影响大，距离远则影响小。

浅埋隧道地表沉降测点应在隧道开挖前布设。地表沉降测点和隧道内测点应布置在同一断面里程。一般条件下，地表沉降测点纵向间距应按表 6-6 要求布置。底部沉降测点横向间距为 2～5 m。在隧道中线附件测点应适当加密，隧道中线两侧量测范围不应小于 H_0+B，地表有控制性建(构)筑物时，量测范围应适当加宽。其测点布置如图 6-14 所示。

表 6-6　地表沉降测点纵向间距

隧道埋深与开挖宽度	纵向测点间距/m
$2B<H_0<2.5B$	20～50
$B<H_0\leqslant 2B$	10～20
$H_0\leqslant B$	5～10

注：H_0 为隧道埋深；B 为隧道开挖宽度。

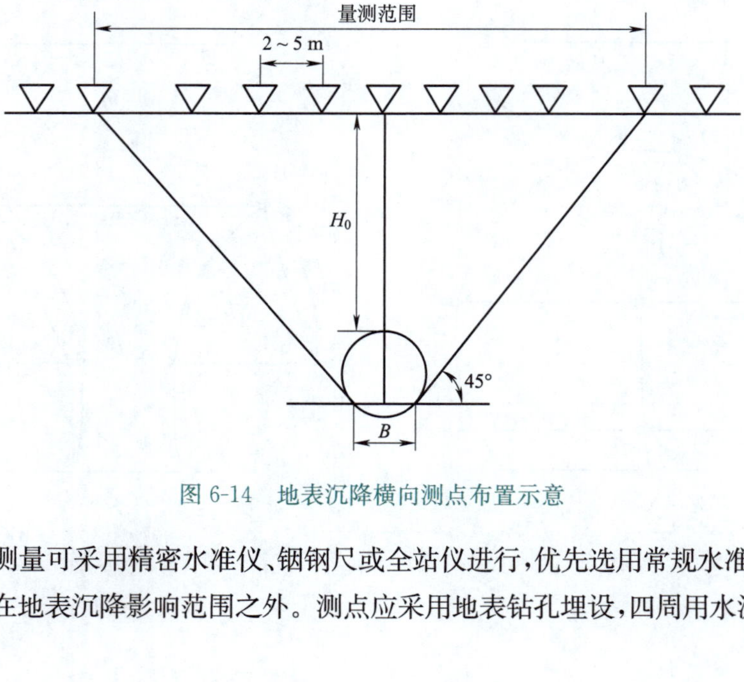

图 6-14　地表沉降横向测点布置示意

地表沉降测量可采用精密水准仪、铟钢尺或全站仪进行，优先选用常规水准测量手段。基准点应该埋设在地表沉降影响范围之外。测点应采用地表钻孔埋设，四周用水泥砂浆固定。

5. 围岩内部位移

围岩内部位移又称围岩内位移，是指围岩内两点之间的相对移动。通过钻孔位移计测量孔壁岩体不同深度的轴向位移。它不同于隧道围岩收敛监测，后者只能监测到隧道净空收敛变形，而围岩内部位移能测到隧道围岩内不同深度上的轴向变形，是围岩动态表现。因此根据其监测资料，能够反映围岩内部的松弛程度和范围的大小，也是判定围岩稳定性的一个重要指标。因此，隧道围岩内部位移测量主要目的是了解隧道围岩的径向位移分布和松弛范围，以指导施工。

实践证明，当隧道开挖后，岩体固有结构被破坏，块体间阻力削弱而变形松弛，隧道围岩应力重新分布，周边径向应力被重新释放，围岩内通常形成塑性区，一方面应力不断向围岩深部转移，另一方面又不断向隧道方向变形并逐渐解除塑性区的应力。这种向隧道方向的变形，一般在开挖后 24 h 内发展较快，而围岩开挖初始阶段的变形动态数据又在全部变形过程中占十分重要的地位，因此要求测点尽快安装，并在下一循环开挖前获得初始读数。

围岩内部位移测量的设备主要是使用位移计。当在钻孔内布设多个测点时，就能分别测出沿钻孔不同深度岩层的位移值。测点的深度越大，本身受开挖的影响越小，所测出的位移值越接近绝对值。围岩内部位移的测量多在软弱、破碎或具有较大地质结构面的围岩内进行。这类围岩本身力学性质复杂，受力变形规律不易预测，支护比较困难。进行围岩内部位移测量可以比周边位移测量获取更多的地层信息，特别是有关围岩内的信息，对分析围岩的位移规律，并据此调整支护参数或设计新的支护结构大有助益。

测量断面应尽可能靠近掌子面，其测量频率应符合表 6-7 中的规定。在实用中，一般根据测量结果绘制位移-深度关系曲线图和位移-时间关系曲线图。如果在两相邻测点间位移突然发生变化，则表面在此两点间很可能有不连续位移发生，调整支护参数时，则应使锚杆长度超出此两点。如果相邻测点间位移变化比较均匀，则最深测点仍有较大变形，则表明围岩受到扰动范围较大，仅靠调整锚杆长度一般难以解决支护问题。此时应采取综合治理措施，采用特殊的钢支撑加锚喷等方案进行初期支护，并在必要时加大二次衬砌的强度与刚度。通过位移-时间曲线掌握围岩内部随时间变形的规律，可以更好地指导施工，如确定复喷的时间和二次衬砌的施工时间。

表 6-7　围岩内部位移测量频率

方法及工具	布置	测量时间间隔			
多点位移计	每 30～100 m 一个断面，每断面 2～11 对测点	1～15 d	16 d～1 个月	1～3 个月	3 个月以后
		1～2 次/d	1 次/2 d	1～2 次/周	1～3 次/月

6.3 隧道变形监测技术

铁路隧道监测的目的是为了掌握隧道状态，及时发现变异，同时为隧道病害采取合理整治措施提供数据支撑。现阶段，采取传统人工监测方式在隧道变形监测中缺点较为明显，主要表现为效率较低、可利用监测时间短、精确度不足、观测频率低、监测环境危险性高和人工成本高等方面。而随着科技的快速发展，隧道监测技术得到了长足进步，监测设备向自动化、智能化、集成化方向发展。自动化监测技术通过在隧道中布设监测点，利用互联网可以实时、长期、持续性地掌握隧道即时水平位移、垂直位移、收敛变形等基本信息，既可以解决人工监测弊端，又可以大幅提高监测效率与精度。随着监测手段的不断丰富，一种设备可同时监测多种隧道病害，而且对同一种隧道病害也可采取多种监测手段，一种完备、综合、高效的监测体系正在逐步建立。

目前，铁路隧道变形监测方法主要采用全站仪、测量机器人、水准仪、静力水准仪、收敛仪等传统监测仪器，通过布设监测点，设计观测方案，现场测量，以及各种测量数据平差、获得点位坐标和变化信息，从而得到隧道的水平位移、垂直位移、断面变形、收敛变形等基本信息，据此衡量隧道的变形情况。随着测绘技术和多传感器集成技术的发展，车载移动扫描技术、阵列式位移计在隧道变形监测中也得到了广泛的工程应用。

6.3.1 全站仪自动化监测技术

测量机器人是集自动目标识别、自动照准、自动测角、自动测距、自动跟踪目标、自动记录于一体的测量系统，配备的ATR(automatic target recognition)功能驱动全站仪快速照准棱镜所在方位，并对目标实施高精度的自动照准和测量，获取角度、距离、三维坐标及影像等信息，进而得到物体的形态及其随时间的变化。其主要技术内容同4.4.1所述内容类似，此处不再赘述，仅介绍在隧道环境下全站仪自动化监测技术的点位布设和数据分析处理方法。

1. 点位布设及设备安装

(1)基准点布设

基准点应布设在施工影响范围之外的稳定区域，且每个监测工程的竖向位移观测的基准点不应少于3个，水平位移观测的基准点不应少于4个。当基准点距离监测主体较远致使监测作业不方便时，通常需要设置工作基点，并且在监测期间定期复测基准点和工作基点。基准点和工作基点应在工程施工前埋设在稳定土层内，并且要符合相关监测规范中的规定，等待稳定后再使用。

(2)监测点布设

监测点布设时要形成监测断面反映监测对象的变化规律。一般情况下，每个监测断面上至少布设 5 个监测点，分别为 1 个隧道拱顶下沉监测点、2 个隧道水平位移监测点和 2 个轨顶沉降监测点。监测点棱镜安装在管片的两腰和道床两侧，且隧道布设的监测点不可影响行车安全。监测断面的位置、数量及间距需要依据监测范围、隧道建设工法，参照相关技术标准、规范和项目要求设置。隧道断面监测点分布示意与效果如图 6-15 所示。

图 6-15　隧道断面监测点分布示意与效果

(3)工作基站设置

监测工作基站设置在隧道侧面墙壁上，支撑托架长度不超过相应的车辆限界和设备限界，一般伸出长度大约为 400 mm，在监测工作过程中，定期检查工作基站的稳定性，保证后续工作的顺利进行。监测点及工作基站布设示意与效果如图 6-16 所示。

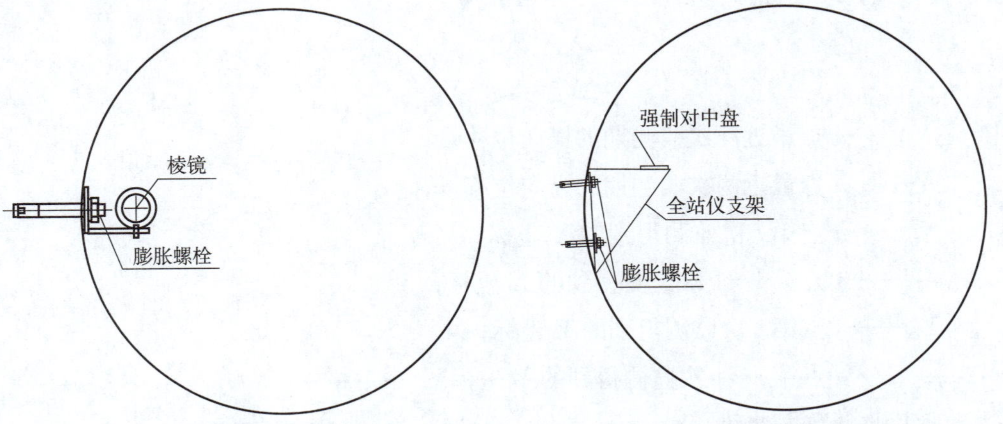

(a) 监测点布设示意　　(b) 工作基站布设示意

图 6-16　监测点及工作基站布设示意与效果

(c) 监测点布设效果　　(d) 工作基站布设效果

图 6-16 （续）

2. 数据分析处理

(1)沉降数据处理

通过全站仪自动化监测得到各监测点的高程，再通过式(6-1)计算各监测点沉降值。

$$\Delta H_i = H_i - H_{i-1} \tag{6-1}$$

式中　ΔH_i——沉降值；

H_i——第 i 次测量的高程；

H_{i-1}——第 $i-1$ 次测量的高程。

(2)水平位移数据处理

通过各监测点的平面坐标，根据平面坐标变化得到隧道横向、纵向位移。各监测点的本次横向位移量和纵向位移量为

$$\Delta X_a = X_{ai} - X_{a(i-1)} \tag{6-2}$$

$$\Delta Y_a = Y_{ai} - Y_{a(i-1)} \tag{6-3}$$

式中　ΔX_a——a 点最近两次监测期的横向位移量；

ΔY_a——a 点最近两次监测期的纵向位移量；

X_{ai}——a 点第 i 次监测得到的 X 坐标；

$X_{a(i-1)}$——a 点第 $i-1$ 次监测得到的 X 坐标；

Y_{ai}——a 点第 i 次监测得到的 Y 坐标；

$Y_{a(i-1)}$——a 点第 $i-1$ 次监测得到的 Y 坐标。

(3)管片收敛数据处理

通过各监测点的三维坐标反算测点间水平、竖向收敛值，并与上次的测量值进行比较，差值为本期水平、竖向收敛变化量，计算公式为

$$S_i = \sqrt{(x_a - x_b)^2 + (y_a - y_b)^2 + (h_a - h_b)^2} \tag{6-4}$$

$$D = S_{i-1} - S_i \tag{6-5}$$

式中　x_a, y_a, h_a——监测点 a 的三维坐标信息；

x_b, y_b, h_b——监测点 b 的三维坐标信息；

S_{i-1}——上次测量隧道内径值；

S_i——本次测量隧道内径值；

D——本次隧道收敛量。

6.3.2　静力水准仪监测技术

静力水准仪是一种高精密液位测量系统，该系统适用于测量多点的相对沉降。随着监测手段及检测技术的不断更新，2014 年由铁道第三勘察设计院集团有限公司开始设计使用物位计（俗称压力式静力水准仪）。由于在工程应用当中性能优于之前的监测方法，2016 年开始被中铁二院工程集团有限责任公司、中铁工程设计咨询集团有限公司、中铁第四勘察设计院集团有限公司、中铁第五勘察设计院集团有限公司、中铁第六勘察设计院集团有限公司、中铁西北科学研究院有限公司普及使用。

静力水准仪自动化变形监测技术主要包括测量、数据发射和数据采集分析三个部分，通过测量基准点和监测点之间的液位差或水压差，集成后通过光纤、GPRS 或无线电台发射给数据采集装置，通过软件处理分析得出监测点相对基准点的沉降变化量及变化速率，其主要技术内容同 4.4.2 所述内容类似，此处不再赘述，仅介绍在隧道环境下静力水准仪变形监测技术的点位布设、精度控制方法和技术特点。

1. 点位布设及设备安装

实地查看现场情况，根据项目特点，结合项目总体布局及周边环境因素，进行针对性的测点布置。基准点需安装在隧道内变形区域以外的结构稳定的位置。以储液罐的液面为准，基准点和各测点的水平位置不应低于静力水准仪的最大量程。

各测点确认后，按照测点分布图将静力水准仪安装固定在隧道衬砌内壁上，常用的安装方式包括钻孔打锚栓或在表面焊接固定支架。采用透明 PU 管按顺序将各个静力水准仪串联连接到储液罐，保证水能顺畅流动，并采用通信线缆顺序串联各个静力水准仪到自动化采集箱，确保数据正常通信。

为最大限度地利用量程，静力水准仪的安装位置尽量保持在同一个水平面，且低于储液罐，储液罐位置一般处于基准点的上方 20 cm 左右。通气的作用是使所有测点的气压保持一致，整个气压平衡系统应相互连通且仅在一端与大气相通，保证液面压力为标准大气压力，安装时要确保通气阀正常通气。考虑到低温环境，填充液体可以加入防冻液，防止液体低温结冻。灌液时，要注意水压的高低平衡，先将首尾两端测点的气口打开，将其形成高低差，然后由储液罐的上盖向其中缓慢不间断地充入液体，同时观察液管内是否有气泡产生，如果发现气泡要及时排除，当液体充满液管且液管内的气泡排完后停止充液（储液罐液位高度需保持在 1/2 左右）。管线用开口的保温管包裹住所有裸露在地面的 PU 管，然后用警示胶带缠绕密封布于管槽内或是埋入土内，在仪器外部安装保护罩。记录并保存各点位对应仪器的电子编号，调试无误后即可长期运行监测。

2. 监测精度控制

量程和精度是静力水准的两个重要指标。对于同一型号的传感器，一般情况下，量程越大，精度就越低。静力水准仪的标称精度一般与量程相关，不同型号的传感器标称精度通常为满量程的0.1%、0.7%。值得注意的是，标称精度是在实验室无干扰情况下的检定结果，但是在实际监测过程中外界环境的干扰将直接影响静力水准仪的监测精度。

气压、连通液密度和重力加速度是影响静力水准高程面的主要因素。而由于静力水准仪使用同一种液体作为连通液，并且在通常情况下，小范围内的重力加速度差别可以忽略不计，即静力水准仪中连通液密度以及各测点的重力加速度的影响可以忽略。运营中隧道内对环境影响最剧烈的即为列车的运行。当列车在隧道内行驶时，会对内部的综合环境带来一定程度的改变，而这也将会对静力水准仪的精度带来较大的影响，主要体现在以下三个方面。

(1)气压影响

当列车通过时，仪器内的气压会改变。列车的快速行驶会造成列车周围空气的急剧流动，这将会使得安放在其附近的静力水准仪测点仪器内的气压趋于下降，进而导致该测点内连通液的液面趋于上升，影响整个静力水准系统观测值的准确性。

(2)振动影响

当列车通过时，会使铁轨及附近地面产生较强的振动，而当静力水准仪测点的位置与轨道距离较近时，列车的通过对轨道和地面的压力会使该测点读数不稳，并有下沉的趋势，进而使得该测点液面趋于上升；相反，当列车驶离静力水准仪测点后，列车带来的压力逐渐减弱并最终消失，则会使该测点有上抬的趋势，进而使得该测点液面趋于下降。所以列车通过会影响静力水准仪瞬间读数的准确性。

(3)对基准点的影响

当基准点的布设与轨道距离较近，列车经过该基准点附近时，也会对基准点产生如上所述的气压以及振动影响，使得基准点的瞬间读数产生变化，影响静力水准仪的测量数值，从而影响监测精度。

综上所述，在数据分析时有必要对相关影响进行分析，结合列车运行时刻，设定合理的监测频率和时段，从而有效降低外界环境干扰，提高监测精度，确保监测成果的可靠性。

3. 技术特点

静力水准仪作为近些年来得到广泛应用的新型仪器，相对于常规水准仪搭配水准标尺的测量方式，在进行隧道监测方面具有较为明显的优势，主要体现在以下四个方面。

(1)测量精度高

静力水准仪作为一种使用液位进行测量精密仪器,其测量精度通常可以达到亚毫米级,甚至有些型号的静力水准仪的标称精度达到 0.01 mm。而常规水准仪则会受到仪器误差、读数误差、水准尺倾斜误差、水准尺变形误差等因素的影响,在精确性上受到不同程度的限制,通常无法保证毫米级别上数值的准确性。

(2)具有一定的抗干扰能力

静力水准仪通常布设在混凝土衬砌内壁上的专用安装支架上,物理稳定性较好;许多较为先进的静力水准仪具有较好的气密性,能够抵御一定程度内的气压变化的影响;大部分主流的静力水准仪会配备温度补偿装置,以减弱温度变化对测量结果值的影响,许多型号的静力水准仪都具有 −10 ～ 40 ℃的温度补偿范围。

(3)能够在极端温度下工作

目前主流静力水准仪,通常可以实现在 −30 ～ 80 ℃温度区间内的正常工作。而常规水准测量则会对温度条件比较敏感,较容易受到温度条件的限制。在实际测量工作中,常规的水准测量方式,一方面是水准仪、水准尺、尺垫等设备会因温度的变化产生变形;另一方面是测量人员也无法在极低或极高温度条件下正常地开展测量工作。

(4)布设简单,维护方便,自动化程度高

静力水准仪各部件的组装、连接较为简便,通常只需用连接管把贮液罐和各测点连接起来,然后从一端液罐注入调好的连通液,再经过简单的调试及设置,即可完成静力水准仪的布设工作。静力水准仪的贮液容器通常采用有机玻璃材质,既防止腐蚀生锈,又方便观察。静力水准仪内部通常都具有较先进的智能传感器、单片机以及通信模块,可以方便地进行信号处理与识别、数据采集、数据存储、计算和通信等功能,结合仪器的各种配套软件进行使用,方便快捷,自动化程度较高。

但是与此同时,静力水准系统也存在着其自身的局限性。比如由于液体的黏滞作用,当静力水准仪内部的连通液高度发生变化时,需要经过一段时间的流动才能重新达到平衡状态,所以静力水准系统不适合应用在高速沉降变化量的隧道测量工作中。

6.3.3　收敛仪监测技术

收敛仪是专门用来测定隧道巷道洞室及其他工程围岩表面上任意两点间的距离(收敛值)变化的量测仪器,通过对收敛值的分析计算,达到研究工程围岩及支护的变形发展规律、探索支护效果、评定工程稳定状态的目的,已被公认为是岩体工程测试的主要方法之一。

目前,收敛仪主要分为数显式和激光式。数显式收敛仪是由钢卷尺、尺身(测微轮、电子显示屏、测力弹簧导杆、拉力指标窗口、挂钩)、定位销、钢卷尺挂钩等组成。利用机械传递位移的方法,将两个基准点间的相对位移转变为数显位移计的两次读数差,当挂钩连接两个基准点 A、B 预埋件时,通过调节螺母,改变收敛仪机体长度可产生对钢尺的恒定张力,从而保证量测的准确性和可比性。机体长度的改变量由数显电路测出，不同时间测得的数显差值即为两点间的相对位移(收敛值)。数显式收敛仪的误差主要由系统误差和随机误差两部分组成。系统误差包括弹性变形误差、尺带在自重条件下的挠度及测量误差，收敛仪本体自重条件下误差和恒定张力对收敛仪测量精度的影响，通过反复的试验分析计算可以消除。随机误差包括风速、风力、气温等影响，不可能预先进行全面计算和描述，需要事后建立误差模型，在测量结果中进行修正。钢卷尺具有热胀冷缩的特性，通常情况下，小幅度的温差是无需进行修正的。当第 n 次量测环境与首次量测环境相比温度变化较大时，则需要对量测的隧道净空变化值进行温度修正，修正公式见式(6-6)。

$$L'=L_n[1-a(T_0-T_n)] \tag{6-6}$$

式中 L'——温度修正后的钢尺实际长度，mm；

L_n——第 n 次观测时钢尺的长度读数，mm；

a——钢尺线膨胀系数；

T_0——首次观测时的环境温度，℃；

T_n——第 n 次观测时的环境温度，℃。

数显式收敛仪监测及结构示意如图 6-17 和图 6-18 所示。

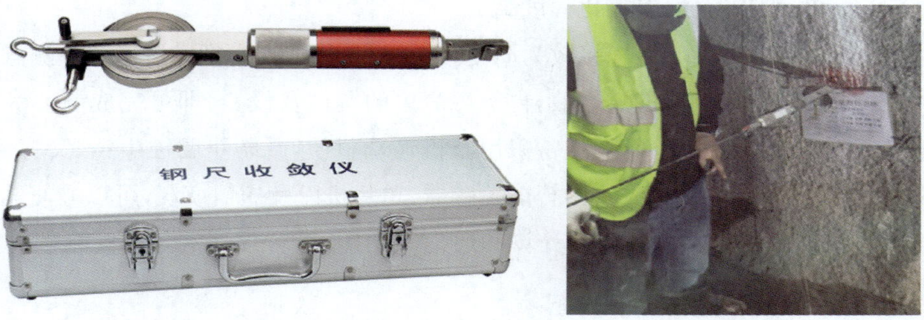

图 6-17　数显式收敛仪监测示意

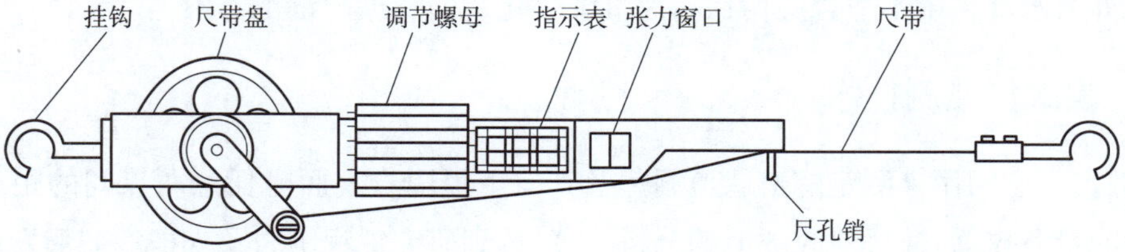

图 6-18　数显式收敛仪结构示意

激光式收敛仪是为了避免数显式收敛仪中钢卷尺受随机误差并且在测量时干扰施工的缺陷而设计研制的。它是基于相位式激光测距的原理，通过测定调制光往返测线一次所产生的相位延迟，再根据调制光波长吧，换算出此相位延迟所代表的距离。激光式收敛仪具有操作简单、自动化程度高、测量结果稳定、测量成本低的特点。其测量原理图如图 6-19 所示。

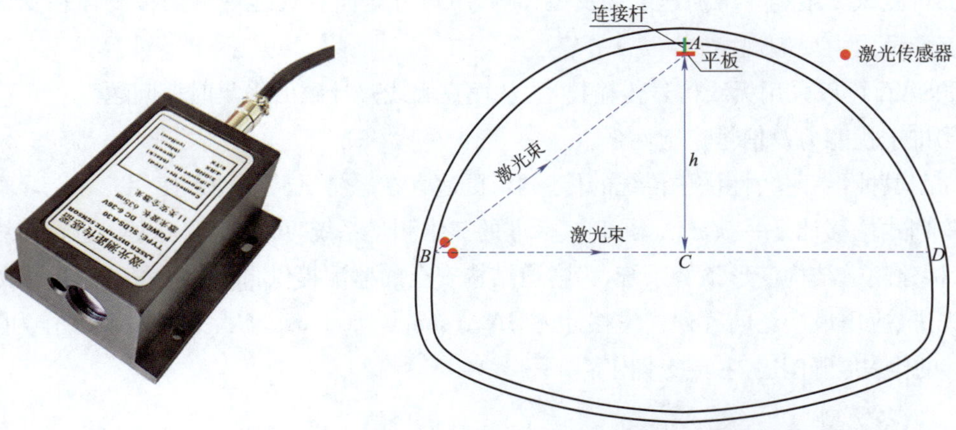

h—平板距水平线的初始垂直距离。

图 6-19　激光式收敛仪测量原理

6.3.4　阵列式位移计监测技术

阵列式位移计是基于微电机系统(MEMS)测量的传感器阵列，由 MEMS 加速度计传感器、内置电路板、标准测量单元、特殊不锈钢外包护套等部件构成。传感阵列中包含若干可防止扭转变形的刚性段，段与段之间通过复合关节中的柔性关节相连接。柔性关节不能沿钢管轴线扭转，但可以在任何方向弯曲。刚性段尺寸可以定制，最小刚性段尺寸的长度为 200 mm，直径为 20 mm，每 8 段为一子阵，由子阵组成传感器阵列，称为阵列式位移计，又称为柔性测斜仪，其示意如图 6-20 所示。

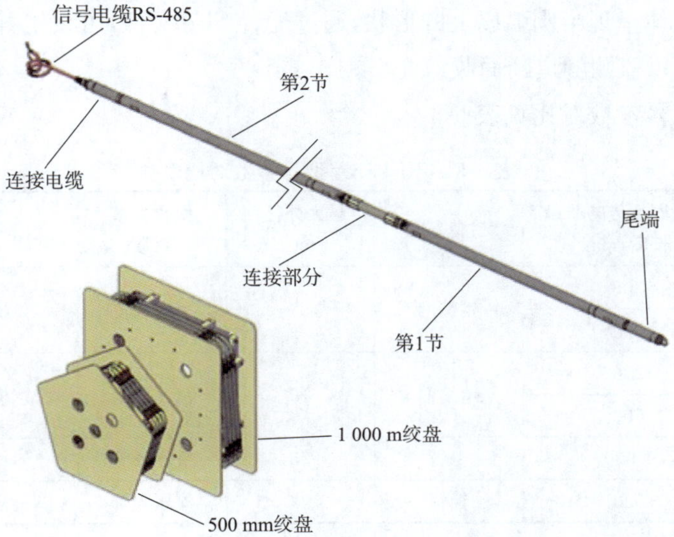

图 6-20　阵列式位移计示意

相对于传统的位移及加速度传感器而言，阵列式位移计具有天生的优势：

①可同时测试基体材料的加速度和位移反应，克服多传感器采集过程中的信号耦合问题。

②可测试 2 维和 3 维加速度场及位移场，用户可全面直观地观测到被测体在受荷过程中的变形及内力反应规律。

③SAA 可以采用无线信号传输技术，从而克服线路导致的采集时滞问题。

④抗干扰能力及信号稳定性强。

⑤耐腐蚀性、耐久性优于传统的传感器，更适宜在恶劣试验条件下使用。

阵列式位移计是一款灵活柔韧的、标准的三维测量系统，可以对隧道变形进行在线自动监测，构建隧道结构变形预警系统，为隧道结构安全的监测提供自动化手段。目前国际上技术最先进、应用最广泛的阵列式位移计为 SAA(shape accel array)，此处将以 SAA 作为阵列式位移计的代表展开阐述，主要技术内容如下。

1. 设备选型

每一套阵列式位移计都需要结合项目现场实际情况确定 SAA 的型号、监测点密度、整体长度、线缆类型及长度、采集方式及配件、保护管类型等方面，然后进行量身定做。

SAA 型号的确定一般由工作模式和监测点密度两个因素决定。

①当 SAA 整体与铅垂线的夹角小于 60°时，可设定其处于竖向工作模式。此模式下，可以监测深层水平位移，SAAV 和 SAAScan 均可满足，SAAV 适合装入后较长时间固定不动的项目，SAAScan 适合需要频繁装入拔出的项目，两种型号的刚性传感节段长度(即监测点密度)均为 500 mm。由于 SAAV 拥有更好的性能且安装便捷，对于需要较长时间联系自动化监测的项目，推荐使用 SAAV。

②当 SAA 整体与水平面的夹角小于 60°时，可设定其处于横向工作模式。此模式下，可以监测线状沉降变形，SAAV 和 SAAX 可满足。

③当 SAA 整体呈现半圆弧以上的形状，通过配置 Site 文件，可设定其处于收敛工作模式。此模式下，可以监测隧道断面收敛变形。

不同 SAA 型号参数对比见表 6-8。

表 6-8　不同 SAA 型号参数对比表

型号	单个刚性传感节段长度/mm	封装方式	最大外径/mm	柔性关节材质	工作模式
SAAF	305	钢编网	23	普通胶皮	横向、竖向、收敛
SAAR	500				
SAAV	250	钢编网	18	液压胶管	横向、竖向、收敛
	500				
SAAX	1 000	钢管	23	液压胶管	横向
SAAScan	500	钢管	23	液压胶管	横向、竖向、收敛

SAA 的长度需要根据客户的项目情况进行定制组装，SAA 整体长度包括传感器部分和非传感器部分，计算公式为

$$L_{SAA}=L_{non\text{-}g}+L_{non\text{-}t}+L_{sensor}-L_{cp} \tag{6-7}$$

$$L_{sensor}=N_{sensor}\times L_{single} \tag{6-8}$$

$$L_{cp}=N_{sencor}\times L_{zj} \tag{6-9}$$

式中　$L_{non\text{-}g}$——非传感部分的固定部分长度；

$L_{non\text{-}t}$——非传感部分的可调部分长度；

L_{sensor}——传感部分长度；

N_{sensor}——传感节段数量；

L_{single}——单根刚性传感节段长度；

L_{cp}——竖向工作模式时，装入保护管后的折减长度；

L_{zj}——单根传感节段的折减长度。

SAA 的采集方式分为人工手动采集和数采自动采集。人工手动采集可使用 Windows 系统电脑或安卓系统移动终端，配合采集软件和便携采集箱。数采自动采集可以同时接入多套 SAA，配合无线传输模块、采集箱、蓄电池等配件实现数据自动化采集和远程传输。

2. 设备安装

阵列式位移计在隧道中为最常使用收敛工作模式，用于隧道的断面收敛监测。对于不同节段长度的 SAAV，使用的隧道断面半径也不相同。单个节段长度为 500 mm，适用于半径大于 3 m 的隧道圆弧；单个节段长度为 250 mm，适用于半径大于 1 m 的隧道圆弧。如果将 SAAV 用于收敛工作模式，出厂时 SAAV 外表就已预先装好 PVC 保护管，现场只需要将 SAAV 用骑马箍按照约 500 mm 或 250 mm 的间距固定在隧道侧壁即可。骑马箍的固定位置为邻近柔性关节 5 cm 处，每个骑马箍需要使用膨胀螺栓固定。收敛工作模式安装示意如图 6-21 所示。如果出厂时没有预先外套 PVC 保护管，也可以在现场进行保护管的拼接和安装。

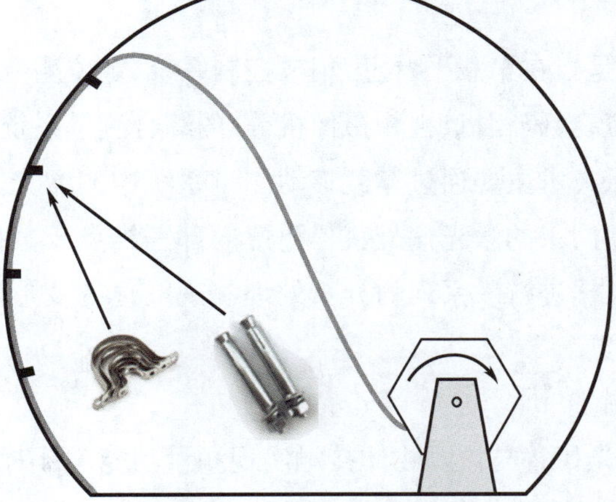

图 6-21　收敛工作模式安装示意

3. 数据采集与处理

(1)数据人工采集

原始数据的人工采集是进行阵列式位移计操作的最基本技能，通过使用 SAASuite 软件包中的 SAARecorder 软件，结合信号转换模块，设置串口端号及采集参数后即可实现数据的手动采集。

(2)数据自动采集

自动采集是实现自动化监测的基础，也是阵列式位移计与滑动式测斜仪的最本质区别。通过构建由传感器、数据传输系统、监测云平台构成的变形监测系统，使用 LoggerNet 软件在 PC 端和工程现场的自动化采集仪建立连接，发送采集程序，通过有线或无线的方式将监测数据实时送给云平台来进行处理、分析、存储、展示和发布数据，并对危险区域提前预警，可通过系统主页、手机短信、邮件等多元化预警提醒，实现系统互联互动。

目前，阵列式位移计配套的处理软件已具备丰富的数据处理、分析与展示功能，操作流程也向着智能化、集约化的方向发展，结合具体的传感器型号设定相应的处理参数即可完成数据的解算。阵列式位移计工作原理是通过 MEMS 微机电系统测量重力加速度在不同轴向上的数据来计算出对应轴与重力方向的角度，通过角度的变化计算对应测量单元的位移量。

①每个测量单元安装有三个加速度传感器，通过测量传感器的加速度值来计算出对应轴与重力方向的夹角 θ。

②通过计算出对应轴与重力方向的夹角 θ 来计算对应测量单元的位移量($d=L\sin\theta$)。

③每个测量单元长度为 L，则第 i 个测量单元在重力方向的坐标系中对应的坐标长度为 $d=L\sin\theta_i$，对应的第 i 个测量单元在整体坐标系中的坐标为第 1 个测量单元到第 i 个测量单元的累加值 $D=\sum L\sin\theta_i$。

阵列式位移计工作原理说明如图 6-22 所示。

6.3.5 车载移动测量技术

车载移动测量系统是指在车载平台上，集成控制系统、定位测姿系统及一种或多种其他测量传感器(激光扫描仪、数码相机、视频摄像机等)的综合测量系统，如图 6-23 所示。在隧道环境下，车载移动测量技术主要通过车载移动测量系统中的激光扫描仪对隧道衬砌表面进行连续扫描，通过反馈回来的激光信号获得隧道内部三维点云数据和隧道衬砌表面影像图，通过对点云和影像数据进行一系列的分析处理实现隧道的变形监测与检测。相对于传统检测方式具有如下特点：

(1)非接触式连续测量

激光扫描仪通过激光代替与被测物体接触实现测量功能。针对隧道环境内大量且高精度需求的监测任务，测量的便利性便成为重点关注因素之一。非接触式的激光扫描技术相

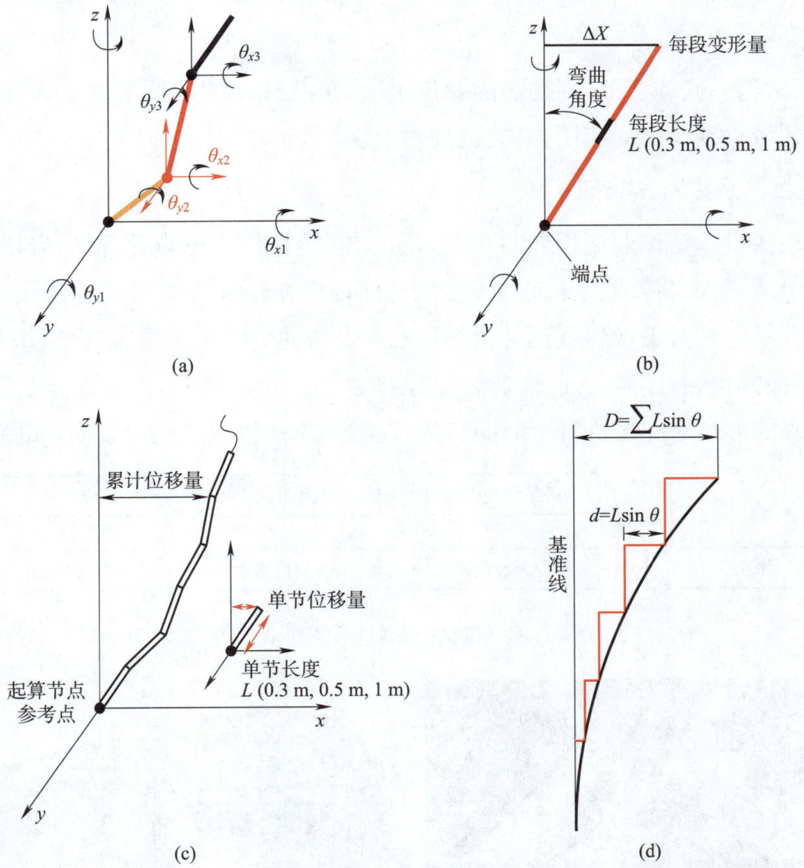

图 6-22　阵列式位移计工作原理说明

图 6-23　自移动车载移动测量系统

对于传统方式不需要考虑仪器架设问题，具有显著的优势。此外，对于隧道这种相对封闭的狭长形结构，移动测量过程具有连续性，节省了移动仪器的时间，并且点云质量更高。

(2)速度快、精度高、密度高

现常用的激光扫描仪采集频率可以达到约 100 万点/s。在隧道内沿线路方向前进的同时可快速获取完整全面的目标信息，断面内相邻点间距可达毫米甚至亚毫米，相对测量精度可达 0.1 mm(10 m)。

作为一种新兴的、综合的、高动态的测量手段，车载移动测量技术近年来在轨道交通隧道变形监测领域得到了广泛应用，其关键技术内容如下。

1. 扫描数据采集及预处理

车载移动测量系统作业流程如图 6-24 所示。在运抵作业现场后，首先需要对硬件设备各组件进行组装紧固，将安装后的设备轻放于轨面，检查轮缘与轨面是否接触良好，前后轻推确认。打开供电总开关，给系统上电开机，检查设备通信情况正常后，设置作业参数，包括扫描模式、扫描频率、载体运行速度，起始里程参数等。开始扫描后，在载体前进过程中，激光束以螺旋线的形式对隧道进行全断面扫描，连续采集获得激光点云数据，如图 6-25 所示。

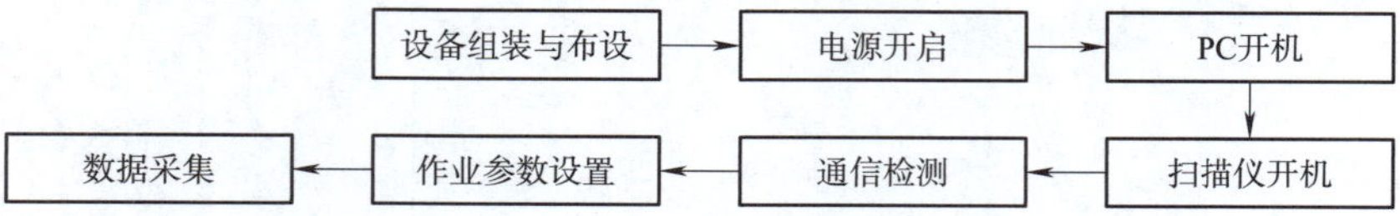

图 6-24　车载移动测量系统作业流程

(a) 数据采集　　(b) 隧道激光点云

图 6-25　车载移动测量技术点云采集及数据

系统采集的点云通常具有非常高的密度，如果直接利用原始点云数据进行变形信息的提取，需要占用大量的计算机资源，其运行效率在工程应用中也是难以接受的。目前常用的方法是将三维点云映射为二维灰度影像，通过数据降维可极大提升处理效率。激光扫描仪获取的原始数据通常包括目标点在扫描仪坐标系下的水平角度、垂直角度、空间距离以及反射强度等信息。为了能够真实直观地描述场景中物体的纹理特征，方便后续特征的提取与点云数据分割，可将激光点在物体表面的反射强度转换为灰度图像的像素值。

因激光发射器的旋转速度远高于载体行进速度，激光发射器旋转一周采集的点云可看作是一个完整的隧道横断面。将一个横断面内的激光点(固定个数)按照一定的映射关系(通常采用圆柱模型)转换为反射率影像中的一列像素，像素值设置为反射率信息的相关函数值，将每列像素分别展绘形成隧道反射率灰度图像，如图 6-26 所示。

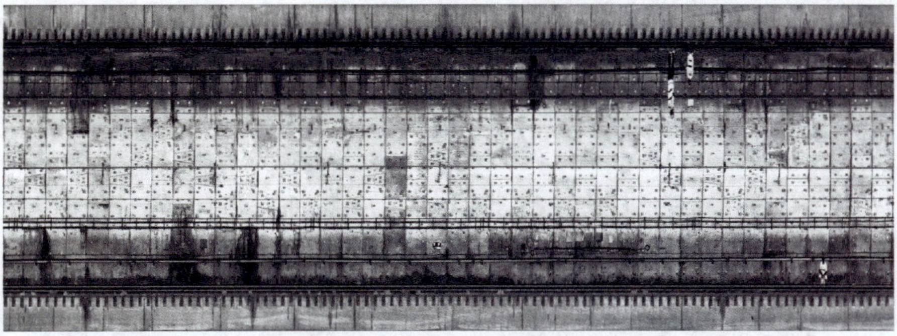

图 6-26　隧道反射率灰度图像

由于隧道衬砌内壁均为混凝土材质，导致相应的激光反射率基本一致。这使得生成的隧道内壁灰度影像通常表现为整体颜色偏暗、色调明暗变化小且管片缝隙特征不明显[图 6-27(b)]。因此需要对影像进行进一步增强，保证映射后的灰度影像具有高对比度的色调和明显的特征信息。这里采用直方图均衡化处理，即拉伸像素值分布范围，扩大两个灰度级的范围[图 6-27(c)]。

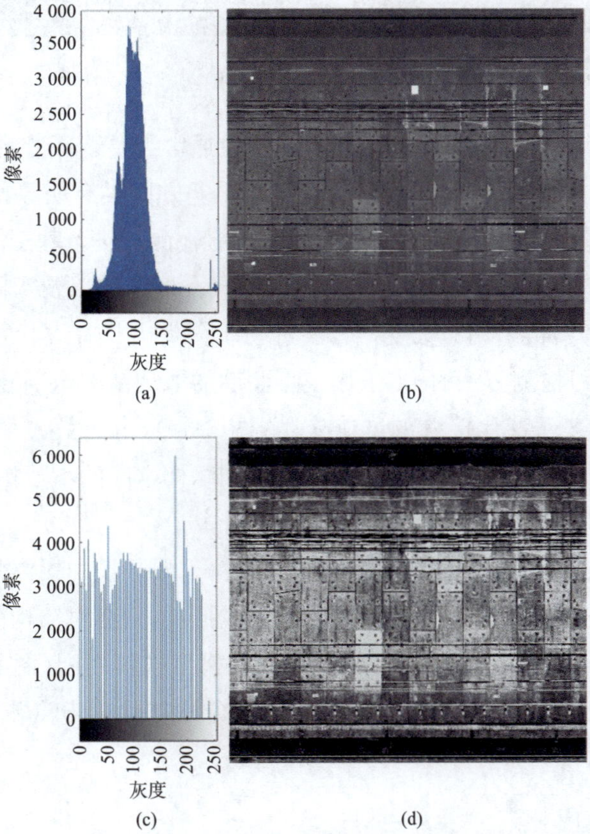

图 6-27　隧道反射率灰度图像特征增强

2. 数据处理

监测断面的准确判识与定位是开展后续数据分析的前提。矿山法隧道采用的复合式衬砌内壁，在几何特征和纹理特征方面，不具有明显的、规律性的定位标志，需要利用系统配备的里程计采集的里程信息进行断面定位。里程计测量误差具有随距离增长而累积的特性，因此通常在隧道内壁粘贴靶标(图 6-28)，通过靶标准确的里程信息约束里程计测量误差的增长，实现点云断面位置的准确定位。

图 6-28　隧道内布设的黑白靶标

盾构隧道则是以盾构环为单位进行拼装，成果也通常需要逐环监测与分析统计，因此利用管片接缝进行数据分割与定位，在减少定位累计误差方面具有明显优势。管片接缝识别提取方法通常包括图像边缘特征检测方法和深度学习检测方法。基于图像边缘特征的检测方法通常采用 Canny 算法、高斯平滑、梯度计算、非极大值抑制以及双阈值检测等过程获得图像边缘特征(图 6-29)，再采用霍夫变换方法进一步分离出具有线状特征的管片缝隙实现定位。而采用深度学习检测方法时，多采用模型驱动的原理精准识别盾构管片的手孔，根据管片模型的先验数据实现管片接缝的准确定位(图 6-30)，可有效减弱隧道内壁附着的管线、设备设施对特征识别与提取的不利影响。随着训练样本库的不断扩展，相较于图像边缘特征检测方法，其识别准确率和稳定性将有很大提升。

隧道内壁上安装的管道、电缆和疏散平台等构件，以及环境中飘浮的灰尘会导致断面点云中存在大量的噪声点，在处理时如果不进行滤除或抵抗，则会对结构变形监测精度产生较大的影响。噪声滤除通常包括条件滤波、RANSAC、模型迭代匹配(图 6-31 和图 6-32)等方法。噪声抵抗多采用选权截尾最小二乘等抗差估计方法排除噪声点或降低其计算权值，从而实现最佳拟合效果。

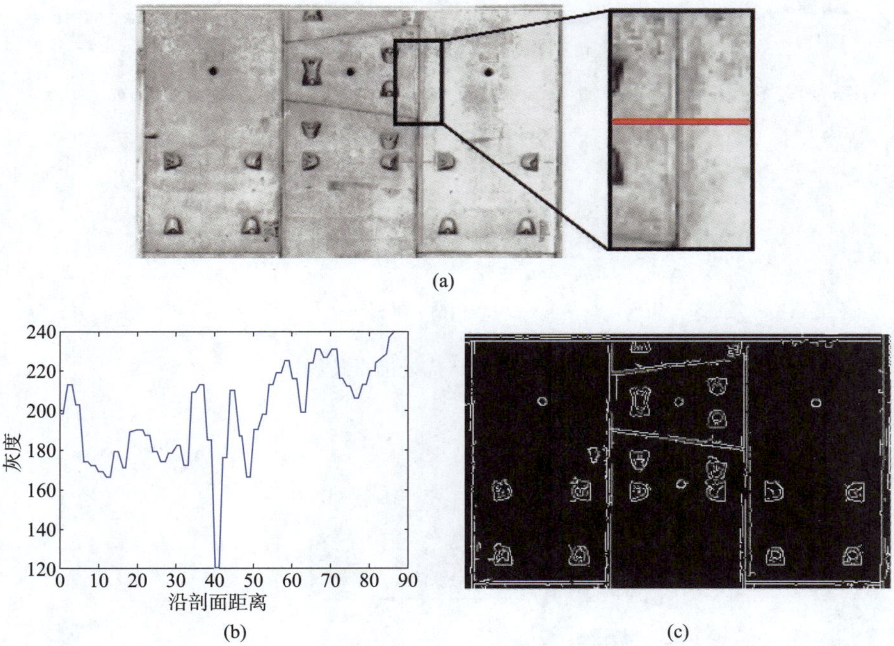

图 6-29　图像边缘特征提取(沿红线方向)

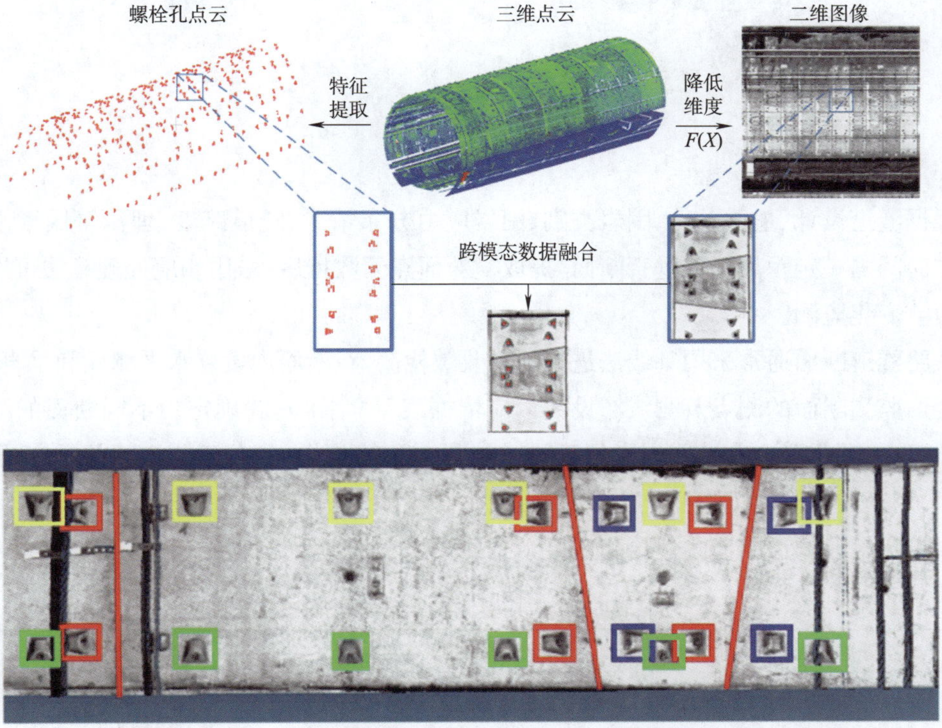

图 6-30　基于模型驱动方法的深度学习检测管缝

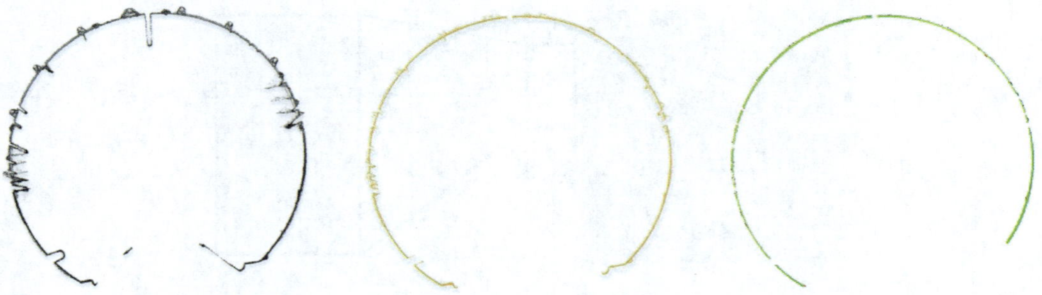

图 6-31　模型迭代配准抵抗噪声

图 6-32　点云噪声剔除

3. 变形分析

根据隧道设计、地质条件、围岩类别、围岩应力分布情况、隧道跨度、埋深等因素沿隧道开挖方向间隔一定距离选取垂直断面，提取横断面点云数据后，采用相应处理算法可以实现隧道净空变化监测。

铁路隧道断面通常采用基线法进行断面收敛检测，在断面内设置水平测线和垂直测线。隧道变形监测断面的测点及测线布设数量应依据表 6-9、图 6-33 确定。不同断面的测点应尽量布置在相同部位，收敛测点应位于同一水平。垂直测线一点位于隧道顶部，另一点位于道床面，用于计算拱顶沉降变化值，水平测线垂直于隧道中线沿水平径向选取，用于计算水平径向变化量。隧道断面收敛检测成果示意如图 6-34 所示。

表 6-9　监控量测测线布设原则

开挖工法	一般地段	特殊地段
全断面	一条周边收敛测线	两条周边收敛测线， 垂直间距不小于 1.5 m
台阶法	两条周边收敛测线	两条周边收敛测线

续上表

开挖工法	一般地段	特殊地段
环形开挖预留核心土法	两条周边收敛测线	断面间距减小一级
双侧壁导坑法	三条周边收敛测线	断面间距减小一级
中隔壁法	六条周边收敛测线	断面间距减小一级
交叉中隔壁法	六条周边收敛测线	断面间距减小一级

注：特殊地段特指隧道加宽带、富水、断层、破碎带以及发生坍塌的地段。

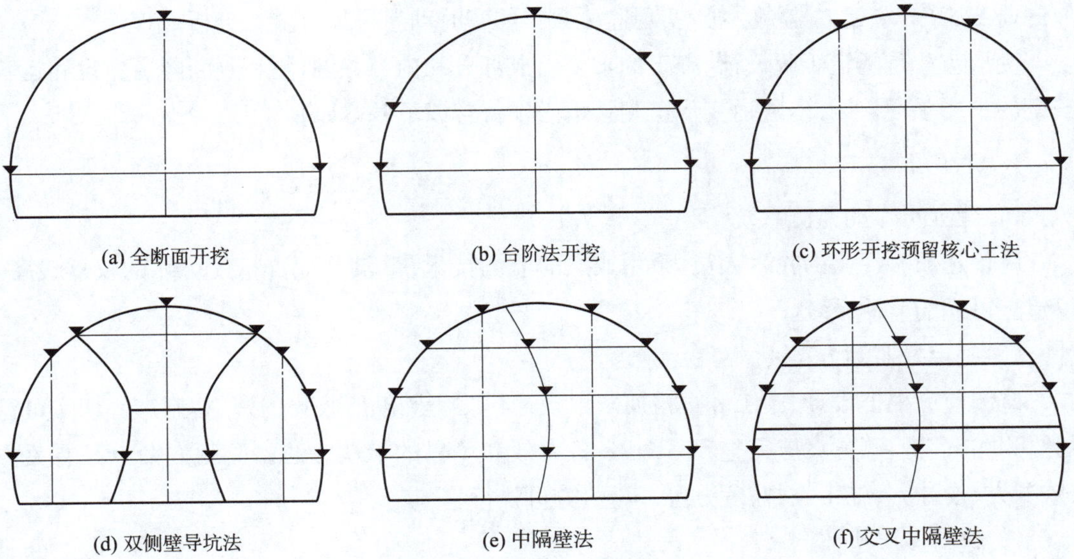

(a) 全断面开挖　(b) 台阶法开挖　(c) 环形开挖预留核心土法

(d) 双侧壁导坑法　(e) 中隔壁法　(f) 交叉中隔壁法

图 6-33　隧道变形监测断面测点选取示意

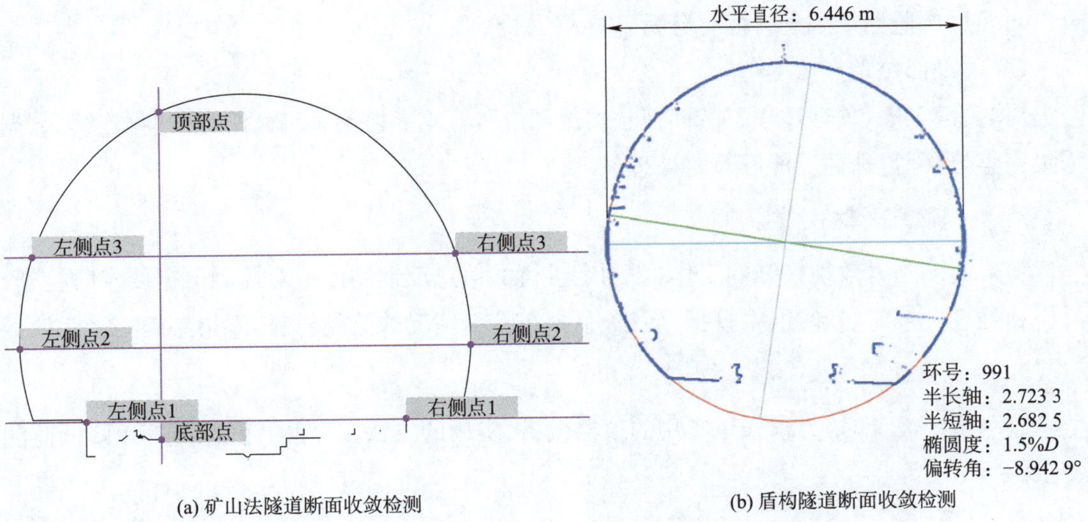

(a) 矿山法隧道断面收敛检测　(b) 盾构隧道断面收敛检测

图 6-34　隧道断面收敛检测成果示意

铁路隧道变形监测技术应结合具体的工程实际情况选择适合的、满足国家有关规范要求的监测设备。例如，对运营的铁路隧道，由于衬砌已经完成，埋传感器进行监测操作困难，代价较高，一般通过衬砌表面细微变形反映衬砌自身及背后围岩的变化，监测以衬砌环向和纵向变形为主，环境和视频监控为辅。监测系统宜采用新技术、新装备实现远程自动化监测，如衬砌变形可采用测量机器人监测系统，测量机器人的核心是利用全站仪自动照准和图像处理功能，通过控制模块完成自动测量、自动发送和处理数据等操作。在选择时，应尽可能数字化、保护环境、提供效率、便于检查结果存储和后期资料检索对比。对于重点监测区域的监测工作，应建立监测系统，实现监测数据的实时动态采集、传输、分析处理。

变形监测是隧道工程设计、施工的重要组成部分和内容，是监测和判断隧道建设和运营安全的重要手段。因此，隧道变形监测技术必须符合以下基本原则。

1. 安全可靠原则

(1)建立可靠的监测系统

应该选派有经验的技术人员，采用成熟的监测技术、手段并配置精度可靠的仪器设备，以建立可靠的监测系统。

(2)制定好监测方案

监测前应根据设计、施工和规范要求以及通过工程踏勘所收集的资料，制定好切实可行的监测方案。监测方案应完整和系统，具备有效和可靠的检核方法。监测方案应经有关方(监测方、设计方、施工方、监理方等)审批，方可执行。

(3)进行多层次监测

在监测项目上，必测项目与选测项目相结合；在监测方法上，以仪器监测为主并辅以巡视；在监测技术上，应采用成熟的监测技术、手段和仪器设备，传统监测技术与先进科技相结合。对多层次监测结果进行综合分析，以便互相验证。

(4)关键部位重点监测

对“关键工序、关键过程、关键时间、关键部位”，应重点监测，以确保监测过程连续，数据采集完整，遇到特殊情况能够及时处理。

2. 监测信息及时反馈原则

变形监测是时效性极强的工作，要制定可行的信息反馈制度。对监测数据要及时检查、分析和处理。按时、及时上报日报、周报、月报与特殊情况的监测材料，以指导施工。

3. 经济合理原则

监测系统设计时，力求采用实用的仪器设备、实用的方法、合理的精度要求，以降低监测费用。

6.4　长大隧道自动化监测系统

理想的隧道工程监测系统应具有以下特征：能及时处理监测数据，分析监测信息，随时掌握隧道的稳定状态，对可能出现的险情及时进行预警；为隧道结构健康状态的正确分析评价、预测预报及治理维护提供可靠的基础性数据，为决策部门制定相应的防灾减灾对策提供科学依据；检测结果也是检验隧道设计参数、工程质量及治理过程效果的有效尺度，同时为进行有关的反分析和数值计算提供参数等。

6.4.1　系统建设目标

隧道变形监测要求迅速、及时、准确地完成监测数据采集和数据分析，实时反映隧道结构变形情况。隧道自动化监测系统在获取基准点和监测点的初始点位信息后，即能够在以后的观测任务中自动完成数据采集、数据处理、自动预警和成果输出等工作，实现完全无人值守自动监测。因此，隧道自动化监测系统建设以高度自动化和智能化为总目标。具体建设目标表现在以下几个方面：

(1)系统的自动化

在对系统进行相关设置并设定测量计划后，智能全站仪便可以严格按照制定的监测计划进行全自动观测，并能够自动地存储监测数据、处理分析监测数据和准确预警。

(2)系统的智能化

列车运营的时候遮挡某些监测点是时有发生的，此时仪器就无法得到读数，那么就需要系统指令仪器进行若干次的尝试观测或者隔段时间再测，直至监测工作恢复正常。另外，隧道内气象因素、轨道振动等也可能影响仪器的正常工作，故系统应有应对措施。所以，系统智能化是实现无人值守的隧道变形监测的重要条件。

(3)监测数据的远程实时传输和存储

当列车运行的时候，监测人员是不允许进入隧道进行作业的，为了解决这个问题并第一时间获取监测数据，监测系统必须具备远程实时传输数据的功能。同时，传送回来的大量数据需要系统进行科学有效的存储和管理，方便用户进行查询和分析。

(4)数据处理

根据选定的数据处理模型实时对原始数据进行处理，消除或削弱误差对监测数据的影响，提高测量精度，真实地体现出隧道的变形情况。

(5)多种形式的成果输出

为了更直观地了解隧道的变形情况，系统可以将实时监测数据以曲线形式呈现出来，包括沉降曲线图、位移曲线图、速率曲线图等，都可以生成并打印出来。根据需要选择以

Excel 或者文本形式输出原始数据和误差改正后的数据。

(6)自动实时预警、报警

当观测数据超过系统设定的限差时,必须能及时地发出预警、报警,还要以短信、电邮等形式向工作人员发出报警信息。同时,仪器还要自动对预警的目标点进行加密观测,确保隧道安全。

(7)系统操作界面避免复杂化

实用的软件应该是简便、易学的软件,系统的操作流程应该明了,操作界面应该直观简单,能够快速、高标准地完成监测任务。

6.4.2 系统设计原则

系统一般采用人机交互式的处理方式,从系统建设的目标出发,结合业务和性能需求,系统设计应遵循以下原则。

(1)适用性原则

系统的设计和开发主要针对用户的需求和实际的用处,实现用户所需要的功能。不可过度设计,抓住重点,合适就好。针对用户的操作习惯和开发的具体操作方法相吻合,实现操作的简易性和实际性。

(2)系统可扩展性原则

包括实现系统硬件网络结构、软件架构以及应该功能上的可扩展性和灵活性。例如,在将来可以自由扩充更多的隧道监测项目及其类似工程等功能。

(3)可靠、稳定性原则

系统不仅要在正常状态下能够实现满足需求的功能,而且在出现异常情况下,可以进行适当的处理。系统的可靠、稳定性不但能够保证监测任务的顺利完成,而且系统运行的状态要保持良好,能够承载长时间工作负荷。

(4)科学性原则

系统设计必须遵从科学性原则。系统总体框架、功能结构均要从科学的角度出发,合理配置软硬件,实现高效、最优的性能,降低开发难度。

(5)安全性原则

系统的安全性包括应用程序安全、数据库安全和操作界面安全。系统开发前要考虑系统安全防护,能发现和阻挡非法攻击,减少用户的损失。

(6)数据共享原则

在信息化大数据时代,数据的共享极为重要。系统必须能够支持多种常用数据的接口,方便不同格式的数据交换,供用户共享数据,实现网络远程访问。

6.4.3 系统总体设计

根据地铁隧道变形监测的需求分析,设计开发出的系统必须是综合性强、功能强大以及运行稳定的自动化监测系统。该系统要求实现方便快捷的监测数据管理以及监测成果的多元化表达和输出，为业主单位提供可靠的成果，为其决策提供有效的参考依据和帮助。

系统设计开发的基本思路是学习吸收先进系统开发技术，以最少的人力物力达到最好的经济效益，实现高效准确的无人干预测量模式。根据这一思想，首先要对变形监测的作业步骤有清晰深刻的认识，根据整个系统的各个要素组成，合理的设计系统模块，然后对各个模块逐一调试、美化，最后通过实例进行检验和最终的调试。具体构思如下：

①具备合理的框架结构和参数驱动的设计理念，以便今后的系统功能扩展；

②具有友好的、统一的和交互的用户界面；

③具有相对独立的功能模块，以保证系统的稳定性和运行速度；

④整个系统基于广域网来开发，通过网络来管理、传递和共享信息，适应网络化、信息化的趋势；

⑤系统功能界面尽量简洁、结构要清晰，以最小的投入取得最大的成效，做到经济适用。

1. 总体架构设计

系统的总体架构是系统需求的具体体现，是系统功能模块的真实展现。将需求转化为对计算机系统的逻辑定义，运用多种技术结合设计原理，对设备功能和系统职能做出足够详细的定义，使之能够在物理上得以实现。系统的总体框架如图 6-35 所示。

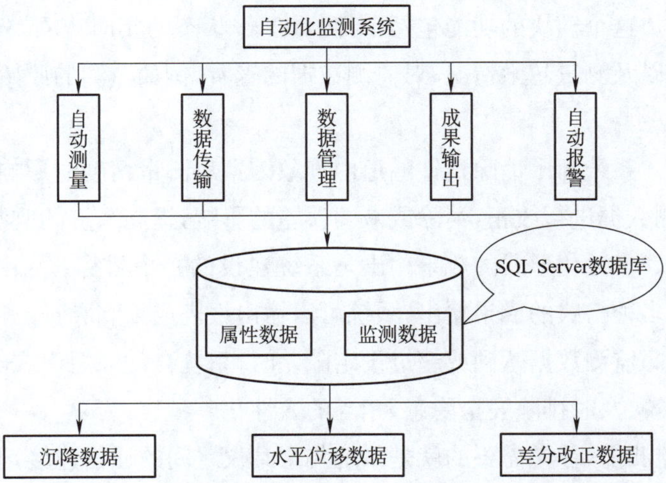

图 6-35　系统总体框架

2. 模块设计

根据数据的结构特点、所分析的需求说明和系统的开发目标，将系统分为几个模块来实现，有用户等级、监测设置、监测查看、数据处理、成果输出和预警等模块。系统功能模块结构如图 6-36 所示。

(1)工程文件。在新工程开始前，需新建一个工程文件，之后所涉及的所有数据以及参

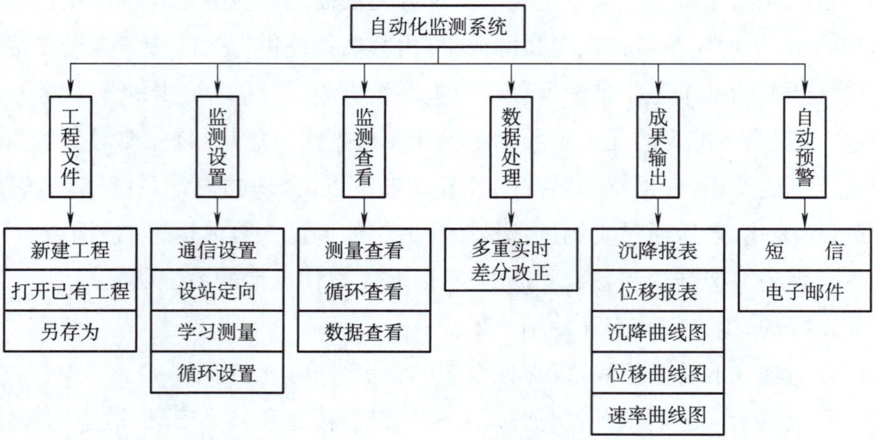

图 6-36 隧道自动化监测系统功能模块结构

数都将保存在这个工程文件中。如已有文件的工程，则可以通过打开已有工程直接进入系统。不论是新建的还是已有的工程文件都可以另存到指定的盘符。

(2)监测设置。这个模块主要包含通信设置、设站定向、学习测量和循环设置。在自动化监测开始前，系统通过通信设置将智能全站仪初始化并建立连接，然后进行设站定向、初始值采集(学习测量)、测量循环设置，最后完成自动测量。

(3)监测查看。这个模块的功能包括：对测量工作状态的实时查看，例如当前仪器的工作状态、测量动作以及测量超限情况；对监测数据的查看，例如监测的原始数据、处理改正后的数据等。

(4)数据处理。系统为了消除地铁隧道内气象因素对测量精度的影响，采用多重实时差分改正技术对监测数据进行改正，消除或减弱误差的影响，提高系统的监测精度。

(5)成果输出。多元化形式的成果输出是系统建设的一个目标，适用数据的信息时代，多常用数据接口，多种格式的成果输出，系统可以输出报表成果、曲线趋势图。

(6)自动预警。监测数据达到或超过设定限差时，系统自动以短信或电子邮件形式发出警报，做到及时预警、及时排除安全隐患，相当的人性化。

实施自动化监测前，首先需要的就是系统与全站仪之间的通信连接，通过参数设置建立连接，对全站仪进行初始化设置。建立连接后，即可通过系统程序对全站仪进行操作。建立测量坐标系，然后对目标点点位初始值的进行自动采集(学习测量)，获得的目标点点位信息并存储至数据库作为系统的初始数据，为完成自动测量提供信息支持。学习测量完成后，便可设置观测的内容、时间和周期，以及各种限差。开始测量后，系统根据设定的观测任务向全站仪发出动作指令，并对超限的数据进行重测或者自动报警。每期观测时，对基准点进行检核，获得基准点改正系数，根据这些改正系数对监测点数据进行改正，消除或减弱气象误差。当然，为了获得的成果数据更加准确，还可以对监测数据进行后处理。最后，就可以计算出监测点的变形量以及变形速率，以报表或者曲线图的形式输出成果。系统的详细流程如图6-37所示。

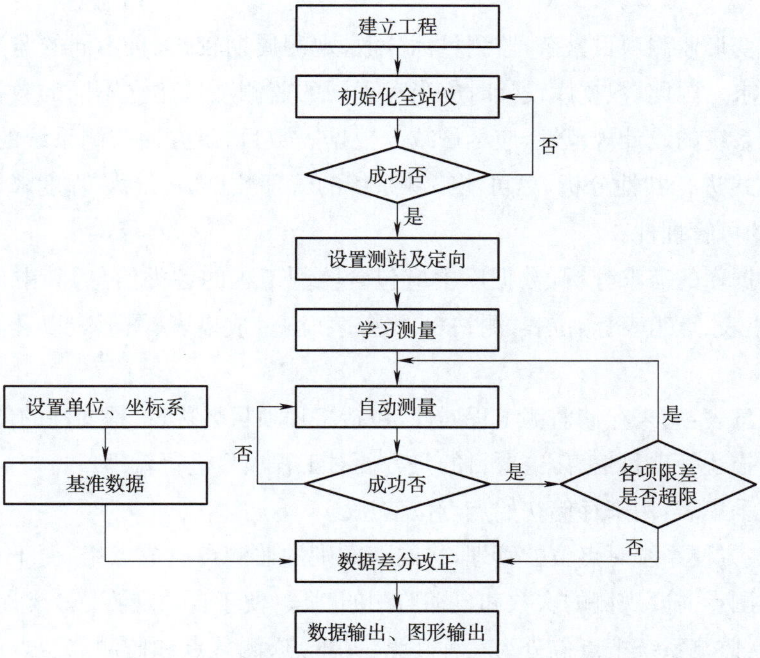

图6-37　系统详细流程

6.4.4　系统实现与维护

1. 数据库实现

隧道的变形监测是实时、不间断的，监测周期非常长，采集的监测数据量非常庞大。自动存储数据、有效管理和利用数据和成果报表输出是自动化监测系统的基本功能，要实现这些功能必须采用数据库技术来存储和管理各监测点的初始数据、观测数据和成果数据，有效提高系统的稳定性与运行速度。常用的大型关系型数据库主要为Microsoft SQL Server。

实时监测过程中，海量的监测数据需要系统频繁交换和运算，其中涉及学习测量数据、原始观测数据、处理后的数据等多种数据结构类型。根据隧道变形监测的数据特点，数据库中的数据类型应如下：

①属性信息：包括工程文件的创建者、创建时间和工程描述等；测量仪器属性、通信接口参数的属性信息；各目标点的属性描述等信息。

②文字信息：包括监测周期和监测时间的设定、用户等级的具体信息、各指标限差值以及预报警信息等。

③监测数据：包括采集的目标点原始的三维坐标数据、差分改正数据、水平方向以及竖

直方向的变形量、累计变形量等数据。

④图片信息:包含沉降和水平位移的曲线图、速率曲线图以及监测数据的分析处理图形等。

由于隧道变形监测项目繁杂,监测目标分散,观测周期较长,且不同的监测项目存在不同记录格式要求。因此,数据库设计时应当对不同的监测项目建立不同的数据结构表。但考虑到数据库系统的设计规范性,应尽量减少数据表数目,以方便监测系统的开发。同时,对所有数据格式进行共性分析,尽可能筛减系统的管理数据表,最大 程度降低系统的复杂度,加强数据的可管理性。

结合对数据库的需求分析,数据库中应包含监测工程的各类信息,其中包括工程信息表、初始值采集表、点组表、点位表、测站表、限差表、测量成果表、图形表以及测量信息表等几大类型表。

①工程信息表:用来存储监测工程属性,包括工程项目名称、工程文件的创建者、创建的时间以及工程描述等项目信息,主要目的是方便对工程项目进行管理。

②初始值采集表:用来存储初始点点位信息。

③点组表:方便系统对点位的管理,将同一类别的监测点组成点组,便于重复观测。点组表记录了监测点需要观测的次数和自动监测的时段,便于自动观测。

④点位表:监测系统把点位分为三种类型:基准点、测站点和监测点。点位表就是用来记录这些点位的相关信息,存储时便于分类区别。

⑤测站表:主要包含了测站点名、定向、三维坐标、仪器高等有关测站的设置信息。

⑥限差表:存储各监测指标限差的表。

⑦测量成果表:用来存储监测数据的表,包括目标点的原始监测数据、本期变化值和累计的变化值。系统在进行数据分析时,可以对这些值自动计 算处理,然后储存至表中。

⑧图形表:用来储存各监测指标变形曲线图、速率曲线和分析趋势图的表,方便系统对图形进行管理。

⑨测量信息表:该表用来记录所有测量动作和测量结果的信息。例如测量是否成功的信息、超限的点位信息以及测量失败的原因。

2. 软件功能模块设计与实现

监测系统主要实现自动监测、实时传输数据、实时数据处理和成果输出的功能。系统主要由监测和分析两个部分组成,两者既能独立工作又有紧密的联系,并且共用同一数据库进行数据管理。系统应有以下主要功能模块:

(1)用户登录模块

为了保证隧道安全监测系统能够长期稳定运行,软件设置了用户登录界面,一方面减少工程无关人员对软件的访问量,另一方面也可以对监测的有效数据进行保密。软件登录模块的设计流程如图 6-38 所示。当用户输入用户名和密码时,系统会核对输入的信息是否正确，核对正确则完成登录过程，错误时通过报错的方式提示用户再次输入信息。

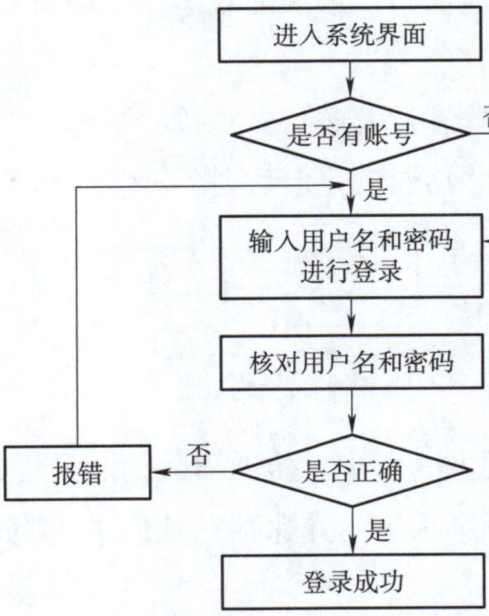

图 6-38　登录流程

隧道自动化监测系统软件部分用户登录界面如图 6-39 所示。登录界面中设置了用户名、密码和验证码选项，用户可通过输入信息完成监测系统的登录。

图 6-39　系统登录示意

(2)数据采集模块

隧道自动化监测系统中上位机软件可通过有线或者无线传输方式实现对传感器数据的采集。通过无线方式采集传感器数据流程如图 6-40 所示，包括创建 TCP 监听、创建连接、写入数据、读取数据、关闭连接等过程。

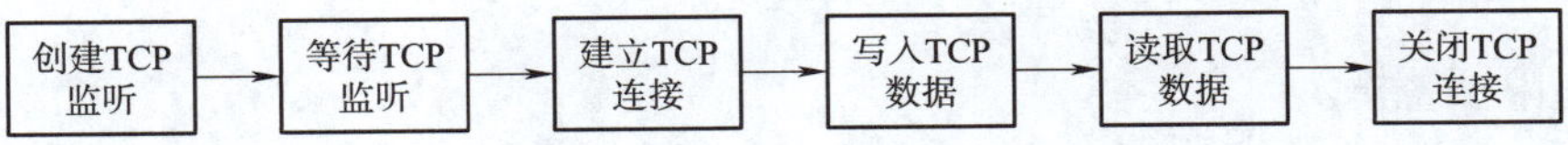

图 6-40　远程无线采集流程

有线采集则需要通过串口通信方式(图 6-41),大致分为以下三个过程:

①初始化串口,根据激光传感器通信协议依次配置串口的串口号、校验位、数据位、波特率、停止位等信息,配置完成后打开串口。

②读写串口信息,通过节点对串口进行发送指令和接收数据。

③关闭串口,当上位机与激光传感器通信完成后,将关闭串口,不再通信。

图 6-41　远程有线采集流程

上位机软件可通过无线或者有线方式实现对传感器数据的采集，通过发送采集指令和接收返回数据的形式将传感器的测量结果展示并保存在软件中。隧道自动化监测系统中数据采集界面如图 6-42 所示。

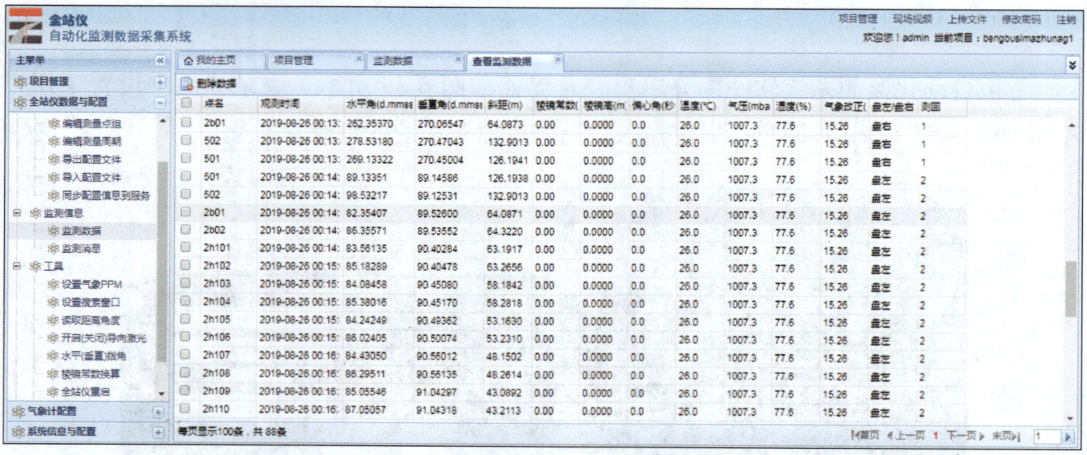

图 6-42　远程数据采集界面

(3)数据查询分析与下载模块

软件中数据查询主要为了方便工程技术人员对历史数据进行浏览。工程人员可根据时间选项对某个阶段隧道的监测数据进行查询与分析,查询的结果以报表显示或曲线显示,通过曲线可以直观地将结果数据的变化量反映出来。数据查询效果如图 6-43 和图 6-44 所示,包括采集时间、结果数据等信息。图表下载给技术人员提供了很大的便利,及时将重要数据进行导出跟踪分析;另一方面也有利于优化电脑存储空间,给软件运行提供必要的内存。

(4)超限预警模块

在隧道自动化监测系统中超限预警功能是非常重要的一项功能,当监测值超出提前设定的预警值时,软件会及时驱动声光报警器报警,以提醒相关单位和人员立刻启动相应的保

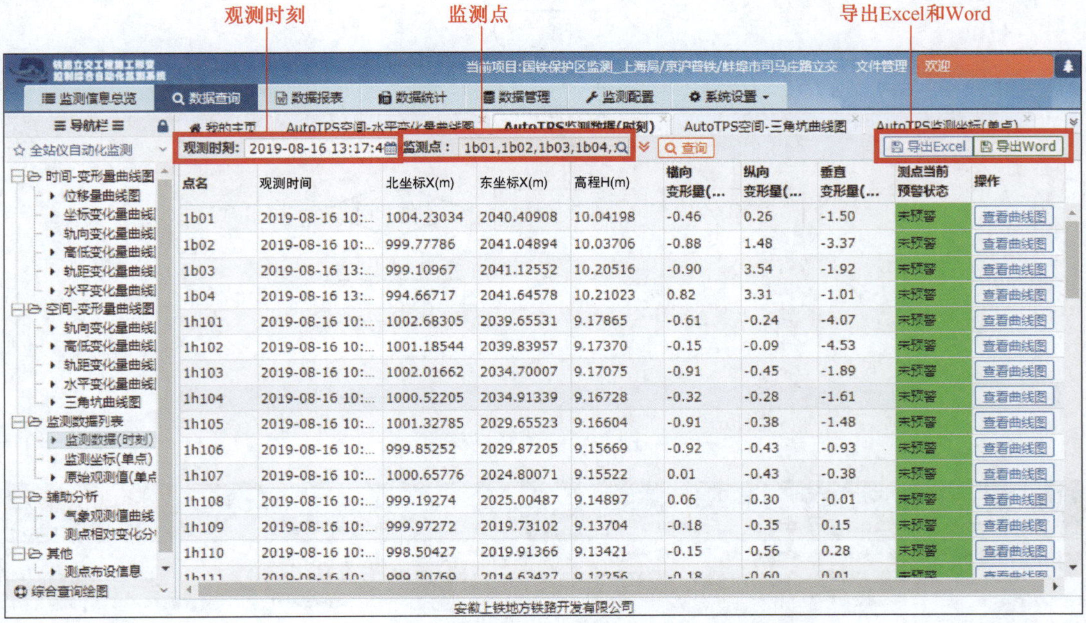

图 6-43　监测数据表界面

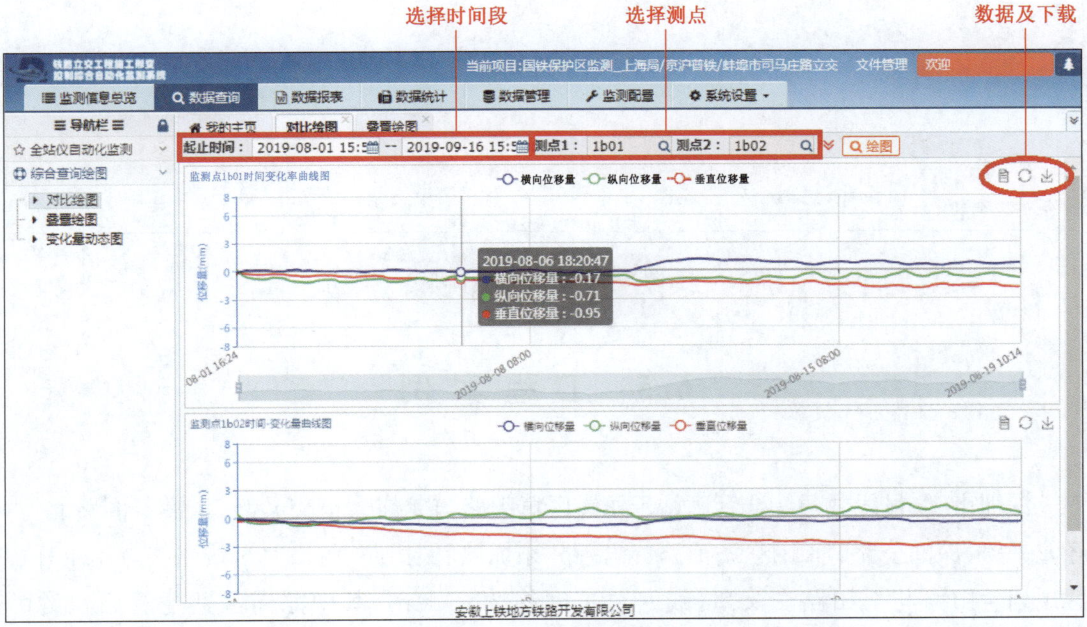

图 6-44　监测数据图界面

护方案。声光报警器可通过有线或无线连接的方式与服务器电脑进行数据通信，其流程如图 6-45 所示，预警数据管理如图 6-46 所示。

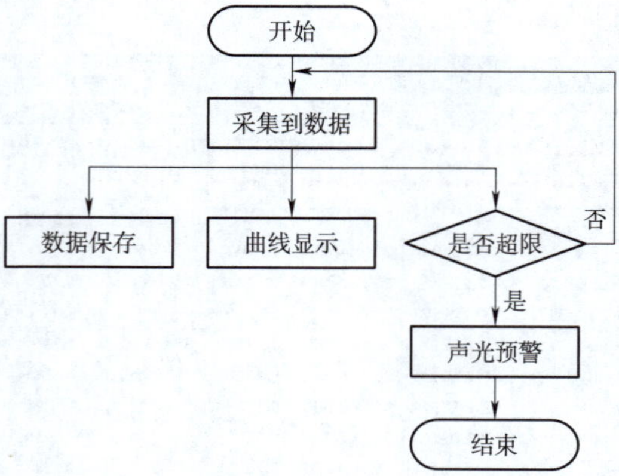

图 6-45　预警流程

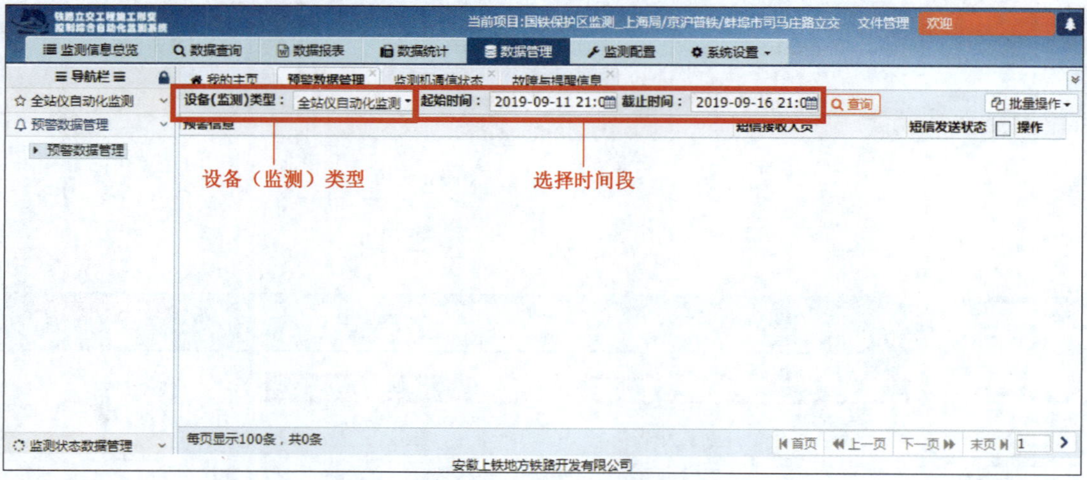

图 6-46　预警数据管理

6.5　工 程 案 例

深圳市 16 号线共建综合管廊始于龙岗区黄阁路与龙岗大道交叉路口，沿黄阁路北行，经龙平路、深汕公路、坪山区 站前路、昌盛路、东纵路、银田路(兰田路)，线路终点位于坪山区规划兰田路与上田路交叉口，线路总长度约 25.5 km。其中龙岗区共建管廊长约为 15.15 km，坪山区共建管廊长度约为 10.35 km，全线盾构长度为 18 km，明挖长度为 7.5 km。本工程采用盾构及明挖工法，沿黄阁路段、龙平西路段、龙平东路段、深汕公路段、站前路段、银田路(兰田路)采取盾构工法，其余为明挖工法施工。盾构法施工长度约为 18 km，盾构段共设置 21 个综合井，1 个盾构吊出井，3 个出线井。工程项目示意如图 6-47 所示。

其中，15 号综合井～17 号综合井管廊盾构区间线路起于 15 号综合井，先呈西北-东南

图 6-47　工程项目示意

西走向沿深汕公路敷设，到达站前路附近后转为东西走向，沿站前路敷设，空推经过 16 号综合井，终到 17 号综合井，线路分布如图 6-48 所示。区间线路总长 2 027 m(不含井)。15 号综合井～17 号综合井盾构区间设计起点里程为 KC4＋490，设计终点里程为 KC6＋546，盾构段长度为 2 022.9 m(不含井)。15 号综合井～17 号综合井区段采用一台复合盾构机施工。15 号综合井～17 号综合井区段线路平面共设 9 组平曲线，最大曲线半径为 500 m，最小曲线半径为 300 m。16 号综合井～17 号综合井区间段长 1 138 m。此处以 15 号综合井～17 号综合井管廊盾构区间线路自动化监测工程为案例展开介绍。

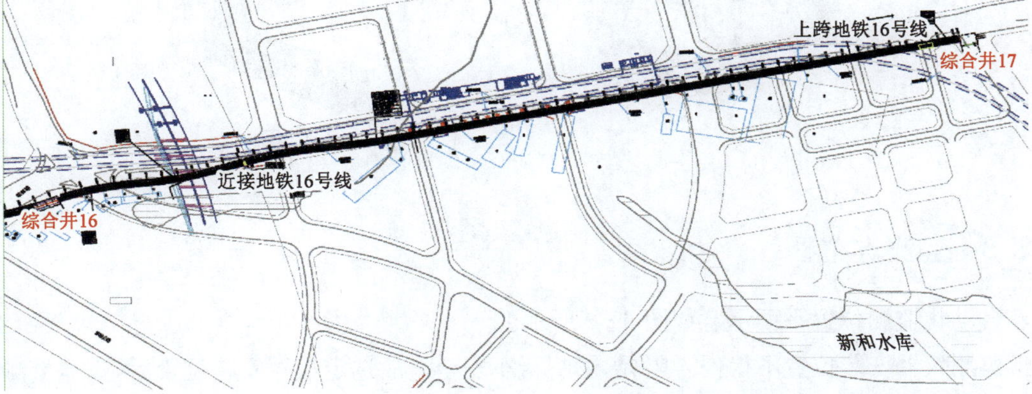

图 6-48　15 号综合井～17 号综合井管廊盾构区间线路分布

6.5.1 监测内容

依据相关规范及设计图纸要求,本次隧道监测开展表 6-10 的监测项目。

表 6-10 隧道自动化监测项目表

编号	监测项目类别	监测方法	具体要求
1	监测控制网	在非沉降区选择基准点,埋设棱镜,用全站仪测量控制点并平	在隧道外的非沉降区建立统一基准网
2	隧道拱腰变形	全站仪全自动测量,GPRS 网络无线传输测量数据	隧道内部侧墙纵向约 20 m 布设 2 个永久观测点观测,了解隧道侧墙变形
3	隧道拱顶沉降及变形	全站仪全自动测量,GPRS 网络无线传输测量数据	隧道内部顶端纵向约 20 m 布设 1 个永久观测点观测,了解隧道顶板沉降及变形
4	隧道道床沉降及变形	全站仪、阵列式位移计全自动测量,GPRS 网络无线传输测量数据	隧道内部道床上纵向约 20 m 布设 2 个永久观测点观测,了解隧道顶板沉降及变形; 在隧道变形风险较大区域布设 20 m 长的阵列式位移计

6.5.2 监测传感器

本工程采用的监测传感器为徕卡 TS60 智能全站仪,该仪器标称精度为:方向误差 0.5″,测距精度±(0.6 mm+1×10^{-6}D),具备自动目标识别与照准功能(ATR)。L 型棱镜配套使用。监测传感器如图 6-49 所示。

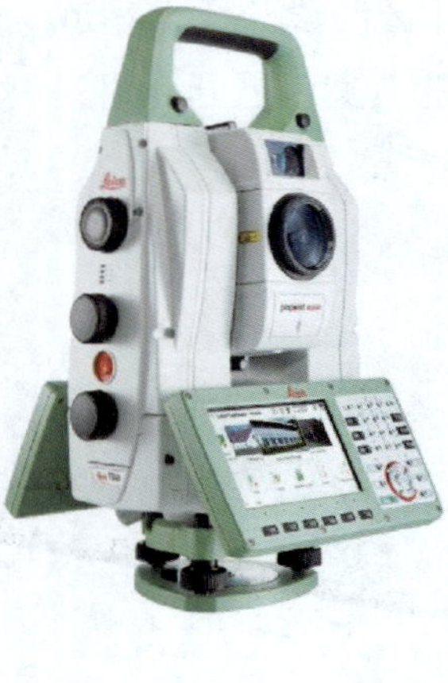

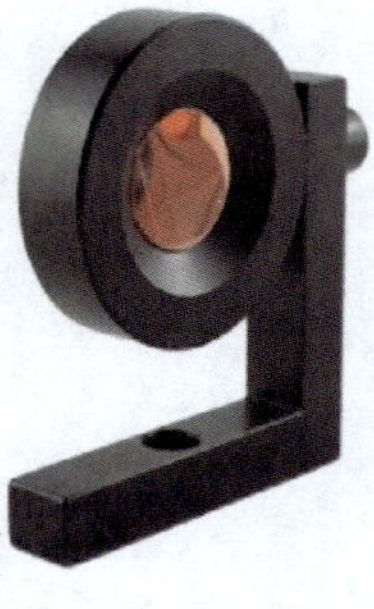

图 6-49 TS60 智能全站仪与 L 型棱镜

6.5.3 监测点布设

自动化监测位置平面示意如图 6-50 所示。

监测仪器安装位置不得侵入限界,影响行车安全。故选定仪器安装位置后,实地量测该位置所在断面的限界范围,在确保不会令仪器影响行车的情况下,制作特定尺寸的铁三脚架作为仪器底座，令仪器固定于侧墙。仪器现场安装如图 6-51 所示，仪器安装立面图如图 6-52 所示。

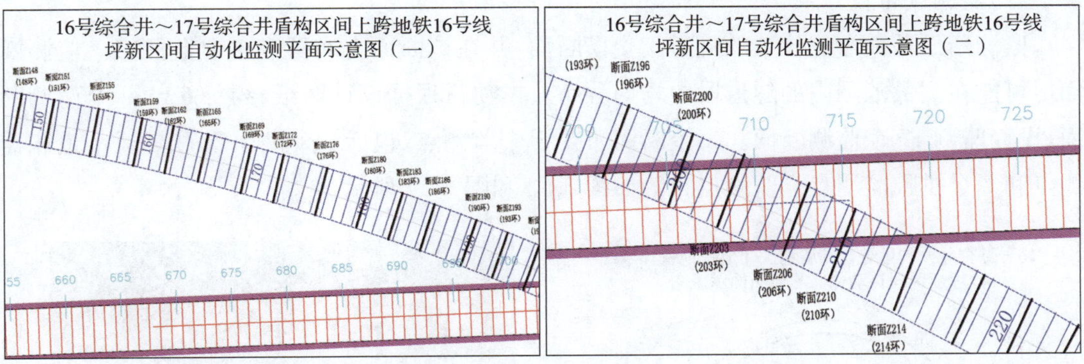

图 6-50　自动化监测位置平面示意

图 6-51　仪器安装现场照片

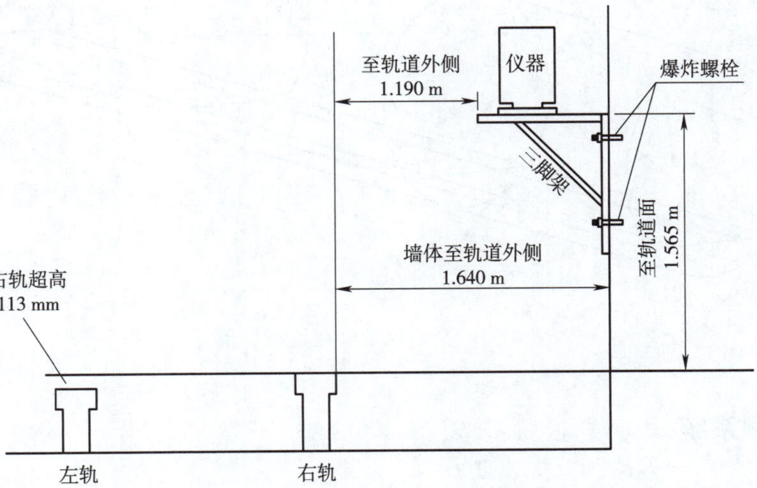

图 6-52　仪器安装立面图

(1)基准点布置

基准点布设在隧道内非变形区。

(2)监测点布置

监测断面是被监测位置的隧道正交横断面,并在该断面上布置有多个监测点。监测断面尽可能在测量范围内的隧道段中均匀分布。本项目根据设计图纸,约每 6 m 一个监测断面,设计监测 17 个监测断面。每个断面布置 5 个监测点,包括 1 个拱顶监测点、2 个道床监测点和 2 个拱腰监测点。监测点布置如图 6-53 和图 6-54 所示。

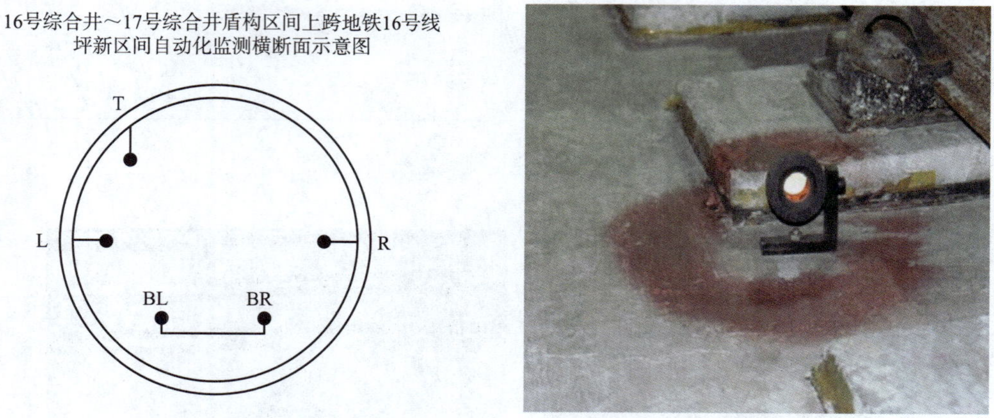

图 6-53　监测断面布置图和监测点位照片

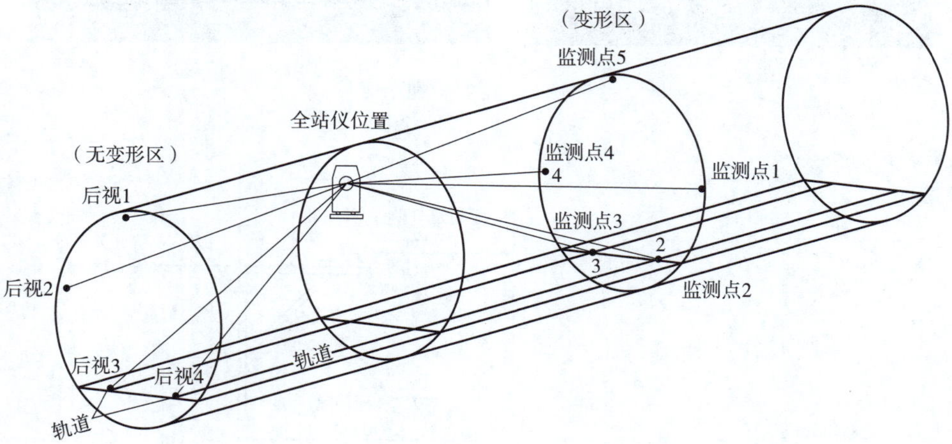

图 6-54　全站仪及监测点布设示意

6.5.4　监测系统

隧道自动化监测系统通过项目管理、全站仪设站、监测点添加、测量点组编辑、测量周期编辑等步骤实现全站仪自动化监测数据的基础管理,如图 6-55 所示。

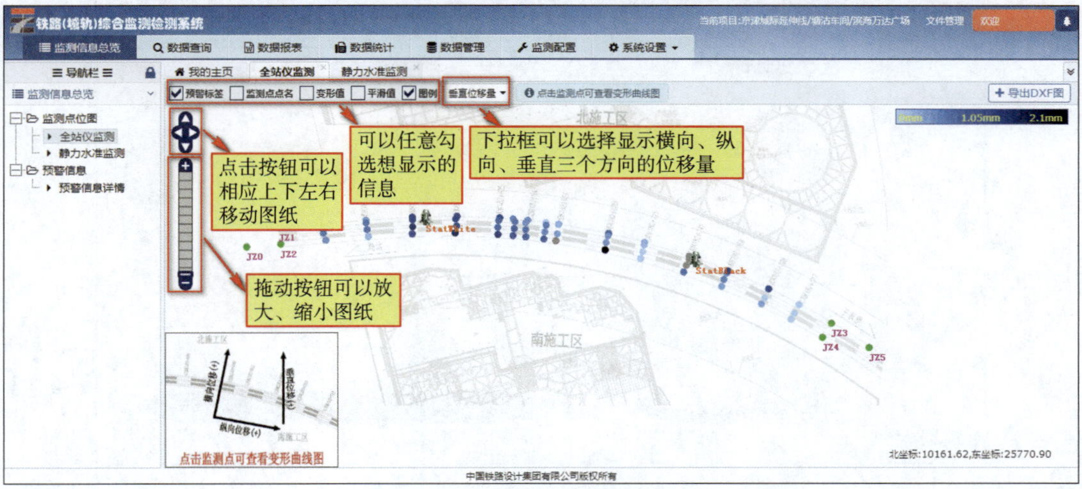

图 6-55　工程项目信息总览示意

在工程配置方面，系统通过设置监测点类型，监测点位、监测区和监测项等内容实现监测项的分类和统计，如图 6-56 所示。

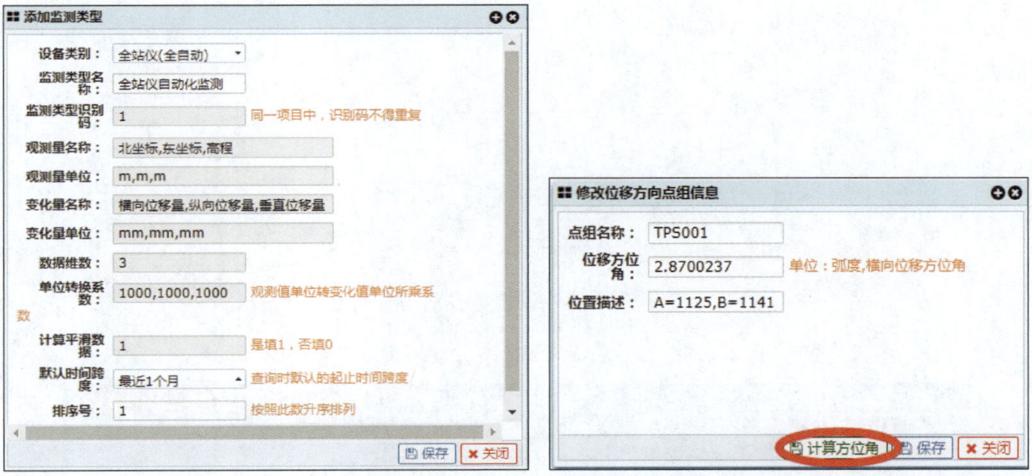

图 6-56　监测点类型及变形方向配置

在预警统计分析方面，系统具备统计各监测项超限预警信息统计、预警短信接收人员设置，如图 6-57 和图 6-58 所示。

在数据查询和分析方面如图 6-59 和图 6-60 所示，系统具备时间-变形量曲线图、空间-变形量曲线图、时间-变形量图表、时间-数据记录表、空间-数据记录表等内容的自动化处理功能，辅助用户进行数据分析与处理、报告生成与下载。监测报告分为加密报告、日报告、周报告、月报告四种类型，数据计算统计的时间跨度不同，对应的报表格式也有不同。监测报告示意如图 6-61 所示。

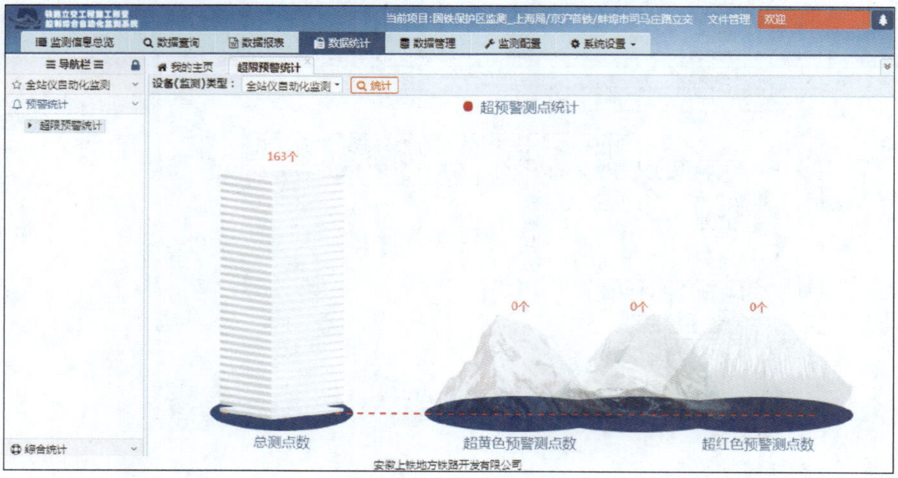

图 6-57　超限预警统计

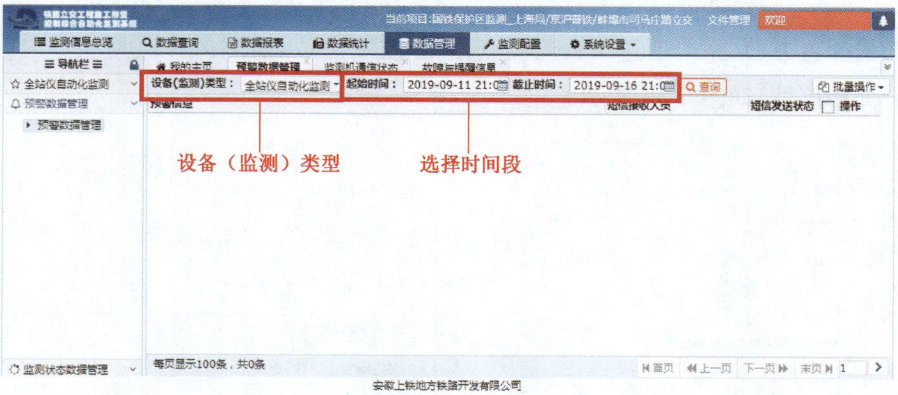

图 6-58　预警数据管理

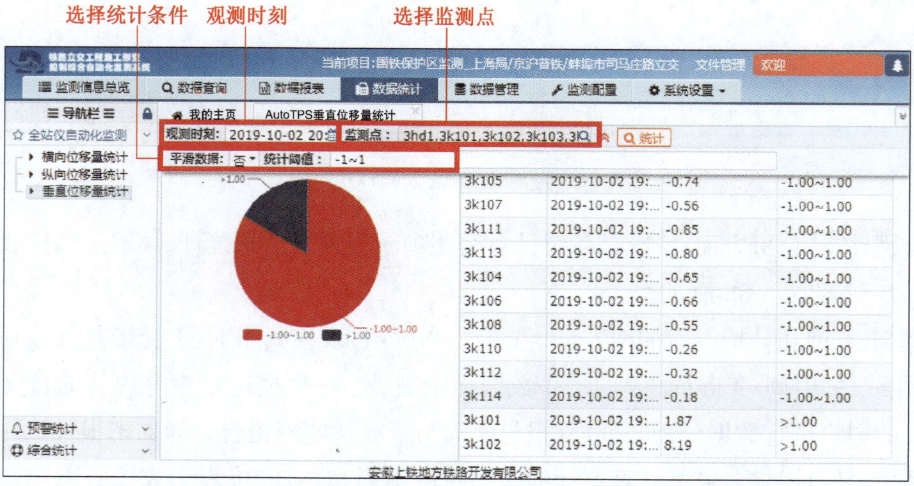

图 6-59　数据查询统计

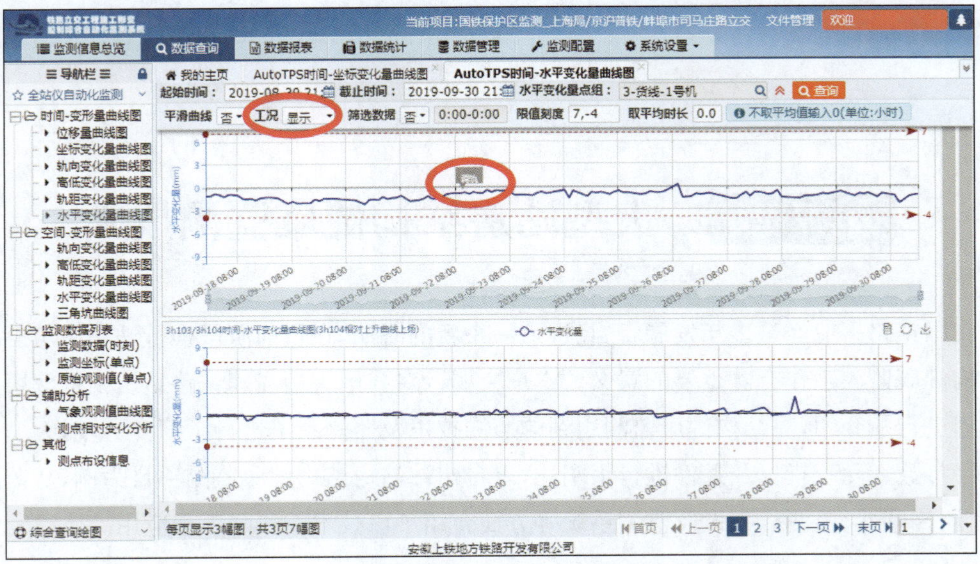

图 6-60　水平变化量曲线图

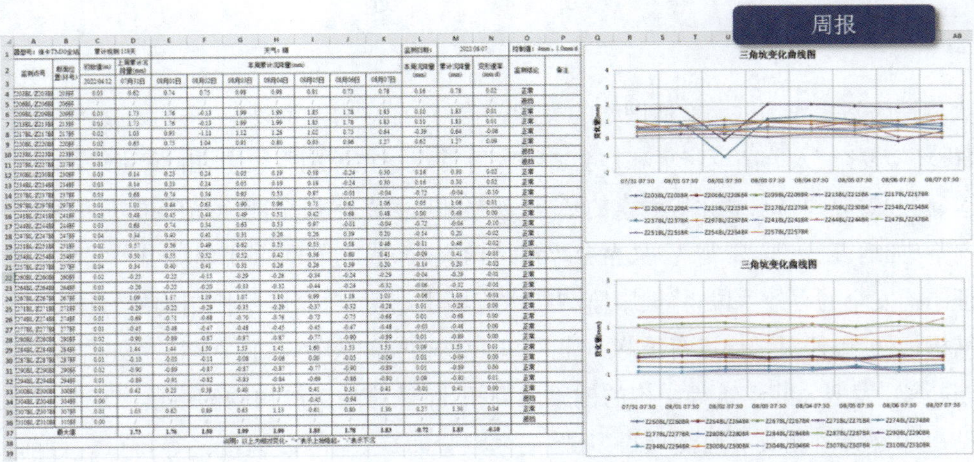

图 6-61　监测报告示意

第7章 大型站房结构健康监测技术

我国铁路事业经过多年发展，已经进入一个新的时期，在目前阶段推行铁路站房复杂大型结构健康监测工作有着重要的意义。本章主要针对我国大型高速铁路站房结构健康监测的内容进行了介绍，对结构健康监测用到的监测技术及监测系统进行了简介，并对大型站房的预警参数、等级、指标及条件进行了阐述，以台州站站房结构健康监测项目为例，从监测内容、监测传感器、监测点布设及监测系统等方面介绍了该技术的实际工程应用。

7.1 概　　述

大型铁路站房作为铁路交通网络的关键节点，具有结构体系复杂、空间跨度大、使用年限长、服役环境复杂、人群高度密集和社会影响大等特点。在长期服役中，由于环境荷载作用、疲劳效应、腐蚀效应和材料老化等因素的影响，铁路站房会产生损伤，使得结构的抗力衰减，在极端情况下（如地震、台风、暴雪等）甚至会导致结构失效，造成严重的社会影响。健康监测技术是保证结构安全的有效手段，将健康监测技术应用于站房结构，能掌控结构的健康状况，及时发现结构损伤，以便对结构进行维修和加固，避免结构突然失效，从而保障站房的结构安全。

与桥梁、大型公共建筑等结构的健康监测相比，铁路站房结构的健康监测还处于探索阶段。站房的健康监测具有监测项目多、监测测点分布广、监测数据量大等特点。目前，许多铁路站房均设置了自动化健康监测系统，如杭州南站、石家庄站、雄安站、丰台站等。北京站无站台柱雨棚健康监测工作中通过对获取的监测数据与设计数据的对比，证明了该结构的安全可靠和该结构体系用于无柱雨棚的适用性、合理性。上海虹桥站设置的结构健康监测，在钢骨混凝土梁内预先埋设了传感器，长期不间断监测轨道层超长梁结构中钢骨、钢筋、混凝土部分的应力情况，实时掌握结构的状态。

结构健康监测工作是通过监测建筑物各结构状态，获取相关监测数据，完成有效数据的原始积累。然后通过监测数据的大数据分析，判别结构的状态，为后续项目设计及建设提供辅助决策依据，为站房投入运营阶段提供必要的安全运维保障。韩志伟从站房监测的必要性上进行了总结并提出相关建议；刘辉以柳州站为研究对象，采用有限元模拟等方法构建站房结构健康系统并验证了系统先进性和高效性；张涛等结合站房监测成功案例，从主要监测对象和内容等方面总结了站房监测中亟须解决的实际问题；沈磊等分别从传感器布设和监测方案等角度分析总结了监测实施方案的优化；姜锐从结构损伤判识、监测点优化、运维管理等方面提出站房监测的相关建议；熊帅依托建筑信息模型(BIM)，从监测数据的集成、可视化、数据交互等方面进行了相关研究。

我国高速铁路站房结构健康监测开展较晚，首个完整的大型铁路客站结构健康监测系统开始于2009年，但近年来工程应用发展迅速，目前已有二十余座高速铁路车站陆续建立完整的结构健康监测系统，主要监测对象为站房大跨空间屋盖、桥建合一站房轨道层、无柱雨棚等主体结构及玻璃幕墙等易损附属构件等，主要监测内容为结构环境及荷载、结构位移、挠度、应变、加速度等响应参数。此外，部分车站针对其独特设计开展专项监测，如昆明南站对承台大体积混凝土的温度梯度以及随时间的变化情况进行监测。但高速铁路客站结构健康监测在结构参数识别、安全预警、状态评估等关键技术研究方面还不成熟，相关研究成果较少。

本章结合大型铁路站房的工程案例，首先总结大型铁路站房的监测内容及对应的监测技术，然后介绍大型站房的结构健康监测系统及安全预警，最后以台州站站房结构健康监测为例，介绍站房结构健康监测的整体技术流程。

7.2　大型站房监测内容

我国铁路事业经过多年发展，已经进入一个新的时期，在目前阶段推行铁路站房复杂大型结构健康监测工作有着重要的意义。一般来说，在高速铁路站房初步规划并施工建设之前，建设单位会依据相关标准出具站房健康监测的初步批复文件，高速铁路站房施工到一定阶段后，由设计专业依据初步设计批复的要求，给出详细的站房监测区域、监测内容及监测点布置图，监测实施单位按照初步设计批复的要求及监测点布置图，进行详细监测方案的编制并逐步开展监测工作。

根据建筑功能的需要，大型站房结构由主体结构和无柱雨棚组成，如图7-1所示，主体结构按高程从下往上依次是地铁层、出站层、承轨层、高架层(含夹层)、屋面层。其中，承轨层、屋面层和无柱雨棚是站房结构健康监测的主要部分。为适应承轨层跨越出站层和地铁层，同时又能支撑高架层和屋面层，大型铁路站房多采用“桥建合一”结构体系，桥梁结构和建筑结构的结合，是一种“列车-桥梁-站房”一体化站房结构形式，可以缩短进出站流线、节约建筑用地，具体柱网布置灵活、结构整体性较好等特点。

高速铁路站房监测内容应根据铁路客站运营安全风险、结构受力及变形特点、结构易损性分析、服役环境特点和监测目标等确定，测点选择时应满足安全报警和评估要求，遵循“重点性、代表性、经济性、可操作性”等原则，监测对象包括站房屋盖主体结构、站台雨棚屋盖主体结构、直接承受列车荷载的站房轨道层结构及其他关键的结构构件和支座。

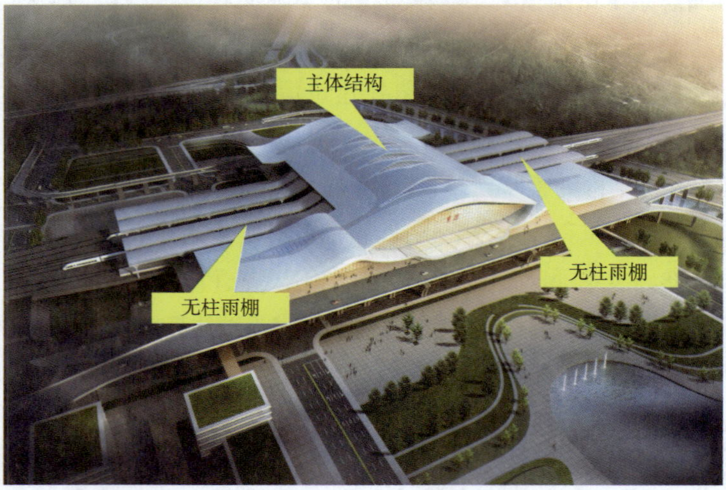

图 7-1　大型站房结构

不同高速铁路站房在建设规模、结构特点等方面存在着差异，本节在总结国内外学者的研究成果并借鉴站房监测成功的工程案例基础上，对高速铁路站房需监测的区域及监测内容进行了总结，主要包括荷载(作用)与环境监测，站房结构的静、动力反应及几何监测，详细监测内容如下：

(1)荷载(作用)与环境监测

①温度监测：钢屋盖、雨棚温度场。

②风速风向监测：钢屋盖、雨棚风速风向。

(2)结构的静、动力反应

①应力应变监测：钢屋盖桁架应力；钢筋混凝土柱应力；雨棚柱、梁应力；承轨层柱、梁应变；高架层梁应变；玻璃幕墙钢骨应变等。

②振动监测：钢屋盖、雨棚、玻璃幕墙振动；承轨层、高架层加速度等。

(3)几何监测

①位移监测：站房屋盖支撑的位移；雨棚柱和支撑在站房立柱处雨棚梁端部的水平位移；高架层位移；玻璃幕墙位移等。

②变形监测：钢屋盖悬挑位置及跨中挠度；雨棚的跨中挠度；承轨层轨道梁挠度等。

详细的监测区域及监测内容见表 7-1。

表 7-1　高速铁路站房结构健康监测区域及监测内容

建筑部位	主体结构	应对风险	监测项目
屋盖层	屋盖、雨棚整体	面积大易兜风、受力不均；规模大，受力、振动、变形复杂；受温度影响大	风向风速、位移、温度、振动
	屋盖钢柱、主桁架	受力不均易变形	应力

续上表

建筑部位	主体结构	应对风险	监测项目
雨棚	雨棚整体	面积大易兜风、受力不均，规模大，受力、振动、变形复杂	风速风向、位移、振动
	雨棚钢柱	受力不均易变形	应力
承轨层	轨道梁	跨度大，承重量大、振动大	应力、位移、振动
	柱应力	受力不均匀	应力
高架层玻璃幕墙	高架层整体	列车进站，旅客集中区域，承重不均、承重大	位移、振动、应变
	幕墙整体	面积大易兜风受力	应力、振动、位移

7.2.1　钢结构屋盖

屋盖层是站房结构的主要部分，为了便于采光、通风，满足建筑外观，获得较大的空间和视觉通透性，通常采用大柱网、大跨度空间结构，例如，桁架结构、网壳结构、网架结构、索壳和索拱结构等。这些结构形式的构件受力以轴力为主，材料利用率高，边缘构件与支撑构件的适应性较强，同时具有施工速度快等特点。屋面层支撑构件的布置受到铁路线路的限制，其在顺轨方向的跨度一般比横轨方向大。大跨度空间结构通过空间结构与建筑造型的完美结合，塑造出具有当地文化特色的铁路站房。

钢结构屋盖包括桁架、刚架或拱等平面结构以及网架结构、壳体结构、折板结构、悬索结构等。随着科技的进步，钢结构屋盖逐渐由空间的网架、网壳等结构体系向新型组合结构体系发展，结构形式越来越新颖和复杂。在风荷载、雪荷载、温度作用下，结构长期处于疲劳承载、变形与杆件拉压应力反复交替变化等工作状态。特别是风荷载、温度作用复杂、随机性较大，可能会造成结构的局部刚度退化和构件失效。

在高速铁路站房交付运营之前，宜采用具备数据自动采集功能的监测系统进行长期实时监测，重点监测的构件和节点基本与施工期间一致，使用期间监测项目可包括变形与裂缝、应变、索力、环境及效应。变形监测可包括结构竖向变形与结构水平变形，环境及效应监测可包括风及风致响应、温湿度、地震动及地震响应、腐蚀等。

大跨度钢结构屋盖在复杂环境及复杂荷载作用下，典型的薄弱部位主要有：屋盖结构最亮点（风荷载最大）、悬挑部分、支座节点与跨中节点、跨中边节点、变形缝区域的支座及跨中节点、吊点节点等变形控制点、应力集中的位置、动力响应敏感点。

依据《钢结构设计标准》（GB 50017—2017），大跨度屋盖结构应考虑构件变形、支承结构位移、边界约束条件和温度变化等对其内力产生的影响；同时可根据结构的具体情况采用能适应变形的支座以释放附加内力。大跨度钢结构屋盖主要监测内容包括：屋盖关键构件的应变、结构变形、温度场、振动响应、风振及风速等。

钢结构屋盖主体结构健康监测的内容，应结合具体工程结构特点按照表7-2进行选择。

表 7-2　屋盖主体结构健康监测项目

结构类型	应变监测	变形监测		环境监测				支座		加速度
		竖向	水平	风	温度	湿度	雪	位移	反力	
网架结构	★	★	▲	★	★	○	○	○	○	▲
网壳结构	★	★	▲	★	★	○	○	▲	○	▲
桁架结构	★	★	▲	★	★	○	○	○	○	▲
索结构	★	★	▲	★	★	○	○	▲	○	★
悬挑结构	★	★	▲	★	★	○	○	▲	○	★
特殊结构	★	★	▲	★	★	○	○	▲	○	▲

注：(1)★为应测项，▲为宜测项，○为可测项。
(2)索结构的监测宜增加索张力监测。
(3)抗震设防烈度 8 度及以上地区可增加地震监测。
(4)非固定支座应监测支座位移。

屋盖主体结构关键构件进行应变监测的部分，主要为悬臂构件的根部、简支构件的跨中、连续构件的跨中和支座等部位；变形测点选择时应综合考虑点、线、面的位置，能够反映结构的整体受力及变形特性；振动测点布设应根据结构动力特性及受力特点等因素确定；风速仪宜设置在站房屋面上，测点布设应设置在风力较大且不产生旋涡的位置；结构构件温度测点应根据应变测点的温度补偿需求确定。

7.2.2　钢结构雨棚

无柱雨棚的全称为站台无立柱雨棚，是中国大型铁路站房的标志之一。站台雨棚与站台位置相对应，是为进出站的旅客提供遮风避雨的地方。传统铁路站房的雨棚柱子直接立在站台上，形式单一，以单枝 Y 形、双枝Ⅱ形、现浇混凝土梁板和彩色压型钢板为主。而现代大型铁路站房则采用整体式的无站台柱雨棚，通过将柱子直接设置在线路中间，不仅将雨棚和站房连接成了一个整体，还可以给站台留出更多空间，减少站台上影响旅客行进和观察视线的障碍物，创造更舒适的乘车环境。无柱雨棚多采用大跨网壳结构、索拱结构等结构形式，实现了轻巧、通透的建筑效果。

钢结构雨棚的监测内容一般包括应力应变、振动、变形、温度、湿度、风荷载、雪荷载和锈蚀状态等。

钢结构雨棚监测内容及测点选取原则为：

(1)整体响应监测

对无站台柱雨棚水平构件的振动、位移进行监测，具体部位为悬臂构件端部，简支结构的跨中、连续构件的跨中等部位，水平构件的监测重点为竖向参数。对无站台柱雨棚竖向构件进行振动、位移监测，竖向构件的监测重点应为水平参数。必要时对易损构件，如屋面板、封檐板进行变形监测。

(2)结构局部响应监测

对关键结构构件的关键部位进行应变监测，具体部位为悬臂构件根部，简支构件的跨中和支座、连续构件的跨中和支座等部位；具有张力构件(索、吊杆、拉杆)的索力监测；腐蚀监测以及约束体系中关键受力支座的反力监测。

(3)监测点选择

对于荷载与环境监测，环境风荷载和列车气动力监测风速和风向，环境风荷载测点选择在雨棚屋面结构的顶部和底部以及雨棚四周，其安装位置能测出风荷载的直接作用；列车气动力监测点选择在雨棚屋面结构的底面、横梁和立柱处，测点位置能测量出列车气动力的风场分布；对无站台柱雨棚的四边，屋面顶面和底面进行温度监测，湿度较大地区的无站台柱雨棚外部和内部进行湿度监测；对雪荷载较大地区的无站台柱雨棚顶部依据体型特征进行积雪深度监测。

对于结构整体响应监测，振动测点选择根据雨棚结构动力计算结果确定，传感器布置能反映出雨棚结构所需监测的振动特点和振型阶数；结构变形监测测点能反映出结构关键构件(包含水平构件和竖向构件)在各种荷载组合下的最大变形和位移。

对于结构局部响应监测，应变监测测点根据结构分析结果选择受力较大或应力比较大构件的关键截面和部位，在受力复杂或易损伤的部位、连接节点和截面布设三向应变测点；索力监测根据雨棚结构特点选择有代表性(张力较大或其变化值较大)的张力构件进行测试，索力监测根据张力构件特点选择适宜的测试方法，采用振动频率法、磁通量测试法、压力传感器法等方法。对雨棚结构易腐蚀部位(温湿度较大或腐蚀介质含量较高)的钢结构构件进行腐蚀监测。对大跨雨棚结构中对结构整体受力影响较大的敏感支座进行反力测试，以检验实际支座与计算模型的一致性。

对于雨棚构件锈蚀监测，因四季温差及雨雪使结构受到温度应力影响较大，钢结构易腐蚀，材料易老化，锈蚀监测宜选用电化学方法，电化学监测方法可选用电流监测、电位监测，也可同时采用电流和电位监测。锈蚀监测位置应根据监测目的，结合工程结构特点、特殊部位、结构连接位置、不同位置的锈蚀速率等因素确定，测点应选择在荷载与侵蚀环境分别作用的代表性区域及侵蚀环境荷载作用下的代表性节点。

7.2.3　承 轨 层

承轨层也称站台层，为列车轨道层，是旅客们乘车的一个平台。承轨层是整个站房结构中受力最为复杂的部分，除了自重荷载之外，还有人群荷载和列车荷载的耦合作用。根据结构形式和荷载传递路径不同，承轨层可以分为桥梁式和框架式，其中，桥梁式是先形成桥梁结构(梁、墩柱、基础)作为支撑点，上部建筑结构直接落于桥墩或者轨道梁上，如图 7-2 所示。框架式是通过现浇混凝土形成框架结构，用框架柱和框架梁来承受列车的动荷载作用，承轨层为框架结构的一部分，如图 7-3 所示。具体区别见表 7-3。

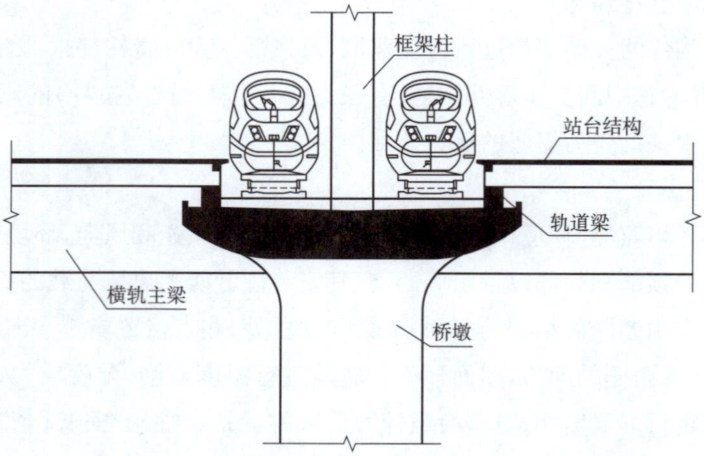

图 7-2　桥梁式承轨层

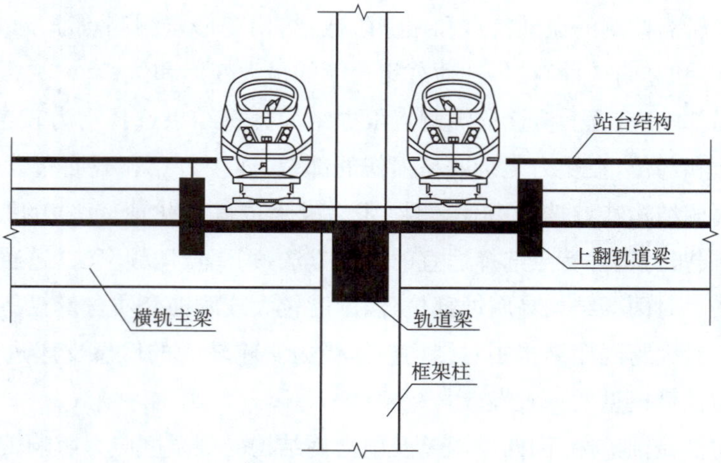

图 7-3　框架式承轨层

表 7-3　承轨层结构体系

结构体系	主要特征	典型工程
梁桥式	先形成桥梁结构(梁、墩柱、基础),桥梁结构层作为承轨层成型以后,再以桥墩或梁为基础,在其上建立建筑结构,桥梁结构成为其上建筑结构的支承点	武汉站、广州南站
框架式	用建筑构件取代桥梁构件来直接承受列车动荷载作用,承轨层的轨道梁作为建筑结构的一部分,支承于建筑构件(框架梁、框架柱)上	南京南站、郑州东站、天津西站、北京南站

运营期间承轨层结构(含“桥建合一”),满足以下要求之一,建议对相关结构进行监测:

(1)超过 20 m 的预应力承轨梁。

(2)超过 20 m 的框架梁。

(3)受理复杂且支撑密集人群的板。

(4)“桥建合一”结构。

承轨层结构健康监测内容应根据具体工程结构特点进行选择，见表 7-4。

表 7-4　轨道层结构健康监测项目

结构类型	应变监测	钢筋应力	竖向变形	环境温度	动力特性
承轨梁	★	★	○	○	▲
框架梁	★	★	○	○	○
复杂板	★	★	○	○	○
桥梁(桥建合一)	★	★	○	○	★

依据结构计算分析结果，承轨梁、框架梁和板的应变测点选内力较大及受力复杂的典型区域进行布置，如跨中、支座等位置。宜采用埋入式混凝土应变计或钢筋计，如图 7-4 和图 7-5 所示，当现场无条件进行埋入式应变计布设时，需采用表面式应变计进行监测。

图 7-4　埋入式应变计

图 7-5　钢筋计

在高速铁路列车进站期间，结构受车载动荷载作用产生变形。应选择测量结果相对稳定、不需要(或者少需要)后期维护的构件进行挠度测量。考虑到后期维护时，进入轨道的复杂性，尽可能把后期维护的需求工作面放在承轨梁下部。竖向变形测点可形成系统，各测试结果能够形成竖向挠度曲线，反映结构的变形特点。

振动监测是承轨层必测项之一，通常采用加速度传感器进行监测，振动监测位置应选取承轨梁跨中，上部有列车动荷载经过时，进行动力特性的监测。

承轨层裂缝监测通常采用量测、观测、检测与监测方法独立或相互结合的方式进行。考虑到后期维护的方便，对于裂缝发生较小的区域，宜采用裂缝计进行实时监测。

7.2.4　高 架 层

高架层结构位于站台层之上，为了尽量增大旅客通道的宽度，高架层的支承结构一般不能布置在站台区，而只能布置在轨行区，且应尽量与承轨层支承柱的位置对应，所以其位置必然受制于铁路线路的布置。这种限制体现在两个方面：一是根据铁路线路的特点，在横轨方向，支撑轨道梁的桥墩或框架柱的间距一般为 21.5 m，顺轨向间距一般为 21～36 m，这两个间距自然也是高架层柱网的基本尺寸；二是由于高架层的支承柱位于相邻两列火车之间，在横轨方向的宽度必然受限于列车运行时要求的最小净空距离，即存在“限界”问题。

在结构体系的选择上，由于轨道层需要视觉通透，并且有火车在其上行驶，因此横轨、顺轨方向均不可能设置剪力墙或支撑，框架-剪力墙、框架-中心支撑等结构形式对高架层均不合适。因此，框架结构体系是最为适宜的形式。对于这种大跨框架结构，主要构件的形式见表 7-5。

表 7-5　高架层框架结构的主要构件形式

柱	梁	板
钢管、型钢、钢骨混凝土、(圆形、矩形)钢管混凝土	型钢、桁架、组合梁	组合楼板

组合结构由于良好的受力特性，在高架层中的竖向构件中得到广泛的应用。水平构件可以采用 H 形钢梁、箱形钢梁或桁架；在某些情况下，采用钢-混凝土组合梁也能取得不错的效果。

由于属于跨度较大的楼层结构，舒适度是较为突出的问题。目前，在一些大型站房的设计中已经对此问题进行了专门研究，主要成果有：①提出了舒适度评价指标；②对激励进行了适当的简化；③对分析、计算方法进行了比较、研究。

由于平面尺寸巨大，高架层结构也存在划分温度区段的问题。目前，国内建成的大型站房一般将一个温度区段的尺寸控制在 100 m 左右，如武汉站的高架层划分为 7 个温度区段，每个区段为 90 m 左右。分缝的方法可以采用双柱（如天津西站），也可以采取温度缝一侧梁设置滑动支座的方式（如武汉站和郑州东站）。

高架层结构位于站台层之上，其主要构件包括柱、梁以及板，由于高架层属于跨度较大的楼层结构，其监测内容主要包括高架层的扶梯靠接悬挑梁的应力和竖向变形，高架层的振动进行监测，以及对连桥滑动机构、连桥主梁的应力监测。

在高架层悬挑梁根部位设置应力计、在端部设置静力水准仪，监测电梯运行过程中对悬挑梁造成的应力、变形的影响，在连桥搭接部位设置位移计监测连桥搭接滑动支座的滑移量，在主梁设置加速度计，监测整个高架层的振动情况。

7.3　大型站房监测技术

铁路客站在服役环境与荷载条件、结构体系等方面与其他工程结构之间存在较大不同，铁路客站运行服役环境条件恶劣，四季温差及雨雪使结构受到温度应力影响较大，结构易腐蚀，材料易老化；站房屋盖结构复杂，常采用大跨度、大悬挑结构，造型轻巧，结构的基本频率较低、阻尼较小，是典型的风敏感结构类型，在强风作用下必将产生较大的表面风压和静态、动态响应；铁路客站无站台柱钢结构雨棚、站台和轨道层等长期受交变荷载影响，结构对于振动十分敏感，高速列车行车、风振及空调机房等引起的振动对结构都会有一定影响；铁路客站属于大型公共建筑，客流量、车流量巨大，这要求结构具有很高的安全性和耐久性，在极端条件下，如地震、火灾、暴风雪等，有发生灾难性事故的风险。基于高速铁路客站的特殊性和潜在安全隐患，需要对客站开展健康监测。

鉴于高速铁路站房交付运维后监测难度大、上线困难等特点，一般采用在施工期布设自动化监测传感器的方式对其进行结构健康监测。

自动化监测技术是自动化科学技术的一个重要分支学科，是在仪器仪表的使用、研制、生产的基础上发展起来的一门综合性技术。

站房自动化监测硬件设备需要具备以下主要性能要求：

①良好稳定的施工现场适应能力：包括可靠的防水、防腐蚀性能；可靠稳定的供电系统；现场部署安装便捷，不影响现场施工等。

②长期稳定的测量精准度：设备元器件需要具备在施工现场环境中长期稳定的测量精准度，不需要实施频繁的维护与复杂的校准工作。

③可靠的数据自动采集：监测设备控制单元需要具备在设定的时间间隔内进行自动数据采集的功能。

④可靠的无线数据传输：监测设备数据传输单元需要具备在设定的时间间隔内对采集的数据进行无线传输的功能；要求数据连接长期稳定，数据传输准确无误。

⑤一定的系统强壮度：自动化监测设备在测试环境突发变化时，要求具备一定的系统强壮度；在测试环境恢复正常后能够自动恢复运行，尽量避免数据丢失。

根据高速铁路站房结构健康监测区域及监测内容的不同，监测中用到的自动化监测传感器主要包括：风速风向仪、温度传感器、位移传感器、加速度计、振弦类应变（力）计等。国家铁路局颁布的《铁路客站结构健康监测技术标准》（TB/T 10184—2021）中，对传感器的精度、量程、分辨率、灵敏度等作出了明确要求。

7.3.1　风速风向监测

风速风向监测是为了防御和降低大风对列车运行安全造成的影响，通过在屋盖层、雨棚层等大面积易受风影响的区域设置风速风向监测设备，采集瞬时风速和风向信息。当风速监测值超过报警阈值时进行报警，并上报中心系统。

风速风向仪是专门用于监测大型设施、设备的仪器，如图 7-6 所示，在高速铁路站房结构健康监测中，其量程应大于当地百年一遇风速值，并能够满足监测 8 个方向风速的要求，风速启动动力应不大于 0.6 m/s，监测精度应不大于 0.1 m/s，风向监测精度应为 3°。

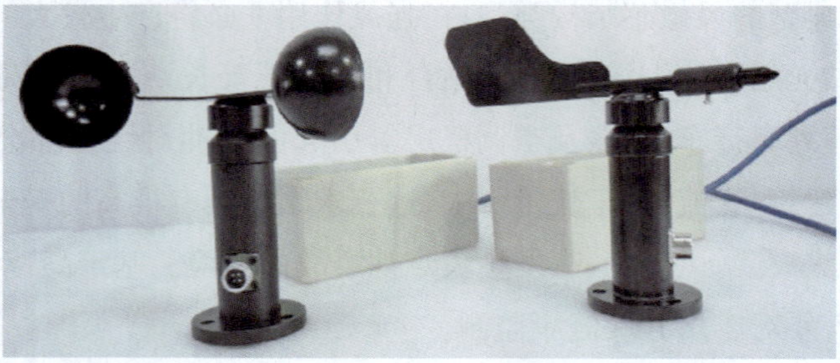

图 7-6　风速风向仪

7.3.2　温度监测

当高速铁路站房结构(如桁架)的受力发生变化时,其表面温度会随之产生变化,布设在结构表面或内部的温度传感器由于监测精度、分辨率较高,能够从侧面及时反映站房结构的受力情况,相关规范中对温度传感器的量程、精度及分辨率等做出明确要求,经市场调研,大部分监测传感器(如振弦类应变计)中均集成温度传感器,其量程、精度及分辨率能够满足结构健康监测的要求,在布设其他类型传感器时,可同时获取其温度监测信息。

高速铁路站房结构健康监测中,温度传感器一般分为监测大气环境的温度传感器和监测结构表面的温度传感器,如图 7-7 所示。监测大气环境温度的传感器,量程宜高于当地年极值最高温度 20 ℃和低于年极值最低温度 20 ℃,其精度不宜低于±0.5 ℃,分辨率不宜低于 0.1 ℃。监测结构表面温度的传感器,量程宜高于当地年极值最高温度 50 ℃和低于年极值最低温度 20 ℃,其精度不宜低于±0.2 ℃,分辨率不宜低于 0.1 ℃。

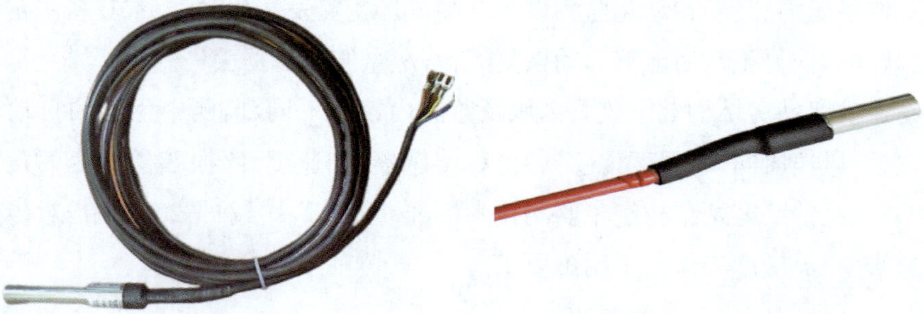

(a) 大气温度传感器　　(b) 结构温度传感器

图 7-7　温度传感器

7.3.3　位移监测

位移监测应根据不同的测量对象选择位移传感器的具体型号,主要包括静力水准仪(竖向位移)和固定式测斜仪(水平位移)等。

1. 静力水准仪

静力水准系统因其具有精度高、自动化性能好、实时测量等特点,逐渐应用于工程竖向位移监测中。静力水准系统，是利用相连的容器中液体寻求相同势能的原理，测量和监测参考点彼此之间的垂直高度的差异和变化量。根据传感器工作原理可分为压差式传感器、电容式传感器、光电式传感器、电感式传感器等，虽然不同类型的静力水准仪在测量原理上有所差别，但绝大多数都是通过获取各个传感器之间的相对位移关系，经相对稳定的基准点换算得出各个监测点的绝对高程信息，压差式静力水准仪如图 7-8 所示。

假设共有 $1,\cdots,n$ 个观测点，各个观测点之间用连通管连通。安装完毕后初始状态时各测点的液位高度分别为 $H_1,\cdots,H_n$。

规定 1 号静力水准仪与基准点位置一致。记 t_1 时刻，$1,\cdots,n$ 号静力水准仪的读数为 $H_1,\cdots,H_n$；t_2 时刻，$1,\cdots,n$ 号静力水准仪的读数为 $H_1',\cdots,H_n'$。由于基准点与 1 号静力水准处于同一位置，由此，1 号静力水准仪在 t_1 时刻相对于基岩发生的实测沉降为 Δh。在 t_1 时刻，n 号静力水准仪相对于 1 号静力水准仪发生的实测沉降为

$$\Delta H_n=(H_n'-H_n)-(H_1'-H_1) \tag{7-1}$$

在 t_1 时刻，n 号静力水准仪相对于基岩发生的实测沉降为

$$\Delta h_n=(H_n'-H_n)-(H_1'-H_1)-\Delta H_n \tag{7-2}$$

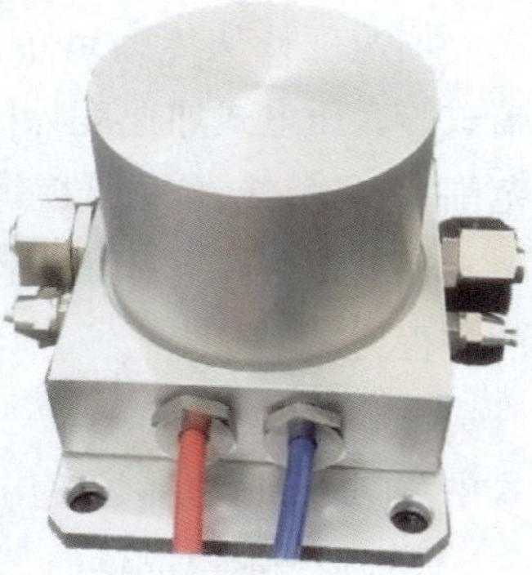

图 7-8　压差式静力水准仪

2. 固定式测斜仪

固定式测斜仪主要用于长期自动测量大坝、深基坑、边坡、地基、建筑桥梁、船舶平台等水平位移计倾角监测，近年来，也逐渐应用于高速铁路站房构筑物水平位移监测中。将固定式测斜仪安装在结构关键节点的表面，当结构发生水平位移形变时，测斜仪可以测量出结构两个相互垂直方向相对于重力轴线的倾角，使用安装位置的几何尺寸，就可以计算出结构 X、Y 方向的形变，从而达到监测结构水平位移的变化情况，如图 7-9 所示。表面式倾角计如图 7-10 所示。

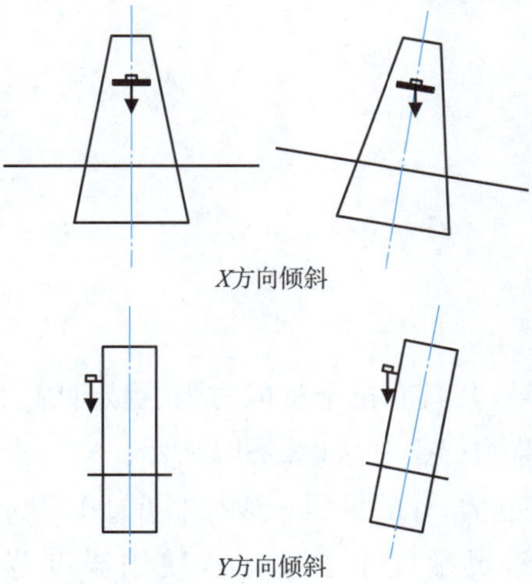

图 7-9　测斜仪测量原理

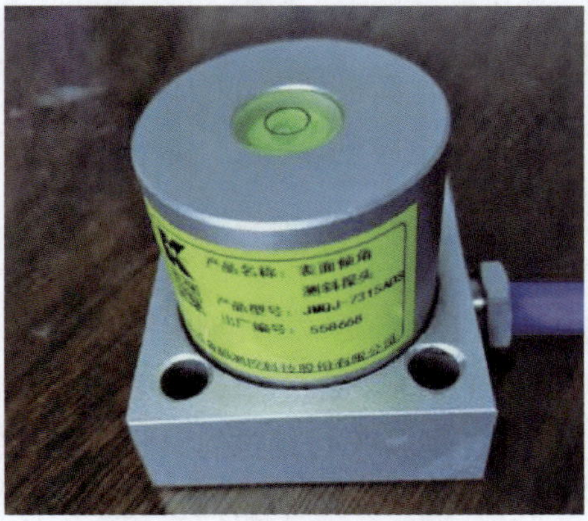

图 7-10　表面式倾角计

7.3.4 振动监测

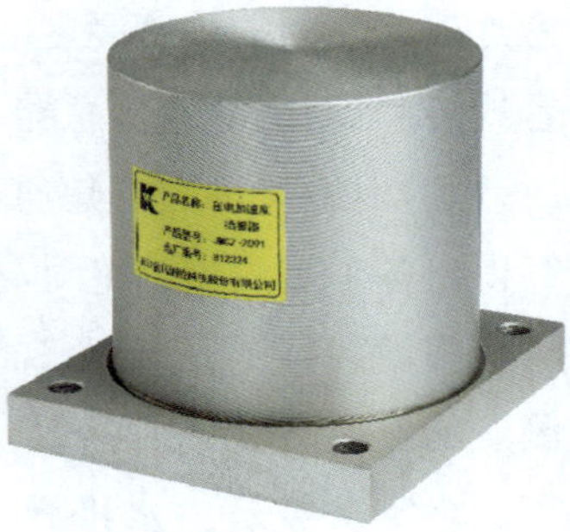
图 7-11 压电式加速度计

加速度计是为监测结构物振动变化情况的自动化监测传感器，如图 7-11 所示。高速铁路站房结构健康监测中宜选用低频、性能优良的振动传感器，量程不小于±2g，横向灵敏度一般为轴向灵敏度的 1%～5%，频率响应在 0.2～1 500 Hz（±10%），使用温度范围在－50～＋70 ℃。

加速度计从传感元件上可以分为压电式、压阻式和电位器式等。压电式加速度计因其在传感方面具有响应快、频响范围宽、易剪裁、价格低廉等特点而在高速铁路站房振动监测方面应用广泛。

在一定条件下，压电晶体受力后产生的电荷量与所感受到的加速度成正比，经过简化后的方程为

$$Q=d\cdot M\cdot a \tag{7-3}$$

式中 Q——压电晶体输出的电荷；

d——压电晶体的二阶压电张量；

M——传感器的敏感质量；

a——传感器所受的振动加速度值。

每个传感器中内装晶体元件的二阶压电张量 d 是一个固定值，敏感质量 M 是一个常量，因此，式(7-3)中压电加速度传感器产生的电荷量与振动加速度 a 成正比。压电加速度传感器承受单位振动加速度值能输出电荷量的多少，称为电荷灵敏度，单位为 pC/(m·s^{-2})或 pC/g（1 g≈9.8 m/s^2）。

压电加速度传感器实质上相当于一个电荷源和一只电容器，通过等效电路简化后，则可算出传感器的电压灵敏度为

$$S_V=S_Q/C_a \tag{7-4}$$

式中 S_V——电压灵敏度，mV/(m·s^{-2})；

S_Q——电荷灵敏度，pC/(m·s^{-2})；

C_a——电容量，pF。

7.3.5 应变(力)监测

由于振弦类应变(力)计输出的是自振频率信号，其具有抗干扰能力强、稳定性高、使用寿命长、分辨率高等优点，被广泛应用于土木工程监测行业中，如图 7-12 所示。

用于高速铁路站房结构健康监测的振弦类应变(力)计的量程一般控制在±1 500$\mu\varepsilon$，精度应小于±0.1%FS，非线性度应低于 0.5%FS，灵敏度小于 1.0$\mu\varepsilon$，使用温度范围在－50～＋70 ℃。

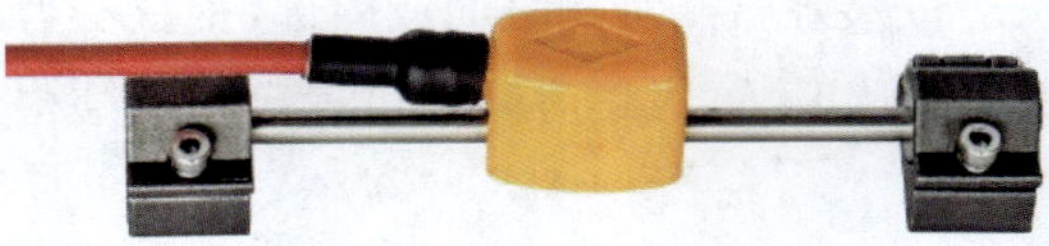

图 7-12　振弦类应变(力)计

振弦类应变(力)计能直接反映高速铁路站房的受力变化情况，一般来说，振弦类应变(力)计在高速铁路站房结构健康监测中占传感器总量的 70%以上。

振弦类应变(力)中的钢弦具有一定的固有频率，当被测结构受力发生变形时，钢弦的长度会产生变形，其固有频率随之产生变化，这时，钢弦会在磁感线圈磁力作用下产生振动，通过获取钢弦此时的振动频率，即可确定结构物的应力变化情况。

钢弦振动频率与其受应力的关系见式(7-5)。

$$f=\frac{1}{2L_{钢弦}}\sqrt{\frac{\sigma}{\rho_{钢弦}}} \tag{7-5}$$

式中　f——钢弦振动频率；

$L_{钢弦}$——钢弦的长度；

σ——钢弦的应力值；

$\rho_{钢弦}$——钢弦的线密度。

将式(7-5)进行公式变换后，见式(7-6)。

$$\sigma=4\rho_{钢弦}L_{钢弦}^2 f^2 \tag{7-6}$$

即钢弦受到的应力变化见式(7-7)。

$$\Delta\sigma=\sigma-\sigma_0=4\rho_{钢弦}L_{钢弦}^2(f^2-f_0^2) \tag{7-7}$$

式中　f_0——钢弦无受力状态下的初始频率；

σ_0——钢弦无受力状态下的初始应力；

$\Delta\sigma$——钢弦受力的应力变化。

应力及应变的转换关系见式(7-8)。

$$\varepsilon=\frac{\sigma}{E_{钢弦}} \tag{7-8}$$

式中　ε——钢弦的应变值；

$E_{钢弦}$——钢弦的弹性模量。

将式(7-7)代入式(7-8)可得

$$\Delta\varepsilon=\frac{\Delta\sigma}{E_{钢弦}}=\frac{4\rho_{钢弦}L_{钢弦}^2(f^2-f_0^2)}{E_{钢弦}} \tag{7-9}$$

式中　$\Delta\varepsilon$——钢弦受力的应变变化；

$\frac{4\rho_{钢弦}L_{钢弦}^2}{E_{钢弦}}$——固定常数。

由于振弦类应变(力)计安装在被测结构表面或内部,钢弦受力产生的应变变化即为被测结构受力产生的应变变化,所以,通过式(7-9)即可确定被测结构受力后频率变化和应变变化的关系曲线。

7.3.6 数据采集

自动化监测传感器类型从数据通信形式上可以分为模拟量类传感器(电压或电流信号)、数字量类传感器(RS-485、RS-232)及振弦类传感器(如应力计、应变计),需配套相应的采集模块对上述各类传感器进行数据的采集。

目前市场上的数据采集仪可分为模拟量类、RS-485类及振弦类传感器采集模块,可分别获取不同类型的传感器数据。由于各个厂家的传感器与采集仪之间可自定义数据传输协议,一般来说,各个厂家的数据传输协议会略有差别,在使用自动化监测传感器时需配套该厂家专用的数据采集仪。

7.4 大型站房结构健康监测系统

结构健康监测是通过对结构的物理力学性能进行无损监测,实时监控结构的整体行为,对结构的内力变化、损伤位置和程度进行诊断,对结构的服役情况、可靠性、耐久性和承载能力进行智能评估,核实复杂结构设计内力与实际情况的一致程度,为结构在突发事件下或结构使用状况严重异常时积累历史数据,为结构的维修、养护与管理决策提供依据和指导。

结构健康监测技术是一个多领域跨学科的综合性技术,它包括土木工程、动力学、材料学、传感技术、测试技术、信号处理、网络通信技术、计算机技术、模式识别等多方面的知识。本项设计内容涵盖监测传感设备、数据采集、数据建库、软件平台、网络关系的建立等跨领域多技术的融合。

7.4.1 站房健康监测系统

健康监测系统是站房健康监测项目的最终表现形式,代表了工程的实用性与成熟度,是项目建设的关键环节。

施工现场的设备是否先进,数据是否能够完成而得到体现,项目建成后是否可能得到充分的运用,则完全由该系统呈现给最终用户,因此该部分的架构设计,决定了该项目的科学性、实用性、稳定性及易操作性。

站房结构健康监测系统包括传感器子系统、数据采集与网络传输子系统、数据管理子系统(基础平台)、业务应用子系统(包括数据分析与安全预警子系统)及数据展示子系统等,如图7-13所示。

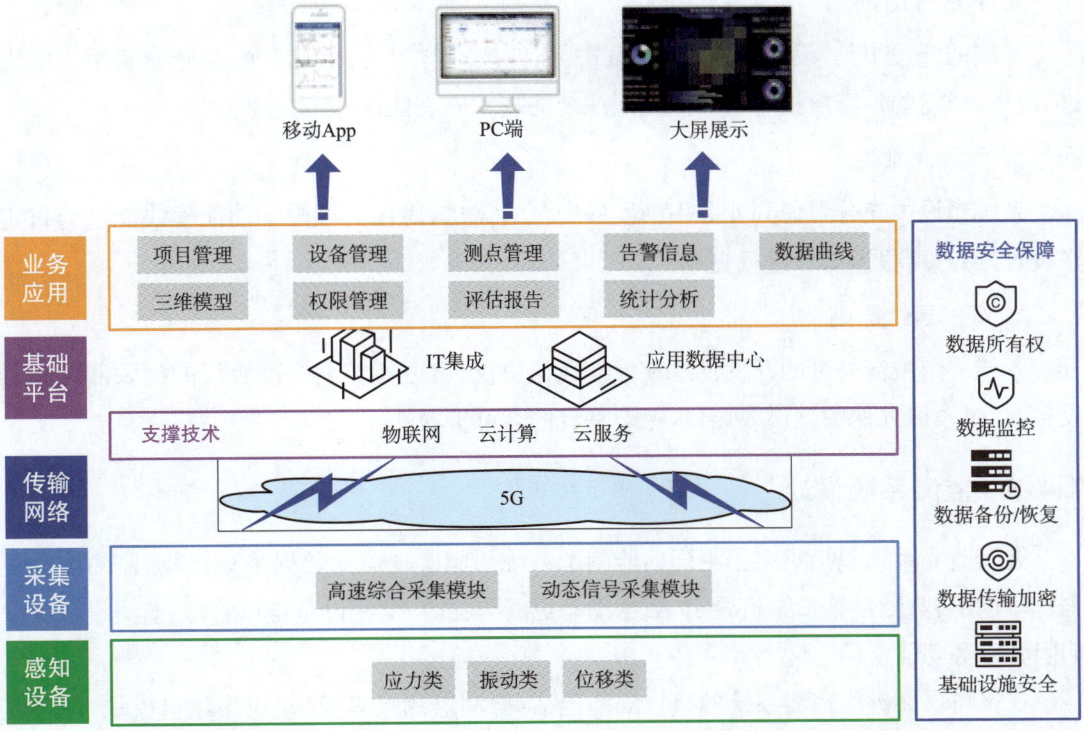

图 7-13　结构健康监测系统构成示意

传感器子系统为系统硬件组成部分，是站房结构健康监测系统最基础的子系统，它通过安装在站房各部件上的多种传感器，实时监测站房各结构的状态信息，并将测量的物理量以电信号形式输出。数据采集与网络传输子系统是将数据采集仪获取的各类传感器数据汇总后，通过网络传输模块实时上传至基础平台（云端服务器）中。业务应用子系统包含项目管理、设备管理、测点管理、三维模型、权限管理、评估报告、统计分析等功能，可对海量监测数据进行数据分析，自动生成报表和报告，并通过操作系统中心数据库，对任意时段的数据进行查询和管理，利用预警功能对结构进行实时预警，保证结构的安全。数据展示子系统是利用移动 App、PC 端将数据实时进行展示，以对站房结构状态进行实时掌控。

7.4.2　系统建设原则

高速铁路站房结构健康监测系统建设应遵循安全性原则、先进性原则、灵活性原则及可扩展性原则。

1. 安全性原则

系统运行具有高稳定性，确保数据安全保存的安全、使用的安全与保密。系统中所有用户权限须由统一授权管理系统进行分配。不同等级、角色的用户登录系统后可访问的功能及可见的数据不一样。

2. 先进性原则

系统的开发工具、设计方法、运行模式、软件技术与架构、系统实施等充分利用当前先进、流行、稳定的计算机技术。保障当前系统的技术先进性、理论先进性。

3. 灵活性原则

系统建设中充分考虑到业务不断发展变化的需求,对用户权限和功能模块能进行自定义设置,用户可根据需求进行更改。

4. 可扩展性原则

系统采用主流先进的开发技术和标准通信协议,可方便扩展标准协议的物联网传感器设备,同时预留其他数据接入接口,保障平台的高可扩展性。

7.4.3 监测系统设计

健康监测系统包括了多个不同的监测子系统。应实现监测数据采集接收、监测数据报告打印输出、监测数据预警值设定、数据动态更新与接收、监测设备定位管理、监测设备服役期限管理等功能。

在接口层面健康监测系统的接口规范包括:振动监测接口模块、应力接口模块、环境监测接口模块、业务信息接口等模块。

站房健康监测系统将预留相关业务对接接口,保障在应急联动、应急指挥及运营阶段各部门间数据调用及复用的需求,避免重复投入,重复建设,打破信息孤岛的存在。

站房健康监测系统软件主要实现对站房健康监测数据的采集、监测数据查询、监测设备管理、空间定位、属性查询、报告输出等内容。

1. 系统首页及大屏展示

首页以项目分布图的形式展示各地项目分布情况,能够对现有的项目分布有个整体的概览。页面右侧提供各项目综合风险评估显示以及近 24 h 预警次数排名和综合风险评估排名,帮助用户了解所有项目的综合风险等级,并对风险较大的重点项目进行监管。同时,系统提供项目查询定位功能,可在地图上定位到要查找的项目,并查看项目详情。

2. 管控中心

管控中心包括用户管理、项目管理、传感器管理及数据管理等模块。

用户管理是对系统的所有用户进行统一管理,提供用户的新增、编辑、注销、查询搜索等功能。除此之外,还提供了解锁、重置密码等功能。

项目管理是对系统的所有项目进行统一管理,提供项目的新增、编辑、注销、查询搜索等功能。该模块主要用于项目的新增、项目基本信息的维护、项目负责人的分配等。

传感器管理是对系统的所有传感器进行统一管理,提供多种类型传感器的新增、编辑、删除、查询搜索、导出等功能。

数据管理是对系统的所有传感器产生的监测数据进行统一管理，提供数据的增删改查功能。

3. 项目展示

项目主界面以高清遥感影像底图＋全球数字高程(digital elevation model，DEM)数据为基础，叠加高速铁路站房 BIM 模型，全景展示该项目高速铁路站房的结构以及周边地貌，让项目管理人员对该高速铁路站房的周边情况有比较清晰直观的认识。

在项目主界面中可实时查看项目概况、传感器属性状态、预警详情、综合风险评估等。

7.4.4　系统管理与维护

监测系统承建单位应提供监测系统维护手册，明确系统的维护要求、维护流程、设备常见故障与修复方式等，并对系统使用单位安排的专职维护人员进行培训，系统使用单位应具备一定的监测系统管理和操作能力，并应建立监测系统维护制度，对监测系统进行日差巡查和定期维护管理。

监测系统硬件维护应包括：数据采集与传输模块设备运行情况、数据管理与分析模块设备运行情况、报警与评估模块设备运行情况、计算机网络传输设备运行情况及监控中心设备运行情况，应定期对系统设备进行全面检测、保养和清洁，确认设备运行状态，检查系统错误记录，排除潜在隐患，预防和减少系统故障，系统维护应有完整的维护记录，维护记录的内容包括维护日期、维护负责人、参加人、维护的内容、维护的过程、维护的结果。

监测系统软件维护应检查监测数据是否完整，系统软件有无错误记录，确保系统软件正常稳定运行，日常检查应包括：数据采集与传输模块软件运行情况、数据管理与分析模块软件运行情况及报警与评估模块软件运行情况，维护人员应使用测试软件检查网络传输质量，有无丢包现象，使用计算机系统自带的网络命令测试服务器与交换机的连接状况，定期对系统数据进行备份，防止软件系统由于错误和缺陷导致数据丢失。

除日常软硬件维护外，在遭遇台风，地震、极端气候等特殊事件后，应对系统软硬件进行专项维护，重点检测室外安装的各类传感器的工作状态，制定监测系统风险预防措施，应对系统关键模块和重点设备进行重点维护，制定监测系统维护应急预案，系统出现故障报警后，应按照应急预案及时、有序地采取应急措施。

7.5　大型站房安全预警

预警与评估模块根据结构监测目标和需求不同，可包括结构安全预警和结构状态评估两部分内容。结构安全预警应综合考虑监测数据对结构健康的影响程度，设定分级预警指标。结构状态评估应根据监测数据进行综合分析，准确反映结构的当前性能水平，及时提出相应的结构养护和管理建议。

结构安全预警的目的是在结构实时监测过程中对发生的可能威胁到结构运营安全的可变荷载(如风荷载等)以及结构性能指标(如应变等)进行预警，提供结构在特殊气候、荷载条件下或运营状态异常时所触发的预警信息，提醒管理养护人员关注结构的安全状态。

基于监测数据分析结果、安全评定结果，对结构主要监测点的环境与荷载参数和结构性能参数进行预警。站房结构健康监测结构安全预警模块工作流程如图 7-14 所示。

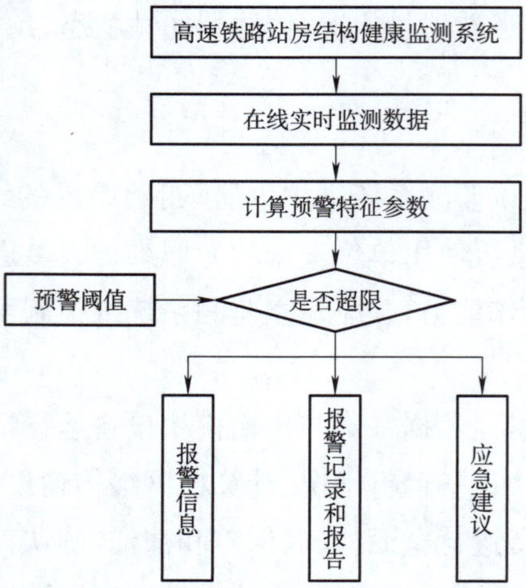

图 7-14　结构安全预警模块工作流程

7.5.1　预警参数确定

预警参数是指用于预警的结构特征参数，包括直接测试参数和衍生参数。预警参数的确定需考虑监测系统的测试项目，保证预警参数能被稳定可靠地采集和计算。同时预警参数要能突出地反映结构的受力状态及环境与荷载状况。高速铁路站房结构健康监测系统预警参数见表 7-6。

表 7-6　预警参数表

序　号	监测项目	预警参数
1	风荷载	10 min 平均风速
2	结构变形	沉降位移
3	结构振动	振动加速度值
		加速度统计均方根值
		振动频率
4	结构应变	各测点应变值
		应力疲劳计数
5	温度	相对于以往同时期温差变化

7.5.2　预警等级划分

根据国家铁路局颁布的《铁路客站结构健康监测技术标准》(TB/T 10184—2021)中对于结构安全预警等级的要求,结构安全预警一般分为黄色、橙色、红色三个等级,并可根据具体情况进一步细化预警等级。

7.5.3　预警指标确定

预警指标是预警参数的限值,结构安全预警阈值应根据设计要求、结构初始状态监测信息、监测数据和数据分析结果等综合分析进行确定。黄色预警阈值应按照结构构件、节点、支座的内力或变形的设计值确定,红色预警阈值应按结构出现轻微损伤确定,橙色安全预警阈值可取黄色和红色预警阈值的中间值。

7.5.4　预警条件确定

预警条件是指处于预警状态时各预警参数和相应的预警指标所满足的条件,一般进行如下设置:当风荷载、结构变形及应变等大于设计值的 0.8 倍时,进行黄色预警;大于设计值的 0.9 倍时,进行橙色预警,并加强监测频率;当大于设计值或一个月内发现 10 次以上橙色预警时,应进行红色预警,并提请专家进行评审。

7.6　工 程 案 例

台州中心站为新建车站,站中心里程为 DK216+280.93,采用高架车场,车场规模为 4 台 10 线(含正线 2 条),设 450 m×11.5 m×1.25 m 岛式中间站台 4 座,车站杭州端预留沿海高速铁路引入条件,如图 7-15 所示。

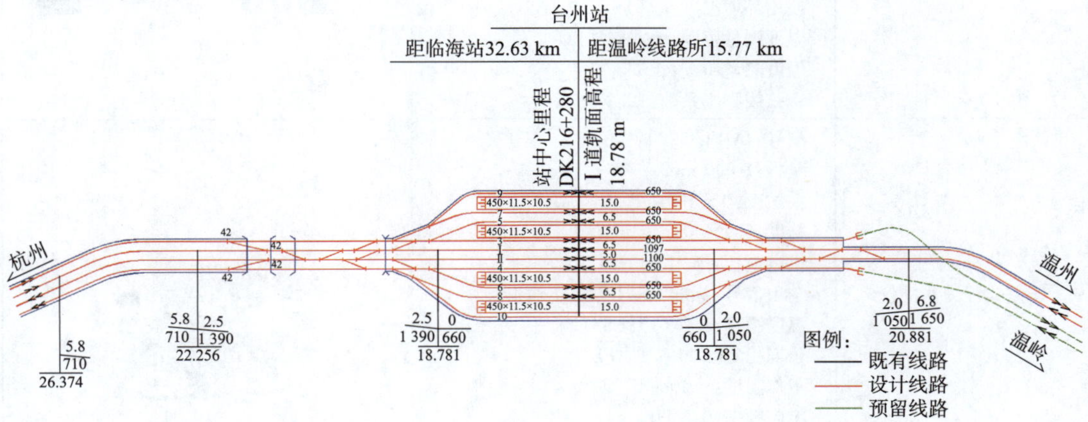

图 7-15　台州站平面图(单位:m)

7.6.1 监测内容

按照初步设计批复要求，结合相关标准、相关工程，确定进行如下内容的监测。

1. 环境监测

(1)温度监测：钢屋盖、雨棚温度场。

(2)风速监测：钢屋盖、雨棚风速风向。

2. 结构的静、动力反应

(1)应力应变：站房钢屋盖主桁架上弦杆、下弦杆应力；站房钢管混凝土柱应力；雨棚柱、梁应力；承轨层柱、梁应变；高架层梁应变。

(2)振动监测：站房和雨棚钢屋盖振动；承轨层、高架层加速度。

3. 几何监测

(1)位移监测：屋盖支撑的位移；雨棚柱和支撑在站房立柱处雨棚梁端部的水平位移；高架层位移。

(2)变形监测：站房钢屋盖悬挑位置及跨中挠度；雨棚钢屋盖的跨中挠度；承轨层轨道梁挠度。

7.6.2 监测传感器

结合监测方案及测点布置，本项目需要的监测设备见表 7-7。

表 7-7 监测传感器

设备名称	设备参数	图　片
表面智能数码弦式应变计	型号：JMZX-212HAT 应变测量范围：±1 500$\mu\varepsilon$ 应变测量精度：0.5%FS 应变分辨率：0.25%FS(1$\mu\varepsilon$) 测量标距：129 mm 使用环境温度：−10～70 ℃ 温度测量范围：−20～80 ℃ 温度测量精度：±0.5 ℃ 钢弦线膨胀系数：12.2 $\mu\varepsilon$/℃	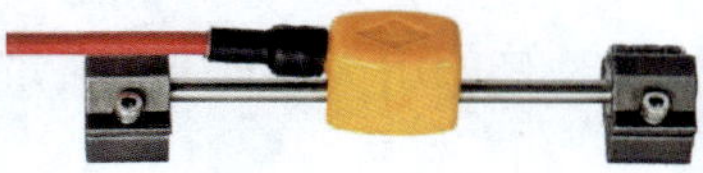
压差式静力水准仪	型号：JMYC-6220 量程：2 000 mm 灵敏度：0.1 mm 精度：0.1%FS 供电电压：DC 12V～24 V 输出信号：标准 RS-485 数字输出 温度漂移：±0.01%FS/℃ 长期稳定性：±0.1%FS/年 工作温度：−40～85 ℃ 响应频率：0.5 Hz 防水等级：IP68	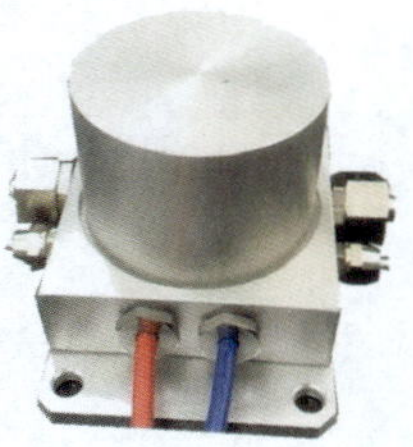

续上表

设备名称	设备参数	图　片
压电加速度传感器	型号:JMCZ-2091 电荷灵敏度:2 260 pC/g 横向灵敏度比:<5% 频率范围:1～1.4 kHz 输出阻抗:≥1 010 Ω 量程:±2g 精度:0.1%FS 工作温度范围:−40～120 ℃	
风速风向仪	型号:JMZX-1F 工作电压:12 V 直流 风向测量范围:8 个方向 风速测量范围:0～60 m/s 风速启动风力:0.6 m/s 风速精度:小于 5% 数据存储:2 000 个,循环覆盖 使用环境:温度 −30～70 ℃,相对湿度≤90%RH	
智能数码测缝计	型号:JMDL-2210 量程:100 mm 灵敏度:0.01 mm 备注:表面安装型智能电感调频测缝计,配备不同的测杆和万向基座,可量测各种结构的伸缩缝的宽度	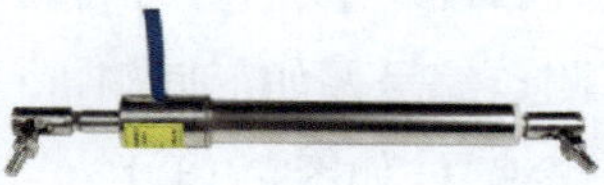
表面固定式测斜探头	型号:JMQJ-7315ADS 测量范围:±15° 分辨率:0.008° 精度:0.1% 电气性能:+12 V 直流电,功耗 120 mW 导线颜色定义:红-电源正,黄-电源负,蓝-通信 A+,绿-通信 B− 使用环境:温度−20～60 ℃,抗震 100g	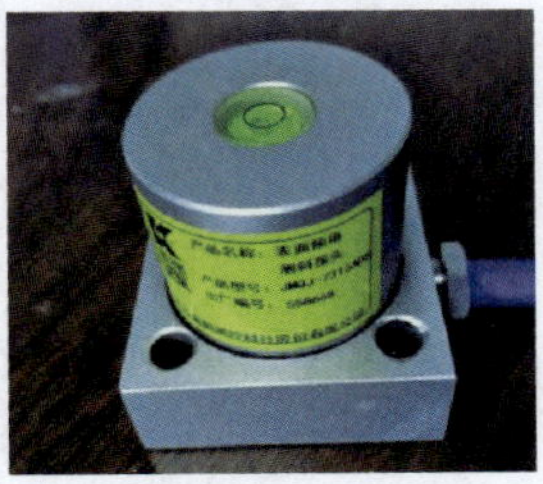

7.6.3　监测点布设

1. 监测点布设原则

台州中心站站房监测区域分别为:屋盖层、雨棚层、承轨层及高架层等区域的振动、应力、位移、温度、风速风向等内容的监测,各类监测点布设的总体原则是按照结构受力大小进行设置。

2. 监测点标识及编号规则

(1)测点标识

台州中心站站房各监测区域测点标识需按照以下原则:

①应力应变测点以表示；

②主桁架跨中挠度和伸缩缝相对变形的测点统称为位移测点，以表示；

③加速度测点以表示；

④风速测点以表示；

⑤承轨层位移、加速度传感器测点以表示；

⑥梁应变测点以表示；

⑦承轨层柱应力测点以表示。

(2)测点编号规则

测点编号规则如下：

监测内容-监测区域-构件名称-编号。

各项表示为内力(NL)、变形(BX)、加速度(JSD)、温度(WD)、风速(FS)；上弦杆(SXG)、桁架(HJ)、柱(Z)、支撑梁(ZCL)、支撑柱(ZCZ)、承轨梁(CGL)、梁(L)；屋盖层(WG)、雨棚层(YP)、承轨层(CG)、高架层(GJ)。

以风速风向监测为例，图 7-16 为台州站钢屋盖风速风向仪平面布置示意图，在钢屋盖上弦杆布设若干风速风向仪，共 6 个测点，监测屋盖层各个区域的风速风向情况。

测点编号按如下原则进行：按照测点平面布置示意图中监测点从左至右、从上到下布设的顺序编号，如图 7-16 中，左上角的风速风向监测点编号为：FS-WG-SXG-001，图中右下角的风速风向监测点编号为：FS-WG-SXG-006。

3. 监测传感器现场安装

所有传感器与采集仪之间由信号线连接，采集仪就近放置在测点附近，并对采集箱进行供电，地面信号线缆利用 PVC 管或钢管进行保护，由于本站房结构健康监测所用传感器主要以振弦式应变计为主，下面将以振弦式应变计为例说明传感器的安装方式。

(1)固定方式：焊接、胶粘或其他有效方式固定。

(2)安装方式：先利用厂家提供的钻模，在相应位置焊接或打刚性胶体跟传感器模块固定，然后把应变传感器固定在结构相应位置。

(3)检查标准：传感器安装牢固，传感器通电后采集的数据在传感器有效范围内。

(4)所有仪器经安装调试能够正常使用后，在应变计外加装钢保护盒进行保护，保护盒应密封处理保证应变计不受外界环境的腐蚀和干扰。

4. 传感器保护措施

(1)传感器安装需按照规范流程安装，保证传感器安装到位后的正常使用。

(2)传感器安装到位后需布置一定的保护装置，测点传感器安装完成，立即安装保护装置。并做出明显的标记，注明是监测测点。

(3)在长期监测过程中采取措施保护传感器正常工作的环境。

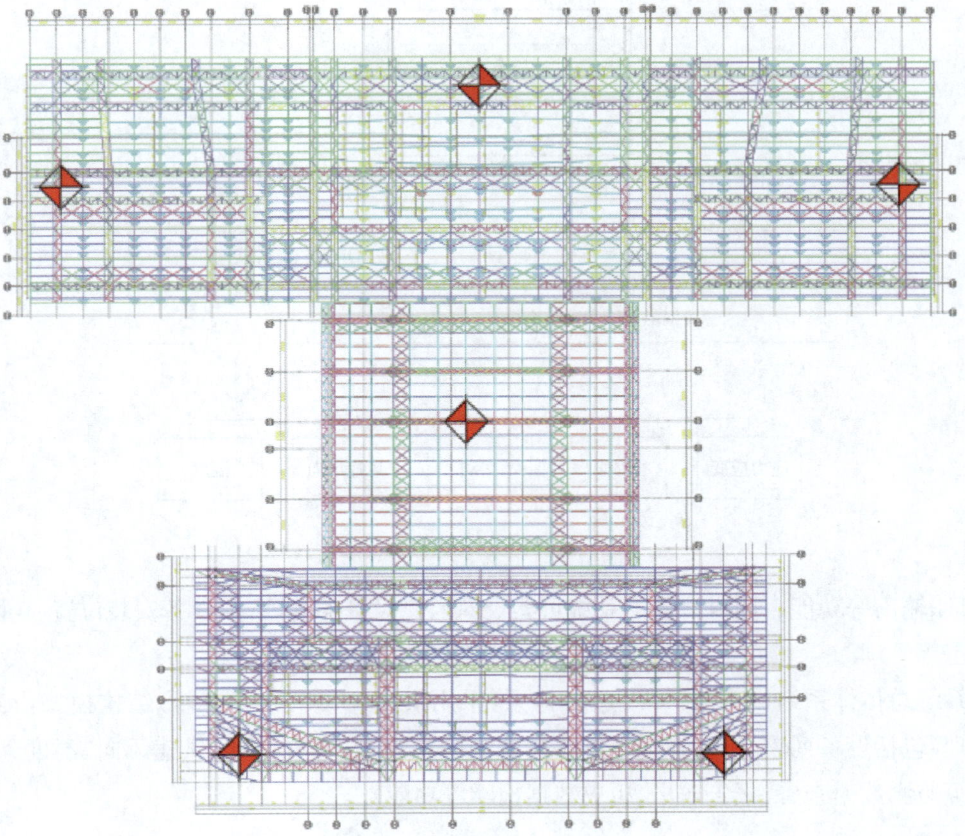

图 7-16　钢屋盖风速风向仪平面布置示意

(4)传感器安装务必牢固,以免对传感器使用造成影响。

5. 数据采集箱安装

所有传感器安装完毕后,再安装采集仪。将各传感器汇总到各个断面的采集仪处。采集仪安装在开阔位置,可先修建一个 50 cm×50 cm×40 cm 的水泥墩,然后用螺栓把仪器箱固定在上面,或直接悬挂在周边墙体、地面上,所有传感器的线缆沿原有线缆布设位置引出,用保护管保护,最后汇集接入采集仪。供电利用现场 220 V 电源接入,进行 AD/DC 转换后对设备进行供电。

7.6.4　监测系统

现场传感器的输出信号均为物理层基于 485 的串口通信,使用专用采集模块对串口信号进行采集、解析,转换成标准通用数据,通过标准 TCP/IP、Modbus TCP 或 OPC 等开放协议传输至上层健康监测平台。同时采集模块可对传感器通信状况进行检测,对发生的通信故障进行诊断、记录、上报,系统架构如图 7-17 所示。

应用端搭建站房结构健康监测系统,实现结构健康监测数据的汇总、分析、历史数据回

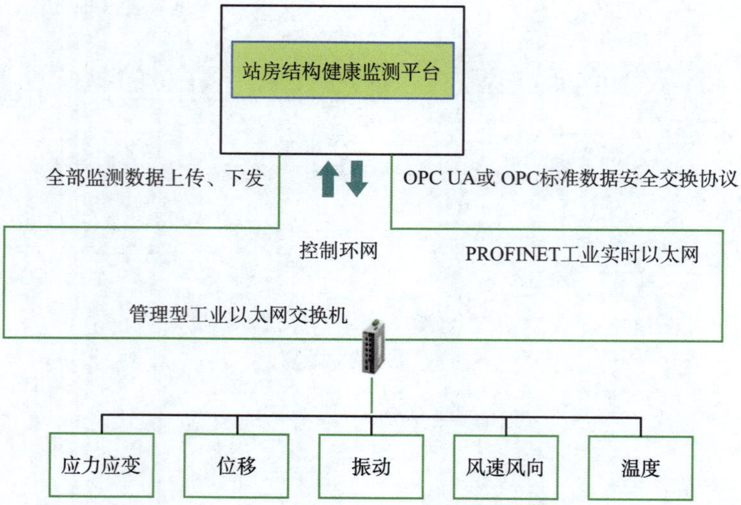

图 7-17 系统架构

溯、打印输出等功能。同时该监测系统可实现对监测设备的管理，即设备安装位置、年限、运行状态等管理。

系统总体体系结构遵循 SOA 服务体系，采用 B/S(Browser/Server)结构模式，实现设备管理(包括设备列表、设备详情查看等)、监测信息管理(包含振动、风速风向、温度、应力、形变等监测数据查看、报告输出、历史数据检索等功能)。

第 8 章 轨道结构及几何状态监测技术

随着高速铁路长时间的运营，轨道结构病害的识别与维护将是重点和难点。本章对轨道结构及具体子结构的组成进行了介绍，分析和探究了轨道结构可能存在的问题，对轨道病害进行了分类，针对轨道结构病害，简要介绍了轨道结构变形监测内容与监测技术，并对轨道几何状态检测技术、检测指标与分析评价进行了叙述。

8.1 概　　述

轨道结构是路基、桥梁、隧道等线下结构物以上的线路部分，由钢轨及配件、轨枕及扣件、道床（有砟或无砟）、道岔及钢轨伸缩调节器等组成。轨道结构对机车车辆的安全运行、乘客旅行的舒适度以及设备的使用寿命和养护费用起着决定性的作用。轨道结构的作用是确保车辆运行在预先设计好的固定的铁路线形上。随着铁路长时间的运营，轨道结构不可避免地会出现上拱、梁端凸台或底座开裂、扣件失效、砂浆层离缝、轨道结构开裂、线下基础沉降等病害，这些病害的进一步发展将严重威胁高速铁路的正常、安全运营。通过对轨道结构进行科学、系统的监测，准确、全面地掌握轨道结构的安全状况，及时发现结构存在的缺陷或潜在结构安全隐患，对结构状态进行有效的分析和评估，可以一定程度上提高对无砟轨道结构的安全保障，同时辅助管养人员制定更加完善的维修养护决策，改善高速铁路轨道结构的使用性能，以保障高速铁路列车的运营安全。

轨道结构的变形反映到钢轨上主要体现为轨道几何状态的变化，由于轨道几何状态变化导致线路轨道与设计线形之间产生绝对的或者相对的偏差，即为轨道不平顺。轨道几何尺寸基本的构成要素包括轨距、水平、高低、轨向和三角坑等，轨道结构的变形可以通过轨道几何尺寸的数值大小直接反映。轨道几何不平顺一般都不是由一项或几项简谐函数或其他确定性函数所能描述的。轨道不平顺对机车车辆的影响，除了波幅影响外，同时也受波长的较大影响。长波长和短波长不平顺对行车都有较大影响，长波长轨道不平顺主要影响列车的舒适度，中波长和短波长不平顺主要影响列车运行的安全性和平稳性。为此，国外均非常重视检测与维修中、长波长不平顺。法国铁路尤其是高速铁路对轨道不平顺的管理采用了“传统基长”和“扩展基长”两种波长，进行分级管理。日本则分为 10 m 中波长和 40 m 长波长对轨道不平顺进行检测与管理。

我国在轨道不平顺控制方面的研究起步较晚，直到20世纪80年代中期才开始较系统地研究，但也取得了大量的实用结果。在国家“六五”至“八五”的科技攻关项目中都有关于轨道不平顺控制的项目立项，通过系统的研究提出了适合我国国情的干线铁路轨道不平顺日常养护维修、作业验收、紧急补修、限速管理等标准，为提速、准高速和高速铁路轨道、路基、桥梁结构的设计提供了技术依据。

现代化轨检仪等检测设备的研制成功和计算机技术的迅速发展及广泛应用，轨道检查仪特别是惯导轨道检查仪为获得大量轨道状态的真实信息提供了设备基础和技术条件。

8.2 轨道病害分类

我国已开通运营及在建高速铁路无砟轨道结构类型主要有：双块式无砟轨道、CRTSⅠ型板式无砟轨道、CRTSⅡ型板式无砟轨道和CRTSⅢ型板块式无砟轨道结构等。下文分别对轨道结构及具体子结构的组成进行简要介绍，分析和探究轨道结构可能存在的问题，进而对轨道病害进行分类。

8.2.1 轨道结构形式及其特点

1. 双块式无砟轨道

双块式无砟轨道主要由钢轨、扣件、双块式轨枕、道床板、底座/支承层等组成，如图8-1所示。其主要特点是：轨道结构采用桥上单元、路基和隧道连续，路基连续道床板端部设置端梁结构，桥上分块道床板设置限位凹槽结构限位，双块式轨枕采用工厂化预制，道床板、支承层、底座均采用现场浇筑成型，施工灵活，与不同类型线下基础工程的适应性良好。

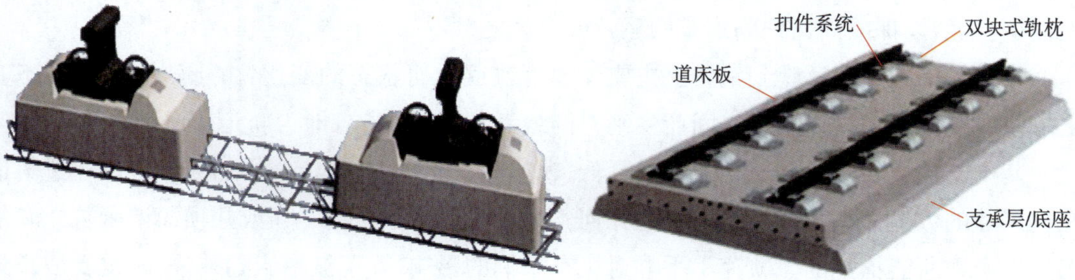

图8-1 双块式无砟轨道

2. CRTSⅠ型板式无砟轨道

CRTSⅠ型板式无砟轨道主要由钢轨、扣件、轨道板、水泥乳化沥青砂浆、底座、凸形挡台及其周围填充树脂等组成，如图 8-2 所示。轨道结构为单元分块式，采用凸形挡台限位，台后路基不需设置端刺、端梁等限位结构，轨道板采用工厂化预制，轨道板下设置砂浆调整层，结构体系受力明确。

图 8-2　CRTS Ⅰ 型板式无砟轨道

3. CRTS Ⅱ 型板式无砟轨道

CRTS Ⅱ 型板式无砟轨道路基地段主要由钢轨、扣件、预制轨道板、水泥乳化沥青砂浆及支承层等部分组成，如图 8-3 所示。桥上轨道结构与路基地段有所不同(图 8-4、图 8-5)，轨道板仍进行纵向联结，下部设连续浇筑的钢筋混凝土底座，并在底座与梁面保护层之间设置滑动层，底座板两侧设置侧向限位挡块。轨道板相互之间通过纵向精轧螺纹钢筋连接为连续结构，轨道板下设砂浆调整层，结构受力复杂。

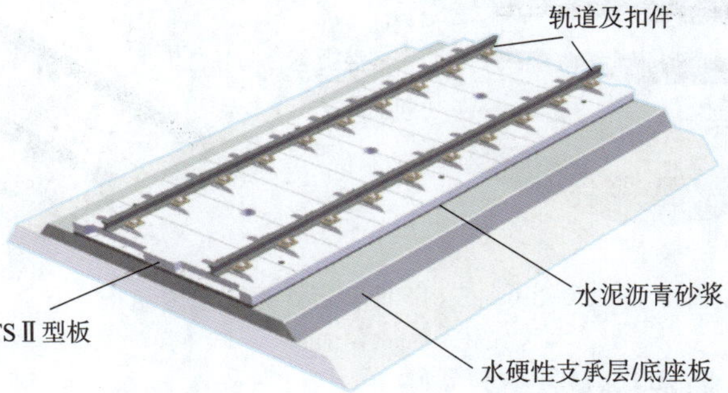

图 8-3　CRTS Ⅱ 型板式无砟轨道结构

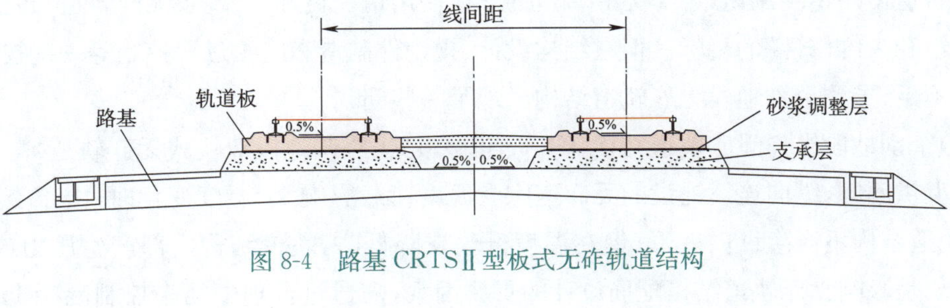

图 8-4　路基 CRTS Ⅱ 型板式无砟轨道结构

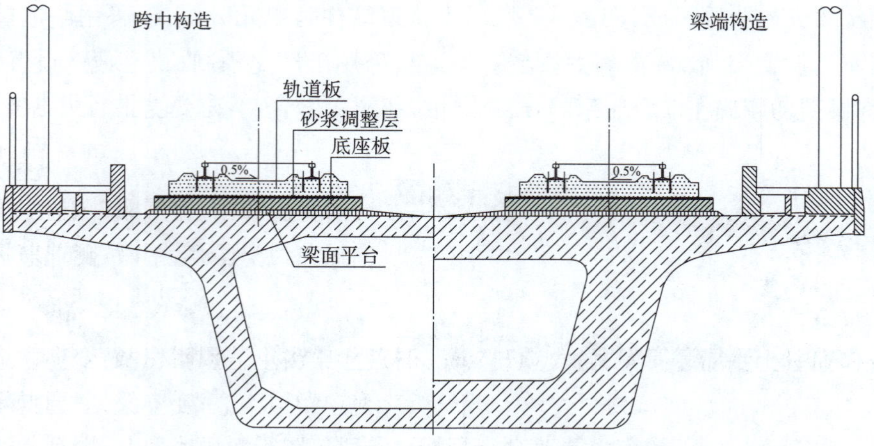

图 8-5　桥梁 CRTSⅡ型板式无砟轨道结构

4. CRTSⅢ型板式无砟轨道

CRTSⅢ型板式无砟轨道主要由钢轨、扣件、轨道板、自密实混凝土、底座或支承层等部分组成，如图 8-6 所示。轨道结构为单元分块式，轨道板采用工厂化预制轨道板与板下自密实混凝土形成“复合板”结构，复合板与底座采用限位凹槽限位，台后路基不需设置端刺、端梁等限位结构，结构受力明确。

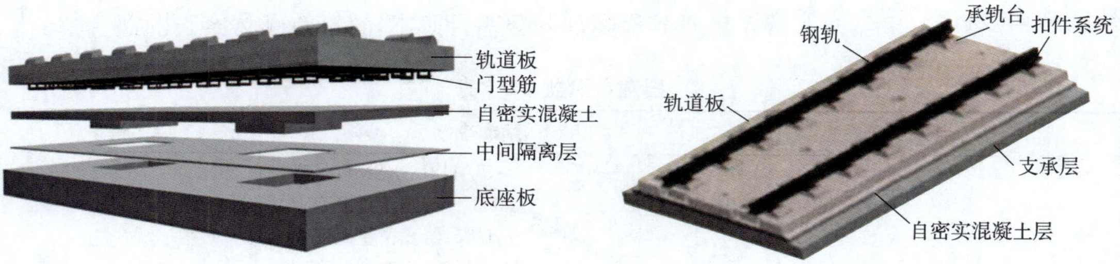

图 8-6　CRTSⅢ型板式无砟轨道结构

8.2.2　轨道病害的成因及类型

王玉泽大师等通过对京津、武广、郑西、郑武、广珠、沪宁、京沪、广深港等已开通高速铁路无砟轨道使用情况调研，各类无砟轨道的总体使用情况良好，实现了无砟轨道“高稳定性、高平顺性和少维修性”的目标。但在结构设计、预制件制造和施工过程控制等一些技术细节上仍有不足，导致个别地段无砟轨道结构出现了一些问题。

(1)个别地段纵连无砟轨道结构(CRTSⅡ型板式、路基地段双块式无砟轨道)高温季节的轨道上拱问题，纵向连续铺设的无砟道床受温度荷载影响大，温度变化时，由于受到纵向约束，轨道结构不产生纵向变形，但在温度升高或降低时，轨道结构内部产生压力或拉力。温度荷载是影响无砟轨道结构配筋设计的重要因素，需通过合理配筋来控制混凝土裂缝宽度和间距。这类轨道结构现场的表现是:低温季节混凝土出现一定间距的细小裂缝,高温季节裂缝闭合。

CRTSⅡ型板式轨道为纵向连续结构,目前局部地段在高温季节出现了超出相关技术标准限定值的轨道板上拱现象,影响轨道平顺性。上拱位置大多出现在轨道板间接缝区域,初步分析产生上拱的主要原因有:施工未严格按轨道板设计合龙温度进行纵连;轨道板间宽、窄接缝施工质量不良或在低温季节对轨道板间接缝位置出现的较大离缝采用非弹性材料进行充填修补,间接形成了轨道板纵连温度降低,在升温荷载下,板端轨道板与砂浆层拉应力超过黏结力。

路基地段双块式无砟轨道为纵向连续结构,前期开通运营线路个别地段道床板出现上拱现象,其位置主要在路桥过渡段的端梁锚固区域和道床板后浇区段。初步分析产生上拱的主要原因有:连续道床板形成(锁定)的施工温度偏低;道床板与支承层或支承层与基床表层的界面状态因拉毛质量或施工机械运行等影响,相对"光滑"。合理的界面状态能够使得道床板的纵向力在锚固区域内相对均匀传递,若摩擦系数偏低,将会形成纵向力在端梁结构部位集中传递,产生上拱问题。

(2)个别温度跨度较大的桥上 CRTSⅠ型板式无砟轨道,梁端半圆形凸形挡台与底座连接部位开裂问题,有些无砟轨道结构由于受线形限制,经组织相关单位经过设计检算满足钢轨、桥梁安全性和稳定性要求后,在温度跨度超过 200 m 的一些桥上未铺曲线型钢轨伸缩调节器。运营中在温度力作用下,由于小阻力扣件复合垫板生锈,纵向阻力变大,导致个别地段梁端半圆形凸台开裂。

(3)无砟轨道个别扣件失效。部分开通运营高速铁路线路出现扣件失效、弹条断裂、垫板窜出、螺旋道钉被拔起、轨下复合垫板、调高垫板窜动等问题。初步分析其原因:施工精调和维护阶段扣件安装操作不当,扣件扭矩安装过大;扣件套管或螺旋的制造质量不满足要求等。

(4)板式无砟轨道砂浆填充层离缝砂浆充填层是板式无砟轨道最易产生病害的薄弱部位。对于 CRTSⅠ型板式轨道,为施工、维修方便,水泥乳化沥青砂浆采用袋装灌注法充填,砂浆充填层离缝的主要原因包括:施工环节未根据轨道板与底座的间隙大小适当调整灌注袋尺寸;曲线地段灌注工艺不当引起轨道外侧灌注不饱满;砂浆充填量不足;单元轨道板受温度梯度影响的翘曲变形等。对于纵向连续的 CRTSⅡ型板式轨道结构,水泥乳化沥青砂浆采用模筑法充填,要求轨道板与砂浆间处于良好黏结状态。砂浆充填层离缝的主要原因:砂浆与轨道板底部、底座或支承层(拉毛质量)的界面状态;砂浆材料的收缩;曲线地段灌注工艺不当引起轨道外侧灌注不饱满;砂浆充填量不足;温度荷载的影响等。

(5)无砟轨道混凝土裂缝、底座伸缩缝、凸台周围树脂离缝等问题无砟轨道现浇混凝土结构一般按容许开裂设计,并根据耐久性要求(裂缝限值、钢筋保护层等)进行结构配筋。路基地段 CRTSⅠ型板式轨道底座每隔 10～20 m 设有横向伸缩缝,受温度荷载影响沿线路纵向底座会产生伸缩变形，易受伸缩缝材料(大多采用热融沥青)、环境温度、施工质量等因素影响，部分地段伸缩缝状态存在劣化现象。CRTSⅠ型板式无砟轨道凸形挡台周围填充树脂材料，袋装灌注法施工，受温度荷载、温度跨度较大桥梁的伸缩变形、材料收缩等因素影响，部分凸形挡台周围(尤其在底座伸缩缝、大跨梁端附近)产生离缝现象。CRTSⅡ型板式无砟轨道两相邻轨道板连接处的宽接缝为现浇混凝土，目前发现宽接缝处混凝土与轨道板存在裂缝，一般为0.2～0.5 mm。

(6)双块式轨枕与道床板分离、松动，双块式轨枕开裂双块式轨枕为采用桁架钢筋将两个轨枕块连接的预制部件，在道床板浇筑时由于振捣不密实、道床板开裂、列车动荷载等作用下，双块式轨枕与道床板有出现分离、松动情况，主要表现有轨枕周边现浇混凝土碎裂、掉块、混凝土枕边冒白浆、钢筋裸露等。

(7)无砟轨道防排水系统不畅、密封材料开裂失效，一般路基地段无砟轨道采用线间设集水井方式排水，桥梁地段线间设泄水孔或通过分块道床板板缝向两侧排水方式，隧道内线间设排水沟、隧道洞口处线路两侧通过线路纵坡向外排水。当有些地段排水不畅，会导致无砟轨道积水，使水侵入路基结构，在列车动荷载作用下，个别地段出现“冒泥”现象，路基出现不均匀沉降，影响轨道结构的耐久性。

(8)线下基础发生不均匀沉降变形，影响轨道结构平顺性。轨道结构和线下基础变形，线路设备机械磨损，计划维修、紧急补修和重点整治比例安排、维修方法不当以及周期性的大、中修工作未能及时进行，同时伴随着城镇化的持续推进及铁路网建设的不断深化，邻近营业线施工也相应加剧了铁路轨道病害的发生，如轨道沉降、上拱、道床变形、翻浆冒泥等病害增多。依据相关养护规范，轨道病害反映到钢轨上，主要包括以下几类：轨距不平顺、水平不平顺、轨向不平顺、高低不平顺、扭曲不平顺(俗称三角坑)。表8-1列举了常见的轨道病害类型、成因及养护措施。

表8-1　轨道结构病害类型、成因及养护措施

发生结构	病害表现	轨道不平顺	病害成因	养护措施
钢轨	离缝、裂缝、翘曲	轨距、水平不平顺	1. 轨道预铺过程中，道岔轨距调整块号码安设不对	在日常养护维修作业中，对轨枕间距以及轨枕的横向位移的检查工作要加强，依据轨枕铺设标准针不合格的轨枕进行调整
			2. 岔枕横纵向发生位移，造成轨距挡板不能按标准设置	加强车工电联合检查，全面改正道岔转辙部分轨距
			3. 轨距挡板、轨下垫板及其他构件锈蚀，导致挡板及扣件扩大离缝	需要及时更换失效的轨距杆，补充缺失的轨距挡板
			4. 钢轨某些扣件松动散落，在列车动载冲击下，轨距产生变化	增加巡检力度，及时发现并修复零件，减少旷动缝隙
			5. 拉应力超过混凝土材料的容许拉应力，顶铁不密靠，动态扩大	加装经发行的绝缘轨距杆

续上表

<table>
<tr><th>发生结构</th><th>病害表现</th><th>轨道不平顺</th><th>病害成因</th><th>养护措施</th></tr>
<tr><td rowspan="7">钢轨</td><td rowspan="5">纵向及横向裂纹</td><td rowspan="5">轨向不平顺</td><td>1. 轨距连续方向上变化不均匀</td><td>对无缝钢轨道岔区段调整应力，避免道岔应力集中情况</td></tr>
<tr><td>2. 与区段无缝钢轨线路锁定的轨温偏差超限，致使钢轨发生纵向移动，限位铁发生扭曲或顶死</td><td>更换废旧不合格的限位铁</td></tr>
<tr><td>3. 铝热焊头支嘴形成硬弯</td><td>整治不合格铝热焊接接头</td></tr>
<tr><td>4. 局部一侧水平或暗坑吊板，造成两股钢轨受力不均匀</td><td>对线路方向容易发生变化处，安装地锚拉杆</td></tr>
<tr><td>5. 钢轨轨面上产生交替连续的不均匀侧面磨耗</td><td>对发生不均匀侧面磨耗的钢轨区段及时进行轨面打磨或区段更换</td></tr>
<tr><td rowspan="2">翘曲</td><td rowspan="2">扭曲不平顺（俗称三角坑）</td><td rowspan="2">无砟轨道个别扣件失效，空吊、暗坑，超高顺坡不平，反撬水平，支撑条件的丧失</td><td>在线路道岔局部尚低水平三角坑偏差大于 6 mm 时，实施起道捣固施工作业。</td></tr>
<tr><td>在钢轨线路道岔区段局部三角坑偏差小于 6 mm 时，采取轨下垫板措施进行养护。要求每处调高的垫板要少于 3 块，且总厚不能够超过 25 mm</td></tr>
<tr><td rowspan="2">道床</td><td>翘曲、拱起</td><td>水平不平顺</td><td>温度梯度作用引起的结构变形、路基不均匀沉降、道床下沉</td><td rowspan="2">合理配筋；拨道改线夯实路基，及时疏通排水设施，保证排水顺畅</td></tr>
<tr><td>翘曲、拱起、冒泥</td><td>高低不平顺</td><td>温度梯度作用引起的结构变形、路基排水不良；砂浆充填量不密实，造成路基不均匀沉降</td></tr>
</table>

轨道病害，包括钢轨、扣件、轨枕、道床、轨道基础设施方面的病害，加之铁路线路由于机车车辆的动力作用和自然条件对线路的影响，导致轨道几何尺寸不断发生变化。对轨道结构造成的结果主要表现在轨道不平顺方面。因此为了能够预防这些病害的发生和发展，除对轨道结构进行变形监测外，还需对轨道几何状态进行周期性监测，根据不平顺波普的波长、峰值、幅值对轨道病害进行判定，结合准静态的轨检仪获取轨道几何状态参数，依据轨道结构变形监测数据及轨道几何状态参数值，综合分析病害形成的原因，进行合理整治，以加强设备的使用寿命，保持线路安全、平稳、不间断地运行。轨道病害检测、监测流程如图 8-7 所示。

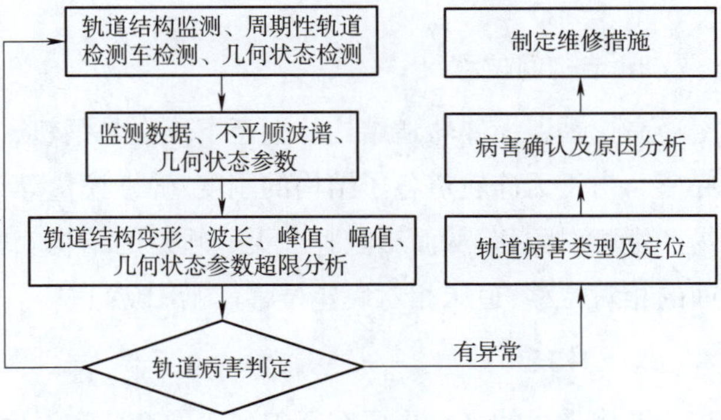

图 8-7　轨道病害检测、监测流程

8.3 轨道结构变形监测内容和监测技术

轨道结构引导列车的运行，一旦出现病害直接影响列车运行的安全性和舒适性。同时一些无砟轨道病害出现前，在结构变形、位移、受力等方面表现异常，有些可以通过日常的轨检车检测发现，有些需要通过监控、监测等技术进行分析，判断病害发生情况，以便提前进行预知维修。轨道结构的监测指标主要有温度、位移、应力及其他振动特性相关的指标。

8.3.1 轨道结构变形监测内容

1. 结构温度

温度是引起结构应力变化的一个主要因素，由于温度变化，结构或构件产生伸或缩，而当伸缩受到限制时，结构或构件内部便产生应力，这种应力即为温度应力。轨道结构范畴下的钢轨、轨道板、支承层和梁体等都需要考虑温度应力对其造成的热胀冷缩影响，即使同样温度条件下，不同子结构所受的温度应力也不同，且可以互相影响。通常会对钢轨温度、轨道板温度进行监测，如图 8-8 和图 8-9 所示。

图 8-8　钢轨温度及应力监测

图 8-9　轨道板温度监测

2. 结构间位移

高速铁路无砟轨道结构从上至下依次是钢轨、扣件、轨道板、CA 砂浆调整层、支承层或底座。由于无砟轨道各子结构的刚度、弹性模量等参数各不相同，在长时间的运营工作下容易产生相对位移，从而影响整个无砟轨道的结构安全。结构间位移多表现为钢轨与轨道板间的相对位移、道床相对底座位移(图 8-10)。

3. 结构应力

结构受力的来源主要有行驶列车的荷载和温度力。对钢轨、轨道板、支承层或底座等结构的应变监测可以直接反映出无砟轨道结构的安全状态。钢筋应力监测如图 8-11 所示。

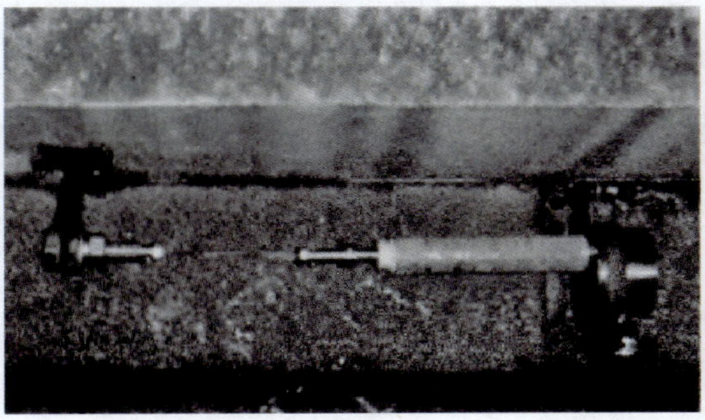

图 8-10　道床相对底座位移监测

图 8-11　钢筋应力监测

4. 振动特性

高速铁路列车行驶过程中会使无砟轨道结构产生明显的振动，多频次、长时间的振动难免会对结构的稳定性和安全性造成影响。同时，一定程度上也会使子结构间产生松动，以至于发生相对位移，最终会导致各种病害发生。因此，需要通过监测以获取与振动特性相关的数据，更准确地掌握无砟轨道结构的固有频率，进而获取结构的频谱响应。

8.3.2　轨道结构变形监测技术

1. 振弦式传感器监测技术

振弦式通常包括固定在端块或被测元件之间的钢弦，通过测量张紧钢弦的频率变化来测量钢弦的张力或应变等物理量。影响振弦式仪器长期稳定性的因素很多，最重要的因素包括钢弦及其相关部件材料的选择、钢弦的固定技术、尽可能地减小由于温度和应变引起的弦线徐变以及减小潜在的腐蚀。高质量的振弦式传感器应具有良好的设计工作特性和较低的长期漂移。振弦式监测采集系统主要可对高速铁路无砟轨道钢轨、轨道板、底座、桥梁等温度及隧道内气温，对钢轨与轨道板、底座与轨道板、凸台与轨道板、摩擦板与桥台、支承层与端刺、连续梁与相邻简支梁纵横向、梁缝等相对位移，对连续轨道结构钢筋拉应力、混凝土压应力等进行监测。

2. 光纤光栅式传感器及监测技术

作为一种新兴的应用技术，光纤传感器能在极限温度、腐蚀、真空和危险的环境中正常工作，为以前诸多极为棘手的监测、监控难题的解决提供了新的技术手段。光纤光栅测试和监控方法是利用光纤材料的光敏性(外界入射光子和纤芯内锗离子相互作用引起的折射率永久性变化)进行数据采集，可进行静态或动态应变测试，以及结构物的长期应变监测。

与传统的监测传感器相比，光纤传感器具有许多独特的优点：

(1)抗电磁干扰、电绝缘、耐腐蚀、本质安全，适合于智能结构的长期健康监测；

(2)质量轻、体积小、外形可变；

(3)对被测介质影响小；

(4)具有极高的灵敏度和分辨率；

(5)便于复用，便于成网，有利于与现有光通信技术组成遥测网和光纤传感网络；

(6)使用期限内维护费用低；

(7)传输频带较宽，便于实现时分或者频分多路复用，可进行大容量信息的实时测量，使大型结构的健康监测成为可能；

(8)光纤传输，适合远距离监测；

(9)可以制备成应力、应变、温度、振动等多种传感器；

(10)波长编码，不受光源的光强波动影响，稳定性好；

(11)一根光纤中写入多个光栅，易于实现分布式自动化在线监测。

3. 电涡流非接触式监测技术

电涡流非接触测试和监控方法是采用高频电涡流效应为原理的非接触式测试方法。电涡流位移传感器是以高频电涡流效应为原理的非接触式技术系统。控制器内产生的高频振荡电流通过同轴电缆流入探头圈中，线圈将产生一个高频电磁场。当被测金属体靠近该线圈时，由于高频磁场的作用，在金属表面上就产生感应电流，即电涡流。该电流产生一个交变磁场，方向与线圈磁场方向相反，这个磁场相互叠加就改变了原线圈的阻抗。所以探头与被测体金属表面距离的变化可通过探头线圈阻抗的变化来测量。控制器根据探头线圈阻抗的变化输出一个与距离成正比的直流电压，即实现位移测试。电涡流非接触监测方法可适用于静态位移测试、结构物的长期位移监测，也可适用于动态监测。其特点是长期工作可靠性好、灵敏度高、抗干扰能力强、非接触测量响应速度快、不受油水等介质的影响。

4. 视频远程实时精准监测技术

视频监控系统一般由摄像、传输、控制、显示、记录五部分组成。摄像机通过网络线缆或同轴视频电缆将视频图像传输到控制主机，控制主机再将视频信号分配到监视器及录像设备。通过控制主机，操作人员可发出指令，对摄像机的动作进行控制及对镜头进行调焦变倍的操作。利用特殊的录像处理模式，可对图像进行录入、回放、调出及储存等操作。

利用高清摄像头对无砟轨道或关键位置进行拍摄，然后通过图像识别技术，来进行分析判断，达到安全监控的目的。利用高清摄像头可监控内容有：轨道部件使用情况，如扣件弹条是否断裂、螺旋道钉是否拔起、断轨以及轨道结构的相对位移和变形等。该监控方法的局限性是单个摄像头监控范围有限，夜间拍摄的范围有限。可考虑结合红外热成像仪摄像机进行监控。今后需重点对图像识别技术在高速铁路无砟轨道工程监控中的应用进行研究。

5. 无线传输、远程监控及预警技术

无线传输即现场采集数据后，均能实时的将数据无线传输到服务器中。远程监控是基于监测数据的实时传输，在服务器上可实现实时远程监控；同时还可开放服务器，任一计算

机可连接到服务器进行实时查看。预警机制即对监测物理量可对高于某值进行报警，也可对低于某值进行报警，同时还可预先设定某一危险区间进行报警。报警可通过连接声光报警装置，同时，可将报警信息以短信方式发送到指定手机上。

8.4　轨道几何状态检测技术

轨道几何不平顺检测技术是对轨道病害损伤的识别方式，通过对轨道的检测找出钢轨损伤部位以及损伤程度，对列车的影响等级，进而制定科学有效的养护维修措施，保证列车的安全运行。轨道几何状态检测技术是指在列车在没有动载荷作用情况下，对轨道线路进行的检测方式。这种检测方式在检测过程中所用到的设备包括轨距尺、弦线、轨道检查仪。其中轨道检查仪在监测工作中应用率最高，它的工作原理是通过人工检测轨道表面的几何尺寸来判定轨道状态及质量，测量结果以波的形式随着仪器在轨道线路上的人工推行实时显示记录，同时存储数据，具有使用方便快捷，设备结构简单易操作等优势。近几年来，将惯性导航和传统轨检仪技术进行组合而成的惯导轨道检查仪，融合多源数据，解算轨道几何状态参数，保证测量精度的同时提升了检测效率。

8.4.1　轨道几何参数符号

轨道几何参数符号的确定，以面向大里程方向定义左右，偏差与调整量符号相反，具体规定有如下几点。

1. 平、竖曲线半径

如图 8-12 所示，↑表示沿着里程增加的方向，右手曲线半径为正，左手曲线半径为负。

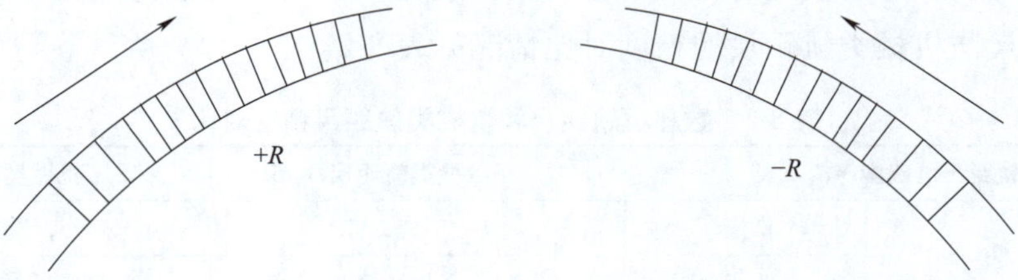

图 8-12　平曲线半径符号示意

2. 平面位置

轨道实际位置位于设计位置右侧时，平面偏差为正，反之为负。

3. 轨面高程

轨道实际位置位于设计位置上方时，高程偏差为正，反之为负。

4. 超高(水平)

如图 8-13 所示,沿着里程增加的方向,右手曲线超高值为正,左手曲线超高值为负。

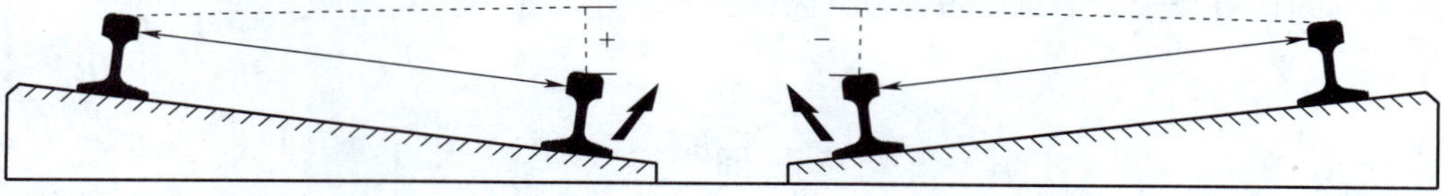

图 8-13　超高符号示意

5. 轨距

实测轨距大于设计轨距时,轨距偏差为正;反之为负。

8.4.2　轨距与轨距不平顺

轨距是指同一横截面两根钢轨顶面内侧向下 16 mm 处两作用边之间的距离,如图 8-14 所示。由于车轮轮缘与钢轨侧面接触点发生在钢轨顶面下 10～16 mm 之间,此处钢轨的磨损较小,能正确地反映出轨道变形所造成的轨距不平顺。轨距可通过铁路轨距尺、轨检小车等设备进行测量。

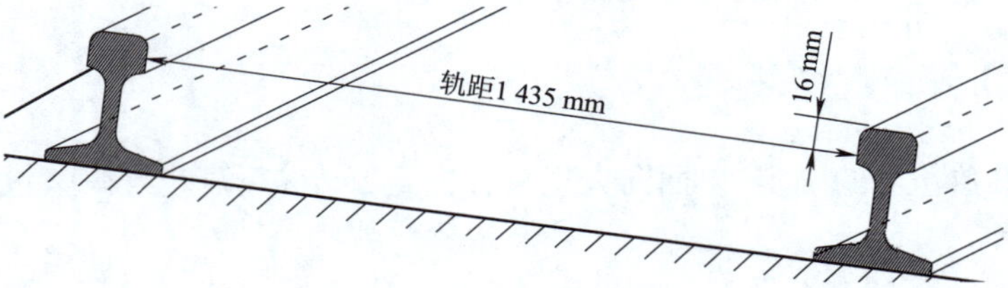

图 8-14　轨距示意

铁路轨距尺可分为数显类轨距尺和机械类轨距尺。二者测量轨距的方法基本一致。数显类轨距尺与机械类轨距尺的精度对比情况见表 8-2。

表 8-2　数显类轨距尺和机械类轨距尺精度对比

轨距尺准确度等级		数显类轨距尺/mm	机械类轨距尺/mm
轨距	0 级	≤0.05	≤0.20
	1 级	≤0.10	≤0.50
	2 级	≤0.20	≤1.00

轨检小车轨距测量原理如图 8-15 所示。轨距 D 是由固定长度 D_0 与两侧钢轨可变长度量 D_1 和 D_2 三部分组成。左侧偏移量 D_1 是指长度为 L_1 的双轮梁中心到与双轮梁接触的轨道间的最近距离,同时 D_1 也可代表长度为 L_1 的弦长对应的正矢;右侧的偏移量 D_2 是指伸缩架的弹簧在受到轨道两侧向内压缩力后弹簧的实际长度,由轨距传感器测量得到。中国铁路设计集团有限公司研发的 SGJ-T-CRC-Ⅲ型惯导轨道检查仪测量轨距的限差见表 8-3。

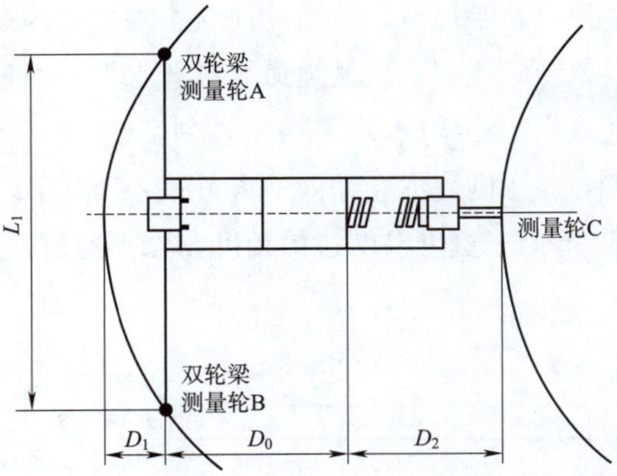

图 8-15　轨距测量原理

表 8-3　SGJ-T-CRC-Ⅲ型惯导轨道检查仪测量轨距的示值限差

项　目	测量范围/mm	测量范围/mm	示值限差/mm
轨距	1 410～1 470	零位正确性	±0.15
		示值误差	±0.30
		测量重复性	±0.15

轨距偏差是指实测轨距与设计轨距(1 435 mm)之差,见式(8-1)。轨距偏差超限会加大轮轨之间的作用强度,缩短了轨道的使用寿命,从而影响列车的安全性。

$$\Delta D = D - 1\,435/1\,000 \tag{8-1}$$

式中　ΔD——轨距偏差;

　　　D——实测轨距。

8.4.3　水平(超高)不平顺

水平是指同一里程处左、右两根轨道轨顶面的高程差,在直线段称之为"水平",在曲线段称之为"超高",如图 8-16 所示。列车在直线轨道上行驶时,为保证车体运行时不发生倾斜,左右两根轨道轨顶面高程差应为零;当列车驶入曲线轨道时,圆周运动所产生的离心力会使车轮对外侧轨道产生侧向压力,为此设置了外轨超高,以利用车体自身重力的分力来抵消这种侧向压力,从而减小或消除轮轨之间水平方向的作用力。

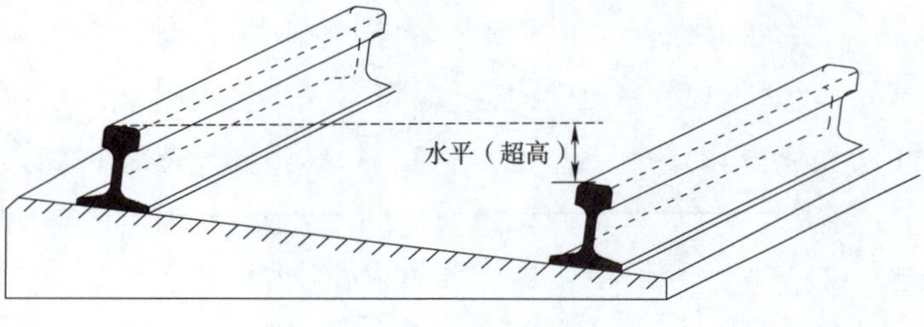

图 8-16　水平(超高)示意

水平(超高)可以通过铁路轨距尺或者轨道几何状态测量仪等设备精确测量。运用轨距尺测量水平的方法与测量轨距时类似。机械轨道尺测量水平的原理如图 8-17 所示:机械轨道尺主要由水平管和刻度盘两部分构成,水平为零且刻度盘调"0"时,水平管内的气泡居于水平管中央,若两根轨道不水平,则气泡会偏向一方,用手旋转刻度盘,可以调整水平管右端的高度至气泡位于中央位置,由于刻度盘转过的角度与水平度成一定的函数关系,以此便可获取该位置处的水平值。

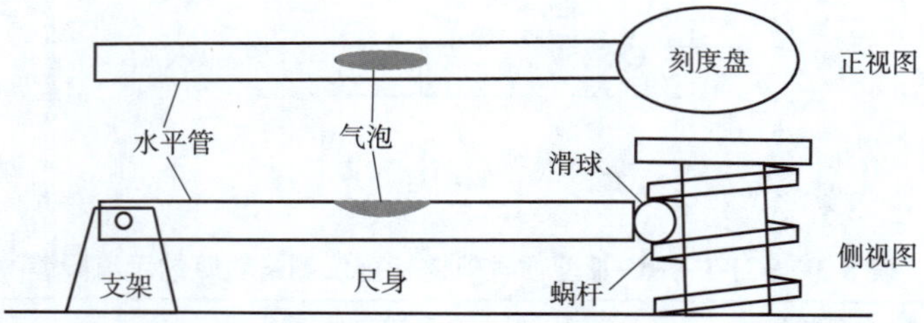

图 8-17 机械轨道尺测量水平的原理

数显类轨距尺主要是采用位移传感器和倾角传感器直接显示测量结果,因为其精度较高,且操作方便,逐渐得到各铁路工务段越来越广泛地使用。数显类轨距尺测量水平的标称精度见表 8-4。

表 8-4 数显类轨距尺测量水平标称精度

设备名称	准确度等级	测量水平精度/mm
数字轨距尺	0 级	≤0.10
	1 级	≤0.15
	2 级	≤0.40

轨检仪测量水平(超高)的原理与数显类轨距尺类似,首先采用高精度传感器测量轨道横向的倾角,根据实测轨距推算的左右两根轨道轨顶面的距离与倾角传感器采集的横向倾角正弦值之积,就可以计算出水平(超高),如图 8-18 所示。

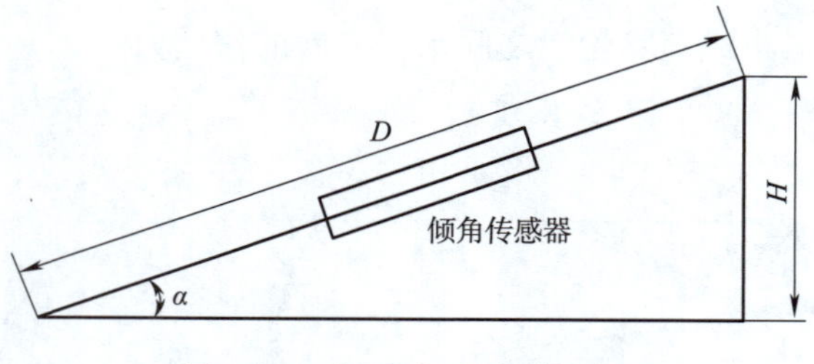

图 8-18 水平(超高)测量原理

水平(超高)不平顺是指轨顶面的实测水平(超高)与其对应的同一里程处的设计水平(超高)之差,该值反映了左右两股钢轨在竖直方向上发生的相对变形。设轨道上任意一点的水平(超高)理论值为 H_0,实测水平值为 H,则水平不平顺值 ΔH 可以表示为

$$\Delta H = H - H_0 = D \times \sin\alpha - H_0 \tag{8-2}$$

式中　D——两轨顶面之间的距离;

α——水平传感器测量角。

SGJ-T-CRC-Ⅲ型惯导轨道检查仪测量水平的标称精度见表 8-5。

表 8-5　SGJ-T-CRC-Ⅲ型惯导轨道检查仪测量超高的示值限差

项　目	测量范围/mm	测量范围	示值限差/mm
水平(超高)	±200	零位正确性	±0.15
		示值误差	±0.30
		掉头误差	±0.30
		测量重复性	±0.15

8.4.4　高低不平顺和轨向不平顺

轨道的高低是指单股钢轨顶面沿线路纵向在竖向上的高低起伏变化量,反映轨道在竖向的不平顺。对高速铁路而言,由于路基的沉降、扣件的松动、钢轨的波浪形磨损和焊接接头处低塌等不可抗拒因素的影响,即使其轨面是平顺的,经过一段时间的列车车辆运行后,也会造成钢轨高低不平。钢轨的前后高低不平,对列车的运营安全影响极大。列车在高低不平的轨道上行驶时,会对轨道产生冲击作用,列车速度越快,冲击越大,进而加剧线路的变形,形成一个恶性的循环。因此,必须定期采集轨道数据计算出轨道的高低不平顺值,使其控制在规范允许的误差以内。轨向不平顺属于平面不平顺,其定义与高低不平顺类似,这里不再赘述。

轨道高低和轨向的检验标准和方法是相同的,可以直接拉弦测量或者利用轨检小车的检测数据计算得到。由于我国目前缺乏高速铁路较长时间运营实践经验,对轨道高低和轨向不平顺的控制方法主要参考了国内普速线路以及国外高速铁路的有关规定。

在高速铁路大规模建设之前,国内多采用固定弦长(如直线上 10 m,曲线上 20 m),计算中间点的正矢作为普速铁路不平顺性的评价标准;对于高速铁路轨道的中长波不平顺,德国主要采用定弦检测(30 m 弦 5 m 基长和 300 m 弦 150 m 基长)的方法进行轨向和高低的不平顺检测。

(1)国内平顺性评价方法

传统上国内通常采用固定基准弦长的正矢差作为轨道平顺性的评判标准,通过固定弦长,评价该弦长对应的中间点的正矢与设计正矢的差值。由于每个检测点均对应一条独立的弦线,国内有些学者称这种方法为“动弦检测法”。国内 10 m 弦 5 m 基长测量与评价的原理如图 8-19 所示。

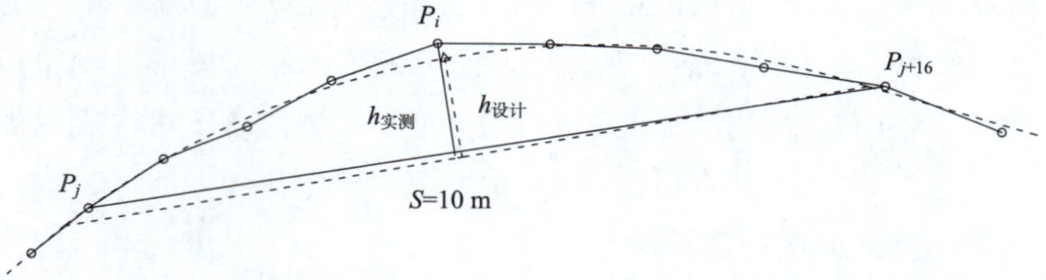

图 8-19　10 m 弦不平顺检测示意

图 8-19 中，P_j、P_i、P_{j+16} 分别表示轨枕编号为 j、i、$j+16$ 处的测点，P_j 与 P_{j+16} 组成 10 m 弦，通过计算 P_i 处的正矢可评价支撑点 P_i 处的不平顺性，同理可评价下一个支撑点 P_{i+1} 处的不平顺性，其所对应的弦线两端点为 P_{j+1} 与 P_{j+17}，依次类推，可以评价任意弦线对应的中间支撑点处的不平顺性。国内 10 m 弦平顺性评价的数学模型见式(8-3)。

$$\Delta h_i = h_{i设计} - h_{i实测} \tag{8-3}$$

式中　Δh_i——P_i 点处 10 m 弦轨向或高低的不平顺值；

$h_{i设计}$——P_i 处的设计正矢；

$h_{i实测}$——P_i 处的实测正矢。

(2)德国平顺性评价方法

德国进行轨道平顺性检测的方法与我国传统的方法有所不同。德国检测方法为拉一条长弦(30 m 弦或者 300 m 弦)，分别计算弦线范围内的某个测点和该测点后 n 个扣件间距的测点到该弦线的矢高，以其设计矢高之差与实测矢高之差的差值作为评价该测点处 30 m 弦或者 300 m 弦轨向或高低不平顺的依据，由于每次拉弦可以评价多个点的不平顺性，所以称之为“定弦检测”。

①30 m 弦中波不平顺检测：

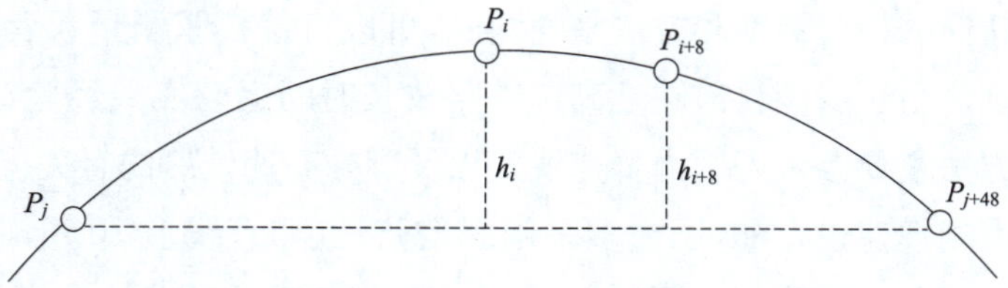

图 8-20　30 m 弦不平顺检测示意

30 m 弦线不平顺检测示意如图 8-20 所示。中波不平顺一般以 5 m 基长设置一对检测点，设 30 m 范围内轨枕编号为 $P_j \sim P_{j+48}$，$h_{j+1} \sim h_{j+47}$ 分别为 $P_{j+1} \sim P_{j+47}$ 轨枕处的矢高。若检测 P_i 点的中波不平顺，可按式(8-4)计算不平顺值。

$$\Delta h_i = |(h_{i设计} - h_{i+8设计}) - (h_{i实测} - h_{i+8实测})| \tag{8-4}$$

式中　$h_{i设计}$，$h_{i+8设计}$——检测点 P_i 与检核点 P_{i+8} 的设计矢高；

$h_{i实测}$，$h_{i+8实测}$——检测点 P_i 与检核点 P_{i+8} 的实测矢高。

拉一条 30 m 的弦线可以检测支撑点 P_{j+1}（检核点 P_{j+9}）至 P_{j+39}（检核点 P_{j+37}）的中波不平顺值，如要对 P_{j+39} 以后的轨枕进行检验，需采用新弦线，新弦线起点为 P_{j+39}，端点为 P_{j+87}，根据新弦线可确定 P_{j+40}～P_{j+86} 等各点的矢高，进而可评价支撑点为定 P_{j+40}～P_{j+86} 的不平顺，下一根弦线从 P_{j+86} 开始，依次可进行线路上除最后 8 个测点以外所有测点的平顺性评价。

②300 m 弦长波不平顺检测：

300 m 弦线不平顺检测示意如图 8-21 所示。长波不平顺一般以 150 m 基长设置一对检测点，设 300 m 范围内轨枕编号为 P_j～P_{j+480}，h_{j+1}～h_{j+479} 分别为 P_{j+1}～P_{j+479} 处的矢高。若检测 P_i 点的中波不平顺，可按式(8-5)计算不平顺值。

$$\Delta h_i = |(h_{i设计} - h_{i+240设计}) - (h_{i实测} - h_{i+240实测})| \tag{8-5}$$

式中　$h_{i设计}$，$h_{i+240设计}$——检测点 P_i 与检核点 P_{i+240} 的设计矢高；

$h_{i实测}$，$h_{i+240实测}$——检测点 P_i 与检核点 P_{i+240} 的实测矢高。

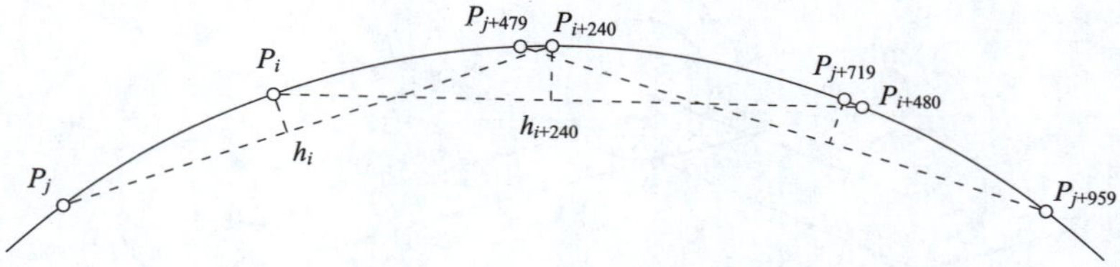

图 8-21　300 m(480 个轨枕间距)弦长检测时弦线的搭接

8.4.5　扭曲与扭曲不平顺

扭曲不平顺(俗称三角坑)反映的是左右两股钢轨顶面相对于设计轨道面发生的扭曲状态，通常是指一定基长的两处横断面上的左、右轨轨顶面高程差之差。扭曲不平顺通常会引起车辆的侧滚和侧摆，过大的扭曲不平顺，将导致车辆转向架呈三轮支撑一轮悬浮的恶劣状态，严重危及行车安全。

扭曲的测量基长一般为 3 m(无砟轨道)或者 6.25 m(有砟轨道)，可通过轨检小车依据测得的水平(超高)偏差间接测出，SGJ-T-CRC-Ⅲ型惯导轨道检查仪测量扭曲的限差，见表 8-6。

表 8-6　SGJ-T-CRC-Ⅲ型惯导轨道检查仪测量扭曲的限差

项　目	测量范围/mm	示值限差/mm	测量基长
扭曲	±30	±0.6	6.25 m 基长
		±0.6	3 m 基长

扭曲不平顺的计算有常用的传统方法和依据定义推算的严密方法两种，下面分别进行介绍。

(1)计算扭曲不平顺值的传统方法

传统的扭曲不平顺(记不平顺值为 h)的计算方法见式(8-6)。

$$h=[(H_A-H_B)-(H_{A设}-H_{B设})]-[(H_C-H_D)-(H_{C设}-H_{D设})] \quad (8\text{-}6)$$

式中 H_A, H_B, H_C, H_D——A、B、C、D 四个点的实测高程;

$H_{A设}, H_{B设}, H_{C设}, H_{D设}$——A、B、C、D 四个点的设计高程。

式(8-6)中,(H_A-H_B)可认为是该里程处的实测水平(超高)值,$(H_{A设}-H_{B设})$可认为是该里程处的设计水平(超高)值,$(H_A-H_B)-(H_{A设}-H_{B设})$即 A、B 两点所在里程的水平(超高)偏差,所以扭曲可采用间隔一定基长的水平(超高)偏差之差来计算。

(2)计算扭曲不平顺值的严密方法

图 8-22 中,由于 D 处轨道发生了扭曲,ABCD 四个点将不在一个平面上,扭曲为点 D 到平面 ABC 的距离 h。扭曲的严密计算即为先求取平面 ABC 的方程,再计算点 D 到平面 ABC 的距离。下面来推算扭曲的严密计算方法。

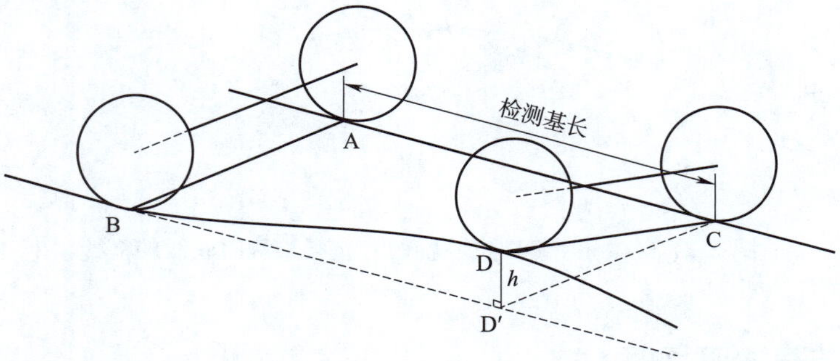

图 8-22 扭曲示意

点 A(X_A, Y_A, H_A)、B(X_B, Y_B, H_B)位于同一里程处,点 C(X_C, Y_C, H_C)、D(X_D, Y_D, H_D)为与 A、B 间隔一定基长的两个点,这两个点位于一里程处,点 D 距平面 ABC 的距离为 h。设平面 ABC 的平面方程为 $aX+bY+cH+d=0$,由点 A、B、C 的三维坐标可得

$$\begin{cases} aX_A+bY_A+cH_A+d=0 \\ aX_B+bY_B+cH_B+d=0 \\ aX_B+bY_B+cH_B+d=0 \end{cases} \quad (8\text{-}7)$$

$d=0$ 时,式(8-7)为齐次线形方程组,可以按照齐次方程组求解的方法得出 a、b、c 的值;$d\neq0$ 时,将系数 a、b、c 分别除以 d 记为 a_0、b_0、c_0,则式(8-7)变为

$$\begin{cases} a_0X_A+b_0Y_A+c_0H_A+1=0 \\ a_0X_B+b_0Y_B+c_0H_B+1=0 \\ a_0X_C+b_0Y_C+c_0H_C+1=0 \end{cases} \quad (8\text{-}8)$$

式(8-8)为非齐次方程组,可以按照非齐次方程组求解的方法得出 a_0、b_0、c_0 的值。

D 到平面 ABC 的距离 h 为

$$h=\frac{|aX_D+bY_D+cH_D+d|}{\sqrt{a^2+b^2+c^2}} \tag{8-9}$$

(3)两种方法的比较

实际计算时，常用的方法是通过对 A、B 所在里程处的超高与 C、D 所在里程处的超高求差来计算扭曲值 h 的，见式(8-10)。

$$h=(H_A-H_B)-(H_{A设}-H_{B设})=\Delta e_{l1}-\Delta e_{l2} \tag{8-10}$$

式中　H_A, H_B, H_C, H_D——A、B、C、D 四个点的高程；

$\Delta e_{l1}, \Delta e_{l2}$——A、B 所在里程处的超高和 C、D 所在里程处的超高。

常用的扭曲计算原理示意如图 8-23 所示，可知传统方法计算扭曲时是用竖向距离近似替代了点到平面的法向距离。

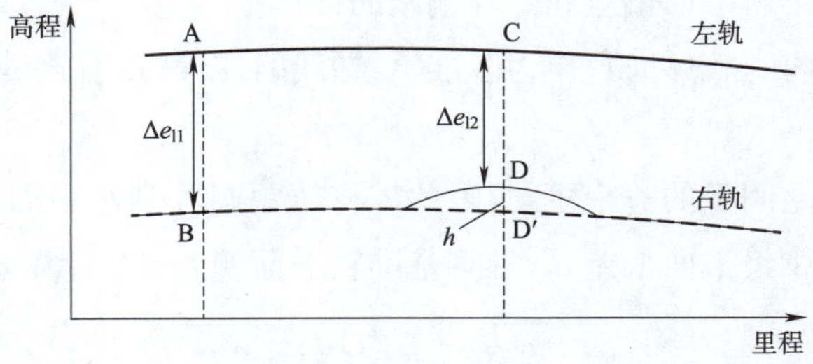

图 8-23　常用的扭曲计算原理示意

为了进行定量的分析，分别利用严密算法和常用的近似算法计算一段某高速铁路约 6 000 个测点基长为 3 m 的扭曲值，如图 8-24 所示。该段线路设计的最大坡度约为 4‰，位于里程为 13 799～15 286.955 之间，此处运用两种方法计算的扭曲差值与其他里程处相比较大，最大差值约为 0.03 mm。由于近似计算和严密计算的扭曲值不同之处在于一个为竖向的距离，一个为平面法向的距离，二者之差与直线坡度和缓和曲线段的超高变化率的大小成正比。按照规范规定最大坡度为 30‰，缓和曲线超高顺坡率最大为 2‰，此时 3 m 基长的严密计算与近似计算的扭曲值差值约为 0.04 mm。

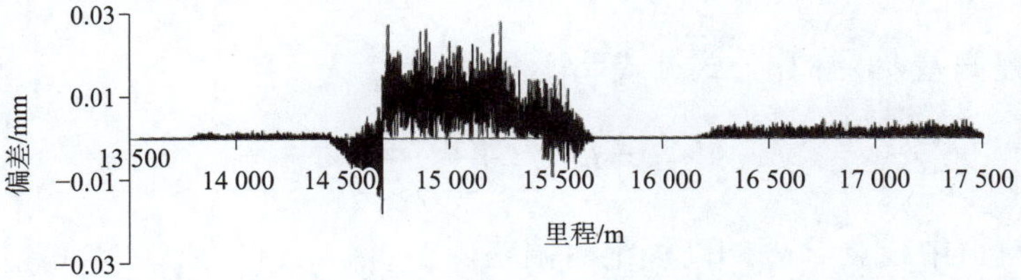

图 8-24　严密方法与近似方法计算的扭曲值比较

由以上分析可知，近似方法替代严密方法计算扭曲值的方法是可行的，并且近似方法降低了算法复杂度。

8.4.6 平面绝对偏差与高程绝对偏差

平面绝对偏差为实测点到设计线形的垂直距离，高程绝对偏差为实测点沿竖向到设计线形的距离。

(1)轨道中线平面偏差与高程偏差的计算

设轨道中线上点 P 的实测三维坐标为($X_{实测}$，$Y_{实测}$，$H_{实测}$)，P 点对应的设计三维坐标为($X_{设计}$，$Y_{设计}$，$H_{设计}$)，轨道中线点 P 的平面绝对偏差 d_P 可按式(8-11)计算：

$$d_p=\sqrt{(Y_{实测}-Y_{设计})^2-(X_{实测}-X_{设计})^2} \tag{8-11}$$

轨道中线点 P 的高程绝对偏差 h_P 可按式(8-12)计算：

$$h=(H_{实测}-H_{设计}) \tag{8-12}$$

(2)基准轨、非基准轨平面偏差和高程偏差的计算

一般线路平面是将高轨(外轨)作为基准轨，即线路左偏时，右轨是基准轨；线路右偏时，左轨是基准轨。

由于轨距是三维空间里的一个概念，因此需将轨距归算到水平面内才能进行基准轨平面偏差的推算。依据中线平面偏差 d_P 推算基准轨平面偏差 $d_{P基}$ 计算公式见式(8-13)。

$$d_{P基}=\left[\frac{\sqrt{D_{实测}^2-e_{实测}^2}}{2}-(\frac{\sqrt{D_{设计}^2-e_{设计}^2}}{2}-d_P)\right]\times f \tag{8-13}$$

式中 $D_{实测}$，$D_{设计}$——P 点处的实测轨距与设计轨距；

$e_{实测}$，$e_{设计}$——P 点处的实测超高与设计超高；

f——偏差的符号，线路左偏时，记 f 为−1；线路右偏时，记 f 为 1。

非基准轨平面偏差 $d_{P非基}$ 与基准轨平面偏差 $d_{P基}$ 的代数和为轨距偏差在水平面的投影，故计算公式见式(8-14)。

$$d_{P非基}=(\sqrt{D_{设计}^2-e_{设计}^2}-\sqrt{D_{实测}^2-e_{实测}^2})-d_{P基}\times f \tag{8-14}$$

线路竖面是将低轨(内轨)作为基准轨，即线路左偏时，左轨是基准轨；线路右偏时，右轨是基准轨。

基准轨高程偏差 $h_{P基}$ 计算公式见式(8-15)。

$$h_{P基}=h_P-(\frac{e_{实测}}{2}-\frac{e_{设计}}{2}) \tag{8-15}$$

式中 h_P——轨道中线点 P 处的高程绝对偏差；

$e_{实测}$，$e_{设计}$——P 点处的实测超高与设计超高。

非基准轨高程偏差 $h_{P非基}$ 与基准轨高程偏差 $h_{P基}$ 的代数和为超高偏差，故计算公式见式(8-16)。

$$h_{P非基}=(e_{实测}-e_{设计})+h_{P基}\times f \tag{8-16}$$

8.5　轨道平顺性分析方法

与一般结构物相似,铁路轨道结构几何状态变化也是一个周期性的、逐渐劣化的过程,如图 8-25 所示。

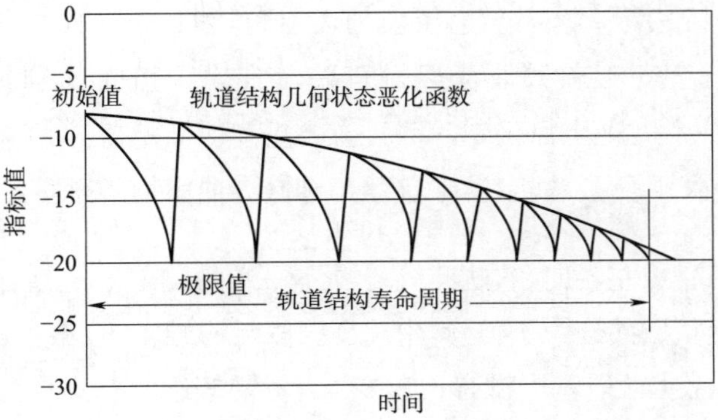

图 8-25　轨道结构几何状态变化规律示意

对这种变化趋势明显的结构物性能的分析与评价重点需要解决以下几个方面的问题,即

①状态数据信息的检测、获取及预处理;

②行为规律的再认识;

③科学、合理、可行的评价方法与评价指标体系的建立与完善。

8.5.1　轨道几何状态分析内容与方法

对于轨道不平顺的评价与控制,国内外都进行了大量的研究,并已经取得了卓有成效的成果。尤其是在铁路发达的国家中,如法国、日本、德国等,结合本国铁路运输的特点以及轨道结构、线路平纵断面的实际情况,研究制定了一系列严格的各级铁路轨道不平顺监控管理标准和控制措施,如轨道作业验收标准、轨道日常养护标准、轨道紧急补修标准、轨道限速管理标准等,为这些国家的轨道质量控制打下了坚实的基础,为保证列车运行的安全、舒适和发展高速铁路提供了技术保证。国内外轨道几何质量状态评价指数、计算方法及标准,逐渐形成了以轨道不平顺标准差为指标的区段轨道几何质量指数(TQI)、以轨道不平顺幅值超限数量为指标的区段轨道不平顺指数(P 值)、以轨道不平顺偏差为指标的区段轨道粗糙度指数(R^2)等三类评价指标体系,在此基础上列举了我国常用的线路静态几何尺寸容许偏差管理值。

8.5.2 轨道几何状态的评价与管理

(1)基于区段标准差的评价与管理

在以轨道不平顺标准差作为区段轨道几何质量指数的评价方法中,单元区段长度英国和荷兰铁路为 200 m,法国铁路为 300 m,加拿大铁路一般设定单元区段长度为 400 m,并根据线路设备分布情况,最长可达 800 m;评价指标方面,英国铁路直接应用高低、轨向的单项标准差,法国铁路应用高低、轨向、轨距、水平标准差换算成 e 值,荷兰铁路用 0.5~25 m 波段范围内的高低、水平、轨向以及 25~70 m 波段范围内轨向的标准差转换为 Q-指数,加拿大铁路应用高低、轨向、水平的标准差转换为单项参数指数作为指标。

①英国铁路

在轨道区段质量状态评价方面,英国铁路选择 200 m 作为单元区段长度,应用单元区段内轨道左高低、右高低、左轨向、右轨向等 4 项不平顺检测值的统计标准差评价轨道区段质量。铁路区段质量状态共分为 4 类,其中优良区段无需维护,合格区段一般占 90%,不良区段一般小于 10%,恶劣区段基本没有。表 8-7 为不同等级线路高低和轨向标准差的管理值。在英国铁路轨道检测报表中,常用 SD(statistical distribution)值表示标准值大小,SD 的数值取检测得到的标准差的实际值的 10 倍。

表 8-7 轨道区段标准差管理值

分级	线路类型及速度等级/(km·h^{-1})	
	A(>160)	
	高低	轨向
质量段 1:优良	<1.5	<0.9
质量段 2:合格	1.6~2.1	1.0~1.3
质量段 3:不良	2.2~3.2	1.4~2.1
质量段 4:恶劣	>3.3	>2.2

②法国铁路

法国铁路通过计算 300 m 单元区段轨道的左高低、右高低、左轨向、右轨向、水平等 5 项不平顺平均偏差指数评价区段轨道几何质量状态,其计算公式为

$$e=\frac{1}{300}\int_{-\infty}^{x_0}\eta'(x)\exp\left(\frac{x-x_0}{300}\right)\mathrm{d}x \tag{8-17}$$

式中 $\eta'(x)$——各单项不平顺检测信号原始值(初始不平顺值)。

e 和不平顺标准差 σ 的关系为:$e=\sigma/1.38$。

法国铁路制定的 TGV 高速铁路评价偏差指数管理标准见表 8-8,其中,L1 为第一级限度值,小于 L1 表示该区段轨道状态良好,不需要维修;L2 是第二级限度值,大于 L2 表示该区段轨道状态很差,需要紧急维修,一般不允许超过;若平均偏差指数在 L1 和 L2 之间,则

表示该区段应列入维修计划。

表 8-8　法国高速铁路 e 值管理标准

项　目	高　低	轨　向	水　平
L1	0.6	0.9	0.4
L2	0.8	1.4	0.6

③荷兰铁路

荷兰铁路单元轨道区段长度设定为 200 m，以波长 0.5～25 m 内的高低、水平、轨向和波长 25～70 m 内的轨向不顺标准差，根据公式转换为质量指数 N（也称 Q-指数）。

$$N=10e^{-\frac{\sigma}{\sigma_c}}$$

$$\sigma_c=-\frac{\sigma_{80}}{\ln 0.675} \tag{8-18}$$

式中　N——轨道几何质量指数；

σ——不平顺标准差；

σ_{80}——σ 的 80%，见表 8-9。

表 8-9　各项几何参数的管理值

线路等级	高　低	水　平	短波轨向	长波轨向
Q-等级一	1.09	1.64	1.02	2.62
Q-等级二	1.22	1.99	1.35	3.62
Q-等级三	1.39	1.99	1.46	3.73

N 值的标准值见表 8-10，其中，N 值在 0（最差）～10（最好）之间。

表 8-10　N 值的标准值

波长 0～25 m			波长 25～70 m
高低	水平	轨向	轨向
6.3	5.7	6.7	6.5

④加拿大铁路

加拿大铁路和美国铁路一样都以货运为主。加拿大国家铁路各公司（CN）单元区段长度一般取 400 m，通过计算高低、轨向、轨距、水平等单项几何参数的标准差 σ_i（$i=1,2,3,4$），由公式计算单项 I_{PQ_i}：

$$I_{PQ_i}=1\,000-C\sigma_i^2 \tag{8-19}$$

式中　I_{PQ_i}——单项不平顺指数；

C——经验常数，主要干线取 $C=700$。

综合指数 I_{TQ}计算公式为

$$I_{TQ}=\frac{1}{4}(I_{PQ_1}+I_{PQ_2}+I_{PQ_3}+I_{PQ_4}) \tag{8-20}$$

I_{TQ}在 0～1 000 内变化，其中 $I_{TQ}>600$ 表示区段轨道状态良好，$I_{TQ}<400$ 表示区段需要安排维修。

(2)P 值评价与管理

P 值由日本铁路提出。日本于 1964 年开通运营世界上第一条高速铁路——东海道新干线，因此也较早开始了对于高速铁路轨道平顺性评价的研究探索，并且吸取东海道新干线采用有砟轨道养护维修工作量大的教训，在山阳新干线开始试验铺设无砟轨道的基础上，随后修建的新干线基本采用了无砟轨道，列车运营速度达到 320 km/h，其轨道平顺性评价方法具有重要的参考价值。日本从 1960 年开始采用轨道不平顺指数(P 值)来评价线路区段的质量状态。所谓 P 值就是在规定的单元长度区段中，计算各单项几何参数检测值超过±3 mm 的数量占全部检测点数量的百分比。

$$\begin{aligned}P&=P_1+P_2\\P_1&=100\int_{+3}^{\infty}\frac{1}{\sqrt{2\pi\sigma}}\exp\left[-\frac{(x-m)^2}{2\sigma^2}\right]\mathrm{d}x\\P_2&=100\int_{-3}^{-\infty}\frac{1}{\sqrt{2\pi\sigma}}\exp\left[-\frac{(x-m)^2}{2\sigma^2}\right]\mathrm{d}x\end{aligned} \tag{8-21}$$

式中 m——平均值；

σ——标准差。

简化计算式为

$$\begin{aligned}P_1&=\frac{100f_+}{n}\\P_2&=\frac{100f_-}{n}\end{aligned} \tag{8-22}$$

式中 f_+，f_-——超过+3 mm 和−3 mm 的测点数；

n——总测点数。

日本铁路设定单元区段长度为 500 m，其 P 值管理标准见表 8-11。

表 8-11 日本铁路 P 值管理标准

线 路	高 低	轨 向	水 平	轨 距
一级	29	17	10	7
二级	31	17	10	8

(3)R^2 评价与管理

美国是世界上运营铁路里程第一的国家。轨道粗糙度指数(R^2)由美国铁路运输公司

(Amtrak)提出，定义为轨道不平顺偏差值平方的均值，表示为

$$R^2 = \sum_{i=0}^{n} \frac{d_i^2}{n} \tag{8-23}$$

式中　d_i——20 m 弦长测量的几何偏差值；

n——单元区段内测量的点数。

轨道粗糙度指数用单元区段内轨道高低、轨向、水平和轨距的粗糙度评价区段轨道几何质量状态的优劣，其评价标准见表 8-12。

表 8-12　R^2 管理值

轨道状态	极好	好	一般	差
R^2	$R^2<1$	$1<R^2<4$	$4<R^2<16$	$R^2>16$

(4)轨道质量指数(TQI)评价与管理

我国高速铁路区段管理多采用轨道几何质量指数 TQI(track quality index)。TQI 是单元区段长度内，高低、轨向、轨距、水平和三角坑的动态检测数据标准差之和。表示了单元区段轨道状态的离散，与轨道状态平顺性密切相关，即数值越小，轨道平顺性程度越好、波动越小。

我国计算方法如下：

$$\begin{gathered} \mathrm{TQI} = \sum_{i=1}^{7} \sigma_i \\ \sigma_i = \sqrt{\frac{1}{n} \sum_{j=1}^{n} (x_{ij} - \overline{X}_i)^2} \\ \overline{X}_i = \sqrt{\frac{1}{n} \sum_{j=1}^{n} x_{ij}} \end{gathered} \tag{8-24}$$

式中　σ_i——各项几何偏差的标准差；

$i=1,2,\cdots,7$——左高低、右高低、左轨向、右轨向、轨距、水平、三角坑；

x_{ij}——单元区段中各项几何偏差的幅值，其中，$j=1,2,\cdots,n$；

n——采样点的个数(200 m 小单元区段中 $n=800$)。

中国高速铁路无砟轨道 TQI 的管理值见表 8-13。TQI 在我国已应用多年，在轨道区段质量状态评价中发挥了巨大的作用。

表 8-13　轨道不平顺质量指数(TQI)管理标准(mm)

速度等级/(km·h^{-1})	高低	轨向	轨距	水平	三角坑	TQI
$200<v\leqslant250$	1.4×2	1.0×2	0.9	1.1	1.2	8
$250<v\leqslant350$	0.8×2	0.7×2	0.6	0.7	0.7	5

综上所述，在国内外铁路区段轨道评价方法中，以轨道不平顺标准差为基础的指标体系

所反映的我国高速铁路区段质量状态特征基本相似，差异主要在单元区段长度、单项项目选择和相关控制标准。中国铁路 TQI 选取了轨道 7 个单项项目，且具有综合 7 项指标的 TQI 值，是应用标准差评价方法中项目最全、最为系统和全面的评价方法，其评价结果较好地反映了现场存在的问题。日本铁路 P 值是直接基于不平顺幅值检测值的评价方法，美国铁路 R^2 值也是直接针对不平顺幅值的评价方法，与以不平顺幅值均值为基准的标准差相比，P 值和 R^2 值对存在问题的单项项目反映得更为充分，值得在区段轨道几何质量状态评价中借鉴。

随着行车速度的不断提高和对轨道管理重要性认识水平的提高，轨道几何状态的检测、评价和管理也越来越受到重视，线路静态几何尺寸容许偏差管理值也形成了一套独立的标准并写入规范。

线路静态几何不平顺容许偏差管理值见表 8-14 和表 8-15。

表 8-14　200～250 km/h 线路轨道静态几何不平顺容许偏差管理值

项　目	作业验收		计划维修	临时补修	限速[不大于 160(km·h⁻¹)]
	有砟	无砟			
轨距/mm	+2 −2	+1 −1	+4 −2	+6 −4	+8 −6
水平/mm	3	2	5	8	10
高低/mm	3	2	5	8	11
轨向(直线)/mm	3	2	4	7	9
三角坑/[mm/(3 m)]	3	2	4	6	8
轨距变化率	1/1 500		1/1 000	—	—

注：(1)高低偏差和轨向偏差为 10 m 弦测量的最大矢度值。
(2)三角坑偏差不含曲线超高顺坡造成的扭曲量，在延长 18 m 的距离范围内无超过表列的三角坑。

表 8-15　250(不含)～350 km/h 线路轨道静态几何不平顺容许偏差管理值

项　目	作业验收		计划维修	临时补修	限速[不大于 200(km·h⁻¹)]
	有砟	无砟			
轨距/mm	+2 −2	+1 −1	+4 −2	+5 −3	+6 −4
水平/mm	2		4	6	7
高低/mm	2		4	7	8
轨向(直线)/mm	2		4	5	6
三角坑/[mm/(3 m)]	2		3	5	6
轨距变化率	1/1 500		1/1 000	—	—

注：(1)高低偏差和轨向偏差为 10 m 弦测量的最大矢度值。
(2)三角坑偏差不含曲线超高顺坡造成的扭曲量，在延长 18 m 的距离范围内无超过表列的三角坑。

道岔静态几何不平顺容许偏差管理值见表 8-16 和表 8-17。调节器静态几何不平顺容许偏差管理值见表 8-18 和表 8-19。

表 8-16　200～250 km/h 道岔静态几何不平顺容许偏差管理值

<table>
<tr><th colspan="2" rowspan="2">项　目</th><th colspan="2">作业验收</th><th rowspan="2">计划维修</th><th rowspan="2">临时补修</th><th rowspan="2">限速[不大于 160(km·h^{-1})]</th></tr>
<tr><th>有砟</th><th>无砟</th></tr>
<tr><td rowspan="2">轨距/mm</td><td>岔　区</td><td>+2
−2</td><td>+1
−1</td><td>+4
−2</td><td>+5
−2</td><td rowspan="2">+8
−6</td></tr>
<tr><td>尖轨尖</td><td colspan="2">+1
−1</td><td>+2
−2</td><td>+3
−2</td></tr>
<tr><td colspan="2">水平/mm</td><td>3</td><td>2</td><td>5</td><td>7</td><td>10</td></tr>
<tr><td colspan="2">高低/mm</td><td>3</td><td>2</td><td>5</td><td>7</td><td>11</td></tr>
<tr><td rowspan="2">轨向/mm</td><td>直股</td><td>3</td><td>2</td><td>4</td><td>6</td><td>9</td></tr>
<tr><td>支距</td><td>2</td><td>2</td><td>3</td><td>4</td><td>—</td></tr>
<tr><td colspan="2">三角坑/[mm/(3 m)]</td><td>3</td><td>2</td><td>4</td><td>6</td><td>8</td></tr>
<tr><td colspan="2">轨距变化率</td><td colspan="2">1/1 500</td><td>1/1 000</td><td>—</td><td>—</td></tr>
</table>

注:(1)轨距偏差不含构造轨距加宽值。
(2)高低偏差和轨向偏差为 10 m 弦测量的最大矢度值。
(3)支距偏差为实际支距与计算支距之差。
(4)导曲线下股高于上股的限值:作业验收为 0,计划维修为 2 mm,临时补修为 3 mm。
(5)三角坑偏差不含曲线超高顺坡造成的扭曲量,在延长 18 m 的距离范围内无超过表列的三角坑。

表 8-17　250(不含)～350 km/h 道岔静态几何不平顺容许偏差管理值

<table>
<tr><th colspan="2">项　目</th><th>作业验收</th><th>计划维修</th><th>临时补修</th><th>限速[不大于 200(km·h^{-1})]</th></tr>
<tr><td rowspan="2">轨距/mm</td><td>岔区</td><td>+1
−1</td><td>+4
−2</td><td>+5
−2</td><td rowspan="2">+6
−4</td></tr>
<tr><td>尖轨尖</td><td>+1
−1</td><td>+2
−2</td><td>+3
−2</td></tr>
<tr><td colspan="2">水平/mm</td><td>2</td><td>4</td><td>6</td><td>7</td></tr>
<tr><td colspan="2">高低/mm</td><td>2</td><td>4</td><td>7</td><td>8</td></tr>
<tr><td rowspan="2">轨向/mm</td><td>直股</td><td>2</td><td>4</td><td>5</td><td>6</td></tr>
<tr><td>支距</td><td>2</td><td>3</td><td>4</td><td>—</td></tr>
<tr><td colspan="2">三角坑/[mm/(3 m)]</td><td>2</td><td>3</td><td>5</td><td>6</td></tr>
<tr><td colspan="2">轨距变化率</td><td>1/1 500</td><td>1/1 000</td><td>—</td><td>—</td></tr>
</table>

注:(1)轨距偏差不含构造轨距加宽值。
(2)高低偏差和轨向偏差为 10 m 弦测量的最大矢度值。
(3)支距偏差为实际支距与计算支距之差。
(4)导曲线下股高于上股的限值:作业验收为 0,计划维修为 2 mm,临时补修为 3 mm。
(5)三角坑偏差不含曲线超高顺坡造成的扭曲量,在延长 18 m 的距离范围内无超过表列的三角坑。

表 8-18　200～250 km/h 调节器静态几何不平顺容许偏差管理值

项　目		作业验收		计划维修	临时补修	限速[不大于 160(km·h⁻¹)]
		无砟	有砟			
轨距/mm	尖轨尖	+1 −1		+2 −2	+3 −2	+8 −6
	其他	+1 −1		+4 −2	+5 −2	
水平/mm		2		5	7	10
高低/mm		2		5	7	11
轨向/mm		2		4	6	9
三角坑/[mm/(3 m)]		2	3	4	6	8
轨距变化率		1/1 500		1/1 000	—	—

注：(1)轨距偏差不含构造轨距加宽值。
(2)高低偏差和轨向偏差为 10 m 弦测量的最大矢度值。
(3)三角坑偏差不含曲线超高顺坡造成的扭曲量，在延长 18 m 的距离范围内无超过表列的三角坑。

表 8-19　250(不含)～350 km/h 调节器静态几何不平顺容许偏差管理值

项　目		作业验收	计划维修	临时补修	限速[不大于 200(km·h⁻¹)]
轨距/mm	尖轨尖	+1 −1	+2 −2	+3 −2	+6 −4
	其他	+1 −1	+4 −2	+5 −2	
水平/mm		2	4	6	7
高低/mm		2	4	7	8
轨向/mm		2	4	5	6
三角坑/[mm/(3 m)]		2	3	5	6
轨距变化率		1/1 500	1/1 000	—	—

注：(1)轨距偏差不含构造轨距加宽值。
(2)高低偏差和轨向偏差为 10 m 弦测量的最大矢度值。
(3)三角坑偏差不含曲线超高顺坡造成的扭曲量，在延长 18 m 的距离范围内无超过表列的三角坑。

轨道静态几何尺寸长弦测量作业验收容许偏差管理值见表 8-20。

表 8-20　轨道静态几何不平顺长弦测量作业验收容许偏差管理值

项　目	基线长/m	容许偏差/mm	
		$v=200$ km/h	200 km/h$<v\leqslant$350 km/h
高低	300	10	10
	30	3	2
轨　向	300	10	10
	30	3	2

注：表中容许偏差 2 mm(或 3 mm)指当基线长为 30 m 时，相距 5 m 任意两测点实际矢度差与设计矢度差的偏差；容许偏差 10 mm 指当基线长为 300 m 时，相距 150 m 任意两测点实际矢度差与设计矢度差的偏差。

曲线正矢作业验收、经常保养和临时补修容许偏差管理值见表 8-21 和表 8-22。

表 8-21　200～250 km/h 线路曲线正矢容许偏差管理值

项　目	实测正矢与计算正矢差/mm		圆曲线正矢连续差/mm	圆曲线最大最小正矢差/mm
	缓和曲线	圆曲线		
作业验收	2	3	4	5
计划维修	3	4	5	6
临时补修	5	6	7	8

注：曲线正矢用 20 m 弦在钢轨踏面下 16 mm 处测量。

表 8-22　250(不含)～350 km/h 线路曲线正矢容许偏差管理值

项　目	实测正矢与计算正矢差/mm		圆曲线正矢连续差/mm	圆曲线最大最小正矢差/mm
	缓和曲线	圆曲线		
作业验收	2	3	3	5
计划维修	3	4	5	6
临时补修	4	5	6	8

注：曲线正矢用 20 m 弦在钢轨踏面下 16 mm 处测量。

轨道静态几何尺寸容许偏差管理值中，作业验收管理值为周期检修、经常保养和临时补修作业后的质量检查标准；经常保养管理值为轨道应经常保持的质量管理标准；临时补修管理值为应及时进行轨道整修的质量控制标准；限速管理值为保证列车运行平稳性和舒适性，需进行限速的控制标准。

8.6　工 程 案 例

以京津城际轨道线形测量及扣件调整量测量检核为例，简要叙述轨道几何状态检测的方案及实施流程。

8.6.1　工程概况

京津城际轨道交通工程位于华北平原，连接北京、天津两大直辖市。线路自北京南站站中心(DK0+000)起，由北京南站东端引出并行京山线至玉蜓桥，途经北京市西城区、丰台区、朝阳区、通州区，经兴隆屯东进入天津市；线路在天津市经过武清区、北辰区、河北区、河东区，沿既有京山线，下钻金纬路立交桥(DK115+730.71)引入终点天津站(DK117+100)，线路全长 118.276 km。线路设北京南站、亦庄站、永乐站、武清站和天津站。本项目工作内容如下：

1. 线形测量

对范围内上下行线路轨道静态几何参数进行测量，提供测量资料及成果。每 5 m 一个点，特殊梁跨的墩顶分界点需加测，成果取位至0.1 mm。

2. 扣件调整量测量检核

对范围内上下行线路轨道扣件调整量进行测量，提供测量检核资料及成果。每个扣件，成果取位至0.1 mm。

本次线形测量工作量见表8-23。

表8-23 轨道线形测量工作量清单

序号	工作内容	工作量	单位	备注
1	线形测量	118	公里	正线公里
2	扣件调整量测量检核	114	公里	—

3. 采用仪器设备及人员安排情况

(1)仪器设备

采用LeicaTS15型全站仪2台，LeicaTS30型全站仪3台，LeicaTS50型和LeicaTS60型各2台；GJY-TW-DT-1轨道检查仪3台，仪器标称精度为中线绝对位置误差(平面、高程)1～1.4 mm，轨距误差≤0.1 mm，超高误差≤0.1 mm，里程误差≤50 px，轨距零点变化量≤0.05 mm，超高零点变化量≤0.05 mm。

数字型游标卡尺两把，iRC扣件检查仪2台，检测精度为±0.1 mm。对线形测量及轨道控制网(CPⅢ)平面复测所采用的棱镜组进行标定，并且在作业过程中，对所有使用的仪器设备定期进行常规检查，形成记录，保证仪器设备的精度。

①全站仪定期检校。

至少每个星期进行一次精度检查，检查方法为对同一目标(距离约100 m)进行正倒镜测量，正倒镜水平角之差应为180°，竖直角之和应为360°，若误差超过2″，需要及时对全站仪进行组合校准。

②几何参数校正。

每月做一次小车同位置正反测对比结果，在进行小车超高传感器校准结束后，分别将双轮放在左轨和右轨进行一次设站，平面和高程结果均应在1 mm以内。

③超高传感器校准。

超高传感器的校准利用软件中“角度零点采集”模块进行。“角度零点采集”则是为了确定角度传感器的测量基准而进行的。角度零点采集时，首先进行正测(或反测)，然后抬轨检小车下道，调转180°后，重新将轨检小车上道，在同一位置进行反测(或正测)。

(2)人员安排情况

本次作业人员投入计划见表8-24。

表 8-24　作业人员投入计划表

序号	岗位及工种	数量	备注
1	CPⅢ棱镜安装	4 人	1 组
2	轨道检测仪操作	1 人	2 组
3	轨道检测仪辅助操作	1 人	2 组
4	iRC 扣件检查仪操作	1 人	2 组
5	iRC 扣件检查仪辅助操作	1 人	2 组
6	轨道控制网 CPⅢ平面复测	27 人	9 组

(3)项目工作时间

2018 年 1 月 5 日—2 月 7 日完成外业测量，外业测量过程中分段对数据进行分析处理并提交测量成果。

8.6.2　方　　案

1. 线形测量

(1)线形采集基本要求

线形数据采集以轨道控制网(CPⅢ)最新成果为基准。采用全站仪自由设站极坐标法采集轨道的平面位置坐标；采用全站仪自由设站三角高程法采集轨面高程。

①设计文件输入：每次开始作业前，需确认当天测量所需的设计文件与沿线 CPⅢ控制点坐标数据导入小车所搭配的专用操作软件中。

②设备校准：每次开始作业前，需对小车进行现场拼装并在稳定轨道上进行轨距和水平的校准，水平校准采用设备自带水平校准功能进行校准，保证轨距及水平误差不大于 0.3 mm。

③惯导初始化：每次小车接通电源，需进行 5 min 的静止状态初始化，用以对惯性导航单元进行校准，在惯性导航单元初始化时不得触碰设备，确保惯导初始化的准确。

④全站仪测量 CPⅢ：小车惯导初始化后，利用安置在小车上的全站仪分别测量其附近的 4 对 CPⅢ控制点且需保证小车前后大于 60 m 以上的 CPⅢ控制点均得到观测。当观测条件较差时 CPⅢ控制点的个数可适当减少但不得少于 6 个。全站仪测量 CPⅢ构网形式如图 8-26 所示。

⑤检核点检核：检核点检核是检核数据采集期间全站仪精度是否满足精度的唯一方法，必须严格执行，防止由于全站仪精度下降导致采集数据误差过大。在全站仪对 CPⅢ控制点测量完成后，将测量成果与预先存储的 CPⅢ控制点坐标成果进行分析对比度应符合表 8-25 的要求。当采集数据误差过大时，需对棱镜安装状态进行检核，检核无误后重新设站采集。

⑥轨道静态数据采集：检核点坐标较差合格后即可对轨道进行数据采集，在进行轨道静

态数据采集时小车应匀速前进，前进速度控制在 5～8 km/h，推行 120 m（约 2 对 CPⅢ间距）后将小车停止进行下一测站的全站仪设站工作。

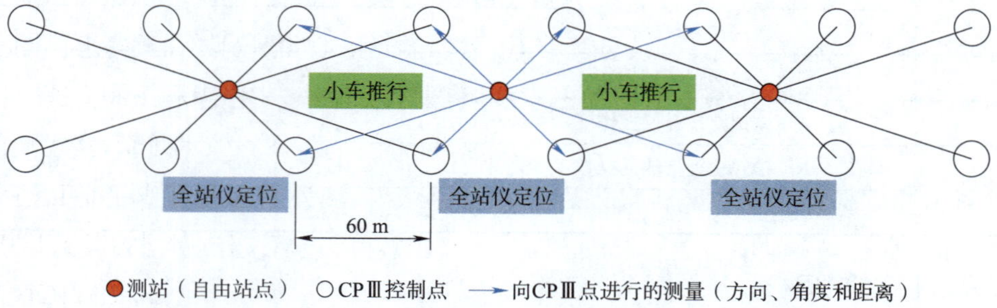

图 8-26　全站仪测量 CPⅢ构网形式

注：中间点表示全站仪置镜位置，由中间点引出的色方向线为由此测站须观测的 CPⅢ点。

表 8-25　CPⅢ控制点坐标不符值限差要求

项　目	*X*	*Y*	*H*
控制点较差	≤2.0 mm	≤2.0 mm	≤2.0 mm

⑦数据解算及报表输出：当小车数据采集完成后，通过小车自带的 InsRail 数据后处理软件生成行驶路线的平面、高程偏差、轨距、超高值等完整的轨道几何参数。根据预先存储的设计里程文件提取相应里程的轨道几何参数，输出对应报表。

⑧做好与前一次（天）线形测量作业区段的衔接工作，区段间重复测量的线形长度不应少于 120 m，区段之间衔接时，须对重叠测量成果的差异进行检核与误差处理。

检核过程：根据两次测量结果计算轨道偏差量/调整量，再逐桩对比两次测量的各项测量值，包括横垂偏差量/调整量、轨距偏差和超高偏差等。要求两次测量得到的上述测量值差异小于预设值 2 mm；如果检核显示明显大于预设值，则认为该测站存在误差，应重测。

搭接处理：对于重叠段两次测量的差异进行平差处理，生成该重叠区段的最终测量成果，误差分配按里程倒数进行加权平差。

（2）线形采集技术指标

①全站仪自由设站点的精度应符合表 8-26 要求。

表 8-26　全站仪自由设站点的精度要求

项　目	*X*	*Y*	*H*	方向
中误差	≤0.7 mm	≤0.7 mm	≤0.7 mm	≤2″

注：连续桥、特殊孔跨桥自由设站点精度可放宽至 1.0 mm。

②各测段数据搭接：轨道横向及垂向不符值不得大于 2 mm；轨距不得大于 0.5 mm，水平（超高）不得大于 0.5 mm。

③停车点远近站测量横向和高程的互差均不应超过±2 mm,如果复测超限,应重新设站后再次观测。

④轨道采点间距不得大于5 m,均不得采用内插等方法通过内业加密计算获取。

⑤完成自由设站后,CPⅢ控制点坐标不符值应满足下表的要求,当CPⅢ控制点坐标不符值大于表8-25中限值后,该CPⅢ控制点不应参与平差计算。

⑥测量小车除装备必要的设备外,不容许在小车上堆放杂物。

⑦在测量小车开展线形测量的过程中,务必保证各连接部位螺栓紧固到位。

⑧测量组应配置温度气压计,及时修正全站仪温度和气压,消除环境变化对测量精度的影响。

⑨在轨道数据采集前,应对轨面进行检查,并及时做好清洁工作。

⑩在进行轨道数据采集时应合理分配每台测量小车工作区段,同一台轨道小车应尽量连续测量,减少不同设备间的搭接,避免系统误差对测量数据的影响。

⑪在轨道数据采集过程中全站仪迁站和测量小车行走均应匀速轻放,避免剧烈振动对仪器造成影响。

⑫避开在冰雹、大风及雨雪等天气状况开展轨道线形测量工作。

⑬轨道静态数据采集完成后,进行采集质量的检查,采集质量按照表8-27的精度控制。

表8-27　轨道采集数据验收表

序号	检查项目	标　　准	检查方式
1	轨道横向、垂向不符值	≤2 mm	检查原始数据或现场记录
2	轨距	≤0.5 mm	
3	水平(超高)	≤0.5 mm	
4	轨向图形	无突变、无锯齿状	线形目测
5	高低图形		

(3)精度控制

①轨距精度控制。

小车通过结构设计和设备选型,保证轨距测量的可靠性和准确性,小车双轮一侧始终与轨道保持密贴,通过轨距尺的弹力,使小车单轮一侧与另一条轨道密贴,在推行过程中,小车与轨道始终保持密贴,轨距尺所采集的数据为钢轨顶面下16 mm处的轨距,通过选用经过验证的进口传感器,保证数据采集的稳定性,小车轨距测量准确,重复性好。

②惯导精度控制。

首先利用全站仪设站获取初始位置,中间通过高精度惯导递推。惯导作为一种不依赖外界环境,通过自身传感器,感知并采集加速度和角速度信息进行自主导航的设备。其短期精度非常高,但单独工作时间越长,精度会越低。当小车车体在轨道上行走时,由于轨道的变形,带来的运动状态被惯导精确测量并记录。结合高精度惯导超高的短期精度和全站仪提供的准确坐标，通过全站仪每隔 2～3 对 CPⅢ对惯导进行约束，使惯导始终维持在较高的精度。

③设站精度统计。

良好的设站精度是保证测量结果稳定与准确的关键。本次测量左右线各设站 860 站，由于 CPⅢ匹配性缘故，设站精度最大值为 1 mm，略大于 0.7 mm 的要求，整体精度好。具体设站精度统计表详见精度统计报告对应部分内容。

④CPⅢ控制点坐标不符值统计。

本次测量左线共计观测 CPⅢ点 8 789 次，右线共计观测 CPⅢ点 7 722 次，所有 CPⅢ控制点坐标不符值均满足表 8-26 限差要求，具体精度统计详见精度统计报告对应部分内容。

⑤测段搭接精度统计。

本次共计划分 10 个测段进行数据处理，在测段之间进行数据搭接处理，段落 K62～K77 横向不符值左线部分数据在 2 mm 左右，其他大部分数据均小于 1 mm，整体精度较好。

2. 扣件调整量测量检核

(1)扣件调整量测量基本要求

根据现有台账对全线轨道板扣件调整量进行测量检核。测量前，对作业范围内的扣件、垫板进行全面检查。京津城际轨道系统采用 Vossloh300-1 型扣件(标准扣件高度 34 mm，即轨底至承轨台 34 mm)，如图 8-27 所示，根据收集台账提供的扣件调整量计算出当前扣件垫板厚度，作为现场检核的依据。

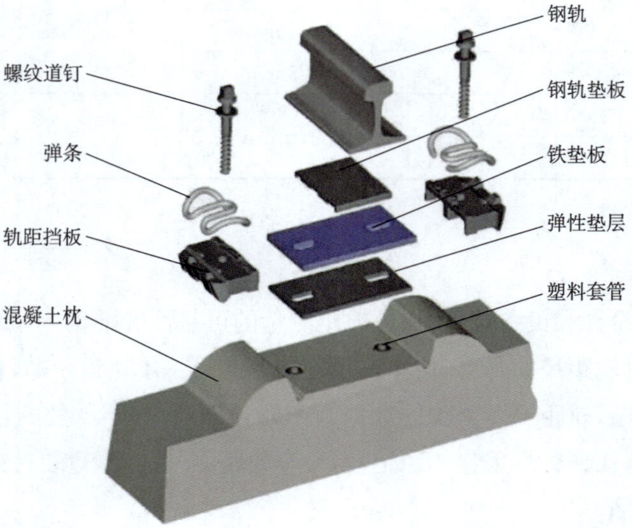

图 8-27 Vossloh300-1 型扣件组成

扣件调整量测量中应对作业区域内每块轨道板上 1～10 号承轨台共 10 个位置的扣件调整量进行测量。

(2)扣件调整量测量方法

①卡尺法扣件调整量测量。

数字型游标卡尺(图 8-28)尺身装有高精度齿条,齿条运转带动圆形栅格片转动,利用光电脉冲计数原理,将卡尺量爪的位移量转变为脉冲讯号,通过计数器和显示器将扣件调整量用数字显示在屏幕上。

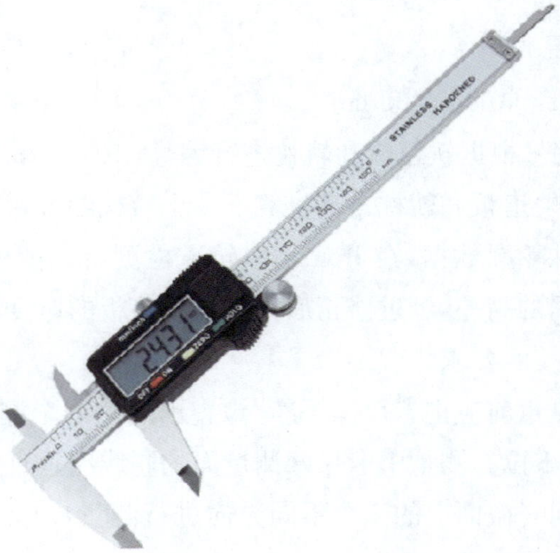

图 8-28　数字型游标卡尺

②iRC 扣件检查仪扣件调整量测量。

iRC 扣件检查仪(图 8-29)利用激光扫描测量原理,在行驶过程中,由多个激光扫描仪扫描钢轨扣件三维轮廓及扣件数据,并通过计算机实时识别、分析和提取扣件三维数据,并自动统计分析扣件间隙及调整量。

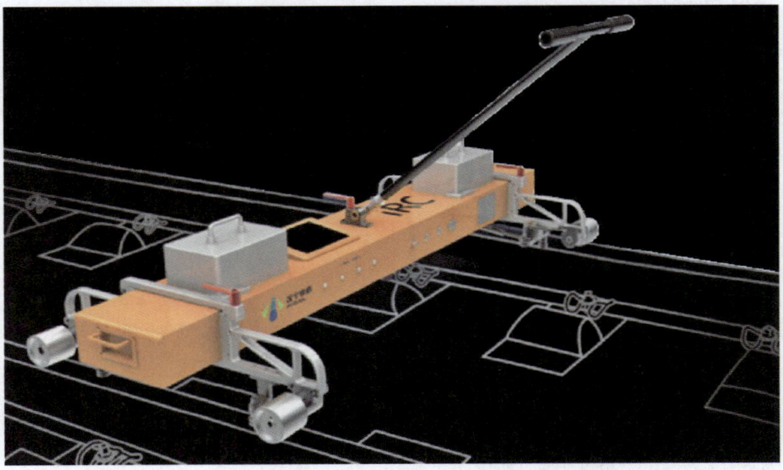

图 8-29　iRC 扣件检查仪

iRC 扣件检查仪技术指标如下：

a. 检测速度：0～10 km/h；

b. 检测精度：±0.1 mm；

c. 持续工作时间：>4 h；

d. 工作温度：－10～50 ℃；

e. 存储容量：120 GB；

f. 设备质量：<35 kg；

g. 几何尺寸：180 cm×60 cm×35 cm。

iRC 扣件小车轨枕编号根据轨道板和轨枕进行编号，iRC 小车上线检测，只要设定第一根轨枕的编号，此后根据轨道板和轨枕自动推算下一个轨枕编号，并将测量结果一并存储到数据库中。通过浏览扣件轮廓数据，在 iRC 小车轨道检测后处理软件中，通过剖面视图计算钢轨底板与承轨台之间的高差，经过修正后得到钢轨垫板的厚度。

(3)扣件调整量测量技术要求

使用电子游标卡尺测量前应把卡尺擦干净，检查卡尺的两个测量面和测量刃口是否平直无损，校对游标卡尺的零位。测量中卡尺两测量面的联线应垂直于扣件底面与钢轨底面，不能歪斜。测量中应在同一截面上的三个不同方向进行测量，取三次测量的平均值作为最终测量值。

(4)扣件调整量测量技术指标

扣件调整量测量数据取位要求为 0.1 mm。

(5)扣件调整量测量质量检查

①iRC 重复测量成果检查分析。

对 K2＋823～K5＋840 段落进行了扣件调整量重复测量，根据重复测量结果，经过计算，扣件调整量重复测量中误差为±0.4 mm。

②使用卡尺对 iRC 测量成果进行检查分析。

采用数字型游标卡尺，对下行线 K7～K12、K14～K15 段落内承轨台垫板厚度进行抽查，与 iRC 测量成果进行对比，根据观测成果，数字型游标卡尺与 iRC 测量成果间较差的中误差为±0.6 mm。

8.6.3 实　施

本项目轨道空间线形测量工作完成后，要求原始观测记录及数据处理过程文件完整、清晰，提交的成果资料具体如下：

①轨道测量成果。包含所测测点里程、实测中线坐标和高程、平面偏差、高程偏差、轨距及偏差、超高及偏差等线形测量数据。

②扣件调整量成果。

第9章 邻近营业线施工监测技术

邻近铁路营运线施工会对铁路运营设施设备安全造成不同程度的影响,因此必须进行安全监测以保证施工期间的铁路正常运营。本章对邻近铁路营运线施工监测的主要内容进行了介绍,主要包括监测项目、邻近施工影响区和监测等级划分、监测点位的布置、监测周期和频率、监测预报警与控制值等,对常用的自动化监测技术进行了对比分析,从五个方面总结了监测数据的分析方法,对监测预报警和基准点稳定性进行了分析,最后结合工程案例详细介绍了涉铁自动化监测的有关内容。

9.1 概　　述

随着我国经济的快速发展,工程开发建设力度的不断加大,土地资源愈发紧张,空间利用率越来越高,邻近铁路营业线的上跨、下穿及近距离并行等施工与日俱增。这类邻近铁路营业线施工简称"邻近施工",是指在邻近铁路营业线一定范围内,影响或可能影响铁路运营设备设施稳定、使用和行车安全的施工作业,主要包括基坑开挖、路基填筑、隧道掘进(矿山法隧道、盾构法隧道、顶管、非开挖埋管等)、桥梁架设、桩基施工、降水、重型机械作业、临时堆载、河道拓宽及疏浚等施工作业。其中铁路运营设备设施指铁路工务(包括桥梁、隧道、路基、轨道等)、供电、电务、信号等设备设施,以及站台、站房、人行天桥、地道等关系铁路运营安全的建(构)筑物。

邻近营运线工程的实施,会破坏铁路营运线周围的岩土应力平衡,如果铁路运营设备设施变形超过一定限值,会降低铁路轨道结构的平顺性,甚至严重危害列车的安全运营和乘客的生命财产安全。因此邻近营运线施工之前,必须进行影响范围内的铁路营运线的安全评估,由具备相关监测资质和经验的单位对运营铁路桥梁、路基、隧道、钢轨、接触网杆等铁路设备设施进行监测,保证施工期间铁路的正常运营。同时根据监测反馈的信息及时指导现场采取措施进行防护和控制,做到全过程施工管理信息化,避免安全事故的发生,最终确保工程安全顺利完成。

如何判别邻近铁路营业线施工对铁路运营设备设施安全造成的影响,我国长期缺乏统一的技术标准,主要依靠《普速铁路线路修理规则》(TG/GW 102—2019),该规则没有对监测设备、监测频率、监测预报警及控制值等进行统一的规定,不利于保证铁路运营设备设施的安全。《运营高速铁路基础变形监测管理办法》(铁总运〔2015〕113 号),对运营高速铁路基础的竖向位移监测和水平位移监测给出了精度指标,但是对其他内容和关键指标没有制定明确的要求。《公路与市政工程下穿高速铁路技术规程》(TB 10182—2018)虽然对下穿高速铁路工程的监测提出了解决框架,但仍需要在此基础上需要进一步完善细化。近年来在上海、北京、南昌、武汉等地的铁路运输企业管辖范围内均有大量邻近营业线施工项目成功实施,积累了丰富的邻近铁路营运线设备设施安全监测经验。为统一邻近铁路营运线施工安全监测要求,同济大学和中国铁路经济规划研究院有限公司主编了《邻近铁路营业线施工安全监测技术规程》(TB 10314—2021),该规程结合了我国测量技术水平、铁路管理模式等因素,并与现行工程勘察、测量和工务作业等相关标准统筹协调,系统规定了邻近铁路营业线施工安全监测的内容与关键控制指标,为邻近铁路营业线施工安全监测提供技术支撑。

9.2 监测内容

邻近铁路营业线施工安全监测主要是对路基段、桥涵段、隧道段、站房段(附属设施)的设备设施进行监测。在进行专项监测方案编制时,应综合考虑地质条件、周边环境条件、施工方法、施工进度、监测对象及其铁路自身结构特点,确定铁路设备设施的监测项目、测点布设方法、监测频率及周期,监测预报警指标等内容。

9.2.1 监测项目

综合考虑铁路营运线邻近施工的特点和铁路设备设施,监测项目可分为必测项目和选测项目,见表 9-1。必测项目是和铁路营运线安全密切相关的,选测项目根据现场实际情况灵活确定。最终的监测项目根据安全评估报告、设计和铁路运输企业要求综合确定。

表 9-1 邻近营业线施工监测项目

铁路监测项目	路基段	桥涵段	隧道段	站房段(附属设施)
必测项目	轨道竖向位移、轨道水平位移、路基竖向位移、路基水平位移、接触网支柱竖向位移、接触网支柱倾斜	墩台竖向位移、墩台水平位移、框架桥竖向位移、框架桥水平位移、墩台倾斜、箱涵竖向位移	轨道竖向位移、轨道水平位移、隧道结构竖向位移、隧道结构水平位移	轨道竖向位移、轨道水平位移、站房竖向位移、站房倾斜、站台竖向位移、雨棚柱竖向位移、雨棚柱倾斜、接触网支柱竖向位移、接触网支柱倾斜
选测项目	挡墙墙顶水平位移、挡墙墙顶竖向位移、结构裂缝	接触网支柱竖向位移、接触网支柱倾斜、桥涵过渡段差异竖向位移、箱涵错台、结构裂缝	结构变形缝差异变形、结构裂缝	站台雨棚柱水平位移、站台水平位移、地道竖向位移、天桥竖向位移、结构裂缝

铁路营运线与涉铁工程的空间关系可分为上跨、下穿、上穿、并行等。不同类型的空间关系对营运线的设备设施安全有不同的影响，对应的监测内容、范围和方法会有所不同。例如市政道路下穿营运线，主要影响道路两侧铁路桥墩的稳定，因此重点监测桥墩的位移和沉降等；营运线的一侧进行深基坑开挖，对该侧的营运线结构影响明显更大，因此重点加强对该侧的监测。

9.2.2　邻近施工影响区和监测等级划分

邻近施工影响区范围应根据铁路营业线等级、地质条件和工程类别等因素综合确定，并可根据邻近施工对铁路运营设备设施的影响程度分为主要影响区、一般影响区和轻微影响区。基坑工程、隧道工程的邻近高速铁路施工影响区范围可按表 9-2 和表 9-3 确定。大面积降水、桩基施工、顶进桥涵以及路基填挖方等工程的邻近施工影响区应由设计或安全评估单位确定。

表 9-2　基坑工程的邻近高速铁路施工影响区

邻近施工影响区	区域范围
主要影响区	基坑周边 H 范围内
一般影响区	基坑周边 H 至(3.0～4.0)H 范围内
轻微影响区	基坑周边(3.0～4.0)H 至(4.0～5.0)H 范围内

注：(1)H 为基坑开挖深度。
(2)对于地质复杂程度、工程风险较高的工程应进行专项评估以确定邻近施工影响区范围。

表 9-3　隧道工程的邻近高速铁路施工影响区

邻近施工影响区	区域范围	
	邻近施工隧道横向	邻近施工隧道纵向
主要影响区	隧道正上方至(1.0～2.0)(H+D)以内	距离隧道施工面(2.0～3.0)(H+D)以内
一般影响区	距隧道正上方(1.0～2.0)(H+D)至 3.0(H+D)范围	距离隧道施工面(2.0～3.0)(H+D)至 4.0(H+D)范围内
轻微影响区	距隧道正上方 3.0(H+D)至 4.0(H+D)范围	距离隧道施工面 4.0(H+D)至 5.0(H+D)范围内

注：(1)H 为隧道覆土厚度，m；D 为隧道直径或等效直径，m。
(2)对于风险、复杂程度较高的工程应进行专项评估以确定邻近施工影响区范围。

邻近施工安全监测应根据铁路营业线等级、监测对象重要程度以及邻近施工影响区范围进行分级实施，可按表 9-4 划分。其中重点监测区域是指邻近施工时铁路营业线路堤坡脚、路堑坡顶、桥涵(含公铁两用桥)、隧道以及站房等铁路运营设备设施竖向投影的区域；一般监测区域是指邻近施工时从铁路营业线路堤坡脚、路堑坡顶、桥涵(含公铁两用桥)、隧道以及站房等铁路运营设备设施外侧起向外延伸一定距离的区域。

表 9-4　监测等级划分

邻近施工影响区	重点监测区域的监测对象	一般监测区的监测对象
主要影响区	一等	三等
一般影响区	一等	三等
轻微影响区	二等	三等

9.2.3　测点布置

1. 基准点和工作基点的布置

基准点和工作基点的布置应符合下列规定：

①基准点应不受基坑开挖、降水、桩基施工以及周边环境变化的影响，建议设置在邻近施工影响区范围以外且位置稳定、易于长期保存的地方，每个工程应不少于 3 个，条件允许时建议 4～8 个，且基准点分布均匀能够包围整个测区。

②工作基点应选在相对稳定且方便使用的位置。对能直接使用基准点测定监测点的工程，可不设立工作基点。

③基准点和工作基点应在施工前布置，经观测确定其稳定后方可使用。

图 9-1 和图 9-2 是常见的大棱镜基准点布置形式。

图 9-1　抱箍在接触网立柱上的基准点

图 9-2　隧道侧壁上的基准点

监测期间，应定期复核基准点和工作基点的稳定性，保证监测基准成果的可靠性。

①基准点复测周期应视其所在位置的稳定情况确定，在施工过程中宜 1 月—2 月复测 1 次。

②当某期检测发现基准点有可能变动时，应立即进行复测。

③当某期变形测量中多数监测点观测成果出现异常，或当测区受到地震、洪水、爆破等

外界因素影响时，应立即进行复测。

④复测后，应按《建筑变形测量规范》(JGJ 8—2016)中的规定对基准点的稳定性进行分析。

2. 监测点的布置

(1)路基段

路基段无砟轨道监测点宜布置在轨道支承层(底座)上，路基段有砟轨道监测点宜布置于轨枕适宜部位，如图 9-3 和图 9-4 所示，测点布置图为棱镜，主要针对自动化测量方法，在条件允许进行人工监测的情况下，可以采用测钉等方式布置轨枕测点。高速铁路监测断面间距可按表 9-5 确定，其中邻近施工自身风险等级高的间距取小值，自身风险等级低的间距取大值。

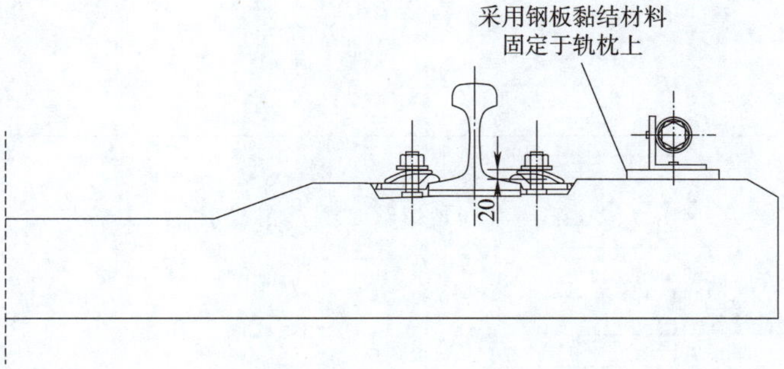

图 9-3　有砟轨道测点布置示意(单位:mm)

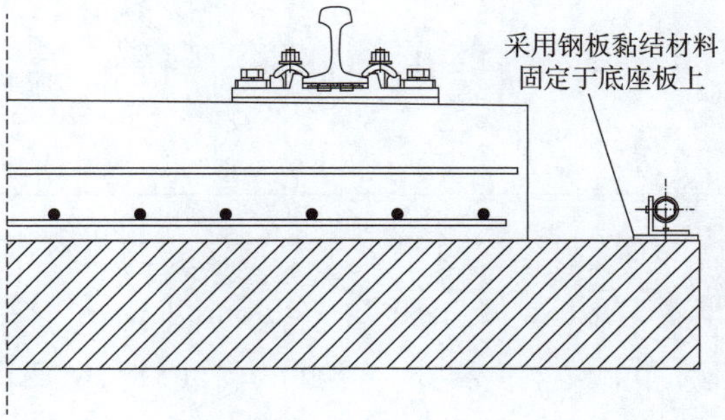

图 9-4　无砟轨道测点布置示意

表 9-5　高速铁路路基段轨道监测断面间距

监测等级	断面间距/m
一等	1～5
二等	5～8
三等	8～10

路基监测点宜布置于路肩和路基坡脚附近，监测点应保证稳定。路基监测点与轨道监测点宜布置在同一断面。路基监测点可按图 9-5 和图 9-6 布置。路基测点要保证稳固且与路基表层变形一致，鉴于我国若干地区存在季节性冻土，而监测更多关注路基表层及线路的变形情况，因此除设计特殊要求外，测点埋设可以不穿透冻土层。铁路营业线路基段路肩和路基坡脚附近往往密布各种线缆，在布置测点时要主动避让。

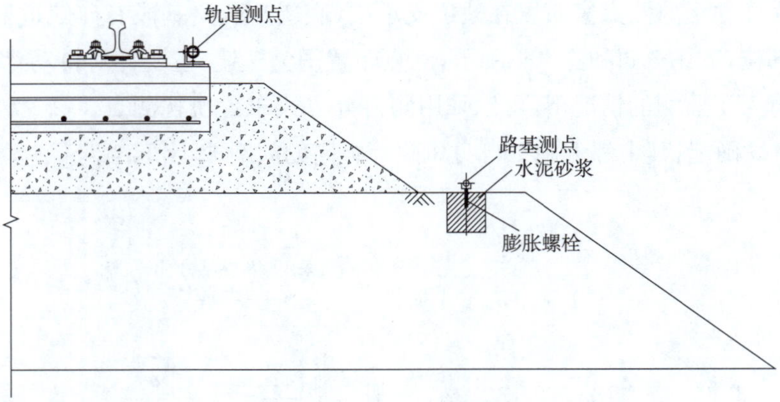

图 9-5　有砟轨道路基测点布置示意

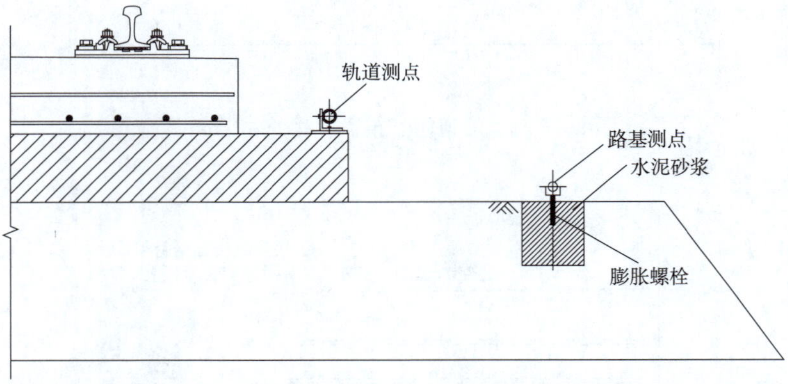

图 9-6　无砟轨道路基测点布置示意

(2)桥梁段

桥梁段轨道变形较难监测，因此考虑到墩台的刚度较大，用墩台的变形监测来替代桥梁上方轨道的位移监测。监测点的布置要结合梁体形式、环境影响因素及监测设备安装方式等进行选择，为反映墩台多个方向的倾斜和沉降，每个墩台应布置不少于 4 个监测点，上部 2 个监测点宜布置在墩台顶，下部 2 个监测点宜布置在墩台底部满足通视条件的合适位置，如图 9-7 所示。监测点可以利用铁路设施长期变形监测点。框架桥及涵洞监测点宜布置于结构顶、底板及交接接缝处。

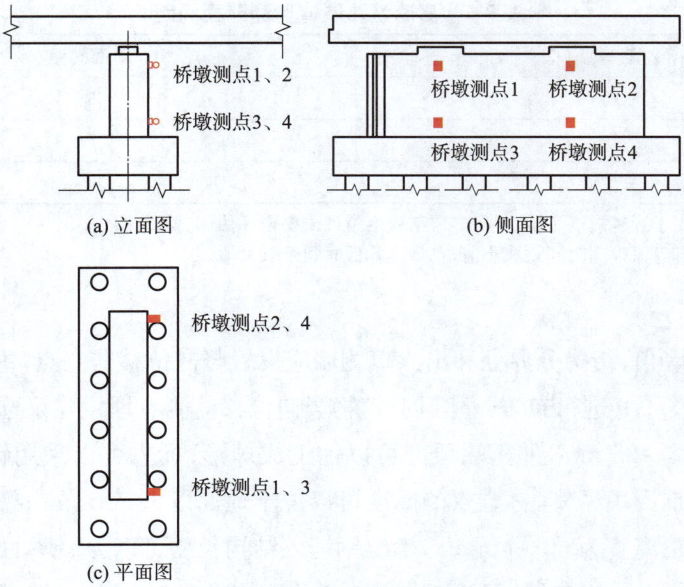

图 9-7　桥墩全站仪棱镜布置示意

(3)隧道段

隧道监测点由于拱顶的安装较为困难,因此重点关注拱腰部位及拱底部位的变形。隧道每个监测断面不宜少于 4 个,拱腰两侧应各布置至少 1 个监测点,道床两侧侧墙应各布置 1 个变形监测点,如图 9-8 所示,上部两个监测点为结构变形监测点,下部两个监测点为轨道变形监测点。当关注断面的收敛情况时,可以利用拱腰的水平位移解算。

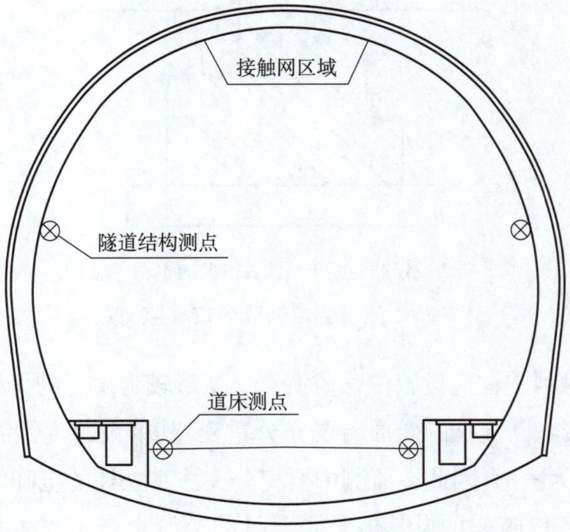

图 9-8　隧道测点布置示意

高速铁路隧道监测断面间距可按表 9-6 确定,适用于单线或双线隧道。

表 9-6　高速铁路隧道监测断面间距

监测等级	断面间距/m
一等	3～5
二等	5～8
三等	8～12

注:(1)本表仅适用于穿越隧道工程,并行隧道工程由设计或安全评估部门另行决定。
(2)邻近施工自身风险高时间距取小值,自身风险低时间距取大值。

(4)其他

站房的结构墙角、结构分界处和出入口侧墙应设置竖向位移监测点,每侧不少于 3 个测点。站房测点按图 9-9 进行布置。建(构)筑物竖向位移监测点埋设建议选用采用 L 型螺纹钢,钢筋直径为 18～22 mm,外露端顶部可以加工成球形;标志可以采用钻孔埋入的方式,周边空隙用锚固剂回填密实,标志点的高度可以位于地面以上 300 mm;螺纹钢外露端顶部与站房外表面的距离宜为 30～40 mm,螺纹钢埋入结构长度可以为墙厚的 1/3～1/2。站房变形的监测技术要求可以参照《建筑变形测量规范》(JGJ 8—2016)、《城市轨道交通工程监测技术规范》(GB 50911—2013)的相关规定执行。

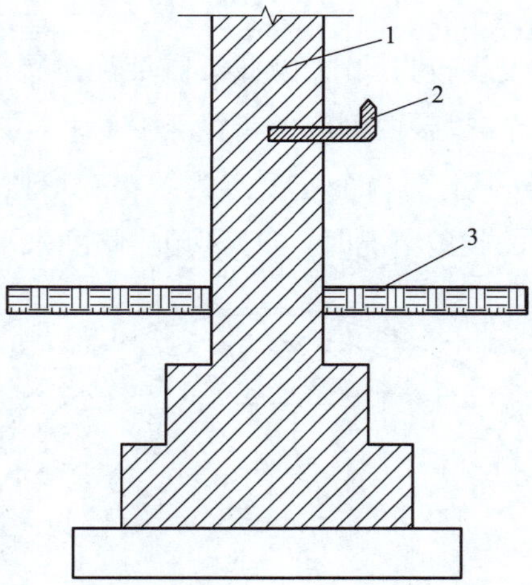

1—砖墙或钢筋混凝土结构;2—监测点;3—地面。

图 9-9　建(构)筑物竖向位移监测点

地面雨棚柱和接触网支柱应设置位移监测点。变形较为敏感的无柱雨棚监测应提高一个监测等级。雨棚柱和接触网支柱的变形需要充分重视,其中大跨度钢结构雨棚属于超静定结构,对于支座的变形极为敏感,因此在监测中要充分关注其立柱的沉降、倾斜及水平位移。

其他铁路运营设备设施或增设其他监测项目的监测点布置方式应根据安全评估报告,结合具体情况确定。例如,邻近运营铁路重点监测区内的构筑物内力监测、土体孔压监测、地下水位监测,一般监测区内地表竖向位移监测、地下管线监测、土体变形等根据项目监测方案专家评审会的建议设定。对受力敏感的特殊构筑物(比如旅客地道、系杆拱桥)可由设计单位根据检算结果提出相应的监测项目建议。

9.2.4 监测周期和频率

1. 监测周期

参考《建筑变形测量规范》(JGJ 8—2016)的7.1.5条第4款规定,当最后100天的最大沉降速率小于0.01~0.04 mm/d时,可认为已达到稳定状态。考虑到监测设备的精度、铁路设施设备的工后沉降允许值等因素,《邻近铁路营业线施工安全监测技术规程》(TB 10314—2021)设定本条文:监测周期应包含施工期和竣工后至少一个月的数据稳定期。当竣工一个月后,监测数据根据时程曲线判断已经趋于稳定时,达到下列停测标准时,监测单位可提出停测申请:

①高速铁路:根据监测数据分析,变形趋于稳定,竣工一个月后变形速率不大于0.5 mm/月。

②普速铁路:根据监测数据分析,变形趋于稳定,竣工一个月后变形速率不大于1 mm/月。

2. 监测频率

监测频率的确定是监测工作的重要内容,与地质条件、周边环境条件、施工方法、施工进度、监测对象及其自身特点等密切相关。规定考虑到邻近施工的复杂性、铁路安全的重要性,根据邻近铁路营业线等级、监测等级及工程实施阶段进行了细化。表9-7是针对高速铁路的监测频率。

表9-7 高速铁路监测频率

监测周期及监测等级		监测频率
施工期间	一等	1次/2 h
	二等	8次/d
	三等	4次/d
竣工一个月内	一等	4次/d
	二等	2次/d
	三等	1次/d
竣工一个月后	根据是否达到停测标准确定是否继续监测	

当出现本条所述情况之一时,为实施掌握数据变化情况,保障铁路运营安全及其他铁路运营设备设施使用安全,监测单位须相应提高监测频率,及时将数据报送施工、设计、监理、建设等部门和铁路运输企业。但实时监测的数据采集及处理耗时较长,根据现场实际情况选择变化较大点或变形特征点进行实时监测。

①监测数据达到预警、报警值。

②监测数据持续变化较大。

③邻近施工出现异常情况。

④结构裂缝变大或出现明显新增裂缝。

⑤暴雨等自然灾害引起的其他变形异常情况。

⑥其他影响铁路运营设备设施使用安全的异常情况。

9.2.5 监测预警值、报警值及控制值

监测控制值是工程施工过程中对工程自身及周边环境的安全状态或正常使用状态进行判定的重要依据，也是工程设计、工程施工及施工监测等工作的重要控制点。由于施工对结构变形的影响具有一定的滞后性，如发现监测对象变形量接近监测报警值时再采取控制措施，可能会很快超过监测控制值，无法起到警报作用，增加了后续施工难度及铁路运营风险。因此，通过增设监测预警值，有利于分阶段控制监测对象的变形，保障工程自身和邻近铁路营业线运营安全。表 9-8～表 9-11 分别是高速铁路轨道、桥梁、路基和隧道的变形监测预警值、报警值和控制值。

表 9-8 高速铁路轨道位移变形监测预警值、报警值和控制值

<table>
<tr><th rowspan="2">监测项目</th><th colspan="3">控制标准/mm</th></tr>
<tr><th>累计量预警值</th><th>累计量报警值</th><th>控制值</th></tr>
<tr><td>轨道竖向位移</td><td rowspan="2">±1.2</td><td rowspan="2">±1.6</td><td rowspan="2">±2</td></tr>
<tr><td>轨道水平位移</td></tr>
</table>

表 9-9 高速铁路桥梁变形监测预警值、报警值和控制值

<table>
<tr><th colspan="2" rowspan="2">监测项目</th><th colspan="3">控制标准/mm</th></tr>
<tr><th>累计量预警值</th><th>累计量报警值</th><th>控制值</th></tr>
<tr><td rowspan="3">桥墩监测
(无砟轨道)</td><td>竖向位移</td><td rowspan="3">±1.2</td><td rowspan="3">±1.6</td><td rowspan="3">±2</td></tr>
<tr><td>顶部、底部横线路水平位移</td></tr>
<tr><td>顶部、底部顺线路水平位移</td></tr>
<tr><td rowspan="3">桥墩监测
(有砟轨道)</td><td>竖向位移</td><td rowspan="3">±1.8</td><td rowspan="3">±2.4</td><td rowspan="3">±3</td></tr>
<tr><td>顶部、底部横线路水平位移</td></tr>
<tr><td>顶部、底部顺线路水平位移</td></tr>
</table>

表 9-10 高速铁路路基变形监测预警值、报警值和控制值

<table>
<tr><th colspan="2" rowspan="2">监测项目</th><th colspan="3">控制标准/mm</th></tr>
<tr><th>累计量预警值</th><th>累计量报警值</th><th>控制值</th></tr>
<tr><td>无砟轨道</td><td>路基竖向位移</td><td>+1.2
−3.0</td><td>+1.6
−4.0</td><td>+2
−5</td></tr>
<tr><td>有砟轨道</td><td>路基竖向位移</td><td>+1.8
−4.8</td><td>+2.4
−6.4</td><td>+3
−8</td></tr>
</table>

注：(1)接触网杆不得向线路侧和受力方向倾斜。

(2)在限速条件下进行邻近施工时，预警值、报警值和控制值可根据线路情况结合安全审查、评估意见确定。

表 9-11　高速铁路隧道位移变形监测预警值、报警值和控制值

监测项目	控制标准/mm		
	累计量预警值	累计量报警值	控制值
隧道结构竖向位移	±3	±4	±5
隧道结构水平位移			

监测等级为一等的站房，监测预警值、报警值和控制值由房屋鉴定和安全评估部门给出建议值；监测等级为二等、三等的站房变形监测预警值、报警值和控制值可按表 9-12 确定。

表 9-12　高速铁路站房位移变形监测预警值、报警值和控制值

监测项目	控制标准/mm		
	累计量预警值	累计量报警值	控制值
站房竖向位移	±6～±18	±8～±24	±10～±30
站房差异竖向位移	$0.006l$～$0.001\,2l$	$0.008l$～$0.001\,6l$	$0.001l$～$0.002l$

注：l 为相邻基础的中心距离。

9.3　监 测 技 术

从营运线的监测方法类型可分为人工监测、自动化监测。人工监测是指采用常规测量仪器设备进行周期性监测，例如光学或电子水准仪、经纬仪、全站仪等。该方法适用于监测频次要求较低的情况。自动化监测是指采用测量机器人、GNSS、静力水准、SAA 等进行监测数据的实时连续自动采集、传输、处理、分析以及发布的技术，常用于施工期间对铁路营运线的高频次、高精度监测。

由于邻近铁路营运线施工过程中，需要实时掌握营运线变形状态，因此对监测精度和监测频率都要求较高，而且营运线通常天窗期较短，人工监测往往难以满足监测需求，而自动化监测技术具有自动化、实时化、连续化、精度高等优势，因此在邻近营运线施工监测中得到广泛的应用。常用的自动化监测技术包含全站仪自动化监测、GNSS 变形监测技术、液体静力水准监测技术、SAA 监测技术、裂缝自动化监测技术等，如图 9-10～图 9-13 所示。表 9-13 是对常用自动化监测技术的对比分析。

表 9-13　常用自动化监测技术对比

自动化监测技术	核心设备	监测精度	应用对象	优缺点
全站仪自动化监测	测量机器人、气象传感器、工控机等	横向、纵向和垂直变形监测精度优于 1 mm	可用于路基、桥梁、隧道等铁路设备设施的三维变形监测	适用对象广，监测精度高。但监测范围较短，一般控制在 150 m 左右

续上表

自动化监测技术	核心设备	监测精度	应用对象	优缺点
GNSS变形监测	GNSS接收机、天线等	平面精度1～2 mm，高程精度2～4 mm	可用于路基、桥梁等铁路基础结构的三维变形监测	监测频率高，可达0.05 Hz，提供绝对变形，测站间无需通视。但单位成本较高，不能用于隧道结构监测
液体静力水准监测技术	储液罐、连通管、传感器等	沉降监测精度可达0.01 mm	主要用于路基、桥梁、隧道等铁路设备设施的垂直变形监测	沉降监测精度高，安装相对复杂些
SAA监测技术	加速度计、温度传感器等	毫米级精度	可用于路基、桥梁等铁路基础结构的三维变形监测	监测精度高、量程大、频率高，可重复使用
裂缝自动化监测	裂缝传感器	裂缝监测精度可达0.01 mm	主要用于路基、桥梁、隧道等铁路设备设施的表面裂缝监测	裂缝监测精度高，安装方便

图 9-10　全站仪自动化监测现场

图 9-11　GNSS变形监测现场

图 9-12　液体静力水准仪监测现场

图 9-13　SAA监测现场

9.4　监测数据分析

在采集处理了邻近铁路营运线施工监测数据后，需要进行综合性的定性或定量分析，挖掘出变形的规律，利用合理的数学或物理模型预测变形趋势，评估和预判铁路营运线的安全状态。同时根据变形的特点分析研究内在的原因，并采取相应的施工措施，控制变形的进一步发展，保障铁路营运线的设备设施安全，以及工程施工的顺利进行。

9.4.1　监测数据的分析方法

监测数据分析方法如图 9-14 所示。

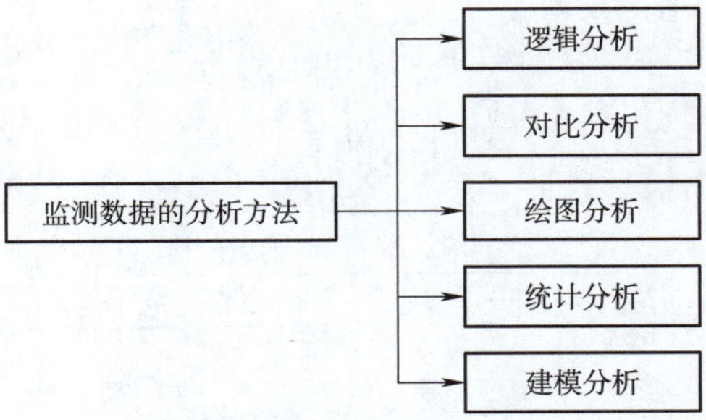

图 9-14　监测数据分析方法

1. 逻辑分析

根据原始监测数据的内在逻辑联系来分析其可靠性，一般分为一致性分析和相关性分析。

一致性分析主要是指在时间概念上分析监测数据，变形趋势是否一致。包含两层含义：一是分析同一个监测点本次监测数据和以前监测数据的变化关系，可以借助绘制时间-变形的走势图进行分析；二是分析本次变形量与原因量的关系跟前期监测的情况是否一致，可以绘制原因量-变形量的关系图进行分析。如果存在突变或尖锐点，那么说明监测数据异常，可能存在较大的粗差，也可能是发生险情的前兆，务必要引起高度的重视，深入分析查明原因并采取应对措施。

相关性分析是分析空间概念上的变形相关性。相邻的不同监测点在同一测次，他们的变形结果应该具有很强的空间相关性。如果相关性较弱，说明某些点存在测量粗差，或者受力不均衡，需要排查原因并解决问题。

2. 对比分析

监测对比分析的形式较多。主要有以下几点：①对比分析同一类型监测数据的变形特征，是否具有相关性和合理性；②对比分析不同测次的监测值，定性分析变化趋势和一致性；③对比分析监测结果和理论或设计值的差异，判断理论或设计值的科学性和准确性；④将监测值和设计安全控制值进行对比，判定监测对象的安全状态。

3. 绘图分析

通过绘制变形量和时间、相邻测点或原因量的关系图、相关图，可以直观分析变形规律及发展趋势。绘制时间-变形量的关系图最为常见，分析观测值的变化大小及其规律，如图 9-15 所示；绘制不同测点的变形量，可以研究空间的变形特点及规律，如图 9-16 所示；绘制变形量和原因量的相关图，找出影响观测值的荷载因素和其对观测值的影响程度。

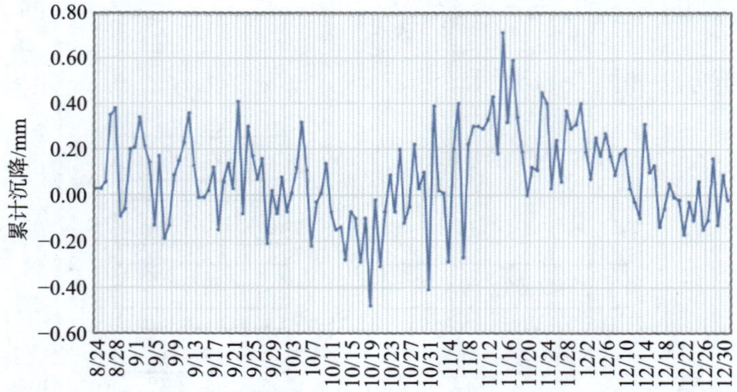

图 9-15　时间-变形量图

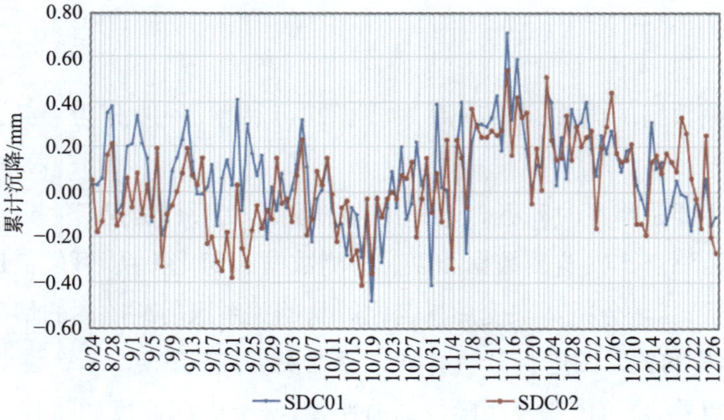

图 9-16　不同测点-变形量图

4. 统计分析

对各种监测量在分析时段内的最大和最小值、变形趋势、趋于稳定所需时间等进行统计、分析，来评估判定各监测量之间在时空变化方面的一致性、合理性。这种定量分析方法具有更强的实用性，分析结果更有科学性和说服力。

5. 建模分析

由于变形体变形的复杂性、多样性和不确定性，需要建立精确的数学模型，分析研究变形量和原因量之间的严密数学关系，实现变形趋势的精准预测。常用的数学模型可以分为三种：

(1)统计模型

该方法分析变形结果与变形原因之间的相关性，建立荷载-变形的数学模型。常用的算法有多元线性回归分析、神经网络模型、灰色系统、卡尔曼滤波模型、时间序列分析等。这类方法易于建模，方便使用，在监测行业得到了广泛的应用。

(2)确定性模型

该模型结合监测对象的实际工作状态，主要利用有限元方法计算在荷载作用下的变形场，与监测值对比优化拟合，计算优化参数，建立精确的变形确定模型。

(3)混合模型

该模型是统计模型和确定性模型的结合，即部分监测量用了统计模型，其他部分用了确定性模型。

9.4.2 监测预报警分析

监测数据实时采集后，应立即进行处理分析，计算监测点的累计变形量，并且和监测预警值、监测报警值和监测控制值对比，并评定所处状态。监测预报警分析流程图如图 9-17 所示：当监测点的累计变形量小于监测预警值时，处于正常状态；当累计变形量大于等于监测预警值小于监测报警值时，处于预警状态；当累计变形量大于等于监测报警值小于监测控制值时，处于报警状态；当累计变形量大于等于监测控制值时，处于超限状态。当监测点处于预警、报警、超限状态时，应根据相关预报警规章制度，及时向铁路运营管理、施工方等相关单位反馈，并加密监测，保证铁路营运线的安全运营。

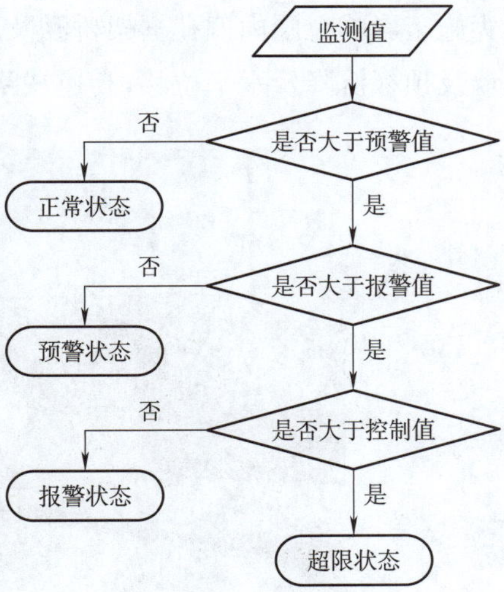

图 9-17　监测预报警分析

9.4.3 基准点稳定性分析

基准点测量完成后应进行数据处理，获得各期基准点的平面坐标和高程。对两期及以上的变形测量，应根据测量结果对基准点的稳定性进行检验分析。基准点稳定性检验分析应符合下列规定：

基准点网复测后，对所有基准点应分别按两两组合，计算本期平差后的高差(坐标)数据与上期平差后高差(坐标)数据之间的差值。当计算的所有高差(坐标)差值均不大于按下列公式计算的限差时,认为所有基准点稳定:

$$\delta=2\sqrt{2}\sigma \tag{9-1}$$

$$\sigma=\sqrt{n}\mu \tag{9-2}$$

式中 δ——高差(坐标)差值限差,mm;

μ——对应精度等级的测站高差中误差(坐标监测点的坐标中误差),mm;

n——两个基准点之间的观测测站数。

当有差值超过限差时,应通过分析判断找出不稳定的基准点。

9.5 工程案例

9.5.1 项目概况

安徽省内某新建一级公路下穿京沪高速铁路的四孔框架桥,如图 9-18 所示。监测范围为施工影响范围内四孔框架桥涵及两侧 20 m 范围内的路基,监测项目为高速铁路桥梁边墙及顶板沉降及水平位移,高速铁路路基沉降及水平位移。

图 9-18 公路下穿京沪高速铁路框架桥

9.5.2　方案与实施

根据施工现场及周边情况，在施工影响范围以外的稳定位置埋设基准点。本项目共布设 5 个基准点，新设框架桥监测点 13 个，路基监测点 8 个，如图 9-19 所示。采用徕卡 TS15 全站仪测量机器人进行自动化监测，满足项目精度要求。现场全站仪按照设置参数采集监测数据后，通过无线通信网络自动发送到中国铁路设计集团有限公司测绘院自主研发的全站仪采集系统，然后上传至铁路（城轨）综合监测检测系统，自动进行数据处理、分析以及发布。

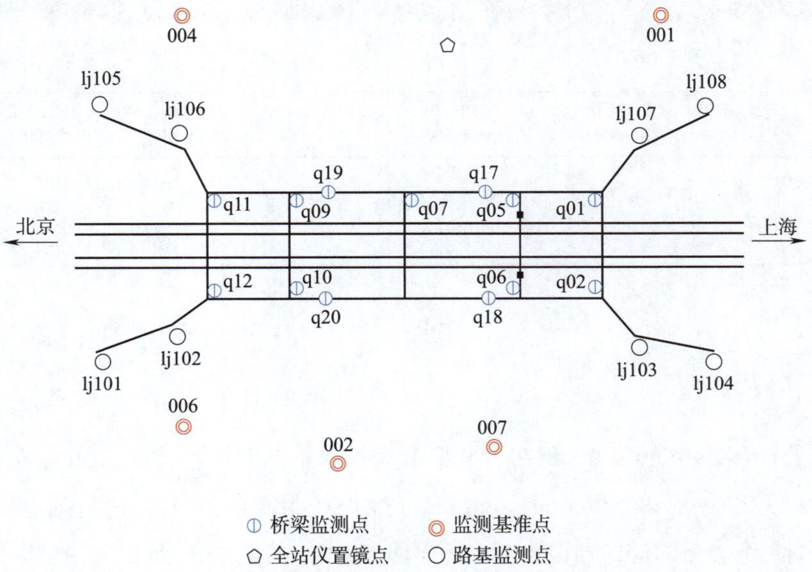

图 9-19　监测点位布置

共完成监测 2 380 期(2021 年 6 月 11 日—12 月 21 日为施工监测，自动化监测频次为 12 期/d，2021 年 12 月 21 日进人工后监测，其中 2021 年 12 月 21 日—26 日采用自动化监测，监测频次为 12 期/d，2021 年 12 月 27 日—2022 年 1 月 22 日采用人工监测，人工监测 4 期)。

在整个监测周期中，高速铁路桥梁边墙及顶板监测点监测期间横向累计位移最大值为−1.38 mm(q11)，监测期间纵向累计位移最大值为 1.38 mm(q07)，监测期间垂直累计位移最大值为−1.39 mm(q10)；高速铁路路基监测点监测期间横向累计位移最大值为−1.38 mm(lj06)，监测期间纵向累计位移最大值为−1.37 mm(lj05)，监测期间垂直累计位移最大值为−1.39 mm(lj06)，均在桥墩和路基沉降及水平位移监测预警值 1.4 mm 限差之内，满足限差要求，监测过程中所有监测点均未发生预警情况。本次施工未对现场铁路设施造成明显形变影响。图 9-20 为桥梁某监测点位移信息示例。

位移信息			
监测点名称	q07	监测点类型	全自动全站仪监测点
数据起始时间	2021-06-12 05:04:33	数据截止时间	2021-12-26 10:32:53
最终横向累计位移量	0.19 mm	监测期间横向累计位移最大值	1.35 mm
最终纵向累计位移量	0.21 mm	监测期间纵向累计位移最大值	1.38 mm
最终垂直累计位移量	−0.12 mm	监测期间垂直累计位移最大值	−1.35 mm

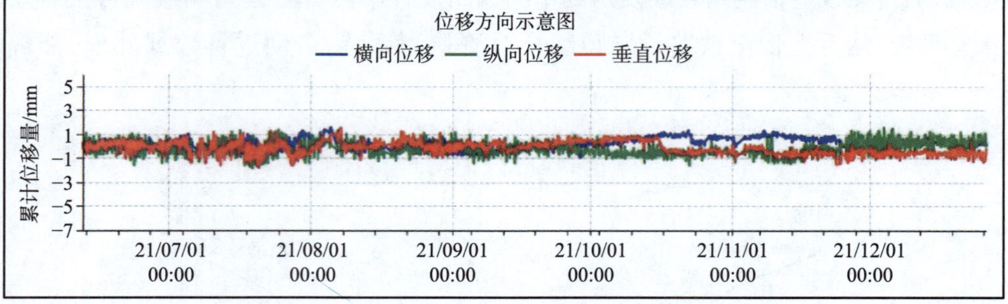

图 9-20　桥梁某监测点位移信息示例

第 10 章　区域地面沉降监测技术

我国高速铁路发展迅速，但沿线区域包含地面沉降在内的地灾情况并不乐观。传统的高速铁路区域沉降监测方法主要有水准测量、GNSS 测量，具有空间覆盖范围有限、监测频率低、监测点密度低、监测周期长、监测成本高等缺点，难以及时满足呈区域性发展的地面沉降监测的要求，为保证高速铁路快速发展和安全运营，需要使用基于面观测的 InSAR 技术弥补水准和 GNSS 监测手段的短板。本章将详细介绍基于 InSAR 技术的高速铁路区域沉降监测原理及各项监测方案，并以京沪铁路北京至德州段地面沉降监测为实际工程案例，为高速铁路区域沉降提供一种新的可实施方案。

10.1　概　　述

地面沉降是由于自然或人为因素引发地下松散岩层固结压缩，致使一定区域范围内地面高程降低的地质现象，属于缓变性地质灾害，具有影响范围大、防治难度大、不均匀、不可逆等特点。经由国土资源部和水利部印发的《全国地面沉降防治规划（2011—2020 年）》指出，我国华北平原、长江三角洲、汾渭盆地等地区的地面沉降日益严重，并伴随有地裂缝出现，其中华北平原和长江三角洲累积沉降量大于 200 mm 的沉降面积达 7.2 万 km^2，受灾城市已超过 50 个，并正在逐步向农村扩展，分布于北京、天津、河北、山东、安徽、江苏和上海等地，并且在沧州、苏州、无锡和常州等地因不均匀沉降而出现地裂缝。同时，这些在空间域表现为沉降差异较大的不均匀沉降，极大地影响了高速铁路运行安全，主要影响在高速铁路路基和桥梁及其桩基两方面，高速铁路路基工后沉降的主要原因是支撑路基的地基压密沉降，而地基压密沉降主要是由地基土层不同（如山区地基）、特殊土地基病害（软土、松软土、冻土等）、膨胀土地基（具有遇水膨胀、失水收缩特性）、岩溶地基造成的地面不均匀沉降；高速铁路桥梁及桩基沉降主要是由于地下水抽取致使地下岩层压缩造成的，而其势必受相同深度压缩层变形的影响，有研究显示，地下水抽取造成的局部水位快速下降引起不均匀地面沉降会对上部桥梁结构和轨道平顺性产生较大影响。

长期以来，高速铁路区域沉降监测方法主要有水准测量、GNSS 测量等。在面对威胁高速铁路安全的地面沉降监测时，这些传统测绘手段具有空间覆盖范围有限、监测频率低、监测点密度低、监测周期长、监测成本高等缺点，难以及时满足呈区域性发展的地面沉降监测的要求；再者，随着国家新时期"八纵八横"高速铁路网的宏大蓝图布局日益完善，在以高速铁路为主的交通网覆盖范围内的乡镇及农村区域少有地面沉降监测网络，致使传统测绘手段难以及时监测和预防地面沉降。然而，InSAR（interferometric synthetic aperture radar）技术在监测地面沉降时具有观测范围大、形变测量精度高、空间分辨率高、自动化程度高、不受云雾雨恶劣天气条件的制约等技术特点，InSAR 技术主要包括 DInSAR（differential InSAR）和时序 InSAR（time series InSAR，TS-InSAR）两种方法，已在城市地面和大型基础设施（如水坝和桥梁等）的区域沉降监测过程中得到较多研究，已被国土资源部门列入《地面沉降调查与监测规范》中。

综上所述，我国高速铁路发展迅速，但沿线区域包含地面沉降在内的地灾情况并不乐观。因此，为保证高速铁路快速发展和安全运营，需要使用基于面观测的 InSAR 技术弥补水准和 GNSS 监测手段的短板。

10.2 区域沉降水准网监测

在沉降监测区域，按照监测需求布设一定密度的沉降监测点（可以是基岩分层标、基岩标石、深埋标石、普通标石等），采用水准作业的方法（一般为一、二等水准测量精度），通过定期性的重复观测，分析变形点高程变化情况，为研究和控制地面沉降提供准确、可靠的系统资料。在建设期间完成的线路水准基点控制网的基础上，新增或利用一定密度的既有监测标石，构成高速铁路沿线带状水准监测网，如京沪高速铁路在既有线路水准基点控制网（每 100 km 一个基岩点、每 8 km 一个深埋水准点、每 2 km 一个普通水准点）的基础上，在沉降重点区段每 0.6～1.0 km 间距，在距线路中心线 800～1 000 m 范围内，交错布设加密点。地面沉降水准网一般以 3～6 个月为观测周期进行周期性观测，以沿线基岩点为起算基准对水准网进行整网平差，获得不同等级监测点的沉降值，对监测点沉降值进行分析计算，描述地面沉降情况，同时提出线路水准基点控制网高程修正方案，指导施工建设和运营维护。

地面沉降水准网通常采用国家二等水准作业要求进行施测，水准点高程精度较高，在小范围监测区域内监测精度通常能达到亚毫米级；监测标志埋设深度、埋设位置的不同，便于分析监测标所在地层、所在位置的沉降变形趋势，尤其是分层沉降标，是研究地下不同深度土层和含水砂层沉降量变化的依据，为研究沉降发生的机理提供数据支持；线路水准基点控制网的周期性复测，是维护铁路沿线高程基准有较高高程精度的必要条件，也是确定铁路沿线水准点以点成线而形成的浅层地表沉降（埋深较浅的普通水准点反映）和深层地面沉降（埋深一般在 40～70 m 深埋水准点反映）的直接观测资料，为分析测算高速铁路建设或运营过程阶段因地面沉降引起的线路纵向附加坡度影响值提供依据。

地面沉降水准网通常采用国家二等水准作业方法进行施测，受限条件较多，包括外界观测条件（主要是天气状况、外界影响、人力资源等），观测周期长、观测时效性较难保证；受水准网平差方法的影响，水准点高程精度不一致，离起算点越远高程精度越低，同时地面沉降水准网由离散的监测点组成，监测点的稳定性受其埋设环境制约，这些因素对沉降分析产生一定影响。高速铁路地面沉降水准网呈带状分布，受监测点密度因素影响，能够在一定程度上反映沿线纵向的沉降情况，但是对铁路沿线带状范围面状沉降较难真实反映。费用较大，主要包括造标费用（尤其是高等级的基岩或深埋标石造标费用少则几万，多则几百万）和监测网维护费用（包括补设标石费用、周期性外业观测费用等），监测成本高。

10.3　区域沉降 GNSS 监测

根据监测目的的不同，按照工程需要进行合理布网，并对监测网采用 GPS 静态观测。根据观测精度的不同，可以使用广播星历或精密星历进行解算，通过对 GPS 大地高的变化来分析确定 GPS 监测点的沉降情况。在津秦高速铁路专线、京石高速铁路专线，对 CPⅠ、CPⅡ（高速铁路工程测量规范中所规定的采用二等、三等 GPS 测量精度施测）控制网的周期性复测数据（以广播星历进行解算），通过高程拟合得到 GPS 点正常高，通过正常高的变化分析判定监测点的稳定性，但这种方式精度较低。在京沪高速铁路（北京至济南段）沿线基岩点或深埋点附近，按照每 50 km 点间距设置一个 GPS 强制观测墩，进行周期性的 24 h 连续同步观测，GPS 基线向量采用精密星历，采用 baseline 模式，固定其附近的 IGS 跟踪站，基线解算及平差采用 Bernese 三维严密平差软件进行处理，使解算结果真正达到毫米级精度，得到各控制点间精确的大地高差。

GPS 观测具有全天候、自动化观测的优点，GPS 点点位布设满足 GPS 观测的前提下，作业效率高，可以在较短时间内完成大跨度的平面及高程联测，在满足一定观测条件和计算条件的基础上，能够得到较高精度的空间三维坐标，对局部重点监测点能实现高度自动化监测；通过大地高的变化，间接分析重点沉降区段内沉降基准点的稳定性，对高速铁路这种带状区域尤为适用，节省与二等水准联测作业内容，同时避免长距离水准联测造成的精度损失。

在面状监测区域的监测效果上，受监测点点位布设网形和点位密度影响显著，在绝对高程测定上，还不能达到很高的精度，还不能完全代替二等及以上等级水准测量。

10.4 InSAR 监测技术

10.4.1 合成孔径雷达技术

合成孔径雷达干涉测量(简称 InSAR)利用同一地区的 SAR 复数影像,对同一地物的回波信号进行干涉,获取该地区的干涉条纹图,并对相位信号进行分析,以提取该地的 DEM 或形变信息。由于需要考虑微波回波信号的相干性,因此在利用 SAR 数据进行干涉测量时,一般要求采用在平行轨道或近似平行轨道获取同一地区的 SAR 影像进行干涉测量,具体实现形式包括交叉轨道干涉测量(cross-track interferometry,XTI)、顺轨干涉测量(along-track interferometry,ATI)和重复轨道干涉测量(repeat-track interferometry,RTI),前面两种形式属于双天线单航过,后面一种属于单天线双航过模式。

现在大多数在轨的星载雷达卫星系统都采用重复轨道干涉测量模式,它用单天线平台在不同时间、不同轨道上获取干涉影像对,即用相邻轨道上两次对同一地区获取的影像来形成干涉。ERS-1/2 、Envisat-ASAR 均采用这种模式,其干涉模型如图 10-1 所示,假设卫星以一定的时间间隔和轨道偏离重复对某一区域成像,并在两次飞行过程中处于不同的空间位置 P_1 和 P_2,则其间存在空间干涉基线向量 $\boldsymbol{B}$,其长度为 $|B|$,称为基线长度;基线向量 $\boldsymbol{B}$ 与水平方向的夹角 α,称为基线倾角;P_1 和 P_2 至地面点 T 的斜距分别为 $\rho=r$ 和 $\rho=r+\Delta r$;H 为 P_1 到参考面的高度;B_h、B_v 分别为基线的水平分量和垂直分量。

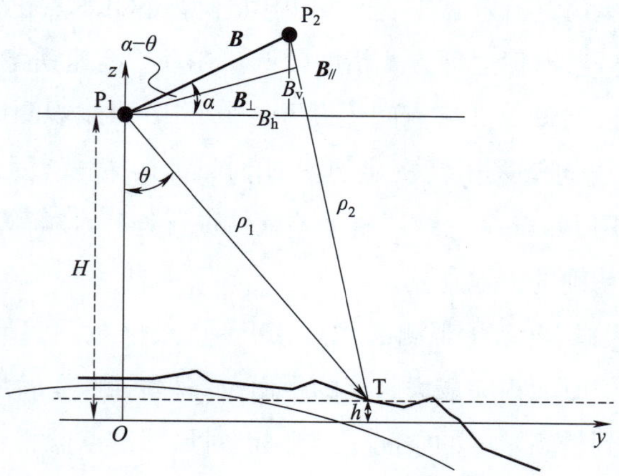

图 10-1 InSAR 干涉模型图

干涉相位与水平基线和垂直基线有如下关系:

$$\boldsymbol{B}_{/\!/}=\boldsymbol{B}\sin(\theta-\alpha)=\Delta r \tag{10-1}$$

$$\boldsymbol{B}_{\perp}=\boldsymbol{B}\cos(\theta-\alpha) \tag{10-2}$$

由于空间基线 $\boldsymbol{B}$ 与斜距 ρ_1,ρ_2 比值接近于 0,因此两次测量的相位差值 ϕ 有以下关系:

$$\phi=\frac{4\pi}{\lambda}\Delta r=\frac{4\pi}{\lambda}\boldsymbol{B}\sin(\theta-\alpha) \tag{10-3}$$

依据余弦定理有:

$$\sin(\theta-\alpha)=\frac{(r+\Delta r)^2-r^2-\boldsymbol{B}^2}{2r\boldsymbol{B}} \tag{10-4}$$

$$h=H-r\cos\theta \tag{10-5}$$

此即为 InSAR 技术确定地物高程的原理性公式。在干涉数据处理时,需要注意以下几个方面的问题:

SAR 数据的选取。不同的应用目的选择的数据标准不一样,为了能最有效的利用 InSAR 技术取得最合理的结果,选择数据时需要考虑几个参数:视角,几何基线,时间基线,相干性,气象条件等。目前可以利用的 SAR 图像数据选择软件有:EOLI、DESCW 等。目前国内一般都是向数据代理商采购数据,在采购之前可以要求数据代理商把 SAR 数据的基本资料检查清楚。

为满足 InSAR 技术在大区域地面沉降监测中的应用,国内外已有多个卫星 SAR 系统可提供重访周期较短的中高分辨率影像,见表 10-1,包括:加拿大 RADARSAT-2 卫星 C 波段 SAR 系统、德国 TerraSAR-X 和 TanDEM-X 姊妹卫星 X 波段 SAR 系统、意大利四星座 COSMO-SkyMed X 波段 SAR 系统、日本 ALOS-2 卫星 L 波段 PALSAR 系统,欧洲空间局 Sentinel-1A 和 Sentinel-1B 姊妹卫星 C 波段 SAR 系统、中国 C 波段高分三号 SAR 卫星和 L 波段陆探卫星星座等。这些先进的中高分辨率卫星 SAR 系统的出现必将为 InSAR 地面及大型基础设施等沉降监测提供前所未有的机会。

表 10-1　SAR 数据参数信息

卫星 SAR 系统	在轨时间/年	轨道高度/km	波段/波长/cm	极化方式	回归周期/d	地面分辨率/m	影像幅宽/km	隶属机构/国家
JERS-1	1992—1998	568	L/23.6	HH	44	25	80	JAXA/日本
ERS-1/2	1991—2000 1995—2011	785	C/5.6	VV	3,35	25	102.5	ESA/欧洲空间局
RADARSAT-1	1995—2013	790	C/5.6	HH	24	8~30	50~500	CSA/加拿大
ENVISAT-ASAR	2002—2012	800	C/5.6	HH/VV	35	25~100	100~405	ESA/欧洲空间局
ALOS PALSAR	2006—2011	700	L/23.6	HH/VV/VH/HV	46	10~100	20~350	JAXA/日本
RADARSAT-2	2007 至今	798	C/5.6	HH/VV/VH/HV	24	3~100	25~500	CSA/加拿大
TerraSAR-X	2007 至今	514	X/3.1	HH/VV/VH/HV	11	1~16	10~100	DLR/德国

续上表

卫星 SAR 系统	在轨时间/年	轨道高度/km	波段/波长/cm	极化方式	回归周期/d	地面分辨率/m	影像幅宽/km	隶属机构/国家
TanDEM-X	2010 至今	514	X/3.1	HH/VV/VH/HV	11	1～16	10～100	DLR/德国
COSMO-SkyMed（四星座）	2007 至今	620	X/3.1	HH/VV	4～16	1～100	10～200	ASI/意大利
RISAT-1	2012 至今	536	C/5.6	HH/VV/VH/HV	12/25	1～50	10～225	ISRO/印度
HJ-1C	2012 至今	500	S/9.6	VV	31	5～20	40～100	CRESDA/中国
ALOS-2 PALSAR-2	2014 至今	628	L/23.6	HH/VV/VH/HV	14	1～100	25～490	JAXA/日本
Sentinel-1A	2014 至今	693	C/5.6	HH/VV	12	5～40	20～400	ESA/欧洲空间局
Sentinel-1B	2016—2021	693	C/5.6	HH/VV	12	5～40	20～400	ESA/欧洲空间局
ICEYE SAR	2018 至今	560～580	X/3.1	HH	<1	1～20	5～100	芬兰卫星公司
Capella SAR	2018 至今	485～525	X/3.1	HH	<1	0.5～1.2	5～20	美国
陆探卫星	2021 至今	607	L/23.5	HH/VV/VH/HV	4	3～30	30～400	中国

高程模糊度是指在经过去平地效应后，干涉相位变化所产生的高程差。依据式(10-3)和式(10-5)求导有

$$\Delta\phi=\frac{4\pi}{\lambda}\boldsymbol{B}\cos(\theta-\alpha)\Delta\theta=\frac{4\pi}{\lambda}\boldsymbol{B}_{\perp}\Delta\theta \tag{10-6}$$

$$\Delta h=r\Delta\theta\sin\theta \tag{10-7}$$

得到高程模糊度公式如下：

$$\frac{\Delta\phi}{\Delta h}=\frac{4\pi\boldsymbol{B}_{\perp}}{\lambda\sin\theta} \tag{10-8}$$

$$\Delta h=\frac{\lambda\sin\theta}{2\boldsymbol{B}_{\perp}} \tag{10-9}$$

高程模糊度与垂直基线成反比，理论上来讲，基线越长，高程测量精度越高。但是超过某一个极限基线后，会产生信号失相关，不会产生干涉条纹。

InSAR 技术也不是万能的，也会受到一些因素影响，比如时间和空间基线、大气延迟效应等。另外，还要充分考虑 InSAR 的精度与工程的精度要求之间的匹配度。

10.4.2　差分合成孔径雷达技术

当对同一地物进行两次观测时，该地物的几何位置发生了变化，称之为发生了形变。对于通过多次雷达干涉测量来计算得到的地表形变量的技术，称之为差分雷达干涉测量(DInSAR)。目前常用的DInSAR模式有三种：二轨法、三轨法和四轨法。图10-2为二轨法进行差分干涉测量的几何示意。

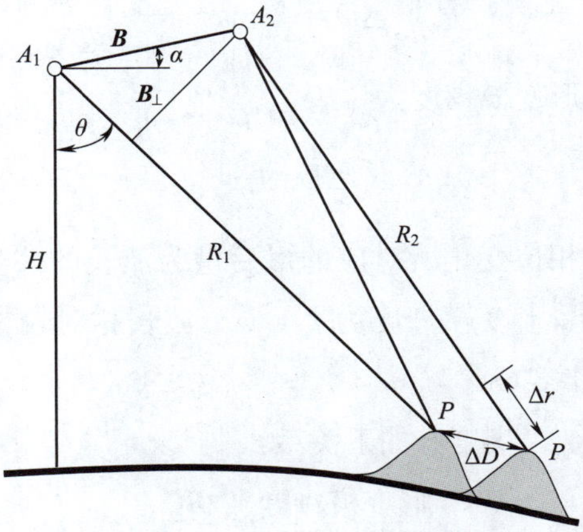

图 10-2　DInSAR基本原理图(二轨法)

考虑到微波在传播过程中大气延迟的影响，重复轨道干涉测量的相位由以下几部分组成：

$$\phi_{wrp}=\phi_{fit}+\phi_{top}+\phi_{def}+\phi_{atm}+\phi_{noise}+k\cdot 2\pi \tag{10-10}$$

$$\phi_{flt}=-\frac{4\pi}{\lambda}\boldsymbol{B}\sin(\theta^{0}-\alpha)$$

$$\phi_{top}=-\frac{4\pi}{\lambda}\frac{\boldsymbol{B}_{\perp}^{0}}{R_1\sin\theta^{0}}h$$

$$\phi_{def}=\frac{4\pi}{\lambda}D$$

$$\phi_{atm}=\frac{4\pi}{\lambda}(S^{t1}-S^{t2})$$

式中　ϕ_{fit}——平地相位；

ϕ_{top}——地形引起的相位；

ϕ_{def}——视线方向(LOS)的形变引起的相位；

D——视线方向的形变；

ϕ_{atm}——两次成像期间大气延迟不同引起的相位；

S^{t1}，S^{t2}——两个成像时刻在斜距方向的大气延迟；

ϕ_{noise}——噪声相位；

k——整周模糊度。

对式(10-10),平地相位 ϕ_{flt} 可根据基线进行估计,地形引起的相位 ϕ_{top} 可根据已有的DEM估计,若忽略大气相位和噪声相位的影响,则可估算出地表形变引起的相位。对形变相位进行解缠,即可得

$$D=\frac{\lambda}{4\pi}\phi_{def} \tag{10-11}$$

对式(10-11)微分,可得

$$\Delta D=\frac{\lambda}{4\pi}\Delta\phi_{def} \tag{10-12}$$

当 $\Delta\phi_{def}=2\pi$ 时,可得形变模糊度为

$$\Delta D=\frac{\lambda}{2} \tag{10-13}$$

由式(10-13)可知:2π 相位变化所对应的形变量为波长的一半。而对于工作于C波段的ERS和ENVISAT卫星,形变模糊度为2.8 cm,波长相对较长的L波段的ALOS卫星PALSAR传感器也仅为11.8 cm。

综合高程模糊度和形变模糊度有如下关系:

$$\frac{\text{形变模糊度}}{\text{高程模糊度}}=\frac{\boldsymbol{B}_{\perp}}{\sin\theta}$$

以垂直基线100 m,入射角30°为例,上述比值为200∶1,即一个 2π 相位变化引起的形变变化远大于引起DEM变化,这说明:①差分相位对地形变化非常敏感,利用DInSAR监测地表形变的灵敏度远高于InSAR获取DEM的灵敏度,DInSAR可用于形变监测;②由形变模糊度公式可知,相邻两期InSAR数据获取期间,地表参考点形变量不宜大于 $\lambda/2$,这说明长波段更适宜于形变较大的区域;③由形变模糊度公式可知,当所有其他误差源引起的最终差分相位的误差很小,如 $\pi/10$ 时,形变监测精度可达 $\lambda/40$,即达到毫米级的监测精度。这说明,当通过不同的误差分析方法逐步剔除或减少差分相位中的误差,是可以提高DInSAR监测精度至厘米甚至毫米级的。通过目前国内外大量关于DInSAR在实际工作形变中误差精度分析,其精度可达厘米甚至毫米级的。

除上面常用的二轨差分外,常规DInSAR方案还包括三轨差分及四轨差分的方法。二轨法、三轨法以及四轨法DInSAR均需要进行干涉和去平的处理。三种方法的主要区别在于DEM相位的计算过程。如果引入外部DEM来计算DEM相位并将其消除,以得到形变场,这就是二轨法。如果有三景影像,其中两景进行差分计算,并抽出一景与第三景进行干涉分析获取DEM相位,最终用差分结果减掉DEM相位以得到形变场,这就是三轨法。如果有四景影像,两景进行差分,另外两景进行干涉分析获取DEM相位,最终用差分结果减掉DEM相位以得到形变场,这就是四轨法。在进行三轨或者四轨法形变测量时,必须保证其中一对影像跨越了形变时间段,能够提供精确的形变信息;另外有一对影像不受形变的

影响，并能够提供精确的高程信息。

无论是二轨法、三轨法还是四轨法，其基本都是利用形变干涉相位减去地形相位（假设没有形变）得到形变相位。以常规二轨法为例，DInSAR 技术沉降监测的应用流程如图 10-3 所示。

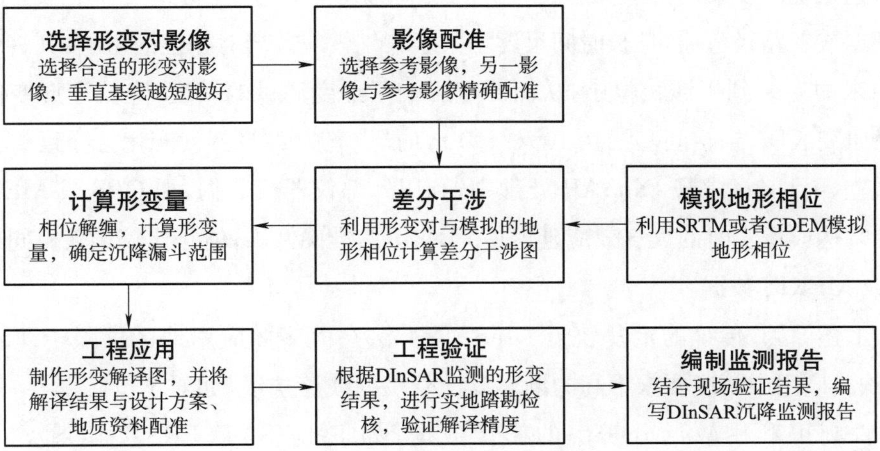

图 10-3　二轨法下的 DInSAR 形变监测流

与传统的地壳形变观测技术相比较而言，差分干涉测量技术优势明显。但在实际应用的过程中，该技术的受限条件也缩小了该方法应用的领域，其存在问题主要表现在以下几个方面。

(1)空间失相干

由于雷达接收到的后向散射波信号除受地面层影响外，还与轨道精度、雷达天线侧视角有关。精度较低的轨道数据，以及斜视角的不同会引起多普勒(Doppler)频率的差异，进而导致相同地物的回波相位差异，出现失相干现象，这种现象称为空间失相干。通常，单轨双天线系统一般不会出现明显的空间失相干，而星载重复轨道受各种因素的影响会导致基线过大，且轨道空间基线越大，雷达波到达地面的入射角差异越大，导致噪声相位比例提高。据研究，空间失相干在局部坡度一定的条件下，基线越大，失相干越严重。在基线一定的情况下，局部坡度越大，空间相干性越好。

(2)时间失相干

植被覆盖地区，天气变化过大的地区，以及雪覆盖区域；河湖海水域表面的不断变化；地震、火山、滑坡等地质现象；人类开垦荒地或者建造新的建筑物等等，都会从几何或者物理性质上改变了两幅 SAR 影像同一像素的雷达信号相位和统计分布，导致两次雷达回波信号相干性减弱或丧失，这种现象称为时间失相干。在雷达系统参数一定的条件下，时间相干性主要由地表位移因子确定，且波长越长，对地表位移影响的敏感性越低。据研究，约 3 cm 的地表位移可使 ERS-1/2C 波段数据完全失相干，而使 JERS-1 卫星 L 波段的 SAR 影像失相干则需要有 10 cm 的位移量。

(3)大气效应的影响

大气的影响在重复轨道干涉测量中是主要的误差来源之一。大气的存在会使得在 600 km 高空的雷达系统所发射的信号穿过具有折射效应的大气层，并且受到大气中水分的影响出现相位延迟或者路径弯曲，且长时间尺度增大了大气效应差异对相位的影响，其将引入几毫米到几厘米的误差到干涉相位中，从而严重影响了形变测量的精度，降低了形变估计的质量。理论研究表明，当空间基线在 100～400 m 时，空气中 20%湿度变化会导致 10～14 mm 的形变误差。目前在常规 DInSAR 处理中，利用外部仪器或数据，如 GPS 或 MERIS 数据等进行与雷达成像实时的大气效应延迟估算，它虽然准确性高，但是比较难获得同期大范围内 GPS 或 MERIS 数据。

由于上述原因，传统的重复轨道 DInSAR 方法在大多数应用地区仅限于厘米级的精度，对于铁路应用中精度要求不高的勘察设计阶段的线路选线，如对于沉降漏斗，采空区的普查探测，则可利用较低分辨率的影像数据（如 ENVISAT、ERS、ALOS），采用常规 DInSAR 技术，以较低的成本取得满足要求的结果。但是，厘米级的监测精度无法满足对高速铁路线上沉降监测的精度要求。

10.4.3 基于时间序列的合成孔径雷达干涉测量技术

1. Stacking InSAR 技术

基于累积 SAR 影像进行干涉相位时间序列分析可抑制大气波动对监测结果的影响，其基本思想是在数据量较少的情况下，选择基线较短（一般小于 300 m）的干涉图像，进行短基线干涉像对组合以增大单一差分干涉纹图可获取形变信息的时间跨度，尽可能多地获取观测值的个数，以此来求解线性形变速率。为恢复形变过程，将差分干涉相位视为观测值，并以时间基线作为干涉图相位观测值的权，而相干目标的形变序列为未知数，利用参数估计的方法（如最小二乘法）对不同时刻获取形变量进行平差处理，以获取线性形变速率和不同时刻的形变累积量，最终求解每一相干目标的形变序列值（Zebker 等，1997；Gamma Remote Sensing AG，2007）。

Stacking 方法假设大气统计特性在时间维上保持不变，处理中独立干涉对大气相位并未消除，其仅通过平均的方式提升了相位的信噪比，以实现抑制大气噪声的目的。这种方式不能很好地估计大气相位，并且干涉处理受时间、空间去相干制约。该方法虽然一定程度上剔除了影响形变相位的关键误差源——大气相位，但其没有考虑 DEM 误差、轨道相位误差等误差源，仅是理想情况下的最优解，因此针对此类问题才有由 Stacking InSAR 方法发展而来的 SBAS、PS、CT 等时序序列 InSAR 方法。

2. PSI 技术

鉴于 DInSAR 技术以及 Stacking InSAR 技术存在的问题，广大专家学者提出了许多解决的方案，其中最著名的是 Ferretti 等于 2001 年提出的基于时序序列的永久散射体差分雷达干涉测量技术（PS-InSAR）。

在论述 PSI 技术之前，首先介绍一下永久散射体（permanent scatterers，PS）的概念。在 SAR 影像中单个像素的回信波号是其对应地面范围内所有散射体共同反射的回波信号共同作用的总和。而且对于同一个散射体而言，其回波信号又受到其与雷达之间形成的入射方位角，以及表面粗糙角、极化方式、雷达入射角等因素共同作用。因此对一个像素内的某个散射体而言，如果其发生位移变化时，对应的回波信号也会发生改变，也就是说该像素对应的地面区域内任何散射体发生移位变化时，都会或大或小改变该像素接收到的回波信号（即相位和强度值）。同理，如果单个像素对应的地面范围内存在一个强散射体且该强散射体的强度远远大于其他散射体时，则该像素接收到的回波信号将该强散射体统治，即其他非强散射体的移位变化基本不会影响该像素接收到的回波信号值；只有该强散射体发生移位变化时，对应像素接收到的回波信号才会改变。这些所谓的强散射体就是 PS 技术所需要提取的 PS 点。统治性点目标存在情形下的回波散射方式如图 10-4 所示。

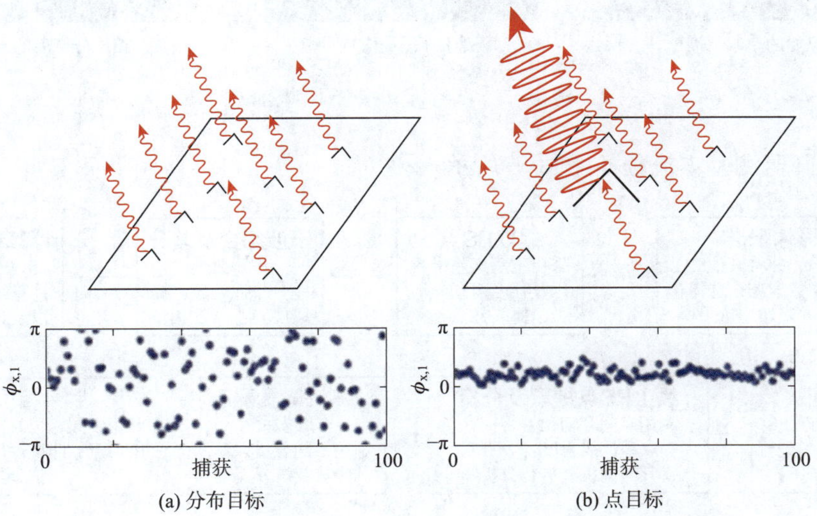

图 10-4　统治性点目标存在情形下的回波散射方式

因此所谓的 PS 点需要满足三个基本条件：①长时间内目标点的后向散射特性保持稳定；②目标点足够小（小于影像的分辨单元），能够在长空间基线下保持相干性；③目标点的后向散射系数远远高于其所在分辨单元内的其他散射体。

PS 技术的基本原理就是利用多景同一地区 SAR 影像，通过统计分析返回的相位和幅度信息，查找不受时间、空间基线去相关和大气变化影响的点目标。这些点目标可能是人工建筑物、裸露的岩石、人工布设的角反射器等。这些点目标的回波信号很强，几何尺寸通常远小于影像空间分辨单元，经过很长的时间间隔仍然保持稳定的散射特性，在时间序列InSAR影像中几乎没有斑点噪声的影响，表现出很好的相干性，从而被称为永久散射体。一些研究结果表明，在这个“天然的GPS网”上，可以精确地估计并消除大气延迟(atmospheric phase screen，APS)对相位的贡献，获得亚米级精度的DEM和毫米级地表形变探测精度。即使在单个干涉图上看不到干涉条纹，也可以在这些像元上拟合得到干涉相位，如图10-5所示。利用这些永久散射体插值出的拟合曲面，计算出DEM误差、视线方向目标物体的偏移值和线性大气效应贡献值，达到估计并去除大气效应相位贡献值，得到精确的形变值的目的。

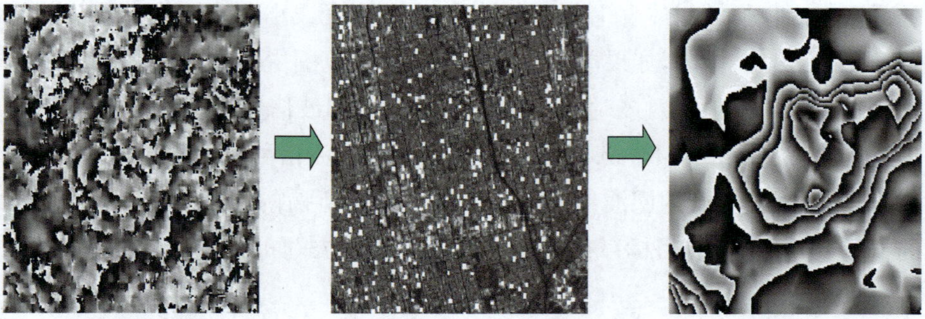

原始的单幅干涉图　　从序列干涉图提取点目标　　点目标相位分析后的干涉图

图10-5　点目标和拟合干涉相位

PSI沉降监测基本流程如图10-6所示。

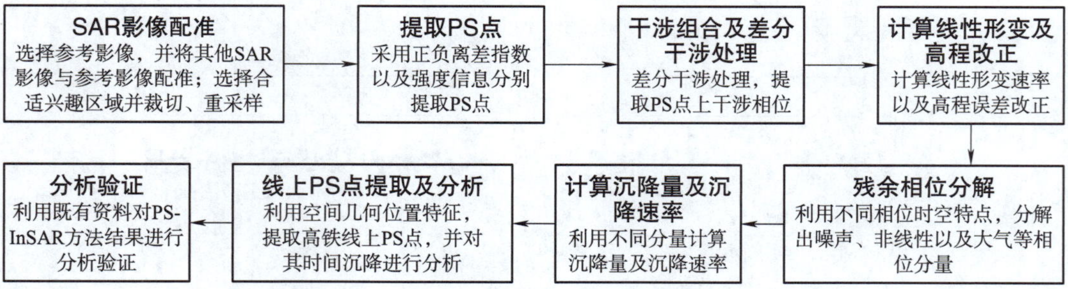

图10-6　PSI沉降监测基本流程

针对应用特点，以PSI技术为代表，一些基于相干点目标分析的时间序列InSAR技术陆续被提出，如小基线集算法和相干目标法、Stamps方法以及STUN算法。这些算法的差异性主要在于干涉对组合、PS点提取方式两个方面。

综上所述，PSI用于形变监测有以下几大优势：

①PSI技术通过识别PS点，针对PS点的处理可以避免传统DInSAR产生的失相干问题。

②PSI 技术采用的是点处理，而非传统 DInSAR 的面处理，处理质量比较高的点更能在精度得到保证。实验表明，其精度在数据良好情形下，年沉降速率精度优于 5 mm/年。

③PSI 技术处理的对象是 PS 点，这些 PS 点构成一个天然的“构成一网”，可以估算并剔除大气延迟分量，而这是传统 DInSAR 无法克服的问题。

④PSI 技术对处理影像的空间与时间基线要求较之传统 DInSAR 更为宽松，这有利于数据充分利用，完成 DInSAR 无法完成的工作。

⑤PSI 较之传统的水准测量与 GPS 测量，以及 CR-DInSAR 而言，不需要(或者仅需要少量)人工布点，工作量小，成本低，监测密度高，精度上也可靠。

从上述分析可知，PSI 方法能够极大提高 PS 点上的监测精度，而高速铁路正线上的钢轨，接触网杆等都具备成为 PS 点的条件，从而为将 PSI 技术应用于高速铁路构筑物沉降监测上提供了可行性，但 PSI 技术存在的数据量要求高和低相干区域 PS 点密度不高的问题也会普遍存在于高速铁路 InSAR 沉降监测应用中。

由于高速铁路过境区域会存在有大量植被覆盖的低相干区域，以及其他复杂地况区域，因此在高速铁路运营沉降监测中应用 PSI 技术除了需要在前期数据量满足要求的前提下外，还需要尽可能提高 PS 点的分布密度，优化 PS 点的分布布局，并尽可能在高速铁路构筑物上提取更多的 PS 点。

3. SBAS 技术

与 PS 方法基于高分辨率的 PS 点进行形变反演不同，短基线集(SBAS)方法主要研究低分辨率、大尺度上的形变。该方法是以像对基线短为原则，选择多个主影像组成若干个短基线子集，由于对于每个小集合的地表形变序列可以很容易地利用最小二乘法(LS)得到，但是单个集合内时间采样不够，使得方程存在无数解，为解决依靠单个子集时间提取形变序列存在多个解的问题，SBAS 的关键即是利用奇异值分解(single value decomposition, SVD)法将多个子集联立求解，得到待求解参数最小范数意义上的最小二乘解，该方法发展了基于相位模型分解的处理方法，将形变速率进行线性和非线形分解，根据形变速率以及高程误差的变化特征，通过相位迭代解算线性形变速率和高程误差改正，然后根据大气相位的时空变化特征，从残余相位中分离大气相位和非线形形变量。

该类方法在一定程度上抑制了大气相位对形变测量结果的影响，并最大程度地利用短基线干涉像对，极大地减弱了空间失相干对干涉相位质量的影响，充分利用了现有 SAR 数据，降低了对 SAR 数据数量的要求，能更大数量地提取相干目标，即使在数据量较少的情况下仍可以获得高精度的形变场速率图和形变序列图，特别是有利于提高线性形变速率的提取精度，极大地提高了 InSAR 技术的实用性。

通常情形下，长时间序列监测的前期经常存在数据量不足的情况，在数据集较小情况时，该方法仍可以利用若干张用不规则三角网解缠的相位图加权平均获取形变速率结果。数据集较大时(大于 10 景)，则可以利用时间域相位回归模型对形变速率和形变序列进行求解，提高了长时间条件下监测精度，可以很好地获取大尺度地表形变场信息，也可以对重点区域进行高精度监测，是工程化应用较为实用的方法。

SABS 方法在处理数据时由于做了多视处理，因此它只能得到低分辨率的地表形变序列，其依然属于面处理模式，且由于数据量有限，该方案仅可用由于大范围沉降趋势的概略监测，其精度也难以有效保证，无法实现精细化目标的监测应用。

在实际生产中，该方法主要用于获取先验沉降速率和形变过程，主要用于为后期沉降速率的精估算提供依据，在关乎铁路工程安全的沉降监测中，该方法可以用于施工阶段和运营阶段前期数据量不足时的沉降监测辅助手段。

4. CR-InSAR

对于不存在相干目标的地区或者相干目标较少的形变监测区域，可设置人工目标作为雷达监测对象，根据其干涉相位变化来反映变形特征。人工角反射器(corner reflector，CR)就是典型的人工目标，它一般是由三块相互垂直的金属二角平面板构成(图 10-7)，利用安装时的角度调控使 CR 的中垂线与雷达入射方向保持严格一致，以保证入射反射器的雷达波在很大的范围内将沿原路返回，因此角反射器在雷达图像上不仅具有很大的反射强度，还具有很高质量的相位。在很多情况下，如山体滑坡、水库、大坝、桥梁或其他建筑物活动监测等，其空间监测范围相对较小，变形幅度又不大，满足相位解缠约束条件，则可以利用人工角反射器作为观测对象。

图 10-7　角反射器示意

CR-InSAR 技术对角反射器的布设和安装有相应要求：①CR 测量中要求雷达回波和周围地物能明确区分出来，避免与其他地物的散射信号相干涉。因此，在建筑密度高的城区，需要选择背景散射特性较低的区域安装 CR，避免出现 CR 回波与其他地物回波信号产生干涉现象。②CR 安装时其角度必须与相应的需要雷达卫星入射角度匹配，否则，无法产生最强的后向散射强度。③CR 布设的位置和分布间距需要考虑构网的合理性，避免出现相位解缠失败的情形。

由于角反射器能够获取强雷达后向散射截面值和相位高信噪比(在时间尺度上表征为

稳定)；使得 CR-InSAR 方法受时间和空间失相干的影响较小，ketelaar(2004)和 ferretri(2007)经过分析提出以下公式：

$$\sigma_{LOS}=\frac{\lambda}{4\pi}\sigma_{\phi}=\frac{\lambda}{4\pi}\sqrt{\frac{1}{2\ SCR}}$$

式中　σ_{LOS}——雷达视线向形变离散度；

σ_{ϕ}——相位噪声；

SCR——相位信噪比。

由此可知，当 SAR 数据为 C 波段时，对于 SCR 高于 100 的目标点，其形变反演的理论精度可达 0.3 mm。这说明利用 CR-InSAR 反演高精度形变信息成为可能，由于是对于部分低相干性的高速铁路过境区域而言，可以产生很好的效果。基于相位解缠理论可以推断，利用沿线分布的角反射器目标作为 PS 点，与线上 PS 点构网，可以很好解决相位解缠路径上的阻断问题。

但由于单纯利用角反射器技术进行沉降监测，人工布标工作量巨大，且购地与材料、修置成本过高，维护困难，在铁路工程不具备大规模推广应用的价值。因此，一般可以考虑 CR 与 PSI 技术结合的方式，在必需区域布设 CR，通过 PSI 方式实现高速铁路沉降监测应用。

5. QPSI 技术

PSI 技术第一次利用星载 SAR 数据将地表形变观测精度提升至毫米级，使该技术具备推广应用于精密工程沉降监测中的可行性。然而其对数据量的高要求，以及低相干区域的 PS 点数量存在严重不足的问题依然普遍存在，因此近几年对于该类问题的研究是 PSI 技术的主要方向，代表性的技术有准永久散射体差分雷达干涉测量技术(Quasi-PS DInSAR，QPSI)。

发展 QPSI 技术的目的是解决因低相干性造成 PS 点密度不足问题。我们在原理上分析造成低相干性的原因有二。其一，PS 点一般认为是相位变化较为稳定的点，这类点通常表现为高相干性，由于高相干性还与强后向散射系数有关，即为时间相干性和空间相干性综合作用。因此选取综合相干性不高，但时间相干性好良好的点状目标作为 PS 点，也符合 PSI 技术要求。其二，PS 点定义为在整个时间序列上相位变化稳定、相干性高的点状目标，而在实际情况中，受季节性影响和阶段性人为活动的影响，会出现：①点目标在整个时间序列中的某个或某几个影像中相干性较低的情形，②点目标在整个时间序列中表现不够稳定，但在某个子时间序列内相干性极高的情形。该类点位虽然无法识别为 PS 点，但可以满足 PSI 处理的要求；基于上述两点目的开展的 PSI 延伸研究即为准 PS-InSAR(Quasi-PS)技术。

(1)InSAR 相干分解理论

为了识别出时间相干性较高的点状目标，必须将观测得到的地物相干性进行分解。干涉图的相干值主要由数据获取期间的空间基线、地表坡度、地物变化程度(受时间因素影响)及地物目标的几何大小决定,武汉大学雷达研究小组经过对干涉相干机理的深入分析发现,在地形复杂地区相干性受卫星几何参数变化的影响十分严重。

从目标的空间结构来看,SAR 影像中每一个像素的观测相位是其分辨单元内所有散射体以后向散射系数为权重的积分值。当雷达成像区域可以被视为由均匀散射体构成的分布式目标,即分辨单元内所有散射体的后向散射系数大体相同时,此时几何相干性可从地形坡度和传感器的几何参数中估计出来,通过对观测到的相干性和估计出的几何相干性的分析即可以分解出相应的时间相干性分量,并以此来表征地表在数据获取时间段的变化程度,依据此提取 QPS 目标。而当在一个雷达像元分辨单元内存在一个后向散射系数较大而自身体积较小的散射体时(即存在点目标),上述关于分布式目标的假设不再成立,这时会出现观测到的相干性高于估计出的几何相干性的现象,而这一现象可以用来探测地表存在的点状目标,为后续时间序列 SAR 影像分析提供可靠的候选稳定点目标,是传统 PSI 提取 PS 的理论基础。

(2)QPS 原理

从 PSI 技术的本质来看,相干点目标模型并不能准确描述大多数真实地物的几何物理属性,由于许多地区地形复杂,城镇分布稀疏,能够提取到的点目标非常稀少,而分布式目标则普遍存在。针对上述问题,通过对干涉组合策略的研究,在时间序列 InSAR 数据中选择具有较高相干性的干涉图组成干涉图组合集,然后最大化目标的时间相干性因子,依据时间相干性指标选择 QPS 目标,利用传统 PS 方法提取目标的高程和形变速率信息,如图 10-8 所示。

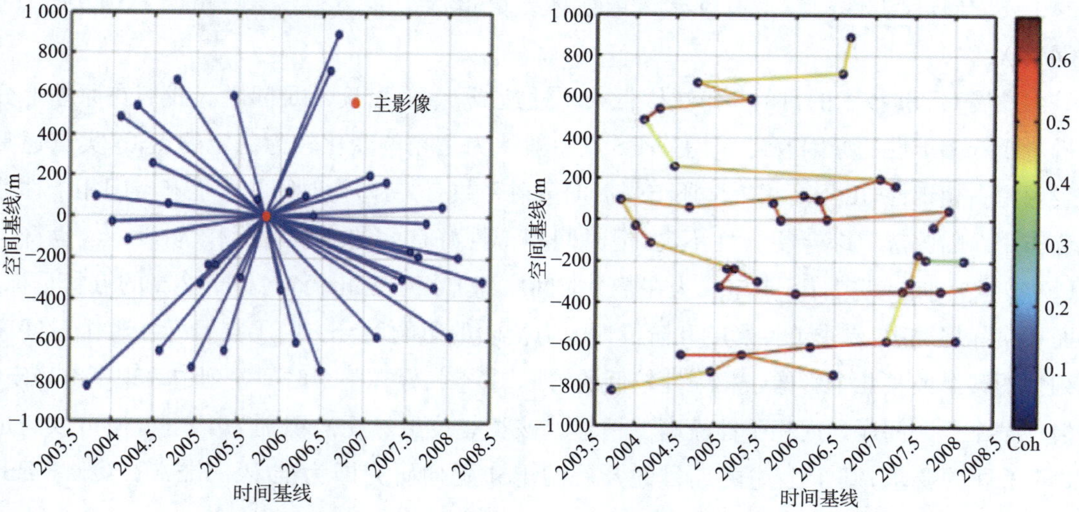

图 10-8 PS(左)与 QPS(右)干涉图集组合方式

在按照最小生成树原理得到干涉图序列的基础上,QPS 技术与 PS 技术在时空维度上均有一定的区别。在时间维度上，由于这一干涉组合策略生成的干涉图中包含了一些只在部分时间保持相干性的目标，所以相干估计值可以作为权重引入迭代计算中，这样在最大化时间相干性的过程中，当目标在一些干涉图中的相干性较低时，其干涉相位值将不会影响其他观测值；在空间维度上，考虑到分布式目标中所蕴含的信息受到基线去相干的影响，在传统 PS 技术中通常不被采用的空间滤波手段在 QPS 技术中却需要应用在干涉图中以提高分布式目标的相位信息信噪比。

(3)QPS 应用分析

QPS 技术可解决在非城区 PS 点不足的情况下如何更好地提取时间序列 InSAR 数据中蕴含的相干信息问题，较之传统 PS 方法可提取更多的点目标，极大地避免 PSI 解算中相位解缠失败等情形。但由于用于 QPS 的具有高相干性的干涉图主要集中在短时间基线和小空间基线数据中，限制了量测精度的提高，并且还应用了空间滤波方式，从而使得信息提取的精度不够。

综合 PS 和 QPS 两种技术手段来看，二者的互补性是十分明显的，在城市等人工地物稳定且密集的区域，PS 技术无疑能带来精度更高的观测结果，而在目标的点状特性不明显和在时间维上不稳定的区域(如滑坡监测，断层形变)，QPS 技术则具有更好的适应性。在高速铁路沉降监测方面，高速铁路施工阶段过程中某些目标会因为人为活动存在一段时间上的不稳定，利用 QPS 方法则为这种情况提供更好的解决方案；而在高速铁路运营监测过程中，高速铁路过境区域内低相干区域较多，以及线上目标有时会受高速列车经过时引发的不正常振动，都有出现 PS 点缺失的现象，这种情形下，小范围的低相干区域采用 CR 技术，但是当低相干区域过大 CR 技术实施难度大时，QPS 技术在高速铁路沉降监测中应用就比较有优势。

6. 基于时序序列 InSAR 方法比较

PS 方法的主要思路是对永久散射体的干涉相位进行时间序列分析，根据不同相位分量的时空特征，估算大气扰动、DEM 误差及噪声等分量。在生成干涉图的过程中，只选择一景数据作为主影像，其他数据都与主影像进行干涉处理，在干涉图中将不同的分量逐个分离，获取每个 PS 点的线性及非线性形变量、大气延迟量及 DEM 误差。由于只对永久散射体进行数据处理，降低了空间相干的影响，因此能够实现长期缓慢的地表形变监测。但是 PS 方法需要反映研究区域地表形变特征的先验模型，如线性形变速率模型。另外，PS 方法采用振幅离差指数进行选点，对数据量的要求比较高，只有 SAR 数据的个数达到一定的程度才能筛选出在时间序列上相位稳定的点。根据其特点，在数据量满足要求的情况下，PS 方法可以高精度监测高速铁路重点地段的线上建构筑物长时间序列沉降。

小基线集方法的基本思想是在数据量较少的情况下，选择空间基线较短的干涉图像，进行干涉相对组合。在干涉图生成时，主影像可以选择多景数据，组成若干个短基线子集。通过利用奇异值分解的方法将多个子集联立求解，得到待求解参数最小范数意义上的最小二乘解。小基线方法选择较短的空间基线，减弱了空间失相干对干涉图质量的影响，充分利用了现有的数据资源，降低了对 SAR 数据量的要求，在数据量较少的情况下仍可获得高精度的形变速率和形变序列图。根据其特点，在数据量较少的情况下，可以采用低分辨率数据监测大范围高速铁路沿线区域的地表沉降，为高分辨率的高速铁路重点地段形变监测提供先验资料。在实际工程应用中，小基线方法与 PS 方法的相互补充结合，可以优化高速铁路的沉降监测方案，降低生产成本，提高生产效率。

根据目前在轨卫星运行状况，以及后续研究以及实际生产应用情况，对几种常用的 SAR 卫星及其数据特点进行分析和对比。

(1)ENVISAT

ENVISAT 卫星是欧洲空间局的对地观测卫星系列之一，于 2002 年 3 月 1 日发射升空。该卫星是欧洲迄今建造的最大的环境卫星。载有 10 种探测设备，其中 4 种是 ERS-1/2 所载设备的改进型，所载最大设备是先进的合成孔径雷达(ASAR)，可生成海洋、海岸、极地冰冠和陆地的高质量高分辨率图像，来研究海洋的变化。其他设备提供更高精度数据，用于研究地球大气层及大气密度。作为 ERS-1/2 合成孔径雷达卫星的延续，ENVISAT-1 主要用于监视环境，对地球表面和大气层进行连续的观测，供制图、资源勘查、气象及灾害判断之用。

ENVISAT 卫星运行了 250 亿 km，每天为世界各地约 4 000 个科研项目提供有关地球大气、陆地、海洋和冰川等方面的数据。它帮助科学家进行从海洋温度监测到对平流层的化学分析在内的一系列研究。科学家们曾利用它的观测成果判断海运条件是否符合航运标准，甚至还运用其进行过地震研究。

卫星参数见表 10-2。

表 10-2　ENVISAT 相关参数指标

发射时间	2002 年 3 月 1 日(欧洲中部时间)
运载工具	阿里亚纳 5 号火箭
发射质量	8 200 kg
有效载荷质量(仪器)	2 050 kg
设计寿命	5～10 年
星上仪器数量	10
轨道	太阳同步，高度 800 km
轨道倾角	98°
单圈时间	101 min
重复周期	35 d
耗资	大约 20 亿欧元

其中 ASAR 工作在 C 波段，波长 5.6 cm，具有多极化、可变观测角度等特点，其成像模式见表 10-3。

表 10-3　ENSAT-ASAR 相关参数指标

成像模式	Image	Alternating Polarisation	Wide Swath	Global Monitoring	Wave
成像宽度	最大 100 km	最大 100 km	约 400 km	约 400 km	5 km
下行数据率	100 Mbit/s	100 Mbit/s	100 Mbit/s	0.9 Mbit/s	0.9 Mbit/s
极化方式	VV 或 HH	VV/HH 或 VV/VH 或 HH/HV	VV 或 HH	VV 或 HH	VV 或 HH
分辨率/m	30	30	150	1 000	10

2012 年 4 月 8 日后，该卫星与地球失去联系。但是，该卫星获取的全球 SAR 存档数据，对科学研究、区域历史沉降信息的获取等工程项目仍然具有重要的意义。2009 年，铁三院采用 ENVISAT 数据对京沪线施工期间的区域沉降进行了监测(详见后面章节叙述)，取得了良好的效果。

(2)ALOS PALSAR

ALOS 即 Advanced Land Observing Satellite(先进陆地观测卫星)。日本 NASDA 机构于 1993 年开始了 ALOS 卫星系统的概念性研究以及相应的遥感传感器制造和试验研究，直到 2006 年 1 月 24 日发射。ALOS 采用高分辨率和微波扫描，主要用于发展陆地探测技术，在测图、区域性观测、灾害监测、资源调查等方面作出了贡献。

ALOS 卫星携带三种遥感传感器：

①全色立体测图传感器 PRISM(panchromatic remote sensing instruments for stereo mapping)，主要为了获取数字高程模型和立体测图目的。

②新型可见光和近红外辐射计 AVNIR-2(advanced visible and near infrared radiometer type-2)，主要用于精确的土地覆盖观测。

③相阵型 L-波段合成孔径雷达 PALSAR(phased array type L-band synthetic aperture radar)，主要为了实现全天候的陆地观测。

ALOS PALSAR 为 L 波段雷达传感器，其卫星参数见表 10-4。

表 10-4　ALOS PALSAR 主要参数指标

轨道	准太阳同步回归轨道高度 691.65 km(赤道) 倾角：98.16° 回归天数：46 d		
频率	1 270 MHz(L band)		
工作模式	高分辨率	扫　描	全极化
极化	HH VV	HH VV	HH/HV+VV/VH
带宽	28 MHz，14 MHz	14 MHz，28 MHz	14 MHz
入射角	9.9°～50.8°	18°～43°	8°～30°
地面分辨率	7.0～44.3 m	100 m(多视)	24.1～88.6 m
数据量化	5 bits	5 bits	3 或 5 bits

续上表

数据率	240 Mbit/s	120 或 240 Mbit/s	240 Mbit/s
测绘带	40～70 km	250～350 km	30 km
耗资	大约 20 亿欧元		
天线尺寸	8.9 m × 3.1 m		
数据处理方式	数字		
脉宽	27 μs/16 μs		
PRF	1 500～2 500 Hz		
采样频率	32/16 MHz		
波位数	18+5(ScanSAR)		
峰值功率	2 kW		
天线质量	500 kg		
SAR 质量	600 kg		
侧视方向	右侧视		

目前，在国内应用方面，ALOS PALSAR 数据在植被覆盖区沉降监测、区域性地表沉降监测，矿区采空区沉降监测中应用较多，有比较丰富的成功案例。

(3)RADARSAT

RADARSAT 系列卫星涵盖 RADARSAT-1 和 RADARSAT-2 两颗星，其中 RADARSAT-1 是加拿大发展的第一颗商业对地观测卫星，主要目的是监测地球环境和自然资源变化。NASA 也作为该项目的一个参与者，为加拿大提供发射服务，同时 NASA 可以在阿拉斯加的费尔班克斯地区的地面站接收 RADARSAT-1 数据。其发射时间：1995 年 11 月，涵盖 7 种波束模式，25 种成像方式，搭载 C 波段 SAR 传感器，空间分辨率 10～100 m。与其他 SAR 卫星不同，他首次采用了可变视角的 ScanSAR 工作模式，以 500 km 的足迹每天可以覆盖北极区一次，几乎可以覆盖整个加拿大，每隔三天覆盖一次美国和其他北纬地区，全球覆盖一次不超过 5 d。RADARSAT-1 用于海水测绘，地质，地形，农业，水文，林业，海洋沿海地图的绘制等。在沉降监测方面，RADARSAT-1 主要用于区域性地表沉降监测，由于其轨道精度不高，使得其在沉降监测方面的应用较少。

RADARSAT-2 是由 CAS(Canadian Space Agency)和 MDA(MacDonald, Dettwiler and Associates Ltd)联合出资开发的星载合成孔径雷达系统。RADARSAT-2 是加拿大继 RADARSAT-1 之后的新一代商用合成孔径雷达卫星。为了保持数据的连续性，RADARSAT-2 继承了 RADARSAT-1 所有的工作模式，并在原有的基础上增加了多极化成像，3 m 分辨率成像，双边(dual－channel)成像和 MODEX(moving object detection experiment)。RADARSAT-2 与 RADARSAT-1 拥有相同的轨道，但是比 RADARSAT-1 滞后 30 min，这是为了获得两星干涉数据。RADARSAT-2 的用途是给用户提供全极化方式的高分辨率的星载合成孔径雷达图像，在地形测绘，环境监测，海洋和冰川的观测等方面都有很高的实用价值。其基本参数见表 10-5。

表 10-5　RADARSAT-2 主要参数指标

轨道	准太阳同步回归轨道高度 798 km(赤道) 倾角:98.6° 回归天数:24 d
发射时间	2007 年 3 月
有源天线	C 波段
载波频率	5.405 GHz
极化方式	HH HV VH VV
带宽	11.6 MHz,17.3 MHz,30 MHz,50 MHz,100 MHz
孔径长度	15 m
孔径宽度	1.37 m
质量	750 kg
最高方位向分辨率	3 m
最高距离向分辨率	3 m

目前,应用 RADARSAT-2 高分辨率卫星数据进行地表沉降监测的实验已有相关成功案例,加拿大 MDX 公司曾利用 5 m 的 RADARSAT-2 数据进行过高速铁路沉降监测应用试验,通过其对京津城际北京亦庄段的试验结论分析,利用 RADARSAT-2 数据可清晰提取高速铁路上规则间隔的接触网杆,其可以成功提取此类点位的沉降序列信息,对于其沉降精度及轨道精度有待进一步分析研究。

(4)TerraSAR-X

TerraSAR-X 是在 Public-Private-Partnership(PPP)协议框架下,由德国联邦教育和研究部(BMBF)、德国航空航天局(DLR)、欧洲航空防务和航天公司下属的阿斯特留姆公司(EADS Astrium GmbH)合作实施的雷达卫星,TerraSAR-X 于 2007 年 6 月 15 日和 2010 年 6 月 21 日发射升空。TerraSAR-X 主要有三种工作模式:

①聚束成像模式(spotlight mode)。主要特点是几何分辨率高、入射角可选、多种极化方式,能够适应市场需求,提供多种成像方式的雷达影像数据产品。其获取的数据产品加上精密轨道数据,可以用于重复轨道干涉测量,并获得观测目标区域的数字高程模型。

②条带成像模式(stripmap mode)。以入射角固定的波束沿飞行方向推扫成像,主要特点是几何分辨率高、覆盖范围较大、入射角可选。其数据产品加上精密轨道数据,也可以用于重复轨道干涉测量,并获得观测目标区域的数字高程模型。

③宽扫成像模式(ScanSAR mode)。天线(雷达波束)在成像时沿距离向扫描,使观测范围加宽,同时也将降低方位向分辨率。主要特点是中等几何分辨率、覆盖率高、能够平行获取多于 4 个扫描条带的影像、入射角可选、多种极化方式等。一周内 TerraSAR-X 能够以 16 m 的分辨率,在全球任何地方覆盖大于 100 000 km 的区域。

图 10-9 为 TerraSAR-X 不同模式工作示意。

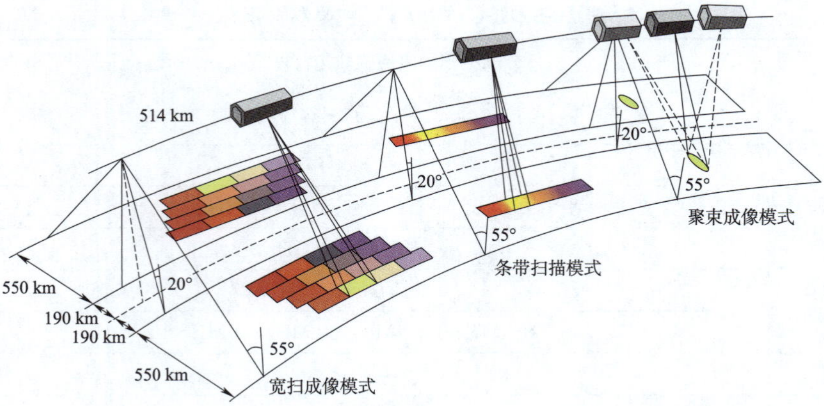

图 10-9　TerraSAR-X 不同模式工作示意

TerraSAR-X 卫星主要参数指标见表 10-6。

表 10-6　TerraSAR-X 卫星参数表

<table>
<tr><td>轨道高度/km</td><td colspan="3">514.8</td><td>轨道倾角/(°)</td><td>97.44</td></tr>
<tr><td>轨道重复周期/d</td><td colspan="3">11</td><td>轨道类型</td><td>太阳同步轨道</td></tr>
<tr><td>极化方式</td><td colspan="3">HH,VV,HV,VH</td><td>侧视方向</td><td>右视</td></tr>
<tr><td>波长/cm(频率/GHz)</td><td colspan="3">3.11(9.65)X 波段</td><td>天线类型</td><td>有源相控阵天线</td></tr>
<tr><td>方位向扫描角/(°)</td><td colspan="3">±0.75</td><td>天线尺寸/m</td><td>4.784×0.704×0.15</td></tr>
<tr><td>距离向扫描角/(°)</td><td colspan="3">±19.2</td><td>波束宽度/(°)</td><td>方位向:0.33,高度向:2.3</td></tr>
<tr><td>Chirp 带宽/MHz</td><td colspan="3">5～300</td><td>PRF/kHz</td><td>3.0～6.5</td></tr>
<tr><td>功率消耗/W</td><td colspan="3">605</td><td>峰值输出功率/W</td><td>2 260</td></tr>
<tr><td>系统噪声/dB</td><td colspan="3">5.0</td><td>数据存储/Gbit</td><td>256</td></tr>
<tr><td>ADC 采样率/Hz</td><td colspan="3">300,165,110</td><td>数据传输/(Mbit · s^{-1})</td><td>300(X 波段下行链路)</td></tr>
<tr><td>RAW 数据特性</td><td colspan="5">I&Q 8bit,BAQ 压缩至 4,3,2 bit</td></tr>
<tr><td>极化方式</td><td colspan="5">单极化,双极化,全极化模式</td></tr>
<tr><td>入射角范围</td><td colspan="5">stripmap(SM):20°～45°;
ScanSAR(SC):20°～45°;
spotlight(SL):20°～55°;
高分辨 spotlight(HS):20°～55°;</td></tr>
<tr><td rowspan="3">测绘带宽(地距)</td><td></td><td>stripmap</td><td>ScanSAR</td><td>spotlight</td><td>高分辨 spotlight</td></tr>
<tr><td>along track</td><td>free</td><td>free</td><td>10 km</td><td>5 km</td></tr>
<tr><td>across track</td><td>30 km</td><td>100 km</td><td>15 km</td><td>15 km</td></tr>
<tr><td rowspan="3">分辨率</td><td></td><td>stripmap
(单视)</td><td>ScanSAR
(4 视)</td><td>spotlight
(单视)</td><td>高分辨 spotlight
(单视)</td></tr>
<tr><td>along track</td><td>3 m</td><td>15 m</td><td>2.0 m</td><td>1.0 m</td></tr>
<tr><td>across track</td><td>3 m</td><td>16 m</td><td>1.2 m
(斜距)</td><td>1.2 m
(斜距)</td></tr>
</table>

(5)Sentinel-1A/Sentinel-1B

2014 年 4 月欧洲空间局成功发射了首颗环境监测卫星 C 波段 Sentinel-1A 卫星，并于 2016 年 4 月发射了 Sentinel-1B 卫星，对全球大范围的地质、环境灾害的监测提供了丰富的数据。卫星参数见表 10-7。

表 10-7　Sentinel-1A/Sentinel-1B 卫星参数表

卫星系统	发射日期	波段(波长)/cm	成像模式	空间分辨率	入射角
Sentinel-1A	2014 年 4 月	C(5.63)	stripmap:80 IW:250 EW:400 wavemode:20	5 m×5 m 5 m×20 m 20 m×40 m 5 m×5 m	20°～45° 29°～46° 19°～47° 22°～35° 35°～48°
Sentinel-1B	2016 年 4 月	C(5.63)	stripmap:80 IW:250 EW:400 wavemode:20	5 m×5 m 5 m×20 m 20 m×40 m 5 m×5 m	20°～45° 29°～46° 19°～47° 22°～35° 35°～48°

10.4.4　常用 SAR 处理软件

(1)GAMMA

GAMMA 合成孔径雷达干涉测量软件是由瑞士 GAMMA Remote Sensing AG 公司研发的用于干涉雷达数据处理的全功能软件平台，由 Charles Werner 博士和 Urs Wegmuller 博士于 1995 年创立，集成了主流的数据处理方法，包含 InSAR、DInSAR、时序 DInSAR、MAI、Offset-tracking 等，是目前国际上比较先进的 InSAR 处理软件之一。该软件支持的卫星、机载和地基三个平台的数据处理，支持的卫星平台数据较为完整，适用于 SAR 的主要应用领域，包括土地利用分类、机载 SAR 数据运动补偿及聚焦、地基雷达数据处理、地形三维重建、地表形变监测以及地震、滑坡、矿区的形变监测等。

GAMMA 软件由 MSP(组件式 SAR 处理器)、ISP(干涉 SAR 处理器)、DIFF&GEO(差分干涉和地理编码)、IPTA(干涉点目标分析)、LAT(土地利用工具)、DISP(影像显示)六大模块组成。MSP 模块：从 Raw 信号到 SLC 的合成孔径雷达数据处理；ISP 模块：干涉图生成、影像配准、偏移量跟踪以及校准；DIFF&GEO 模块：地理编码、DEM 转换、SLC 与 DEM 的配准、地面形变提取；IPTA 模块：时间序列分析、点目标识别、时序显示与滤波；LAT 模块：斑点滤波、极化处理、影像分类与显示、多时相滤波、影像镶嵌；DISP 模块：影像显示、栅格影像生成、GeoTIFF 转换(免费提供)。

GAMMA 软件中的每个模块均是由几十条到上百条不等的命令和批处理脚本组成，并提供相应的 html 帮助文档，用于说明程序的功能、使用方法和每个参数，可以根据处理目的和应用区域特点，采用 Perl、Python、bash 或 csh 脚本语言编写组合不同的集成或批处理程序集，同时，命令行的操作方式提供了极其方便的参数调整和质量控制，可见其 SAR 数据处理的自由程度和质量控制标准都很高。GAMMA 软件采用 C 语言编写，支持 Linux、Windows 以及 Mac/OSX 等操作系统，能够兼容高性能计算机集群（HPCC），支持服务器端分发处理并使用 Open-MP 从底层对软件进行优化，支持多核多线程加速。

（2）SARscape

SARscape 由 sarmap 公司研发，是国际知名的雷达图像处理软件。该软件架构于专业的 ENVI 遥感图像处理软件之上，提供图形化操作界面，具有专业雷达图像处理和分析功能。主要应用于地形数据（DEM）提取、地表沉降监测、滑坡/冰川移动监测、目标识别与跟踪、原油泄漏跟踪、作物生长跟踪、农作物产量评估以及洪水、火灾和地震的灾害评估等领域。

SARscape 由核心模块及 5 个扩展模块组成，核心模块提供完整的 InSAR 处理功能；聚焦扩展模块，采用经过优化的聚焦算法以及充分利用处理器性能，能够快速输出 SLC 影像；滤波扩展模块，提供基于 Gamma/Gaussian 分布式模型的滤波核，能够最大程度地去除斑点噪声，同时保留雷达图像的纹理属性和空间分辨率信息；扫描式干涉雷达处理扩展模块，支持 ASAR 扫描模式数据的干涉处理；极化雷达处理扩展模块，对极化 SAR 和极化干涉 SAR 数据的处理；干涉叠加扩展模块，提供永久散射体（PS）方法和短基线集（SBAS）的方法，可进行多时相雷达数据的干涉分析，获取毫米级的形变信息。同时，针对不同需求，用户可以基于 SARscape 软件提供的 200 多个接口使用 IDL 语言进一步开发。

（3）SARProZ

SARProZ 是一套功能较为全面的雷达影像数据处理系统，对 InSAR 处理流程进行了模块化整合，具有高效友好的图形用户界面与处理功能模块布局设计，InSAR 数据处理经验较少的用户可以通过短期培训及练习即可快速掌握操作方法。该软件底层是由 Matlab 开发的，因此可以在安装 Matlab 的 Linux、Windows 等系统内运行。目前该软件应用的案例主要包括城区地面沉降、桥梁形变监测、大坝形变监测、建筑物倒塌监测等。

SARProZ 软件支持 COSMO、TerraSAR-X 和 Sentinel-1 等商业 SAR 数据，包含 SAR 数据聚焦模块、SAR 数据配准裁剪预处理模块、InSAR 处理模块、PSI 处理模块、QUASI-PSInSAR 处理模块等，QUASI-PSInSAR 使用 QPS 技术克服了对 PS 点数量的依赖，该技术通过最大化目标的时间相干因子，在时间序列数据集中选择具有较高相干性的干涉图子集，从而提取目标的高程和形变速率信息，扩展了在 PS 点目标特性不明显并且在时间维上不稳定的区域。

（4）StaMPS

StaMPS（stanford method for persistent scatterers）最初是在美国斯坦福大学完成，后续的发展则是在冰岛大学、代尔夫特理工大学和利兹大学，该软件的最新版本是 2018 年 8 月 15 号发行的 StaMPS 4.1b。该软件是一套开源的时序 DInSAR 科研软件，运行平台为

Linux 系统，运行平台为 Matlab 软件，适用于一些人工建筑物稀少和形变不稳定区域，可以应用于监测 PS 点稀少的山地和冻土等区域，国内外学者经常使用该软件研究非线性形变，从而更好地反演冻土、构造和火山等非线性形变区域的形变信息。

StaMPS 软件是基于 C，Perl，Matlab 和 Shell 等语言开发的，核心算法依托于 Hooper 在 2004 年提出的一种 MT-InSAR（Multi-Temporal InSAR）方法，关键点在于相干性阈值统计分析选点方法和时空三维解缠算法，该软件时序 DInSAR 方法包含基于单一主影像的 StaMPS 方法和 SBAS 方法等两种方法。在导入软件进行时序 DInSAR 方法处理前，需要进行两步预处理，第一步是 SAR 影像聚焦处理，生成单视复数影像（single look complex，SLC）；第二步是由 SLC 生成干涉图，这两步的预处理可以使用外部软件 RoiPac（SAR 成像），DORIS（InSAR 处理），ISCE（InSAR 处理），SNAP（InSAR 处理）和 GAMMA（SAR 成像和 InSAR 处理）等。

（5）DORIS

DORIS 软件是由荷兰代尔夫特理工大学开发且免费公开 C++源码的一套软件，可适用的平台较多，而最常用于 Linux 系统下。该软件最早开发于 1998 年 9 月，在一年后免费对外开放最新版本更新于 2017 年，不同于其他商业 SAR 处理软件，其定位是服务于科研，可用于 InSAR 生成 DEM 和常规 DInSAR 形变的监测工作。

DORIS 软件的安装需要很多第三方库，包括 fftw（快速傅里叶变换程序）、getorb（ERS-1/2、Envisat 的精密轨道数据支持软件）和 SNAPHU（斯坦福大学开发的相位解缠软件）。InSAR 和 DInSAR 处理的输入影像数据是 SLC 影像，需要借助 ROI_PAC 等成像聚焦软件进行预处理等，目前支持的数据包括 ERS，JERS，ENVISAT，RADARSAT-1/2，ALOS，TSX and COSMO-SkyMed 等 SAR 卫星获取的数据。在进行干涉处理时，也是十分友好的，只需输入一个参数设置文件，便可以输出处理结果。因为该软件定位于服务科研，模块化的操作和开源程序使得科研和生产人员可以根据特定需求进行二次开发。

10.4.5　多轨集成 DInSAR 沉降监测结果的拼接及尺度统一方法

对于大范围内的不同卫星轨道以及同轨道不同图幅的数据，需要进行分块处理，如果实现对单条铁路构筑物的整体评价，需要对不同分块结果进行成果集成。分块沉降监测信息集成的主要问题是不同入射角轨道下 InSAR 成果不同坐标系和参考基准的统一。无论采用何种时序分析方法，每个轨道下的形变监测结果都存在于独立的坐标系中（雷达坐标系），形变场参考基准也不完全一致。

1. 多轨集成 DInSAR 沉降监测结果误差源

多轨道集成 DInSAR 沉降监测面临的关键问题总结如下：

（1）SAR 影像数据覆盖问题

过往 SAR 成像工作模式的限制，只有扫描模式和条带模式能够完成大区域覆盖，扫描模式因干涉性能较差无法满足大区域地面形变监测。结合前文描述,在扫描模式基础上发展的新型 TOPS 成像模式具有超强的成图和干涉能力,方位向覆盖长度达 170 km,距离向幅宽达 250 km。然而,在面对长达几千公里的高速铁路沿线条带状区域,由于单景 SAR 影像和 SAR 单轨道的覆盖范围限制,很难获取高速铁路沿线长条带区域沉降,因此,联合多轨道 SAR 数据解算长条带区域沉降监测是 InSAR 技术在铁路工程中应用的主要解决方案。

(2)长条带时序 InSAR 误差传递

大区域时序 InSAR 沉降监测和多轨道 SAR 数据覆盖是解决长条带时序 InSAR 应用的基础。但随着条带区域的延长,数据处理中的基线误差、大气延迟误差等空间低频误差也会不断累加传递,这会极大降低长条带时序 InSAR 的监测精度,因此如何抑制大区域时序 InSAR 解算结果的误差传递,是提高长条带时序 InSAR 监测精度的重点。因此,基于多种误差改正模型的大区域时序 InSAR 沉降监测方法的基础上,引入分块解算思想,利用覆盖高速铁路沿线的多轨道 SAR 数据,分块解算长条带区域沉降从而抑制基线误差和大气延迟误差等空间低频误差在长条带区域内的传递。

(3)多轨道时序结果系统偏移问题

长条带区域需要多轨道 SAR 数据才能覆盖,为抑制误差传递引入分块解算,对同一轨道采取分块计算策略,通过上下分块拼接镶嵌,得到完整轨道的监测结果。对于每个分块解算区域,该分块区域内的沉降监测结果是以范围内某一监测点为参考基准,每个分块区域解算的沉降结果都是独立的。在监测应用中,需要将不同轨道以及相邻轨道的 InSAR 结果进行坐标系统与基准的统一,实现大长干线铁路的整体监测分析。

多轨道时序解算结果的拼接需要克服多轨道时序结果系统偏移问题,相对于相邻轨道的拼接问题更为复杂,其主要包括不同观测视角引入的几何差异、沉降速率解算参考点不一致造成的垂直向速率偏移以及轨道定时误差和高程基准不一致造成的平面偏移。不同观测视角引入的几何差异致使 PS 点分布规律不一致,此时只能根据 PS 点簇的整体分布来区分相同区域;沉降速率解算参考点不一致,致使公共区域的相对于不同参考点的沉降速率也会出现偏移;然而,由于不同轨道定时误差和 PS 点解算的高程不一致,致使其投影转换后与真实的地理位置出现不同的系统偏差。上述问题直接制约多轨集成模式下 InSAR 技术在铁路行业中的工程化应用,本课题针对这一关键问题,从平面位置精化、无基准点修正的监测形变拼接、基准点辅助的时序形变结果拼接等三个方面着手,促进多轨道集成 InSAR 的大范围高速铁路沉降监测工程化应用。

2. 多轨集成 DInSAR 沉降结果拼接算法研究

随着微波遥感技术的发展以及多波段、多分辨率、多模式的 SAR 卫星相继发射,InSAR 技术的应用已经不仅仅局限于高校的课题研究,经过 20 多年的技术研发和时间应用,InSAR 技术面向各类型地表形变的基础调查、动态监测以及安全预警方面取得了显著的应用效果,成为空间大地测量的新技术手段。自 2014 年以来,欧空局基于 Sentinel-1A/B 卫星，对全球进行每 24 天的全覆盖观测，为 InSAR 从业者提供了海量的数据源，这也为促进了开展国家尺度的大范围形变监测工作。

在铁路工程应用中，由于铁路走向纵横交错，分布范围较广，并且单条铁路线路的长度较长，有的超过数百上千公里。而 SAR 数据的幅面宽度有限，因此大范围铁路形变监测需要集成不同轨道的 SAR 数据，实现整条铁路的全覆盖监测。不同轨道或者同一轨道不同分块处理区域的形变监测结果的拼接处理涉及 PS 监测点的平面位置改正与形变监测结果的基准统一两个方面。

形变监测结果的平面位置精度主要依赖于轨道信息，随着卫星航天技术的发展，卫星轨道精度已经有了大幅提高。其中 TerraSAR-X 卫星与 Sentinel-1A/B 卫星可以达到 5 cm 的轨道定位精度，经过后期的轨道修正与轨道精化，COSMO-SkyMed 与 RADARSAT-2 的轨道精度也得到了大幅提高。关于 PS-InSAR 沉降监测结果拼接的研究中，对 PS 点平面位置精化的方法涉及较少，多数研究都集中在沉降监测结果的拼接。

Ketelaar 等人曾利用荷兰 Groningen 地区 6 条升降轨道 ERS 数据进行了实验，探测到因大范围油气开采导致的该地区地面沉降速率达到 7 mm/年，并提出在雷达坐标系下进行拼接可削弱方位向和距离向的误差，利用 PS 场及强度图像配准来解决 PS 点位置不一致的问题，但并未给出 PS 场的明确定义，而异轨强度图像在雷达坐标系下难以配准。Perissin 等人利用 ERS 和 ENVISATASAR 数据探测上海地表沉降，其研究中跨轨拼接的思路与流程，与 Ketelaar 的思路和原则一致。Ge 等人于 2010 年利用 3 条相邻轨道 ENVISAT-ASAR 数据，对整个京津地区地面沉降进行研究，经过跨轨融合拼接后，获得了一致的地面沉降速率。然而，Perissin 和 Ge 等人的研究都没有针对异轨重叠区 PS 点位置不一致的问题提出具体明确的解决方法，且没有考虑到异轨入射角差异对沉降速率的影响。Taku 等人于 2011 年提出了利用多轨道影像序列获得二维形变分量的 PS 方法，这种方法改进了原有的 PS-InSAR 处理模型，需要对现有的 PS 软件进行模型上的改进，无法直接利用现有软件获取 PS-InSAR 沉降速率。

3. 适用于铁路带状区域的 DInSAR 沉降结果拼接算法

1)大区域 DInSAR 沉降监测结果的处理与拼接

大尺度的铁路沉降监测涉及多个轨道的 SAR 数据，并且包括升轨及降轨模式，前面已经讲到，由于轨道的不同，InSAR 沉降在沉降结果的平面位置受轨道误差影响，会存在一定误差；由于分块解算，不同分块范围内重叠区形变结果的参考基准不统一。在大区域的 DInSAR 沉降监测结果的处理中，需要分别对平面位置与形变结果进行纠正。除了采用高精度的轨道数据参与 InSAR 时序解算外，还需要将雷达影像进行正射纠正，使不同轨道的雷达影像纠正到统一的地面坐标系下，消除因地形起伏以及成像几何关系引起的畸变等误差的影响。借助外部高精度的 DOM 影像数据，将雷达正射影像与光学影像进行精确匹配，计算雷达影像与灰度影像的转换参数，将转换参数应用于 InSAR 形变监测结果，实现平面位置精度优化。

针对形变监测结果的拼接，首先需要完成卫星雷达扫描入射角的改正，将雷达视线向的沉降值转换为垂直向。两种策略分别是：①采用外部实测数据，包括水准、GNSS 数据，对相同地理位置的 InSAR 结果进行绝对校正，这种校正方法的具体实现过程在下一章节中具体阐述；②根据大范围的沉降监测结果，确定地面稳定的区域，根据分块区域之间重叠区的沉降信息，计算由于参考点选择不同导致的不同分块区域的形变场偏差。由相对稳定的分块作为初始基准，通过重叠区域两个分块的 InSAR 沉降数据，计算基准偏差补偿，递推整个监测区的沉降监测结果。

2）时序 InSAR 沉降监测结果滤波

PS 点目标识别即 PS-InSAR 技术操作的目标为长时间具有稳定后向散射特性的永久性散射体。理想状态下的永久散射体点目标的相位稳定性使其干涉相关性几乎不受时间、空间基线的影响，能够客观真实地反映地表形变特征。但是由于数据处理获取和处理算法的限制，会存在一定量的“假点”，当前几种 PS 点目标识别方法存在各自的优势和缺陷，在提取的结果中会存在一定量的噪声点。

图 10-10 为 PS 初步提取成果，其中 PS 点根据沉降速率值分层设色显示。图中存在大量的“椒盐”状噪声点，均匀分布于检测范围内，这些噪声点对和周围点相比存在明显的不均一性，由于这些有不合理的噪声点的存在，导致重构的曲线、曲面不光滑。在开展沉降结果拼接算法以前，需要事先将多幅沉降监测结果逐幅进行后处理。如果直接将处理结果进行拼接算法运算，PS 数据集中的粗差点将直接影响算法校正的精度。

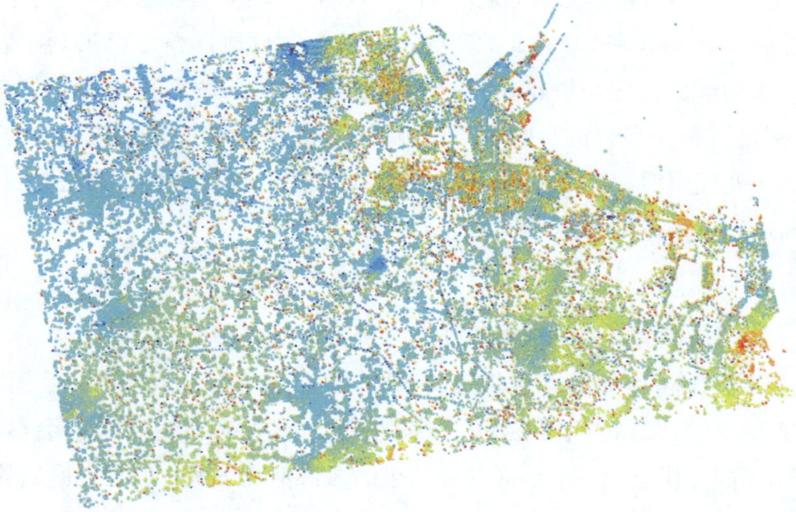

图 10-10　初步 PS 点提取成果

传统的处理方式是将 PS 点成果导入到 ArcGIS 中进行处理，如图 10-11 所示，通过选取一定的区域，根据经验和区域点数值分布情况采一定的数学规则进行筛选，通过分组判别的方式进行 PS 点过滤，该种方式存在一定的弊端：

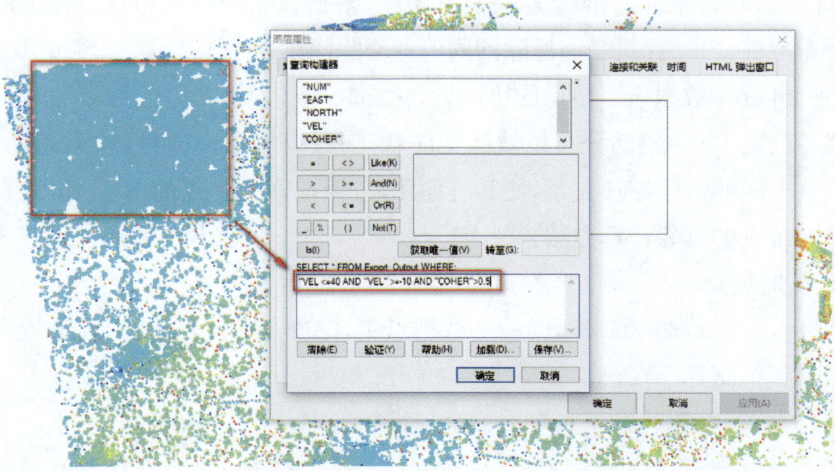

图 10-11　PS 点手动精化处理方式

①对每一景 SAR 数据的 PS 检测成果进行查看和处理，并且对每幅影像需要进行分块查看和剔除操作，存在大量的编辑操作，人工处理成本过高；

②处理过程中需要根据选区的数据采取一定的规则进行筛选处理，采取的筛选规则依据经验人工设定，剔除粗差点的时候往往会导致较多的正常点被过滤，影响成果的精度；

③PS 点集数量庞大，频繁的缩放和范围移动加载缓慢，人机交互不便，处理耗时。

在此基础上我们开展了 PS 检测成果后处理研究，对 PS-InSAR 技术检测的点成果进行数据精化研究，减少粗差点对后续数据拼接和沉降成果分析与制作的影响。

PS-InSAR 的提取成果是 SAR 影响覆盖范围内离散点群，点群的分布特性反映了测区内的整体沉降情况。关于 PS 点的滤波处理可以借鉴点云数据的处理算法和特性。国内外研究者对于激光点云孤立噪声点、离群噪声点去除的研究可以分为两类，针对有序点云或者部分有序点云的处理应用较广泛的算法有高斯滤波、均值滤波和中值滤波算法，以及维纳滤波、最小二乘滤波、卡尔曼滤波；对于无序的散乱点云，学者们也进行了很多研究，对于无序的散乱点云研究集中于拉普拉斯算子、平均曲率流、移动最小二次曲面等方法去除离群点。相关的滤波算法较为成熟，提供了借鉴思路。

在借鉴点云处理算法来 InSAR 的数据 PS 滤波的时候，必须充分考虑 PS 点的特性，PS 点在 SAR 影像上的分布相对于一般点云数据较为稀疏，并且 PS 点的分布情况跟监测区域范围内的地表覆盖类型有关。在人工构筑物较多的地方分布比较稠密，在植被覆盖、水系等区域 PS 点则比较稀疏。如果对不同区域采用同样的数据过滤规则，势必会造成数据的过度处理和滤波不足的情况，导致处理效果下降，达不到预期的期望效果。

单景 SAR 影像的 PS 提取成果因设置参数和空间分辨率的不同，成果的数量不同，一般在 10 万～100 万数量级，在进行滤波操作过程中，需要进行大量的查询和计算操作。为满足算法的效率和时效性要求，需要采用高效的数据结构并建立完善的索引机制，对无序的

PS 点数据，使用 kd-tree 组织和管理，使其有序化；根据孤立噪声点与指定范围的近邻点距离的统计分布特性，自动计算噪声滤除的阈值并滤除噪声。

（1）基于 kd-tree 数据索引结构的快速近邻查询

无序或者散乱 PS 点集的分布呈散乱无序状态、没有明显规律性，检索速度慢，因此必须建立数据点之间的空间拓扑关系，使其有序化，进而搜索每个点的 K 近邻。目前，kd-tree 法是一种最为常见的近邻计算方法。

①kd-tree 的创建。

设 $Q=\{p_1, p_2, \cdots, p_n\}$ 是未知的一个数据点集，Q 中与待测点 p_i 距离最近的 k 个测点称为 P_i 的 k-近邻，记作 $N_b(p)$。

a. 读入点集文件 Q，将数据点存入一个 n 维数组中；

b. 选择一个方差最大的维度 $i(i=1,2,\cdots,n)$，然后在该维度中选择中值 m 作为分割值对该数据集合进行划分，这样就得到两个子集；与此同时创建一个树结点，存储 $<i,m>$；

c. 对刚得到的两个子集合重复 a. 的过程直到集合无法再分割，如果无法再分割，就将数据存入叶子结点，点集分割示意如图 10-12 所示。

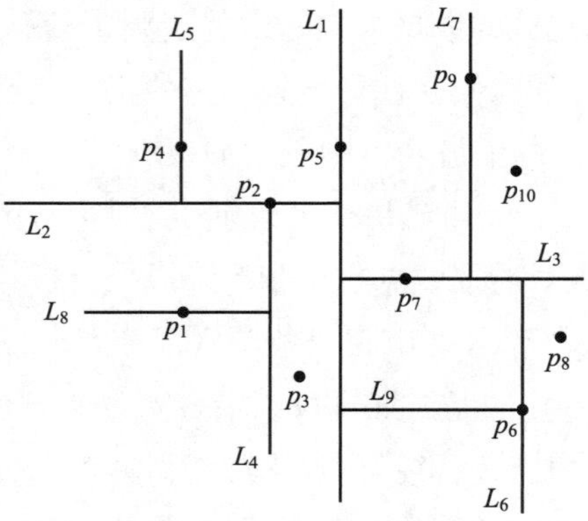

图 10-12　kd-tree 构建及点集分割示意

②邻近点快速查询。

通过建立 kd-tree，形成点与点之间的拓扑关系，实现点云数据的组织与管理，进而实现对每个点最近邻点的查找，与最近邻距离的存储，如图 10-13 所示，即

a. 从根结点开始，待查询数据 W 与各个结点中的 $i(i=1,2,\cdots,n)$ 维度上的值 m 进行比较，如果 $W(k)>m$，则进入右子树，如果 $W(k)<m$，则进入左子树。达到叶子结点时，计算 W 与叶子结点中存储数据之间的距离，记录下最小的距离，以及它所对应的数据点，记为当前的最近邻点 P 和最小距离 D。

b. 进行回溯，找出在未访问的结点中是否有比 D 更短的距离以及比 P 更近的点：如果 Q 与其父结点下未访问的分支之间的距离小于 D，则认为在该分支中有离 P 更近的点，进入该结点，重复 a. 的过程。如果找到了更近数据点，就更新 P 和 D。相反，如果 Q 与其父结点下未访问的分支之间的距离大于 D，就认为不存在这样的点，不必进入该结点。

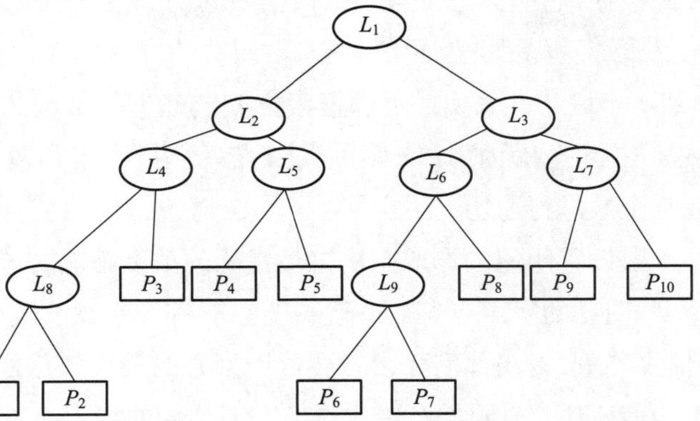

图 10-13　最近邻点查找

(2)基于 PS 点邻域统计特性的滤波

通过搜索 PS 点的近邻点，利用 PS 点的统计特性进行滤波处理，如图 10-14 所示，基于 kd-tree 的 PS 监测结果数据噪声点滤除的步骤包括基于 kd-tree 序列化点集、查找出 k-近邻点；其次，根据遍历点与其若干个 k 最近邻点的距离的统计特性，滤除孤立噪声。

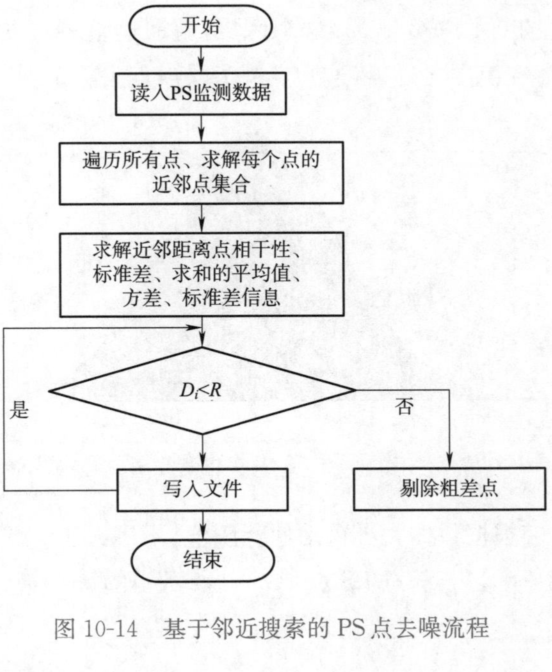

图 10-14　基于邻近搜索的 PS 点去噪流程

①基于基本参数阈值的筛选。

在统计数学中，平均数、中位数及方差都可以用来表示一组数据的整体分布情况和离散程度。其中平均数能够利用所有数据的特征，但是容易受极端数据的影响；中位数的大小仅与数据的排列位置有关，将一组数据按大小依次排列，处在最中间位置的一个数(或最中间位置的两个数的平均数)为这组数据的中位数,不受偏大和偏小数的影响;众数是在一组数据中出现次数最多的数据,它的大小仅与一组数据中的部分数据有关,着眼于对数据出现次数的分析,能够避免极端数据的影响,可靠性较高。

基于PS点的基本字段特性采用最近邻搜索方式统计近邻点的数值信息进行基本的粗差过滤,能够有效过滤指定范围内PS点集的离群点。从指定半径范围内进行搜索或者指定参与计算的临近点个数进行遍历。

基于相干性等参数设置阈值的选取方法是最常用的数据筛选方式,PS点该方法操作简单,能够有效过滤一些明显的噪声点。对一般突变点有较好的滤波效果,但在边界及曲率较大区域,型面特征损失严重,以局部型面参考数据中型心的最近邻点代替原始型面数据点的方法滤波效果优于均值波法 ,但同样会造成点云型面特征的损失。

②基于近邻搜索的PS点数据孤立噪点滤波。

由图10-15可知,当一维PS数据满足正态分布时(用一般分布的频数表绘制的直方图,高峰在中间,左右基本对称,当数据足够多的时候组间距变得密集,越来越接近一条光滑曲线),令μ代表平均值,σ代表标准差,则横轴区间$(\mu-\sigma,\mu+\sigma)$内的数据统计面积达到68.26%;横轴区间$(\mu-2\sigma,\mu+2\sigma)$内的数据统计面积达到95.44%;横轴区间$(\mu-3\sigma,\mu+3\sigma)$内的面积则为99.74%。假设激光点的$k$个近邻点的距离的中值近似满足正态分布,那么99.74%的点都会落在$(\mu-3\sigma,\mu+3\sigma)$这个区域,就视这范围内的点为有效点,只有极少数不符合条件的点会落在范围之外,将这些点视为噪声点去除。

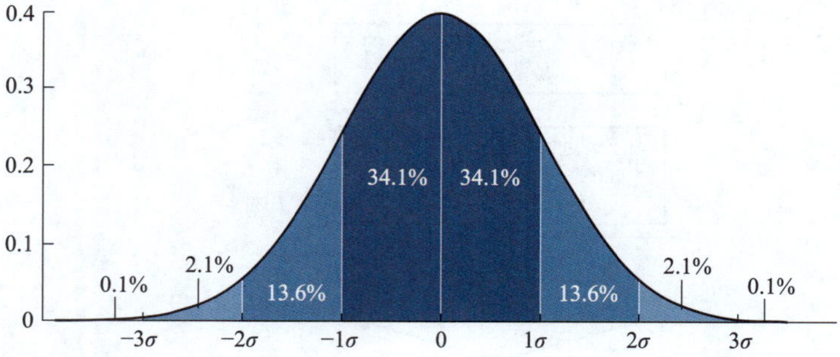

图10-15　正态分布曲线图

这样设置阈值,能够根据数据大小自动计算阈值,不用人工重复设定,具有普遍性和自适应能力,提高效率和速度。若任意PS点$i(i=1,2,\cdots)$的k个最近邻点距离的平均值为D_i,则

$$\mu=\sum_{i=1}^{n}D_i \tag{10-14}$$

则标准差s为

$$s=\sqrt{\sum_{i=1}^{n}\frac{(D_i-\mu)^2}{n}} \tag{10-15}$$

当$|\mu-2\sigma| \leqslant D_i \leqslant |\mu+2\sigma|$时，为有效的 PS 点，否则为孤立噪声点滤除。

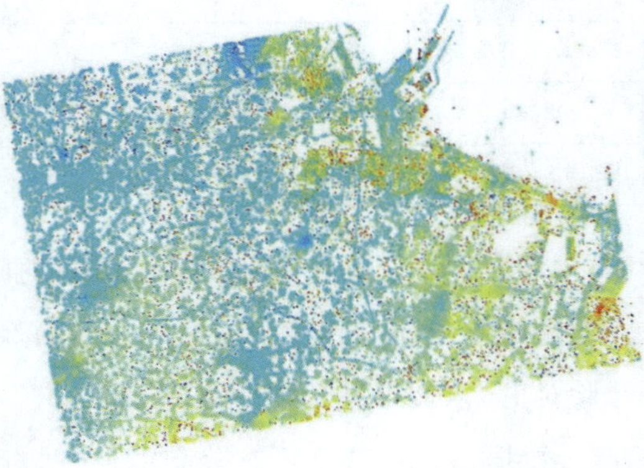

图 10-16　滤波前 SAR 处理成果

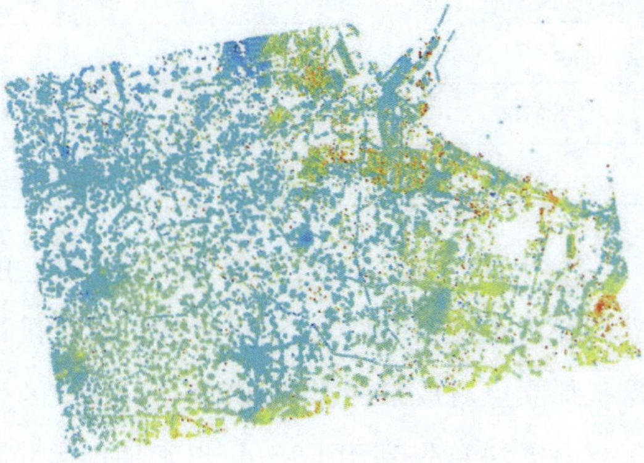

图 10-17　滤波后 SAR 处理成果

如图 10-16 和图 10-17 所示，该景 SAR 数据共提取 PS 点 242 633 个，经过滤算法剔除粗差点 14 414 个，经滤波处理后的结果有效地去除了杂乱的噪声点，PS 点整体的均一性有较好改善，没有显著的误删，不影响后续数据处理。同时，采用算法设计，通过设置预定义参数后，自动执行滤波操作(图 10-18)，单景数据处理时间降至分钟级别，大大提高了数据处理效率，减少了人工干预程度。

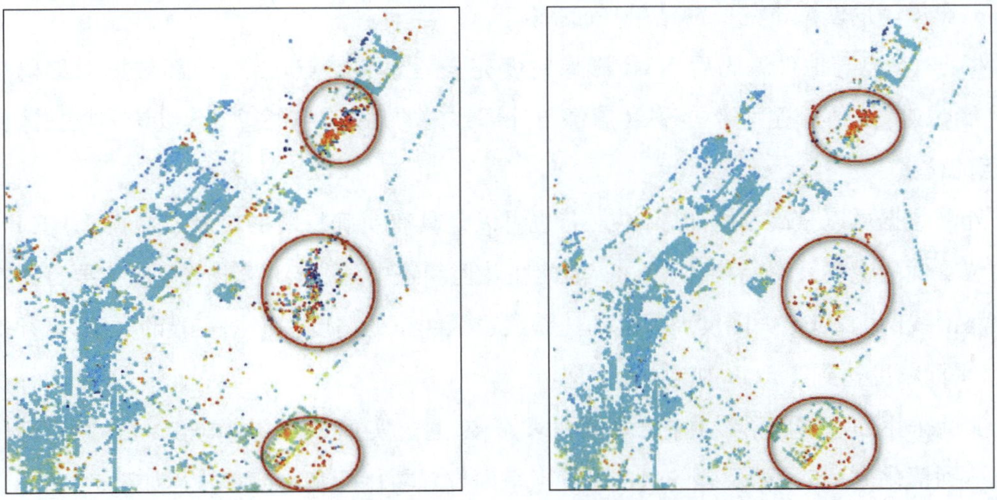

图 10-18　局部细节滤波前后对比

表 10-8 为三组其他样本数据，表中实验邻近搜索半径 R 为 300 m 时滤波实验处理结果，利用 PCL 开源库构建 kd-tree 在 PS 点集数量较多的情况下表现出了良好的算法性能，取得良好的处理效率。

表 10-8　实验样本计算结果与耗时

样本数据	PS 点数	滤除点数	保留点数	耗时/s
SAR1	890 141	45 755	844 386	128
SAR2	984 204	52 143	932 061	136
SAR3	702 883	48 017	654 886	115

受 SAR 卫星数据获取条件和处理方法的影响，永久散射体提取成果通常存在散乱的孤立的噪声点，这些噪声点在后续的集成拼接算法和沉降成果分析中产生直接影响。为消除这些孤立点对成果的影响，借鉴点云算法的处理经验对 PS 点成果进行统一处理。

该方法首先利用 kd-tree 组织地面建筑物的点云数据；其次，基于正态分布的原理，利用统计分析的方法，自动设置阈值，以滤除孤立噪声点。通过实际获取的地面建筑物的点云测试表明，PS 点数据服从正态分布，本书提出的孤立噪声点剔除方法可处理无序或者散乱 PS 点数据，快速、精确率高，经过人工处理方法对比，能自动滤除孤立噪声点，并且 PS 点的滤波成果要优于手动处理，能有效滤除无序孤立噪声点，并且采用设置参数自动化过滤的形式，大大提高了数据处理效率和自动化程度，满足后续数据拼接和分析的需求。

3)影像辅助匹配下的监测结果平面拼接

根据 PS 点与地理编码后 SAR 影像精度完全一致的特点，借助外部数据对编码后的 SAR 影像进行几何纠正，建立 SAR 影像与外部数据的几何纠正多项式，以该多项式来修正 PS 点的位置。

外部数据可以是高精度的影像数据，也可以是具有明确特征的控制点数据，由于 PS 点平面位置优化主要针对结构体 PS 点，因此在几何纠正中，用于纠正的点位应主要分布在高速铁路沿线两侧，以最大限度地保证高速铁路正线纠正的精度。根据实验的经验，必须保证 PS 点平面精度达到 1 m 以内。

实验采用高速铁路沿线高精度的 DOM 影像，通过实现 SAR 影像与 DOM 参考影像的配准达到精化 PS 点平面位置的目的，PS 点平面位置精化的基本流程描述如下。

(1)影像粗匹配

在 SAR 影像和光学影像上选取少量同名点对，基于仿射变换建立 SAR 影像与光学影像的初始关系，通过仿射关系模型初步消除两者之间的放缩，偏移、旋转等。粗配准的精度一般是 10～20 个像素即可。

(2)边缘提取

对光学影像使用 Canny 算法进行边缘提取，采用 Ratio 边缘提取算子来提取边缘信息。

(3)基于最大相关系数指标进行二次匹配

首先在光学参考影像的边缘纹理影像上定义一个搜索窗口 M×M,在 SAR 影像边缘纹理图像上定义一个匹配窗口 m×m,其具体值由粗匹配精度误差 T 决定,保证 M－m＝T,然后对 SAR 边缘纹理上的任一点,以该点为中心取 m×m 大小的匹配窗口,依据粗匹配仿射变换多项式计算该点在光学边缘纹理影像上的同名点位,以该同名点位为中心在其中取 M×M 大小的搜索窗口,接着以匹边缘纹理信息的最大相关系数为指标,将匹配窗口信息在搜索窗口中进行移动匹配,基于设置的相关系数阈值,判断匹配是否成功,并记录匹配成功点位处的偏移量和相关系数值。

(4)多项式拟合及重采样处理

根据基于最大相关系数匹配得到的同名点对,采用制定的多项式模型,进行平差计算,求取最终的多项式系数。

(5)PS 点平面位置改正

基于求取的多项式模型,对所有的 PS 点进行位置改正,并对 SAR 影像进行间接重采样。

4)无基准点修正情景下的沉降结果拼接

(1)迭代最近邻点拼接算法

$$\begin{pmatrix} x_p \\ y_p \\ z_p \end{pmatrix} = \boldsymbol{R} \cdot \begin{pmatrix} x_q \\ y_q \\ z_q \end{pmatrix} + \boldsymbol{T} = \begin{pmatrix} r_{11} & r_{12} & r_{13} \\ r_{21} & r_{22} & r_{23} \\ r_{31} & r_{32} & r_{33} \end{pmatrix} \cdot \begin{pmatrix} x_q \\ y_q \\ z_q \end{pmatrix} + \begin{pmatrix} t_1 \\ t_2 \\ t_3 \end{pmatrix} \tag{10-16}$$

$$\begin{cases} d_k = \dfrac{1}{N}\sum_{i=1}^{N} \left\| P_i - (R \cdot Q_i + T) \right\|^2 \\ \left| d_{k+1} - d_k \right| = \min \end{cases} \tag{10-17}$$

迭代最近邻点(ICP)算法是由 Besl 和 Mckey 提出的,在后人做了大量改进后被广泛应用于点云数据的拼接中,并被普遍认为自动化程度较高且优于其他方法的拼接算法。其核心思想是由于目标点云 $P(x_p, y_p, z_p)$ 和待拼接点云 $Q(x_q, y_q, z_q)$ 存在唯一最优的旋转矩阵 $\boldsymbol{R}$ 和平移矩阵 $\boldsymbol{T}$,利用基于某种准则选取的同名点迭代求解点云之间最优变换关系,其迭代终止条件是变换后待拼接点云和目标点云同名点之间目标函数最小。

如式(10-16)所示目标点云和待拼接点云之间的对应关系,目标函数如式(10-17)所示,d_k 是第 k 次迭代后目标点云和变换待拼接点云 N 个同名点之间的均方误差,其迭代终止条件就是 $|d_{k+1} - d_k|$ 值最小。

目前针对该算法的改进主要是在点云模型设计和最近邻点搜索方法两个方面,比如在点云模型设计方面,Zhang 等人在 1992 年视觉导航拼接观测数据时首次将 kd-tree 算法引入到 ICP 算法中,并在后续点云 ICP 拼接中被广泛使用。为解决长条带公共区域数据量较大及时序解算同名 PS 误差较大，点本文也将 kd-tree 引入到了长条带时序结果的拼接中。同时为减弱误差同名点对其造成的影响，结合 SAR 数据分辨单元大小设置欧式距离阈值剔除部分噪声点。

(2)kd-tree 算法

kd-tree 其中的 d 是 dimensional(维度)的缩写，是将 k 维数据在 k 维数据空间进行分割和存储的一种数据结构，也可以将其视作 k 维空间的二叉树。kd-tree 主要用于 k 维空间中 k 维数据点或者数据级的搜索，包括范围搜索和最近邻搜索，范围搜索是给定待查找的 k 维数据和距离阈值，在 kd-tree 数据结构中获取距离阈值内的所有数据；最近邻搜索是给定待查找的 k 维数据和最近邻点数目，在 kd-tree 数据结构获取给定数目的最近邻数据。

kd-tree 算法由创建 kd-tree 数据结构和搜索最近邻节点两部分构成。kd-tree 的创建关键在于节点维度的确定，一般选最大方差法确定节点维度，当某一维度方差较大时，说明在该维度上数据集较为离散，越有可能不属于同一个空间，当维度确定后，便选择该维度上的中间值数据点作为节点，并垂直于该维度绘制一个"超平面"将数据划分在两个子空间内，后续子空间内的节点也依据最大方差法确定，直至子空间内没有数据点。根据一个节点划分的两个子空间称为左右子树，若根节点是按照第 k 维选择的，则左子树节点 k 维的值小于根节点 k 维的值；则右子树节点 k 维的值大于根节点 k 维的值。构建完成的 kd-tree 内部节点将会记录划分维度和划分维度上的数值，因此基于 kd-tree 的数据查找，只需要将待查找点对应于节点划分维度上的值与节点划分维度的值进行比较，从而快速确定待查找点的最近邻点。

(3)长条带时序 InSAR 解算参数拼接方法

由于迭代最近邻算法在三维点云同名点匹配误差和偏移较大的情况下容易导致局部收敛和精度降低，再结合时序 InSAR 解算结果特点，现将 PS 点及其解算参数的拼接方法进行总结，其主要流程如图 10-19 所示。此处 PS 点及其参数是指 PS 点平面位置坐标、PS 点沉降速率和 PS 点时间序列等时序 InSAR 的解算结果。时序 InSAR 结果拼接方法总结如下：

①投影转换后的 PS 点及其解算参数可以通过两者公共区域经纬度范围进行初步选择，然而此时仍然存在大量的非同名 PS 点，仍需要在接下来的步骤中进行筛选。

②为筛选出正确的同名 PS 点以及提高迭代最近邻算法的精度，需要针对初选公共区域内的 PS 点进行初始偏移。初始偏移的方法是根据同名点之间相对其他点位置关系一致的原则目视解译点的粗略位置，然后利用 kd-tree 方法搜寻真实同名点，根据至少三个同名点之间的平均偏移量，初始偏移 PS 点的平面位置。根据真实验证，平面位置初始偏移能够有效提高同名点筛选精度和迭代最近邻方法精度。

③前已述及，构建 kd-tree 和筛选同名 PS 点是关于迭代最近邻成功与否的关键步骤。

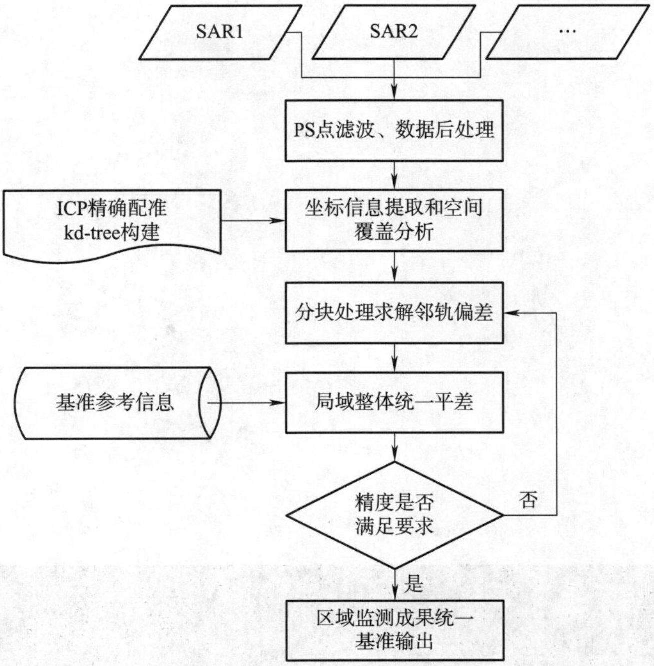

图 10-19　多轨道 PS-InSAR 沉降速率拼接流程

kd-tree 算法包括创建 kd-tree 数据结构和搜索最近邻节点两部分构成，针对目标 PS 点及其解算参数构建 kd-tree 数据结构，然后搜寻待拼接 PS 点及其解算参数集中每个点的最近点。利用返回的欧氏距离根据距离均值和标准差设定的阈值提炼同名 PS 点集。同时，由于多轨道时序 InSAR 解算基准不同，公共区域范围内的解算参数偏移较大，为减弱其对迭代最近邻算法的影响，将利用筛选出的同名点解算参数平均偏移量初步统一参考基准。

④利用前面筛选的较为准确的同名点，根据迭代最近邻方法求取旋转矩阵和偏移矩阵等变换参数。然后根据变换参数，并结合同名 PS 点平均沉降速率设置垂直向偏移变换参数的分配权重，统一待拼接 PS 点和目标 PS 点的解算参数基准，最终完成拼接。

(4)实验测试

各片区不能构成一个连续，基准转换与数据拼接就是要消除以上多项误差对不同片区的基准产生的“错位”现象，重叠部分横向断面中可见明显的分离现象，如图 10-20 所示；图 10-21 白色范围框，通过采用数据重叠分析和平差改正将不同轨道监测的形变结果转换到同一个参考基准上。

将获取的改正结果平均分配到两个相邻轨道对获取的结果进行改正，得到该区域的整体形变结果和重叠区域横断面点集重叠情况如图 10-22 和图 10-23 所示。

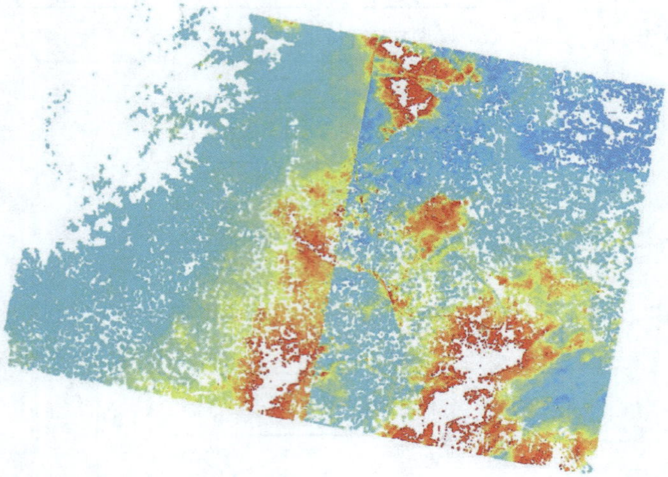

图 10-20　邻轨 InSAR 监测成果数据不匹配情况

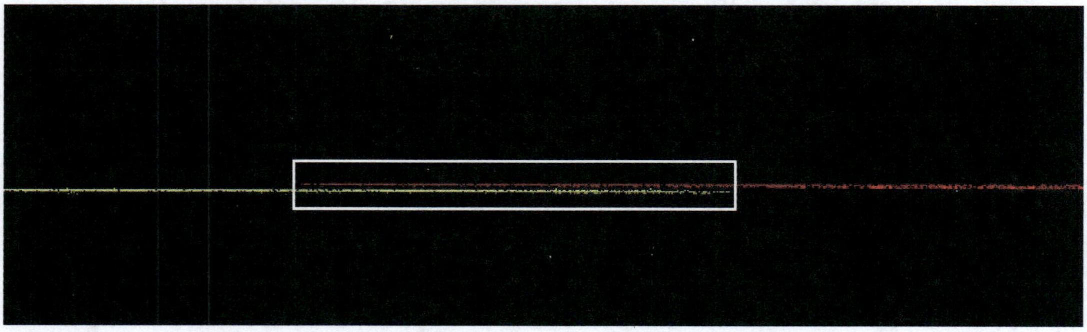

图 10-21　PS 点邻接处断面断层现象

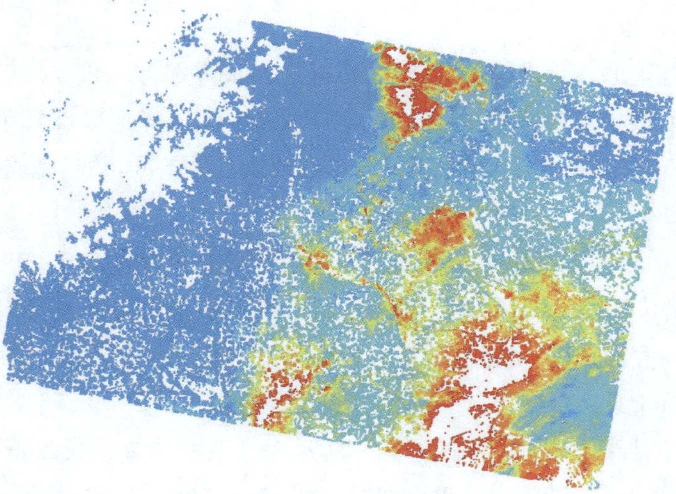

图 10-22　经过校正后的邻轨影像

图 10-23　经拼接处理后的接边处断面

5)基准点辅助下的时序 InSAR 监测结果拼接

基准点辅助下的时序 InSAR 监测结果拼接时,基准点在监测区域的空间分布密度直接影响沉降结果的拼接策略。在 InSAR 项目中,基准点主要包括:水准控制点、角反射器点、GPS 实时监测点等已知沉降信息的点位数据。根据基准点在监测区域的分布情况,按照两种不同的技术方案解决时序 InSAR 监测结果拼接的问题。

第一种:InSAR 沉降监测区域内基准点较少,涉及多轨道集成 SAR 数据处理项目中,部分分块解算形变区域内缺少基准点数据。在这种情况下,首先,需要采用区域内的基准点数据改正所在分块区域的沉降监测结果,将时序 InSAR 得到的基于单一参考点的相对沉降速率校正到已知数据的基准框架内。其次,按照上一章节中无基准点修正情境下时序 InSAR 沉降数据的拼接算法,将缺少基准点数据沉降监测结果与相邻分块进行拼接处理,计算监测范围内所有相邻数据块之间的沉降量差异值。最后,根据基准点相邻分块间的沉降差异值,按照最小二乘原则,计算每个分块区域的沉降改正值,将计算得到沉降改正值应用于每个分块区域,实现目标范围内所有时序 InSAR 沉降结果的参考基准统一。

第二种:InSAR 沉降监测区域内基准点比较多,每个分块区域内都存在大量的已知点,基于分块范围内的已知点,将每个分块区域沉降量值校正到绝对参考框架下。根据地理坐标位置,将校正之后的数据进行全部融合,实现监测范围内所有数据的整体拼接。目前,利用铁路沿线的水准测量数据对时序 InSAR 结果进行沉降量校正是工程应用的主要解决思路。

(1)PSI 与传统沉降监测方法的融合

由于 InSAR 技术具备监测周期大、监测密度高、无需上线作业的特点,而水准测量具备点位固定、精度可靠的特点,因此融合水准测量成果与 InSAR 测量成果进行高速铁路线上沉降监测分为两个层次:

①在保证精度的情形下,尽量减小水准监测的布点密度;以目前京津城际的线上监测为例,一般要对施工控制网(CPⅢ)进行定期监测,其密度一般为 60 m/对,采取水准路线往返

为一个周期，对于长线作业而言，一般还需采取多段水准路径同时作业以缩短一个监测周期的时间，因此完成一个周期需要较长时间，而应用 InSAR 技术后即可降低监测标密度，缩短测量单个周期所需时间。采取基于时间序列的 PSI 沉降监测技术提取得到大量 PS 点目标的沉降信息，经处理提取得到结构体 PS 点沉降信息，然后采取多种融合方式，并加入抽稀后的线上沉降监测点信息，融合方式采取均匀间隔沉降监测点模式或分段沉降监测点集合模式，如图 10-24 所示。以相互改正、平差整合、精度分析的方式得到满足要求的水准辅助作业策略。

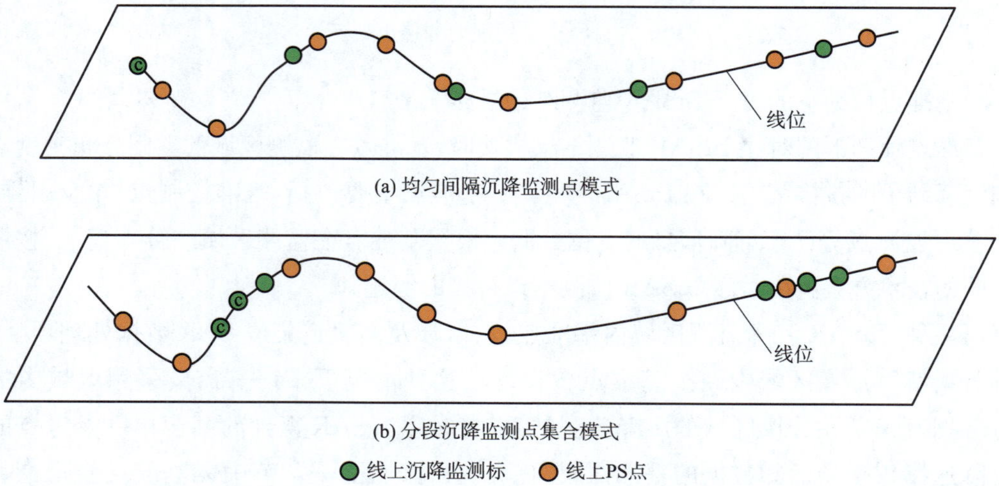

图 10-24　两种水准沉降监测辅助方式

②在保证监测周期和监测精度的情形下，尽量减小水准监测的周期数，以及 InSAR 数据获取的密度，最终形成一种组合最优化的沉降监测方案。

以京津城际和京沪高速铁路沉降监测为研究对象，监测周期密度为 3～12 次/年。采取基于时序序列的 InSAR 沉降监测处理后，InSAR 方式获取的沉降信息可达到更高，如 TerraSAR-X 数据重访周期可以达到 11 d，而 COSMO-SkyMed 星座系列则达到 3 d 一个周期。综合成本因素，可以以 InSAR 监测为主，在精度可控的前提下，采取与水准相同的监测周期密度，然后最大限度减少水准观测次数，同时以水准观测数据来辅助 InSAR 监测，实现与精密水准测量相同的监测内容与效果。

(2)融合水准测量和 InSAR 技术的铁路沉降监测技术

依据上述思路，在水准测量辅助 InSAR 技术进行沉降监测过程中，水准沉降监测点布设策略和水准观测周期是两个重要指标。根据监测方案和监测目标，分为两大步，结果修正和结果内插。结果修正通常采用上述的系统改正策略，由于 PS 点位分布不均匀，存在点位过于稀疏等现象导致无法很好地反映沉降规律，PSI 处理过程中参考点在整个时间序列上存在非线性沉降速率的情况，因此系统改正在这种情形下误差会很大，在后续的基于不同观测水准周期辅助下的 InSAR 监测结果分析章节中会有详细实验证明。鉴于上述因素，在系统改正的基础上，可以实施在时间维方向下逐观测周期、逐点修正。然后对修正后的结果进行内插获取未知点的沉降信息。具体方案如下：

假设 InSAR 观测周期为 $In_1, In_2, In_3, \cdots, In_m$，水准观测周期为 $sh_1, sh_2, sh_3, \cdots, sh_n$，监测点位按里程从小到大为 $Psh_1, Psh_2, Psh_3, \cdots, Psh_a$，水准监测结果为 $Psh(n \times a)$：

$$Psh_1 \text{ 点}: Psh_{11}, Psh_{12}, Psh_{13}, \cdots, Psh_{1n}$$

$$Psh_2 \text{ 点}: Psh_{21}, Psh_{22}, Psh_{23}, \cdots, Psh_{2n}$$

$$\vdots$$

$$Psh_a \text{ 点}: Psh_{a1}, Psh_{a2}, Psh_{a3}, \cdots, Psh_{an}$$

线上已提取 PS 点按里程从小到大排列为 $Pin_1, Pin_2, Pin_3, \cdots, Pin_b$。InSAR 监测结果为 $Pin(m \times b)$：

$$Pin_1 \text{ 点}: Pin_{11}, Pin_{12}, Pin_{13}, \cdots, Pin_{1m}$$

$$Pin_2 \text{ 点}: Pin_{21}, Pin_{22}, Pin_{23}, \cdots, Pin_{2m}$$

$$\vdots$$

$$Pin_b \text{ 点}: Pin_{b1}, Pin_{b2}, Pin_{b3}, \cdots, Pin_{bm}$$

为简化求解思路，假设待求沉降信息的观测周期为单个观测周期 T，且待求沉降监测点为单个点 X：

求解过程：

①系统误差修正并计算改正后的 PSI 结果。

根据水准监测结果回归分析得到线性水准沉降速率 $Vsh_1, Vsh_2, Vsh_3, \cdots, Vsh_a$。根据 InSAR 结果，逐个周期内插得到对应水准位置上的 InSAR 沉降量 $Cin(a \times m)$；然后在时间维上根据内插得到的水准点位处的 InSAR 结果，进行回归分析得到水准点位处的 InSAR 沉降速率 $Vin(a \times 1)$：

$$Vin_1, Vin_2, Vin_3, \cdots, Vin_a$$

通过对水准点位处 InSAR 与水准沉降速率的比较和拟合，根据上章节阐述的形变信息修正流程得到系统修改速率 V 和初始偏移量 B，得到修正后的水准点位处的新的 InSAR 沉降量序列：

$$C(a \times m) = Cin(a \times m) \times V + B$$

②由新的沉降序列 $C(a \times m)$ 在时间和空间维上分别内插得到 T 时间周期上点位 X 处的沉降量 $C(T, X)$；

③选取水准观测周期与 InSAR 观测周期同步的数据，进行水准点位处的差值计算得到差值序列 $Res(a \times m)$；

④根据差值序列 $Res(a \times m)$ 内插得到 T 时间周期上点位 X 处的改正值：$Res(T, X)$；

⑤最后得到最终的 T 时间周期上点位 X 处的沉降量值。

综上所述：融合水准测量和 InSAR 技术的高速铁路线上沉降监测技术流程为如图 10-25 所示。

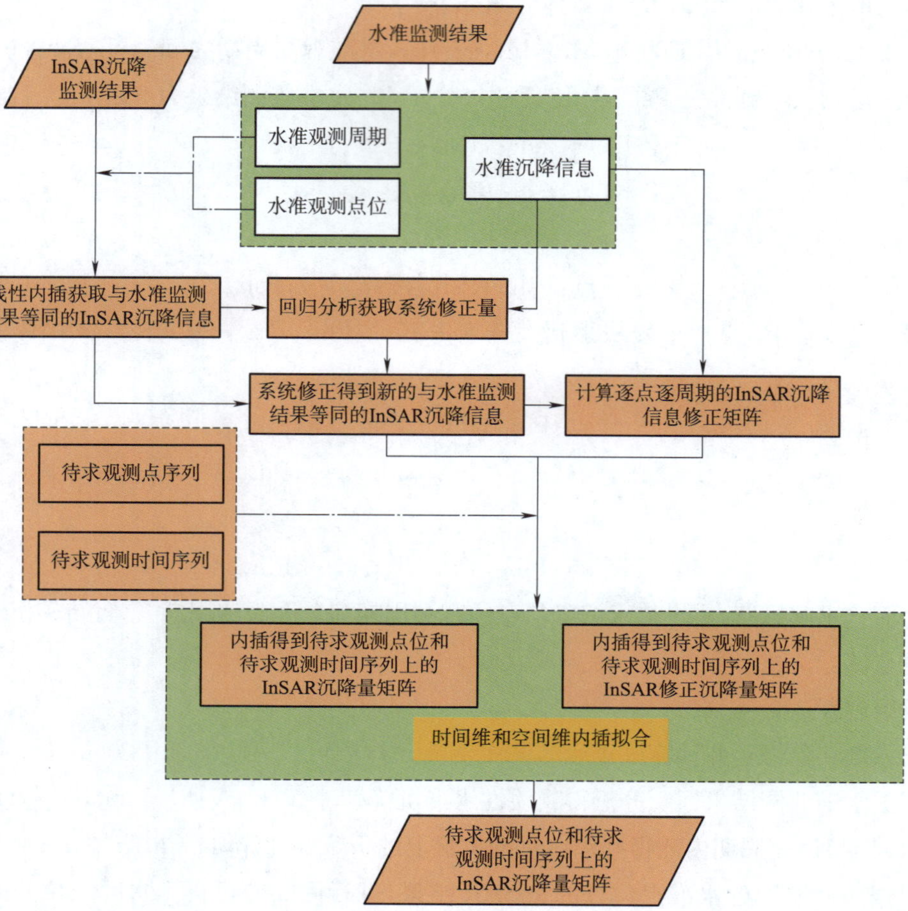

图 10-25　融合水准测量与 InSAR 技术的高速铁路沉降监测技术流程

10.5　工程案例

10.5.1　项目概况

1. 任务来源

京沪高速铁路北京至德州段地面沉降监测需求。

2. 测区概况

本次监测范围是京沪高速铁路北京至德州段，监测铁路沿线附近的区域地面沉降。

3. 监测内容

本次监测时间段落为 2017 年 7 月—2021 年 3 月，监测内容为沿线区域沉降，具体内容包括以下两个方面：

①计算铁路沿线区域沉降；

②分析重点变化沉降段落。

10.5.2　数据源选取及数据处理方法

1. 数据源选取

通过对可用数据源（TerraSAR-X，COSMO-SkyMed，ALOS PAlSAR，ALOS-2，RADARSAT-2，Sentinel-1A/1B，ENVISAT-ASAR）进行相关查询和分析，并综合考虑数据成本和数据质量，查询到可用数据情况见表 10-9。

表 10-9　可用数据情况

时间段	可以采用数据源	分析说明
2017 年 7 月—2021 年 3 月	欧洲空间局 Sentinel-1A/1B	共 357 期，需要三个图幅覆盖，共 119 景 SAR 影像

数据的具体参数见表 10-10。

表 10-10　数据参数表

卫星	发射时间	波长/cm	分辨率	幅宽
Sentinel-1A	2014 年 5 月	5.6	5×20	250 km
Sentinel-1B	2016 年 4 月	5.6	5×20	250 km

2. 数据处理方法

本次 InSAR 监测数据量满足时间序列分析的要求，可以采用 PS-InSAR 或 SBAS-InSAR 方法，当 SAR 数据的时空基线分布均匀的情况下，宜选用 PS-InSAR 方法，PS-InSAR 方法技术流程如图 10-26 所示。

SAR 数据处理采用美国普渡大学开发的商业地表形变检测处理系统 SARProZ，软件界面如图 10-27 所示。数据处理过程中外部 DEM 数据使用 90 m 分辨率的 SRTM 数据。

3. 沉降探测结果制图与分析方法

对于 PS-InSAR 方法，软件处理的结果中包含部分粗差点，需要结合 ArcGIS 对数据进行滤波处理。大范围地面沉降监测中还需要将小块区域处理的沉降结果进行拼接处理。成果拼接完成，形成监测区完整沉降结果，该结果为相对测区内某参考点的相对沉降量。当有外业水准实测数据时，可以基于外业实测数据，采用中国铁路设计集团有限公司自主开发的 TSDI_InSARpro 软件（图 10-28），将相对沉降量结果校正为绝对沉降量，并评价 InSAR 结果的精度;没有水准实测数据时,即采用相对测区内某参考点的相对沉降量为最后结果。通过该软件,还可提取铁路沿线特定缓冲区范围内沉降监测结果、沿线位方向沉降纵断面以及垂直线位方向沉降纵断面。

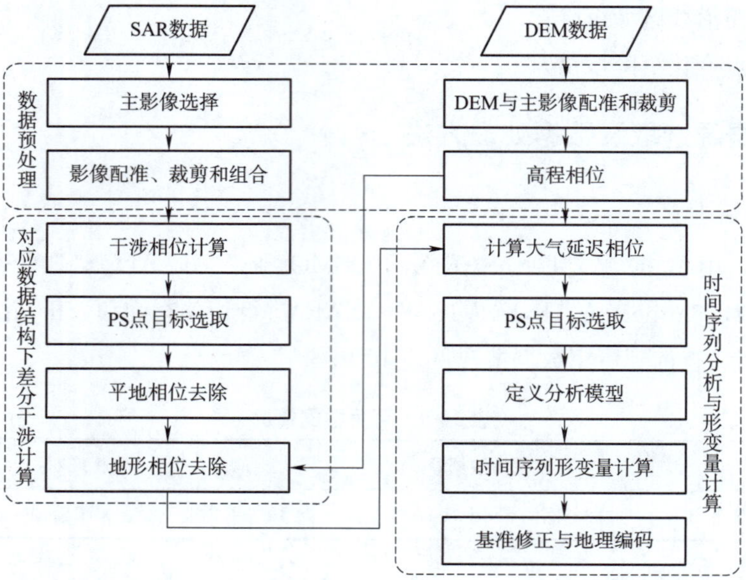

图 10-26　PS-InSAR 技术流程

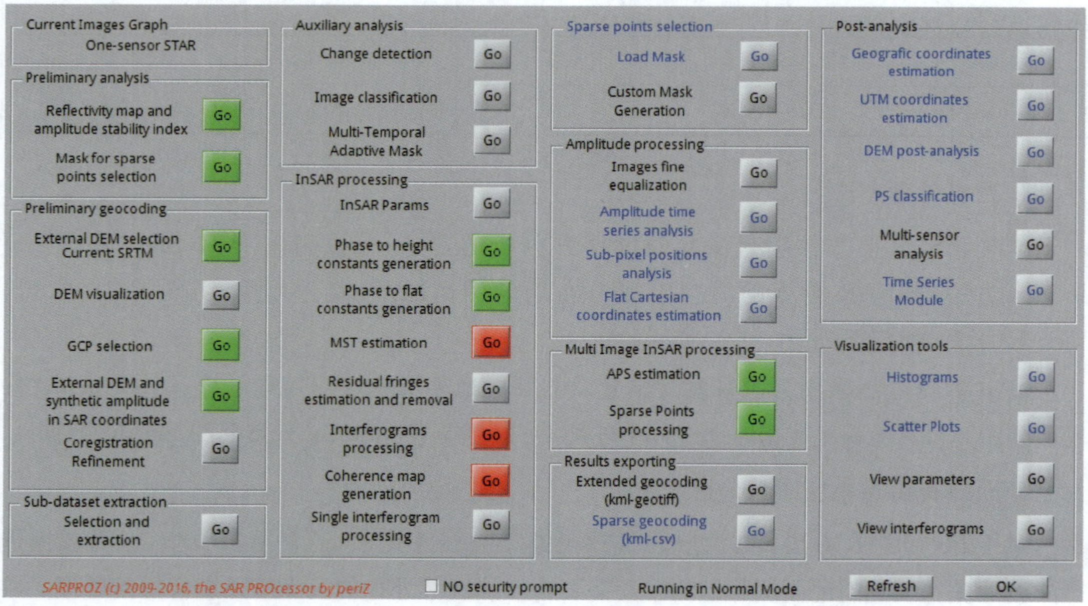

图 10-27　SARProZ 软件界面示意

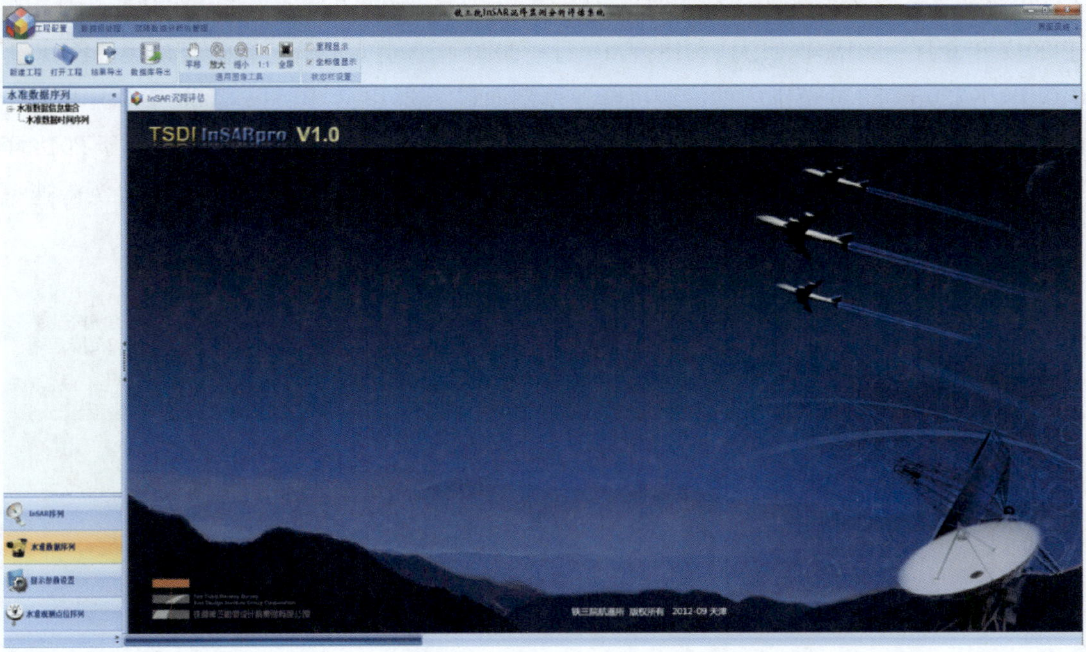

图 10-28 TSDI_InSARpro 软件界面

对预处理后的沉降监测结果采用克里金插值算法，生成沉降速率或者累积沉降量栅格图。按照专题制图要求，综合收集的铁路线位、行政区域边界矢量及注记等信息，基于 ArcGIS 和 PhotoShop 软件将沉降速率图、等值线图、铁路线位、相关地理信息以及区域监测信息进行标准化综合制图。

利用中国铁路设计集团有限公司测绘院开发的针对 SAR 数据处理成果分析软件，根据处理结果划定沉降漏斗范围、漏斗中心沉降等指标，撰写监测分析报告，以及提供其他要求的成果。

10.5.3 监测结果与分析

1. 京沪高速铁路北京至德州段地面沉降结果分析

京沪高速铁路北京至德州段沿线沉降速率剖面如图 10-29 所示，铁路沿线的沉降区域和剖面的发展基本一致，除 K187＋959.1 至 K320＋050.6 的沉降速率增加外，2020 年 1 月—2021 年 3 月的沉降速率均呈现显著减缓趋势。K1＋381～K102＋224.8 范围内的沿线沉降速率剖面显示沉降趋势呈现逐年减缓趋势。K102＋224.8～K141＋108.9 范围内的沿线沉降速率剖面显示 2018 年 10 月—2020 年 3 月相对于 2017 年 6 月—2018 年 12 月，沉降速率基本一致；2020 年 1 月—2021 年 3 月相对于 2018 年 10 月—2020 年 3 月，沉降速率显著减缓。K141＋108.9～K190＋640.1 范围内的沿线沉降速率剖面显示 2018 年 10 月—2020 年

3 月相对于 2017 年 6 月—2018 年 12 月，沉降速率有加剧趋势；2020 年 1 月—2021 年 3 月相对于 2017 年 6 月—2018 年 12 月、2018 年 10 月—2020 年 3 月，沉降速率显著减缓。K190+640.1～K320+050.6 范围内的沿线沉降速率剖面显示 2018 年 10 月—2020 年 3 月相对于 2017 年 6 月—2018 年 12 月，沉降速率有显著加剧；2020 年 1 月—2021 年 3 月相对于 2018 年 10 月—2020 年 3 月，沉降速率有减缓趋势；但相较于 2017 年 6 月—2018 年 12 月沉降速率仍然较大。

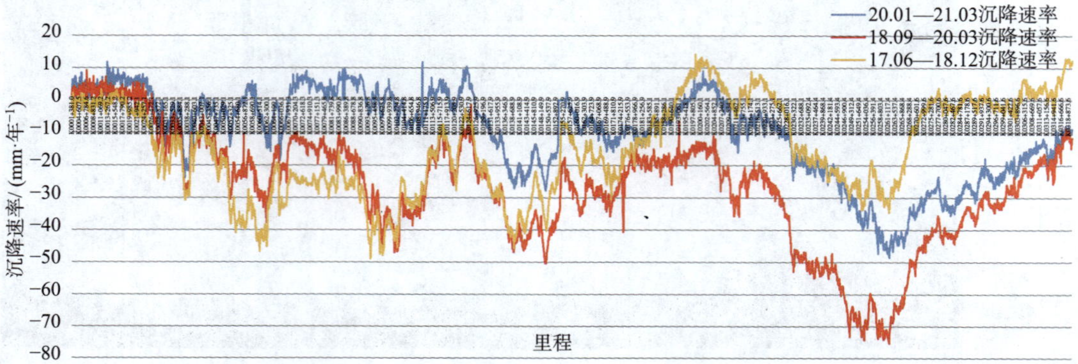

图 10-29 京沪高速铁路北京至德州段沿线沉降速率剖面

2. 京沪高速铁路北京至德州段局部区域分析

历年 K61+420～K62+000 沉降速率和区域沉降分布如图 10-30 所示。

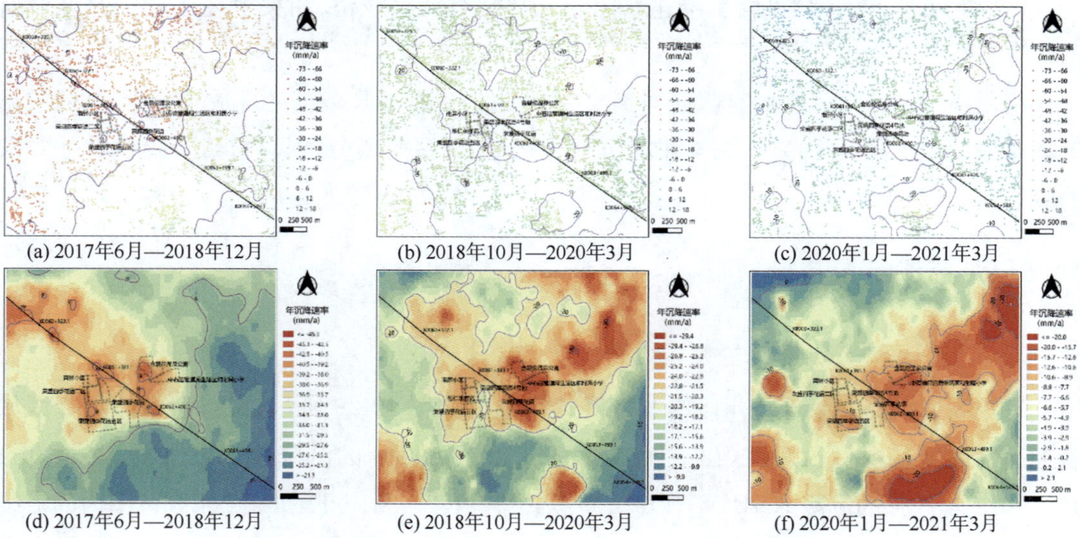

图 10-30 历年 K61+420～K62+000 沉降速率和区域沉降分布

根据图 10-30，2018 年—2020 年包含里程 K61+420～K62+000 范围的沉降速率结果可知，该区域分布有较为密集的居民区，沉降速率逐年减缓，但 K61+420～K62+000 铁路沿线的不均匀沉降分布仍然存在，线位左右两侧存在差异沉降分布，这种不均匀沉降和周围的居民区分布有一定的关系。尤其是以荣盛四季花语、中石油管道局生活区和附属小学、金碧伦温泉公寓为中心的沉降漏斗一直存在，值得注意的是，荣盛四季花语的漏斗中心逐渐偏移，并向北侧偏移。为了分析该种现象原因，选取该区域 2018—2020 年的历史影像进行分析。

图 10-31 为沉降区 2018—2020 年的光学卫星影像，结合光学卫星影像地表覆盖情况进行分析可知，地面沉降和邻近地表覆盖变化内在关系耦合机理主要有两种：一是地面沉降中心区域位于或靠近施工建设期施工区；二是地面沉降中心区域位于人员高密度集中区域。为了分析地面沉降和邻近地表覆盖变化内在关系耦合机理分析，结合图 10-30，制作了地面沉降和邻近地表覆盖变化内在关系耦合机理分析，见表 10-11。

(a) 2018年　　(b) 2019年　　(c) 2020年

图 10-31　沉降区历年光学卫星影像

表 10-11　地面沉降和邻近地表覆盖变化内在关系耦合机理分析

对象	2018 年		2019 年		2020 年	
	施工状态	沉降状态	施工状态	沉降状态	施工状态	沉降状态
荣盛四季花语五区	正在施工	沉降区域中心	施工完成	沉降中心区域边缘	施工完成	沉降区域中心
荣盛四季花语	正在施工	沉降区域中心	正在施工	沉降中心区域靠近	施工完成	沉降中心区域边缘
金碧伦温泉公寓	正在施工	沉降区域中心靠近	正在施工	沉降区域中心	施工完成	沉降区域中心靠近
南屏、德仁、荣盛二区和 4 号地	密集居住区	沉降区域中心	密集居住区	沉降区域中心	密集居住区	沉降区域中心
中石油管道局生活区和附属小学	高密度永久居住区	高密度永久居住区	高密度永久居住区	高密度永久居住区	高密度永久居住区	高密度永久居住区

结合表 10-11 分析可知，针对地面沉降中心位于施工建设期施工区这种情况，以荣盛四季花语五区、荣盛四季花语和金碧伦温泉公寓为例，随着施工状态的变化，沉降状态的变化呈现了一定的规律性，即通过上述施工阶段的变化和居住人口的增多，沉降中心区域经历了位于、偏离和位于施工区和居住区的变化，阐释了地面沉降中心和邻近地表变化（施工建设期施工区）内在关系的耦合机理。针对地面沉降中心区域位于人员高密度集中区域这种情

况，以南屏、德仁、荣盛二区和 4 号地以及中石油管道局生活区和附属小学等两个居住区为例，南屏、德仁、荣盛二区和 4 号地这块居住区是以新建居住区为主的新人口聚集场所，沉降中心区域由德仁永祥苑逐渐转移到以荣盛四季花语二区、4 号地，再转移到新建完成高人口密度的荣盛四季花语五区；中石油管道局生活区和附属小学这是一个高密度永久居住区，人口密度较大，因此，沉降区域中心一直位于该区域，阐释了地面沉降中心和邻近地表变化（人员高密度集中区）内在关系的耦合机理。

第11章 外部环境变化监测技术

铁路外部环境管理与整治是铁路运营工作中的重要工作之一，本章节以铁路外部环境安全隐患为研究对象，针对不同类型隐患目标，从隐患建档、隐患筛查、局部高危隐患实时监控、典型隐患实时预警、隐患全过程管理等重点内容进行系统研究，阐述了基于航空摄影技术的铁路外部风险源建档方法流程，研究了时序卫星遥感影像的铁路外部环境动态变化监测方法，提出了基于GIS技术的铁路外部环境动态监测管理系统建设方案，并以实际案例进行了详细的说明，构建了人防、物防、技防"三位一体"的铁路外部环境管理应用新模式，筑牢了铁路外部环境安全保障的"安全网"。

11.1 概　　述

近年来，我国铁路运营里程稳步增长，覆盖范围日益增大随之而来的铁路外部环境日益复杂，外部环境对铁路安全运营造成了不可忽视的影响，特别是铁路安全保护区内建造建筑物、构筑物等设施，取土、挖砂、挖沟、采空作业以及堆放、悬挂物品；铁路线路两侧建造、设立危险物品作业场所。铁路运营部门需要对铁路外部一定范围内进行定期巡视和隐患调查，确保铁路安全和平稳运营，铁路外部环境整治已经成为国铁集团常态化、周期性开展的工作内容。

目前传统的外部环境巡检手段主要依赖工作人员实地勘察，即通过相关工作人员在铁路外部一定区域内巡视来发现的安全隐患，该手段存在检视范围小、信息化水平低等弊端。对于铁路外部环境这种范围广、距离长的监测区域，庞大的路外环境管理工作依靠人工实地作业的管理模式压力巨大。

国铁集团关于智能铁路建设的内容阐述以及2020年交通运输部等七部委联合发布的《高速铁路安全防护管理办法》中都明确提出要构建人防、物防、技防手段相结合的铁路运营安全监测体系。目前，铁路部门亟须一种大范围、全面、高效、高精度、对运维影响小、自动化程度高的安全隐患调查手段，通过获取铁路外部环境的位置和属性信息，提高铁路运营安全检测、监测的技术，空天地遥感技术为解决该问题提供了可行的手段。通过目前国内外各类高分辨率对地观测卫星如WorldView系列、高分系列等，可以获得大范围、多波段的对地观测数据，地面分辨率可达亚米级。除了卫星之外，通过航空摄影手段获取的地面影像数据分辨率更高，数据获取更加灵活。随着计算机技术、航空航天技术的发展，高分辨率遥感技术得到了长足的发展，使用空间遥感技术来进行大范围、周期性的高速铁路沿线外部环境隐患识别成为可能。

随着新型传感器平台和遥感源不断更新发展，如 IKONOS、WorldView、Pleiades、高分一号、高分二号等，这些数据都能够满足高速铁路沿线地理环境及人类活动变化监测要求。

基于深度学习等人工智能方法的自动化解译技术近年来受到广泛的关注和研究，对于铁路外部环境隐患智能化识别提取而言，基于深度学习的遥感影像自动识别解译技术精度是决定其是否能工程化应用的关键，这取决于是否有丰富的样本数据库、良好的训练模型以及衔接无缝的管理系统。目前遥感数据源日益丰富，给样本数据集的构建提供了足够的数据支持。

根据现有遥感影像地物解译分类的相关知识，针对路外环境隐患构建相关的数据库，迁移应用相关深度学习智能提取算法，将会能够解决铁路外部环境中对感兴趣目标和场景的检测提取问题。对于彩钢房等硬漂浮物和防尘网、塑料大棚等，其影像区域表现存在分布相关性，具有相似的特征，而且形状不规则，适宜采用深度学习语义分割相关算法进行提取；而对于警示标志、广告牌等，由于外观具有明显特征，较为规则，则可以采用深度学习目标检测相关算法实现自动提取。相对于传统的遥感影像数据处理算法，利用深度学习技术开展目标识别和提取能够达到更高的精度，具有更高的应用推广价值。目前深度学习算法在溢油检测、滑坡泥石流检测、蔬菜大棚提取等非常规应用方向上已出现相关论文研究，因此，针对铁路外部环境隐患提取，相关技术条件已经存在，具有可行性，一旦能够成熟应用，可取得良好的经济效益和社会效益。

综上所述，本章旨在阐述一种基于卫星遥感、航空摄影、地面智能监测等手段于一体的铁路外部环境变化监测与管理模式，本模式通过建立铁路沿线环境安全隐患样本库，利用卫星遥感、空基遥感等手段，结合人工智能解译、大数据分析技术、微波遥感时序形变观测技术、GIS 空间分析技术，研究高速铁路沿线环境安全隐患高精度智能识别与隐患风险评估分析，为铁路沿线环境管理工作提供技术保障和落地应用解决方案。

11.2 铁路外部环境监测内容

11.2.1 铁路外部环境隐患分类

依据《铁路外部环境安全管理办法》(铁安监〔2020〕173 号)，文件中将铁路外部环境安全隐患按照问题属性主要分为 18 个类别，见表 11-1。

表 11-1　铁路外部环境安全隐患分类

序号	大类	小类	序号	大类	小类
1	违法施工类	取土挖砂挖沟	8	堆放隐患类	杂物设备堆放
		下穿上跨施工			弃土弃渣堆放
		采空作业			垃圾堆放
2	危险物品类	危险物品生产加工存储销售			排污
3	上跨并行类	护栏不达标准	9	倒落隐患类	杆塔等高大设施
		警示标志缺失	10	树植隐患类	树植隐患
		违规附挂上跨设备	11	违法排放类	违法排放
		通行车辆超载超速	12	硬漂浮物类	彩钢瓦房
4	违法取水类	违法取水			广告牌
5	河道桥梁类	采砂淘金	13	轻漂浮物类	防尘网
		疏浚作业			塑料大棚
		围垦造田			地膜
		拦河筑坝			风筝气球无人机等
		架设浮桥等	14	危害铁路通信信号设施类	危害铁路通信信号设施
		桥区航标未按规定设置	15	危害电气化铁路设施类	攀登杆塔
6	开采爆破类	采石采矿			破坏接触网
		爆破作业	16	非法通行类	私设通道
7	违建违占类	违法建筑房屋			非法进入
		违法占地	17	非法烧荒类	非法烧荒
		违法经营	18	放养牲畜类	放养牲畜

11.2.2 铁路外部环境精细化摸排建档

对全线路外部环境隐患的精准摸排，建立信息完备、准确、易于管理的铁路外部环境隐患时空级档案库。主要工作包括：基于遥感方式对沿线路外环境病害进行扫描，形成高精度台账，并建立铁路外部环境动态监测 GIS 系统，在系统中将台账与地理位置数据对应和后续人防＋技防协同管理。

(1)隐患问题全方位遥感排查建档

通过对线路全线进行高精度航空摄影测量，航飞精度 5～10 cm，采用立体摄影测量方式对全线路外环境隐患的精准排查，识别发现巡检盲区中的隐患问题，并将航飞建档的问题库与路局车间的人工巡检问题台账进行融合，形成完善的隐患精细台账。

(2)搭建隐患动态监测 GIS 系统

将各站段的路外环境隐患台账、高分辨率航飞影像、不同时期的卫星影像、高速铁路中线与里程、公共服务地理信息数据等不同类别数据统一集成在系统平台中，建立统一的铁路外部环境隐患动态监测 GIS 平台，实现了路局层面铁路周边环境监测管理的"一平台"和"一张图"。

11.2.3 铁路外部环境隐患定期动态监测

在获取到台账的基础上，建立卫星遥感监测定期扫描/沿线地基视频实时监测/人工巡检复核的人防、技防、物防协同核筛查机制。

(1)卫星遥感全域路外环境隐患病害筛查

采用卫星遥感定期监测技术，以最短半个月一次的频率对全线左右侧各 500 m 范围内路外环境隐患的变化情况进行扫描，监测识别隐患病害的新增情况及处置情况。

(2)沿线地基视频实时监测筛查

基于铁路沿线布设的地基摄影头视频，对防护栅栏内的铁路外部环境进行实时的探测分析，通过边缘计算的方式对发现的隐患问题进行及时预警。

(3)人工巡检筛查及复核

人工巡检复核主要是对于卫星遥感筛查和视频实时筛查发现的隐患(新增或者消除)通过路外环境监测 GIS 系统推送到线路管辖段落的主责人，通过人工巡检移动端系统，对卫星遥感发现的隐患问题进行人工巡检核实，人工巡检筛查主要是对于卫星遥感监测频率不够的区域，以及视频实时筛查视角范围以外的区域定期进行人工巡检，将上述两种情况巡检的情况进行处置，形成定期监测报告，新列入台账的隐患问题经评估后推送岗亭巡检人员，进入日常巡防系列。

最终通过上述三步实现多线路、广覆盖的铁路外部环境隐患的推扫式高效筛查，形成一套星地协同、"技防＋人防"的外部环境隐患问题筛查机制。

11.2.4 铁路外部环境隐患日常人工监测与管理

构建分级、分类铁路外部环境隐患路内-路外联合整治体系。以"隐患必查、隐患必纠，非必要不出车间、非必要不出路，问题有记录、档案可回溯"为原则，针对不同的等级不同级别的隐患，制定不同的管理方法，并对隐患进行持续追踪处置。

(1)既有问题台账与一事一档信息化管理

将扫描建档融合后的病害隐患台账录入路外环境 GIS 监测系统中进行管理，并将卫星、视频与人工巡检发现的隐患问题在系统中同步更新，实现问题台账与每个隐患一事一档资料的自动生成与标准化输出。

(2)日常人工巡检与隐患处理流程信息化管理

对技防和物防发现的隐患及既有隐患的处置情况进行复核处理。首先，导航病害隐患现场。通过路外环境 GIS 监测系统的移动端功巡检 App 进行精准定位与导航，快速到达现场。其次，现场复核填报。对现场发现的问题进行分层级处置，其中一般可控病害隐患自行处置不上报，不可控病害隐患通过移动端将现场情况(包括处置措施、现场拍照)实时高效上传到系统中。最后，不可控病害隐患处置管理。站段层面通过外环境 GIS 监测系统记录进行研判明确病害隐患的等级和处置方式，包括自行处置销号、列入日常常规巡检病害隐患库、或转交路外处置，并通过外环境 GIS 监测系统对巡检-复核-处置-销号过程进行全过程记录，基于此实现日常巡检与隐患处置的信息化管理。

(3)路地对接流程与双段长资料信息化管理

通过路外环境 GIS 监测系统的路地对接子系统，将每个隐患路地对接过程以 OA 流程的方式在系统中管理，实时显示对接的进度，并将双段长信息录入系统平台，每个隐患的路外段长实时查看，应急情况，及时通知。

(4)人工巡检、路地对接执行效果分析评价

GIS 系统移动端集成巡检实时定位与历史轨迹回溯功能，根据一键导入的巡检计划和路地对接的时间要求，基于系统中存储的巡检轨迹和对接信息，对每人每个工作日的巡检与路地对接执行效果进行定量分析评价。

11.3　基于航空摄影技术的铁路外部风险源建档监测技术

11.3.1　铁路外部风险源常见类别及建档目标

采用航空摄影技术，可以获取铁路沿线高清影像，从而对铁路外部环境隐患进行精细化建档，现在对 18 类安全隐患在高清影像中的关系进行梳理归纳，见表 11-2。

表 11-2　建档目标分析表

大类	小类	分析	航飞建档（重点地段）	卫星动态监测（重点地段）	侵限实时动态监测（重点地段）	事故发生频率
1 违法施工类	取土挖砂挖沟	有挖掘痕迹，与周边地表表现不一致，可在航飞或卫星数据中识别	√	√		
	下穿上跨施工	有工程痕迹，与周边地表表现不一致，可在航飞或卫星数据中识别	√	√		
	采空作业	地下作业，采用星载 InSAR 变形监测				
2 危险物品类	危险物品生产加工存储销售	无法判断是否存在危险物品				
3 上跨并行类	护栏不达标准	可通过航飞像对立体观察判断高度是否达标	√			
	警示标志缺失	需要提前了解标志布设位置	√			
	违规附挂上跨设备	无法通过遥感手段进行判断				
	通行车辆超载超速	无法通过遥感手段进行判断				

续上表

大类	小类	分析	航飞建档（重点地段）	卫星动态监测（重点地段）	侵限实时动态监测（重点地段）	事故发生频率
4 违法取水类	违法取水	无法通过遥感手段进行判断				
5 河道桥梁类	采砂淘金	基于采砂设备、运输船只以及采挖痕迹	√	√		
	疏浚作业	无法通过遥感手段进行判断				
	围垦造田	可在影像上观察到开垦痕迹	√	√		
	拦河筑坝	可在影像上观察到修筑痕迹	√	√		
	架设浮桥等	可在影像上观察到相关设施	√	√		
	桥区航标未按规定设置	无法通过遥感手段进行判断				
6 开采爆破类	采石采矿	可以观察到采石场采矿场等采挖现场痕迹	√	√		
	爆破作业	无法通过遥感手段进行判断				
7 违建违占类	违法建筑房屋	可在影像上观察到保护区中建筑的房屋	√	√	√	
	违法占地	可在影像上观察到保护区用地被占用	√	√	√	
	违法经营	可在影像上观察到保护区用地上的经营设施	√	√	√	
8 堆放隐患类	杂物设备堆放	可在影像上观察到	√	√	√	
	弃土弃渣堆放	可在影像上观察到	√	√	√	
	垃圾堆放	可在影像上观察到，需面积足够大；易燃物体易引发火灾	√	√	√	较高
	排污	无法通过遥感手段进行判断				
9 倒落隐患类	杆塔等高大设施	可通过航飞像对立体观察	√		√	
10 树植隐患类	树植隐患	可通过航飞像对立体观察	√		√	较高
11 违法排放类	违法排放	无法通过遥感手段进行判断				
12 硬漂浮物类	彩钢瓦房	使用彩钢板为主要建筑材料搭建的房屋厂房屋顶，面状分布，通过卫星和航空遥感手段可以实现观测和提取	√	√	√	高
	广告牌	金属板材料，可通过航飞像对立体观察	√		√	较高

续上表

大类	小类	分析	航飞建档（重点地段）	卫星动态监测（重点地段）	侵限实时动态监测（重点地段）	事故发生频率
13 轻漂浮物类	防尘网	主要呈绿色或黑色覆盖在裸土或货物上，面状分布可通过遥感影像识别	√	√	√	高
	塑料大棚	可通过遥感影像识别	√	√	√	高
	地膜	一般为透明或者黑色薄膜，呈条带状分布，可通过遥感影像识别	√	√	√	高
	风筝气球无人机等	无法通过遥感手段进行判断			√	
14 危害铁路通信信号设施类	危害铁路通信信号设施	无法通过遥感手段进行判断				
15 危害电气化铁路设施类	攀登杆塔	无法通过遥感手段进行判断				
	破坏接触网	无法通过遥感手段进行判断				
16 非法通行类	私设通道	结合建档影像与既有通道台账判断	√	需进一步测试		
	非法进入	无法通过遥感手段进行判断				
17 非法烧荒类	非法烧荒	无法通过遥感手段进行判断				
18 放养牲畜类	放养牲畜	无法通过遥感手段进行判断				

根据表 11-2 分析及历史隐患发生事故情况，监测目标重点应该放在硬漂浮物、轻漂浮物类、堆放隐患类、违建违占类、上跨并行类五大类高发隐患类中。针对铁路沿线安全隐患多，建档不全，人工巡检效率低，巡检存在盲区的问题，采用空地结合的安全隐患精细建档技术，以高精度航空摄影测量为主，辅助地基移动平台智能巡检，获取精细的隐患本底数据，实现建档的高效化、全面化，如图 11-1 所示。

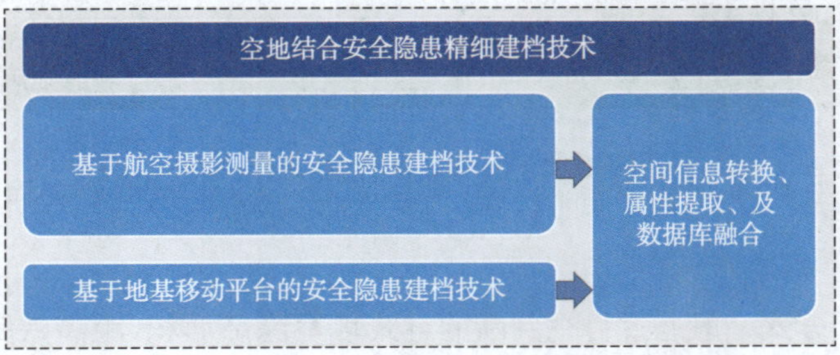

图 11-1　空地结合的隐患精细化建档

隐患建档的主要目标体现在两个方面：①完善铁路局集团公司既有的隐患台账，弥补由于人工视角或者巡查不到位导致的台账遗漏问题;②在卫星遥感动态监测实施过程中,不同时相的卫星数据与航飞建档数据进行变化检测分析,基于航飞建档获得的精细隐患档案数据可以作为参照,准确识别变化区域及变化类别。

基于以上目标,隐患建档需要获取精细的隐患问题台账,以下将从空间分辨率、色彩纹理、属性信息计算与航飞安全性四个方面说明基于高分辨率航测影像开展铁路外部环境建档工作的可行性。

(1)空间分辨率

为了实现对铁路局集团公司既有隐患台账的补充和完善,借助航测技术识别发现更多由于人工排查视角受限,部分区域人员不能现场到达等因素导致的环境隐患遗漏问题,因此可以借助航测技术,更容易探测位于高层建筑楼顶,封闭院落等区域的外部隐患。为了能够识别尺寸大于 0.3 m 的环境隐患(铁皮围栏可以基于阴影和立体综合识别),并且考虑航飞成本,一般航飞分辨率设置为 0.1 m 即可满足建档需求。航飞摄影根据航飞高度以及相机的焦距,分辨率最高可达到 1 cm,因此采用航测方式完成外部环境隐患的建档是完全可行的。

(2)色彩纹理

航空摄影拍摄的影像都是 RGB 三波段的彩色影像,由于航飞分辨率较高,根据影像的纹理信息可以判断不同地物类别,如彩钢房是否生锈,轻漂浮物是否为防尘网还是塑料大棚,如图 11-2 所示。

图 11-2 航空摄影拍摄的彩钢房

(3)属性信息计算

人工巡检建档方式一般通过目视判断的方式填写隐患面积,距离铁路距离以及铁路里程等属性信息,导致填写的属性信息不准确,尤其是对于隐患与铁路轨面的高差目视判断误差较大,直接影响隐患的风险评估。通过航测方式,可以恢复铁路沿线外部环境的三维状态,在立体模式下采集隐患的几何信息(包括高程)与铁路中线、构筑物边界等信息,采用

GIS 空间分析，可以自动计算隐患的属性信息，并且属性信息的精度优于 0.1 m。

(4)航飞安全性

航飞建档可以采用载人飞机，也可采用低空无人机。第一种采用有人机配备长焦距量测相机的方式，航飞高度较高，并且采用专业的航飞队伍，安全问题完全可以保证，但是这种方式的成本较高。第二种采用无人机加轻型相机的方式，航飞高度较低，但是在航带设计时，保证重叠度的前提下，航线平行铁路敷设，两侧航线距离铁路构筑物边界的距离大于 150 m，因此安全问题也可以保障，同时这种方式的航飞成本较低。

11.3.2　铁路外部风险源建档对象及技术方法

1. 建档对象

基于航空摄影技术对外部环境隐患建档的主要类别包括 6 个大类，具体见表 11-3。

表 11-3　建档对象

大　类	小　类	建档范围	危害程度	监测方式
上跨并行类	护栏不达标准	用地红线内	中	地基移动
	警示标志缺失			
开采爆破类	采石采矿	铁路左右侧各 500 m	高	航飞
违建违占类	违法建筑房屋	用地红线内	高	航飞(地基补充)
	违法占地			
	违法经营			
堆放隐患类	杂物设备堆放	用地红线内	高	航飞(地基补充)
	弃土弃渣堆放			
	垃圾堆放			
硬漂浮物类	彩钢瓦房	铁路左右侧各 500 m	高	航飞
	广告牌			
轻漂浮物类	防尘网	铁路左右侧各 500 m	高	航飞
	塑料大棚			
	地膜			

2. 技术方法

1)航飞数据采集

航飞范围按照线路中线左右各偏移 300 m，全线全部按照两条测线进行航飞，航向重叠度不小于 60%，旁向重叠度不小于 40%。

基站点全部采用千寻位置提供的国家 2 000 坐标，每个基站点的控制作业范围为 30 km。外业像控点测量同样采用千寻位置技术，获取每个像控点的平面跟高程坐标。

采用高精度航摄像机，为了满足航飞首次建档的需求，航飞影像的分辨率设置为优于 0.2 m。

2)数据处理

数据处理的流程主要包括:立体人员采集、成果上传、问题质检及修正、数据格式转换、数据成果入库建档等,如图 11-3 所示。

图 11-3　数据处理流程

采集区域划分:根据不同类型安全隐患的安全程度定制其采集的范围,采集范围主要分为 A、B、C 三个缓冲区域,如图 11-4 所示。

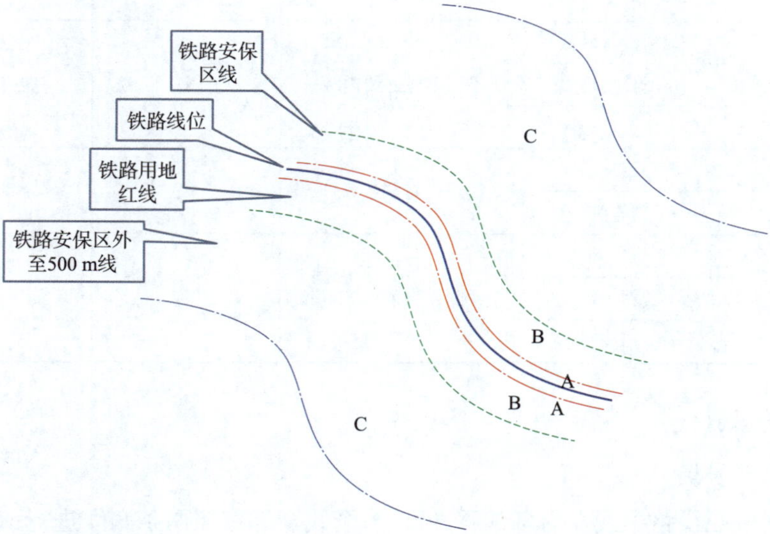

图 11-4　采集范围

A 区域代表:铁路两侧用地红线内;B 区域代表:铁路两侧用地红线至铁路安保区范围内;C 区域代表:铁路两侧安保区外至 500 m 范围内。

采集类型及方式：按照安全隐患的类型进行图层编码采集，主要采集风险的地理位置、面积、高度等信息，内业采集的安全隐患类型、图层编码、表现方式规定见表 11-4。

表 11-4　隐患类别划分

序号	类　型	图层编码	表现方式	采集区域	说　明
1	彩钢房	CGF00	面状	ABC	包括建筑物含部分彩钢
2	硬漂浮物	YPF00	—	—	—
2.1	铁皮、围挡	YPF01	线状	ABC	一个位置处的围挡必须用一个单线；围挡位置要准确
2.2	广告牌	YPF02	面状	AB	采集位置为广告牌顶端高程，用小的矩形表示
3	轻漂浮物	QPF00	—	—	—
3.1	防尘网	QPF01	面状	ABC	有黑色、绿色以及尼龙的覆盖物，采集时不用遗漏，地物的边界尽量节点多一些，整片的可以按照一个危险源合并
3.2	塑料大棚	QPF02	面状	ABC	一片区域的塑料大棚可以合并在一起
4	违建类	WJL00	—	—	建筑物间没有缝隙，或者缝隙较小，可以合并
4.1	违建建筑物	WJL01	面状	AB	—
4.2	违法侵占(经营)地 1	WJL02	面状	AB	有经营行为的废品收购点
4.3	违法侵占(经营)地 2	WJL03	面状	AB	其他有经营行为的
5	违法堆放类	DFL00	—	—	独立堆放
5.1	轻质垃圾堆放	DFL01	面状	ABC	边界画的必须准确，不规则多边形的，增加边界节点，便于后续曲线拟合
5.2	弃土弃渣堆放	DFL02	面状	ABC	边界画的必须准确，不规则多边形的，增加边界节点，便于后续曲线拟合边界画的必须准确，不规则多边形的，增加边界节点，便于后续曲线拟合
5.3	其他堆物堆料	DFL03	面状	ABC	—
6	违法施工类	WSG00	—	—	施工现场痕迹
6.1	取土挖沙	WSG01	面状	AB	边界画的必须准确，不规则多边形的，增加边界节点，便于后续曲线拟合
6.2	工程施工	WSG02	面状	AB	边界画的必须准确，不规则多边形的，增加边界节点，便于后续曲线拟合

3）安全隐患入库整理

（1）安全隐患数据错误检查与数据合并

①数据采集成果质量检查。沿线段落数据采集正确性和质量检查，包括危险源类别的正确性、边界规范性、数据采集遗漏等问题。

②拓扑错误检查。检查和修复采集过程中的拓扑关系错误，包括自相交多边形、数据不

闭合、重复采集问题。

③将每一段落数据进行数据合并，统一图层标准。

(2)采集成果转换为空间地理数据

从 DWG 立体采集成果转换为 SHP 数据成果，数据结构与系统数据库数据定义一致。依托 FME ETL 工具，进行图层的筛选、分类和属性计算，实现采集数据到空间数据库的转换，如图 11-5 所示。

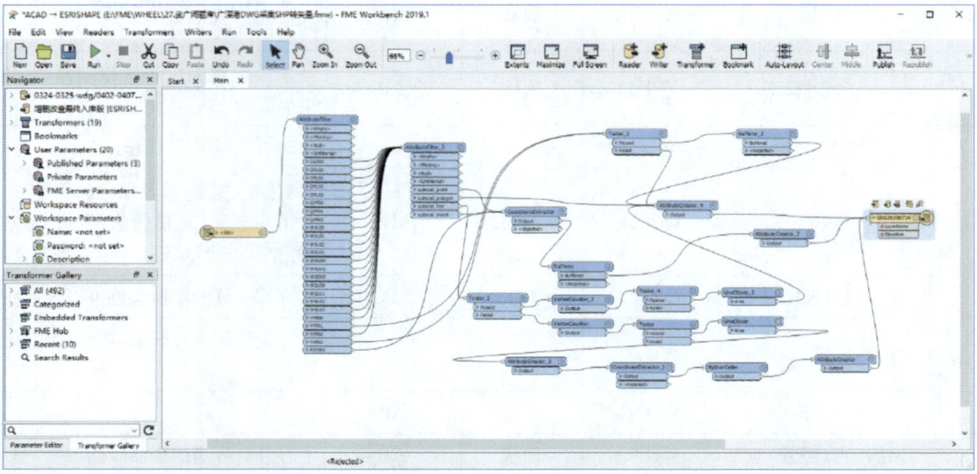

图 11-5　数据库转换示意

(3)数据空间信息计算

通过地理空间分析，结合已掌握的铁路线路成果数据资料，计算各危险源的地理空间信息，具体步骤包括：

①根据里程和空间坐标信息，恢复和计算问题斑块的铁路要素从属信息，包含起始里程、和铁路距离(桥梁段从梁体外延计算，路基段从坡脚计算)、是否位于安保区内。

②根据收集的沿线行政区划信息，自动计算问题的行政区划信息，精确到乡镇一级。

③缓冲区计算，对点状安全隐患和线状问题，统一转换为面状地物图斑，点状地物缓冲为 1 m^2 的正方形，线状地物缓冲区距离取 0.1 m。空间信息计算示意如图 11-6 所示。

(4)既有问题库属性挂接

通过里程定位、综合判视和对比分析的手段，将既有问题库和采集问题库进行两库融合。

①结合影像、线位资料，对当前未销号问题进行查找和分析，匹配采集成果。

②挂接既有数据属性，包括隐患问题描述、整治措施、整治情况等，实现既有问题信息在线查询。

(5)资料成果入库

数据资料成果转换成标准 GDB 数据格式入库，录入监测系统。

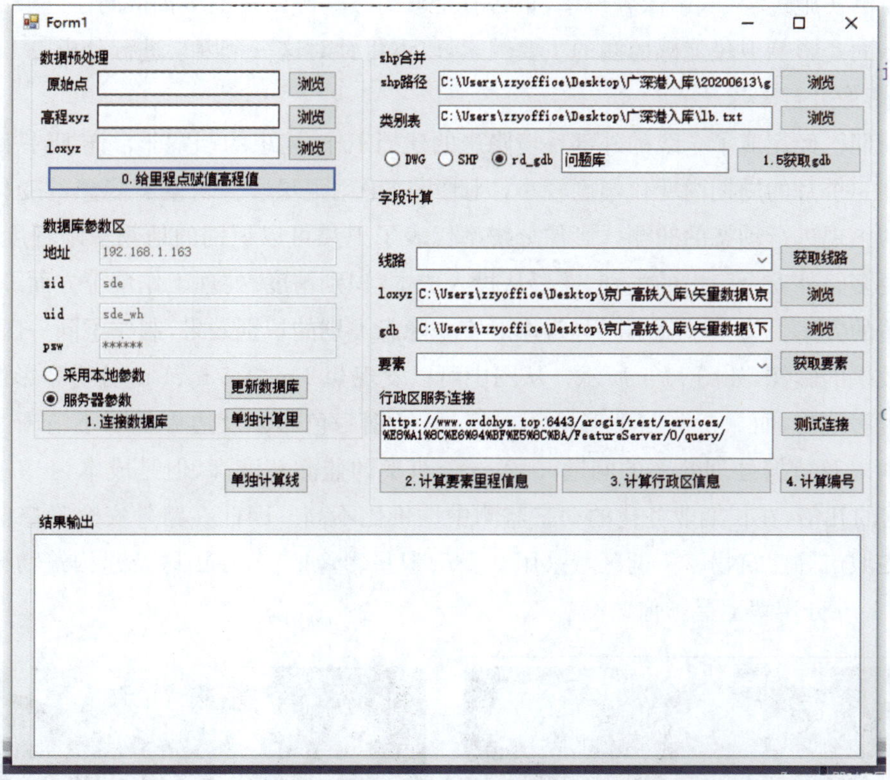

图 11-6　空间信息计算示意

11.3.3　铁路外部风险源建档效果分析

采用基于航空摄影的风险源建档技术，可以实现铁路外部环境的精细化档案库建立工作，解决现有问题库信息不完整、信息错误、信息化水平低等的问题，为铁路外部环境的科学管理提供数据基础。在无需人工干预情形下其完整度可达 95%以上，且精细度、准确度远高于人工巡检，且其余未能检测到目标，主要受影像分辨率限制，随着高精度航飞影像的介入，其漏检率会进一步降低 3%以下，完全满足工务段应用需要。

11.4　基于时序卫星遥感影像的铁路外部环境动态变化监测技术

11.4.1　铁路外部环境变化监测适用卫星遥感影像数据源分析

外部环境隐患的动态监测是铁路局集团公司一线巡检人员的主要工作内容，周期一般为 1 个月，通过周期性的巡检动态监测既有问题的变化情况以及识别新出现的问题隐患。

在动态监测实施过程中，影像分辨率、是否有足够的数据源以及卫星拍摄同一区域的重访频率三个方面是影响卫星遥感监测的主要因素，以下将针对这三个因素进行分析。

（1）影像分辨率

于前期已经完成了全线的外部环境隐患的建档工作，隐患的档案非常详细，铁路沿线外部环境在一个月的周期内变化幅度较小，因此可以采用卫星影像对既有隐患的变化情况和新隐患的出现进行动态的监测。影像分辨率代表了卫星可以识别的地物清晰程度，为了能够实现更多路外安全隐患的类别，需要从投入成本，识别精度、处理工作量等方面综合考虑，选择合适的方案。为了验证不同分辨率对安全隐患类别的识别效果，制作了同一区域，不同分辨率效果的影像，如图 11-7 所示。从图中可以发现 0.2 m、0.5 m、1 m 分辨率影像能够可区分彩钢房地物，而 2 m 分辨率影像相对模糊，彩钢房色彩以及边界显示不清晰。考虑的监测成本以及数据处理效率的问题，0.2 m 分辨率的监测精度高，但是成本为 0.5 m 或者 1 m 数据的几倍，在长期业务化的动态监测中性价比不高。因此在路外安全隐患监测中可以采用在城市等建筑物密集的区域采用 0.5 m 卫星影像监测，在山区及建构筑物稀疏的区域，采用 1 m 分辨率卫星影像监测。

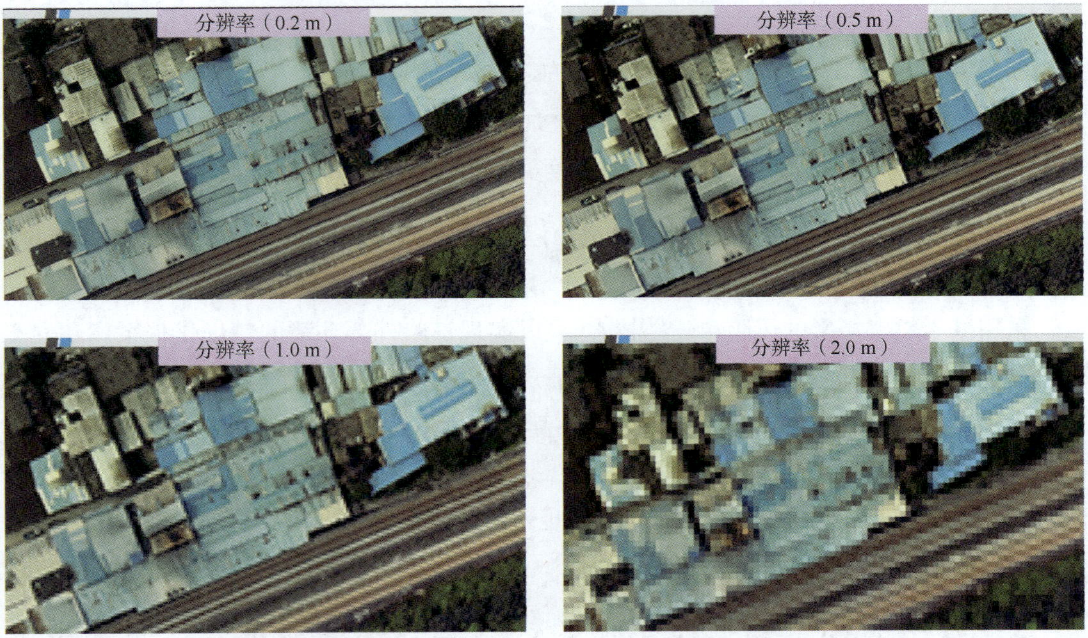

图 11-7　卫星影像分辨率

（2）卫星数据源

采用卫星遥感监测隐患的方式，一般以线路、站段或者铁路局集团公司为单位开展监测工作，项目监测的范围一般较大，单一卫星数据有时无法满足大范围的高频监测，因此需要多颗满足要求的卫星数据通过协同观测的方式，实现监测区域的全覆盖监测。另一方面，卫星遥感动态监测技术一般采用光学遥感卫星，基于 RGB 的纹理信息实现识别监测目标，光学遥感的主要缺点是受云层影响较大，因此同样需要多颗卫星组合的方式实现全覆盖监测。采用高分辨率拍摄时，分辨率越高，卫星单一拍摄的范围较小，因此卫星每次拍摄到铁路上的有效监测范围较少。为了实现多线路、里程较长的铁路路外安全隐患监测，需要多颗卫星协同拍摄，实现全覆盖的监测。目前，全球在轨的商业化卫星中，满足路外安全隐患监测的卫星数据源见表 11-5。从表中可以看出，目前，亚米级的卫星数量可以满足大范围路外环境安全隐患监测的需求。

表 11-5 卫星数量源情况统计表

卫星名称	影像分辨率/m	卫星数量/颗	重访周期/d
GF2	1.0	1	5
GF7	0.8	1	2～3
GeoEye-1	0.5	1	3
WorldView-1/2/3/4	0.5	4	1
SuperView-1	0.5	4	1
Pleiades-1A/B	0.5	4	1

(3)重访周期

目前，路外安全隐患巡检一般需要每个月巡检一次，因此卫星对铁路同一区域的拍摄时间不能小于一个月。由于铁路带状分布的特点，并且受天气环境的影响，单一卫星的拍摄效率不能满足大范围铁路的业务化监测需求。从表 11-5 中可以看出，单一卫星星座的重访时间最高达到 1 d 的频率，通过综合多颗卫星数据，在不考虑天气因素条件下，目前全球商业化卫星可以满足每月一次的监测需求。

11.4.2 铁路外部环境变化卫星遥感监测流程

针对外业巡检效率低、内业判别工作量大的问题，通过开展算法研究、样本数据库构建和平台开发，以实现对安全隐患目标的快速排查，为后续风险评估、监管处置建立了基础。监测技术框架如图 11-8 所示。

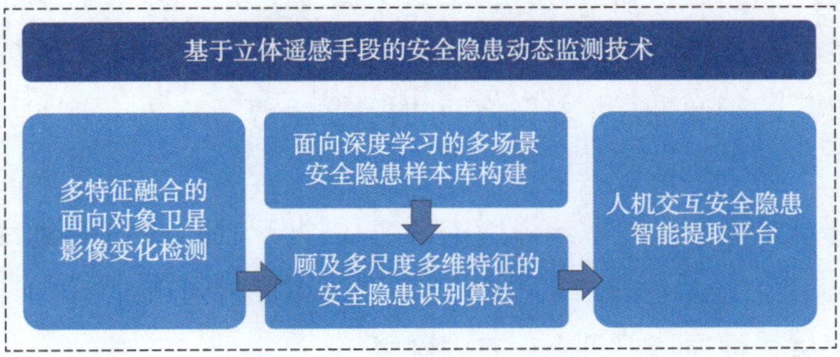

图 11-8 监测技术框架图

其基本思路是利用多源多光谱卫星对地面同一目标进行定期的影像数据获取，经过后续的辐射处理、几何处理、影像融合、基准统一等步骤后，进行比较分析（基于图谱的目标识别、变化检测），获取目标的时序变化情况。经过多源卫星组合进行光学数据获取可满足长大干线1个月甚至0.5月/期的要求频率，在精细建档成果及影像的辅助下，配合使用积累的路外环境风险源解译库，有效发现路外环境风险源的变化情况，解决当前人工排查有遗漏、处置复核缺乏第三方检核手段的问题，实现对路外环境风险源的定期维护更新。

1)监测对象

基于卫星遥感技术对外部环境隐患动态监测的主要类别包括6个大类12个小类，具体见表11-6。

表11-6　动态监测隐患类别

大　类	小　类	监测范围	光学遥感智能识别
违法施工类	取土挖砂挖沟	用地红线	是
	下穿上跨施工		否
开采爆破类	采石采矿	左右侧各1 km	是
违建违占类	违法建筑房屋	用地红线	是
	违法占地		否
	违法经营		否
堆放隐患类	杂物设备堆放	用地红线	否
	弃土弃渣堆放		是
硬漂浮物类	彩钢瓦房	左右侧各500 m	是
轻漂浮物类	防尘网	左右侧各500 m	是
	塑料大棚		是
	地膜		是

2)基本流程

①根据线路走向、监测范围和监测时间点，结合常用高分辨率卫星资源的过境轨迹预测，以监测时间点左右5 d为区间，查询可用数据源并进行数据定制。

②对定制的卫星数据进行辐射、几何校正、全色与多光谱影像融合，并基于既有的基准影像数据对融合后的数据进行几何配准处理。

③对几何配准后的影像进行相邻影像间的拼接、裁剪等工作，得到目标区域真彩色高分辨率影像数据。

④结合既有基准影像和风险源解译库进行变化检测识别，提取变化目标范围及属性信息用于复核入库。

3)基于高分卫星影像进行人机交互室内判视

借助于高分遥感图像处理技术制作的铁路沿线数字正射影像图，结合铁路线位、桥墩、安保区等地理信息，搭建用于巡检人员室内判视野外现场情况的在线巡检系统，作业人员可根据影像分析铁路沿线周边土地利用情况和建筑信息，一方面对既有问题进行复检，另一方面可用于发现新的安全隐患问题，进而可以减少外业巡查工作，提高外部巡检作业的目的性，如图 11-9 所示。

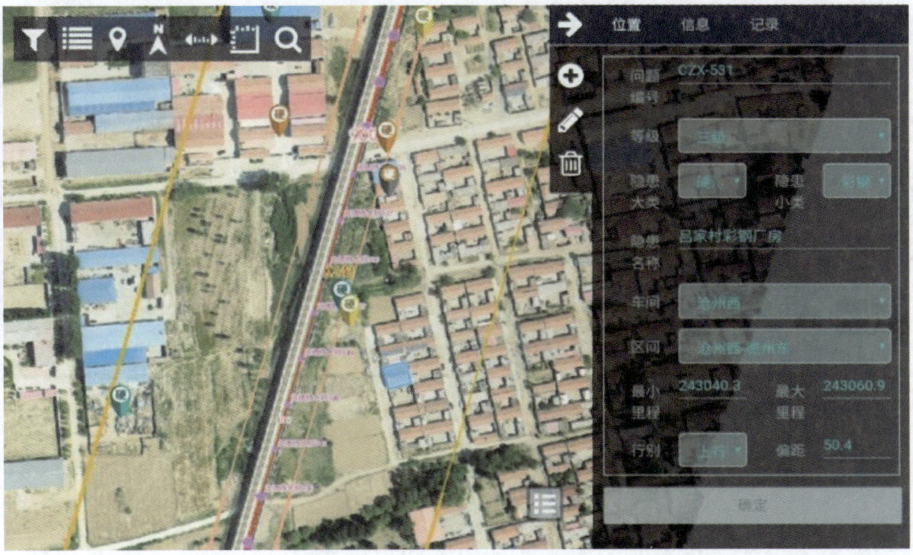

图 11-9　室内判视系统

(1)室内巡检判视主要实现的功能

①卷帘分析：通过两期高精度地理配准的两期不同影像，可以进行问题叠加分析和卷帘查看，通过详细对比视窗范围内地物变化情况，如图 11-10 所示。

图 11-10　卷帘分析功能

②时间轴：通过多期影像数据按照时间顺序进行叠加和放映，可以查看的分析区域内地物信息的历史变迁情况，可为问题的出现和处理查找相关的影像依据，如图 11-11 所示。

图 11-11　时间轴分析功能

（2）基于高分卫星影像监测结果入库和历史问题接入方案研究

在当前铁路运维管理中，铁路局集团公司各下属工务段对各线路均按照国铁集团的要求对线问题进行了整理，在各级环境整治部分均形成了沿线铁路安全问题资源库（以下简称问题库），如图 11-12 所示。

	A	B	D	E	F	G	H	I	J	K	L	M	N	O	P	Q	S	T	U	V	W	X	Y	Z	AA	AB	AC
1		车间不填		车间自行编号，建议车间首字母+序号	隐患详细描述，如XX公司、XX个人房屋等，该列不加里程		只填写（上行、下行、上下行、桥下）	站内信号内不归咱们管理，所以不得出现车站名称，均为XX站-XX站	只填写（左侧、右侧、左右侧、桥下），面向大里程分左右侧	路基/桥梁	xxx.xxx	xxx.xxx	桥名+墩号	不得超出100米	可细化小项类别	大项类别（彩钢板、广告牌、建构筑物、堆物、危险品等），要便于筛选			补全信息					补全信息			
2		ID	所属车间	编号	隐患名称	线名	行别	区间	侧别	线路形式	起点里程	终点里程	墩号	距离	类别	类别1	规模		面积	所处省市	所处地区	所处区县	所处乡镇村或个人	路内/外	整治情况	整治时间	隐患等
5283	JH-479	9951-7392	沧州西	CZX-056	青光镇村委会花园管理处	京沪高铁	下行	廊坊-天津南	左侧	桥梁	108.015	108.047	天津特大桥1234-1235	35	被飘浮物类	彩钢板	3.8×3.8×3.5		14.44	天津市	北辰区	北辰区	青光镇	路外			三级
5284	JH-480	9951-7394	沧州西	CZX-058	青光镇村委会花园管理处	京沪高铁	下行	廊坊-天津南	左侧	桥梁	108.047	108.095	天津特大桥1235-1236	0	被飘浮物类	彩钢板	15×38×4.5		570	天津市	北辰区	北辰区	青光镇	路外			二级
5285	JH-481	9951-7397	沧州西	CZX-061	移动基站小房	京沪高铁	桥下	廊坊-天津南	桥下	桥梁	108.274	108.307	天津特大桥1241-1242	0	被飘浮物类	彩钢板	6.3×4.5×3.5		28.35	天津市	北辰区	北辰区	青光镇	路外			二级
5286	JH-482	9951-7398	沧州西	CZX-062	天津农垦集团红光农场	京沪高铁	下行	廊坊-天津南	左侧	桥梁	108.466	108.728	天津特大桥1247-1255	2	被飘浮物类	彩钢板	250×250×5	合	28.35	天津市	北辰区	北辰区	青光镇	路外			二级
5287	JH-483	9951-7400	沧州西	CZX-064	彩钢小房	京沪高铁	下行	廊坊-天津南	左侧	桥梁	108.564	108.597	天津特大桥1250-1251	2	被飘浮物类	彩钢板	5.6×5.6×4		31.36	天津市	北辰区	北辰区	青光镇	路外			二级
5288	JH-484	9951-7404	沧州西	CZX-066	民房	京沪高铁	下行	廊坊-天津南	左侧	桥梁	110.089	110.154	天津特大桥1299-1301	22	被飘浮物类	彩钢板	100×80×3	合	6000	天津市	北辰区	北辰区	青光镇	路外			三级
5289	JH-485	9951-7406	沧州西	CZX-068	广告牌	京沪高铁	上行	廊坊-天津南	右侧	桥梁	110.563	110.596	天津特大桥1314-1315	30	被飘浮物类	广告牌	5×10×15		50	天津市	北辰区	北辰区	青光镇	路外			三级
5290	JH-486	9951-7407	沧州西	CZX-069	南北北调子牙河北分滗井	京沪高铁	上行	廊坊-天津南	右侧	桥梁	110.563	110.694	天津特大桥1314-1318	16	被飘浮物类	彩钢板	90×80×12	合	7200	天津市	北辰区	北辰区	青光镇	路外			三级
5291	JH-487	9951-7408	沧州西	CZX-070	南北北调子牙河北分滗井水闸	京沪高铁	上行	廊坊-天津南	右侧	桥梁	110.840	110.873	天津特大桥1322-1323	80	被飘浮物类	彩钢板	4×3×8		12	天津市	北辰区	北辰区	青光镇	路外			三级
5292	JH-488	9951-7410	沧州西	CZX-072	移动基站小房	京沪高铁	桥下	廊坊-天津南	桥下	桥梁	111.069	111.102	天津特大桥1329-1330	0	被飘浮物类	彩钢板	6.3×4.5×3.5		28.35	天津市	北辰区	北辰区	青光镇	路外			二级
5293	JH-489	9951-7413	沧州西	CZX-075	南北北调子牙河北分滗井水闸	京沪高铁	上行	廊坊-天津南	右侧	桥梁	111.497	111.519	天津特大桥1343-1344	25	被飘浮物类	彩钢板	4×3×8		12	天津市	西青区	北辰区	青光镇	路外			三级
5294	JH-490	新-0057	沧州西	CZX-077	配电箱	京沪高铁	上行	廊坊-天津南	右侧	桥梁	111.789	111.822	天津特大桥1353-1354	50	被飘浮物类	彩钢板	1×1×2		1	天津市	西青区	西青区	杨柳青镇	路外			三级

图 11-12　运营铁路安全风险问题库（电子资料）

通过将遥感影像巡检系统集成到铁路安全问题监测平台，需要将往期历史数据、问题档案资料进行数据迁移入库，将电子资料转换为平台数据库数据，接入地图信息数据，建立影像资料和既有数据资料的对应关系。具体操作步骤如下：

①既有资料的整理：通过对沿线资料进行归纳和整理，使之符合数据存档的规范要求和

精度，对资料信息进行去重、补全。

②铁路线位数据成果制作：制作监测线路里程标、桥墩和安全保护区等信息，直观在地图进行显示和查询。

③问题位置恢复：对既有问题和研究建筑监测成果依据里程、偏距等信息进行最佳关系匹配，采取人工干预的操作实现既有问题库入库。

入库后变化检测成果和影像数据对比如图 11-13 所示。

图 11-13 入库后变化检测成果和影像数据对比

11.4.3 铁路外部环境变化卫星遥感监测效果分析

以卫星变化监测主导人员巡防巡检工作，可以将原有的盲目性巡检工作转化为靶向精准巡防巡检，提升线路整体巡防巡检效率的同时以北斗高精度定位技术对人员的巡防巡检过程进行严格把控，提升人员巡防巡检的规范化程度，减少因个人原因出现的工作计划完成不到位、工作怠慢等问题，减少铁路运维所需的整体人数，有效降低人员和车辆支出，变原有劳动密集型工作为知识密集型工作，以技防手段促进人防效率提升，以人防手段对技防盲点进行补充，从而达到降本增效的目的。

11.5 基于 GIS 技术的铁路外部环境动态监测管理系统建设

11.5.1 铁路外部环境动态监测管理系统建设需求分析

前期调研发现，从铁路局集团公司与站段管理层级还是车间与工区的作业层级来说，铁路外部环境安全隐患的台账管理仍然以外业纸质记录，内业电子表格上传提交的方式开展。人工电子表格文档的管理方式存在较高的维护和管理成本。数据展示不够直观，存在大量的漏报、重复和信息错误问题。数据更新和上报流程缓慢并且不规范，数据信息的实时共享性和稳健性差。

在外部环境隐患问题处理过程中，依靠人工管理问题处理资料，对外部环境隐患问题处理“一事一档”的问题责任落实情况存在人为因素导致的不确定性，问题处置记录留存归档不完善，发生问题后责任归属不明确，难以对现场情况有清晰的把控。

随着我国高分系列卫星、吉林 1 号星座等高分辨率对地观测系统不断投入使用，我国的对地观测能力得到极大提升，已有多种载荷可获取空间分辨率优于 1 m 的光学遥感图像。基于高分辨率光学遥感图像在城市用地分类以及各项专题信息提取（如城市建筑、道路、植被和垃圾堆放等）等方面已取得显著成效。

随着计算机、遥感技术的发展和遥感数据的丰富，基于人工智能的图像处理技术应运而生。基于高分辨率光学遥感图像和专家知识库可以对高速铁路沿线危险源进行初步排查，自动提取疑似危险源位置，供相关操作人员进行重点巡视，能够有效降低巡视成本、提高踏勘效率、保证危险源提取的准确性，对高速铁路的安全运行管理具有重要意义。

通过高分辨率卫星遥感影像解译技术和地理信息平台建设，可有效解决上述问题，有效提高速铁路路外部环境安全管理作业效率。具体要达到的目标如下：

①首先通过借助于卫星遥感技术能够在室内定期获取铁路监测范围的高分辨率卫星遥感影像，可以监控沿线既有的风险问题，并且及时发现潜在的新增问题，可通对潜在问题进行及时排查和处理，提高外业巡检的目的性和问题处理效率。

②通过开发外业巡检 App，改变传统的外业作业巡检模式，借助先进的测绘技术手段，快速对问题进行填报处理，自动计算和填报一系列地理和几何属性信息，大幅度提高作业效率，实现数据在线回传和信息共享。

③通过研发高速铁路沿线问题检测监测平台，结合地理信息技术的优势采取信息化自动化的数据管理策略，实现全线路外部风险源问题的综合管理，提高作业效率和铁路沿线风险源问题库的科学和规范化管理程度。

通过建立流程化的高速铁路沿线风险源识别和问题管理综合解决方案，为各个铁路局集团公司下属环境、安全管控部门和一线巡检人员的信息填报和问题处理记录工作，以及环境问题管理人员信息管理和上报工作，进而实现全线路安全问题的有效管理和环境整治工作平稳推进。

11.5.2 铁路外部环境动态监测管理系统数据库设计

(1)数据组成

①铁路空间地理信息数据库。主要包含两类数据，分别是铁路要素地理信息数据和铁路外部环境隐患数据。其中第一类数据主要包含铁路精准线位矢量线数据、铁路百米标矢量点数据、铁路安全保护区矢量面数据、铁路周边 100 m 范围矢量面数据等，主要为平台的铁路里程定位服务。第二类数据为本系统的核心数据——铁路外部环境隐患地理空间数

据，以 Ploygon 矢量形式存储，包含有各项属性信息和空间位置信息，其对应的音频、图像等格式的附件以文件格式存储。

②铁路运营管理业务数据库。此类数据为铁路运营管理的业务数据，主要铁路运营单位内部工区、车间、站段的里程划分范围数据，其存储形式为数据库表格。

③铁路周边影像数据库。周期性地制作铁路沿线的高分影像，其存储形 GeoTiff. Image 等格式数据和切片格式。

(2)数据组织方式

①关系型空间数据库。本系统中的铁路空间地理信息数据库和铁路内部管理业务数据库我们采用此方式进行组织，将空间地理信息数据(矢量、栅格、表格等)统一存放在标准的数据管理环境中，具有模块化和高伸缩性的特点，能在最小的资源负荷下对空间数据实现高效检索和分析处理。其中矢量数据以地理数据库形式存储，非矢量表格数据以关系型表格形式存储。

②影像数据组织方式。铁路周边影像数据使用地理数据服务管理软件海量影像管理方案进行管理，以时间节点为最小单元，将同一时间节点的影像数据制作栅格镶嵌数据集，然后使用地理数据服务管理软件进行切片管理，发布为符合 OSG 标准的影像服务(WMS、WMTS)，以供调用。

③文件系统格式。针对本系统中的元数据和铁路外部环境的相关音频、图像文档等文件，我们采用文件格式对其进行存储，主要为 Excel、Word、txt 等文档形式和 JPG、MP3 等多媒体格式。

11.5.3　铁路外部环境动态监测管理系统设计

1)平台架构

系统采用“一服务器——多客户端”运行的模式。将数据库及云计算模块统一存放在服务器端，用户使用 PC 客户端或者移动客户端通过互联网与服务器建立加密通信，由客户端发送相关指令，经服务器解析后完成相关的计算和数据准备，再次通过高速互联网将计算结果和数据回传给客户端，客户端完成数据的解析后进行展示。将数据存放于服务器保证了数据的安全性和私密性，同时将复杂的计算和数据处理流程交由服务器进行也能较大地减轻客户端的压力，减少系统对于客户机的性能需求，使系统的适用性和经济性大大增强。系统架构如图 11-14 所示。

2)硬件配置

整个系统采用服务器客户端模式运行，对于客户机的硬件需求较低，但是仍需满足一定的条件。因为平台的客户端需要分别部署在电脑端和移动端，所以对于二者的硬件要求分别见表 11-7 和表 11-8。

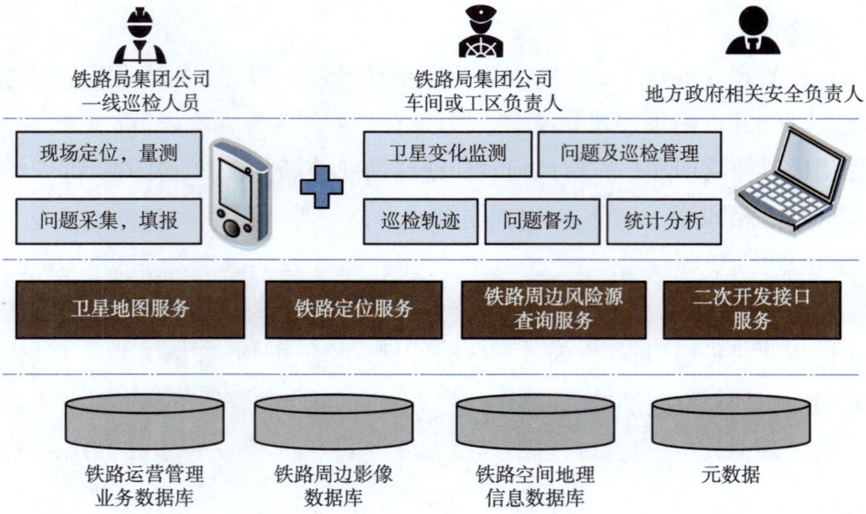

图 11-14　系统架构

表 11-7　PC 端硬件设备

部　　件	最低配置	推　　荐
处理器	双核,2.0 GHz	4 核,2.0 GHz
内存	4 GB　DDR4	16 GB　DDR4
硬盘	256 GB　7 200 转	1 TB　7 200 转
网卡	100 Mbit/s	1 GbE
显卡	集成	独显,显存 1 G 以上

表 11-8　移动端硬件设备

部　　件	最低配置	推　　荐
处理器	高通骁龙 635 或同等配置 CPU	高通骁龙 710 或同等配置 CPU
运行内存	2 GB	6 GB 及以上
内存	32 GB	64 GB 及以上
网络模块	LTE 全网通	LTE 全网通
屏幕	1 920×1 080 分辨率	920×1 080 分辨率
GPS 模块	GPS	GPS+北斗定位
相机模块	500 万像素以上	2 000 万像素

客户端分别运行在 PC 端和移动端。

PC 端的软件需求见表 11-9。

表 11-9　PC 端软件需求

部　件	最低配置	推　荐
操作系统	Windows 7 及以上(不支持 Windows XP)	Windows 10
浏览器	Chrome 浏览器	Chrome 浏览器
办公软件	Office 2007 及以上	Office 2013 及以上
解压缩软件	WinRAR	HaoZip 或 WinRAR
地理数据查看软件	Global Mapper	Global Mapper
安全软件	防火墙及杀毒软件	趋势安全套装

移动端的软件需求见表 11-10。

表 11-10　移动端软件需求

部　件	最低配置	推　荐
操作系统	Android 6.0	Android 8.0 及以上
WebView 环境	Chrome WebView	TBS 腾讯浏览服务

3)网络配置

(1)服务器网络

整个服务器部署完成后,需要接入互联网,为保证传输速度,服务器需要接入网络的带宽不小于 20 Mbit/s,且需要配置固定的公网 IP 地址以便客户端进行访问。网络接入后,需要开放数个端口进行互联网通信,然后申请网络域名并与已申请的 IP 地址进行绑定,之后进行网络备案,申请 SSL 安全证书,完成服务器网络的部署。

(2)客户机网络

客户端的运行也需要在互联网接入的环境下。为保证传输速度,PC 端客户端需要接入网络的带宽不小于 10 Mbit/s。移动端客户端需要通过设备的网络与服务器进行通信,设备需要支持 LTE 4G 网络或者 5G 网络。

4)安全配置

本平台采用图 11-15 所示架构来保证平台的数据安全和系统稳定性。

为保证系统的安全性,我们采取了以下安全措施:

服务器安装了防火墙软件,客户端与服务器通信需要通过防火墙进行。服务器关闭了除客户端通信端口以外所有的其他端口,有效防范了网络的渗透和攻击。服务器配置了专用的加密网络通道,客户端通过 VPN 进行认证后与服务器进行通信。服务器启用了加密的 Https SSL 连接,防止传统的 http 连接造成的信息泄露。

为保证客户机的安全,客户机不存放任何本地数据,且必须安装 Easy VPN 软件,通过认证后才可以访问服务器的相关资源。且系统必须使用特定的用户名和密码登录成功后才可以使用平台的功能，每次软件退出后都会清除相关登录信息，防止设备丢失造成数据的泄露等风险。

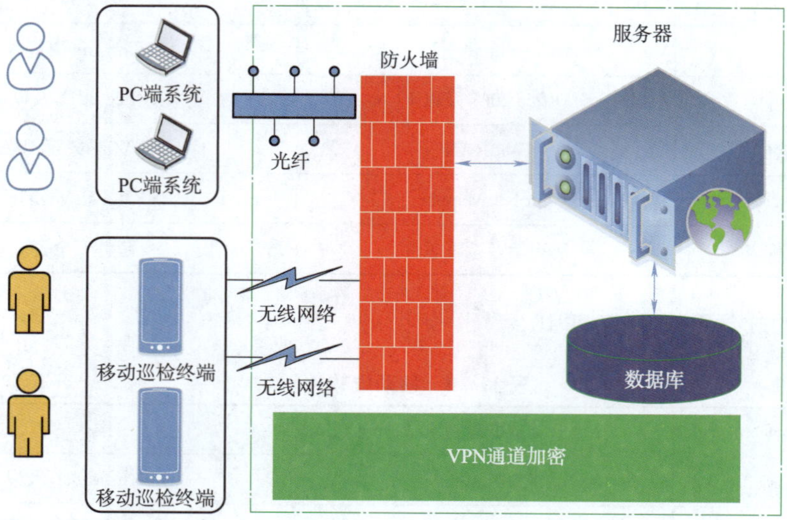

图 11-15　网络架构

11.5.4　铁路外部环境动态监测管理系统主要功能

为实现铁路外部环境的科学有效的管理，研发基于铁路建设期外部环境监测管理平台，实现了铁路建设期的铁路周边隐患深度摸排与整治，系统主要功能包括：

(1)铁路外部环境隐患一张图式浏览、属性信息多维查询和检索(图 11-16)。

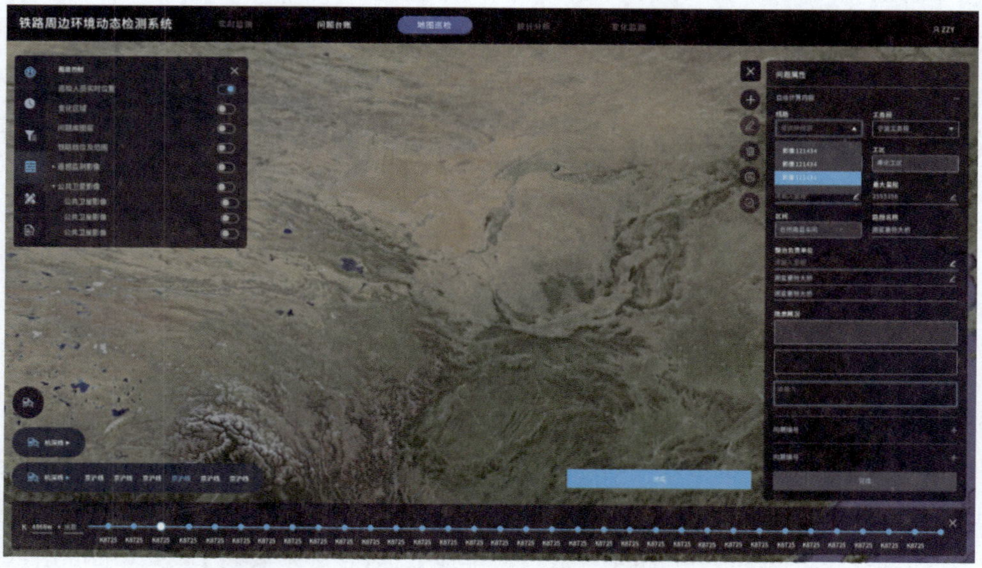

图 11-16　铁路外部环境隐患一张图

(2)铁路外部环境隐患台账及一事一档标准化全自动输出(图 11-17)。

图 11-17　一事一档

(3)融合移动 GIS 技术的铁路外部环境隐患多用户实时协作巡检(图 11-18)。

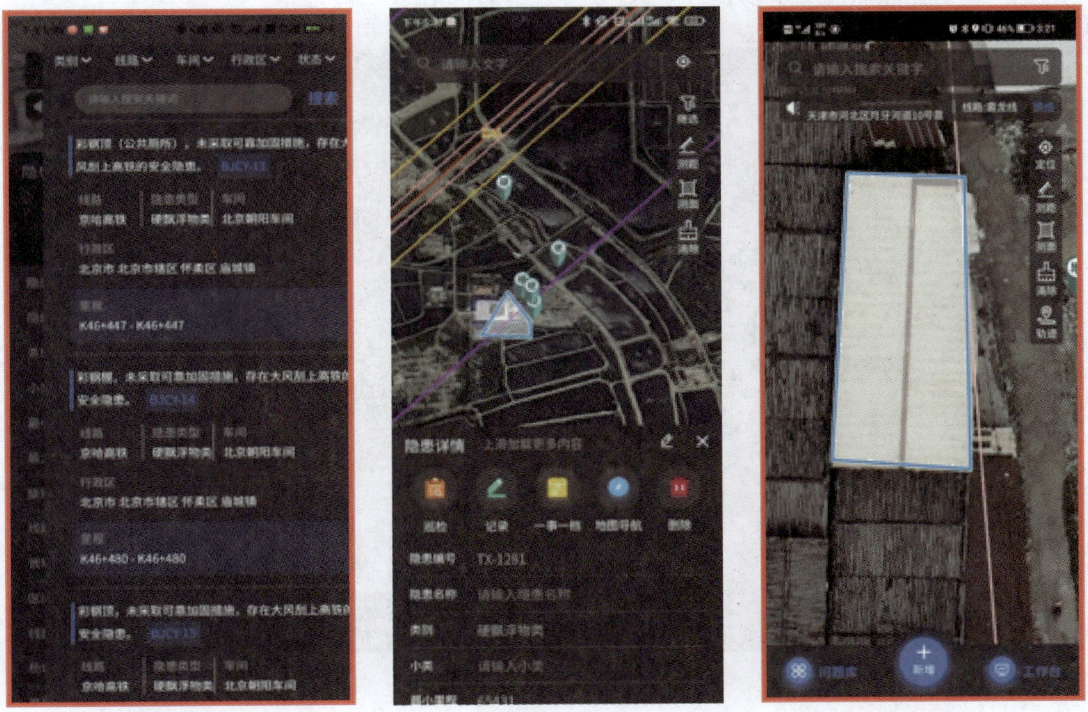

隐患模糊搜索与定位　　隐患巡检与整治　　隐患新增

图 11-18　实时巡检

(4)覆盖“巡检-发现-处置-销号”的铁路外部环境隐患全生命周期管理(图 11-19)。

图 11-19　全生命周期管理

(5)铁路外部环境隐患多角度、深层次统计分析(图 11-20)。

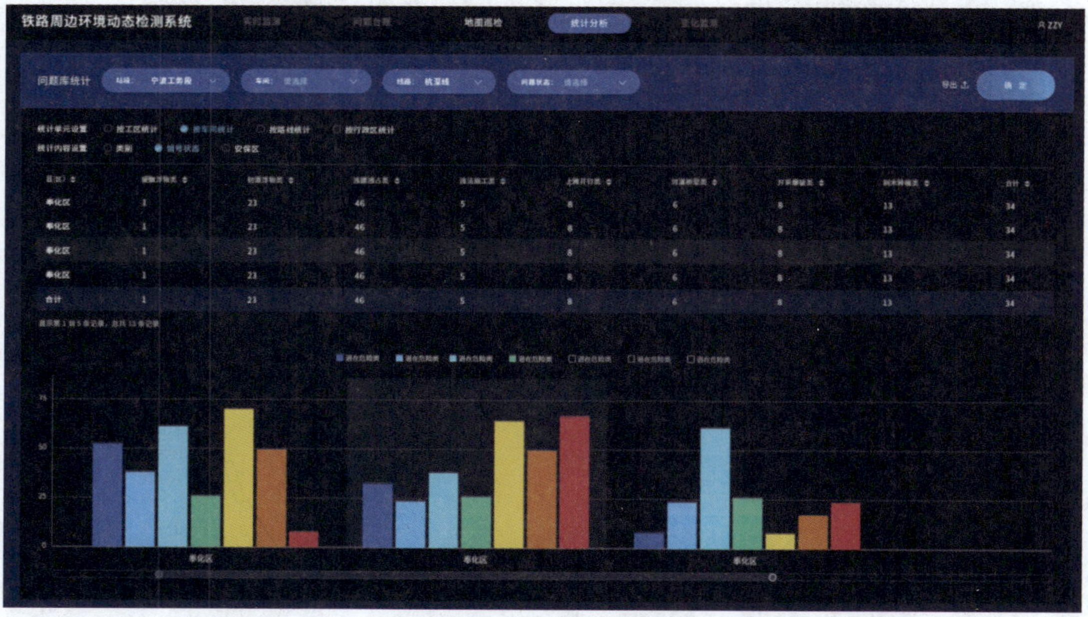

图 11-20　统计分析

(6)铁路沿线高分辨率影像查看及隐患历史影像回溯(图 11-21)。

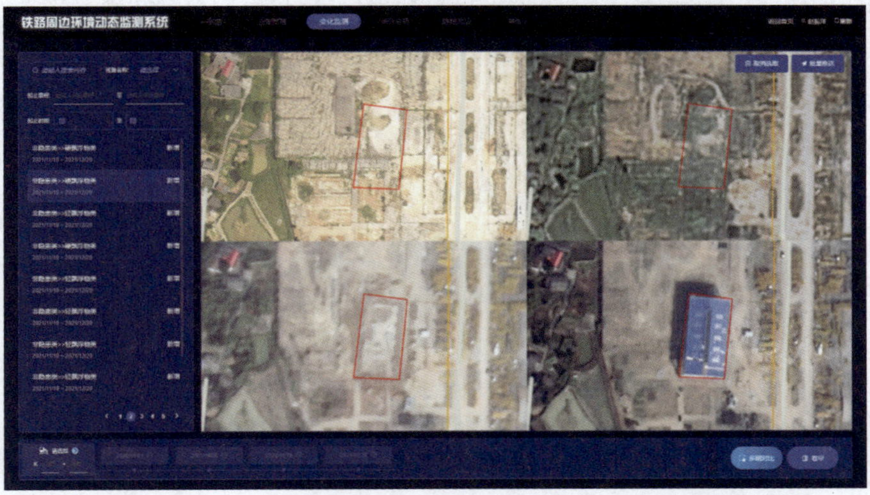

图 11-21　影像回溯

11.5.5　铁路外部环境动态监测管理系统建设经济效益分析

建设涵盖 PC 管理平台和移动巡检 App 的铁路外部环境动态监测管理系统，实现铁路外部环境隐患的“一张图”可视化、台账智能化管理、和智能巡检，解决铁路外部环境隐患内业整理烦琐归档难、人员监管困难、巡检计划落实保障难等问题。

以卫星遥感和 GIS 为特色，建设北本系统，基于卫星遥感构建的 GIS 一张图，建立多源数据融合、多专业多业务协同的面向铁路外部环境管理的铁路大数据底座，实现铁路外部环境安全的动态监测预警、技防＋人防的深度融合、全过程信息化管理、多部门数据互联共享，驱动创新铁路外部环境管理业务流程，为铁路外部环境管理业务的动态、精准和智能管理服务，赋能铁路运维数字化，提升管理效能。系统可以在全路范围内建立铁路外部环境管理工作标准规范，形成国铁集团-铁路局集团公司-站段-车间-工区-地方单位的多级立体铁路外部环境管控体系，进而实现全路系统内的铁路外部环境管理工作平稳推进，降低铁路运营风险，保障人民群众的出行安全，带来巨大的社会效益。

11.6　工 程 案 例

目前本方案已在北京局集团公司、广州局集团公司多条运营铁路中得到深入应用，南昌局集团公司、上海局集团公司、济南局集团公司、南宁局集团公司等多家铁路运营单位进行测试应用，实践证明，本项目结合地理信息技术的优势，采取信息化自动化的数据管理策略，实现了全线铁路外部环境病害隐患的台账快速建立、扫描筛查以及复核处置，形成了人防＋技防＋物防的作业模式，提高了作业效率和铁路外部环境风险的科学和规范化管理水平。

11.6.1 京广高速铁路(广州局管辖段)与广深港高速铁路风险源建档

(1)线路概况

工作范围为京广高速铁路广东段，线路长度共计 296.088 km，监测范围以线路中心线为标准两侧各 200 m 区域(车站区段加宽至站区外边缘外 100 m)。

(2)任务依据及任务范围

京广高速铁路湖南段共 540.985 km 风险源采集与建档；

京广高速铁路广东段共 296.088 km 风险源采集与建档；

广深港高速铁路共计 115.427 km 风险源采集与建档；

全线 0.1 m 分辨率正射影像制作。

(3)主要技术标准

《铁路工程摄影测量规范》(TB 10050—2010)；

《铁路外部环境遥感动态监测作业指导书》；

《京广高铁(广州局管辖段)与广深港高铁风险源建档技术设计书》。

(4)主要工作内容

京广高速铁路广东段全线利用航空摄影技术对沿线彩钢房等危险源进行航拍数据获取，并通过处理分析完成首次建档工作，具体工作内容包括：

①影像数据航拍：利用有人机搭载数码传感器对京广高速铁路广东段全线影像航拍，影像分辨率不低于 0.2 m。

本项目拟采用有人机搭载机载轻型 LiDAR 及专业级航空摄影系统(RIEGL VUX-1LR 激光扫描仪和 1 亿像素 Phase One 相机)获取作业范围内机载 LiDAR 点云及数码影像数据，进而制作项目区 1∶2 000 精度矢量图和正射影像，并开展后续危险源建档应用。

②地面测量：D 级全线控制网收集、航拍地面基站配合、像控点测量、外业调查。

本项目需收集全线控制网资料，经补充测量完成全线 D 级测图控制网搭建工作；在航飞过程中，沿线约 30 km 开展一处地面双基站配合测量工作，满足后期 GNSS/IMU 解算需求；制作全线 0.2 m 的正射影像，作为调查底图，采用自研的电子调绘系统开展野外调绘。

③内业处理分析工作一：航拍数据处理、矢量图采编、DOM 影像图制作。

本项目需在航拍前根据作业范围进行航带设计和外控点布设，航拍完成后需进行地面基站历元解算、GPS/IMU 解算、空三加密、危险源矢量立体采集、矢量图编辑、DOM 制作等工序内容。

④内业处理分析工作二：高速铁路沿线危险源识别、属性建库建档、基于 GIS 的高速铁路沿线危险源管理系统制作。

本项目需利用矢量图和影像图，并结合工务段现有的危险源问题库，进行高速铁路沿线危险源识别，属性挂接危险源位置、危险源建库以及危险源管理系统制作。

⑤内业处理分析工作三：多源卫星遥感影像用于高速铁路沿线危险源识别的试验分析。

(5)任务完成情况

全线风险源建档 952.5 km；全线 DOM 制作 952.5 km；最终提交成果见表 11-11。

表 11-11　风险源建档提交成果

序　号	成果名称	规　格	数　量
1	原始航飞影像数据	硬盘装	1 份
2	航带设计覆盖图	电子文件	1 份
3	项目技术设计书与实施方案	电子文件及纸质	1 套
4	1∶2 000 数字正射影像图	TIF 格式	1 套
5	1∶2 000 危险源矢量图	DWG 格式	1 份
6	项目验收报告	电子扫描文件及纸质	1 份
7	高速铁路沿线危险源数据档案	数据库格式	1 份
8	高速铁路沿线危险源展示与管理系统	客户端软件	1 套
9	存储硬盘(含 2～8 项所有资料)	硬盘装	1 份

京广高速铁路(广州局管辖段)与广深港高速铁路全线风险源建档成果、全线正射影像图成果和铁路风险源管理系统符合技术服务合同要求及相关规范要求，成果反馈意见良好。

11.6.2　京石高速铁路外部环境系统技术服务

利用遥感扫描全线铁路外部环境病害隐患台账建立，以北京到石家庄路段沿线两侧 500 m 内，2021 年 6 月拍摄第一期数据为例，卫星排查隐患 4 531 处，累计标注面积 220 万 m^2。人工排查隐患 388 处，累计标注面积 18 万 m^2。经排查对比后得出卫星检出率在 90%以上，准确率为 95%以上。在北京高铁工务段、北京供电段的应用共计卫星拍摄次数 108 期，覆盖铁路总里程数 20 000 余公里。铁路外部环境病害隐患台账见表 11-12。

表 11-12　铁路外部环境病害隐患台账

铁　路	期　次	单期里程/km	总里程/km
京沪高速铁路	5	35	175
京广高速铁路	27	513	13 851
京包高速铁路	20	300	6 000
崇礼支线	18	52	936
延庆支线	18	9	162
其他	20	10	200
累计	108	901	21 324

该监测方案能准确分析环境隐患、追溯变化过程、高效识别新增问题、实现问题库管理，在冬奥会“挂图作战”中发挥了重要的作用，保障了行车安全。从效果分析，该系统的应用解决了现在外部环境隐患管控的痛点问题，并有降本增效，时效性强，有据可查等突出优势，可预防外部环境灾害的发生。

11.6.3　北京局集团公司高铁工务段铁路外部环境动态监测管理系统应用

自 2020 年 9 月至今，在北京局集团公司高速铁路工务段建设了铁路外部环境动态监测管理系统，目前系统已建设完成外部环境一张图及台账自动化管理，外部环境卫星变化监测，双段长管理及路地对接、外部环境智能巡检、外部环境巡检人员轨迹分析、外部环境多维度统计与分析等模块，高速铁路工务段已全面应用本方案中系统进行全段 10 条高速铁路线路管理工作，覆盖铁路里程数约 1 500 km。目前问题库总数量约 5 200 个(含车间级)，其中初始建库问题库数量为 671 条，新增问题为 4 500 余条，使用本系统销号约 3 100 条，累计巡检次数约为 46 000 次，与路外人员对接次数 1 200 次，获取隐患现场照片 74 000 张，管理工作门、栅栏、油气管道等设备设施 951 套。目前服务段内路内用户 200 人，日均活跃用户数 70 人左右。目前本系统已成为高铁工务段日常业务化运营系统，为铁路外部环境治理工作提供了较大的帮助。

第12章 自然灾害及异物侵限监测技术

随着中国铁路运输事业的快速发展，自然灾害和异物侵限是威胁铁路运维安全的两大重要因素。本章分别从铁路自然灾害监测、异物入侵监测技术两个方面进行了介绍。主要从风、雨、雪、异物入侵等监测内容，监测设备类型及工作原理，各技术的适用性等内容进行了简述。以杭甬高速铁路为例进行了自然灾害及异物侵限监测技术系统应用介绍。

12.1 概　　述

高速铁路自然灾害及异物侵限监测的目标是保障高速铁路列车的安全运行。通过实时采集、监测自然灾害及异物侵限等突发事件，当影响列车安全运行时提前报警或预警，并能根据灾害严重程度，在必要时采取相应的紧急处置措施，实现监测信息的分布获取、集中管理和综合运用，最大限度地避免或减轻因灾害及次生灾害造成的损失。

我国幅员辽阔，高速铁路建设穿越高山、丘陵和各种复杂地形、地貌环境。列车运行速度高达 200 km/h 以上，运行过程中存在各类自然灾害侵袭，轻则导致列车晚点、停运等情况发生，严重时诱发列车脱轨危及旅客人身安全。防灾监测和入侵报警已成为铁路运营安全保障的重要方面。其中自然灾害主要类型包括大风、强降雨、暴雪、地震等类型；异物侵限主要指落石、落物、塌方或其他物体侵入限铁路运营界内，影响行车安全；公路上跨铁路线路或与高速线路平行时，车辆及车载物品翻落侵入限界；站台内旅客或物品跌落至站台下；桥梁墩台受到桥梁、泥石流等目标的意外撞击等。

日、法、德等国家高速铁路防灾体系建设均采用一定的监测技术对高速铁路运行环境的自然灾害及侵限事件进行监测。其中，日本是世界上自然灾害频发的国家，飓风、暴雨、雪、地震等自然灾害对列车运行产生了较大的安全影响。因此，日本铁路运行部门对自然灾害的监测工作十分重视，灾害监测技术研究也走在世界前列。法国高速铁路由于地理位置和气候环境的因素，更侧重于对风、地震和异物侵限灾害的监测。德国高速铁路客货混运、隧道占比高达线路长度的 1/3，主要关注大风和隧道内部灾害的监测。

我国铁路部门一直将保护人民群众的生命财产安全放在首位，建立了完善的高速铁路自然灾害及异物侵限监测系统，为列车高效、稳定运行，降低灾害和侵限事件对铁路运行的影响发挥了至关重要的作用。

随着高速铁路路网规模的不断提升，各铁路局集团公司高速铁路自然灾害及异物侵限监测系统建设均形成了体系化，为便于对防灾系统资源有效整合、管理，通过数据接口的统一实现与路内、外相关系统实现数据层面的共享、互通，按照国铁集团相关规定，各铁路局集团公司正在建设铁路局集团公司级中心监控系统平台，现阶段上海局、北京局等集团公司已完成建设。平台包括 5 个子系统，即风监测子系统、雨量监测子系统、雪深监测子系统、地震监控子系统和异物侵限监控子系统。

12.2 自然灾害监测技术

自然灾害监测主要通过传感器对自然环境状态进行实时的感知，通过构建灾害监测预警系统实现实时预警。自然灾害传感器主要包括风速、风向、雨量、雪深和地震传感器。采用物联网方式实现传感器设备的通信和控制，使用有线/无线方式实现数据的回传。

12.2.1 风速、风向监测

风速传感器主要通过机械和超声波等方式进行风速、风向的测量。具体相关原理如下：

1. 机械式

风向感应器为单板风标。当风标转动时带动七位格雷码盘，每一位装配发光二极管，当风向变化时，光敏二极管就处于导通或截止状态，通过输出对应的格雷码数字可以得到相应的风向信息。

风速监测装置一般由三个半球形或抛物锥形装置组成，壳体固定在互成 120°的三叉形支架上。杯的凹面朝顺时针和逆时针一个方向排列，整个横臂架固定在一根垂直的旋转轴上。在风力作用下杯体受到扭力作用开始旋转，得到与风杯转速成正比的频率信号，进而换算成实际风速值。机械式风速、风向计如图 12-1 所示。

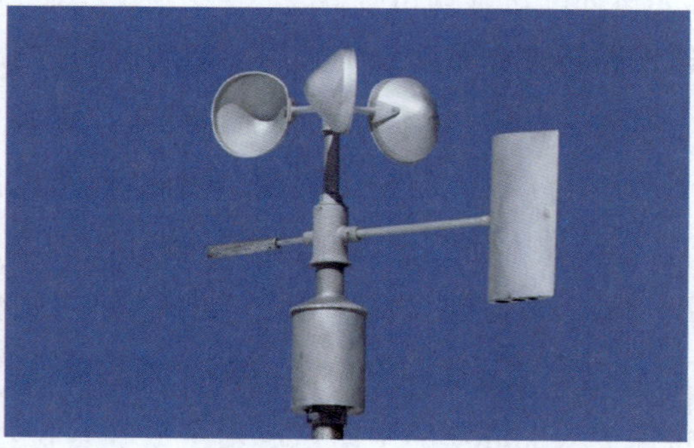

图 12-1　机械式风速、风向计

2. 超声波式

超声波风速测量仪是利用不同风速环境下超声波的传播规律进行制作。若在风场中沿 X 方位平行放置两对超声波传感器，T1、T2 为发射端，R1、R2 为接收端，它们相距为 L，如图 12-2 所示。只要测出某方向上顺、逆风条件下从向发射端施加激励脉冲到接收端收到第一个脉冲时超声传播时间，就可测得到该方向上风速。再根据矢量合成原理，最终可得到总的风速、风向。超声波风速、风向传感器如图 12-3 所示。

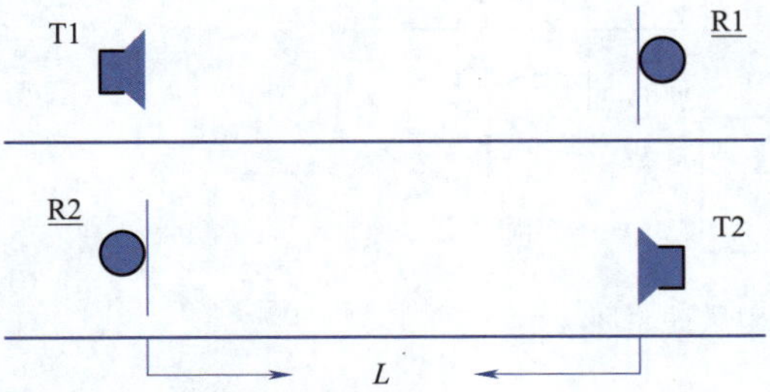

图 12-2　风场中的超声换能器

图 12-3　超声波风速、风向传感器

12.2.2　雨量监测

雨量监测传感器包括流量式、电容式、压电式和红外线式，具体相关工作原理如下：

1. 流量式

流量式雨量计是通过流量监测器件计算水的流量进而转换成降雨量，如图 12-4 所示。S1/S2/S3 为流量监测电极板，S1 与 S2 间隔距离较近，小雨量时 T1 先导通，J1 吸合，雨刮低速转动；S1 与 S3 距离较远，大雨量时 T2 先导通，J2 继电器吸合，常开触点接通，雨刮电机高速转动。

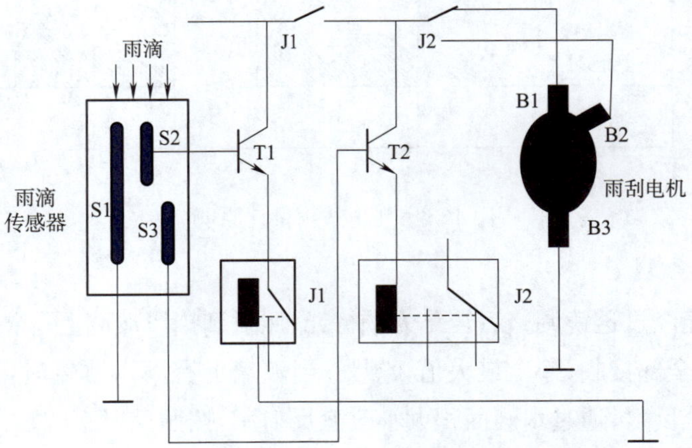

图 12-4　流量式雨量计原理

2. 电容式

电容式雨量计是通过测量雨水改变静电容的情况间接测定降雨量，如图 12-5 所示。静电面积 S 和电极间隔 d 不变情况下，电容 C 只由介电系数 ε 决定，因水和空气的介电系数 ε 差异，电容随水滴的大小而变，通过静电容的变化计算雨量。

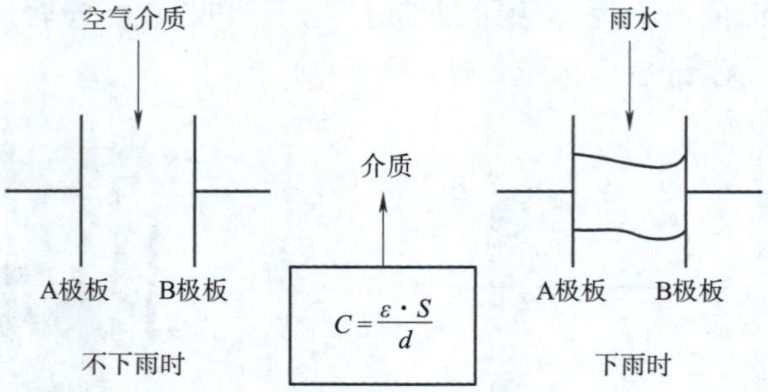

图 12-5　电容式雨量计原理

3. 压电式

压电振子的雨量传感器是利用压电效应将机械位移转变成电信号，如图 12-6 所示。压电振子受到雨滴的冲击，按照雨滴的强弱和雨量做振动。

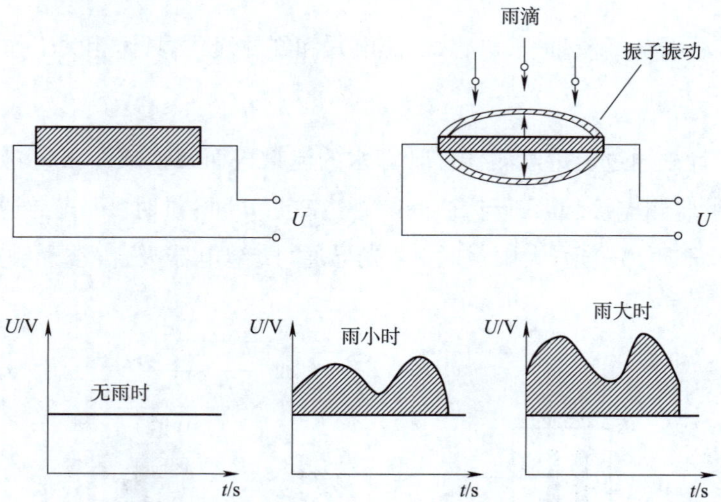

图 12-6　压电式雨量计原理

4. 红外线式

二极管发出光经过透镜调整后转化为平行光，照射到挡风玻璃上；当玻璃干燥时光线反射，并被接收器件全部接收，输出最大值 100%；当玻璃上有雨水覆盖时，由于折射率改变，光线将不能发生全反射，通过水滴面积大小改变反射率，按照反射率的数值能够计算出降雨量。红外线式雨量计如图 12-7 所示。

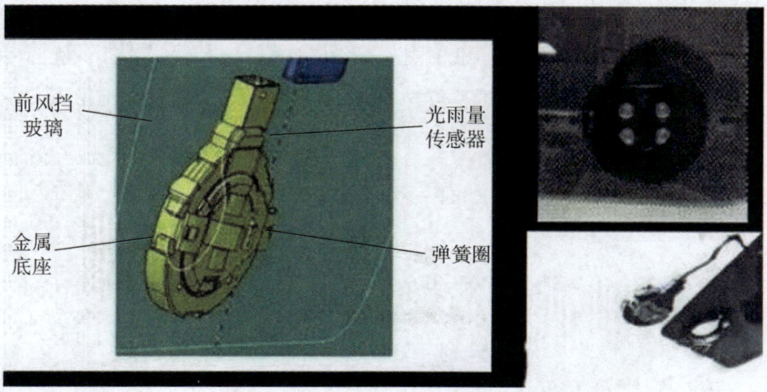

图 12-7　红外线式雨量计原理

12.2.3　雪深监测

超声波雪深传感器一般利用 50 kHz 超声波进行测距，通过超声波脉冲发射和返回时长间接进行雪深测量，如图 12-8 所示。超声波受环境温度影响较大，一般通过温度传感器开展温度校正，减少环境因素对声波测量产生的影响，保障雪深观测精度。超声波传播速度环境温度修正公式为

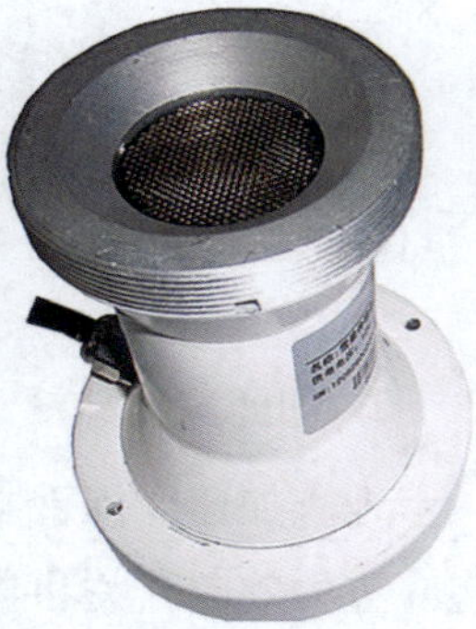

图 12-8　超声波雪深探测仪

$$V=331.4\left(\frac{T_a+273.15}{273.15}\right)^{1/2} \tag{12-1}$$

式中　V——超声波传播速度；

T_a——环境温度值。

雪深的测量原理公式为

$$S_D=H-D \tag{12-2}$$

$$D=D_R\left(\frac{T_a+273.15}{273.15}\right)^{1/2} \tag{12-3}$$

式中　S_D——最终测量的积雪深度；

H——雪深传感器未进行改正之前的距离；

D——温度环境影响值；

D_R——雪深传感器到雪面的动态测量值；

T_a——环境温度值。

12.2.4　地震监测

1. 光栅位移传感器

光栅位移传感器利用光栅原理开展测量的仪器装置，如图 12-9 所示。其工作原理是由

主光栅即标尺光栅和副光栅即指示光栅进行相对运动时，在光的干涉与衍射共同作用下产生黑白相间规则条纹（莫尔条纹）。经过光电器件转换成正弦波变化的电信号，经过信号放大器和整形电路后，得到相差为90°的正弦波或方波，通过示波器进行显示。

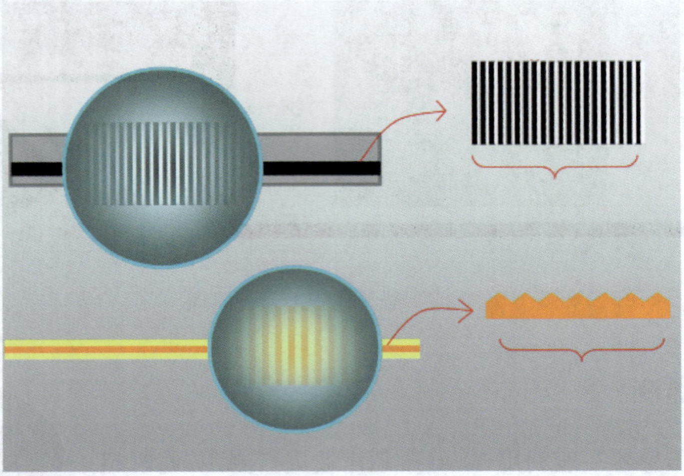

图 12-9 光栅位移原理

2. 加速度传感器

地震加速度传感器是通过测量地表加速度间接进行地震波测量的一种传感器。其一般包含重力效应开关和悬挂式系统，在地震波作用下会产生加速度位移。这个位移会被检测并转换为电信号，进而测量出加速度大小。地震加速度传感器有流体阻尼式和电感式等类型。流体阻尼式地震加速度传感器采用液体阻尼的悬挂系统，分为线性变送器和非线性变送器，通过检测液体在地震波作用下位移来测量加速度。流体阻尼式传感器具有灵敏度高和测量范围大的特性，但其液体受到温度变化影响较大。电感式传感器采用磁性材料来检测地震波的加速度。通过检测磁性材料在地震波作用下的位移来测量加速度。电感式传感器具有高线性和耐高温等特性，但其灵敏度低和检测范围有限。

3. 倾角传感器

倾角传感器根据工作原理的不同可分为“液体摆”式、“固体摆”式和“气体摆”式三种，但这三种倾角传感器都是基于牛顿第二定律的基本理论来完成的。牛顿第二定律告诉我们，我们无法在一个系统内部对速度进行测量，但我们可以对其加速度进行测量，在初速度已知的情况下，可以通过积分的方法得出线速度，进而求得其直线位移，因此倾角传感器实际上是一种利用惯性原理的加速度传感器。而当倾角传感器处于静止状态时，它只受重力的作用，因此其重力垂直轴与传感器灵敏轴间的夹角便为所求倾角。

12.3　异物侵限监测技术

异物侵限监测技术手段现阶段主要包括智能视频监控、电子围栏、分布式振动光纤和地基雷达系统，相关技术内容如下。

12.3.1　智能视频监控

目前，铁路综合视频监控作为保障铁路运营的重要技术手段得到广泛应用。视频监控系统的应用一般采用人员进行目视监测，系统不能主动检测到危险事故发生和事故类型的辨别。对于系统产生的数以万计视频资料而言，运维工程师没有足够的精力开展实时判识，只能依靠事后查阅监控数据进行应用。

自 20 世纪 90 年代，国内外研究人员开始基于监控视频的智能化识别开展研究。美国沃尔皮运输系统中心研发完成具备预警和入侵识别功能的铁路入侵自动检测系统。国内方面，宗文杰等人提出基于图像处理的智能图像处理算法，通过目标检测和目标跟踪等算法实现在隧道路口车辆和行人有效识别。现阶段，我国高速铁路智能视频监控已初具规模，具体应用情况如下。

1. 监控设备技术参数要求

根据不同线路等级确定重点区域和目标实现昼夜连续全面覆盖监视，主要设备技术要求如下：

①图像分辨率：不低于 200 万像素，可实现不低于 1 080 P 清晰度录像。

②区间采用长焦激光摄像机，相机焦距应不小于 750 mm。

③每个杆下应补充安装 1 台红外球机，监测铁塔下区间线路的覆盖盲区。

④激光摄像机和红外球形摄像机应具备云台控制和光学防抖功能。

2. 不同时速技术方案

(1)时速 350 km 线路方案

对于时速 350 km 高速铁路线路，需实现线路区间昼夜监视全覆盖，具备全线自动或人工视频巡视功能。在现有 GSM-R 铁塔上 750 mm 长距摄像机视频监控布设密度基础上采用中短距摄像机加密覆盖，在双侧接触网杆距轨面高度 2 m 处上每隔 400 m 安装 1 台摄像机实现昼夜覆盖距离 200 m 的监视效果，如图 12-10 所示。

(2)时速 250 km 线路方案

对于时速 250 km 高速铁路线路实现自动或人工的全线范围内昼夜视频巡视。利用 GSM-R 铁塔安装的 750 mm 长距摄像机实现全线自动或人工视频巡视，每个塔上安装 1 个

360°红外球形摄像机，有效解决塔位附近视频盲区，如图 12-11 所示。

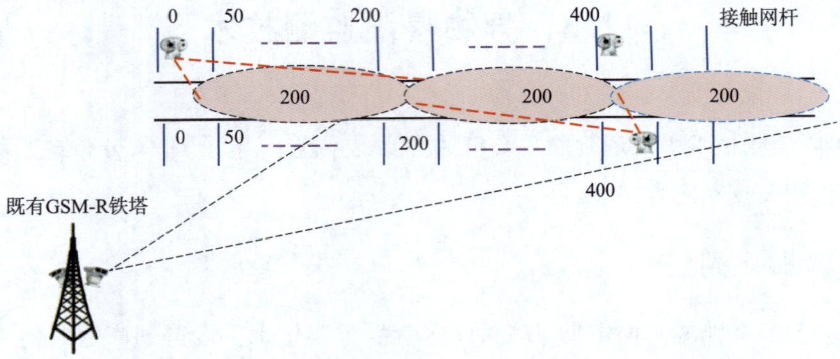

图 12-10 时速 350 km 高速铁路线路视频监控布设方案(单位:m)

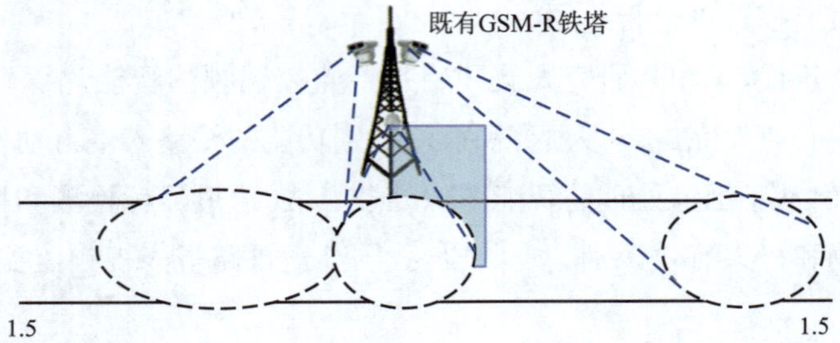

图 12-11 时速 250 km 高速铁路线路视频监控布设方案(单位:m)

3. 智能化监控算法

智能视频监控是计算机视觉领域研究方向之一，其主要目的是通过将大量图像资料经过计算机智能分析获取运动目标的相关信息。通俗地说，智能监控技术是通过计算机对监测的视频信息或图像画面进行运算处理和分析，从而识别、分析、跟踪视频图像中的相关目标，让监控系统像人的大脑一样理解图像和视频中的有关目标信息。视频监控中所提及的智能是指其能进行自动地分析和处理，并分离提取视频序列中的有价值的信息。

传统的目标检测方法主要使用方向梯度直方图(HOG)、尺度不变特征变换(SIFT)特征对滑动窗口进行判别，主要代表方法为部位形变模型(DPM) 及其扩展。由于滑动窗口需要大量地计算开销，基于候选窗口的目标检测方法后来居上，目前较通用的候选窗口产生方法包括选择提取(Selective Search)、边缘窗口(Edge-Box)等。

随着深度学习的发展，深度卷积神经网络迅速应用到计算机视觉的每个领域，相较传统方法取得了比较大的进步。深度卷积网络主要通过权值共享策略将网络的层次不断加深，使网络具有更强的解析能力。ImageNet、COCO 等大规模图像数据库的建立极大促进深度网络的发展。在目标检测方面，基于区域的卷积神经网络(RCNN)成功连接目标检测与深度卷积网络，将目标检测的准确率提升到一个新的层次。RCNN 由 3 个独立的步骤组成：

产生候选窗口、特征提取、SVM 分类及窗口回归。RCNN 主要采用 Selective Search 的方法产生许多候选窗口。随后将所有产生的候选窗口一次送入深度网络提取特征。最后训练 SVM 分类器对所有候选窗口进行分类及窗口回归。

更快地基于区域的卷积神经网络(Faster-RCNN)利用候选窗口网络(RPN) 产生候选窗口,利用与 Fast-RCNN 相同的结构进行分类及窗口回归,RPN 和 Fast-RCNN 共享主要的深度网络。Faster-RCNN 将目标检测合成一个统一的深度网络框架。基于区域的全卷积网络(RFCN)在此基础之上进行进一步改进,分析发现感兴趣区域(region of interest, ROI) 池化后的网络层不再具有平移不变性,并且 ROI 池化后层数的多少会直接影响检测效率。因此,RFCN 设计位置敏感的 ROI 池化层,直接对此池化之后的结果进行判别,大幅提升检测效率。YOLO(you only look one)与 SSD(single shot multibox detector)的提出旨在提升目标检测的检测效率,试图使目标检测达到实时检测的程度。特别地,SSD 能在提升目标检测效率的同时保持检测精度,是在检测精度与检测效率上双赢的算法,相关效果如图 12-12 所示。

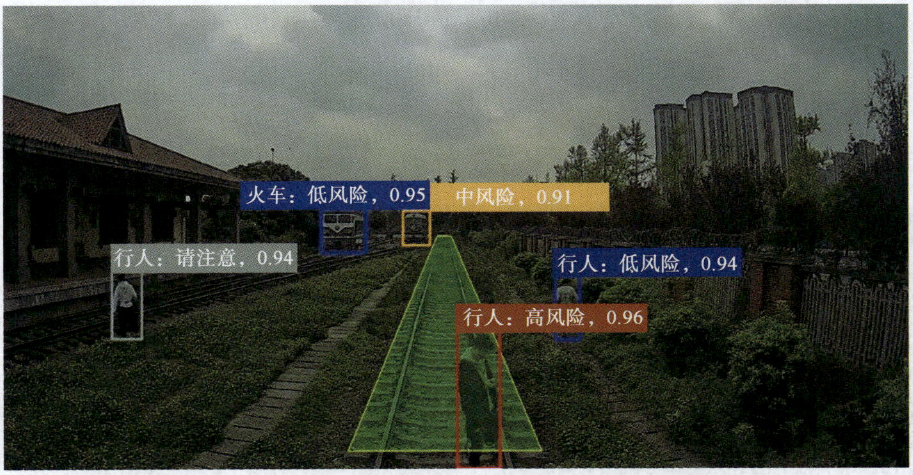

图 12-12 基于 YOLO 的监控视频目标识别算法

基于视频的目标检测任务相比于静态图像的目标检测任务,目标的外观、形状、尺度等属性会随着目标的运动发生变化,在检测过程中如何保持时间顺序上目标的一致性从而不会使目标在中间某帧丢失,这是视频目标检测任务的主要难点。由于视频比静态图像多了一个时间维度上的信息,所以很多视频目标检测算法利用该信息来增强检测性能。

4. 监控范围和监控目标

铁路视频监控范围主要针对高速铁路的路基地段、长大桥梁的桥头和桥梁应急疏散通道、长大隧道出入口、车站、市区村镇市场及学校等人员密集易发生闲杂人员入网问题的区段、与普速铁路、公路并行且机动车有闯入铁路限界风险地段、易产生漂浮物上道地段、邻近危化品生成、存储场所的高速铁路地段。

12.3.2 电子围栏

电子围栏作为铁路入侵识别重点技术手段，其具有识别可靠性高，受天气影响小等特性，适用于穿越人员密集铁路城区、野生动物高频出没的路基段落布设，其主要应用情况如下。

1. 电子围栏分类及原理

电子围栏系统是目前较为有效的周界入侵报警装备，由主机和探测围栏组成，是一种主动入侵防御围栏，能有效识别入侵者，延迟入侵事件，不会威胁人的生命。电子围栏可分为脉冲式电子围栏、红外探测电子围栏、张力式电子围栏、振动式电子围栏、埋地式感应设备。其中，脉冲式电子围栏在铁路系统被广泛应用。

(1)脉冲式电子围栏

脉冲式电子围栏(图 12-13)主要由脉冲发射主机和电子围栏两部分组成。脉冲主机通过发射端口将发射高压低频正脉冲和高压负压脉冲到电子围栏，在电子围栏上形成回路后将脉冲信号送回到脉冲主机接收端口。当入侵目标攀爬、扯断电子围栏造成回路开路，或者在翻越过程中同时碰触两根平行且相邻的电子围栏导线，造成回路短路时，便会触发报警。

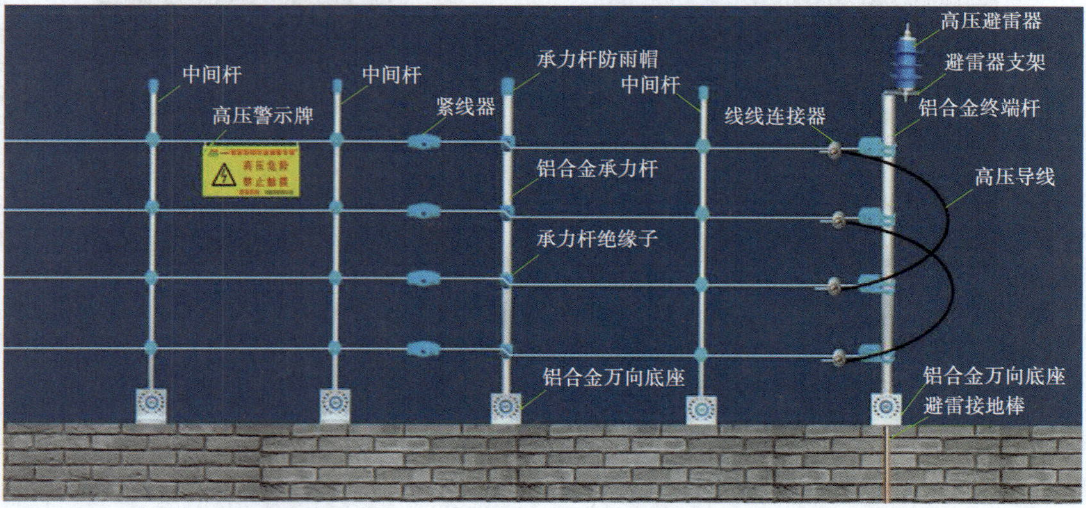

图 12-13 脉冲式电子围栏

该技术优势具有一定威慑作用，属于主动防御型周界入侵报警装置，并且误报率极低；缺点是在围栏电网能量控制上，虽采取脉冲式电压，即高电压、低能量，不会致人伤亡，但其安装、使用过程要求较为苛刻，易发生安全风险。此外，电子围栏外观由多根金属导线构成，场景融入度不足，不够美观；电网的高压脉冲辐射会对无线信号的传输产生干扰。

(2)红外探测电子围栏

红外探测电子围栏(图 12-14)的应用也较为成熟,由发射端和接收端共同组成对射光束单元,通过发射端发射多条平行红外线,终被接收端所接收,形成周界防御虚拟围栏面。当入侵者通过监测边界时,红外线光束因遮盖被中断,接收端无法收到光源,触发报警事件。红外探测电子围栏系统虽然具有设备轻巧,安装简单,外观大方,隐蔽性高,施工造价低等优点。但是由于技术特性限制,其仅适用于较为规则边界防御中开展应用,其灵敏度高,易受到其他非真实入侵目标的干扰。

图 12-14　红外探测电子围栏

(3)张力式电子围栏技术

张力式电子围栏(图 12-15)是一种新型的周界入侵报警装备,其由张力探测器、控制器、钢丝围栏、支撑杆体和线缆等部分组成。探测器和控制器共同协作完成报警事件,控制器将入侵目标引起的张力改变转换成电信号,由探测器向入侵目标发出报警信号信息。这种技术虽然能将入侵事件精准到每一根张力线缆上。但其收到环境温度因素影响太大,鸟类的短暂的停留等也会产生钢丝的张力值,产生误报。

2. 适用范围

结合高速铁路沿线重要设备、设施的安保防御及铁路运营安全的综合需要。一般在高速铁路路基区段、桥墩高度小于 3 m 的桥梁段及桥梁紧急救援通道,动车所、牵引变电所,车站站台端头及通信基站等区段设置周界入侵电子围栏装置用于监测入侵行为。通过互联网将入侵信息及时、准确地发送给铁路管辖范围内工务、公安部门,综合利用物防和人防等手段解决沿线非法入侵事件,提升铁路系统安全运行保障水平。

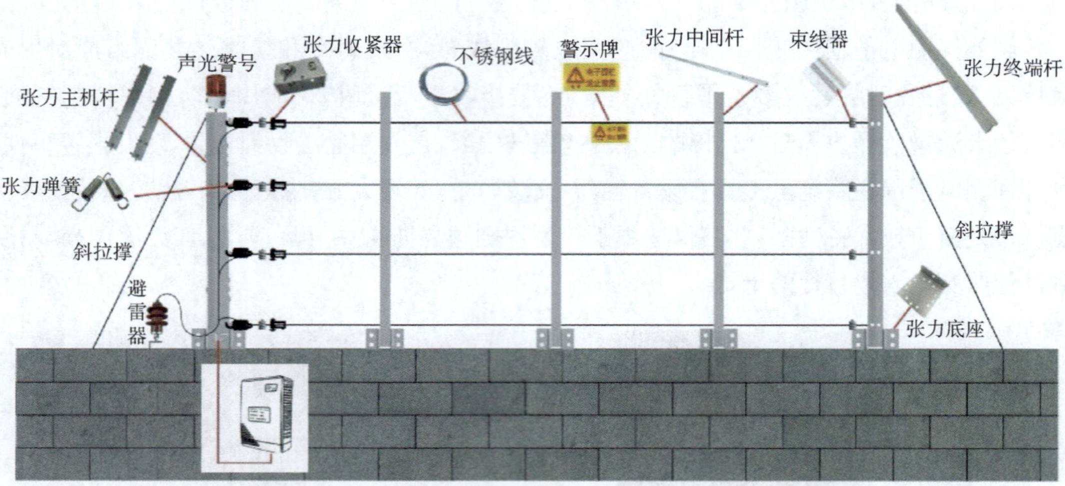

图 12-15 张力式电子围栏

12.3.3 分布式振动光纤

在周界入侵防御领域，传统采用智能监控视频、电子围栏等传感技术来对入侵人员、动物、物品进行检测。但这些检测技术对于区域供电和设备维护提出了很高的要求，不适用于大范围布设和应用。尤其高速铁路线路途经大范围山区，供电、通信，设备的布设存在较大难度。分布式振动光纤传感器针对铁路周界这种大范围、复杂环境下的入侵行为监测具有明显的优势。光纤自身具有柔软、可盘旋布设的特性可以适应空间较小的场景的布设，其抗腐蚀、抗电磁干扰强、防水等特性，适用于电磁干扰和腐蚀性较强的环境中布设；其信号传输距离长、损耗低、只需控制模块一端供电，这些特点适合复杂环境下的长距离监测应用需求。

1. 技术原理

分布式振动光纤传感技术基于瑞利散射原理，瑞利散射光频率与入射光相同，能量大约是入射光的千分之一，是散射波中能量最大的，瑞利散射波对振动极为敏感，如图 12-16 所示。

外界的任何振动波包括声波都会造成光纤内玻璃晶格产生一定的影响，形成同频振动；以一定强度的入射光进入光纤后，会收到约千分之一的瑞利散射回波，这些回波夹杂着晶格振动信息一起反馈回来；对这些信息解调后转换为数字信号，经过降噪、解析、还原等一系列算法，利用区域振动信息进行分析，确定振动位置和事件类型。

分布式振动光纤监测系统(图 12-17)，包括发射模块、信号放大模块、信号采集卡、信号分析模块、上位机、参考光纤和模式识别模块。信号采集卡分别与参考光纤和信号放大模块连接；信号放大模块与数据采集卡连接；上位机分别与数据采集卡和参考光纤连接；信号分析模块和上位机连接；模式识别模块与信号分析模块连接。

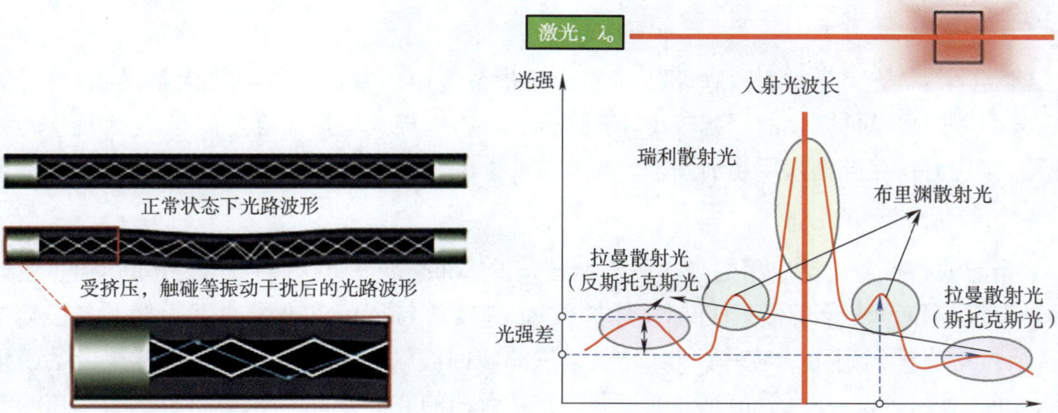

图 12-16　振动光纤原理

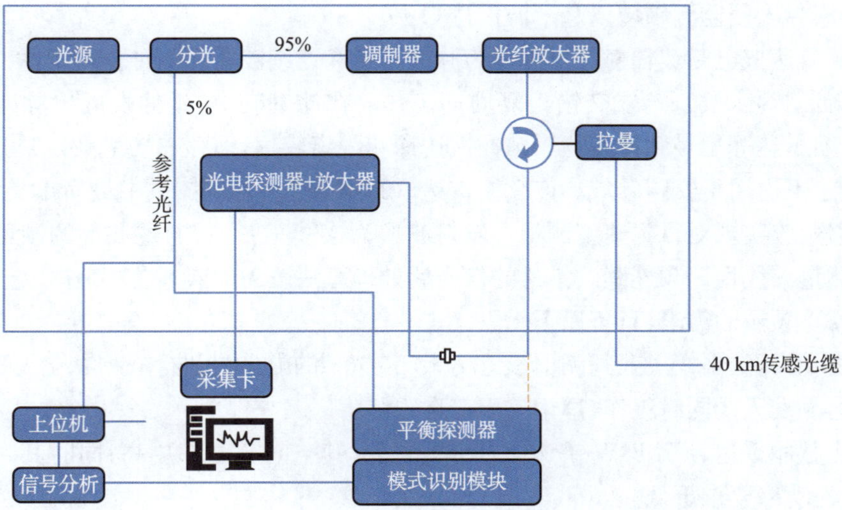

图 12-17　分布式光纤振动监测系统

2. 适用范围

系统可布设于车站、公铁并行段等重点区域应用于人员攀爬、车辆入侵识别，布设于复杂地形环境下的隧道洞口和高边坡区域用于山体滑坡和落石入侵的实时识别，如图 12-18 所示。对入侵识别的主要感染来源于风雨和列车通过时的振动干扰。主要通过 k-means、卡尔曼滤波算法实现对干扰噪声的处理，通过机器学习或深度学习分类算法对入侵事件进行识别。

图 12-18　隧道洞口与高边坡区域布设

12.3.4 雷　　达

近年来，激光雷达被引入铁路线路安全防护系统中。雷达具有一些优点，例如面对天气、光照等外界条件变化的干扰较小，有很好的适应性，极大地提高检测精度，能实现主动的探测，实现对铁路异物入侵超前预警。

1. 雷达分类和原理

当前铁路行业广泛应用的雷达主要为激光雷达和毫米波雷达两种。激光雷达通过发射激光束，根据激光点云来探测目标物体的位置、速度等特征值。毫米波雷达基于多普勒效应，通过对目标发射电磁波并接收回波，通过测定回波频率可以间接计算目标至设备的距离、径向速度、方位、高度等信息。通过调整雷达天线的装置分布可形成大角度、长距离探测区域。激光雷达的优点是其探测分辨率更高，可获取远超毫米波雷达的数据量，实现入侵小目标的精确探测。毫米波雷达的优点体现在抗干扰性较强、探测距离更远、成本较低。现阶段，应用于周界入侵监测领域以毫米波雷达为主。

毫米波雷达按电磁波辐射特点可分为脉冲雷达和连续波雷达两种。简单脉冲雷达发射的波形为矩形脉冲，按一定或交错重复周期工作。在此基础上，延伸发展出脉冲多普勒雷达、脉冲压缩雷达等型号脉冲雷达。脉冲雷达探测距离较远，但存在功率高，结构复杂，近距盲区等缺点，不适用于安防领域。连续波雷达（LFMCW）是雷达体系中最简单类型，其利用多普勒频移效应实现对目标速度测量。发射波形为连续正弦波，通过波形调制可实现对目标距离的测量。线性调频连续波雷达的信号后处理算法较为成熟，硬件制作工艺也较低，更适合铁路安防领域的需求，具备以下优点：

①雷达可以穿透雨、雪进行探测，不受恶劣天气与光照的影响，能进行全天时、全天候的探测。

②雷达收发天线同时工作，理论上不存在观测盲区。

③相比脉冲雷达，LFMCW 雷达信号带宽更大，其空间分辨率更高；同时其时宽带宽积更大，对发射功率要求更低。

④同等带宽条件下，LFMCW 雷达灵敏度比脉冲雷达高，其抗干扰能力更强。

⑤由于 LFMCW 雷达简化了雷达系统射频部分的结构，瞬时功耗低，整体结构更为简单，大幅度降低了设备成本。

一般情况下采用雷达空间感知与视频协同技术，有效融合雷达与视频感知结果，构建从雷达探测到视频复核的双重研判机制；通过抽取雷达定位信息与视频视场角度，建立二者之间的关联关系，形成雷达空间感知信息与视频感知图像的跟踪协同与系统联动，实时跟踪确认目标移动位置。在此过程中，通过对比雷达坐标与视频视场角，自动校对二者感知目标偏差，自动调整匹配关联偏差，从而提升目标协同跟踪的准确性，降低系统误报率。雷达与视频融合装备如图 12-19 所示。

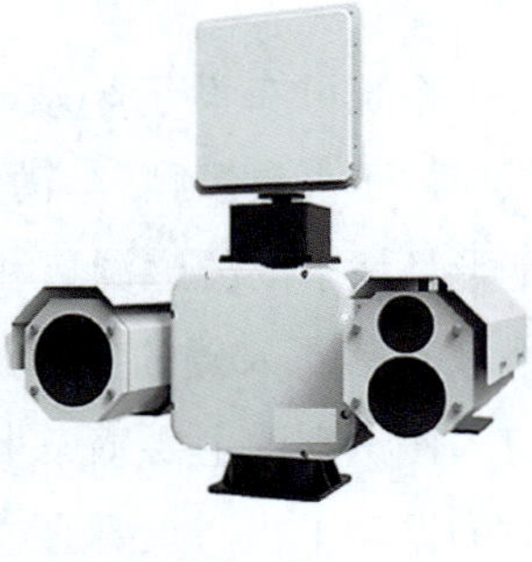

图 12-19　雷达与视频融合装备

2. 适用范围

适用于上跨桥墩台、桥体、人行道、挂附物、护栏损坏坠落物等，跨越穿越高速铁路的油气管线、电力线，下穿涵洞、道路，施工作业门，加油、加气站，邻近高耸构筑物高速铁路处所，工厂、工地、塑料大棚区等沿线生产经营场所区段。

12.4 自然灾害及异物侵限监测管理系统

现阶段，我国运营的高速铁路均同步建设、投入应用了高速铁路灾害监测系统。前期建设阶段主要采用按照线路建设的模式，现阶段则采用按铁路局集团公司集中建设模式。目前，太原、济南、沈阳、哈尔滨、北京等铁路局集团公司已经基本完成中心灾害监测系统的建设。系统由铁路局集团公司中心系统平台和现场监测设备构成。设备包括现场采集和监控单元。

中心监测系统设置在铁路局集团公司内，由信息处理软件平台、监测系统终端、网络及安全设备等组成。信息处理平台设备包括数据库、存储系统、后台服务、前端应用、维护管理模块、流媒体、NTP、防病毒等多种服务器设备。其中，前后端应用服务器一般按线冗余配置，数据库服务器、维护管理服务器、防病毒服务器一般冗余配置，接口服务器数量根据铁路局集团公司业务规模动态按集群设置；监测终端分为监测业务终端和监测维护终端，其中，监测业务终端包括列车调度终端、工务调度终端，监测维护终端包括工务部、电务部、信息所、工务段、通信段等终端；网络设备主要包括核心路由器、核心交换机、防火墙、网闸等。

12.4.1 监测系统组成

高速铁路防灾安全监控系统可划分为风监测、雨量监测、雪深监测、地震监控和异物侵限监控五个子系统，子系统具体配置情况如下。

1. 风监测子系统

风监测子系统主要监测线路沿线风速、风向信息，由网络通信设施、现场监测点、监控数据处理设备、监控应用终端构成。其中，现场监测点包括 1 台或多台风速风向计以及相关供电、通信基础服务设施；监控数据处理设备由数据库服务器、应用服务器、存储设备、核心网络交换机以及相关通信接口等组成。气象监测站如图 12-20 所示。

2. 雨量监测子系统

雨量监测子系统主要监测线路沿线实时降雨量信息，由现场监测点、监控单元、监控数据处理设备、监控应用终端、网络通信等部分构成。其中，现场监测点包括 1 台或多台雨量计以及相关供电、通信设施；监控单元负责降雨量信息的感知、回传；监控数据处理设备收集监控单元传输的监测原始信息、报警信息并进行数据存储；监控应用终端为行车调度、工务维修、救援部门显示线路实时雨量数据及超限报警信息。雨量监测站如图 12-21 所示。

图 12-20　气象监测站

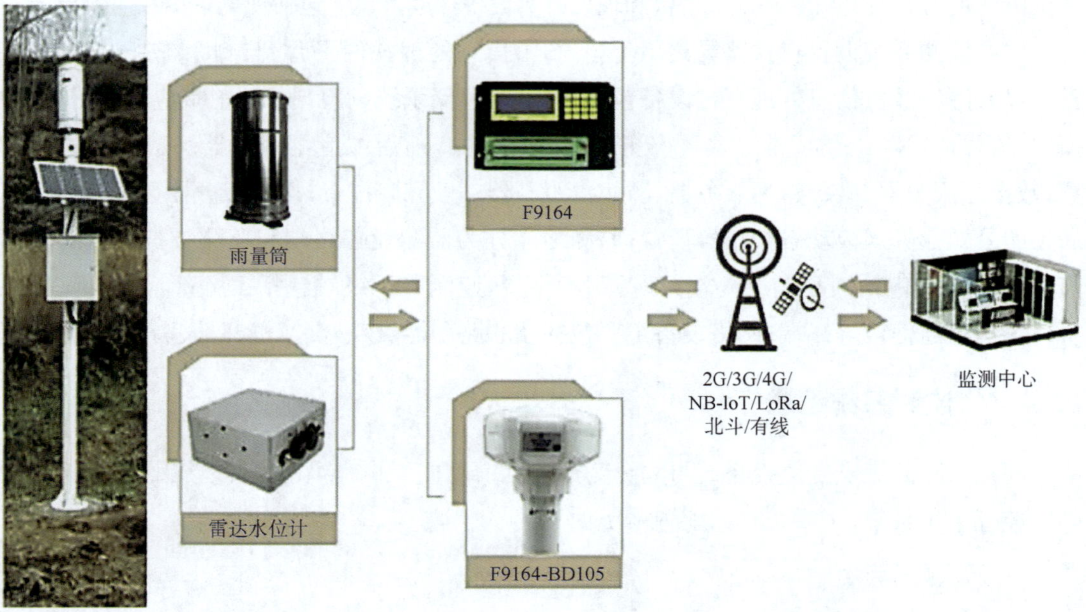

图 12-21　雨量监测站

3. 雪深监测子系统

雪深监测子系统(图 12-22)主要监测线路沿线降雪量信息,由现场监测点、监控单元、监控数据处理设备、监控应用终端、通信传输等部分构成。其中,现场监测点由雪深计、通信接口、传输设备以及相关供电、基础通信组成;监控单元由监控主机模块、雪深数据采集板、现场控制器模块以及其他相关通信接口组成;监控数据处理设备由应用服务器、数据库服务器、存储服务器、核心网络交换机以及相关通信接口等组成;监控应用终端由监测报警显示设备、控制及相关通信接口组成。

图 12-22　雪深监测子系统

4. 地震监控子系统

地震监控子系统(图 12-23)主要监测线路沿线地震信息,目前预警功能尚在建设、完善中。地震监控子系统由现场监测点、监控单元、监控数据处理设备、监控应用终端、通信设施等部分构成。其中,现场监测点包括 1 台或多台强震仪以及相关供电、通信设备;监控单元由监控主机模块、地震数据采集板、现场控制器模块、与列控系统接口、与牵引变电接口以及其他相关通信接口组成;监控数据处理设备由应用服务器、数据库服务器、存储服务器、核心网络交换机以及相关通信接口等组成;监控应用终端由监测报警显示设备、控制主机及相关通信接口组成。

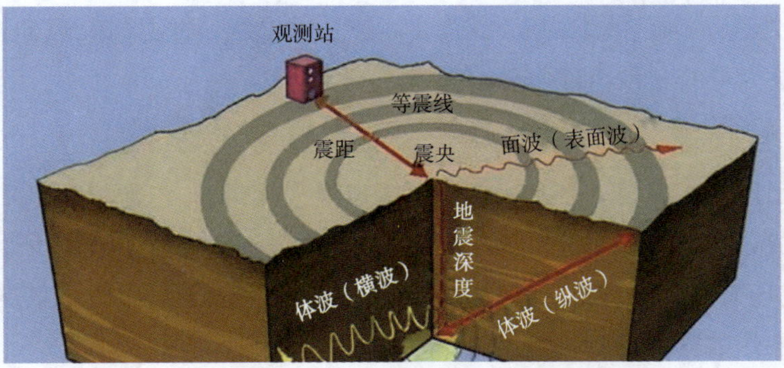

图 12-23　地震监控子系统

5. 异物侵限监控子系统

异物侵限监控子系统(图 12-24)主要监测线路沿线异物侵限情况,由现场监测设备、监控单元、监控数据处理设备、监控应用终端及传输通道构成。其中,现场监测设备主要由异物监测设备、报警发生设备组成;监控单元主要由主控模块、数据采集模块、供电、通信组成;

监控数据处理设备主要由应用服务器、数据库服务器、存储设备、核心网络设备组成；监控应用终端主要由监控主机、报警设备组成，分为终端、维护终端等。

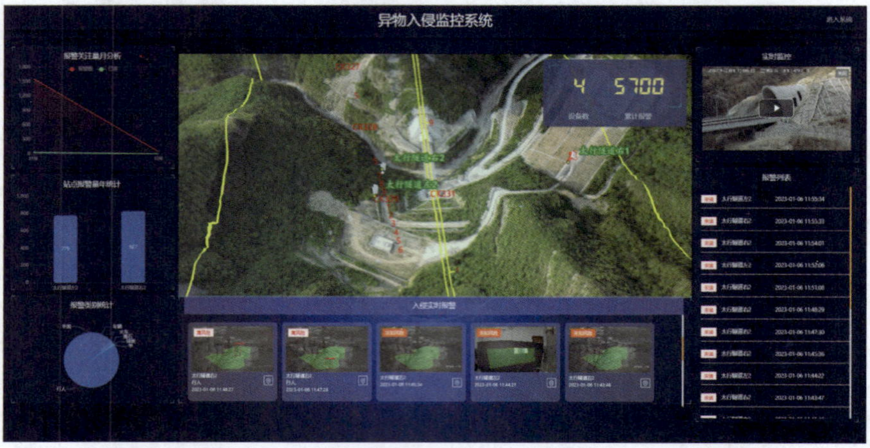

图 12-24　异物侵限监控子系统

12.4.2　监测设备组成

按照我国高速铁路防灾系统的构成及主要功能，将各层级监测设备细分为现场监测设备、监控单元、监控数据处理设备、监控应用终端等。

1. 现场监测设备

现场监测设备由风速风向计、雨量计、雪深计、地震监测仪、电子围栏传感器、设备、供电控制箱、通信控制箱及通信线缆构成，设置在高速铁路沿线，实现风速、风向、降雨量、雪深、地震等自然灾害及异物侵限事件信息的采集。

2. 监控单元

监控单元由监控主机模块、信息采集卡、接口继电器组合、电源模块、UPS 电源及网络传输等设备构成，设置在 GSM-R 基站、车站、变电所、分区所、AT 所等处所，与现场监测点设备相连，对现场监测点传感器获取的监测数据、设备故障及紧急处置信息进行收集、处理，桥接与监控中心的数据传输。

3. 监控数据处理设备

监控数据处理设备由数据库服务器、应用服务器、接口服务器、核心网络交换机、存储服务器及网络传输设备等构成，设置在铁路局信息所、车站机房内，用于汇总、处理、分析监控单元上传的监测及设备故障数据，实现大风、暴雨、暴雪、地震及异物侵限监测、报警功能。

4. 监控应用终端

应用服务器的前端软硬件，实现大风、暴雨、暴雪、地震、异物侵限监测报警及设备状态、显示、调试等功能。

路局级灾害监测中心系统架构如图 12-25 所示。

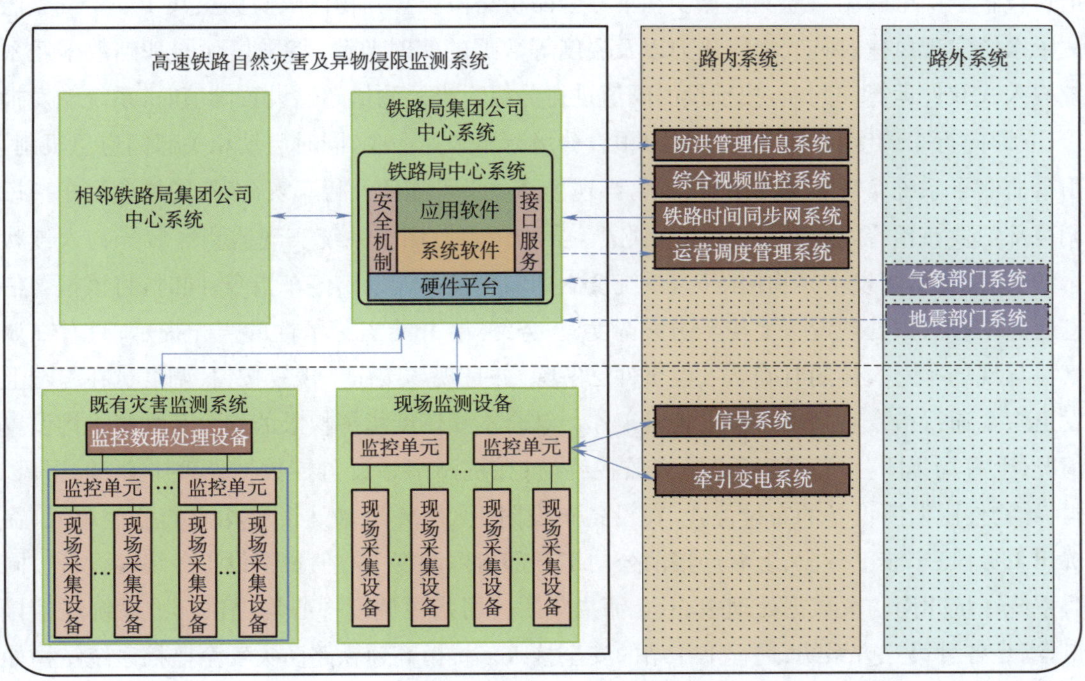

图 12-25 铁路局集团公司级灾害监测中心系统架构

12.5 工程案例

12.5.1 线路概述

杭甬高速铁路由杭州东站始发至宁波站，线路全长 150 km，设车站 7 座，设计速度 350 km/h；杭甬高速铁路 2009 年 4 月 1 日开工建设，2013 年 7 月 1 日正式开通运营，实际运营速度为 300 km/h。杭甬高速铁路沿线地质环境多为软土，含水量大，强度低，且河网密集，路网纵横交错。同时，线路多次跨越运营铁路，全线建有高架桥 35 座，总长 122.862 km，占新建线路总长度的 86.65%。此外全线设隧道 9 座，占新建线路总长的 8.89%，新建线路桥隧比高达 95.54%。

12.5.2 防灾监测系统方案

杭甬高速铁路防灾安全监控系统由气象监测、雨量监测、异物侵限监测子系统集成。由风、雨以及异物侵限现场监测单元，监控数据处理中心，工务调度终端，调度所设备，传输网络等组成。系统在沿线长大铁路桥上设置了 16 个气象监测站点，全部采用双套冗余配置，每个监测点配置 2 台超声波风速风向仪，带气温、气压监测功能。在高路堑、路堤及部分隧道口设置了 7 个降雨量监测站点。在下穿公路桥路段设置异物侵限监测点共 4 处。气象监测子系统实现风速、风向、大气压力以及温度等数据的实时监测，将采集到的基础数据经系统嵌入式软件运算和判断，按预设的阈值进行分级。当监测值超过设置阈值时，系统触发报警，立即向行车调度、控制各系统发出预设分级行车限速命令，同时启动相关部门应急机制。雨量监测子系统实现实时降雨量监测，当现场降雨量可能危及行车安全时，同样向列车指挥调拨部门发布预警，启动限速和应急预案。异物侵限监测子系统实现监测区域异物入侵状态的实时监测，当发生异物侵限时，系统会立即向列控单元发出停车指令；同时，将该报警信息通过中心数据处理设备上传至防灾调度、工务终端，并给出警示性的声光提示；只有在调度员与现场车间人员同时确认入侵事件已解除，并且现场按压下恢复按钮、调度员在终端上发出恢复通行指令后系统才恢复正常工作。结合本线调度指挥权限的划分及维修机构设置情况，上海局集团公司调度所设防灾监控终端；在杭州南站设监控数据处理中心；根据风、雨、异物侵限监测设备的布设位置，在设备布设附近 GSM-R 基站设置相应的监控单元；在杭州工务段、宁波工务段、上海局集团公司工务部指挥调度中心值班室设工务终端设备。同时系统在杭州南防灾数据处理中心、上海局集团公司指挥调度中心均提供标准系统通信接口，满足各种第三方系统、远程工作站的安全接入。杭甬高速铁路防灾安全监控系统结构如图 12-26 所示。

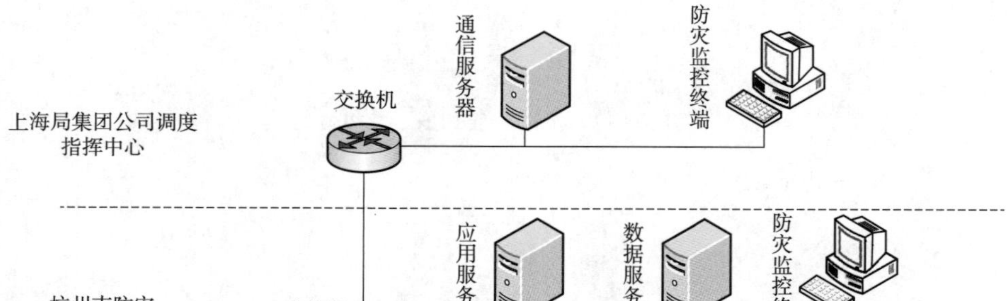

图 12-26　杭甬高速铁路防灾安全监控系统结构

12.5.3　防灾安全监控系统的实施

防灾系统对系统安装实施要求非常严格，要求现场调查细致，施工准备充分，严格按照流程和规范执行安装调试。施工工艺方面，根据防灾设备特殊要求制定设备安装专项实施方案，保证施工质量，提高工作效率；通过科学高效的施工组织，使室内监控单元设备、监控数据处理中心设备、调度、工务终端设备，室外风速仪、雨量计、电子围栏传感器各部分施工安装流程化，保证防灾系统施工有序进行，具体工艺流程如图 12-27 所示。

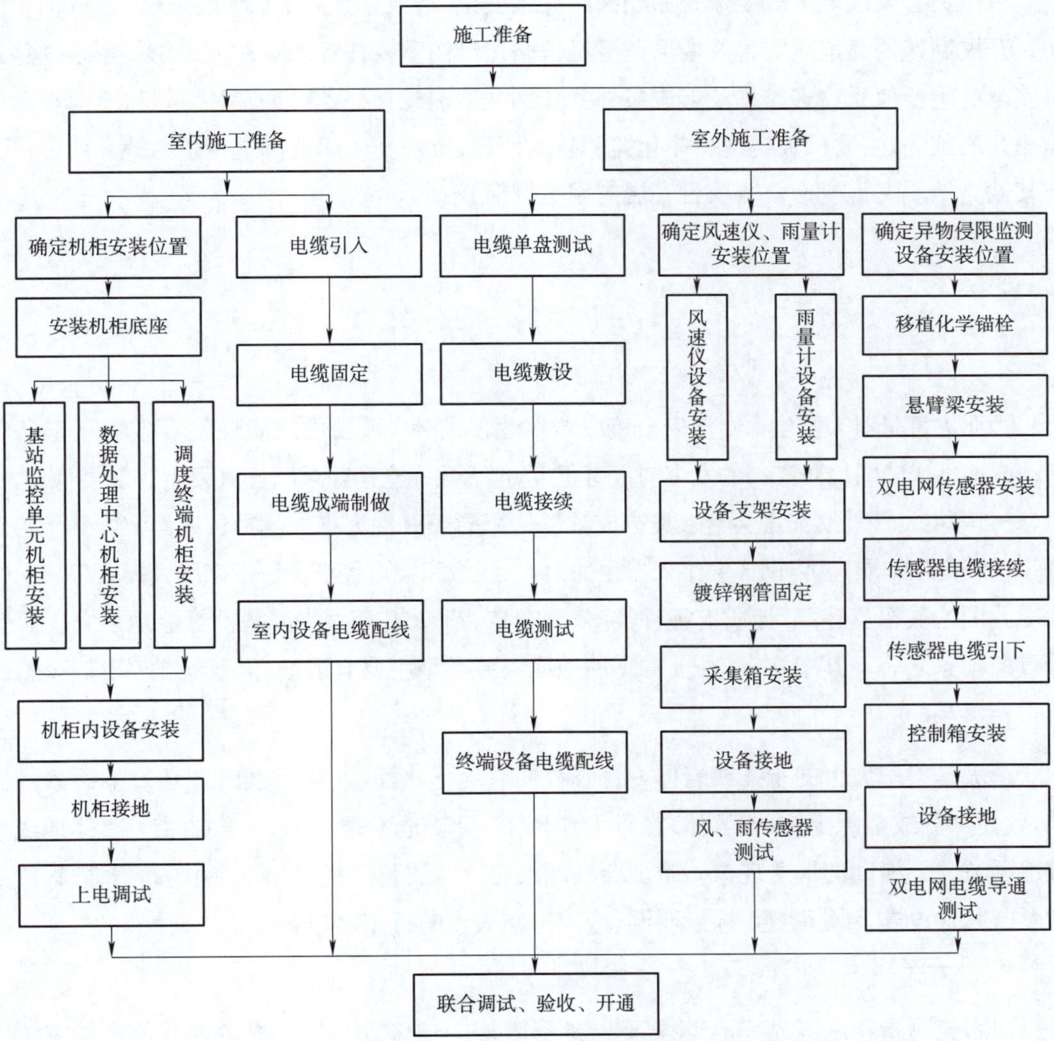

图 12-27　杭甬高速铁路防灾安全监控系统施工流程

第 13 章　地质灾害变形监测技术

地质灾害及区域沉降变形是影响铁路运维安全，造成重大人员、经济损失的重要因素之一。开展高速铁路地质灾害及变形监测是铁路运维的重要任务。本章节总结了影响铁路运维安全的主要地质灾害类型及形成条件。分别从卫星遥感、无人机航空摄影和地面自动化监测开展叙述，主要从天空地一体化监测技术原理、方法及适用范围进行了系统介绍。以西南某铁路地质灾害变形监测项目开展应用案例简介。

13.1　概　　述

地质灾害是对人类生命财产安全造成严重危害或潜在威胁的地质现象。迄今为止，人类活动或加剧或减弱地质灾害的发生与危害程度，但无法完全消除或阻止其发生。除了地震、火山、海啸等突发性地质灾害会给人类造成难以估算的毁灭性灾难外，滑坡、地面沉降和地裂缝等一些缓变型地质灾害，同样会给人民生命财产、区域和城市经济发展带来巨大损失。

我国地域幅员辽阔，地质灾害种类多、分布广、活动频、危害重，是世界上地质灾害最为严重的国家之一。其中，在铁路上常见的地质灾害类型主要有滑坡、泥石流、崩塌落石等。

1. 滑坡

滑坡是指斜坡上的土体或岩体，受河流冲刷、地下水活动、地震及人工切坡等因素的影响，致使部分或全部土体（或岩体）在重力作用下，沿着地面软弱面（或软弱带）整体地或分散地顺坡向下滑动的地质现象。滑坡会破坏线路，中断行车，危害站场，砸坏站房，毁坏铁路桥梁及其他设施，错断隧道，摧毁明洞，造成车翻人亡的行车事故。

2. 泥石流

泥石流是指在山区或其他沟谷深壑、地形险峻的地区，因暴雨、暴雪或其他自然灾害引发的山体滑坡并携带大量泥沙以及石块的特殊洪流。泥石流具有突然性、流速快、流量大、物质容量大、破坏力强等特点，对高速铁路桥梁、路基等基础设施带来巨大威胁。泥石流的形成必须同时具备三个条件：陡峻的便于集水、集物的地形、地貌；有丰富的松散物质；短时间内有大量的水源。

3. 崩塌落石

崩塌落石是山区常见的一种地质灾害。崩塌经常发生在山区陡峭的山坡上，有时也发生在高陡的路堑边坡上，是山区公路常见的一种病害现象。它可以由自然因素激发产生，也可以由人为因素激发产生。

智能传感、雷达测量、卫星遥感、无人机航测等新技术，为高速铁路地质灾害及基础设施监测提供了新的解决方案。通过采用 InSAR、倾斜摄影、GNSS 定位、土体深部位移计、渗压计、雨量计等多元空间网络化监测技术和设备，对滑坡/岩堆/边坡的深层土体位移、地表变形、外部环境及防治工程结构受力等参数进行监测，对灾害监测点进行自动数据采集、处理、监测及预警；通过雨量计、泥位计、振动倾角监测仪、视频监控相结合的监测技术，实现对泥石流沟的泥（水）位变化、泥石流振动信息、泥石流发生地影像变化信息等参数进行监测；通过布设具有移动侦测、异物识别报警功能的激光雷达探测仪和高清球机，在各种天气和气候条件下，对铁路隧道进口/出口线路界限上可能威胁到列车正常行驶的落石、边坡溜塌等异物进行快速、准确判别，并对告警目标进行定位、跟踪、放大，同时快速传递告警信息，辅助工务人员观察、判断，及时采取应急措施。

13.2　基于卫星遥感监测

13.2.1　基于光学遥感数据的监测

光学遥感监测根据研究区域不同地质灾害所处的地质和孕灾环境差异，通过遥感影像呈现不同特征，建立遥感地质解译标志。在遥感地质解译中，常用色调深度、色调均匀性和边界清晰度来描述黑白照片的色调特征。通常需要通过颜色、阴影、水系、纹理特征、植被和位置等来解译目标特征实现崩塌、滑坡和泥石流等地质灾害的遥感地质监测判识。光学遥感解译标志如图 13-1 所示。

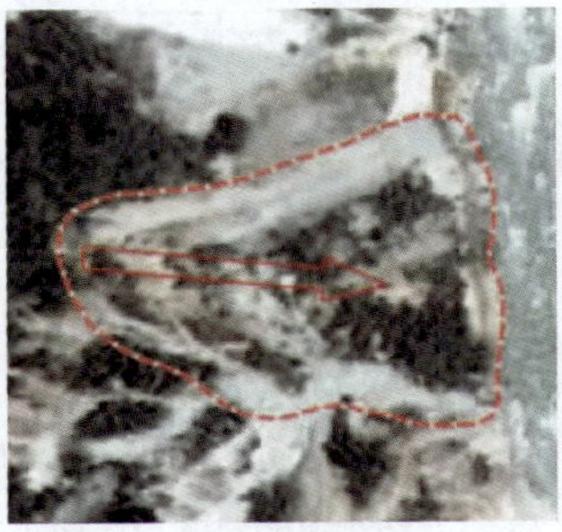
(a) 滑坡

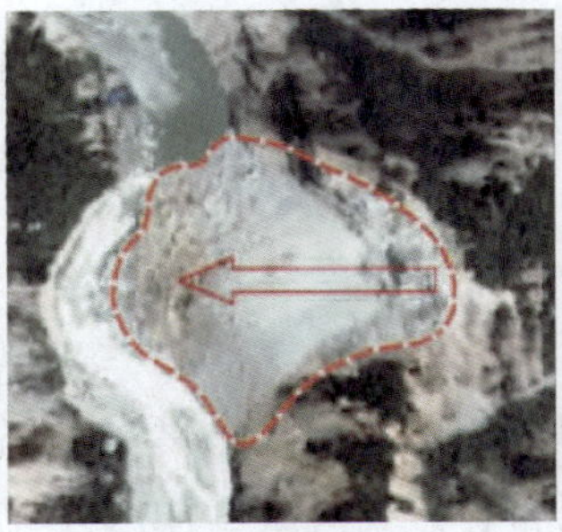
(b) 崩塌

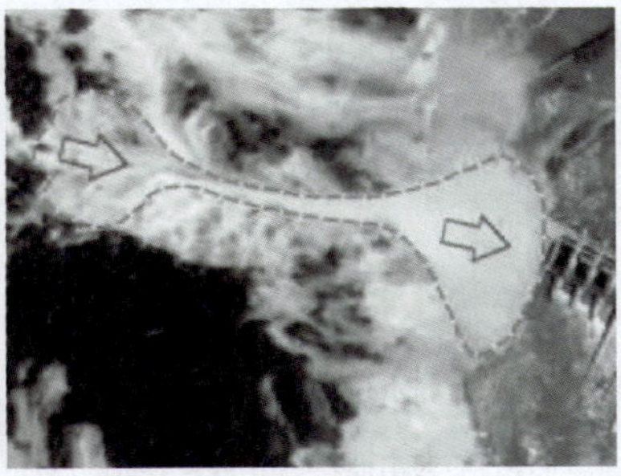
(c) 泥石流

图 13-1　光学遥感解译标志

1. 崩塌

崩塌一般是沿层理、节理、片理及断层面等软弱结构面与坡体分离并突然倾倒的自然现象。一般由上部崩塌后壁和下部倒石堆构成，常有多个倒石堆共同形成带状崩塌，发育位置位于40°～75°的陡坡上，表观形状较为复杂，崩塌体部分呈长条状展布。崩塌运动形式主要有坠落和崩落两种。崩塌灾害的形成受地层岩性和岩体结构、风化和人为活动、地形地貌及地下水作用等多种因素的影响。崩塌地质灾害多分布在岩性坚硬、节理发育的陡坡上，如沟谷、道路和河流等。形态上呈块状、细长的扇形或线状等不规则斑块。崩塌体后缘发育有直线形或弧形的陡峭山崖与绝壁。壁顶常见一组或几组节理，平面上呈锯齿状。纹理上，在陡峭的山坡周围，堆积着成岩堆或倒石堆。整体图像粗糙，微地貌起伏。崩塌后出现带状险峻悬崖或断崖，向阳坡为浅色块，背阴坡在遥感影像中阴影严重。色彩上，崩塌显示出具有呈深灰、灰白或黄褐色，新的崩塌色调浅，老的色调深的不规则板像，常以组和条带形式出现。在遥感影像上呈现，植被稀疏，亮度高，存在裸露的基岩，选取植被指数、土壤亮度指数和地形指数作为崩塌地质灾害遥感解译的主要背景值。通过在遥感影像上呈现的光谱、形状、地形及边缘等特征进行识别。

2. 滑坡

滑坡一般是在一定自然条件下形成的斜坡，由滑坡体、滑坡壁、滑动面、滑坡阶地、滑坡鼓丘、滑坡裂隙构成，滑坡体上常有滑坡洼地和醉汉林分布。滑坡体一般发育在20°～40°的斜坡上，呈条状展布。由于地下水活动、植被破坏、人工挖坡、河流冲刷或地震等因素的影响，部分岩体或土体沿某一软面或软区受到重力变形，其特征是整体、缓慢、间断和水平位移。色调上形成较均匀的灰白色。滑坡体上常有绿色植被，边缘常因含水性的增强而色调相对较暗，滑坡遥感解译主要选取植被指数、土壤亮度指数及坡度属性指数作为背景值。在滑坡解译中通常引入了边缘检测和纹理特征提取方法。滑坡在遥感图像上，形状上呈现舌形、弧形、椭圆形、长椅形、倒梨形、牛角形、平行四边形、菱形、树叶形、叠瓦形、马蹄形、匙形、铲形、不规则形等。纹理上，滑坡堆积体表面纹理粗糙，滑坡后壁平滑细腻。在岩层倾向与坡向一致、岩性脆弱、大型节理发育地区和活动断裂带附近，常发生规模较大的滑坡。根据滑坡特征，建立决策树支持模型，提取信息；然后运用坎尼算子等提取灾害点边缘图像，提取灾害点范围。

3. 泥石流

泥石流形成的地貌因素主要是地形高差、山坡坡度、沟谷谷坡坡型和沟床纵坡等，山地沟谷中含大量松散固体碎屑的洪流，常在暴雨或融雪期爆发，源头常有滑坡或崩塌。色调上形成区植被不发育，色调浅灰-灰白色；流通区沟槽弯曲段常见灰白色的堆积物。形状上形成区多呈勺状、漏斗状、瓢状、椭圆状等，三面环山。流通区沟槽宽窄曲直不一，多呈平形状、树枝状的游荡性河段或干沟。堆积区常呈扇状地形。纹理上形成均匀分布的颗粒状、斑点状纹理。沟槽顺直段具冲刷图像特征，缺少堆积物。高分辨率影像上略显流动纹理。轮廓清晰但不固定（泥石流发生后，尤其在流通区会造成严重的植被破坏，使基岩裸露），在遥感影像上，色彩与周围对比鲜明，遥感影像上呈现的光谱、地形和形状等特征，表现实地的植被差异、长宽比和沟谷关系等。

4. 不稳定斜坡

一般不稳定斜坡在比较陡峭的斜坡上，基岩裸露，植被稀疏，有发生崩塌、滑坡等地质灾害的可能，在遥感影像上呈浅色调，一般假彩色图像是灰色或白色，周围植被开发区是粉红色或红色，解译标志与崩塌有相似之处，地质灾害为崩塌倒桩。边坡不稳定容易发生崩塌、滑坡等地质灾害，这些灾害与边坡、边坡方向密切相关。与崩塌特征类似，但没有崩落碎石堆；滑坡型不稳定斜坡，一般有植被覆盖在真彩色影像上呈浅绿色，标准假彩色影像上呈浅红色，发育后端有浅色边缘凹凸条。

13.2.2 基于卫星雷达数据的监测

地表移动变形是崩塌、滑坡、泥石流等地质灾害孕育或发生的基本表现形式。在合成孔径雷达信息的应用方面，集中于以相位干涉测量为基础的 InSAR 技术以及基于 SAR 影像强度信息的图像相关技术。

1. 监测技术设计

InSAR 应用需要顾及其技术特点，存在有效观测、识别探测和精准监测的层次。有效观测是基础，在有效观测的基础上实现识别和探测，从定性角度确定感兴趣对象，在此基础上通过方法技术优化，提高观测质量和精度。SAR 侧视成像的固有特点决定了 InSAR 测量的敏感程度，而入射参数与地形参数的关系决定能否有效成像。SAR 为相干系统，相干性是 InSAR 测量的前提，这一特性要求重复轨观测时确保相干，既要求卫星系统的基线、噪声等满足 InSAR 的要求，同时要求观测对象的环境保持相对稳定，确保空间和时间基线的相干。实际应用中，常常受制于地物散射特性的变化，引起时间失相干。应用中需考虑波长周期和分辨率的有效组合，尽可能在技术设计上进行优化。同时，需从成灾到致灾过程中的变形强度和形式上设计 InSAR 数据处理技术及其组合。在此基础上，通过数据处理算法优化与误差建模，降低噪声（如大气波动、轨道误差等因素）对形变信息（参数估计）的影响。总体上，应侧重从卫星参数、环境参数和对象参数等方面进行考虑（表13-1），综合应用 DInSAR 常规方法、小基线集或永久散射体等时序分析技术、SAR 影像强度相关的偏移量估计方法、宽带 SAR 子带干涉等进行技术设计。

表 13-1　InSAR 形变监测应用需要顾及的参数

参数类别	具体参数	应用需求
卫星参数	重复轨道要求卫星倾角、成像入射角度； 成像方式要求； 相位保真度、轨道参数稳定性分辨率、重访周期	相同的频率、入射角(相同轨道)； 与地形相关； TOPS、条带、聚束模式数据的统一； 系统载荷与星地指标； 姿态、轨道控制精度； 可测量的精细程度与最大相对变化量
环境参数	空间基线； 地物变化程度； 季节性影响	取决于空间基线-临界基线条件(因卫星而异)； 时间间隔(视监测区域地物分布状况)； 地物变化，大气变化特征
对象参数	变形幅度匹配； 图像相关； 片段与过程	相位干涉测量的有限性(极小与极大)； 非相干移动(超过相位梯度约束)与大变形测量； 短期内的相对测量与变化过程长期连续测量

2. InSAR 技术监测适用性

地质灾害类型多样，地形条件复杂，大气波动显著，精准监测的应用难度较大，需要改变追求绝对精度和绝对位移量的认识，以有效探测形变场的存在为第一目标。在事前进行详细适用性评价和系统设计，从灾害体的自然环境、变形特征、卫星数据、InSAR 技术、处理方法、应用目标等予以综合评判(表 13-2)，实现从发现识别、调查评估、监测预警等方面逐步递进。

表 13-2　InSAR 不同技术方法的适用性

方法技术	应用条件	应用目标	优选条件	应用效果
差分干涉测量 DInSAR	短期相干性良好，滑移方向可测	活动状态识别，短时间间隔	长波长、短周期、高分辨率	定性分析，大范围可行
时序分析(永久散射体时序 InSAR、小基线集时序 InSAR 等)	植被覆盖度低，滑移方向可测	识别以及活动特征表征	长时序 SAR 数据，观测点密度取决于环境因素	定性/定量，可大范围进行，处理要求高
宽带 SAR 子带干涉	可布设反射器网络	大变形连续测量	高分辨率 SAR 局部变形场	定性/定量，单个滑坡体监测
Offset-tracking	高分数据，相干性良好	方位向与距离向，大变形场探测	高分辨率 SAR 优先，影像信息，非干涉测量	定性为主，单个坡体，不适合大范围

InSAR 提供了地表移动变形数据，从区域上解决了大范围快速调查和排查的难题，通过变形数据有助于地质灾害早期识别。实践中，科学认识 InSAR 技术的能力和作用是应用的前提，围绕灾害形变分为三个层次：

①活动识别：发现变形坡体，明确活动幅度，辅助地面认识判别。

②变形表征：表征变形体的范围、边界和强度活动特征全面表征。

③连续监测：从蠕变、加速、快速各阶段变化，实现对过程的监测。

针对地质灾害调查过程的应用目标，InSAR 具备从定性测量到精准测量的能力，提供了识别、探测到预警过程中的重要信息。但是,从变形现象到确定灾害隐患,仍需多源地学数据的综合应用。

13.2.3　光学和雷达遥感的融合应用

地质灾害隐患早期识别中的综合遥感应用主要体现在解决形态、形变和形势的调查与判断方面(图 13-2)。在技术手段上,利用高分辨率光学遥感与 LiDAR 测量模式进行灾害体的广义形态调查,研究灾害形成和发育的地质背景、三维形态、地表覆被变化以揭示潜在的成灾状况;利用不同入射角、不同分辨率的 InSAR 监测获取斜坡等地质体地表变形状态,判别灾害体的滑移规模、活动阶段和发展趋势;综合长时间序列 InSAR、地面原位测量数据、地质背景资料等,对成灾状况、当前变形状况、潜在发展趋势与致灾形势进行评判,是当前面向重大地质灾害早期有效识别的关键所在。对照“三查”隐患识别的工作层次,从形态、形变到形势的“三形”调查是遥感观测意义上进行地质灾害隐患早期识别的关键测量对象。发现隐患、监测隐患是决定预警预报是否可行的关键性基础工作。为推进综合遥感支撑的重大地质灾害早期识别与监测预警,需要统筹高分辨率光学遥感、InSAR、LiDAR 等技术手段,结合形态、形变、形势进行综合判断,推进地质灾害普查、详查、核查,形成稳定的技术体系与业务能力,提高地灾识别与监测预警能力。

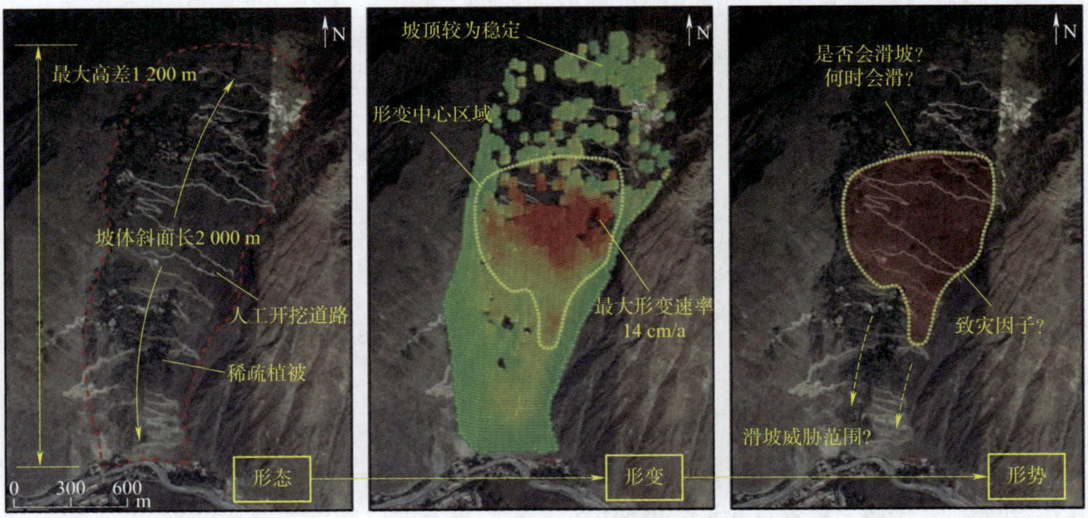

图 13-2　综合遥感解译

从工作层次上,在开展区域尺度地质灾害隐患普查的基础上,对识别出的隐患进行风险评估,根据其风险程度开展重大地质灾害的长期监测。侧重应用高分辨率 InSAR 持续监测重大隐患的影响范围和发展趋势,表征其运动特征,增强对整体加速、局部加速的认识,提高灾害预警的准确性。

13.3　无人机平台监测

随着无人机技术的快速发展，为解决问题提供了可能。无人机摄影测量在所获取信息的可视性、现势性以及丰富性均是其他监测手段不可比拟的，使其在变形监测领域有很好的应用前景。无人机摄影测量技术是获取遥感数据的重要方式之一，相比较传统测绘而言，具有高效、现势性强、成果直观、人力成本低等优势；相比较传统摄影测量方式而言，具有机动性强、数据分辨率较高、成本较低等特点。通过无人机航摄能够快速获取影像数据，通过多时态的影像数据反映被摄地物的变化特征，且能够满足地质灾害应急的时效性和精度要求，为灾害预防及救援方案的制定提供准确依据。

利用无人机倾斜摄影测量及三维激光扫描等技术，开展监测区域的数据获取、三维建模和基于模型数据的区域定量化评估。利用不同无人机及其适配载荷，进行高精度低空新型遥感平台数据采集、多源异构数据地表三维重建工作，真实的还原研究区域地表状况和围岩落石表面纹理及物理参数为围岩落石的定性识别、定量分析、风险预测提供科学的数据支撑。使用多旋翼无人机搭载具备多角度云台系统的航摄像机、视频传感器和小型机载激光类型等无人机载荷获取围岩落石区域的大区域高清光学图像、多角度实景影像和地表激光点云数据。利用高清光学视频、影像数据进行直观定性分析确定重点、核心区域。利用倾斜摄影测量技术对重点、核心区域进行多角度影像数据采集与三维实景虚拟重建；对于位于高植被发育的密林区域采用无人机激光雷达进行高密度激光点云数据获取，并利用分类后的地表点进行地表三维模型构建，利用重建后的三维地表模型进行岩体定量化物理参数获取，为围岩落石危险评估模型提供精确参数。技术路线如图 13-3 所示。

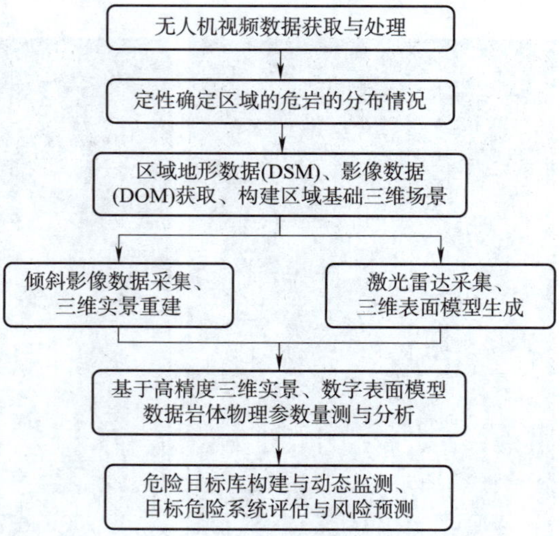

图 13-3　技术路线

13.3.1　复杂地形条件下无人机数据的获取

作业区域地形复杂，地表落差较大，这使得无人机航飞作业具有较大的危险性和难度。危险性表现在地形变化较大，易发生飞机撞崖事故；区域植被覆盖、地形等因素这使得无人机的通信系统受到很大的影响，以造成飞机通信失联等现象。对于航测数据采集而言，复杂的地形，大高差的测区，造成采集数据的比例尺不一，这使得后期数据处理过程中空三加密通过率低，数据产品的精度无法保证。为了保证数据采集的顺利进行，采用以下技术方案进行数据获取：

1. 基础地形数据获取与精细化航线规划三维场景构建

对于作业仿地精度要求不高的区域（仿地高度大于 50 m）利用区域 12.5 m 的星载 DEM 数据和卫星影像数据进行区域中低分辨率地表模型构建，如图 13-4 所示。利用天地图影像作为地形的表面纹理，构建三维场景，并将作业区域的铁路线位数据图层加入。利用构建的三维地表模型进行区域航飞危险性评估和航飞可行性评估，对易发生危险的区域和事件进行充分的估计，并制定相应的应对措施。

图 13-4　基于星载 DEM 数据的基础三维场景构建

对于仿地要求较高的作业任务（仿地精度优于 50 m），需要作业人员对测区进行实地调查，对航飞预案和飞行航线进行实地评估。采用小型无人机沿着航线进行模拟数据采集实验，进一步确定航线规划的稳定性和安全性，获取区域中高分辨率的原始数据。利用实验数据进行中高分辨率的数字高程数据（DSM）、数字正射影像（DOM）数据生产，使用 DSM 和 DOM 数据结合野外踏勘获取的信息进行 2.5 D 场景构建，并标注风险目标的位置与信息，如图 13-5 所示。

图 13-5　基于无人机航摄基础三维场景

2. 地形自适应算法设计与规划地面站软件

利用构建的三维地理信息场景进行地形自适应航线任务设计，设计主要分为航带设计、航向设计和重叠度约束。航带设计，采用近似平行于等高线的切线方向作为航向，利用航向和旁向重叠度计算航带和航向间隔，并计算得到各曝光点的平面位置，如图 13-6 所示。

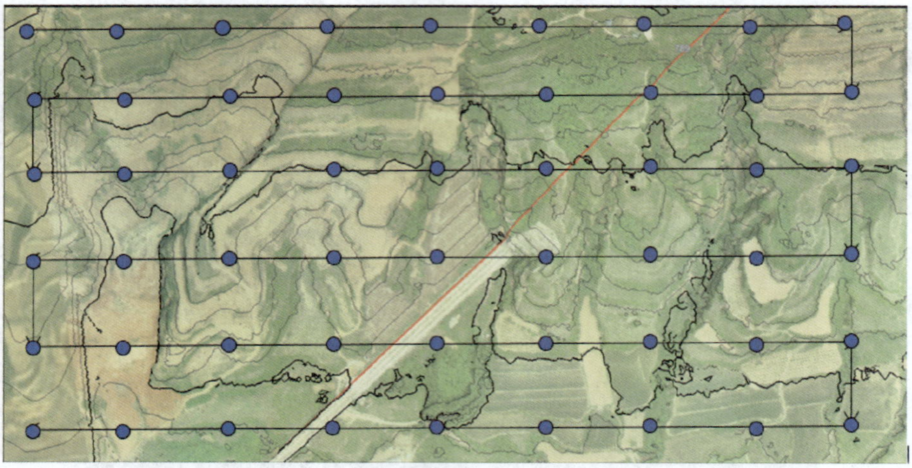

图 13-6　曝光点的平面位置计算

航向方向沿着地形进行航点航高设置，进行仿地飞行，如图 13-7 所示。

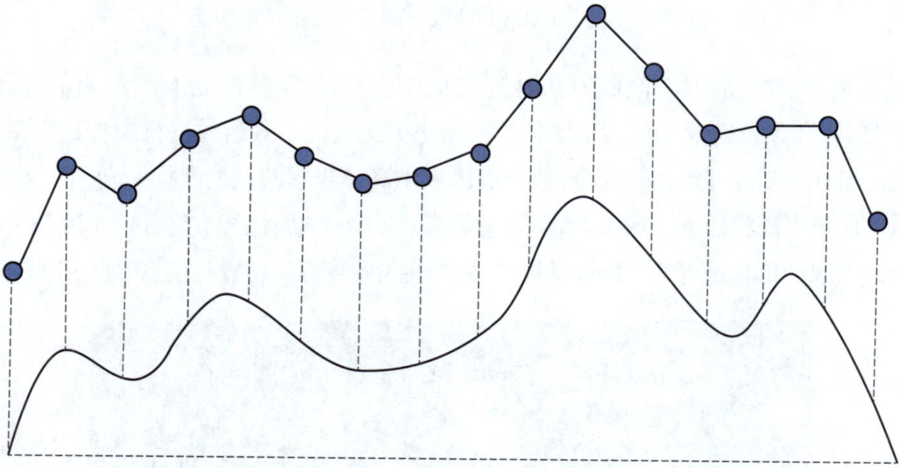

图 13-7　自适应算法航向剖面图

飞行器相机拍摄方位角与航线角垂直，统计获取各航带的点的平均高度，并利用平均高度进行俯仰角计算，如图 13-8 所示。为防止航带见角度变化过大引起局部漏洞，因此应适当提高航带间重叠度，一般设置在 65%及以上。

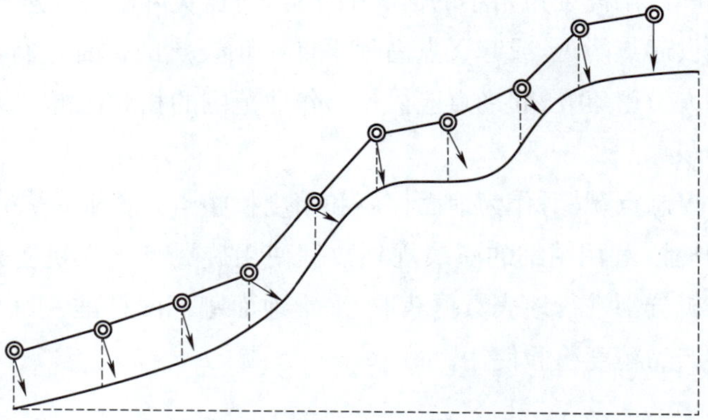

图 13-8　地形自适应算法航带剖面图

基于算法进行软件开发，集成于铁路无人机航线任务规划地面站，利用卫星数据或无人机航摄获取的三维场景成果进行高精度的航线规划工作。首先进行航线作业任务参数设置，设置贴近的距离 L；然后航向重叠度、旁向重叠度旋转要作业的无人机相机设备，通过点击计算可实现作业任务空间分辨率的计算。

在基础三维场景上进行起飞点，规划航线的方向的起点终点，以及用于计算整体坡度的底点，圈定要作业的范围。可进行航线规划报告的预览，包括照片的数量、预计的作业时间等信息。通过任务预览可查看生成的三维航线任务，如图 13-9 所示。

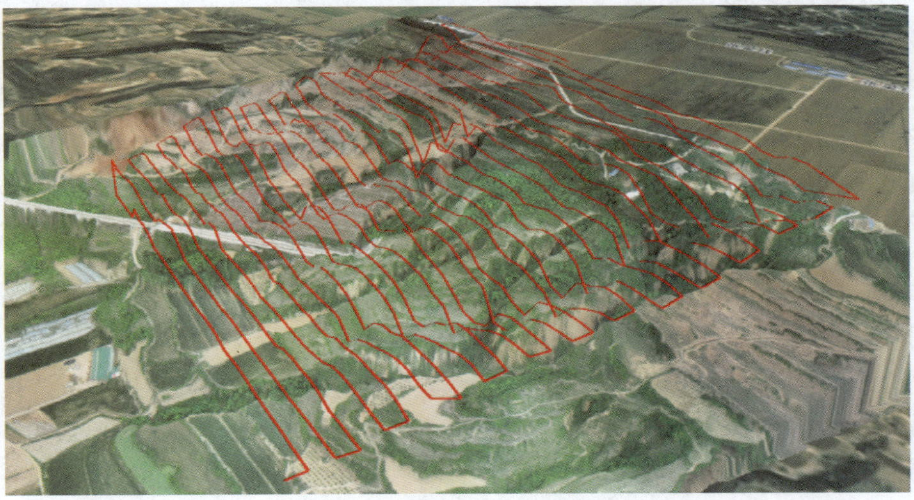

图 13-9　地表仿地＋贴近飞行航线规划成果预览

3. 现场航摄与控制点的采集

在保证气象状况良好的日期开展作业，要求风速不得大于 5 级，避免正午太阳强照射情况下作业或早晨傍晚太阳高度角角小的情况下作业；应避免降雨天气进行作业。作业时，起飞点选择应选择预设起点附近，或起飞点高程不低于预设点的位置进行起飞。起飞地点应避免选择在路口或人员密集处；起飞点应保持与作业范围的相对通视，保证可以对作业任务进行有效的可视化跟踪。

进行地表布设控制点靶标，作为地面控制和精度检核点。作业设备应采用千寻等 Cors 站进行 RTK 差分作业，利用精细的航线规划数据使用旋翼型无人机搭载激光雷达或带有云台系统的航摄像机分别进行地表数据获取，采集地面靶标的精准三维坐标作为数据产品的生产绝对定位和产品精度检验使用。

13.3.2 基于无人机倾斜摄影测量的监测方法

1. 无人机 DSM、DOM 数据的处理

区域高精度数字地表模型 DSM、正射影像数据 DOM 产品生产：数字地表模型 DSM 和数字正射影像数据可以用于区域三维地理场景的构建，为围岩模式模型提供精确的地理参考，为无人机激光雷达、带有云台系统的航摄像机等精密传感器的二次航飞提供精确的地形数据确保航飞安全。具体的数据处理过程如下：

①飞行 POS 数据的解算，通过对数据采集过程中飞行的位置和飞机的姿态数据进行解算，并进行照片进行一一匹配。

②利用航飞获取的影像与 POS 数据结合相控点数据进行空三加密，获取航飞数据精准的外方位元素与相片的连接点。

③在空三加密的基础上进行密集匹配获取高密度、精确的三维空间点云。利用三维空间点云构建不规则三角网(TIN)数据，对 TIN 数据进行栅格化得到高精度的 DSM 数据。

④利用高精度的 DSM 对空三加密后镶嵌拼接的影像数据进行正射校正，获取高空间分辨率的数字正射影像(DOM)。

2. 区域倾斜实景模型构建

无人机倾斜模型是对地表状况的真实重构。利用无人机搭载倾斜相机对危岩落石区间进行数据采集并进行以下处理完成目标区域的三维重建工作，在三维场景中使用可视化量测工具完成对岩体长度、覆盖面积、体积、走向、倾向、倾角等参数的高精度测量。具体的案例效果如图 13-10 所示。

①利用测量区域获取的倾斜数据结合飞行的 POS 数据进行空三加密。

②在空间加密的基础上进行密集匹配并栅格化构建精细的地表实景白模。

③利用白模和影像数据进行模型纹理构建，完成实景模型的构建。

④对三维现实重构出现问题的区域进行模型编辑，提高模型的精度。

图 13-10　三维实景模型

13.3.3　基于无人机激光雷达的监测方法

LiDAR 技术是现有的遥感技术中少有的可以穿透植被冠层获取地面地形的技术，通过对地形高精度测量有助于监测滑坡、大面积落石、洪水等，从而为应急减灾提供灾前预测与应急响应。LiDAR 技术可以提供高精度的数据，对于大范围地理区域调查，激光雷达提供了一个有效、低成本的方法。其特点：响应快速，快速而精确地获取滑坡等地质灾害体的微地形地貌等细节特征信息；参数多元，可以定量提取精细的地表粗糙度、坡度、坡向等地形地貌参数；精确提取，多期数据下可以精确地提取特征地形地貌的细微变化量；提前预警，可根据数据信息发现潜在威胁。无人机载激光雷达如图 13-11 所示。

图 13-11　无人机载激光雷达

此外可以用于山地区域的林下地形、大危岩体目标识别等应用。其数据处理过程如下：

①点云 las 数据的分块处理。

②点云数据的分类，将点云分为地表点、建筑、树木等类别；

③分类渲染，按照不用的类别进行分类赋色渲染(图 13-12)：利用点云数据构建 TIN，并进行 DEM 制作；利用 DEM 数据进行山体阴影图制作；使用山体阴影作为影像，使用 DEM 数据作为地形数据，进行激光雷达山体三维模型制作，用于危岩体的判识，如图 13-13 所示。

图 13-12　激光雷达分层设色

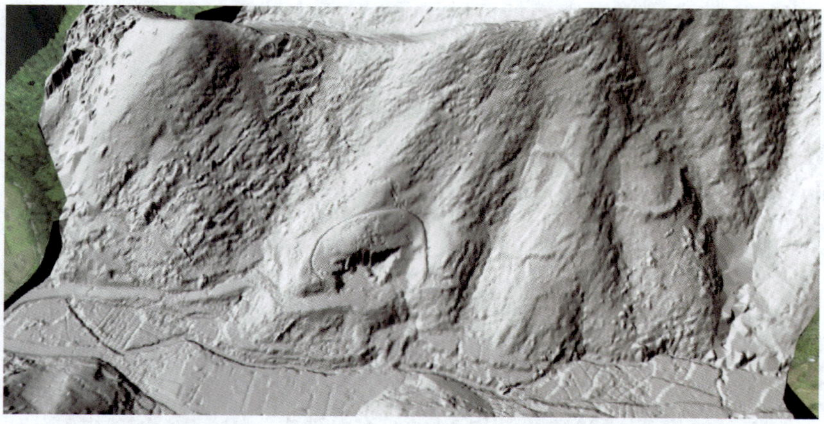
图 13-13　基于高分辨率地形数据的山体阴影模型

13.3.4　基于实景三维或激光雷达模型的危岩落石参数定量化检测与监测

1. 定量化参数提取

通过区域倾斜模型或高密度激光点云数据进行危岩落石目标的识别与目标物理参数的定量测量，将识别的结果构建空间数据库进行危险目标的空间位置、物理属性等信息的存储、管理与应用。对高危目标区域定期开展无人机巡检，获取目标的动态变化信息，对产生较大位移具有滑落危险的目标进行及时的标注与预警。

采用 WebGL 实现危岩落石三维场景的可视化展示，相关参数的定量提取，如图 13-14

和图 13-15 所示。具体包括基础信息，体积、质心、产值和距离线位的距离和重建能量的估算等内容。其中基础信息包括编号、名称、岩性（通过表面纹理主观判断）、密度（根据岩性进行检索、填充）、地层信息（通过专业技术人员目视解译或根据查阅相关地质资料进行填充）。

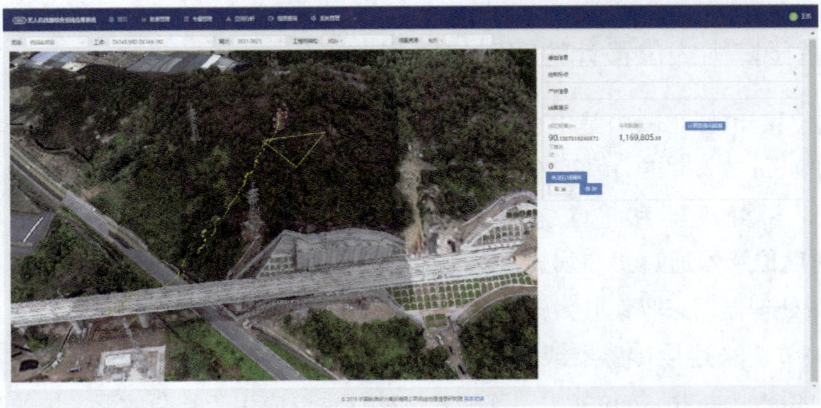

图 13-14　危岩落石目标的标注与录入

图 13-15　危岩目标库

2. 基于参数化的危岩落石变化监测

（1）多期数据的配准

采用此监测方法时应在监测区域建立稳固的永久或半永久性航测控制靶标，并利用航测控制靶标进行多期数据的空间配准工作。对于区域无法建立控制靶标的情况，可采用期次间数据相对匹配的方式进行影像和成果模型配准，以保证两期数据变化提取的可信度。

（2）基于参数化的危岩落石监测

利用此检测方式可实现危岩落石目标的定量化检测，通过定期开展危岩体区域三维重建与定量化参数提取，提取的质心、体积、产值等数据。并利用多期提取的参数化数据进行危岩体的位置、大小和姿态进行对比，监测其变化情况。

13.4 地面自动化监测

13.4.1 基于阵列式位移计的实时化监测

阵列式位移计(图 13-16)是由多节阵列串联而成,每节长 30 cm 或 50 cm,由 7 个 MEMS 加速度传感器、1 个微处理器和 7 个连接关节组成。MEMS 加速度传感器通过感知加速度的变化来测量位移量;微处理器用来收集并发送子阵列的测试数据;连接关节用来连接传感器或微处理器,该部位具有较强的抗剪、抗扭、抗拉能力。阵列式位移计主要应用于复杂地形区域的高边坡稳定性监测。

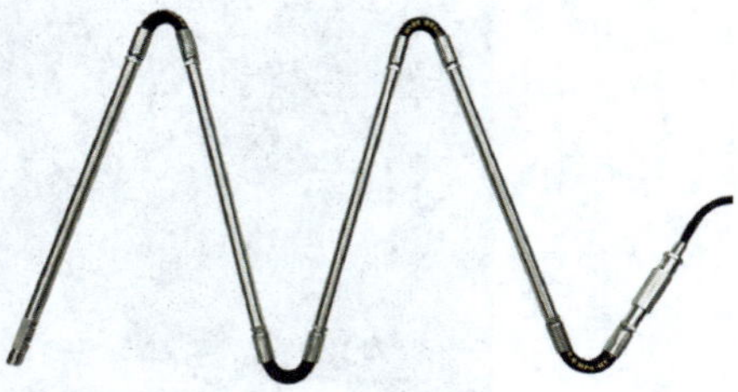

图 13-16 阵列式位移计

根据现场调查和地质勘察资料,一般采用无人机激光扫描的方法获取重点监测区三维模型。在此基础上构建三维地质体模型,并对本构模型进行模拟分析。经过滑坡变形的计算分析,获得滑坡的监测范围和主滑向。沿主滑方向布设测线,埋设阵列式位移传感器,一般采用 PVC 管中埋设传感器的方法,如图 13-17 所示。用绳子将阵列式位移计拉入 PVC 管内,检查坡顶和坡脚姿态标志,以确保传感器在管内不发生扭曲,用混凝土将传感器最远端固定在沟槽下端作为基准参考点。

阵列式位移计采用数据采集器进行位移数据采集。在采集数据前,进行数据采样间隔的设置,根据监测需要,采样间隔,一般设置为 30 min。采集后的数据通过工控机的无线传输模块传输到监测数据处理中心,并进行数据的实时解算处理和变形预警。其总体流程如图 13-18 所示。

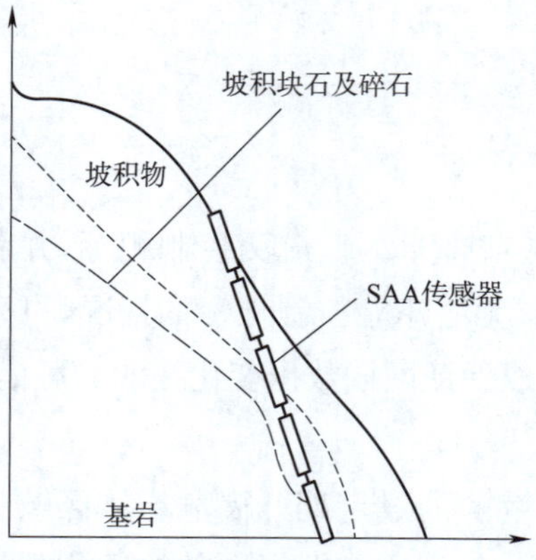

图 13-17 阵列式位移计布设方案

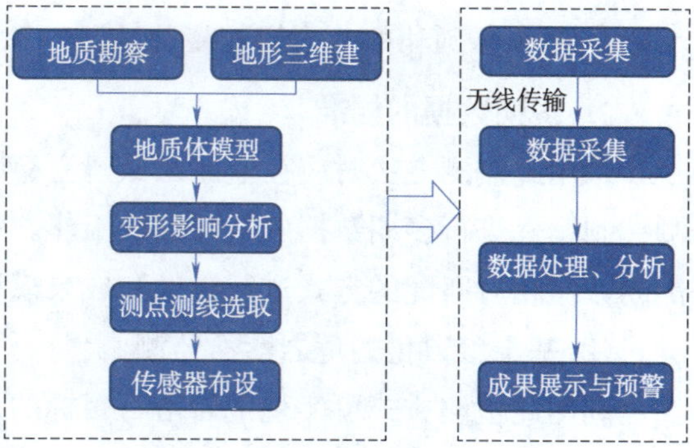

图 13-18 监测总体流程

13.4.2 基于北斗卫星定位的实时化监测

北斗卫星定位作为沉降、变形预警的重要手段之一，不仅具有连续高精度、全天候监测能力，而且可以直接获取铁路路基高边坡滑坡地表三维矢量变形的量，如图 13-19 所示。

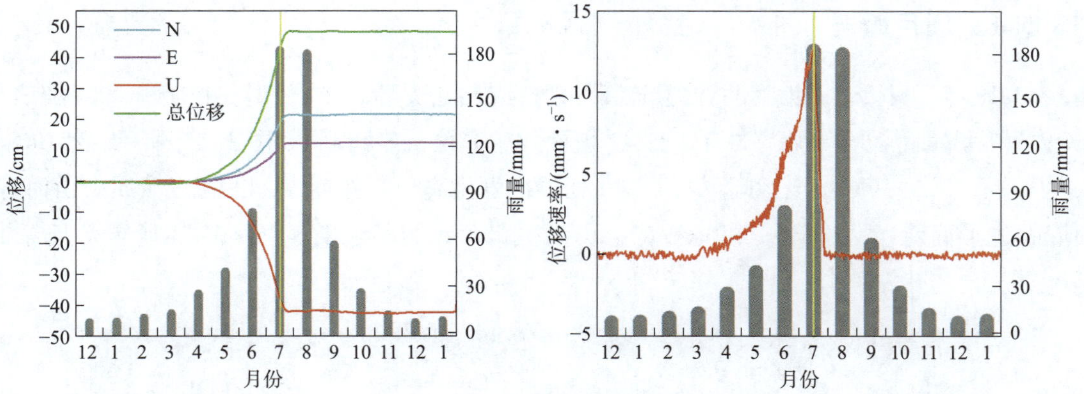

图 13-19 监测点曲线图(成功预警，防止了滑坡的发生，2016/12/01—2018/01/31)

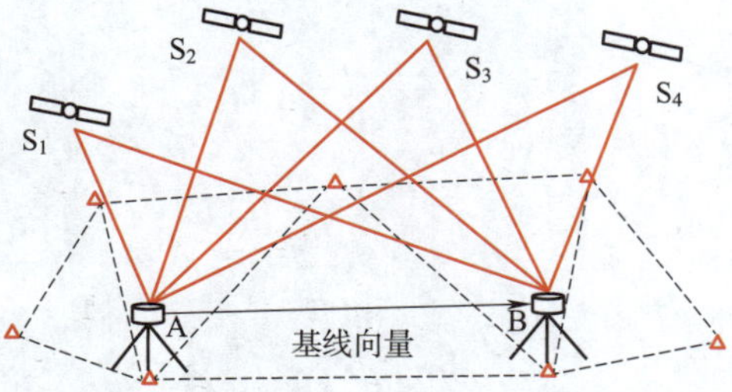

图 13-20 静态相对定位监测原理

布设方案如下：通过在监测区域内安装北斗监测站，变形区域外的稳定区域内安装基准站，数据实时回传解算软件，静态解算后得到监测点的位移变化值，从而达到测量监测站位移量的目的。静态相对定位监测原理如图 13-20 所示，图中 A、B 指两台 GNSS 接收机，其中一台安置在稳定区域内另一台安置在变形区域内；AB 连线为两测站基线向量。S_1～S_4 指向两接收机发射信号的 4 颗卫星(可接收信号的卫星数量不少于 4 颗)。现场观测墩如图 13-21 所示。

图 13-21 现场观测墩

13.5 工程案例

13.5.1 项目概况

2019 年 7 月 28 日凉山州甘洛县连降暴雨造成成昆铁路 K310＋857～K311＋000 两条冲沟内爆发坡面型泥石流病害、K311＋140 坡面发生高位浅表溜坍，如图 13-22 所示。2019 年 8 月 14 日 12 时 35 分，该区间 K310＋40 处再次发生高位岩体崩塌。灾害区域属中山河谷地貌，地形高陡，海拔高程 1 120～1 650 m，高差 530 m，自然坡度 35°～60°，属地质灾害高风险区域。

图 13-22　成昆铁路 K310 地质崩塌病害段

K310＋668～ K311＋232 线路区段位于岩岱 1 号隧道出口至岩岱 3 号隧道进口之间，段内以路基及桥梁形式通过，共有桥梁 2 座，合计 156 m，其余段落为路基。崩塌体沿线路方向宽度平均 70 m，后缘与线路高差约 200 m，方量达 3 万余 m^3。

该病害段分布有马拉哈断层、次生支断层-马厂断层、阿比依断层。地表上覆粉质黏土、碎块石土，下伏基岩为白云岩、灰岩、砂岩。该区域地震动峰值加速度为 0.15g，对应地震基本烈度为Ⅶ度。在“5·12”“4·20”两次四川大地震中，甘洛县均为重灾区，两次地震对甘洛县整体地质环境影响较大。综上所述，地震造成病害坡体整体稳定性降低，再加之连续强降雨入渗增加坡体自重且软弱岩体结构面，诱发了本次高位崩塌突发灾害。

13.5.2　空天地一体化监测方案

为保障区域的运营安全，构建空天地一体化数据融合的监测预警系统与终端。灾害监测系统由中心系统、现场监测设备和传输网络组成。中心系统主要包括硬件设备(服务器、存储设备、网络及安全设备、监测终端等)与软件系统(操作系统、数据库、业务应用软件等)；传输网络包括通信专用传输网络和现场数据传输网络，该监测系统整体架构如图 13-23 所示。首先采用三维倾斜摄影测量手段对整个灾害区段进行航拍，以准确掌握高位隐蔽灾害点情况，指导后续传感设备布设；然后通过地基 SAR 对坡体整体变形情况进行扫描，确定潜在变形发展区域，进而结合三维地形及现场踏勘，有针对性地布设北斗监测站及裂缝计等相关坡面变形监测设备；最后在坡面和轨道附近布设具有异物入侵探测功能的智能视频识别设备，用以对上道侵限实时报警。

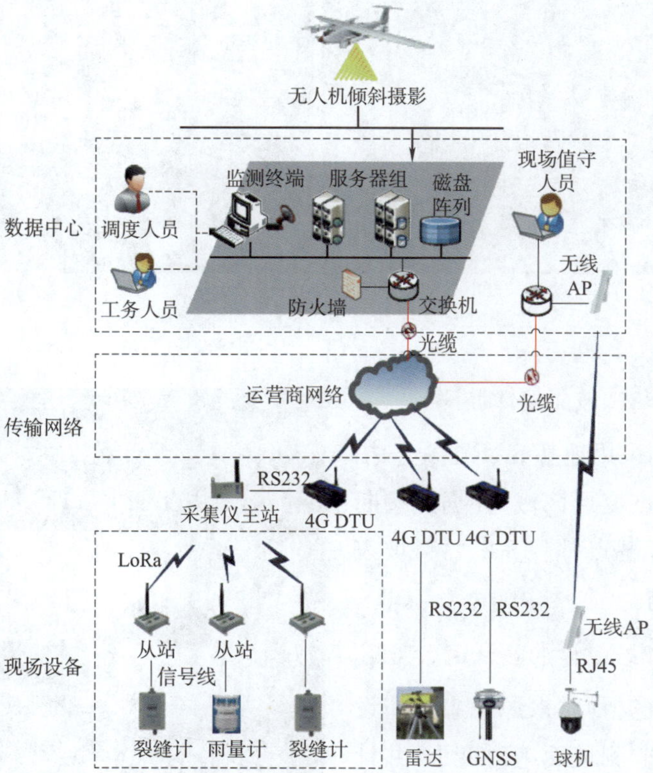

图 13-23　监测系统架构

13.5.3 方案实施

分别按照无人机倾斜摄影、地基雷达、视频、裂缝计、北斗顺序完成了各项监测实施，具体实施情况如下。

1. 基于无人机倾斜摄影的灾害点的判识

采用无人机对崩塌坡体进行倾斜摄影航拍，通过对三维影像的人工对比分析(图 13-24)，及时发现新增高位隐蔽灾害点。

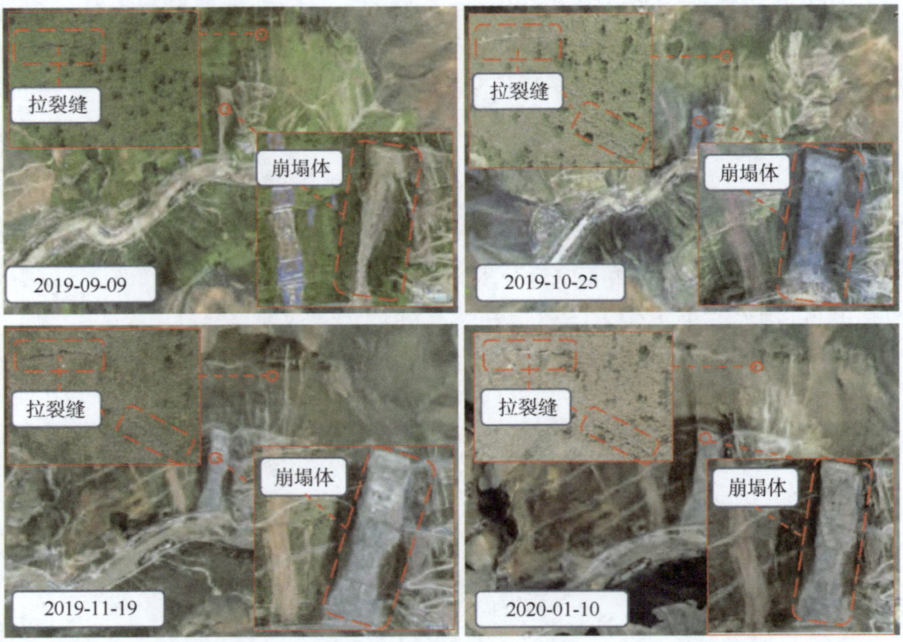

图 13-24　基于无人机实景三维的区域监测

2. 基于地基 SAR 坡面整体监测

坡面整治期间采用地基 SAR 雷达扫描整个坡体，确定重点变形区域，并据此按断面划分布设反光标靶点(图 13-25)，对坡表位移开展变形监测。

图 13-25　地基 SAR 坡面监测

3. 基于北斗和裂纹计的区域定点监测

在坡体存在致灾物质来源隐患处布设北斗监测点，用以监测坡面绝对变形，共计布设 4 处；在 1 区崩塌体后缘及 2 区坡面裂缝发育地段布设裂缝计，用以监测重点区域裂缝、错台变形发展情况，具体布设点位如图 13-26 所示。

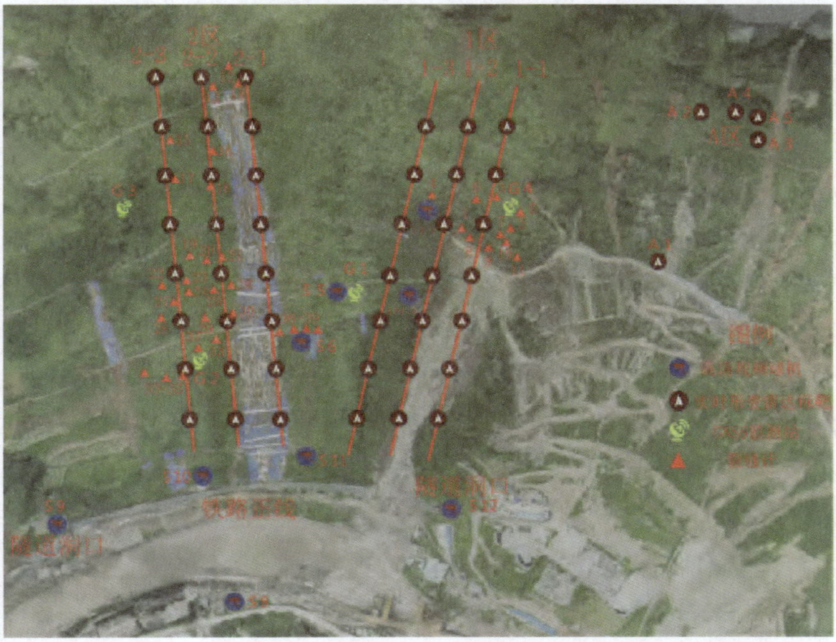

图 13-26　基于北斗的形变监测

4. 基于定位视频的异物入侵监测

沿线共计布设 12 台高清球机开展实时监测，基于深度学习框架，实现了具有多线程和目标定位的视频识别，从而对侵入轨道的物体精准识别（图 13-27），辅助相关部门及时发现险情。

图 13-27　基于视频的异物侵线识别

第 14 章 运营监测技术展望

为了满足列车高速运行和繁重运输任务要求，确保高速铁路安全可靠，对各种设备服役状态准确评价、变化规律趋势分析和安全风险预警能力提出了更高要求。工务、电务、供电（简称工电供）检测监测技术经过多年发展取得了长足进步，分别建立了工电供专业检测监测系统，自主研发能力不断增强，并形成了一套行之有效的检测监测数据分析和成果应用制度、办法和措施，为保障铁路持续安全运营发挥了重要作用。但随着大规模的高速铁路运营及技术的发展，仍然存在一些问题亟待解决，本章重点对高速铁路运营智能检测监测体系框架、智能监测技术、数据聚集与智能决策技术、工电供基础设施综合监测和维修集成管理技术、规范标准体系建设方面内容进行展望。

14.1 运营监测技术亟待解决的问题

为确保高速铁路安全可靠，满足列车高速运行和繁重运输任务要求，必须采用先进的管理理念和技术手段加强铁路基础设施检测监测工作，以全面动态掌握基础设施运用状态和变化规律，为科学养护维修提供技术支撑。

近年来，在“强基达标、提质增效”背景下，对设备运用状态准确评价、基础设施变化规律趋势分析和安全风险预警能力提出了更高要求。铁路基础设施检测监测工作是实现基础设施状态全面感知，安全风险预警、设备状态准确评价、故障诊断预测、趋势变化分析，推进实施精准维修和预防性状态修，以及提高维修效率、降低维修成本的重要手段，是确保铁路持续安全运营的重要技防保障。

工电供检测监测技术经过多年发展取得了长足进步，分别建立了工电供专业检测监测系统，自主研发能力不断增强，并形成了一套行之有效的检测监测数据分析和成果应用制度、办法和措施，为保障铁路持续安全运营发挥了重要作用。虽然各专业体系正在逐步完善，但与目前运营实际需求相比还存在一定差距，主要表现在：

基于运营列车的工电供在线监测技术需进一步提升，监测项目覆盖范围及集成度、配备模式仍需不断完善；车间和工区结构检查还需依靠人工视检，效率低、占用天窗多，缺少快捷高效的检测装备；钢轨探伤、路基隧道、地质雷达等无损检测设备智能化水平不高，需要大量人工判读，效率不高；工电供实时监测设备可靠性、标准规范系统性、监测项目覆盖全面性有待提升；缺少铁路周边环境的快速监测手段和设备；缺乏与运营列车在线检测系统的数据共享和集成分析机制；检测监测数据采集、传输、存储能力不足，跨专业信息不能共享，数据孤岛现象严重；数据分析、深度挖掘和应用不足，决策分析手段单一，不能适应工电供设备的预防性状态修和精准维修发展方向。近年来，极端恶劣天气和地质灾害频发，铁路面临更多复杂地质、气候、自然环境的考验以及出现的新情况、新问题，现有的各专业检测监测系统已不能完全满足铁路高质量发展要求。

由以上差距表现来看，高速铁路运营监测技术需要从以下方面加以改进完善。

1. 技术体系建设有待完善

为更好地适应高速铁路发展，为高速铁路检测监测工作规划和实施提供指导，应根据"以运维需求为导向，实施全面检测监测、科学分析、准确评价、超前预警，指导精准维修"的构建原则，完善基础设施检测监测体系。智能铁路是铁路运输必然的发展方向，我国已提出智能铁路技术体系，智能运维是智能铁路的重要组成部分，通过人工智能、物联网、大数据、北斗、5G 等先进技术的应用，提高检测监测装备智能化水平，建立智能检测监测技术体系，提升铁路线桥隧基础设施及自然环境等的状态感知，掌握基础设施劣化机理及演变规律，实现预测性维修，提高养护维修效率，降低运维成本，实现设备故障预测、预警，突出超前防范，整体提升铁路运行安全保障能力。

高速铁路基础设施智能检测监测体系，应以安全和运维需求为导向，面向基础设施检测监测对象，在既有专业检测监测系统基础上与时俱进、继承创新，符合系统性、专业化、适用性、经济性等原则，研究以实时监测、定期检测为主导的高速铁路基础设施检测监测体系框架，包括智能检测监测技术、数据平台及应用等主要内容。系统性方面，坚持工电供多专业统筹规划、整体部署、全面覆盖、深度融合，充分利用多种检测监测手段的组合优势，发挥整体效应。专业化方面，加强专业检测队伍和专业数据分析队伍建设，加强集约化管理，提高检测质量和劳动生产率。适用性方面，依托检测监测、运营维护、外部环境等全方位数据，按照基础设施分级分类管理要求考虑设备等级和运用环境差异，制定差异化检测监测模式，为推进实施预防性状态修、精细化管理和精准维修提供技术支撑。经济性方面，立足自主创新、运用现代化信息技术，推进检测监测设备统型和功能融合共享，提高检测监测装备集成度和智能化水平，合理规划检测监测设备部署和运用，减少重复投入，提高体系运转效率。

2. 动、静态检测监测需要进一步结合

目前动态为主、静态为辅模式，向动静结合、动静融合、动静一体方向改进。高速铁路运营监测从各类分散的单独系统向综合运营监测、覆盖全路的综合化、网络化、智能化系统发展，从定性和传统经验管理向定量化科学管理发展，从静态检测向动态检测、综合检测融合发展，形成系统、智能的动静态综合检测监测系统。

3. 多手段、多系统需要加强融合

各种监测手段、监测系统在统一融合、共享共用方面还存在一定的数据壁垒，需要化解信息孤岛，不断提升数据管理的信息化水平，加快大数据技术在检测监测数据分析中的应用，加强大数据挖掘和深度分析力度，丰富数据分析方法，实现设备故障诊断和预判预警功能，为基础设施预防性状态修和精准维修提供科学管理和维修决策支持。监测与BIM技术结合，建立施工和运营铁路设备设施等BIM模型，将监测数据与实际的监测对象、监测位置紧密结合进行展现，可以更直观地对监测数据进行把控。与数值模拟技术结合，将监测到的参数实时输入数值模拟模型，实时反馈数值模拟结果，根据结果进行预警，提高综合预警能力和准确性。利用大数据技术和人工智能(AI)技术进行智能预警，从自动监测预警的层次提升到智能监测预警的层次。融入大数据和人工智能等技术手段充分挖掘数据价值，开展病害知识表征研究，基于大数据样本建立典型病害的知识图谱。研究数据和机理驱动的混合建模技术，实现轨检等时序数据的智能分析，提高结构健康的综合诊断和预测能力。借助智能图像挖掘算法实现机器为主、人工为辅的病害分析和诊断。针对高速铁路长期运行出现新的病害和问题，研究建立新的评价方法，完善评价体系。研究基础设施全生命周期管理分析平台的关键技术，实现全寿命周期的健康管理。

4. 实时性、智能化、可靠性需要提高

监测数据采集从沉降、平面变形的一、二维向实时三维，从接触式监测方式向非接触式监测方式发展，从静态监测向移动监测方向发展。数据从测量点、线路平纵断面线、线路地形图等几何元素向高密度空间三维、点云、三维可视化以及设计模型的构建方向发展。实现监测设备高可靠、易维护、检测数据实时传输等功能，监测要素、图形、图像、通信和数据处理分析能力进一步加强，实现基础设施状态高频适时、安全可靠监测。

5. 监测技术方法需要不断创新

伴随着新一轮科技革命，云计算、大数据、物联网、移动互联、人工智能以及传感技术飞速发展，必将催生检测监测技术新的变革。比如光纤光栅监测、巡检机器人、视觉自动化监测技术，很多技术是对传统监测手段的彻底颠覆，值得行业去探索应用，积累经验。面对机遇和挑战，需将现代传感技术和信息技术与高速铁路基础设施检测监测工作深度融合，提高检测设备自动化、智能化水平。

14.2 智能检测监测体系框架

高速铁路基础设施智能感知体系框架应以设备安全和智能运维需求为导向。结合既有综合检测车、钢轨探伤、雷达检测等移动检测，静态检测、固定监测技术的应用现状，针对检

测监测、数据管理、病害库、设备状态评估与运维决策等方面存在的薄弱环节，融合应用北斗、人工智能、物联网、5G、大数据分析等先进技术，以移动检测、实时监测为主导，搭建基于空天车地一体化智能感知体系框架，实现线路基础设施“自感知、自诊断、自评估、自决策”的目标。通过研发桥梁智能巡检机器人、隧道智能检测车、线路全天候检测车、空天遥测与无人机巡检等新型智能化感知系统以及既有检测监测装备智能化提升技术，实现线路基础设施自感知与自诊断。基于 BIM、GIS、云计算、大数据等技术，研发实景三维铁路智能运维平台（图 14-1），建立数字化、可视化的高速铁路线路设备智能感知体系框架，具备检测监测数据资源管理业务处理和应用展示等功能，实现多专业融合、多维度、全寿命周期的线路设备精细化运维管理。

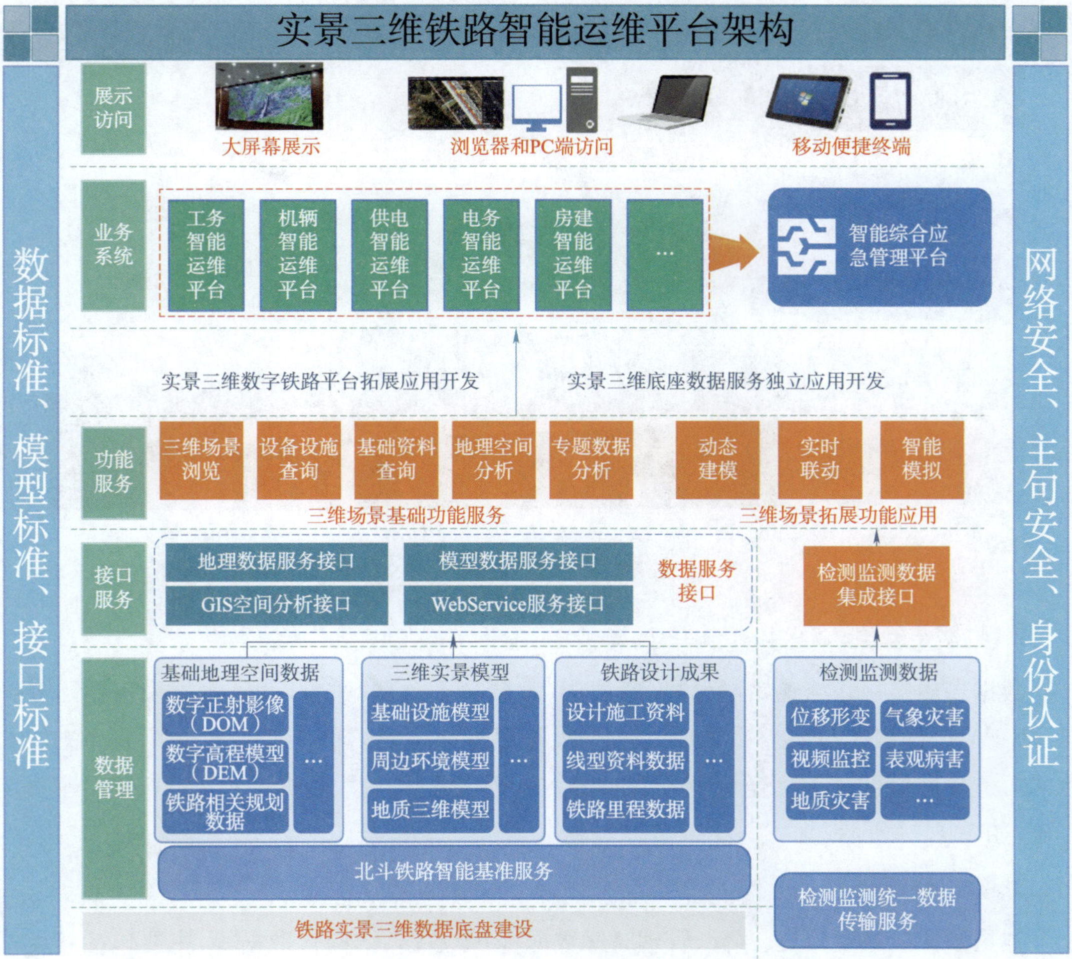

图 14-1 实景三维高速铁路智能运维平台

高速铁路智能感知体系框架可分为智能感知层、数据传输层、数据资源层、大数据平台层、应用层，该系统可实现多专业融合、多维度、全寿命周期的线路设备智能感知与运维决策，推进线路设备由周期修向状态修转变。

1. 智能感知层

铁路基础设施由于列车动力、运行、电力等动态往复荷载作用以及严寒、风沙、雨雪、冻融、腐蚀等恶劣自然环境与复杂地质条件的共同作用，造成其运行状态不断发生变化。应用卫星遥感、北斗、无人机、人工智能、云计算、大数据分析等技术，空天车体一体化智能监测技术是实现线路设备全面感知、实时诊断、安全预警智能运维决策的前提和重要手段。空天车地一体感知技术按类型可分为空天车地、移动检测、地面固定监测、人工检查四大类，如图 14-2 所示。

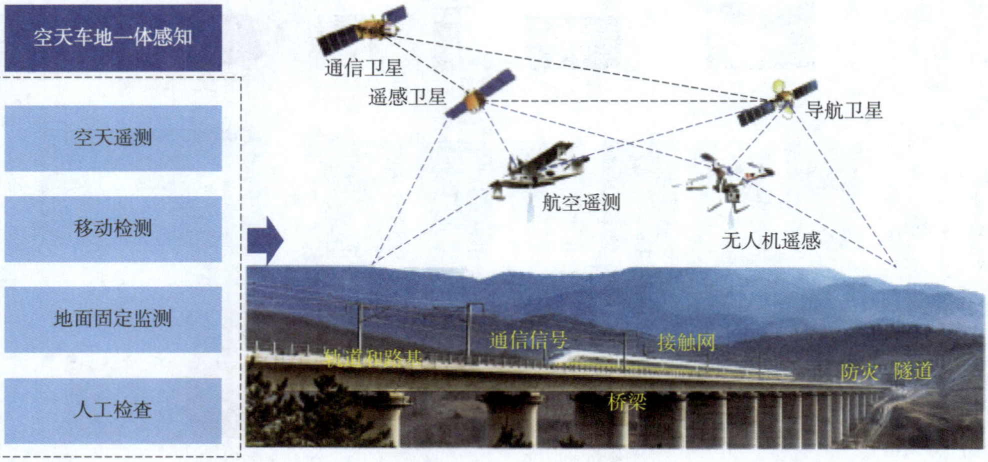

图 14-2　高速铁路基础设施感知层示意

2. 数据传输层

数据传输层是联结感知层、数据资源层（大数据平台）的纽带，其传输层采用铁路专网(LTE-R)、公网(4G、5G、6G)、车地无线传输、卫星通信等无线和有线传输方式，将感知层获取的海量数据信息，及时安全传输至各业务数据管理系统，为大数据平台数据归集共享奠定基础，如图 14-3 所示。

3. 数据资源层

数据资源层主要归集、存储、管理时序数据、图像数据、结构化数据等，主要包括各类检测监测数据和基础设施台账数据、病害样本数据、外部数据（维修、运输和环境数据等）等。通过传输层，将检测监测数据、业务信息数据和外部相关数据进行汇集、存储、治理和有效组织，为大数据平台分析应用提供数据源，如图 14-4 所示。

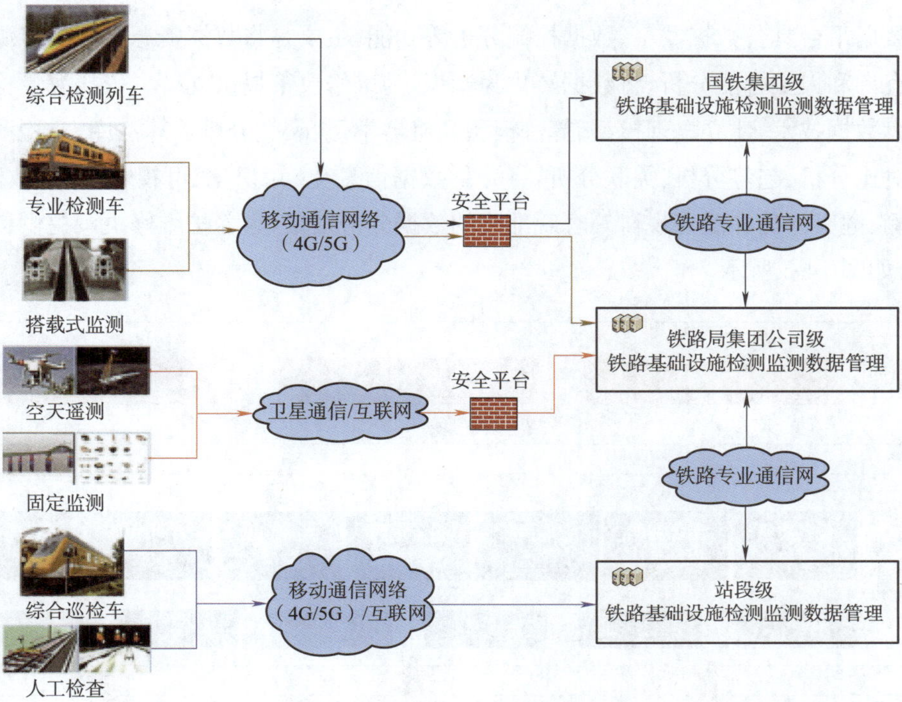

图 14-3　检测监测数据传输示意

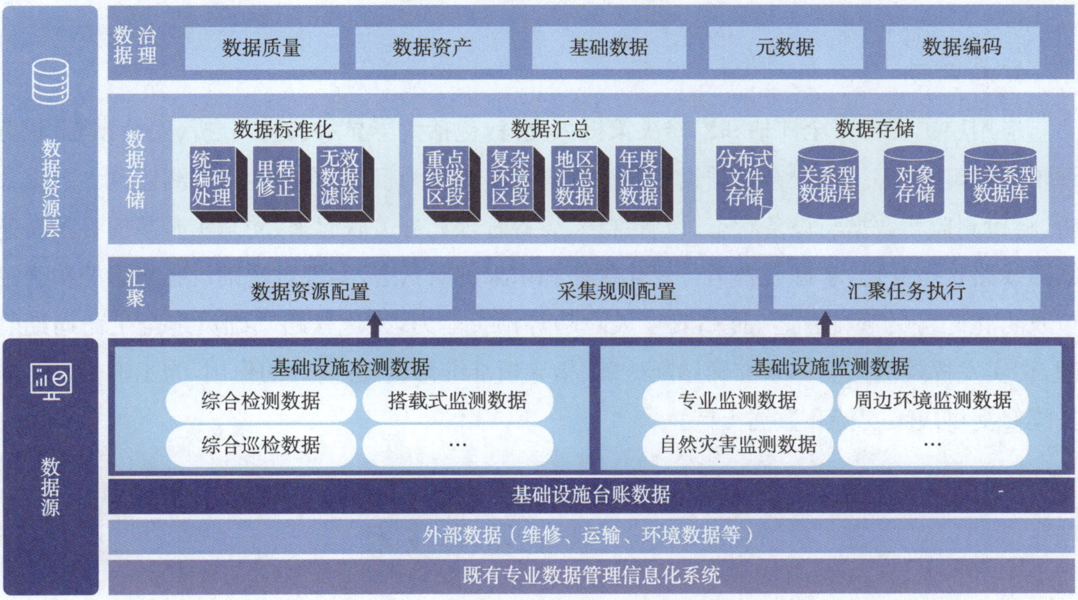

图 14-4　数据资源层示意

4. 大数据平台层

大数据平台具备数据共享、数据挖掘分析等功能，主要是将数据资源层中的多源数据通过统计查询和人工智能分析，将数据转化为知识，为维修决策提供支持。依托海量检测监测数据和大数据技术，建立机理模型、算法模型和机器学习、聚类分析等算法库，对检测监测数据进行对比分析、趋势分析、关联分析，将海量数据信息化、知识化、可视化，输出故障诊断、故障预测、健康评估和演变规律等客观准确的数据分析结果，为养护维修决策提供科学的数据支撑，如图 14-5 所示。

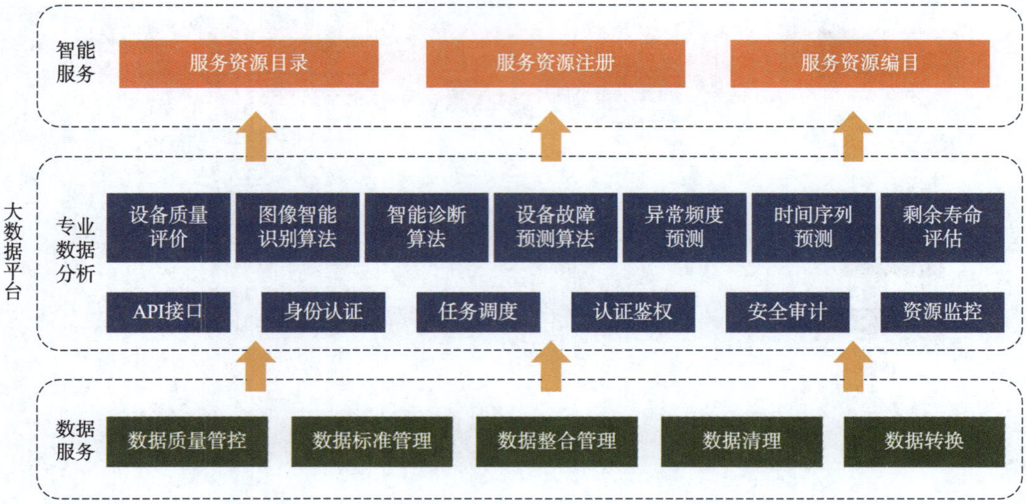

图 14-5　大数据平台示意

5. 应用层

应用层主要为安全评估和维修决策提供支持，包括大屏显示、趋势分析、安全预警、状态评价、维修建议等。以提升基础设施养护维修效率效益为目的，充分运用检测监测大数据分析，将检测监测数据与设备状态、设备维护、设备管理充分关联起来，动态实时掌握各条高速铁路线路状态变化，掌握设备运行变化规律和未来健康状态，实现对基础设施隐患的精确定位及劣化趋势的超前预警，提高安全风险趋势预警能力，推进铁路基础设施全生命周期管理，切实发挥检测监测体系准确诊断故障、指导精准维修、服务高效的作用，为工电供设备养护维修提供决策支持和数据支持。

14.3　智能监测技术

伴随着新一轮科技革命，云计算、大数据、物联网、移动互联、人工智能以及传感技术正飞速发展，这必将引发检测监测技术新的变革。面对机遇和挑战，如何将现代传感技术和信息技术与高速铁路线形维护测量工作深度融合，提高监测设备自动化、智能化水平；如何充分运用大数据技术，认知和掌握高速铁路线形变化规律，科学制定针对性的维护策略，提升养护维修的预见性、精准性、经济性；如何发挥高价值移动检测设备运用效能、推动检测资源集约化使用，降低检测装备对运输资源的占用；如何推进智能高速铁路战略，这些都是检测监测技术未来发展和研究的方向。

14.3.1 监测基准动态智能维持技术

目前高速铁路测量基准平面控制网（CPⅠ）、线路平面控制网（CPⅡ）和高程控制网，受周边环境和地质条件变化、维护周期长等影响，缺乏时空动态信息、现势性差，难以维持而且长期高精度，无法满足未来高速铁路运营维护实时高精度起算基准的需要。随着测绘技术的发展，北斗/GNSS 卫星导航定位测量可提供精确、稳定、可靠的三维基准，因此，未来高速铁路运维在三维基准自适应动态维持方面需要有更大的突破，建立全国铁路时空基准框架动态维持技术势在必行。

平面基准维护方面，需研究建立全国高速铁路北斗/GNSS 地基增强 CORS 系统，为高速铁路基础设施检测监测提供高精度、三维、动态的现代化测量基准，地基增强 CORS 网是维持全国或区域高速铁路高精度、动态、三维坐标基准的现代基础设施，将成为全国高速铁路维护基准体系框架、基于 GIS 设备管理一张图、检测监测一体化管理的核心。

高程基准维护方面，目前采用常规水准测量的方式其维护工作量相当大，而 GNSS 获取的三维坐标大地高分量和工程需要的水准高之间的差异，需要有高精度的似大地水准面转换才可以实现。由于目前高程转换精度的问题，限制了北斗/GNSS 真正三维坐标的发挥。近年来，卫星全球重力场建立已经形成成熟的理论和技术体系，对全球重力场的建立作出了重大的贡献，高精度、高空间分辨率和高时间分辨率依然是对地球重力场探测始终不变的要求。一旦拥有了高精度的卫星重力信号，进行探测进而代替地面重力测量。随着卫星重力探测技术的不断向前发展，全球地球重力场模型精度和分辨率也在日益提高，高速铁路高程基准现代化也一定是未来发展的必然，只要似大地水准面能达到相应的分辨率和精度，GNSS 测量结合似大地水准面数值模型就可能代替繁重的几何水准测量工作，需进一步研究铁路似大地水准面精化技术，实现 GNSS 高程转换高精度，为全国高速铁路建立稳定可靠的数字高程基准。改变建造基岩点及使用精密水准测量维护模式，建设覆盖高速铁路线路的高精度北斗地基增强系统，建立线路带状高精度精化大地水准面模型，为高速铁路提供稳定可靠动态可维持的高程起算基准是未来的研究新方向，以实现基准维护和运营监测的准适时或动态联动、数据共享等。

14.3.2 线路设备空天车地一体化智能监测技术

融合应用既有综合检测车、钢轨探伤、雷达检测等移动检测和静态检测技术，建立高速铁路线路设备监测对象（轨道、桥梁、隧道、路基、环境灾害）各实体要素的空天车地一体化检测监测技术架构，如图 14-6 所示。

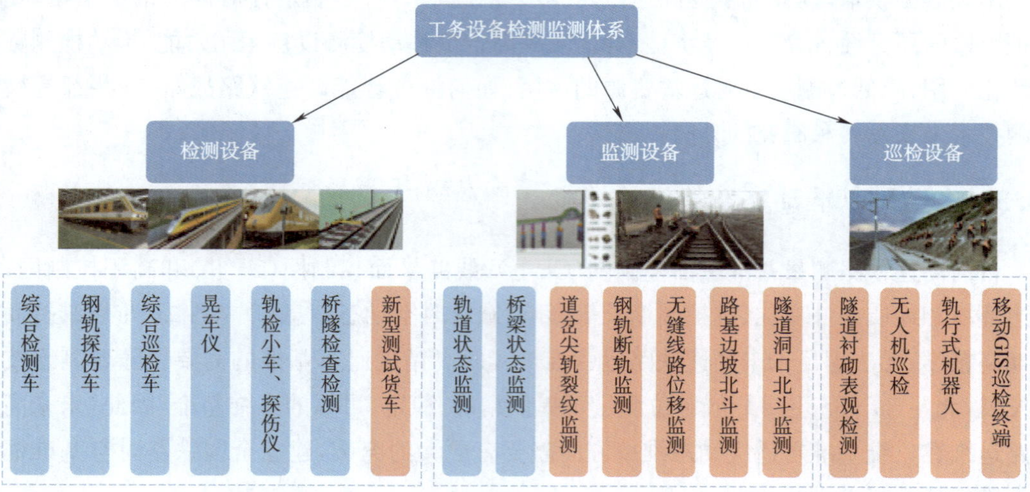

图 14-6　线路设备空天车地一体化智能检测监测架构

（1）“天”基平台灾害与地表变形监测技术

高速铁路线路跨度大，沿线地质地形复杂，应用“天”基平台是实现大区域地质灾害、大范围地表变形监测最直接有效的手段之一。“天”类星载平台监测技术包括了合成孔径雷达干涉测量（InSAR）、北斗/GNSS 定位、高分辨率遥感卫星等。

随着空天地一体化技术的逐渐成熟，卫星数量越来越多，重访周期越来越短，卫星遥感数据分辨率越来越高，人工智能技术取得新的突破，本业务可以取得较大的发展，主要发展方向包括：

①基于深度学习技术利用高分辨率遥感航测数据及矢量采集成果数据开展铁路沿线外部环境风险源全自动化识别建档。使用人工智能技术，对卫星遥感数据实现全自动化的隐患提取，替代目前人工＋机器学习的相关技术方案，极大地提升铁路外部环境建档效率。

②开展铁路外部环境监控视频智能识别方面的应用，结合实时视频流的目标跟踪与变化检测测试，开展对铁路沿线固定目标识别检测、自动化监测棱镜报警标注与跟踪研究，根据人工智能算法实时监测视频场景中的人员及动物动态，结合地理信息分析技术判断是否有越界或其他违规行为，对违规操作进行报警，研究与自动化监测设备、地灾监测设备的联动，实现监控设备信息接入、联动控制、自动巡回检测等功能业务化运营。

以铁路外部环境遥感监测为基础，研究融合工务、电务、供电、土房、安监、保卫、经开等多个专业全路层面的铁路周界防护管理方案，为全路提供铁路外部环境、防洪监测、安保巡防、防洪排查、用地监管、应急抢险等智能化服务。对于跨度大、地质复杂的高速线路，周期性的区域地面沉降监测对铁路安全运营有较高的预警分析作用，可为铁路不平顺检测监测提供辅助支撑和问题源头的证明材料。除传统区域沉降监测手段之外，凭借着无接触、人工参与程度低、高回归周期、高空间分辨率、高形变灵敏度、全天候等技术优势，基于星载 SAR 数据的广域沉降监测技术是未来区域沉降监测的技术发展方向。随着中国 SAR 卫星、北斗、人工智能、6G、云计算和大数据等高新技术的发展，InSAR 技术也逐步进入了发展的快车道，未来的发展方向主要有：

①近两年中国发射了陆探 SAR 星座、航天宏图一号 SAR 卫星星座、四维高景二号卫星星座、绵阳星座等干涉 SAR 卫星，不同成像模式、不同波段的国产 SAR 卫星数据在区域沉降监测中的处理方法、应用场景和精度验证是今后亟待研究的问题，这将为高速铁路沿线区域沉降监测提供更为丰富的数据源和技术方案。

②随着我国高速铁路广域监测的需求增加，以及人工智能、云计算和基于 GIS 平台的大数据技术发展，将为 InSAR 超算平台和高时空 InSAR 监测成果解译分析提供契机和技术支撑，从而提高大区域 InSAR 数据处理的效率、提升 InSAR 监测成果与多源数据融合分析的深度和水平；北斗和 InSAR 技术在技术原理上有一定的相同性，两者融合弥补了高速铁路沿线区域沉降监测的短板，也为高速铁路沿线高时空大数据监测提供了技术方案。进而为全国铁路沿线区域沉降监测和灾害应急提供更快速的成果和决策支撑。

(2)“空”类环境状态感知与病害巡检技术

它要包括机载激光雷达技术(LiDAR)、无人机摄影等。可进行铁路沿线三维激光扫描、高精度数字地面建模、高精度(厘米级)的垂直测量和倾斜测量，同时结合人工智能以及深度学习等技术，可用于重点区域灾害筛查以及线桥隧病害巡检。

(3)“车”类移动检测技术

它主要指以各类检测车运营货车为基础载体，通过安装各类传感器、数据采集和分析处理系统对线路设备的状态进行实时检测。需重点研发测试货车、隧道检测车 、桥梁巡检机器人等智能化移动检测装备，研究基于动力响应的轨道几何状态评估、钢轨廓形评估等既有综合检测系统功能提升技术。

(4)地面基础设施监测技术

针对线路设备重点区段，研发道岔尖轨、路基边坡、隧道洞口、小半径曲线轨道等长期监测技术，提高设备安全监控能力。考虑既有检测监测技术应用情况，进一步研究适用于高速铁路的北斗技术＋空天卫星无人机技术、移动检测、地面检测等低功耗、高灵敏度、宽量程、易维护、高耐久性等智能感知技术，实现线路设备智能感知与诊断，提升设备安全服役性能。

14.3.3　移动监测技术

(1)线路检测车

研发应用自发电和智能数据采集、诊断装置，研究基于动力响应的线路病害智能评价和数据治理系统，可对轨道短波病害、轨道几何不平顺和结构病害等进行智能检测和诊断，实现线路设备全天候、全工况的检测评估，保障运输安全。主要智能化功能包括：

①应用 GNSS、IMU 和动力性能综合定位等技术，实现病害精准定位。

②应用低功耗传感器、轴端自供电、智能采集和车载处理终端，实现线路病害的智能采集与诊断。

③智能识别并量化评估钢轨表面波磨、擦伤、辙叉掉块等短波不平顺，为轨道病害识别、针对性整治措施的制定提供依据。

④智能识别轨道不平顺和典型基础病害，评价列车运行稳定性和运行品质，实现线路病害全天候实时检测，保障运输安全。

(2)智能检测车

基于线阵成像和激光扫描技术研制隧道衬砌表观状态快速采集系统，构建隧道衬砌典型病害样本库，基于深度学习技术实现病害的自动识别和特征提取。应用 BIM 模型实现病害的三维展示，研发隧道衬砌病害数据管理平台，具备病害特征、图片、限界等多源异构数据的集成管理以及病害的历史对比分析等功能，实现隧道表观和限界的无人化、快速移动巡检提高检测效率，大幅减少巡检人员。检测车可实现隧道衬砌表观、基底、限界等全面检测。主要智能化功能有：

①实现隧道衬砌表观裂缝、掉块 渗漏水、夹块挂冰及限界的智能检测与识别。

②高分辨率图像快速采集，可实现 100 km/h 速度内清晰成像和速度变化时图像的自适应成像。

③实现隧道裂缝、剥落(掉块)渗漏水等多种类型和多种尺度(0.1～1.0 m)衬砌病害的智能识别和特征提取。

④基于异位激光检测技术实现道床状态采集和厚度的智能识别。

⑤应用激光扫描技术获取隧道衬砌三维点云，实现隧道限界智能检测与分析。

(3)无人机智能监测设备

应用无人机、三维激光、高清摄像等，研发包含飞行平台、病害智能识别、数据管理等功能的线桥隧一体化无人机巡检系统。构建线桥隧典型设备病害库。应用图像识别和机器学习技术，开展病害智能识别。实现条件艰险地段高墩桥梁结构、隧道洞口高陡仰坡、路基等区段的智能巡检，提高检测效率，降低巡检人员工作风险。主要智能化功能包括：

①巡检路径智能规划。精确获取地理坐标，辅助飞行人员对不同设备进行巡检路径规划，与 BIM+GIS 模型结合，直观呈现巡检路径效果。

②病害智能识别。实现混凝土梁裂缝、伤损，钢板梁主外立面、上平联顶面钢构件锈蚀、螺栓构件缺失，隧道洞口仰坡危岩落石、坡面防护和排水结构病害，路基边坡、支挡结构、排水设备等病害的智能识别。

③巡检数据管理平台。具备航迹规划、飞行管理、数据管理等功能，实现业务流程、无人机检测数据一体化管理。

14.3.4　固定监测技术

随着测绘新技术和大数据、物联网、人工智能、传感技术的融合发展，沉降变形监测仅依靠传统的大地测量手段已经难以满足需要，监测仪器设备应向自动化传感器及实时监测方向发展，使用光纤、微机电等各类传感器，北斗、遥感、视频影像等多手段、多系统交叉融合应用，并综合多种监测技术和手段，以实现快捷适时、自动化、智能化、网络化监测。

1）基于北斗的路基边坡和隧道洞口仰坡监测

针对高速铁路高陡边坡、易受洪水冲刷区段边坡以及重点隧道洞口仰坡，应用北斗融合多传感器高精度定位技术。布设地表位移监测网，实时监测路基边坡和隧道洞口仰坡稳定性。通过实时监测地表位移，结合形变速率、累计形变量等指标进行分级预测预警。

2)隧道监测

随着中国经济的发展，西部地区铁路建设规模逐年加大，高海拔、高烈度地震区、大埋深超长铁路隧道将越来越多，隧道建设可能面临硬岩岩爆、软岩大变形、高地温、活动断裂、超高压富水断裂等不良地质问题，隧道变形监测技术发展有待进一步突破。另外，近年来，随着劳动力成本的不断提高，隧道现场监测技术人员数量逐年减少，隧道工程变形监测“以机代人”成为现实需求，少人化甚至无人化是未来隧道工程变形监测发展的必然趋势。就隧道变形监测技术的发展而言，主要包括以下三个方面：

(1)洞内洞外分级处理

随着铁路隧道数量的日益增长，隧道检测和检测数据随之增加。对于隧道围岩和衬砌这些复杂结构，企图使用单一方法查明隧道实际情况是不现实的。单一技术存在一些弊端，干扰因素较多且精度不够，因此，需要多项检测与监测技术相互补充和相互印证，这使得数据量更加庞大。如何高效地传输这些海量的检测监测数据是需要解决的问题。

根据隧道现场实际情况，采用基于物联网的通信技术，将监测数据传输过程分为隧洞内和洞外两部分，如图 14-7 所示。由于隧道内信号非常弱或者无信号，因此，在隧道内传感器和检测设备通过光纤或无线组网技术，将数据传输到洞内综合洞室。然后通过 GPU 服务器进行一级初步处理，去除冗余，提炼有用数据，缩小数据量。再通过洞口 RTU 基站，借助目前最先进的 5G 通信技术，将缩小后的监测数据快速上传到云处理平台进行二级最终处理。

(2)人工智能识别

大量的隧道检测与监测数据靠人工识别耗时耗力，而且检测结果依据经验因人而异，有失客观性。通过人工智能实现数据快速识别能有效解决这一问题。人工智能包括深度学习、数据挖掘和大数据平台三个部分。深度学习是指利用已经验证的检测与监测数据与对应的结果，采用人工神经网络、蒙特卡洛树搜索等方法对系统算法不断训练，形成类似人脑的神经网络“大脑”，再对后续检测与监测数据自动识别。数据挖掘是指根据通过统计分析、情报检索、专家系统、机器学习等方法从目前已有的海量监测数据中搜索隐藏的隧道潜在风险和病害。大数据平台是指利用广泛的计算机网络，采用分布式计算架构，依托云计算的分布式处理、分布式数据库、云存储、在线识别、可视化等技术，实现检测与监测数据快速处理、实时反馈。

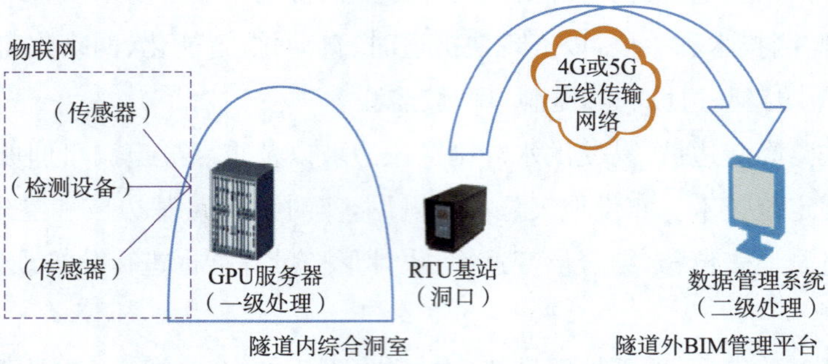

图 14-7 隧洞内和洞外网络结构

（3）系统化

铁路隧道检测与监测是一项系统工程，通过融合多项检测与监测技术，建立一套隧道健康状态智能评判系统，如图 14-8 所示。

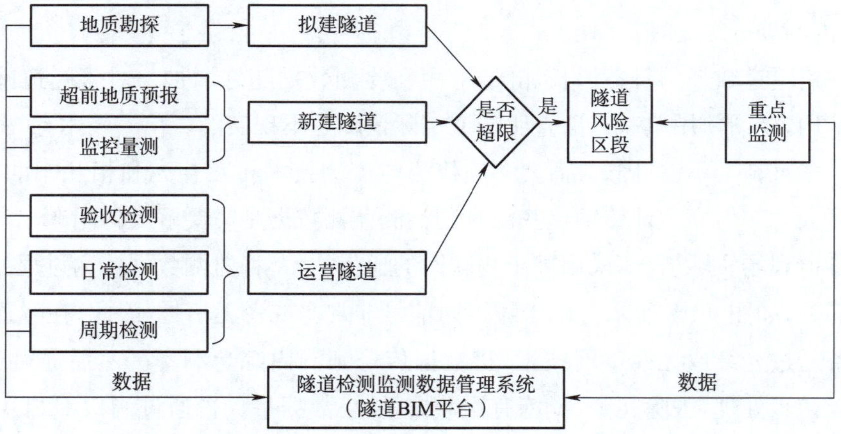

图 14-8 铁路隧道健康状态智能评判系统

依据“系统检查、重点突出”的原则，不仅涵盖前期地质勘探调研、建设期的超前地质预报和监控量测和运营时期监测工作，而且根据这些监测与监测数据确定隧道风险区段，集中对风险区重点监测。这些检测与监测数据上传汇总到同一平台上，根据隧道健康评判系统对隧道进行整体稳定性评价，同时提出合理的治理措施，确保隧道全生命周期安全。

3)站房监测

(1)传感器监测方案优化

由于铁路客站结构健康监测项目、监测部位众多,需要的传感器数量较大。传感器数量过多,不仅会提高监测系统的成本,也会导致监测数据激增,导致关键数据难以甄别,而过少或布置不合理将会导致数据不全或关键数据缺失,如何利用尽可能少的传感器获得尽可能多的结构健康信息,是铁路站房结构健康监测应用中的关键问题。站房结构健康监测可借鉴其他领域(如航空、航天等)成熟的传感器优化布置研究成果,并结合站房结构的特点,开发出适用于站房结构的传感器优化布置方案。

(2)损识别研判方法研究

大型铁路站房结构属于复杂的非线性系统,如何对结构进行准确的非线性损伤识别还有待解决。现有损伤识别方法多基于结构为线性系统的假设,而有关非线性系统的损伤识别方法还存在许多问题。在对站房结构进行损伤识别的过程中,由于受非线性因素的影响,损伤识别的准确度会降低。其中,遗传算法和神经网络对模型的精度要求不高,而小波分析则在细节刻画方面更好。因此,建议综合这几种方法对非线性损伤识别方法的研究,以提高铁路站房结构损伤识别的准确度。

(3)数据处理算法研究

数据处理是站房监测工作的基础,现阶段站房监测关注硬件系统的建设,而对后期数据的重视程度不够。健康监测系统在运行的过程中,会积累海量的监测数据,而在实际中采集到的初始数据可能存在缺陷,不能准确反映出真实的结构状态。需对数据处理算法进行深入研究,利用合理的数据处理算法对监测数据进行剔除、消冗,以得到有效的监测数据,并进一步利用这些海量数据,发展数据的分析与挖掘技术,以揭示站房结构在列车荷载、人群荷载和环境因素等耦合作用下的力学行为和演化规律。

(4)道岔尖轨裂纹监测

应用超声导波技术,研发道岔尖轨裂纹监测系统。基于道岔钢轨损伤前后导波传递特性的差异,采用小波包分解和重构算法实现尖轨裂纹智能监测与识别,实现道分钢轨裂纹实时智能监测和诊断,保障运输安全。

14.4　数据聚集与智能决策技术

应用 BIM、GIS、大数据等技术,研发工务设备智能运维系统。系统功能涵盖设备全寿命周期管理、检测监测一体化、设备状态智能评估与运维决策、安全生产管理信息化等功能。基础设施既有管理系统以数据驱动为核心,未来可实现各类设备数字化与生产流程数字化、全寿命周期精细化管理、智能运维决策和安全生产闭环管理。该系统可提高运维效率,降低运维成本,延长设备使用寿命。

14.4.1　设备全寿命周期管理

(1)基于 GIS 的线路设备一张图

将设备台账、检测监测、历史维修等数据进行时空关联,实现基于 GIS 的线路设备全寿命周期管理。通过病害空间分布、详情查询统计、维修追踪、设备健康状态评价、设备检修全过程信息追溯等功能,对线路设备全生命周期信息进行可视化管理与多维度分析。

(2)基于 BIM+GIS 的桥隧设备一张图

基于 BIM+GIS 的三维可视化一张图管理,以 BIM 模型构件为载体,高效集成桥隧设备设计图纸,建设加固改造、履历信息,检测数据等结构化和非结构化数据,实现设备信息动态更新和可视化展示、时间历程与空间分布等不同维度对比分析,以及自动生成相关报告等。应用三维 GIS 信息,融合桥梁邻近区域三维场景,实现桥隧设备三维可视化管理。

14.4.2　检测监测一体化

融合移动检测、定点监测、人工检查巡检的结构化和非结构化数据,建立工务设备数据资源池(数据库)。开展全业务数据一体化管理与应用,实现数据采集、传输、处理、存储一体化资产管理,解决既有系统的“信息孤岛”问题。开展数据挖掘与分析．实现轨道几何、探地雷达、动静态数据的多维度综合分析应用。管理系统具备数据管理、自动校验、报告自动生产、融合分析等功能,为工务设备的智能运维提供数据支撑。

14.4.3　智能状态评估、预测预警与运维决策

以运维需求为导向,实施“全面检测、科学分析、准确评价、超前预警,指导精准维修”原则,做到动态为主、静态为辅,提高劳动生产率。实现数据统一管理、共享应用,发挥数据价值;实现数据融合分析,提高安全预警准确性;丰富评价指标,完善评估评价体系。应用大数据、深度学习、神经网络等技术,构建融合多源数据的工务设备评估指标体系和数字化评估模型,以数据驱动为核心,实现设备状态评估预测以及智能维修决策。具备轨道单元、钢轨修理、大机清筛捣固、道岔、路基以及桥隧状态评估与运维决策等功能。

(1)线路设备状态评估与运维决策

深化数据智能分析应用,融入大数据和人工智能等技术手段充分挖掘数据价值,开展线路设备病害知识表征研究,基于大数据样本建立典型病害的知识图谱;研究数据和机理驱动的混合建模技术,实现设备状态等时序数据的智能分析,提高结构健康的综合诊断和预测能力,实现全生命周期的健康管理。分析道床脏污指数的主要影响因素并建立预测模型,综合生产资源、维修能力等生产实际因素,智能生成大机清筛计划,实现大机清筛智能决策;建立线路质量分级管理标准和大机捣固质保期模型,实现轨道质量状态预测和大机捣固智能决策,形成基于维修经济性的全线路最优化大机捣固计划;基于人工智能算法,融合考虑轨道

设备状态多源数据，实现轨道设备状态的智能分析以及养护维修方案的智能决策。建立基床、边坡、排水等路基设备评价指标及量化方法，形成路基维修计划的智能决策。

(2)路桥隧设备状态评估与运维决策

建立统一的病害分类分级标准和标准化描述，智能评定病害等级。综合隧道检测车、综合检测车等检测监测数据，结合建设、维修历史数据，利用模糊综合评判法、层次分析法开展桥隧区段状态综合评级和运维决策。

14.4.4　安全生产闭环管理信息化

结合现有规章制度、作业标准、安全规范，在设备状态评定结果与运维决策分析基础上，建立计划编制、作业任务下发、实时作业监控、质量回检、评价分析等工务安全生产全业务数字化、信息化流程，实现安全生产流程信息化和闭环管理。基于设备历史数据和作业质量，通过数据融合对比分析，实现作业工时、备品备件的精细化管理。

根据对各类数据分析，自动形成计划建议和方案，编制生成维修计划。制订统一作业模板，实时进行作业票表单内容的自动关联填充、内容核对校验、逻辑判断处理，提高工作效率。通过接入大数据平台，实现作业现场实况的"数字镜像"，提高现场作业安全监控能力。将现场作业结果实时传回系统，自动生成统计分析、评价考核结果，并将维修作业信息纳入台账变更、履历信息等，实现维修生产信息化管理。系统功能具备设备全寿命周期管理、检测监测一体化管理、设备状态智能评估与运维决策安全生产管理等功能模块，为实现高速铁路线路设备智能运维提供支撑。

14.5　工电供基础设施综合监测和维修集成管理技术

高速铁路工电供基础设施综合监测和维修集成管理，以目标集成为核心、信息集成为支撑、业务集成为主体。

1. 目标集成

它由维修成本、维修质量、天窗时间三大目标组成。良好的维修质量依赖于成本和时间的多投入，如果以较高的质量、较低的成本和较少的时间完成对高速铁路基础设施的监测、养护和维修，应将三者综合起来权衡考虑，是高速铁路基础设施综合监测、维修体系的核心。

2. 信息集成

建立工电供业务集成管理信息化平台，有效地管理综合维修过程的固定设备技术状态、维修计划、维修作业过程、日常养护、应急抢险、综合检测等业务涉及的物流、信息流和人流，实现信息传递快捷、信息沟通及时、信息统计分析准确、信息共享高效等目的，为高质量、高效率、少用人、低成本对高速铁路养护与维修提供充分的支持。

3. 业务集成

将工务、电务和供电三大业务进行综合集成管理，统一纳入基础设施维修基地管理，实现组织机构的集成管理，在制定维修计划和方案时综合考虑，在同一天窗时间里统一调度、相互配合进行，充分利用天窗时间，更好地保证维修质量和提高维修效率。

14.6 规范标准体系建设

高速铁路运维应根据“以运维需求为导向，实施全面检测、科学分析、准确评价、超前预警，指导精准维修”的构建原则，完善工电供基础设施监测规范标准体系建设。监测规范、标准是高质量开展监测工作的基础和保障，规范、标准主要包括行业法规制度、基础设施检测监测标准、基础设施状态评价标准、检测监测数据标准、数据归集管理、接口规范、检测监测设备技术标准、检测监测设备运用管理及评定管理办法、设备标定等相关标准。

综上所述，随着新一轮的科技革命，大数据、云计算、物联网、人工智能、区块链等现代化信息技术快速发展，必将催生高速铁路检测监测技术新的变革。运用现代信息技术提高检测监测应用的广度和深度，认知和掌握高速铁路基础设施变化规律，是检测监测工作新的需求和挑战。高速铁路基础设施检测监测体系应着重解决检测监测技术智能创新、大数据平台构建运用和基础设施运用状态准确评价等，以实现基础设施对象的全面感知、科学研判、超前预警、准确评价，提升养护维修的预见性、精准性、经济性，提高养护维修效率、降低维修成本。工务、电务和供电三大业务集成，各专业监测、养护和维修工作的数据、信息和资源，在各方之间共享，实现各信息集成，建立大数据平台，能形成集合效应，构建高速铁路基础设施综合维修集成管理体系。运营监测技术通过不断创新与发展，必将在我国铁路现代化进程中发挥日益重要的作用。

参考文献

[1] 韩志伟．铁路客站大型复杂结构健康监测研究与思考[J]．铁道经济研究，2011(6)：28-32.

[2] 刘辉．大型铁路客站健康监测技术研究[J]．铁道建筑技术，2020(10)：50-53.

[3] 张涛．贝壳状钢网壳结构铁路客站健康监测方案探讨[J]．铁道经济研究，2014(5)：26-31.

[4] 沈磊，张小福，李庆，等．高速铁路站房健康监测中传感器优化布置研究[J]．建筑科学，2021，37(1)：75-81.

[5] 姜锐．铁路客站结构健康监测应用现状及展望[J]．中国安全科学学报，2020，30(增刊1)：71-76.

[6] 熊帅．基于BIM平台的大跨度空间钢结构健康监测系统集成方法研究[D]．广州：华南理工大学，2019.

[7] 国家铁路局．铁路客站结构健康监测技术标准：TB/T 10184—2021[S]．北京：中国铁道出版社有限公司，2022.

[8] 赵维刚，朱永全，等．高速铁路基础设施健康监测与维护[M]．北京：中国铁道出版社有限公司，2021.

[9] 潘毅，刘扬良，黄晨，等．大型铁路站房结构健康监测研究现状评述[J]．土木与环境工程学报(中英文)，2020，42(1)：70-80.

[10] 赵鹏飞，钱基宏．我国新时期大型铁路站房结构的特点与展望[J]．建筑结构，2011，41(11)：64-68.

[11] 李红飙，余洋．斜拉钢结构雨棚体系设计[J]．铁道标准设计，2004(6)：108-111.

[12] 谢强，薛松涛．土木工程结构健康监测的研究状况与进展[J]．中国科学基金，2001(5)：31-34.

[13] 周奎，王琦，刘卫东，等．土木工程结构健康监测的研究进展综述[J]．工业建筑，2009，39(3)：96-102.

[14] 贾哲明．上海虹桥站幕墙玻璃自爆问题分析及预防措施[J]．上海铁道科技，2018(1)：159-160.

[15] 高建敏，翟婉明，徐涌．铁路有砟轨道下沉及高低不平顺发展预测研究[J]．中国铁道科学，2009，30(6)：132-134.

[16] 李海锋．有碴轨道结构的变形设计及其几何状态行为理论的研究[D]．上海：同济大学，2006.

[17] 国家铁路局．2021年铁道统计公报[R]．北京，2022.

[18] 国家铁路局．公路与市政工程下穿高速铁路技术规程：TB 10182—2017[S]．北京：中国铁道出版社，2017.

[19] 国家铁路局．邻近铁路营业线施工安全监测技术规程：TB 10314—2021[S]．北京：中国铁道出版社有限公司，2021.

[20] 中国铁路总公司．运营高速铁路基础变形监测管理办法：TG/GW 260—2015[S]．北京，2015.

[21] 国家铁路局．铁路工程爆破振动安全技术规程：TB 10313—2019[S]．北京：中国铁道出版社有限公司，2019.

[22] 岳建平，田林亚．变形监测技术与应用[M]．北京：国防工业出版社，2014.

[23] 黄声享，尹晖，蒋征．变形监测数据处理[M]．武汉：武汉大学出版社，2010.

[24] 李金生．工程变形监测[M]．武汉：武汉大学出版社，2013.

[25] 中国铁路设计集团有限公司. 铁路工程测量手册[M]. 北京:人民交通出版社股份有限公司,2018.
[26] 李亚辉,杨云洋,康占龙,等. 阵列式位移计原理及应用[M]. 北京:中国铁道出版社有限公司,2020.
[27] 陈永奇,吴子安,吴中如. 变形监测分析与预报[M]. 北京:测绘出版社,1998.
[28] 中华人民共和国住房和城乡建设部. 建筑变形测量规范:JGJ 8—2016 [S]. 北京:中国建筑工业出版社,2016.
[29] 徐明伟,张建民. 高速铁路区域地面沉降监测方法的评价分析[J]. 铁道勘察,2015(1):27-29.
[30] 张芳菲,梁玉斌,王佳. 基于近邻搜索的激光点云数据孤立噪点滤波研究[J]. 测绘工程,2018,27(11):29-33.
[31] 张红. 基于相干目标的 DInSAR 方法研究[M]. 北京:科学出版社,2009.
[32] 熊思婷,曾琪明,焦健,等. 邻轨 PS-InSAR 地面沉降结果拼接处理方法与实验[J]. 地球信息科学学报,2014,16(5):797-805.
[33] 周红满. 基于相干点目标干涉测量分析方法监测深圳市城区地面沉降[D]. 长沙:中南大学,2012.
[34] 陈富龙,林珲,程世来. 星载雷达干涉测量及时间序列分析的原理、方法与应用[M]. 科学出版社,2013.
[35] 王昊,董杰,邓书斌. 基于 SARscape 的干涉叠加在地表形变监测中的应用[J]. 遥感信息,2011(6):109-113.
[36] 周荣,顾爱辉,钱小娟. D-InSAR 技术地表沉降监测概述[J]. 中国西部科技,2012,11(10):6-9.
[37] 王宏宇. 短时空基线 PS-InSAR 技术在大同地区的形变监测研究[D]. 西安:长安大学,2011.
[38] 李勇发,左小清,熊鹏,等. PS-InSAR 技术支持下的滇中地区高速公路灾害识别[J]. 测绘科学,2021,46(6):121-127.
[39] 尹京苑. 遥感技术在城市防灾减灾中的应用[M]. 北京:华文出版社,2012.
[40] 梁衍彬. 卫星遥感技术在高速铁路运营维护中的应用[J]. 城镇建设,2022(7):111-113.
[41] 孙新宇,姚京川,冯楠,等. 基于卫星遥感技术的高速铁路外部环境彩钢房类危险源风险评估方法[J]. 铁道建筑,2023,63(1):148-153.
[42] 何富君. 基于 SSM 框架的铁路外部环境安全管理系统的设计与实现[D]. 北京:北京交通大学,2020.
[43] 全超,徐鹏,孙新宇,等. 铁路外部环境安全管理信息系统设计研究[J]. 铁道运输与经济,2021,43(5):70-76.
[44] 肖铭哲. 铁路外部环境风险源遥感监测及管理研究[J]. 铁道勘察,2021,47(4):28-32.
[45] 赵振洋. 基于混合开发模式的铁路外部环境管控地理信息平台设计与实现[J]. 铁路计算机应用,2020,29(12):40-44.
[46] 刘韵. 基于 ZigBee 传感器网络的渝高速铁路外部环境安全监测系统研究[J]. 科技视界,2018(4):20-21.
[47] 宋国策,褚文君,张冠军. 一种基于遥感解译库的铁路外部环境安全隐患识别方法:CN202210819284.1[P]. CN115359362A.
[48] 甘俊,张冠军,周文明,等. 铁路外部环境风险源建档方法:CN202010284316.3[P]. CN111489086A.
[49] 曹承,孔凡东,褚昊,等. 基于分布式光纤的沥青道面振动状态感知技术[J]. 民航学报,2022,6(6):38-43.

[50] 李可佳,陈璞,杨宏图,等. 铁路一体化综合视频监控系统关键技术研究与实践[J]. 中国铁路,2022(11):135-141.

[51] 陈梅,袁振江,陈宏宇,等. 铁路线路巡防视频监控需求分析与方案研究[J]. 中国铁路,2022(7):125-133.

[52] 杨俊杰. 毫米波安防雷达目标检测方法研究[D]. 成都:电子科技大学,2022.

[53] 尧丰,王军锋,刘宏江,等. 基于雷达视频协同技术的铁路区域安防系统[J]. 中国铁路,2022(4):114-119.

[54] 张浩. 基于分布式光纤的隧道振动监测系统试验研究[J]. 高速铁路技术,2022,13(1):64-71.

[55] 杜程达,熊启源. 基于多维感知技术的铁路沿线雷达视频融合分析系统[J]. 中国铁路,2021(7):134-140.

[56] 孟鹤. 基于光纤传感技术的铁路安全智能监测与识别方法研究[D]. 北京:北京交通大学,2021.

[57] 孔令华. 基于毫米波雷达的铁路工务安防装置的研究与实现[J]. 电子制作,2020(15):87-89.

[58] 郑育明. 高速铁路周界防护技术研究[J]. 计算机产品与流通,2019(7):152.

[59] 李晓宇,刘敬辉. 高速铁路自然灾害及异物侵限监测系统可靠性分析与优化研究[J]. 中国铁路,2019(5):27-32.

[60] 马祯. 高速铁路自然灾害及异物侵限监测系统铁路局中心系统深化研究与应用[D]. 北京:中国铁道科学研究院,2019.

[61] 包云,王娇娇,杜亚宇,等. 雅万高速铁路自然灾害及异物侵限监测系统解决方案[J]. 铁路计算机应用,2019,28(1):20-25.

[62] 孙剑川. 铁路视频监控系统关键技术研究[D]. 北京:中国铁道科学研究院,2016.

[63] 姜抒,刘奇. 铁路防灾安全监控系统在杭甬客运专线的应用[J]. 电气化铁道,2013,24(4):48-50.

[64] 国家铁路局. 铁路自然灾害及异物侵限监测系统工程技术规程:TB 10185—2021[S]. 北京:中国铁道出版社有限公司,2021.

[65] 中华人民共和国铁道部. 高速铁路自然灾害及异物侵限监测系统总体技术方案(暂行):TJ/GW 088—2013[S]. 北京:2014.

[66] 陈梅,洪飞,李鑫,等. 风速风向传感器在风机控制中的应用与研究[J]. 自动化技术与应用,2008(4):38-41.

[67] 陈思程. 毫米波雷达和视频联合处理系统在安防中的应用研究[D]. 厦门:厦门大学,2019.

[68] 沙宇. 基于分布式光纤振动传感器的铁路周界人员入侵检测[D]. 南京:南京航空航天大学,2021.

[69] 朱建军,李志伟,胡俊. InSAR 变形监测方法与研究进展[J]. 测绘学报,2017,46(10):1717-1733.

[70] 江剑锋,黄其欢,王一安,等. InSAR 技术在安庆铁路长江大桥变形监测中的应用[J]. 甘肃科学学报,2018,30(6):73-77.

[71] 林珲,马培峰,王伟玺. 监测城市基础设施健康的星载 MT-InSAR 方法介绍[J]. 测绘学报,2017,46(10):1421-1433.

[72] 师红云. 基于时序雷达干涉测量的高速铁路区域沉降变形监测研究[D]. 北京:北京交通大学,2013.

[73] 刘阳杰. 基于时序雷达干涉测量的西北高铁变形监测[D]. 南京:南京师范大学,2021.

[74] 张慧超. 基于无人机摄影测量技术的地表塌陷变形监测及应用研究[D]. 武汉:武汉大学,2018.

[75] 孔嘉旭，谷天峰，孙彬，等．基于无人机摄影测量技术的滑坡变形研究进展[J]．科学技术与工程，2020，20(28)：11391-11399.
[76] 朱鹏程．矿区地表变形的无人机监测方法及应用研究[D]．北京：中国矿业大学，2021.
[77] 冯琪，徐廷海．无人机航摄技术在地表变形监测中的应用[J]．智能城市，2021，7(5)：55-56.
[78] 朱鹏程，仲崇武，查剑锋，等．无人机监测矿区铁路变形的像控点布设方法[J]．金属矿山，2019(10)：198-203.
[79] 中华人民共和国国土资源部．崩塌、滑坡、泥石流监测规范：DZ/T 0221—2006[S]．北京：中国标准出版社，2006.
[80] 中华人民共和国国家质量监督检验检疫总局，中国国家标准化管理委员会．滑坡防治工程勘查规范：GB/T 32864—2016[S]．北京：中国标准出版社，2016.
[81] 王超峰．基于北斗的滑坡监测预警系统设计与实现[D]．桂林：桂林电子科技大学，2021.
[82] 李家春，宋宗昌，侯少梁，等．北斗高精度定位技术在边坡变形监测中的应用[J]．中国地质灾害与防治学报，2020，31(1)：70-74.
[83] 刘勇，王珣，高柏松，等．铁路重大突发地质灾害应急监测技术研究[J]．铁道标准设计，2022，66(1)，26-32.
[84] 张鑫，潘伟锋，董旭龙，等．基于 BDS 的高边坡地质灾害监测系统建设研究与应用[J]．测绘与空间地理信息，2020，43(10)：138-141.
[85] 韦玉超．SAA 测量技术及其在边坡监测中的应用研究[D]．南京：南京大学，2015.
[86] 陈贺，李亚军，房锐，等．滑坡深部位移监测新技术及预警预报研究[J]．岩石力学与工程学报，2015，34(增刊 2)：4063-4070.
[87] 李剑萍，冯燕明，聂成良．阵列式位移计在滑坡体深部变形监测中的应用[J]．云南水力发电，2018，34(5)：125-130.
[88] 邱冬炜，祝思君，王来阳，等．利用阵列式位移传感系统进行地质灾害深部位移动态监测与分析[J]．测绘通报，2018(3)：122-125.
[89] 姚建平，蔡德钩，安再展，等．铁路无人机巡检研究应用现状与发展趋势[J]．铁道建筑，2021，61(7)：1-4.
[90] 贾虎军，王立娟，范冬丽．无人机载 LiDAR 和倾斜摄影技术在地质灾害隐患早期识别中的应用[J]．中国地质灾害与防治学报，2021，32(2)：60-65.
[91] 许强，郭晨，董秀军．地质灾害航空遥感技术应用现状及展望[J]．测绘学报，2022，51(10)：2020-2033.
[92] 张强．不同地质灾害类型的遥感解译机理研究[J]．科技创新与应用，2023，13(1)：93-96.
[93] 王栋，张广泽，徐正宣，等．基于时间序列 InSAR 技术的铁路地质灾害识别研究[J]．地质灾害与环境保护，2019，30(3)：85-91.
[94] 郭泽，谭衢霖，卢文龙，等．基于无人机摄影测量的铁路地质灾害监测与评估研究[J]．铁路计算机应用，2023，32(4)：32-37.

高速铁路基础研究与技术创新丛书

第一期(16 册)

(一)基础理论与基础技术系列

高速铁路散体道床宏细观力学行为　　赵春发　翟婉明　张　徐　著

ISBN 978-7-113-28857-0

高速铁路线路系统动力学　　龙许友　时　瑾　王英杰　编著

ISBN 978-7-113-28997-3

高速铁路弓网关系研究　　韩通新　著

ISBN 978-7-113-28941-6

(二)动车组系列

高速列车轻量化设计　　李　明　伊召锋　米莉艳　等编著

ISBN 978-7-113-28972-0

(三)供电系列

高速铁路受电弓　　韩通新　编著

ISBN 978-7-113-28975-1

高速铁路接触网检测技术　　韩通新　著

ISBN 978-7-113-28961-4

(四)工程设计系列

高速铁路桥梁抗震设计　　陈兴冲　张永亮　编著

ISBN 978-7-113-28964-5

高速铁路轨道工程 BIM 正向设计软件开发及实践　姚　力　刘大园　董凤翔　等编著

ISBN 978-7-113-28934-8

(五)工程施工与组织系列

高速铁路桥梁 BIM 技术研究与实践　　盛黎明　苏　伟　刘延宏　宋树峰　编著

ISBN 978-7-113-28938-6

高速铁路岩溶路基边坡变形与稳定　　白明洲　师　海　田　岗　等编著

ISBN 978-7-113-28880-8

高速铁路工程地质灾害超前预报图形判别和解译　　李　忠　郝娜娜　等编著

ISBN 978-7-113-28935-5

(六)通信与列控系列

高速铁路宽带无线信道测量与建模技术　　周　涛　何睿斯　艾　渤　编著

ISBN 978-7-113-28930-0

(七)测量与检测系列

(八)高铁运营与经济系列

高速铁路社会效益研究——基于时空经济分析　　李红昌　夏璇璇　著

ISBN 978-7-113-28942-3

(九)现代信息技术系列

高速铁路物联网技术　　史天运　孙　鹏　张惟皎　陈瑞凤　编著

ISBN 978-7-113-29029-0

(十)安全·健康·维护系列

高速铁路道砟飞溅机理及防治　　高　亮　石顺伟　殷　浩　著

ISBN 978-7-113-28906-5

高速列车多目标均衡综合节能技术　　张　雷　李　明　司志强　等编著

ISBN 978-7-113-28976-8

第二期(23 册)

(一)基础理论与基础技术系列

高速列车空气动力学数值模拟——基于 STAR-CCM+软件

李　明　李　田　戴志远　等编著

ISBN 978-7-113-30059-3

高速铁路沿线地面沉降研究与防治　　李国和　黄大中　尚海敏　王少林　编著

ISBN 978-7-113-30176-7

高速铁路路基智能填筑技术　　王同军　闫宏业　杨　斌　尧俊凯　等著

ISBN 978-7-113-30047-0

季冻区高速铁路路基服役性能与孕灾风险研究

叶阳升　蔡德钩　毕宗琦　李善珍　等著

ISBN 978-7-113-29934-7

高速铁路隧道内附属设施气动效应及安全性研究

彭立敏　杨伟超　施成华　雷明锋　著

ISBN 978-7-113-30104-0

高速铁路钢轨打磨理论与技术　王文健　郭　俊　周　坤　著

ISBN 978-7-113-30061-6

高速列车动态性能正向设计　周劲松　宫　岛　孙文静　著

ISBN 978-7-113-30050-0

高速列车自动驾驶控制理论　宿　帅　李开成　唐　涛　袁　磊　等编著

ISBN 978-7-113-30147-7

高速铁路行车调度与控制一体化　唐　涛　宿　帅　孟令云　阴佳腾　编著

ISBN 978-7-113-30112-5

高速铁路无砟轨道结构水泥基材料理论与技术

龙广成　曾晓辉　马昆林　谢友均　著

ISBN 978-7-113-30056-2

(二)动车组系列

高速列车空气动力学设计技术　丁叁叁　著

ISBN 978-7-113-30055-5

(三)供电系列

高速铁路电力牵引供电工程智能建造技术

胡志华　陈建明　奚金柱　吴命利　等编著

ISBN 978-7-113-30205-4

(四)工程设计系列

现代铁路枢纽规划设计　许佑顶　高丰农　吴学全　李传勇　等编著

ISBN 978-7-113-27468-9

高速铁路隧道底部结构动力响应特性及设计方法

彭立敏　施成华　黄　娟　丁祖德　著

ISBN 978-7-113-30133-0

(五)工程施工与组织系列

高速铁路工程勘察技术创新与实践　陈则连　著

ISBN 978-7-113-30189-7

高速铁路工程质量系统管理(第2版)　　卢春房　等著

ISBN 978-7-113-30108-8

高速铁路路基沉降分析与控制技术　　宋绪国　郭帅杰　编著

ISBN 978-7-113-30154-5

深埋高速铁路地下车站施工关键技术　　杨新安　马明杰　李路恒　罗　驰　编著

ISBN 978-7-113-30001-2

高速铁路施工组织创新与实践　　魏　强　编著

ISBN 978-7-113-30136-1

高速铁路路基沥青混凝土防水封闭结构　　蔡德钩　闫宏业　楼梁伟　石越峰　等著

ISBN 978-7-113-30033-3

(六)通信与列控系列

高速铁路信号系统雷电防护技术研究　　向念文　徐宗奇　阳　晋　编著

ISBN 978-7-113-30135-4

(七)测量与检测系列

(八)高铁运营与经济系列

(九)现代信息技术系列

智能高速铁路图像大数据分析技术及应用　　李　平　李　瑞　赵　冰　编著

ISBN 978-7-113-30134-7

(十)安全·健康·维护系列

高速列车横风效应及气动安全控制动力学　　毛　军　柳润东　郗艳红　著

ISBN 978-7-113-30028-9

第三期(18册)

(一)基础理论与基础技术系列

高速铁路桥梁抗风技术　　何旭辉　邹云峰　敬海泉　等著

ISBN 978-7-113-31329-6

高速铁路智能选线理论与方法　　蒲　浩　宋陶然　李　伟　张　洪　著

ISBN 978-7-113-31670-9

(二)动车组系列

高速列车风阻制动技术　　田　春　周嘉俊　马天和　吴萌岭　编著

ISBN 978-7-113-31648-8

高速列车制动防滑控制基础理论与试验技术 田 春 朱文良 马天和 吴萌岭 编著

ISBN 978-7-113-31585-6

高速铁路轮轨廓形设计及应用 沈 钢 陈迪来 编著

ISBN 978-7-113-31307-4

高速列车辅助供电系统 张立伟 姜东杰 徐海大 编著

ISBN 978-7-113-31574-0

高速列车被动安全系统技术理论 丁叁叁 编著

ISBN 978-7-113-31996-0

(三)供电系列

高速铁路供电系统电磁暂态分析与防护 刘明光 刘 铁 编著

ISBN 978-7-113-31249-7

(四)工程设计系列

(五)工程施工与组织系列

寒区高速铁路隧道低温影响与工程对策 马志富 田四明 杨昌贤 王志杰 等编著

ISBN 978-7-113-31456-9

高速铁路路基边坡生态防护技术与实践 叶阳升 蔡德钩 魏少伟 吕 宋 著

ISBN 978-7-113-31741-6

(六)通信与列控系列

真空管磁浮高速飞行列车车地无线通信技术 刘 留 艾 渤 编著

ISBN 978-7-113-31382-1

(七)测量与检测系列

高速铁路运营监测技术 赵 斗 张冠军 王长进 梁 永 编著

ISBN 978-7-113-31182-7

高速铁路精密工程测量技术 王长进 刘 成 张冠军 石德斌 编著

ISBN 978-7-113-31519-1

铁路工程地质遥感技术创新与应用 刘桂卫 著

ISBN 978-7-113-31354-8

(八)高铁运营与经济系列

高速铁路列车开行决策理论与技术 周文梁 史 峰 徐光明 等著

ISBN 978-7-113-31563-4

(九)现代信息技术系列

高速铁路数据中心设计技术 杨德修 樊 艳 赵 耀 崔校玉 编著

ISBN 978-7-113-31126-1

(十)安全·健康·维护系列

绿色高速铁路技术 蒋 辉 编著

ISBN 978-7-113-31460-6

高速列车驾驶人因安全保障理论及方法 方卫宁 唐 涛 等著

ISBN 978-7-113-31311-1